うかる！行政書士

2022年度版
総合テキスト

伊藤塾 編

日本経済新聞出版

目　　次

ガイダンス

Chapter 1　本書の使い方……………10

Chapter 2　行政書士試験……………21
　　1　行政書士試験概要

　　2　現行試験制度下における
　　　　試験分析
　　3　学習上のポイント
　　4　合格後を考える

Part 1　憲　法

憲法ガイダンス………………………32

Chapter 1　憲法総論……………C 36
　　1　憲　法
　　2　法の支配
　　3　日本国憲法の基本原理

Chapter 2　人権総論……………A 41
　　1　人　権
　　2　人権の分類
　　3　人権享有主体性
　　4　基本的人権の限界

**Chapter 3　包括的基本権と
　　　　　　　法の下の平等**………B 51
　　1　生命・自由・幸福追求権
　　2　法の下の平等

Chapter 4　精神的自由①………B 60
　　1　思想・良心の自由
　　2　信教の自由
　　3　学問の自由

**Chapter 5　精神的自由②
　　　　　　　（表現の自由）**………A 67
　　1　表現の自由の意味
　　2　表現の自由の内容
　　3　表現の自由の限界

Chapter 6　経済的自由・人身の自由
　　　　　　　………………………A 78
　　1　経済的自由
　　2　人身の自由

Chapter 7　受益権・社会権・参政権
　　　　　　　………………………B 87
　　1　受益権

　　2　社会権
　　3　参政権

Chapter 8　国　会………………A 94
　　1　国会の地位
　　2　国会の組織と活動
　　3　国会議員の特権
　　4　国会の権能と議院の権能

Chapter 9　内　閣………………A 103
　　1　行政権と内閣
　　2　内閣の組織
　　3　内閣の権能と内閣総理大臣の権能

Chapter 10　裁判所………………A 109
　　1　司法権
　　2　裁判所の組織と権能
　　3　司法権の独立
　　4　違憲審査権

Chapter 11　天　皇………………B 120
　　1　天皇の地位と性格
　　2　天皇の権能
　　3　皇室経費

Chapter 12　財　政………………B 124
　　1　財政の基本原則
　　2　財政監督の方式

Chapter 13　地方自治……………B 129
　　1　地方自治の意義

Chapter 14　憲法改正……………C 131
　　1　憲法改正の手続
　　2　憲法改正の限界

Part 2 民 法

民法ガイダンス ·· 135

Chapter 1 全体構造 ····················· C 140
1 民法の基本構造
2 民法の指導原理——近代私法の3原則

Chapter 2 私権の行使 ················· C 143
1 私権の意義
2 私権の制限

Chapter 3 権利の主体 ················· A 145
1 人（自然人）
2 法 人

Chapter 4 権利の客体（物）······· C 157
1 物の意義・分類
2 不動産と動産
3 主物と従物
4 元物と果実

Chapter 5 法律行為 ····················· C 159
1 概 説
2 契約の成立から効力発生まで
3 公序良俗

Chapter 6 意思表示 ····················· A 161
1 意思表示総説
2 意思表示各論
3 意思表示の効力発生

Chapter 7 無効と取消し ············· B 174
1 無 効
2 取消し

Chapter 8 代 理 ······················· A 176
1 代理総説
2 代理権
3 代理行為
4 復代理
5 無権代理
6 表見代理

Chapter 9 条件・期限・期間······ C 191
1 条 件
2 期限・期間

Chapter 10 時 効 ····················· B 193
1 時効総説

2 取得時効
3 消滅時効
4 時効の効果
5 時効の完成猶予・更新等

Chapter 11 物権法総論 ············· C 203
1 意 義
2 物権の種類
3 物権的請求権

Chapter 12 物権変動 ················· A 206
1 法律行為に基づく物権変動
2 不動産の物権変動
3 動産の物権変動

Chapter 13 占有権 ····················· B 217
1 占有の成立と態様，承継
2 占有権の効果
3 即時取得

Chapter 14 所有権 ····················· B 226
1 所有権総説
2 所有権の取得
3 共 有

Chapter 15 用益物権 ················· B 232
1 永小作権
2 地上権
3 地役権

Chapter 16 担保物権総説 ··········· B 237
1 序 論
2 種 類
3 性質・効力
4 担保物権の比較

Chapter 17 留置権 ····················· B 241
1 総 説
2 成立要件
3 効 力
4 留置権の消滅

Chapter 18 先取特権 ················· C 248
1 意 義
2 種 類
3 性 質

3

Chapter 19 質 権 ···················· C 250
1 意 義
2 設 定
3 質権の種類・比較

Chapter 20 抵当権 ···················· A 253
1 総 説
2 抵当権の効力
3 抵当権と用益権との関係
4 抵当不動産の第三取得者の地位
5 抵当権侵害
6 抵当権の処分
7 共同抵当
8 抵当権の消滅原因

Chapter 21 債権法総説 ··············· C 268
1 債 権
2 債権法の全体像

Chapter 22 債権の目的 ··············· B 270
1 特定物債権
2 種類債権

Chapter 23 債権の効力 ··············· B 273
1 現実的履行の強制
2 債務不履行に基づく損害賠償請求
3 債権者の受領遅滞

Chapter 24 責任財産の保全 ········ B 279
1 総 説
2 債権者代位権
3 詐害行為取消権

Chapter 25 多数当事者の債権・債務
···················· A 291
1 分割債権・分割債務
2 不可分債権・不可分債務
3 連帯債権
4 連帯債務
5 保証債務
6 個人根保証契約

Chapter 26 債権譲渡 ·················· B 309
1 債権譲渡
2 債務引受け

Chapter 27 債権の消滅 ··············· B 316
1 総 説
2 弁 済
3 代物弁済・供託

4 相 殺
5 更改・免除・混同

Chapter 28 契約の意義・成立 ····· B 329
1 契約の意義
2 契約の成立
3 契約の原始的不能

Chapter 29 契約の効力・契約上の
地位の移転 ·············· A 335
1 同時履行の抗弁権
2 危険負担
3 第三者のためにする契約
4 契約上の地位の移転

Chapter 30 契約の解除 ··············· A 340
1 総 説
2 法定解除権の発生要件
3 解除の方法
4 解除の効果
5 解除権の消滅

Chapter 31 典型契約の類型 ········ C 346
1 典型契約の類型

Chapter 32 財産移転型契約 ········ B 348
1 売買契約の意義・成立
2 売買契約の効力
3 贈与契約
4 交換契約

Chapter 33 貸借型契約 ··············· B 361
1 賃貸借契約の意義・効力
2 賃貸借契約の終了
3 消費貸借契約
4 使用貸借契約

Chapter 34 労務提供型契約　その他
···················· B 375
1 請負契約
2 委任契約
3 寄託契約
4 その他の契約

Chapter 35 事務管理 ·················· C 384
1 事務管理とは
2 効 果

Chapter 36 不当利得 ·················· C 386
1 不当利得とは

2 一般不当利得
3 特殊な不当利得

Chapter 37 **不法行為** ················ Ⓐ 390
1 総　説
2 一般不法行為
3 特殊な不法行為

Chapter 38 **親族法総説** ············· Ⓒ 399
1 親族法とは
2 親　族

Chapter 39 **夫婦関係** ················ Ⓑ 402
1 婚　姻
2 婚姻の解消

Chapter 40 **親子関係** ················ Ⓑ 406
1 総　説
2 実　子
3 養　子
4 親　権

Chapter 41 **相続法総説** ············· Ⓐ 414
1 総　説
2 相続人
3 相続の効力
4 相続の承認・放棄

Chapter 42 **遺　言** ·················· Ⓑ 425
1 総　説
2 遺言の方式
3 遺言の効力
4 遺　贈
5 遺言の撤回

Chapter 43 **配偶者居住権** ·········· Ⓒ 429
1 意　義
2 要件・効力等

Chapter 44 **遺留分** ·················· Ⓑ 431
1 遺留分の範囲
2 遺留分侵害額請求権
3 遺留分の放棄

Part 3　商　法

商法ガイダンス ···················· 436

Chapter 1 **商法総則・商行為** ······ Ⓐ 439
1 商行為と商人（商法の適用範囲）
2 商行為の特則
3 商業登記
4 商　号
5 営業譲渡
6 商業使用人と代理商

Chapter 2 **会社法総論** ············· Ⓑ 448
1 法人性
2 営利性
3 社団性
4 会社の種類
5 会社の分類等

Chapter 3 **持分会社** ················ Ⓐ 452
1 総　論
2 設　立
3 社　員
4 管　理
5 持分会社と株式会社との比較

Chapter 4 **株式会社総論** ·········· Ⓑ 457
1 特　質
2 資本金
3 公開会社・大会社

Chapter 5 **株　式** ·················· Ⓐ 461
1 株式の意義
2 株式の内容と種類
3 株券と株主名簿
4 株式の譲渡
5 株式会社による自己の株式の取得

Chapter 6 **機　関** ·················· Ⓐ 478
1 総　論
2 株主総会
3 取締役
4 取締役会
5 会計参与
6 監査役
7 監査役会
8 会計監査人
9 指名委員会等・執行役
　　（指名委員会等設置会社）

5

10　監査等委員会設置会社
11　役員等の損害賠償責任

Chapter 7　設　立 ……………… B 505
1　概　要
2　設立の手続
3　設立の登記

Chapter 8　資金調達 ……………… C 514
1　株式会社の資金調達
2　募集株式の発行等
3　社債の発行

Chapter 9　組織再編 ……………… B 519
1　合　併
2　会社分割
3　株式交換・株式移転
4　組織変更
5　事業譲渡等

Chapter 10　計算その他 ………… C 525
1　計　算
2　定款の変更
3　解散・清算

Part 4　行政法

行政法ガイダンス ……………………… 530

Chapter 1　行政法総論 …………… B 535
1　行政と行政法
2　行政上の法律関係

Chapter 2　行政組織法等 ………… B 541
1　行政主体と行政機関
2　国の行政機関
3　公　物

Chapter 3　行政作用法 …………… A 553
1　総　説
2　行政行為
3　行政裁量
4　行政上の強制措置
5　その他の行政作用

Chapter 4　行政手続法 …………… A 580
1　全体構造
2　申請に対する処分
3　不利益処分
4　行政指導
5　処分等の求め
6　届　出
7　命令等を定める手続
8　適用除外

Chapter 5　行政救済法の体系 …… C 598
1　行政救済法の体系
2　行政救済法の対象となる行為

Chapter 6　行政不服審査法 ……… A 600
1　総　説

2　行政不服申立ての対象
3　行政不服申立ての種類
4　行政不服申立てをするための要件
5　審理手続
6　裁決及び決定
7　教示制度

Chapter 7　行政事件訴訟法 ……… A 628
1　総　説
2　行政事件訴訟の種類
3　取消訴訟の対象
4　取消訴訟を提起するための要件
5　審理手続
6　判　決
7　その他の行政事件訴訟
8　教示制度

Chapter 8　国家賠償法 …………… A 652
1　総　説
2　公権力の行使に基づく賠償責任
3　公の営造物に基づく賠償責任
4　国家賠償法と他の法の適用関係等

Chapter 9　損失補償制度 ………… C 663
1　総　説
2　損失補償が必要なのは
　　どのような場合か
3　損失補償の内容と方法

Chapter 10　地方自治総論 ……… B 667
1　総　説
2　地方公共団体の種類

Chapter 11 住民の直接参政制度
.... A 674
1 選 挙
2 直接請求

Chapter 12 地方公共団体の機関
.... A 678
1 議 会
2 執行機関
3 地域自治区

Chapter 13 地方公共団体の権能
.... B 696
1 事務処理
2 条例の制定
3 財産管理

Chapter 14 国と地方公共団体及び地方公共団体相互の関係
.... B 704
1 国と地方公共団体の関係
2 地方公共団体相互の関係

Part 5 基礎法学

基礎法学ガイダンス................714

Chapter 1 法学概論................ C 716
1 法の効力
2 法の分類
3 法の解釈
4 基本原理

Part 6 一般知識等

一般知識等ガイダンス................722

Chapter 1 政 治................ A 725
1 各国の政治体制
2 行政国家現象
3 行政改革
4 行政統制
5 地方分権
6 政党国家現象
7 国際政治

Chapter 2 経 済................ A 752
1 経済学説
2 財 政
3 日本銀行・金融政策

4 経済指標（GDP と GNP）
5 貿 易

Chapter 3 社 会................ A 772
1 日本の社会保障制度
2 環境問題

Chapter 4 情報通信・個人情報保護
.... A 788
1 デジタル社会
2 情報セキュリティ
3 IT 関連の法律
4 個人情報保護
5 マイナンバー法

あとがき................824

法令等科目さくいん................826

一般知識等科目さくいん................834

※ 各 Chapter のページ数の前にある A B C は，重要度レベルを示しています。

本書の法令は，2021 年 11 月 30 日までに公布され，かつ 2022 年 4 月 1 日までに施行が見込まれるものに準じて掲載しています。
刊行後の法改正などの新情報は，伊藤塾ホームページに掲載いたします。
https://www.itojuku.co.jp/shiken/gyosei/index.html

ガイダンス

Chapter 1 本書の使い方

　本書は，あらゆる学習段階，つまり，受験学習開始から試験直前までのどの段階でも使えるように，合格に必要な内容をこの1冊にすべて盛り込みました。伊藤塾の講義でお伝えしている補足知識や関連情報も，Festina lente（p.15参照）やページの右欄にある側注にアイコンを付してふんだんに入れてあります。

　特に初めて法律を学習する場合は難しいと思うかもしれませんが，本書を最低2回は通読してください。その際，ただ読むだけではいけません。次の方法で効果的に学習してください。

1回目の読み方　初めて本書を読む方は，次の注意事項を守ってください。

□ 科目の「扉」

❶「学習進度チェック」

　本試験は1年に1度しかありません。試験に合格するためには，闇雲に学習するのではなく，スケジュール管理が重要です。

　まず19ページにある全体の「学習進度表」に予定を書き込みましょう。それをもとにして，各科目の扉にある「学習進度チェック」に，Chapter単位で学習予定を入れてから学習を開始しましょう。「日付①」の欄には，本書を1回読んで，理解した日付を，「日付②」の欄には，2回目に学習した日付を入れてください。日々の学習においても，全体の学習進度表とあわせて使うことで，適切なスケジュール管理ができます。

◻「ガイダンス」

❷「本試験の傾向分析と対策」
「過去問データベース」は，過去に出題された項目に◯が入っています。◯がある項目は，意識して学習してください。

「出題分析アドバイス」を読んで，合格のためにはどの分野が重要なのかを大まかに認識してください。

❸「合理的学習法」

しっかり読んでください！「得点計画」には学習の指針と目標得点を明示していますので，これをもとに学習計画を立てましょう。そして，「全体構造」を読み，この分野に対する大まかなイメージをつかんでおけば，その後，個別の内容を理解する上でも役立ちます。

◻ Chapter の「イントロダクション」

❹ 法律の学習においてメリハリづけは大変重要です。重要度のレベルを高いほうから A，B，C であらわしていますので，まずはレベル A の Chapter からしっかり理解できるように学習を進めましょう。

勇み足でベーシックから読み始めることなく，その Chapter の学習指針を示している文章の内容を心にとどめておいてください。

チャート図は，Chapter を一度学習してからここに戻り，再度見返してください。そのときに，Chapter で学習した事柄を思い浮かべることができれば，理解できたといえます。

「重要度」を目印に学習を進めよう。

□ Chapterの「ベーシック」

❺ ここは，最も重要です！ 1行1行をしっかり理解しながら読んでください。無理に覚えようとする必要はありません。まずは理解するという心掛けでOKです。わからない用語が出てきた場合には，「索引」を調べて意味を理解しておきましょう。

重要箇所は赤文字にしてあります。赤シートを使って正確に記憶しましょう。

項目ごとにも重要度を入れてあります。メリハリよく学習しよう。

□ Chapterの「ファイナルチェック」

❻ Chapterで学習した内容を問う，○×形式の確認テストです。本当に理解できたのかを確認するために必ず挑戦してください。1回目は間違ってしまっても気にせず次のChapterへ進んでください。

答えを赤シートで隠して確認することもできます。

□ 別冊『ハンディ行政書士試験六法』

❼ 行政書士試験の範囲になっている条文数は膨大です。その中から，行政書士試験の学習に必要な条文を抜粋して収録したのが，巻末にある「ハンディ行政書士試験六法」です。条文ベースの学習は，現在の本試験出題傾向からして必須です。取り外し，本書や『うかる！ 行政書士 総合問題集』と一緒に使用しましょう。

❽ 1回目の「まとめ」

- 前記の手順に従って，常に理解することを心掛けて1回目の学習をしてください。途中で，どうしてもわからなくなってしまうことがあるかもしれませんが，そういうときは，潔くあきらめて次に進むようにしてください。深入りは禁物です。
- 行政書士の試験は，繰り返しの学習が大切です。初めて読んだときにわからなくても，2回目，3回目でわかるようになることもよくあります。
- どうしてもわからない場合でも悲観せず，「そのうちにわかるだろう」というくらいの気持ちで，先に進んでください。

2回目の読み方 2回目以降は，次のことに注意して読むと効果的です。

□ 科目の「扉」

❾ 1回目の「学習進度チェック」と全体の「学習進度表」を見比べ，2回目のスケジュールを立てましょう。その際，1回目に理解しにくかったChapterでAランクの項目には，時間を割くようにしましょう。

□ 「ガイダンス」

❿ 「本試験の傾向分析と対策」にある過去問データベースの表を見て，以前に学習した内容を思い出しながら，重要な箇所とそうでない箇所を意識するようにしてください。

⓫ 「合理的学習法」の「得点計画」については，もう一度注意をしておけば十分です。

□ Chapterの「イントロダクション」

⓬ まずチャート図を見てください。Chapterで学習したおおまかな内容を思い出せることが重要です。思い出すことができれば，そのChapterを理解できた証拠です。

□ Chapterの「ベーシック」

⓭ 「ベーシック」は，以前に学習したことを思い出しながら，読み進めてください。今

度は赤文字の箇所を覚えるようにし、側注の「要チェック！過去問題」「参考データ」などに気をつけながら読んでください。2回目以降の読み方で重点を置くべきなのは、**基本的な重要事項を覚えることと、ハイレベルな発展的知識に触れること**にあります。また、赤シートを使い、知識の定着を図りましょう。

☐ Chapterの「ファイナルチェック」

⓮「ファイナルチェック」は、一度解いたからもう見直さないというのではなく、答えを覚えてしまうくらいまで解くようにしてください。

　2回目以降は、解けて当たり前になっていることが望ましいですが、間違えてしまった場合は、本文の該当箇所に戻って、もう一度その部分を読み返すようにしましょう。

　2回目は、**「本試験レベルの問題にチャレンジ！」**にもアクセスし、現時点での力をチェックしましょう。「ファイナルチェック」よりも本試験に近い問題を掲載しています。学んだ知識をそのままとせず、演習力に結びつけましょう。この問題にチャレンジすることは、学んだ知識を確実なものとするためにも効果的です。

　そして、『うかる！　行政書士　総合問題集』も並行して学習しましょう。

⓯ 2回目の「まとめ」

- 2回目以降は、**覚えること**が最も重要になります。どんなに理解をしていても、例えば数字など、基本的な事項を覚えていないようでは、なかなか問題を解けるようにはなりません。
- ただし、「覚える」という作業には、一般的に苦痛が伴います。この苦痛から逃れたいがために、途中で挫折してしまう人がいるのも事実です。
- したがって、挫折しない程度に苦痛を感じながら覚えていくということが大切です。その方法は、いくつかあると思いますが、1つ挙げられるのが、繰り返しの学習です。1回で覚えようとせずに、何度も何度も繰り返し覚えるのです。
- 最初に、「最低2回は通読してください」と述べましたが、これは、知識を定着させるために**できる限り繰り返し読むこと**を伊藤塾が推奨しているからです。
- そして、最後は、覚えた知識をそのままとせずに、「本試験レベルの問題にチャレンジ！」や『うかる！行政書士　総合問題集』を利用して、演習力を養いましょう。

本書をさらに効果的に使用するために

□ 側注

側注で本文の理解を深めましょう。1回目はとばしてもかまいませんが，2回目以降はしっかり目を通すようにしましょう。

■ ポイント	学習する上で注意すべきポイントを説明しています。
■ 語句解説	わかりにくい用語，本文の理解を助ける言葉を簡潔に説明しています。
■ 参考データ	理解の助けになり，さらに高得点を目指すための応用的な知識や情報を取り上げています。
☑ 要チェック！過去問題	過去の本試験で出題された問題を例として示しています。問題文の後にあるカッコ内，例えば（R2-3-5改）の部分は，令和2年度問題3の選択肢5を示します。赤シートで答えを隠せば，問題演習にも役立ちます。なお，「改」とあるのは，法改正等により過去問を改変している問題です。

□ Festina lente

Festina lente とは，ラテン語で**ゆっくり，急げ**という意味です。

行政書士試験のための勉強は，じっくりと腰を据えて取り組まなければなりません。しかし，いくらでも時間があるというわけではないのです。つまり Festina lente とは，**時間を有効に使って，効率的に学習する**，その取組み方をあらわしたものです。Festina lente が出てきたら，他のアイコンより少し時間をかけて，その意味を理解するようにしてください。

> **Festina lente**
> 従来，国の行政活動である絵画等の芸術作品の展示は，文部科学省の一部である国立美術館が行っていたんだよ。
> このような仕事を従来より柔軟に行えるようにして質の高いサービスを提供するために，国から独立させた組織が独立行政法人国立美術館なんだよ。

● Festina lente には，2つのタイプがありますが，意味の違いはありません。

2 行政機関
1 意 義
行政機関とは，行政主体たる国や公共団体に効果を帰属させるため，現実に職務を行う機関をいいます。行政主体が，自己の名と責任で行政を行うといっても，国や公共団体そのものが行動することはできないので，行政機関が，国や公共団体の手足となって職務を行うのです。

2 行政機関の権限
(1) 効果の帰属
法律により，行政機関には一定範囲の権限と責任が割り当て

> **Festina lente**
> 例えば，会社は法人だけど，会社自身が行為を行うことはできないよね。そこで代表取締役等の行為を会社の行為とみなして会社に効果を帰属させるんだよ。こんなふうに，法人に代わって行為を行うものを「機関」というよ。

この背中に甲羅を背負ったウサギは，伊藤塾行政書士試験科のキャラクターです。本書では，メイン講師である志水晋介を模したスタイルにしています。博士タイプと受験生タイプの2種類があり，その場に応じた学習アドバイスをしています。

☐ 得点計画表

18ページにある得点計画表を見てください。

本試験で合格点を取るためには，**バランスよく得点**することが必要です。**得点計画を立てる**ことで，どの科目にどの程度の時間をかけるべきかが明確になり，バランスよく効率的に学習を進めることができます。各科目の冒頭にある合理的学習法を参考に，得点計画を立ててみましょう。

☐ 学習進度表

19ページにある学習進度表を見てください。

学習モデルプラン（p.20）を参考に，「学習予定日」を記入しましょう。そして，実際に学習し，各科目単位で学習し終わったら，科目の終了日を記入し，「学習進度」の欄を塗りつぶしていきましょう。これまでの全体の学習進度が一目で確認でき，スケジュールの管理やモチベーションの維持に役立ちます。

☐ 学習モデルプラン

20ページにある学習モデルプランを見てください。

「うかる！行政書士」シリーズを使った，本試験までの学習モデルプランを掲載しています。学習計画が立てにくい場合は参考にしてください。なお，学習モデルプランと自分が学習を開始する時期が異なっていても心配する必要はありません。このモデルプランは，どのように学習を進めればよいか，各段階で何を意識して学習すればよいかの参考になるものです。本試験日から逆算して自分に適した学習予定日を考えてみましょう。

■最後に,「うかる！ 行政書士」シリーズ（日本経済新聞出版）を使用する上での,これからの学習法をアドバイスします。

　本書で身につけた知識を確認するには,『うかる！ 行政書士 総合問題集』が最適です。この問題集には,過去に実際に本試験で出題された問題と伊藤塾の行政書士試験科の講師陣らが作ったオリジナル問題を,ジャンルごとにそろえ,重要問題を盛り込みました。本書の該当箇所へのリンク情報なども付加していますから,試験直前まで実践的に使うことができます。

　さらに,身につけた知識でどのように問題を解くのか,問題を解くにはどのように知識が重要かを学ぶには,『うかる！ 行政書士 民法・行政法 解法スキル完全マスター』と『うかる！ 行政書士 憲法・商法・一般知識等 解法スキル完全マスター』がお薦めです。この本は,いわばテキストと問題集の"橋渡し"をするものであり,効率良く得点するスキルやテクニックが身につけられるので必見です。試験直前期には,『うかる！ 行政書士 新・必修項目115』を利用して,最後の知識整理を図ることをお勧めします。この本は,各科目の重要テーマを厳選し,そのポイントを簡潔に整理しています。したがって,時間のない直前期でも,効率よく,効果的に,知識の整理を図ることができます。

　そして,最後に総仕上げとして,『うかる！ 行政書士 直前模試』に挑戦して,本試験のシミュレーションをすれば,試験対策は万全といえるでしょう。この本は毎年多くの本試験問題を的中させているため,本試験の予想問題集としても活用することができます。また,法律の勉強方法について,不安がある,どのように進めればよいかわからないという場合は,『伊藤塾式　人生を変える勉強法』を読んでみてください。この本は,伊藤塾が長年の受験指導を通して培ってきた,伊藤塾の勉強法の集大成です。受験経験の有無,学習環境を問わず,自分のゴール（試験の合格や合格後の姿）と現時点の自分とを結ぶ「勉強法の王道」がきっと見つかるはずです。

得点計画表

記述式	/ 60点
択一式	/240点
合　計	/300点

〈択一式出題形式の内訳〉

5肢択一式

法令等	基礎法学	/ 2問
	憲　法	/ 5問
	行政法（地方自治法を含む）	/19問
	民　法	/ 9問
	商　法（会社法を含む）	/ 5問
	小　計	/40問
一般知識等	政治・経済・社会	/ 7〜 8問
	情報通信・個人情報保護	/ 3〜 4問
	文章理解	/ 3問
	小　計	/14問
合　計		/54問

多肢選択式	/ 3問

※ 5肢択一式は1問4点，多肢選択式は1問8点（空欄1つにつき2点），記述は1問
　20点（ただし部分点あり）

学 習 進 度 表

	学習予定日	学習日	学習進度	
『うかる！ 行政書士 総合テキスト』を購入				科目が 終わったら 塗りつぶそう！
ガイダンス	／	／		まずは大枠を 押さえよう！
憲　法	／	／		
民　法	／	／		あと半分まで きたぞ！！
商　法	／	／	50％	
行政法	／	／		もう一息！ ラストスパート だ！！
基礎法学	／	／		
一般知識等	／	／	100％	

よく頑張ったね！
これで試験も
バッチリだ！！

Chapter 1
本書の使い方

学習モデルプラン

11月～

第1段階
学習方法を
確定させる

第2段階
体系をつかむ

12月～

第3段階
理解し
定着させる

8月～

第4段階
繰り返す

実力診断

10月～

11月13日
本試験予定

第1，2段階について
『うかる！ 行政書士 入門ゼミ』
行政書士試験の全体像をつかみましょう。最初は理解できなくても，一通り最後まで読んでみることが大切です。

第3段階について
『うかる！ 行政書士 総合テキスト』
合格に必要な知識を身につけます。ここでの基礎力作りが直前期に生きてきます。学習環境にもよりますが，最低2回は通読しましょう。学習ペースとしては，12～1月までに行政法・民法，2～3月でその他の科目を終わらせ，4月以降も同様に繰り返しましょう。本試験前の2週間で全体を見渡せる程度に，確認すべき事項を自分なりに絞り込んでおきましょう。

『うかる！ 行政書士 総合問題集』
身につけた知識が使える知識になっているかどうかを本書で確認しましょう。学習ペースとしては，『総合テキスト』の憲法のChapterが終わったら，『総合問題集』の憲法のChapterを解くというように，『総合テキスト』の学習と並行して進めるとよいでしょう。

『うかる！ 行政書士 民法・行政法 解法スキル完全マスター』
『うかる！ 行政書士 憲法・商法・一般知識等 解法スキル完全マスター』
問題を解くためのスキルを身につけ，得点力を養いましょう。

第4段階について
『うかる！ 行政書士 新・必修項目115』
直前期の知識の整理に使いましょう。隙間時間を有効に活用して，繰り返し確認しましょう。

『うかる！ 行政書士 直前模試』
本試験とほぼ同一形式で，出題が予想される良問を2セット収録しています。重要度の高い問題で間違えたものに関しては，しっかり復習しておきましょう。

伊藤塾では，思い立った時に学習が始められるよう，学習レベルや学習環境に合わせた講座を多数取り揃えています。詳しくは，伊藤塾ホームページをご覧ください。
https://www.itojuku.co.jp/gyosei/index.html

ガイダンス

Chapter 2 行政書士試験

1 行政書士試験概要

1 受験者数・合格者数・合格率の推移

試験実施年度	受験者数	合格者数	合格率
2006(平成18)年度	70,713人	3,385人	4.79%
2007(平成19)年度	65,157人	5,631人	8.64%
2008(平成20)年度	63,907人	4,133人	6.47%
2009(平成21)年度	67,348人	6,095人	9.05%
2010(平成22)年度	70,586人	4,662人	6.60%
2011(平成23)年度	66,297人	5,337人	8.05%
2012(平成24)年度	59,948人	5,508人	9.19%
2013(平成25)年度	55,436人	5,597人	10.10%
2014(平成26)年度	48,869人	4,043人	8.27%
2015(平成27)年度	44,366人	5,820人	13.12%
2016(平成28)年度	41,053人	4,084人	9.95%
2017(平成29)年度	40,449人	6,360人	15.72%
2018(平成30)年度	39,105人	4,968人	12.70%
2019(令和元)年度	39,821人	4,571人	11.48%
2020(令和2)年度	41,681人	4,470人	10.72%
2021(令和3)年度	発表後,伊藤塾ホームページに掲載		

2 試験概要（令和3年度）

1 受験資格

年齢，学歴，国籍等に関係なく，誰でも受験することができます。

2 受験手数料

7,000円

3 試験日・試験時間

11月の第2日曜日　午後1時～午後4時（3時間）

4 試験科目

試　験　科　目	内　容　等
行政書士の業務に関し必要な法令等 （出題数46題）	憲法，行政法（行政法の一般的な法理論，行政手続法，行政不服審査法，行政事件訴訟法，国家賠償法及び地方自治法を中心とする），民法，商法（※）及び基礎法学の中からそれぞれ出題し，法令については，令和3年4月1日現在施行されている法令に関して出題します。 ※商法については，会社法を含みます。
行政書士の業務に関連する一般知識等 （出題数14題）	政治・経済・社会，情報通信・個人情報保護，文章理解

なお，令和3年度については令和3年4月1日現在施行されている法令に関して出題されました。

5 出題形式及び配点

試験は，筆記試験によって行います。

出題の形式は，「行政書士の業務に関し必要な法令等（出題数46題）」は，択一式及び記述式で，「行政書士の業務に関連する一般知識等（出題数14題）」は，択一式です。

なお，記述式は，40字程度で記述するものを出題します。

6 合格基準点

次の要件のいずれをも満たした者を合格とします。

ア　行政書士の業務に関し必要な法令等科目の得点が，満点の50％以上である者
イ　行政書士の業務に関連する一般知識等科目の得点が，満点の40％以上である者
ウ　試験全体の得点が，満点の60％以上である者

（注）合格基準については，問題の難易度を評価し，補正的措置を加えることもあります。

3 合格発表

試験を実施する日の属する年度の1月の第4又は5週に属する日に，一般財団法人行政書士試験研究センターの掲示板に，合格者の受験番号が掲示されます。また，掲示後，受験者全員に合否通知書が郵送されます。

4 試験委員情報

　行政書士試験の問題作成は，試験委員によって行われます。その結果，試験委員が研究している分野について問題が作成されることが多いようです。

　伊藤塾では，各試験委員がどのような分野を研究対象としているのかについて情報を収集，分析し，その結果に基づいてテキストや問題集を制作しています。

　なお，2021（令和3）年度の試験委員は，以下の先生方です（担当科目については，伊藤塾の分析となります）。

氏　名	職　業	担当科目
石川　健治	東京大学教授	憲　法
只野　雅人	一橋大学教授	
林　知更	東京大学教授	
山田　洋	獨協大学教授	行政法
神橋　一彦	立教大学教授	
野口貴公美	一橋大学教授	
下井　康史	千葉大学教授	
高橋　信行	國學院大學教授	
府川　繭子	青山学院大学准教授	
鎌野　邦樹	早稲田大学教授	民　法
武川　幸嗣	慶應義塾大学教授	
舟橋　哲	立正大学教授	
土居　俊平	駒澤大学准教授	
山部　俊文	明治大学教授	商　法
中曽根玲子	國學院大學教授	
箱井　崇史	早稲田大学教授	
沼尾　波子	東洋大学教授	政治・経済・社会 情報通信・個人情報保護 基礎法学
金井　利之	東京大学教授	
寺田　麻佑	国際基督教大学准教授	
指宿　信	成城大学教授	
石塚　修	筑波大学教授	文章理解

Chapter 2
行政書士試験

2 現行試験制度下における試験分析

現行試験制度の下で2006（平成18）年度から試験が実施されました。ここでは，試験の特徴を分析していきます。

1 特徴その① 行政法

過去16回の法令等科目の出題数は，次のとおりです。

〈法令等科目の出題問題数〉

(内容) ＼ (形式)	択一式	多肢選択式	記述式	計
基礎法学	2	0	0	2
憲　法	5	1	0	6
行政法	19	2	1	22
民　法	9	0	2	11
商　法	5	0	0	5
合　計	40	3	3	46

これを見てわかると思いますが，まず，最も大切な出題科目は行政法です。

法令等科目全46問中，その22問が行政法からの出題ですから，法令等科目の約半分が行政法からの出題ということになります。

ただし，行政法と一言でいっても，この科目は複数の法律等から構成されています。

もう少し具体的に見ると，次頁のようになります。

ここでわかる大きな特徴は，まず，択一式問題では，2021（令和3）年度は行政手続法が3題，行政不服審査法が3題，行政事件訴訟法は3題出題となっている点です。過去の本試験では，行政手続法が最も重視される傾向にあったのですが，これらがほぼ均等な配分での出題となりました。

第2の特徴としては，例年，地方自治法の択一式問題が3題出題されている点です。2000（平成12）年度の試験制度改正以来，地方自治法は重視される傾向にありました。これが現行の試験制度でも引き継がれたといえます。地方自治法は，行政法の内容のひとつとして考えられているため，独立した出題科目である憲法や商法と比べて，その重要性が見えにくいのですが，実質的には，同じくらい重要な内容として学習したほうがよいでしょう。

〈令和 3 年度の行政法出題問題数〉

(内容) ＼ (形式)	択一式	多肢選択式	記述式	計
行政法の一般的な法理論	3	1	0	4
行 政 手 続 法	3	1	1	5
行政不服審査法	3	0	0	3
行政事件訴訟法	3	0	0	3
国家賠償法・損失補償	2	0	0	2
地 方 自 治 法	3	0	0	3
総 合 問 題	2	0	0	2
合 計	19	2	1	22

2 特徴その②　多肢選択式

　内容面では択一式の出題のときと実質的な違いはなく，従来の記述式をより簡単にした（以前は，穴埋め部分を自分で言葉を考えて埋めなければならなかったのに対して，選択式の場合は，語句群から適当な言葉を選択して埋めればよい）形式となっています。

3 特徴その③　記述式

　40 字程度で解答を記述させる問題が，現行の試験制度から出題されるようになりました。過去 16 回とも，民法から 2 題，行政法から 1 題が出されています。

　行政法は，行政事件訴訟法や行政手続法の具体的な手続の流れや訴訟要件を問う問題が多く出題されていますので，手続の流れや訴訟要件を意識した学習をされている方にとっては，比較的易しい問題といえます。

　一方，民法は，要件・効果の「要件」や民法の大原則の例外を問う問題が出題されています。また，判例について問う問題も出題されています。2021（令和 3）年度に出題された民法の 2 問は，いずれも事例を挙げてその法律関係を問う問題でした。法的思考力等を意識した学習をしてきているかが問われているのかもしれません。

　いずれにせよ記述式については，問題と解答を暗記するだけの学習ではなく，択一式の学習と同様に，日頃から，定義，要件・効果，原則，例外を意識した学習が要求されているといえます。

4 特徴その④　情報通信・個人情報保護

　一般知識等科目では，情報通信・個人情報保護の内容の問題が大幅に増えました。

　実は，2005（平成17）年度までの一般知識等科目は，法令等科目のように試験内容が明らかにされていなかったのが，現行試験制度から，「政治・経済・社会，情報通信・個人情報保護，文章理解」と，出題範囲を明記するようになりました。

　この理由は，情報通信・個人情報保護を試験範囲として明示したかったためです。しかしながら，情報通信・個人情報保護だけを表示したのでは他の出題内容との整合性が保てません。そこで，その他の分野についても，必要性はなかったものの，試験範囲としてあえて明示するようになったのです。こうした経緯から，情報通信・個人情報保護は当初から重視されていたといえます。

5 特徴その⑤　政治・経済・社会

　一般知識等科目14問のうち，政治・経済・社会については，2021（令和3）年度では5肢択一式で8問出題されました。「政治」では各国の政治制度や地方自治，また，「経済」では日本銀行や貿易，「社会」では社会保障制度や環境問題等を素材とした出題がなされています。配分は年度によって異なりますので，3つのどの分野から出題されても解答できるようにバランスよく学習してください。

3 学習上のポイント

　行政書士試験は，現行の試験制度によって，高次の法律専門家登用試験となりました。一見すると，法律初学者にとっては，合格しづらくなったように思われがちですが，決してそうではありません。きちんとしたカリキュラムで学習を進めていけば，必ず合格を勝ち取れる試験です。そして，現行試験制度の下で合格できる能力があるということは，法律的素養が身についているということであり，他の法律系資格試験を受験する際の有利な武器や，晴れて行政書士として実務に携わることになったときの財産となります。

　では，試験に向けてどのような点がポイントとなるのでしょうか。

1 法的思考力

　現行試験制度において出題される問題や内容の配分を分析すると，法令などの理解力・思考力が重視されていることがわかります。今日，社会の要請として，真の

法律的素養を身につけた行政書士が必要となっています。そこで，単なる知識を問うのではなく，法律専門家として必要な，真の理解力・思考力を問うため，試験制度の改正が2005（平成17）年になされました。もっとも，いかに法的思考力等が問われるからといって，考える勉強だけをやればよいかといえばそうではありません。知識が不足している状態では，いくら考えて問題を解こうと思っても，考えるための素材がないので正解を導くことはなかなか難しいでしょう。

したがって，これから皆さんは，まず，法的知識を確実に身につけていく学習から始め，本試験のときには法的知識＋法的思考力が身についている状態になるよう，学習計画を立ててください。

次から各試験科目を学習する上でのポイントをお話しします。配点が高い行政法と民法は，行政書士の実務においても特に身につけておく必要がある科目です。

2 行政法

行政法の問題は，行政法の一般的な法理論，行政手続法，行政不服審査法，行政事件訴訟法，国家賠償法，地方自治法に分かれています。

行政法の学習のポイントは，「行政法の一般的な法理論」に関しては，抽象的な用語の定義や基本原理が出てきますから，それらを具体例とあわせて覚えていくとよいでしょう。他の行政法の分野に関しては，条文・判例中心の学習を心掛けてください。そして，手続の流れや訴訟要件を意識した学習は，記述対策にも効果的です。

3 民　法

民法の学習を本格的に始めると，ある一定の法律効果を生じさせるためにはどのような要件が必要か，ということを学ぶことになります。ですから，民法を学ぶときには，要件・効果をしっかり意識して学習してください。このような学習の進め方は，択一式の問題を解く知識となるとともに，そのまま記述対策ともなり，効率のよいレベルアップにつながります。

4 その他の法令

試験制度の改正により，行政書士法，戸籍法，住民基本台帳法，労働法，税法については法令等科目から削除されましたが，これらが出題される可能性が100％なくなったわけではなく，今後も一般知識等科目で出題される可能性があります。特に行政書士法は，実務においても重要な役割を担っているため，試験問題として復活する可能性があり，一度は条文に目を通しておく必要があると考えられます。

5 一般知識等

　一般知識等科目では，政治・経済・社会の分野，情報通信・個人情報保護の分野，文章理解の分野の3分野から出題されます。合格するためにはこの科目で4割以上を得点しなければなりません。これらの科目の中で，個人情報保護は法令からの出題であることから，対策の立てやすい分野です。

　政治・経済・社会の分野への対策としては，日々ニュースや新聞等に目を通し，最近の時事問題について押さえておいてください。

　文章理解においては，すべての答えの根拠は，問題文中に必ずあるということを意識した学習を心掛けてください。

6 合理的学習

　行政書士試験で合格点を取るためには，バランスよく得点することが必要です。得点計画を立てることで，どの科目にどの程度の時間をかけるべきかが明確になり，バランスよく効率的に学習を進めることができます。得点計画を立てる際は，まず，一般知識等科目が合否判定基準をギリギリ満たした（最低6題得点）と仮定した上で，法令等科目のことを考えるとよいでしょう。つまり，全体の合否判定基準は180点以上であることから，法令等科目の得点目標としては，180 − 24 ＝ 156点以上となります。次に，この156点をどのような内訳で得点すればよいかを，各科目冒頭の合理的学習法を参考にして考えてみましょう。得点計画表は18ページに掲載しています。

　また，「うかる！行政書士」シリーズを使った本試験までの学習モデルプランも20ページに掲載しています。学習の計画がなかなか立てられない場合は，参考にしてみてください。

4　合格後を考える

1 行政書士とは

　行政書士は，「行政書士法」という法律でその存在が定められている国家資格です。この法律では，行政書士は，他人の依頼を受け報酬を得て，

　① 官公署に提出する書類その他権利義務又は事実証明に関する書類の作成
　② 官公署提出書類の提出手続の代理，聴聞手続・弁明手続の代理

③ 行政書士が作成した官公署に提出する書類にかかる許認可等に関する不服申立ての手続について代理等
④ 契約書等の書類作成
⑤ 書類の作成に関する相談業務

を行うと定められています。

また，行政書士の業務が，弁護士の業務と重なっている部分がかなり多いのが特徴です。それは，行政書士法の中で，行政書士が「権利義務又は事実証明に関する」書類作成（の代理）及びその相談業務ができると規定されているからです。

現行の「行政書士法」は，これまで何度か改正が行われました。中でも1980年の改正によって，「提出代行権」とともに「相談業務」を行うことができるようになったこと，また，2002年の改正により「代理権」が与えられたことが有名です。そして，2003年の改正における行政書士法人制度，使用人行政書士制度の創設，2006年の行政書士法施行規則の改正によって行政書士が労働者派遣業を行えるようになったことは，行政書士の業務等に大きな影響を与えることになりました。

さらに，2014年に行政書士法が改正され，新たに行政書士の業務として，行政書士が作成した官公署に提出する書類にかかる許認可等に関する不服申立ての手続について代理，及びその手続について官公署に提出する書類を作成することが追加されました。従来は，行政に対して不服を申し立てる方法を依頼者に代わって行うことができるのは弁護士だけでしたが，新たに，研修課程を修了した行政書士（特定行政書士）も，一定の行政に対する不服申立てについては，依頼者に代わって行うことができるようになったのです。

2 行政書士の魅力

行政書士の仕事は，皆さんの生活にも密接に関係するものです。

福祉行政が重視され，国民と行政が多くの面で関連を持つことになった現代では，国民が官公署に書類を提出する機会も多くなっています。加えて，行政の複雑化・高度化に伴い，その作成に高度の知識を要する書類も増加しています。

このように，行政書士は，依頼者の相談に応じ，膨大な種類の書類作成をすることができるため，業務の範囲がとても広く，「法廷に立たない弁護士」とさえ言われています。

また，行政書士は，法律で相談業務を行うことが認められており，「代理権」も与えられたことから，新しい時代の行政書士業務として「法務コンサルタント」としての可能性が広がっています。法務コンサルタントとしての行政書士の仕事は，紛争を未然に防ぐことや，仮に紛争となった場合でも訴訟の前に早期解決に導くこ

とが中心となります。

これは予防法務と呼ばれ,非常に重要です。なぜなら,裁判になれば勝てるというようなトラブルであっても,多くの人にとっては,裁判をすること自体が大変なエネルギーを必要とするからです。無意味な紛争を防ぎ,企業経営や市民生活が円滑に営めるようにすることが,行政書士の仕事となります。

3 未来の行政書士へ

現在,行政書士は,社会のニーズに対応し,その活躍の範囲を大きく広げています。官公庁に提出する書類の作成はもちろんのこと,新しい分野として注目を集めている「著作権業務」をはじめ,悪徳商法などから市民の権利を守る「市民法務」,また,国際化に伴い近年取扱い件数が増加している「国際業務」では,外国人の帰化申請や在留資格の取得を通じて外国人の人権擁護に寄与しています。

このように,現在の行政書士は,相談したいときに相談できるまさに"**市民に一番身近な法律家**"といえます。

行政書士という仕事は,あなたにとって一生ものの資格となることでしょう。

合格のための5つの法則

1. 最後まで諦めない気持ち
2. 繰り返しの復習
3. 問題演習の重視
4. 手を広げない
5. 謙虚・感謝の気持ち

Part 1 憲法

学習進度チェック

学習したChapterの日付を記入し、学習進度を確認しよう！

		学習予定日	日付①	日付②
Chapter 1	憲法総論	／	／	／
Chapter 2	人権総論	／	／	／
Chapter 3	包括的基本権と法の下の平等	／	／	／
Chapter 4	精神的自由①	／	／	／
Chapter 5	精神的自由②（表現の自由）	／	／	／
Chapter 6	経済的自由・人身の自由	／	／	／
Chapter 7	受益権・社会権・参政権	／	／	／
Chapter 8	国会	／	／	／
Chapter 9	内閣	／	／	／
Chapter 10	裁判所	／	／	／
Chapter 11	天皇	／	／	／
Chapter 12	財政	／	／	／
Chapter 13	地方自治	／	／	／
Chapter 14	憲法改正	／	／	／

まずは大枠を押さえよう！

あと半分まできたぞ！！

もう一息！ラストスパートだ！！

よく頑張ったね！これで憲法マスターだ！！

合理的学習法

1 得点計画

憲法の合格戦略（必要正解数）は，**出題数の7割程度**です。

2 全体構造

憲法は大きく人権と統治の2つに分類することができます。

1 人権

これまで憲法を本格的に学習したことがない人であっても，基本的人権という概念を大事なものとして学校で習ったことはあるでしょう。表現の自由，職業選択の自由などの言葉を聞いたことがあるという人は多いと思います。

日本国憲法は，このような市民の各種の権利や自由を国家権力が侵害することのないように，その保障をしています。例えば，23条では「学問の自由は，これを保障する。」としています。

もし，試験でこの条文知識だけが問われるのであれば，苦労しません。残念ながら，行政書士試験で要求されるレベルは条文知識だけでは到底足りないのです。

自由は絶対無制限なものではありません。例えば，学問の自由といって，人体実験や核実験を好きなようにしてよいとは誰も思わないでしょう。自由といっても一定の制限は伴うのです。

それでは，どのようなときに自由の制約は許されるのでしょうか？　また，どのような制約ならば許されるのでしょうか？　これらを巡って，過去，多くの事件が起きました。

これら過去の事件に対する，最高裁判所を中心とした裁判所の解釈や判断が，試験では出題されます。裁判所のこのような先例を「判例」といいますが，行政書士試験では，各種の人権について学ぶ際に，条文知識のみならず，多くの重要判例を学ばなければなりません。

しかも，判例が重要であるのは憲法に限ったことではないのですが，行政書士試験では，特に憲法については，判例は結論だけでなく，その結論に至る理由づけの部分についてまでも出題されます。

そのため，最終的には，憲法の重要判例は，結論だけでなく，なぜそういう判断を最高裁判所がしたのかということまで記憶をしていかなければなりませんが，最初からこのレベルの勉強をすることは難しいです。また，行政法や民法を学習しな

ければ理解しにくいものもあります。そこで，最初からじっくりと学習するというよりも，最初はわからないことは後回しにして先に進むことを意識するとよいでしょう。

せっかく行政書士試験合格を志したのに，憲法でつまずき，行政法や民法の学習に手が回らないということは絶対に避けたいものです。試験対策上は，あくまでも憲法は行政法や民法の補完科目であるという考えを持っていても構いません。

2　統治

統治と聞いてもピンとこないかもしれませんが，権力分立（三権分立），国会，内閣，裁判所と聞けば，記憶がよみがえる人も多いでしょう。

統治は基本的には条文知識が大切です。それほど深い理解を要求される内容ではありませんが，数字など，正確に覚えなければならないことも多いです。また，国会と議院（衆議院・参議院）や内閣と内閣総理大臣は異なるため，この違いにも意識していかなければなりません。例えば，国政調査権について規定する62条は「両議院は，各々国政に関する調査を行ひ，これに関して，証人の出頭及び証言並びに記録の提出を要求することができる。」としています。そうすると，国政調査権は，国会の権限ではなく，議院の権限となります。これを問題では，「国政調査権は国会の権限である」というように引っかけてきます。

記憶力に自信のない人には敬遠したくなるテーマかもしれませんが，記憶力の違いは程度の問題であり，記憶力に自信があるという人であっても一度で覚えられるわけではありません。記憶するためには繰り返し勉強をすることです。

別冊の「ハンディ行政書士試験六法」を利用し，何度も統治の条文を読み込むようにしていきましょう。

Part
1

憲

法

ガイダンス　35

Chapter 1 憲法総論

イントロダクション　学習のポイント

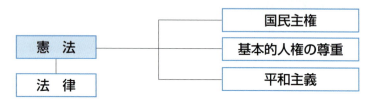

　憲法総論は，抽象的で勉強しづらいところかもしれません。試験での出題はほとんどないので，簡単に仕上げましょう。
　まず，憲法と法律は異なります。憲法の特徴を踏まえつつ，その違いを意識しましょう。そして，日本国憲法に流れる法の支配という考え方を知り，日本国憲法の基本原理を学んでいきます。3つの基本原理のうち，国民主権が最も大切です。主権という言葉には3つの意味があることを理解し，国民主権にいう主権とは何かを考えていきましょう。

ベーシック　じっくり理解しよう!

1　憲法

　憲法は多義的に定義されますが，最も重要なその定義は，国家権力を制限して国民の権利・自由を守るために定められた国家の基礎法です（立憲的意味の憲法（又は近代的意味の憲法））。
　この立憲的意味の憲法には，①自由の基礎法（国民の自由を保障すること），②制限規範性（国家権力を制限すること），③最高法規性（国法秩序において最も強い効力を持つ。憲法第10章，特に98条）という特徴があります。

Festina lente

法律というのは，1つの国家機関（国会）が国民の権利・自由等を制約するための決まりなのだよ。一方，憲法はあらゆる国家機関の行動を制限するという性質を持っている点で他の法律と全く異なっているのだ。

2 法の支配

　法の支配とは，専断的な国家権力の支配（人の支配）を排斥し，権力を法（憲法）で拘束することによって，国民の権利・自由を擁護することを目的とする原理です。この原理はイギリスやアメリカの法体系の根幹として発展してきました。

〈人の支配から法の支配へ〉

〈日本国憲法における法の支配のあらわれ〉

法の支配の内容	日本国憲法の規定
① 最高法規	第10章　最高法規
② 個人の人権	第3章　国民の権利及び義務
③ 適正手続	31条　法定手続の保障
④ 裁判所の役割の尊重	76条3項　司法権の独立 81条　違憲立法審査権 76条2項　特別裁判所の禁止

3 日本国憲法の基本原理

重要度 B

日本国憲法の基本原理は，①**国民主権**，②**基本的人権の尊重**，③**平和主義**の３つです。これは，日本国憲法の前文第１段において宣言されています。

1 国民主権

主権という言葉には，一般的に３つの意義があります。

国家権力そのもの(統治権)*1	国家が有する支配権を包括的に示す場合をいう。すなわち，立法権，行政権，司法権を総称する統治権とほぼ同意義である。
国家権力の最高独立性*2	国家権力が国内的には最高であり，対外的には独立であることを示す場合をいう。
国政の最高の決定権*3	国の政治のあり方を最終的に決定する力，又は，権威を示す場合をいう。

このうち，国民主権における主権は，国政の最高の決定権という意味です。

すなわち，国民主権とは国民に主権があることをいいますが，この場合の主権は，国政の最高決定権，つまり，**国の政治のあり方を最終的に決定する力，又は，権威**を意味します。

Festina lente

日本国憲法は，上記のように，国民主権を採用しているよ。

これに対して，大日本帝国憲法，通称明治憲法では，天皇主権をとっていたんだ。

要するに，明治憲法の時代は，日本の国政の最高決定権は，天皇という個人にあったんだ。

ちなみに，日本国憲法の下では，天皇は，「象徴」としての地位が与えられているよ。つまり，わかりやすくいうと，天皇の存在は，日本のシンボルということなんだ。

2 基本的人権の尊重

基本的人権とは，人が人であるというだけで当然に認められる

---

*1
■ 参考データ
国家権力そのものの例としては，「日本国の主権は，本州，北海道，九州及四国並に吾等の決定する諸小島に局限せらるべし。」(ポツダム宣言８項)のように使われる場合です。

*2
■ 参考データ
国家権力の最高独立性の例としては，「自国の主権を維持し」(前文)のように使われる場合です。

*3
■ 参考データ
国政の最高決定権の例としては，「ここに主権が国民に存することを宣言し」(前文)のように使われる場合です。

基本的な権利をいいます。例えば，日本国憲法でも，人は心の中で何を考えようと国家から規制を受けず自由であるという権利（思想及び良心の自由）等が明文上認められています。

そもそも，日本国憲法は，「個人の尊重」の価値観を基本としています。「個人の尊重」とは，国民一人ひとりが個人として人間らしく扱われるということです。このことは，国民一人ひとりの幸せのために国家が存在するのであって，国家のために個人が存在するのではないということを意味します。

そして，人が個人として尊重されるために必要な権利や自由というものが，基本的人権，又は単に，人権といわれるものです。

日本国憲法は，この基本的人権が「侵すことのできない永久の権利」（11条，97条）としてすべての国民に保障されるとしています。

Festina lente

人に権利や自由を与えるのは，一体誰だろう。

王様等の君主から与えられるのだろうか。

実は，人は，君主等の人から権利や自由を与えられるのではないよ。イメージするためにいうならば，権利や自由は「天」から授けられるものなんだ。

要するに，権利や自由，すなわち，基本的人権は，人が生まれながらにして持っているものということだよ。だから，基本的人権は，人が人であるというだけで当然に認められる基本的な権利と説明されるよ。

3 平和主義

日本国憲法は，第二次世界大戦の悲惨な体験を踏まえ，戦争についての深い反省に基づいて，平和主義を基本原理として採用し，戦争と戦力の放棄を宣言しました（前文，9条）。

日本国憲法は，9条1項で，侵略戦争を放棄するとともに，2項で，正義と秩序を基調とする国際平和を誠実に希求するために，自衛戦争も含めた一切の戦力の不保持を宣言したこと，そして，国の交戦権を否認したことにおいて，徹底した戦争否定の態度を打ち出しています。

ファイナルチェック　基礎知識の確認

問題 1　憲法は，改正手続が通常の法律よりも厳格ではあるものの，法規範としての性質に差異はない。

問題 2　法の支配とは，専断的な国家権力の支配を排斥し，権力を法で拘束することによって，国民の権利，自由を守ることを目的とする原理であり，その内容として，権力によって侵されない個人の人権や，立法府の役割の尊重等が挙げられる。

問題 3　「ここに主権が国民に存することを宣言し」という場合の主権とは，国家権力が国内的には最高であり，対外的には独立であることを示す。

問題 4　憲法9条1項は，「日本国民は，正義と秩序を基調とする国際平和を誠実に希求し，国権の発動たる戦争は，国際紛争を解決する手段としては，永久にこれを放棄する。」と規定している。

問題1 ✗ 憲法は国家権力を制約するものであり，法律とは異なる法規範である。　**問題2 ✗** 特別にその役割を尊重されるのは，裁判所である。　**問題3 ✗** 国民主権にいう主権とは，国政の最高の決定権等を示す。　**問題4 ✗** 「武力による威嚇又は武力の行使」という文言が欠けている。

本試験レベルの問題にチャレンジ！ ▶▶▶

Chapter 2 人権総論

重要度 A

イントロダクション 学習のポイント

　個別の人権を勉強する前に，人権とは何か？　どういった種類があるのか？　そして，人権は誰に保障されている権利なのか？　を勉強していきます。中でも，誰に保障されているかという人権享有主体性は，試験でも大切なテーマです。

　ところで，人権が保障されるといっても，実は人権も絶対無制約なものではなく，一定の制限を受けます。このChapterの最終テーマはこの基本的人権の限界になります。このテーマの中では，公務員の人権と私人間効力が大切です。

ベーシック じっくり理解しよう!

Festina lente
　ここでは，具体例等で，憲法上認められている人権が登場するけど，これらが実際にどういった権利なのかは，後々学習していくから，ここでは，「そういった権利があるんだぁ」って思っておけばいい。
　そして，一度，人権の学習が終わったら，もう一度，このChapterを読んでくださいね。

1 人権

重要度 C

　人権には，固有性，不可侵性，普遍性という特徴があります。

〈人権の性質〉

性質	内容
① 人権の固有性	人権は，人であることにより当然に有する権利である。
② 人権の不可侵性	人権は，原則として公権力により侵されない。
③ 人権の普遍性	人権は，人種・性別・身分等の区別によらず，人であることにより当然に享有できる権利である。

2 人権の分類

人権は，大別して，自由権，参政権，社会権，受益権に分けることができます。

1 自由権（国家からの自由）

自由権とは，国家が個人の領域に対して権力的に介入することを排除して，個人の自由な意思決定と活動とを保障する人権です。このことから国家からの自由と呼ばれます。

自由権は，精神的自由，経済的自由，人身の自由に分類されます。

2 参政権（国家への自由）

参政権とは，国民の国政に参加する権利です。これは国家への自由といわれ，自由権の確保に仕えるものです。すなわち，国民が自由であるためには，その政治に参加していくことが最も望ましいというところから認められる人権です。*1

3 社会権（国家による自由）

社会権とは，社会的，経済的弱者が人間に値する生活を営むことができるように，国家の積極的な配慮を求めることのできる権利です。この権利の実現のためには，国家の積極的な関与が必要なことから，国家による自由と呼ばれます。*2

*1
■ 参考データ
参政権の具体例は，選挙権（15条）や被選挙権（立候補の自由）に代表されますが，他に憲法改正の国民投票（96条）や，最高裁判所裁判官の国民審査（79条2項）もこれに含まれることになります。

*2
■ 参考データ
社会権の具体例として，生存権（25条）等が挙げられます。

4 受益権

受益権とは，国に対して一定の作為を要求する権利です。

裁判を受ける権利，請願権，国家賠償請求権，刑事補償請求権等がこの受益権にあたりますが，裁判を受ける権利等は，古くから自由権と相伴って保障されてきたものです。

3 人権享有主体性

重要度 **A**

人権は，人が人である以上，人種，性別，社会的身分等の区別に関係なく当然に享有できる普遍的な権利です。

しかし，憲法第3章は「国民の権利及び義務」と題して，文言上，権利の主体を「国民」に限定しています。ここにいう国民とは，形式的には，日本国籍を有する自然人を指します。そこで，「国民」にあたらない法人，外国人に関して，人権を享有する主体となり得るかが問題となります。*3

1 法人の人権享有主体性

判例は，性質上可能な限り，法人にも人権は保障されるとしています。そこで，法人にも人権が保障されるかについては，その人権の性質ごとに検討していく必要があります。*4*5

> **判例** 八幡製鉄事件（最大判昭45.6.24）
>
> **争点** ①法人に人権享有主体性は認められるか。
> ②会社に政治活動をする自由（政治献金）は認められるか。
>
> **結論** ①，②とも　認められる。
>
> **判旨** 憲法第3章に定める国民の権利及び義務の各条項は，性質上可能な限り，内国の法人にも適用されるものと解すべきであるから，会社は，自然人たる国民と同様，国や政党の特定の政策を支持，推進し又は反対するなどの政治的行為をなす自由を有するのである。政治資金の寄附もまさにその自由の一環であり，会社によってなされた場合，政治の動向に影響を与えることがあったとしても，自然人たる国民による寄附と別異に扱うべき憲法上の要請があるものではない。

*3
■ **語句解説**

法人とは，法によって人格を与えられた団体をいいます。具体的には，社団法人や財団法人のほか，会社等もこれにあたります。

*4
■ **語句解説**

判例とは，裁判所の先例，つまり，ある事柄に対する裁判所としての見解をいいます。
判例は，判決や決定といった裁判所の裁定によって積み重ねられます。

*5
■ **ポイント**

法人には，生存権，生命や身体に関する自由，選挙権などは認められません。

Festina lente

　判例について説明しておくね。八幡製鉄事件であれば，横にある「(最大判昭45.6.24)」とある部分は，判例の種類・裁判年月日を指すよ。

　「最」は，最高裁判所を指す。高等裁判所の判例なら，ここが「高」となる。

　「大」は，最高裁判所大法廷を指す。最高裁判所小法廷の場合は，表示しないのが通例なんだ。

　「判」は，判決を指す。判決とは，裁判所の裁判の1つだよ。裁判所の裁判が決定である場合は，ここが「決」となるよ。

判例　南九州税理士会事件（最判平8.3.19）

争点　政治団体へ政治献金を行うことは，**強制加入**である税理士会の目的の範囲内の行為か。

結論　目的の範囲外の行為である。

判旨　税理士会が政党など（政治資金）規正法上の政治団体に金員の寄付をすることは，たとい税理士にかかる法令の制定改廃に関する政治的要求を実現するためのものであっても，（税理士）法49条2項で定められた税理士会の目的の範囲外の行為であり，右寄付をするために会員から特別会費を徴収する旨の決議は無効であると解すべきである。

判例　群馬司法書士会事件（最判平14.4.25）

争点　被災した他の司法書士会への復興支援拠出金の寄付は，司法書士会の目的の範囲内か。

結論　目的の範囲内である。

判旨　兵庫県司法書士会に本件拠出金を寄付することは，被上告人（群馬司法書士会）の権利能力の範囲内にあるというべきである。そうすると，被上告人は，本件拠出金の調達方法についても，特段の事情がある場合を除き，多数決原理に基づき自ら決定することができるというべきである。これを本件についてみると，被上告人がいわゆる強制加入団体であることを考慮しても会員に社会通念上過大な負担を課するものではないのであるから，本件負担金の徴収について，特段の事情があるとは認められない。

2　外国人の人権享有主体性

　外国人は，自然人ではあるものの，日本国籍を有しないため，国民とはいえません。しかし，人であるがゆえに認められる人権

が外国人にも保障されるのは当然である以上，判例は，**基本的人権は権利の性質上，日本国民のみを対象としていると解されるものを除き外国人にも保障される**としています（マクリーン事件：最大判昭53.10.4）。

1 入国の自由，出国の自由，再入国の自由

入国の自由は，外国人には**保障されず**，国際慣習法上，各国の裁量に委ねられています。また，在留する権利も保障されません。

出国の自由について判例は，**22条2項を根拠として**，外国人の**出国の自由を認めています**。そして，出国は一般的には当然帰国（再入国）を前提とすることなので，再入国の自由もまた外国人に保障されることになりそうですが，判例は，「憲法上，外国へ一時旅行する自由を保障されているものではない」と判示して，**再入国の自由は保障されない**としています。ただし，再入国の許否を決めるにあたっての法務大臣の裁量は全くの自由ではなく，一定の制約に服するとの考え方が有力です。[*1]

2 政治活動の自由

政治活動の自由とは，政治的表現の自由の問題です。表現の自由という側面から見ると，これは精神的自由ですから，日本人であろうと外国人であろうと精神的活動という点では変わりません。[*2]

しかし，政治的表現の自由は，参政権的側面を有しているので，国民主権に抵触するおそれがあります。

そこで，判例は，外国人に保障される政治的表現の自由は，**我が国の政治的意思決定又はその実施に影響を及ぼす活動等に関しては保障されない**が，それ以外の政治活動の自由については保障されるとしています（マクリーン事件）。

3 参政権

公務員を選定罷免する権利を保障した憲法15条1項の規定は，**権利の性質上日本国民のみをその対象とし**，憲法15条1項の規定による権利の保障は，国レベルでも地方レベルでも**我が国に在留する外国人には及びません**。

もっとも，憲法第8章は地方自治について制度的に保障しており，住民の日常生活に密接な関連を有する事務については，住民自治に基づいて処理することは許されます。[*3]

Part 1 憲法

[*1] **要チェック！過去問題**

わが国に在留する外国人は，憲法上，外国に一時旅行する自由を保障されているものではない。

➡ ⭕ (H27-3-2)

[*2] **語句解説**

精神的自由とは，自由権のうち人間の精神活動の自由にかかるものをいいます。自由権は，その性質によって経済的自由権と精神的自由権と人身の自由に分けることができます。

[*3] **語句解説**

住民自治とは，その地域の政治は，その地域の住民の意思によって行っていくという考え方です。

Chapter 2 人権総論　45

したがって，**法律をもって地方公共団体の長や議会議員等に対する（地方レベルの）選挙権を定住外国人等に認めることは，憲法上禁止されないと解されています**（定住外国人地方参政権事件：最判平 7.2.28）。*1

4　その他，問題となる権利

指紋押捺を強制されない自由 （最判平 7.12.15）	保障されるが，絶対無制限のものではなく，指紋押捺強制制度（すでに全廃）は合憲
公務就任権 （最大判平 17.1.26）	地方公共団体が日本国民である職員に限り管理職に昇任することができることとする措置をとることは憲法に違反しない。
社会権 （塩見訴訟　最判平元.3.2）	福祉的給付を行うにあたり，自国民を在留外国人より優先的に扱うことも許される。

> *1
> **☑ 要チェック！過去問題**
>
> 仮に立法によって外国人に対して地方参政権を認めることができるとしても，その実現は基本的に立法裁量の問題である。
> ➡ **○**（H23-4-5）

4　基本的人権の限界

重要度 **A**

1　公共の福祉

人権は，絶対無制限というわけではなく，他者の人権にも配慮しなければなりません。つまり，ある個人の人権と別の個人の人権がぶつかりあったときに，その衝突の調整の限りにおいて人権が制約されます。このような**人権と人権の矛盾，衝突の調整の原理**が公共の福祉です。

2　特別な法律関係

1　公務員の人権

日本国憲法は，「すべて公務員は，全体の奉仕者であつて，一部の奉仕者ではない」（15条2項）とし，73条4号は，内閣は「法律の定める基準に従ひ，官吏に関する事務を掌理すること」と定めています。このように，憲法が公務員という存在とその自律性を憲法秩序の構成要素として認めていることから，公務員は一般国民とは異なり，公共の福祉による制約以外にも**公務員であるがゆえの制約を受ける**と考えられます。*2

> *2
> **■ 語句解説**
>
> **官吏**とは，一般的に，行政組織に属する国家公務員をいいます。
> **掌理**とは，ある事務を管轄し，これをおさめることをいいます。

Festina lente

判例も，全逓東京中郵判決（最大判昭 41.10.26）において，公務員にも一般の勤労者と同様に基本権が保障されるが，その職務の性質上，国民全体の利益の保障という見地からの制約を当然の内在的制約として内包するとしているよ。

Part 1 憲法

（1）公務員の政治活動の自由

　政治活動の自由は，政治的な表現の自由であり，21 条 1 項の表現の自由の問題です。

　この点，公務員の政治活動は，国家公務員法 102 条 1 項により，「職員は，……人事院規則で定める政治的行為をしてはならない」と規定されています。そして，人事院規則 14 − 7（5 項）により，政治的目的というものが定義されています。つまり，公務員は，政治的目的の行為を禁止されることになるわけです。

　これらの規定について判例は，職務の性質などにかかわりなく，一律に公務員の政治活動の規制は合憲としました（猿払事件：最大判昭 49.11.6）。ただし，近時，これらの規定を限定的に解釈・適用するような判例も出ています。

> *3
> ☑ 要チェック！
> 過去問題
>
> 公務員は政治的行為を制約されているが，処罰対象となり得る政治的行為は，公務員としての職務遂行の政治的中立性を害するおそれが，実質的に認められるものに限られる。
> ➡ ○ (H 29-3-3)

判例 　国家公務員法違反被告事件（最判平 24.12.7）*3

争点 　管理職的地位になく，その職務の内容や権限に裁量の余地のない公務員は，政治的ビラの配布行為について処罰されるか。

結論 　処罰されない。

判旨 　国家公務員法の罰則規定により禁止されるのは，民主主義社会において重要な意義を有する表現の自由としての政治活動の自由ではあるものの，禁止の対象とされるものは，公務員の職務の遂行の政治的中立性を損なうおそれが実質的に認められる政治的行為に限られ，このようなおそれが認められない政治的行為や人事院規則が規定する行為類型以外の政治的行為が禁止されるものではない。被告人は，社会保険事務所に年金審査官として勤務する事務官であり，管理職的地位にはなく，そして，本件配布行為は，勤務時間外である休日に，国ないし職場の施設を利用せずに，公務員としての地位を利用することなく行われたものである上，公務員により組織される団体の活動としての性格もなく，公務員であることを明らかにすることなく，無言で郵便受けに文書を配布したにとどまるものであって，公務員による行為と認識し得る態様でもなかったものである。これらの事情によれば，本件配布行為は本件罰則規定の構成要件に該当しないというべきである。

Chapter 2
人権総論

（2）公務員の労働基本権

　現行法上，警察職員，消防職員，自衛隊員，海上保安庁又は刑事収容施設に勤務する職員は，団結権，団体交渉権，争議権，の労働三権のすべてを制限されています。

　また，非現業の一般公務員は，団体交渉権と争議権が制限されています。そして，現業公務員は，争議権が制限されています。*1

　このように，公務員の労働基本権が大幅に制約される根拠は，憲法が公務員関係の存在と自律性を憲法秩序の構成要素として認めていることにあるとされます。

判例

全農林警職法事件（最大判昭48.4.25）*2 *3

争点　公務員の一律かつ全面的な争議行為禁止規定は合憲か。

結論　合憲である。

判旨　憲法28条の労働基本権の保障は公務員に対しても及ぶが，この労働基本権は勤労者を含めた国民全体の共同利益の見地からする制約を免れない。この理を「非現業の国家公務員」について述べると，次のとおりである。（イ）公務員の地位の特殊性と職務の公共性を根拠として，その労働基本権に対し必要やむを得ない限度の制限を加えることは，十分な合理性がある。（ロ）公務員の給与をはじめ，その他の勤務条件は，国会の制定した法律，予算によって定められることとなっており，したがって，公務員が政府に対し争議行為を行うことは的はずれである。（ハ）私企業の場合には，労働者の要求はいわゆる市場抑制力が働くが，公務員の場合にはそのような制約はない。（ニ）公務員の労働基本権を制限するにあたっては，これに代わる相応の措置が講じられなければならないが，人事院制度などによって十分なものがあるといえる。

2　被収容者の人権

　被収容者の人権を制限する根拠も，公務員の場合と同じく，憲法が収容関係とその自律性を憲法の構成要素として認めていることにあるとされます（18条，31条）。

　この点について判例は，未決拘禁者の閲読の自由の制限について，監獄（現刑事収容施設）内の規律及び秩序の維持上放置することができない程度の障害が生ずる相当の蓋然性がある場合に限って許されるとしました（「よど号」ハイジャック新聞記事抹消

---

*1
■ **語句解説**

現業というのは，国有林野事業などの非管理的な業務のことを指します。

*2
■ **参考データ**

公務員の労働基本権について，最高裁は，都教組事件（最大判昭44.4.2）では，公務員の一律かつ全面的な争議行為の禁止規定を，合憲限定解釈により合憲と判断しました。しかし，全農林警職法事件で，合憲限定解釈を否定して合憲とする判断を下しており，現ではこの判決が定着しています。しかし，これに対しては，個々の公務員の職務上の地位や職務の内容に即した必要最小限度の制限のみを認めるべきとの批判もあります。

*3
☑ **要チェック！過去問題**

公務員の争議行為は禁止されているが，政治的目的のために行われる争議行為は，表現の自由としての側面も有するので，これを規制することは許されない。
➡ ✗（H24-7-4）

Part 1
憲法

事件：最大判昭 58.6.22)。*4*5

3 私人間効力

人権は，伝統的な憲法理論では，国家権力（公権力）との関係で保障される国民の権利，自由であると考えられてきました。つまり，憲法は，もともと，国家と私たち国民との間を規律する公法です。

しかし，現代においては，私たち私人の中に人権を侵害するおそれのある社会的権力として，マスコミや企業等，巨大な資本と情報力を持つ私的団体が登場してきました。

そこで，憲法の規定を国家と私人のみならず，私人間にも適用し，一般国民の人権を保障しなければならないのではないかが問題となりました。

1 間接適用説

私人の中に社会的権力が登場し，国民の権利に対して脅威となっている現代において，憲法の規定を全く考慮しないのでは，国民の人権保障を十分図れなくなってしまいます。その反面，憲法を直接適用すると私的自治の原則を害してしまうことになります。*6

そこで，一般私人の人権を社会的権力から保護するために，**私法の一般条項（民法 90 条，709 条等）を適用する際に，憲法の精神をその解釈に読み込んで解決**しようとする考えが登場しました。これを，間接適用説といいます。判例もこの立場に立っています。

---

*4
参考データ
現在では，監獄ではなく刑事収容施設と呼ばれています。

*5
語句解説
蓋然性とは，あることが実際に起こる可能性が高いことをいいます。

*6
語句解説
私的自治の原則とは，私人と私人の間の法律関係には国家が介入しないのが原則であり，国家とは無関係に私人相互間で契約を結ぶ等して取引関係やその他の法律関係を築いていくことをいいます。

Festina lente
間接適用説に立っても，もともと，直接的な私法的効力を持つ人権規定は直接適用されるよ（15 条 4 項，18 条，27 条 3 項，28 条）。

判例 三菱樹脂事件（最大判昭 48.12.12）

争点
①憲法の人権規定は，私人間にも適用されるか。
②私人相互間で自由・平等侵害があった際，どのように保護していくことができるか。

結論
①直接適用はされない。
②民法 1 条，90 条や不法行為に関する諸規定を運用して保護していく。

判旨
①憲法の規定は，もっぱら国又は公共団体と個人との関係を規律するものであり，私人相互の関係を直接規律することを予定するものではない。
②私的自治に対する一般的制限規定である民法 1 条，90 条や不法行為に関する諸規定

などの適切な運用によって，一面で私的自治の原則を尊重しながら，他面で社会的許容性の限度を超える侵害に対し基本的な自由や平等の利益を保護し，その間の適切な調整を図る。

ファイナルチェック　基礎知識の確認

問題1　憲法第3章「国民の権利及び義務」にいう国民とは，日本国籍を有する自然人を指す。

問題2　法人には，性質上可能な限り，人権享有主体性が認められており，例えば，財産権等は，法人にも保障されている。

問題3　税理士会がする政治資金規正法上の政治団体に対する政治献金は，それが税理士法改正に関わるものであったとしても，税理士会の目的の範囲外の行為と解される。

問題4　我が国に在留する外国人のうちでも，永住者等であってその居住区域の地方公共団体と特段に緊密な関係を持つに至ったと認められる者については，憲法上，地方公共団体の長に対する選挙権が保障されている。

問題5　「公務員は，政治的目的のために，寄附金を求め，若しくは受領してはならない。」という規定を法律で設けることは，憲法上，許されない。

問題6　刑事収容施設内の規律及び秩序の維持上放置することができない程度の障害が生ずる相当の蓋然性がある場合には，それを防止するために必要かつ合理的な範囲内で，被収容者の閲読の自由を制約することは許される。

問題7　憲法の規定は，すべて，私人間には直接適用されない。

問題1 ○　問題2 ○　問題3 ○（南九州税理士会事件）　問題4 ✕　憲法上は，外国人には，選挙権は保障されていない。　問題5 ✕　判例は，本問のような規定（国家公務員法102条1項）を合憲とした。　問題6 ○（よど号ハイジャック新聞記事抹消事件）　問題7 ✕　間接適用説に立っても，性質上直接的な私法的効力を持つ人権規定は，直接適用される。

本試験レベルの問題にチャレンジ！▶▶▶

Chapter 3 包括的基本権と法の下の平等

イントロダクション　学習のポイント

　このChapterでは，前半で新しい人権，後半で法の下の平等について勉強します。ともに，大切なテーマです。
　これらのテーマに関連する最高裁判所の重要判例も多くあります。特に，14条の「法の下の平等」に関しては，非嫡出子相続分差別規定違憲決定など，近年，最高裁判所において違憲の判断がされたものもあります。

ベーシック　じっくり理解しよう！

1 生命・自由・幸福追求権 (13条)

1 幸福追求権の意味

　13条後段は，すべての人権の基礎となる幸福追求権を定める規定です。憲法は，歴史上重要な権利について，14条以下で保障していますが，時代の変化とともに新たに保障すべき必要性が生じる権利もあります。そこで，14条以下に含まれない新しい人格的生存に不可欠な権利・自由については，13条後段によって人権としての保障を受け得るとされます。

2 新しい人権

1 プライバシー権

プライバシーの権利は，従来，マスコミ等による私生活の暴露等に対する，「放っておいてもらう権利」として構成されてきました。

しかし，情報技術の進展に伴い，行政機関や企業によって大量の個人情報が収集・保有されるようになった現代社会においては，単に他人の目から放っておいてもらうのみでなく，自己に関する情報を自分自身でコントロールできて初めて人格的な生存が可能となります。

現代では，プライバシー権を情報のコントロールという側面から捉え直し，「**自己に関する情報をコントロールする権利**」（情報プライバシー権）として再構成するに至っています。*1

この観点から，いわゆる個人情報保護法が制定されました。

> *1
> ☑ **要チェック！過去問題**
> プライバシーの権利について，個人の私的領域に他者を無断で立ち入らせないという消極的側面と並んで，積極的に自己に関する情報をコントロールする権利という側面も認める見解が有力である。
> ➡ ⭕（H26-3-3）

判例 前科照会事件（最判昭56.4.14）

争点 市長が弁護士会の照会に応じ，犯罪の種類，軽重を問わず，前科などを報告することは，公権力の違法な行使にあたるか。

結論 あたる。

判旨 前科及び犯罪経歴は人の名誉，信用に直接にかかわる事項であり，前科などのある者もこれをみだりに公開されないという法律上の保護に値する利益を有する。……漫然と弁護士会の照会に応じ，犯罪の種類，軽重を問わず，前科などのすべてを報告することは，公権力の違法な行使にあたると解するのが相当である。

判例 指紋押捺事件（最判平7.12.15）*2

争点 指紋の押捺を強制されない権利は，13条のプライバシー権に含まれるか。

結論 含まれる。

判旨 憲法13条で保障する国民の私生活上の自由の一つとして，何人もみだりに指紋の押捺を強制されない自由を有するというべきものであり，国家機関が正当な理由もなく指紋の押捺を強制することは，同条の趣旨に反して許されない。

> *2
> ☑ **要チェック！過去問題**
> 指紋は，性質上万人不同，終生不変とはいえ，指先の紋様にすぎず，それ自体では個人の私生活や人格，思想等個人の内心に関する情報ではないから，プライバシーとして保護されるものではない。
> ➡ ❌（H23-3-3）

2 自己決定権

> **判例** 「エホバの証人」信者輸血拒否事件（最判平12.2.29）
>
> **争点** 宗教上の信念に基づく輸血拒否の意思決定は，人格権として認められるか。
>
> **結論** <u>認められる</u>。
>
> **判旨** 患者が，輸血を受けることは自己の宗教上の信念に反するとして，輸血を伴う医療行為を拒否するとの明確な意思を有している場合，このような意思決定をする権利は，人格権の一内容として尊重されなければならない。

3 その他の「新しい人権」

<u>肖像権</u>（みだりにその容ぼう・姿態を撮影されない自由），<u>名誉権</u>が，「新しい人権」として判例によって認められています（京都府学連事件：最大判昭44.12.24，北方ジャーナル事件：最大判昭61.6.11）。*3

---

*3
 要チェック！過去問題

個人の容ぼうや姿態は公道上などで誰もが容易に確認できるものであるから，個人の私生活上の自由の一つとして，警察官によって<u>本人の承諾なしにみだりにその容ぼう・姿態を撮影されない自由を認めることはできない</u>。
➡ ✕（R3-4-1）

Festina lente
北方ジャーナル事件は表現の自由でも勉強するよ。ここでは名誉権も保障されると覚えておこう。

---

2 法の下の平等 (14条)

重要度 **B**

14条の規定は，国家は国民を不合理に差別してはならないことを定めたものであり，これは，立法，行政，司法すべての国家行為を拘束するという一般的な原則であると同時に，個々の国民に対しては平等権，すなわち，法的に平等に扱われる権利ないし不合理な差別をされない権利を保障したものと解されています。

1 法の下の「平等」の意味

1 相対的平等

「平等」とは，人の事実上の差異に着目して等しいものは等しく，等しくないものは等しくなく取り扱うべきであるという相対的平等を意味すると考えられます。

判例は，相対的平等の立場から，<u>人の事実上の差異に着目した合理的な差別は許される</u>という考えをとっています。*4

---

*4
■ 参考データ

例えば，財産権の制限（税の徴収）と参政権の制限を対比してみると，税の徴収は，財産権の制限になりますが，年収の多寡に応じて，課税額を変えること（累進課税）は，合理的な差別といえます。これに対して，年収によって，参政権に差異を設けること（制限選挙）は，合理的な差別とはいえません。

2 形式的平等

　平等という概念の中に，単なる形式的な平等を超えて国家権力による実質的な平等をも読み込んでいくべきかという問題があります。つまり，実際には個人の努力では追いつかない差異があるわけですから，その点に配慮して格差是正に国家が介入していくことまで14条が要請しているのかということです。

　この点について14条は，法の取扱いの平等，いわば，形式的平等を目指していると考えられています。実質的平等の実現は，福祉国家の理念に基づく社会権の保障等によって立法府主導で実現されるべきと解されます。*1

2 平等の具体的内容

1 14条1項後段列挙事由

　14条1項後段の列挙事由は，歴史的に差別の理由とされてきた事由，すなわち，人種・信条・性別・社会的身分・門地を**例示列挙**したものですから，これら以外の事由についても保障は及び得ます（判例）。*2

　憲法14条に関しては重要な判例が多数あります。代表的な判例をみていきましょう。

判例　**女子再婚禁止期間事件（最大判平27.12.16）*3**

争点　女性について6か月の再婚禁止期間を定める旧民法733条1項（以下，本件規定）の規定は，憲法14条1項に違反するか。

結論　本件規定のうち100日の再婚禁止期間を設ける部分は，憲法14条1項に違反するものではない。しかし，本件規定のうち100日超過部分は，平成20年当時において，14条1項に違反する。

判旨　女性の再婚後に生まれる子については，計算上100日の再婚禁止期間を設けることによって，父性の推定の重複が回避されることになるところ，本件規定のうち100日超過部分については，民法772条の定める父性の推定の重複を回避するために必要な期間ということはできない。医療や科学技術が発達した今日においては，再婚禁止期間を厳密に父性の推定が重複することを回避するための期間に限定せず，一定の期間の幅を設けることを正当化することは困難になったといわざるを得ない。本件規定のうち**100日超過部分**は，国会に認められる**合**

Festina lente

相対的平等とは事実上の差異に着目する考え方であるのに対し，実質的平等とはその差異を是正する方向を目指す考え方だよ。

---

*1
■ 語句解説

福祉国家とは，国民の福祉の増進や確保を目標とした国家体制をいいます。

---

*2
■ 語句解説

門地とは，家柄のことをいいます。

---

*3
☑ 要チェック！過去問題

厳密に父性の推定が重複することを回避するための期間（100日）を超えて女性の再婚を禁止する民法の規定は，婚姻および家族に関する事項について国会に認められる合理的な立法裁量の範囲を超え，憲法に違反するに至った。

→○（R1-4-4）

理的な立法裁量の範囲を超えるものとして，その立法目的との関連において合理性を欠くものになっていたと解される。

判例　非嫡出子相続分差別規定違憲決定（最大決平25.9.4）*4

事案　被相続人の遺産につき，嫡出である子らが，嫡出でない子らに対し，遺産の分割の審判を申し立て，民法900条4号但書の規定のうち嫡出でない子の相続分を嫡出子の相続分の2分の1とする部分（以下，本件規定）を適用して算出された法定相続分を前提に，遺産の分割をすべきものとした。

争点　本件規定は，法の下の平等を定める憲法14条1項に違反するか。

結論　違反する。

判旨　法律婚という制度自体は我が国に定着しているとしても，……子にとっては自ら選択ないし修正する余地のない事柄を理由としてその子に不利益を及ぼすことは許されず，子を個人として尊重し，その権利を保障すべきであるという考えが確立されてきているものということができる。以上を総合すれば，被相続人に相続が開始した当時においては，立法府の裁量権を考慮しても，嫡出子と嫡出でない子の法定相続分を区別する合理的な根拠は失われていたというべきである。したがって，本件規定は，憲法14条1項に違反していたものというべきである。

*4
■ 語句解説
嫡出子とは，婚姻している夫婦の間に生まれた子等をいいます。
一方，**非嫡出子**とは，原則として婚姻していない男女の間に生まれた子をいいます。

判例　尊属殺重罰規定違憲判決（最大判昭48.4.4）

事案　実父に夫婦同様の関係を強いられてきた被告人が，虐待にたまりかねて実父を殺害し，自首した。

争点　普通殺に比べて尊属殺に著しく重罰を科すことが，法の下の平等の原則に反しないか。

結論　反する。

判旨　旧刑法200条の立法目的は尊属を卑属又はその配偶者が殺害することをもって一般に高度の社会的道義的非難に値するものとし，かかる所為を通常の殺人の場合より厳重に処罰し，もって特に強くこれを禁圧しようとするにある。かかる差別的取扱いをもってただちに合理的な根拠を欠くものと断ずることはできない。しかし，旧刑法200条は，尊属殺の法定刑を死刑又は無期懲役刑のみに限っている点において，その立法目的達成のため必要な限度を遥かに超え，普通殺に関する刑法199条の法定刑に比し著しく不合理な差別的取扱いをするものと認められ，憲法14条1項に違反して無効である。

> **判例** 国籍法違憲判決（最大判平20.6.4）

争点 旧国籍法3条1項の規定が，日本国民である父の非嫡出子について，父母の婚姻により嫡出子たる身分を取得した者に限り日本国籍の取得を認めていることによって，同じく日本国民である父から認知された子でありながら父母が法律上の婚姻をしていない非嫡出子は，その他同項所定の要件を満たしても日本国籍を取得することができないという区別が生じており，このことが憲法14条1項に違反しないか。

結論 違反する。

判旨 本件区別については，立法目的自体に合理的な根拠は認められるものの，立法目的との間における合理的関連性はすでに失われ，今日において，旧国籍法3条1項の規定は合理性を欠いた過剰な要件を課するものとなっているというべきである。そうすると，本件区別は，遅くとも上告人らが法務大臣あてに国籍取得届を提出した当時には，立法府に与えられた裁量権を考慮してもなおその立法目的との間において合理的関連性を欠くものとなっていたと解される。したがって，上記時点において，旧国籍法3条1項の規定が本件区別を生じさせていることは，憲法14条1項に違反するものであったというべきである。

2 議員定数不均衡の合憲性

（1）議員定数不均衡とは

議員定数不均衡とは，国会議員の選挙において，各選挙区の議員定数の配分に不均衡があるため，人口数（若しくは有権者数）との比率において，選挙人の投票価値（1票の重み）に不平等が存在することが違憲ではないか，という問題です。*1

（2）判例の考え方

投票価値の平等は政治的価値の平等ということですから，選挙区間における議員1人あたりの選挙人数の較差は，本来1対1が最も望ましいということになります。

しかし，これまでの判例を見ると，1対1ではない場合も合憲とした判例があります。

議員定数不均衡問題については，試験対策上，判例の考え方は大きく3つのステップがあると理解しておくとよいでしょう。

（3）違憲か合憲か

第1ステップとして，最大較差に対する過去の最高裁判所の判断は次のとおりです。

*1
■ **参考データ**

例えば，ある選挙区（仮に「甲選挙区」とする）では，1人の候補者が当選するのに3万票必要だとしましょう。それに対して，別の選挙区（仮に「乙選挙区」とする）では，1人が当選するのに6万票必要だとします。そうすると，「1人1票」というのは同じですが，乙選挙区の1票に対して甲選挙区の1票には2倍の価値があるということになり，その点が問題となります。

〈衆議院議員定数不均衡問題〉

判断日	最大較差	判　断
1976.4.14	4.99	違憲・事情判決
1983.11.7	3.94	違憲状態
1985.7.17	4.40	違憲・事情判決
1988.10.21	2.92	合　憲
1993.1.20	3.18	違憲状態
2011.3.23	2.30	違憲状態
2013.11.20	2.43	違憲状態
2015.11.25	2.13	違憲状態
2018.12.19	1.98	合　憲

〈参議院議員定数不均衡問題〉

判断日	最大較差	判　断
1983.4.27	5.26	合　憲
1986.3.27	5.37	合　憲
1987.9.24	5.56	合　憲
1996.9.11	6.59	違憲状態
1998.9.2	4.97	合　憲
2009.9.30	4.86	合　憲
2012.10.17	5.00	違憲状態
2014.11.26	4.77	違憲状態
2017.9.27	3.08	合　憲
2020.11.18	3.00	合　憲

Part 1 憲法

(4) 合理的期間論

　これまでの判例では，最大較差が違憲状態にあったとしても，直ちに定数配分規定を違憲とはしません。すなわち，第2ステップとして，合理的期間論という考え方が出てきます。すなわち，許容できない較差が生じていても，国会が法改正をするために必要な合理的な期間内であれば定数配分規定を違憲としません。そして，合理的期間を経過してもなお是正されない場合に，初めて違憲という判断がなされます。

(5) 事情判決の法理[*2]

　合理的期間を経過した場合，定数配分規定は違憲となりますが，ここで次に，違憲の定数配分規定に基づいてなされた選挙が無効になるかという問題が生じます。これが第3ステップです。この点について，事情判決の法理という考え方が一般的に採用されています。

　すなわち，事情判決の法理により，違法を宣言するにとどめられ，選挙は無効とはなりません。

*2
☑要チェック！過去問題

投票価値の不平等が，国会の合理的裁量の範囲を超えると判断される場合には，選挙は違憲・違法となるが，不均衡の是正のために国会に認められる合理的是正期間を経過していなければ，事情判決の法理により選挙を有効とすることも許される。
➡✗(H26-5-2)

Chapter 3
包括的基本権と法の下の平等

| 判例 | 衆議院議員定数不均衡事件（最大判平25.11.20）[1] |

争点 2009年8月30日の衆議院議員総選挙（平成21年選挙）当時に憲法の投票価値の平等の要求に反する状態にあった，衆議院小選挙区選出議員の選挙の一人別枠方式を含む区割基準を定める規定は，2012（平成24）年12月16日の衆議院議員総選挙（本件選挙）について，憲法14条1項等に違反するか。

結論 憲法の投票価値の平等の要求に反する状態にあったが，憲法上要求される合理的期間内に是正がされなかったとはいえず，違反しない。

判旨 本件選挙は，平成21年選挙と同様の選挙区割りで行われ，最大較差も拡大していた（2.425倍）ため，本件選挙区割りは憲法の投票価値の平等の要求に反する状態にあったが，本件選挙までに，一人別枠方式を定めた規定が削除され，全国の選挙区間の人口較差を2倍未満に収めることを可能とする定数配分と区割り改定の枠組みが定められ，国会での是正の実現に向けた取組みが，最大判平23.3.23の趣旨を踏まえた立法裁量権の行使として相当なものでなかったとはいえず，憲法上要求される合理的期間を徒過したということはできない。

[1]
■ **参考データ**
広島高岡山支判平25.11.28は，2013（平成25）年7月21日の参議院議員選挙について，参議院議員定数配分規定を違憲と判断し，事情判決の法理を用いることなく，岡山選挙区の選挙を無効としています。これは参議院議員選挙を初めて無効とした画期的な判決であり，今後の議員定数不均衡訴訟に少なからず影響を与えると考えられます。

Festina lente

　一人別枠方式とは，衆議院小選挙区の選挙区割りで用いられている特別な割当て方式だよ。まず各都道府県に1区を割り振り，残りの議席を改めて各都道府県に人口比例で振り分けていくから，人口比例の対象が少なくなり，結果的に人口の少ない都道府県が多めの議席配分を受けることになるんだ。

　最大判平23.3.23は，過疎地域への配慮という立法時の意義が合理性を失ったことを根拠に，一人別枠方式を定める規定が，平成21年選挙の当時，憲法の投票価値の平等の要求に反する状態にあったとしたんだよ。

ファイナルチェック　基礎知識の確認

問題 1　市区町村長が漫然と弁護士会の照会に応じ，犯罪の種類，軽重を問わず，特定個人の前科等のすべてを報告することは，公権力の違法な行使にあたる。

問題 2　患者が，輸血を受けることは自己の宗教上の信念に反するとして輸血を伴う医療行為を拒否するとの明確な意思を有している場合，このような意思決定をする権利は，人格権の一内容として尊重されなければならない。

問題 3　相続財産について，非嫡出子に嫡出子の 2 分の 1 の法定相続分しか認めない民法の規定は，法の下の平等に違反する。

問題 4　参議院議員選挙において，1 対 6.59 の較差が生じているのは，違憲であり，その較差を生み出した定数配分規定は，憲法 14 条に反し，選挙は無効である。

問題 1 ○（前科照会事件）　問題 2 ○（「エホバの証人」信者輸血拒否事件）　問題 3 ○（非嫡出子相続分差別規定違憲決定）　問題 4 ✗（参議院議員定数不均衡事件）

本試験レベルの問題にチャレンジ！ ▶▶▶

Chapter 4 精神的自由①

重要度 B

イントロダクション　学習のポイント

　精神的自由のうち，表現の自由は内容が多いため，この Chapter では，まず表現の自由以外の精神的自由，すなわち，思想・良心の自由，信教の自由，学問の自由について勉強します。また，信教の自由，学問の自由の保障をそれぞれ間接的に確保する制度として政教分離原則，大学の自治という制度が保障されています。これらについてもあわせて勉強しますが，中でも政教分離原則は，この Chapter の中では最重要なテーマと考えてください。

ベーシック　じっくり理解しよう!

1　思想・良心の自由 (19条)[1]

重要度 B

1　思想・良心の自由の保障の内容

*1 語句解説
思想・良心の自由とは，簡単にいえば，心の中であれば，何を考えていようと自由であるという権利です。

	内　容
内心の自由	思想・良心の自由は，内心にとどまる限りは他人の人権と衝突することがあり得ないので，内心の領域にとどまる限り，国家との関係では絶対的な自由として保障されている。

沈黙の自由	国民がいかなる思想を抱いているかについて，国家権力が露顕を強制することは許されないとするものである。
不利益取扱いの禁止	国家は，内心の思想に基づく不利益な取扱いをしたり特定の思想を禁止したりすることは，一切できない。

　謝罪広告の強制（民法723条）が，思想・良心の自由を侵害するかが問題となった事案について，判例は，「単に事態の真相を告白し陳謝の意を表明するにとどまる程度」であれば，思想・良心の自由を侵害しないと判断しました（謝罪広告事件：最大判昭31.7.4）。*2*3

判例　君が代起立斉唱の職務命令（最判平23.5.30）

争点　卒業式において，国歌斉唱の際に国旗に向かって起立し国歌を斉唱することを命ずる校長の職務命令は憲法19条に違反しないか。

結論　違反しない。

判旨　本件の起立斉唱行為は，学校の儀式的行事における慣例上の儀礼的な所作として外部からも認識されるものであって，特定の思想又はこれに反する思想の表明として外部から認識されるものと評価することは困難であり，本件職務命令は，当該教諭に特定の思想を持つことを強制したり，これに反する思想を持つことを禁止したりするものではなく，特定の思想の有無について告白することを強要するものともいえない。

Festina lente
思想・良心の自由について，判例は，思想と全く関係のない，単なる事実の知・不知という点には保障が及ばないと考えているんだ。

*2
■ポイント
謝罪広告が，謝罪ということにウェイトを置くと，思想・良心の自由に反するおそれが高いが，単に事態の真相を告白することに主眼があり，付随的に陳謝の意を表明するにとどまる程度であれば合憲だということです。

*3
☑要チェック！過去問題
憲法19条の「思想及び良心の自由」は，国民がいかなる思想を抱いているかについて国家権力が開示を強制することを禁止するものであるため，謝罪広告の強制は，それが事態の真相を告白し陳謝の意を表するに止まる程度であっても許されない。
➡✕(H21-5-2)

2　信教の自由（20条）

1　信教の自由

信教の自由の内容は，次の3点です。

	内　容 *1
信仰の自由	宗教を信仰し，又は信仰しないこと，信仰する宗教を選択，変更することについて，個人が全く任意に決定する自由を有することを意味する。これらはあくまでも内心の領域にとどまるわけであるから，他の人の人権と衝突しない。したがって，思想・良心の自由と同様，絶対的に保障される。
宗教的行為の自由	信仰に関して個人が単独で，又は，他の者と共同して，祭壇を設け，礼拝や祈祷を行う等，宗教上の祝典，儀式，行事その他の布教等を任意に行う自由を意味する。ここでは，宗教的行為をしない自由や宗教的行為への参加を強制されない自由も含んでいる。
宗教的結社の自由	特定の宗教を宣伝し，又は，共同で宗教的行為を行うことを目的とする団体を結成する自由である。ここでも，このような宗教的な団体に加わらない自由も，当然保障される。

*1
■ 参考データ

これら3つの自由は，狭い意味での信教の自由です。

2 信教の自由の限界

　宗教的行為の自由と宗教的結社の自由は，内心の領域にとどまりません。ですから，他の人の人権とぶつかり合うおそれがあります。したがって，信教の自由も絶対無制限のものではありません。

*2
☑ 要チェック！
過去問題

憲法20条3項は，国が宗教教育のように自ら特定宗教を宣伝する活動を行うことを禁止する趣旨であるため，宗教団体の行う宗教上の祭祀に際して国が公金を支出することが同項に違反することはない。
➡✖ (H21-5-4)

判例 **宗教法人オウム真理教解散命令事件（最決平8.1.30）**

事案　大量殺人を目的として計画的，組織的にサリンを生成した宗教法人について，宗教法人法81条1項1号及び2号前段に規定する事由があるとして，解散命令が出された。

争点　宗教法人の解散命令は，20条1項に反し違憲か。

結論　合憲である。

判旨　宗教法人法81条に規定する宗教法人の解散命令の制度は，もっぱら宗教法人の世俗的側面を対象とし，かつ，もっぱら世俗的目的によるものであって，宗教団体や信者の精神的・宗教的側面に容かいする意図によるものではなく，その制度の目的も合理的であるということができる。そして，抗告人が，法令に違反して，著しく公共の福祉を害すると明らかに認められ，宗教団体の目的を著しく逸脱した行為をしたことが明らかである。抗告人の右のような行為に対処するには，抗告人を解散し，その法人格を失わせることが必要かつ適切であり，他方，解散命令によって宗教団体であるオウム真理教やその信者らが行う宗教上の行為に何らかの支障を生ずることが避けられないとしても，その支障は，解散命令に伴う間接的で事実上のものであるにとどまる。したがって，本件解散命令は，宗教団体であるオウム真理教

やその信者らの精神的・宗教的側面に及ぼす影響を考慮しても，抗告人の行為に対処するのに必要でやむを得ない法的規制であるということができる。

3 政教分離の原則*2*3

政教分離とは，**国家の非宗教性**ないし**宗教に対する中立性**のことです。憲法では政教分離は，20条1項後段，3項のほかに，89条前段にも規定されています。

1 法的性質

判例は，政教分離原則の法的性質について，**制度的保障**であると考えています。制度的保障というのは，一定の制度に対して，立法によってもその核心ないし本質的部分を侵害できないという特別な保障を与え，制度それ自体を客観的に保障していくことをいいます。*4

2 政教分離の限界

国家と宗教とは分離しなければなりません。しかし，現代の福祉国家の理念の下で，国家と宗教のかかわりを完全に排除することは不可能であるし，不合理です。

したがって，国家と宗教との相当程度のかかわり合いは認めざるを得ないのです。

判例は，行為の目的が宗教的意義を持つかどうか，その効果が宗教に対する援助，助長，促進，又は圧迫，干渉になるような行為かどうかという**目的効果基準**を主に用いて，政教分離原則違反か否かを判断しています（津地鎮祭事件：最大判昭52.7.13）。

判例 愛媛玉串料訴訟事件（最大判平9.4.2）

争点 公金による玉串料等の奉納は，政教分離原則（20条3項，89条）に反するか。

結論 **反する。**

判旨 （目的効果基準を用いた点では津地鎮祭事件を踏襲した上で）しかし，①例大祭などは神社境内で行われる神道の重要な儀式であること，②県が他の宗教団体の同種の儀式に対して公費を支出していない等を挙げ，玉串料の奉納は，慣習化した社会的儀礼的行為とはいえず，その目的は宗教的意義を

---

*3
■ 参考データ

20条1項前段及び2項では，人権としての信教の自由を保障しています（狭い意味での信教の自由）。これに対して，1項後段と3項は政教分離の規定と考えられています。

*4
■ ポイント

日本国憲法の中で他に制度的保障と解されているものには，①**大学の自治**（23条），②**私有財産制度**（29条），③**地方自治制度**（92条）があります。それぞれ，①学問の自由，②財産権，③地方自治という箇所で学習します。

Festina lente

政教分離とは，簡単にいうと，政治と宗教は切り離されなければならないという制度なんだよ。

Part 1 憲法

Chapter 4
精神的自由①　63

持つ。その効果も特定の宗教を援助，助長する効果を持つと認めるべきであり，これによってもたらされる県と靖国神社とのかかわり合いが社会通念上，相当とされる限度を超えるものであって，県の行為が憲法 20 条 3 項で禁じた「宗教的活動」にあたり，その支出も憲法 89 条に違反する。

判例 砂川政教分離訴訟（最大判平 22.1.20）

争点 市が連合町内会に対し市有地を無償で神社施設の敷地としての利用に供している行為が憲法 89 条，20 条 1 項後段に違反するか。

結論 違反する。

判旨 本件利用提供行為を，社会通念に照らして総合的に判断すると，市と本件神社ないし神道とのかかわり合いが，我が国の社会的，文化的諸条件に照らし，信教の自由の保障の確保という制度の根本目的との関係で相当とされる限度を超えるものとして，憲法 89 条の禁止する公の財産の利用提供にあたり，ひいては憲法 20 条 1 項後段の禁止する宗教団体に対する特権の付与にも該当すると解するのが相当である。

> **Festina lente**
>
> 砂川政教分離訴訟は，目的効果基準を用いずに，神社への敷地の無償貸与を違憲としたんだ。

---

3 学問の自由 （23 条）

重要度 **B**

1 学問の自由の内容

学問の自由の内容は，以下の 3 つに分類されます。

①	学問研究の自由
②	研究結果発表の自由
③	教授の自由

なお，判例は，普通教育においても，「一定の範囲における教授の自由が保障される」としています（旭川学テ事件：最大判昭 51.5.21）。[*1]

> *1
> **要チェック！過去問題**
>
> 権力主体としての国の子どもの教育に対するかかわり合いは，右のような国民の教育義務の遂行を側面から助成するための諸条件の整備に限られ，子どもの教育の内容及び方法については，国は原則として介入権能をもたず，教育は，その実施にあたる教師が，その教育専門家としての立場から，国民全体

2 大学の自治

　大学の自治とは，大学における研究教育の自由を十分に保障するために，大学の内部行政に関しては大学の自主的な決定に任せ，大学内の問題に権力が干渉することを排除しようとするものです。大学の自治は，23条が学問の自由を保障していることから当然認められるものであり，**制度的保障**の1つであると考えられています。

　大学の自治の内容としては，以下の3つがあります。

| ① **人事の自治** | ② **施設の管理の自治** | ③ **学生の管理の自治** |

　問題となるのは，学生も大学の自治の主体たり得るかです。
　判例は，教授その他の研究者の自由と自治の効果として，学生も学問の自由と施設の利用を認められるにすぎないとしています。

 東大ポポロ事件（最大判昭38.5.22） *2

争点
①学生は大学の自治の主体となるか。
②警察の介入は大学の自治を侵すことになるか。

結論
①**主体とならない。**
②**学生の集会が実社会の政治的社会的活動にかかわる場合には，大学の自治を侵すことにはならない。**

判旨
（前提として学問の自由と大学の自治を享有する主体は**教授その他の研究者**であり，学生はそれらの自由と自治の効果として学問の自由と施設の利用が認められているにすぎないとした上で，）そして，大学における学生の集会もその範囲において自由と自治を認められるにすぎず，「**実社会の政治的社会的活動に当る行為**をする場合には，大学の有する特別の学問の自由と自治は享有しない」ので，「本件の集会に警察官が立ち入ったことは，大学の学問の自由と自治を犯すものではない」。

に対して教育的，文化的責任を負うような形で，……決定，遂行すべきものであり，このことはまた，憲法二三条における学問の自由の保障が，学問研究の自由ばかりでなく，**教授の自由**をも含み，**教授の自由**は，教育の本質上，高等教育のみならず，普通教育におけるそれにも及ぶと解すべきことによつても裏付けられる，と主張するのである。
（H24-41 多肢選択）

*2 **要チェック！過去問題**
大学における学生の集会は，大学の公認した学内団体であるとか，大学の許可した学内集会であるとかいうことのみによって，特別な自由と自治を享有するものではない。
→ ○（H21-6-1）

ファイナルチェック　基礎知識の確認

問題 1　謝罪広告の強制は，その広告内容が単に事態の真相を告白し，陳謝の意を表明するに止まる程度であれば，思想・良心の自由を侵害しない。

問題 2　信教の自由も絶対無制約なものではないが，例えば，著しく公共の福祉を害すると明らかに認められる行為をした宗教法人に対して，その解散を認めることは憲法に反する。

問題 3　憲法が国及びその機関に行うことを禁止している宗教的行為とは，その行為の目的が宗教的意義を持ち，その効果が宗教に対する援助，助長，促進又は圧迫，干渉等になるような行為をいう。

問題 4　憲法23条は，「学問の自由及び大学の自治は，これを保障する。」と規定している。

問題 5　23条は，もっぱら大学の教授に対して学問の自由を保障しているのであって，大学の学生には，学問の自由は保障されない。

問題1 ○（謝罪広告事件）　**問題2 ✗**　宗教法人オウム真理教解散命令事件で，判例は，解散命令は必要でやむを得ない法的規制であるとした。　**問題3 ○**（津地鎮祭事件）　**問題4 ✗**　憲法23条は，大学の自治については明示していない。　**問題5 ✗**　学問の自由の保障はすべての国民に対して及ぶ。

本試験レベルの問題にチャレンジ！ ▶▶▶

Chapter 5 精神的自由②（表現の自由）

重要度 A

Part 1 憲法

イントロダクション　学習のポイント

表現の自由
- 表現の自由の意味
- 表現の自由の内容
- 表現の自由の限界

　行政書士試験の勉強上，最も重要な人権が表現の自由です。内容も多岐にわたりますが，中でも，表現の自由の内容としては報道の自由と取材の自由が，表現の自由の限界では事前抑制の理論（検閲）が大切です。
　内容が多いからこそ，勉強をしているときにどこを勉強しているのか？意味なのか？内容なのか？限界なのか？を意識しながら勉強していきましょう。

ベーシック　じっくり理解しよう！

1　表現の自由の意味（21条）*1

重要度 A

1 「表現の自由」の価値

　表現の自由とは，思想や信仰など内心における精神作用を外部に公表する精神活動の自由をいいます。精神的自由権は，内心の思想等を外部に表現し，他者に伝達することで，初めて真価を発揮することができるという点で，表現の自由は，精神的自由権の中でも，非常に重要な権利です。
　表現の自由を保障する目的は，次の2点にあるとされます。

*1 ■語句解説
表現の自由の「**表現**」とは，単に思想・信条の発表に限定されず，思想・信条・意見・知識・事実・感情等個人の精神活動にかかわる一切の伝達に関する活動を意味するとされます。

1つは，言論活動を通じて自己の人格を発展させるという個人的な意義（これを自己実現の価値といいます）にあり，もう1つは，国民主権の原理の下で，国民が政治に参加し，民主的な政治を実現するという社会的な意義（これを自己統治の価値といいます）にあります。

2 知る権利

知る権利とは，国民が自由に情報を受け取り，又は国家に対して情報の公開を請求する権利をいいます。

この知る権利を保障する明文の規定は憲法上存在しませんが，表現の自由の一環をなすものとして，21条1項で保障されるものと考えられています。現代社会においては，情報の有する意義が，社会生活の中で飛躍的に増大しており，表現の自由を「受け手」の側から捉え直す必要があるからです。

Festina lente

請求権としての知る権利は，抽象的権利であると考えられているんだよ。

これは，憲法21条を直接の根拠にして，国（行政・裁判所）に情報の公開を請求することはできず，具体的な立法を待って請求できるようになる権利ということなんだ。*1

3 反論権（アクセス権）

マスメディアの報道でいったん名誉毀損等によって人権を侵害されると，回復が非常に困難となります。そこで反論記事の掲載などを求める反論権が問題になることがあります。

しかし，もしこれを認めてしまうと，マスメディアに対して反論文の掲載を強制することになり，これを避けようとしてマスコミの表現が萎縮する結果，かえって国民の知る権利が損なわれるおそれがあります。したがって，判例は，憲法21条のみを根拠として反論文の掲載の請求は認められないとしています（サンケイ新聞事件：最判昭62.4.24）。

*1
■ 参考データ
なお，現在は，行政機関に対する情報公開請求権を具体的に定めた「行政機関の保有する情報の公開に関する法律」（略して，「情報公開法」という）が制定され，2001年4月より施行されています。

Part 1
憲法

2 表現の自由の内容

重要度 A

1 集会，結社の自由[*2]

1 集会の自由 [*3]

　集会の自由が保障されることの意味は，集会を主催し，指導し，又は集会に参加する等の行為について，公権力が制限を加えることが禁止され，また，そのような行為を公権力によって強制されないことを意味します。

　また，集会に対して，道路，公園，広場，公会堂といった一定の場所の提供を公権力が拒んではならないという義務，つまり，公共施設の管理者たる公権力に対して，集会を行おうとする者が，公共施設の利用を要求できる権利を含んでいると解されます。

2 公共施設の使用の許可制の合憲性

　市民会館等の公共施設の利用について，条例等で許可制をとっているケースが多くあります。集会を公共施設で行おうとする場合，使用許可が得られないと集会を行うことができなくなります。これは，表現の自由に対する制約であり，その合憲性が問題となります。

　判例は，「主催者が集会を平穏に行おうとしているのに，その集会の目的や主催者の思想，信条等に反対する者らが，これを実力で阻止し，妨害しようとして紛争を起こすおそれがあることを理由に公の施設の利用を拒むことができるのは，……警察の警備などによってもなお混乱を防止することができない等特別な事情がある場合に限られる」として，当該不許可処分を違法としました（上尾市福祉会館使用不許可処分事件：最判平8.3.15）。[*4]

3 集団行動の自由と限界

　デモ行進のような集団行動の自由が保障されるか否かが問題となりますが，動く集会として，あるいは「その他一切の表現の自由」として憲法21条で保障されていると解されます。集団行動は，言論・出版と異なり，一定の行動を伴うものであり，特別の制約に服することがあります。とりわけ，集団行動を規制する，地方公共団体の公安条例の合憲性が問題となってきます。

Part 1 憲法

[*2]
■ 参考データ

憲法は，集会，結社の自由を，言論，出版の自由とともに21条で規定しています。これは，集会や結社が集合，結合を通じて集団としての意思を形成し，それを集団として外部に表明する自由を含むことから，表現の自由の一類型として捉えることができるからです。

[*3]
■ 語句解説

集会とは，特定，又は，不特定の多数人が一定の場所において共通の目的を持って集まる一時的な集合体です。

[*4]
■ 参考データ

上尾市福祉会館使用不許可処分事件とは，合同葬儀のために福祉会館の使用許可申請をしたところ，①反対者による合同葬儀の妨害から混乱が生じるおそれがある，②会館内の結婚式場等の利用に支障が生じるという理由から不許可処分にされた事件です。

Chapter 5
精神的自由②（表現の自由） **69**

判例は，一般的な許可制を定めて，集団行動を事前に抑制することは許されないが，特定の場所又は方法について合理的かつ明確な基準のもとで許可制をとること，さらに公共の安全に対し明らかな差し迫った危険を及ぼすことが予見されるときは許可しない旨を定めることは許されると解しています（新潟県公安条例事件：最大判昭 29.11.24）。

判例　東京都公安条例事件（最大判昭 35.7.20）

争点　集団行動に対して許可制を定めて事前に抑制する東京都公安条例は 21 条に違反しないか。

結論　違反しない。

判旨　（集団の潜在的な力は甚だしい場合には一瞬にして暴徒と化すとし，これは群集心理の法則と現実の経験に徴して明らかであると説き，）本件条例は，公共の安寧を保持する上に直接危険を及ぼすと明らかに認められる場合の外は，これを許可しなければならないという規定（3 条）によれば，不許可の場合が厳格に制限されており，この許可制はその実質において届出制と異なるところがないため，本件条例による措置は合憲である。

4　結社の自由 *1

　結社の自由には，①団体を結成し，それに加入する自由，②団体が団体として活動する自由，③団体を結成しない，加入しない，加入した団体から脱退する自由，があります。もっとも，結社の自由も全く無制約ではあり得ず，自ずから制約に服します。例えば，犯罪を行うことを目的とする結社は認められません。*2

　また，団体は内部統制権（多数決で決まったことには従わなければならない）を有しますが，その統制権にも限界があります。

Festina lente

　例えば，労働組合が特定の候補者を支持する政治活動を行うことは認められるけど，それに対抗して立候補した組合員を除名処分とすることは許されないものと判例は示しているのだよ（最大判昭 43.12.4）。

2　報道の自由と取材の自由

1　報道の自由

　報道の自由とは，報道機関が，国民に事実を伝達する自由をい

---

*1
■ 語句解説

結社とは，共同の目的のためにする特定の多数人の継続的な精神的結合体です。

*2
■ 参考データ

行政書士会，弁護士会，税理士会等のように，専門技術を要し，公共的性格を有する職業の団体については，強制加入が認められています。

います。

　この点，判例は，報道機関の報道は，国民の知る権利に奉仕するものであり，**事実の報道の自由は，表現の自由を規定した21条の保障の下にある**と述べています。

2　取材の自由

(1)　取材の自由の保障

　取材とは，報道の前提としての情報収集活動の一種です。

　判例は，報道機関の報道が正しい内容を持つためには，**報道のための取材の自由も，21条の精神に照らし，十分尊重に値する**としています。

(2)　取材の自由と公正な裁判実現の要請との調整

　表現の自由と同様に，憲法37条1項が要請する**公正な刑事裁判**を実現するためにも報道機関の取材により得られたものが証拠として必要となる場合もあります。

　判例は，取材の自由がある程度の制約を被ることもやむを得ないが，裁判所による証拠の提出命令の必要性と取材の自由が妨げられる程度，及びこれが報道の自由に及ぼす影響の度合い等の事情を比較衡量して提出命令を出すべきかどうかを決めるべきとしています（博多駅テレビフィルム提出命令事件：最大決昭44.11.26）。

Festina lente

結局，報道の自由は，21条の保障の下にあるけど，取材の自由は，21条によって直接保障されるものではないんだね。

判例　**博多駅テレビフィルム提出命令事件（最大決昭44.11.26）**

争点
①取材の自由は憲法上保障されるか。
②**裁判所による取材ビデオテープの押収**は，21条に反し違憲か。

結論
①**21条の精神に照らし，十分尊重に値する。**
②**合憲。**

判旨
①報道機関の報道が正しい内容を持つためには，報道の自由とともに，報道のための取材の自由も，憲法21条の精神に照らし，十分尊重に値するものといわなければならない。
②公正な裁判の実現というような憲法上の要請があるときは，ある程度の制約を受けることのあることも否定することができない。しかしながら，それによって受ける報道機関の不利益が**必要な限度を超えない**ように配慮されなければならない。本件の場合，報道機関が被る不利益は，報道の自由そのものではなく，将来の取材の自由が妨げられるおそれがあるというにとどまるものと解されるのであって，……この程度の不利益は，報道機関の立場を十分尊重すべきものとの見地に立っても，なお**受忍されなければならない程度のもの**というべきである。

Chapter 5
精神的自由②（表現の自由）

（3）取材の自由と適正迅速な捜査の遂行の要請との調整

捜査機関が，報道機関の取材活動により得られたものを証拠として押収することは，取材の自由を侵害し，違憲とならないかが問題となりますが，判例は，検察官ないし警察官による報道機関の取材ビデオテープの差押え，押収についてまで，公正な裁判の実現に不可欠な，適正迅速な捜査の遂行という要請がある場合には認められるとしています（日本テレビ・ビデオテープ押収事件：最決平元.1.30，TBSビデオテープ差押事件：最決平2.7.9）。

（4）国家機密との関係

報道機関による政府情報の取材行為につき，国家公務員法の定める「そそのかし」罪が成立するか，取材の自由の限界が問題となりますが，判例は，取材行為の許されない限界について，その手段・方法が法秩序全体の精神に照らし相当なものとして社会観念上是認されるものである場合には，刑法35条で違法性は阻却されると解しています（外務省秘密電文漏洩事件：最決昭53.5.31）。[1]

（5）法廷における取材制限

裁判の法廷において傍聴人がメモを取ることについて，判例は，人権ではないが，21条1項の規定の精神に照らして尊重されるべきであり，特段の事情のない限り，傍聴人の自由に任せるべきだとしています（レペタ事件：最大判平元.3.8）。

3 名誉・プライバシーと表現との調整

1 名誉との調整

表現の自由の行使であっても，人の名誉を侵害することはできないので，名誉毀損罪（刑法230条）による制約を受けることになります。しかし，名誉毀損にあたるとも思える表現の中にも，国会議員や官僚等の資質を世に問うための表現等は，社会的価値が認められる場合があります。

そこで，我が国では，刑法230条の2という規定を設けて，表現の自由と名誉権の調和を図ろうとしています。

具体的には，同条1項は，その表現が名誉毀損的な表現であっても，①公共の利害に関する事実であって，②公益目的で，③内

Festina lente

国民主権の下では本来，国家の情報は国民の情報であり，原則として公開すべきものであるんだ。例外的に，プライバシー保護の要請，裁判の公正，外交や防衛上の要請等から非公開にすることが認められるにすぎないんだね。

---

[1]

■ 参考データ

国家公務員法は，公務員が職務上知ることのできた秘密を漏らすことを禁止し（国家公務員法100条1項），公務員が秘密を漏らすことのそそのかし行為をした者を処罰の対象としています（同法111条，109条12号）。

容が**真実**であると証明されれば処罰をしないと規定しています。

Festina lente

　ところで，例えば，あるジャーナリストが，特定の公務員が，賄賂を受け取ったという記事を書いたとするね。普通の犯罪であれば被害者がいるから，被害者からの告発ということがあり得るけど，こういった贈収賄罪に関しては被害者がいないので，国家機関によっても真実性は立証しにくいんだ。そうすると，ジャーナリストが確かな資料のもとに記事を書いたとしても，最終的に真実性を証明しきれない場合があるんだよ。

　この場合，さっきの①②③の要件のうち，①②の要件は満たしても，真実性の証明という③の要件は満たさず，名誉毀損罪として処罰される可能性が生じてしまうんだ。そこで，内容の真実性について，判例は，**確実な資料，根拠に照らして，相当な理由のもとに，真実であると確信して書いたのであれば，結果的に，真実性の証明がなかったとしても処罰しない**と判断したんだよ（「夕刊和歌山時事」事件：最大判昭44.6.25）。

2　プライバシー権との調整

　表現の自由は，プライバシー権と対立することがあります。例えば，友人の私生活をもとにした私小説や，有名人の私生活等を掲載している週刊誌等です。

　表現の自由もプライバシーも重要な権利ですので，具体的な事情を考慮して**どちらを重視すべきかを判断**すべきです。

　なお，プライバシーの侵害の要件としては，「宴のあと」事件（東京地判昭39.9.28）判決が挙げた，①私生活上の事実又は事実らしく受け取られるおそれがあり，②一般人の感受性を基準として当該私人の立場に立った場合公開を欲しないであろうと認められ，③一般の人々にいまだ知られていない事柄であることを必要とする，という3要件が，一般的に支持されています。

4　選挙運動の自由

　選挙運動の自由は，21条の表現の自由として保障されます。選挙を通じて公権力の行使者の選定に参加するという選挙本来の意義を発揮するには，有権者が必要かつ十分な判断資料に接することが必要であり，そのためには，その資料を提供する選挙運動の自由が必要不可欠だからです。

　ただ，選挙運動が全く自由に放任されると，腐敗が生じ，選挙の公正が害されることになります。そこで，公職選挙法は選挙運動の時・主体・方法等について規制しています。具体的に問題と

なるのは，公職選挙法の定める戸別訪問禁止規定が合憲かという点です。この点，判例は，①戸別訪問は買収や利益誘導の危険性がある，②情実・感情による投票の左右，③選挙人の迷惑，④過当競争により候補者が煩に堪えない，等の理由から合憲であるとしています（戸別訪問禁止規定違反事件：最判昭56.6.15）。

3 表現の自由の限界

重要度 A

1 二重の基準の理論

1 二重の基準の理論の意義と根拠

二重の基準の理論とは，表現の自由等の精神的自由の規制立法は，職業選択の自由等の経済的自由の規制立法よりも厳格な審査基準で審査されるべきであるという考え方です。

2 二重の基準の理論の具体化

(1) 精神的自由（権）を制約する法律の憲法判断

表現の自由等の精神的自由（権）を制約する法律の憲法判断については，裁判所が積極的に介入し，厳格な審査基準の下に憲法判断を行っていきます。

(2) 経済的自由（権）を制約する法律の憲法判断

職業選択の自由などの経済的自由（権）を規制する法律の憲法判断については，精神的自由（権）とは異なり，裁判所が積極的に介入するというよりは，国会の判断を尊重していくべきことになります。

2 厳格な審査基準——事前抑制の理論

1 事前抑制の理論の意義と根拠

　事前抑制の理論とは，表現行為がなされるに先立ち，公権力が何らかの方法でこれを抑制すること，及び実質的にこれと同視できるような影響を表現行為に及ぼす規制方法は，原則として排除されるべきだとする理論をいいます。[*1]

2 検閲の禁止

　この事前抑制の禁止の1つの具体的なあらわれとして，検閲の禁止があります（21条2項）。

　判例は，検閲とは，**行政権**が主体となって，**思想内容等**の表現物を対象とし，その全部又は一部の発表の禁止を目的として，対象とされる一定の表現物につき**網羅的一般的**に，**発表前**にその内容を審査した上，不適当と認めるものの**発表を禁止**することを，その特質として備えるものを指すと解しています。[*2]

　判例は，このように検閲概念を非常にせまく定義した上で，検閲を例外なく**絶対的に禁止**しています。

(1) 税関検査

　税関検査については，判例は，**合憲**とします。

> **判例　税関検査合憲判決（最大判昭59.12.12）**
>
> **争点**
> ①検閲の意義。
> ②税関検査は検閲にあたるか。
>
> **結論**
> ①判旨の中の①参照。
> ②検閲にあたらない。
>
> **判旨**
> 多数意見は，①検閲とは「行政権が主体となって，思想内容等の表現物を対象として，その全部又は一部の発表の禁止を目的として，対象とされる一定の表現物につき網羅的一般的に，発表前にその内容を審査した上，不適当と認めるものの発表を禁止すること」と定義する。
> ②税関検査の場合は，表現物は**国外で発表済み**であり，輸入を禁止されても発表の機会が全面的に奪われるわけではない。また，検査は関税徴収手続の一環として付随的に，容易に判定し得る限りで行われるもので，**思想内容等の網羅的審査・規制を目的としない**。さらに，輸入禁止処分には**司法審査の機会**が与えられている。よって，税関検査は検閲にあたらない。

*1 ■参考データ
表現の自由に対する事前抑制は排除されるべきだとする根拠は，①事前抑制は，公の批判の機会を減少，あるいはなくしてしまうこと，また，②規制側の予測に基づいてなされるため，濫用のおそれが大きいこと，さらに，③実際上の抑止的効果が大きく，国民が萎縮して，表現活動をやめてしまうおそれがあることにあります。

*2 ■ポイント
検閲を行う主体は行政権に限ります。なぜなら，歴史的に検閲は行政権によって行われてきたからです。

Festina lente
検閲は，公共の福祉を理由としても，認められることはないんだよ。

Chapter 5
精神的自由②（表現の自由）

（2）裁判所による事前差止め

　裁判所による事前差止行為は，主体が行政権ではないため，検閲にはあたりませんが，事前抑制の一形態となるので，判例は，原則として許されないとしています。

　また，その審査手続についても，口頭弁論，又は債務者の審尋を行い，表現内容の真実性等の主張立証の機会を債務者に与えることを原則としています。

判例　「北方ジャーナル」事件（最大判昭61.6.11）[*1]

争点
①出版差止めは検閲にあたるか。
②事前抑制は憲法21条で禁止されているか。
③公務員に対する評価に関する事前差止めは許されるか。

結論
①検閲にあたらない。
②原則として禁止されているが，厳格かつ明確な要件のもとで許される。
③原則として許されず，極めて厳格な要件の下で許される。（下記判旨参照）

判旨　本件事前差止めは，表現物の内容の網羅的一般的な審査に基づく事前規制が行政機関によりそれ自体を目的として行われる場合とは異なるから「検閲」にはあたらない。としても，表現行為に対する事前差止めは原則として許されないものといわなければならない。ただ，右のような場合においても，その表現内容が真実でなく，又はそれがもっぱら公益を図る目的のものでないことが明白であって，かつ，被害者が重大にして著しく回復困難な損害を被るおそれがあるときは，……例外的に事前差止めが許される。

（3）教科書検定

　判例は，教科書検定については，仮に検定に不合格になっても一般図書として販売をすることはできるため，事前に発表を差し止めるというわけではないという点から，これを合憲とします（第一次家永訴訟：最判平5.3.16）。[*2]

[*1]
☑ **要チェック！過去問題**
表現行為を事前に規制することは原則として許されないとされ，検閲は判例によれば絶対的に禁じられるが，裁判所による表現行為の事前差止めは厳格な要件のもとで許容される場合がある。
➡ ⭕（R2-4-4）

[*2]
☑ **要チェック！過去問題**
教科書検定による不合格処分は，発表前の審査によって一般図書としての発行を制限するため，表現の自由の事前抑制に該当する。
➡ ❌（R1-6-2）

Part 1
憲法

ファイナルチェック　基礎知識の確認

問題1　市の福祉会館の使用許可の申請を，申請者に反対する者が申請者の行おうとする集会を妨害して混乱が生じるおそれがあるという理由で，拒否することは，原則として，21条違反とならない。

問題2　集団行動を制限する公安条例は，届出制を採用しない限り，21条に違反する。

問題3　報道の自由は，21条によって直接保障されているわけではないが，21条の精神に照らし，十分尊重に値する。

問題4　犯罪捜査のために捜査機関が取材を記録したビデオテープを差し押さえることは，適正迅速な捜査を遂げる必要がある場合でも許されない。

問題5　裁判所が，被害者からの請求に基づいて，その者の名誉を侵害する文書の出版差止めを命ずることは，21条に違反する。

問題6　検閲は，原則として禁止され，公共の福祉のために必要がある場合において，厳格かつ明確な要件の下においてのみ許容される。

問題1 ✗　この理由により申請を拒否できるのは，特別な事情がある場合に限られる（上尾市福祉会館使用不許可処分事件）。　**問題2 ✗**　許可制であっても，実質的に届出制と異ならなければ，21条に違反しない。　**問題3 ✗**　報道の自由は，21条の保障の下にある（博多駅テレビフィルム提出命令事件）。　**問題4 ✗**　許されることもある（日本テレビ・ビデオテープ押収事件，TBSビデオテープ差押事件）。　**問題5 ✗**　裁判所による事前差止めは，許されることがある（北方ジャーナル事件）。　**問題6 ✗**　検閲は絶対的に禁止され，公共の福祉を理由とする例外の許容も認められない。

本試験レベルの問題にチャレンジ！ ▶▶▶

Chapter 6 経済的自由・人身の自由

重要度 A

イントロダクション　学習のポイント

　この Chapter では，精神的自由以外の自由権，すなわち，経済的自由と人身の自由について勉強します。

　経済的自由には，職業選択の自由と財産権があります。また，人身の自由に関しては，日本国憲法は条文を多く設けており，刑事手続について適正さを重視していることがわかります。大きく，公訴提起される（刑事事件として訴えられる）前後に分けて，被疑者の人権，被告人の人権と勉強していくとわかりやすいでしょう。人身の自由は，人権の中でも条文が大切なテーマなので，勉強をするときは必ず条文もチェックしていきましょう。

ベーシック　じっくり理解しよう！

1　経済的自由 (22条, 29条)[*1]

重要度 A

1　職業選択の自由

1　職業選択の自由の意義と営業の自由

（1）職業選択の自由の意義

　職業選択の自由は，自己が就く職業を決定する自由を意味します。

*1
■ポイント

職業選択の自由，居住・移転の自由，財産権をまとめて，経済的自由といいます。

(2) 営業の自由

営業の自由とは，自己の選択した職業を行う自由のことです。営業の自由も職業選択の自由に含まれます。なぜなら，職業を選択する自由を認められても，それを行う自由を認められなければ，無意味だからです。

2 職業選択の自由の限界

職業選択の自由は，表現の自由等の精神的自由権に比べて，一般により強い規制を受けます。

そして，職業選択の自由に対する具体的な規制としては，その規制目的によって，消極目的規制と積極目的規制とに分けるのが一般的です。

Festina lente

職業選択の自由が精神的自由よりもより強い規制を受けるのは，①職業がその性質上，社会的相互関連性が強いため，無制限な職業活動を許すと，社会生活に不可欠な公共の安全と秩序の維持を脅かす事態が生じるおそれが大きく，②現代社会の要請する福祉国家（国民に対して，その生活の保障をすることを目的とする国家）の理念を実現するためには，政策的な配慮に基づいて積極的な規制が必要とされる場合が少なくないからなんだよ。

(1) 規制の類型 *2

	規制目的	規制手段	具体例
消極目的	国民の生命及び健康に対する危険を，防止若しくは除去ないし緩和するために課せられる規制	許可制	風俗営業，飲食業，貸金業等
		届出制	理容業等
		資格制	医師，薬剤師，弁護士等
積極目的	福祉国家の理念に基づいて，経済の調和のとれた発展を確保し，社会的・経済的弱者を保護するための規制	特許制	電気，水道，鉄道等の公共事業
		国家独占	旧郵便事業，旧タバコ専売等

*2
☑要チェック！
過去問題

個人の経済活動に対する法的規制は，個人の自由な経済活動からもたらされる諸々の弊害が社会公共の安全と秩序の維持の見地から看過することができないような場合に，消極的に，かような弊害を除去ないし緩和するために必要かつ合理的な規制である限りにおいてのみ許される。
➡✗ (H26-4-5)

(2) 規制の合憲性判定基準

経済的自由としての職業選択の自由の規制に対する合憲性判定基準は，まず，二重の基準の理論から，精神的自由の規制を審査するときよりも緩やかな審査基準を使うことになります。この基準を一般に合理性の基準と呼びます。

さらに，合理性の基準の中でも，消極目的規制と積極目的規

制で，審査基準を分けて考えるのが一般的です（**二分論**）。

消極目的規制	厳格な合理性の基準	裁判所が規制目的の必要性，合理性及び同じ目的を達成できる，**より緩やかな規制手段の有無を立法事実に基づいて審査する。**＊1
積極目的規制	明白性の原則	当該規制が**著しく不合理であることの明白である場合に限って違憲**とする。＊2

　判例としては，薬局の開設に対する規制を消極目的の規制とした上で，その許可条件の１つである距離制限を違憲としたもの（薬局距離制限事件）や，その規制を積極目的の規制とした上で，規制を合憲とした小売市場距離制限事件（最大判昭47.11.22），公衆浴場距離制限事件（最判平元.1.20）が有名です。＊3＊4

　なお，判例の中には，二分論をとらずに判断したものもあります（酒類販売免許制事件）。

薬局距離制限事件（最大判昭 50.4.30）

争点　薬局の開設に適正配置を要求する薬事法は，22条１項に反しないか。

結論　**反する（消極目的）**。

判旨　一般に許可制は，それが社会政策ないしは経済政策上の積極的な目的のための措置ではなく，自由な職業活動が社会公共に対してもたらす弊害を防止するための消極的，警察的措置である場合には，許可制に比べて職業の自由に対するよりゆるやかな制限である職業活動の内容及び態様に対する規制によっては右の目的を十分に達成することができないと認められることを要するものというべきである。

酒類販売免許制事件（最判平 4.12.15）＊5

争点　酒税法10条10号の規定は，22条１項に反しないか。

結論　**反しない**。

判旨　①租税の適正かつ確実な賦課徴収を図るという**国家の財政目的**のための職業の許可制による規制は，その必要性と合理性についての立法府の判断が，政策的，技術的

＊1
■ **語句解説**
立法事実とは，立法の基礎を形成し，かつその合理性を支える社会的，経済的な事実をいいます。

＊2
■ **参考データ**
積極目的規制の場合は，裁判所は，立法府の裁量を広汎に認めています。

＊3
☑ **要チェック！過去問題**
小売市場の開設経営を都道府県知事の許可にかからしめる法律については，中小企業保護を理由として，合憲判決が出ている。
➡ 〇（H21-4-イ）

＊4
☑ **要チェック！過去問題**
公衆浴場を開業する場合の適正配置規制については，健全で安定した浴場経営による国民の保健福祉の維持を理由として，合憲とされている。
➡ 〇（H21-4-エ）

な裁量の範囲を逸脱し，著しく不合理なものでない限り，憲法22条1項に違反しない。②酒税法が酒類の販売業についても免許制を採用しているのは，酒類製造者に納税義務を課し，酒類販売業者を介しての代金の回収を通じてその税負担を消費者に転嫁するという仕組みをとっていることに伴うものであるから，立法府の裁量の範囲を逸脱するものではない。

2 居住・移転の自由

居住・移転の自由は，自己の住所，又は，居所を自由に決定し，移動することを内容とし，旅行の自由を含んでいます。

なお，海外渡航の自由については，22条2項で保障されるとするのが判例です（帆足計事件）。

3 財産権の保障

1 財産権保障の意味

29条1項の規定している「財産権」とは，具体的な財産権と，この財産権を制度として保障するための私有財産制を意味しています。[6]

2 財産権の一般的制限

29条2項は，1項で保障された財産権が公共の福祉による制約に服することを示しています。

なお，憲法上は，「法律」で定めると規定されていますが，これには，地方公共団体の制定する条例も含まれると解釈されています。条例まで含めると解釈するのは，条例は法律と同じように，地方公共団体の議会において民主的手続によって制定されるからです。

---

*5
✅ **要チェック！過去問題**

酒販免許制については，職業活動の内容や態様を<u>規制する点で，許可制よりも厳しい規制であるため，適用違憲の判決が下された例がある。</u>
➡ ❌ （H21-4-オ）

*6
■ **語句解説**

私有財産制とは，財産を個人が所有することを認める体制・制度のことをいいます。

Festina lente

財産権とは，財産権的価値を有する一切の権利を意味するんだ。つまり，所有権等の物権や債権，そのほか，著作権等の知的財産権等もこれに含まれるんだよ。

| 判例 | **森林法共有林事件（最大判昭62.4.22）** |

争点 共有林について，その持分価額2分の1以下の共有者が，民法256条1項に基づいて分割請求することに制限を加える旧森林法186条は，憲法29条2項に反し違憲ではないか。

結論 違憲である。

判旨 （森林法）186条の立法目的は，森林の細分化を防止することによって森林経営の安定を図り……もって国民経済の発展に資することにある。しか

し，右の目的と規制の手段との間には合理的関連性がないし，他の形態による森林の細分化は許容しておきながら右の共有者についてのみ分割請求を認めないことは，必要な限度を超えて厳格な禁止であり，また，現物分割においても，当該共有物の性質等に応じた合理的な分割ができ，共有森林につき現物分割を許しても直ちに森林の細分化をきたすものではないから，同条は憲法29条2項に違反する。

3 損失補償

29条3項は，私有財産を公共のために用いるには，正当な補償が必要であると規定しています。この補償を，損失補償といいます。損失補償制度には，公共の利益のために特定の人に加えられる経済上の損失は全体において負担すべきである，という平等原則の考え方が含まれています。[1]

2 人身の自由

重要度
A

人身の自由とは，人の身体が肉体的にも精神的にも拘束を受けないことを意味します。それは，自由の概念の最も基本的な内容であり，それなくしては自由が成立しないのであり，個人の尊重に直接結び付く根本的価値を持つものといってよいものです。

1 基本原則

1 奴隷的拘束からの自由 (18条)

奴隷的拘束とは，自由な人格者であることと両立しない程度の身体の自由の拘束状態のことを指します。

例えば，戦前の日本の鉱山採掘人夫の監獄部屋等がこれにあたります。

誰も奴隷的な拘束を受けないということは，あたり前のことです。しかし，過去に人が人を奴隷的に拘束したことが幾度となくあり，そのようなことを二度と繰り返さないために，憲法に明文上規定されました。

「その意に反する苦役」とは，広く本人の意思に反して強制される労役を指します。[2]

---

[1]
■ 参考データ

例えば，ここでは収用（私有財産を強制的に取り上げる手続）について考えると，ダム建設のために個人の土地が収用されたとすれば，国民は，水道水の確保や洪水の防止等の利益を得られます。その一方で，土地を失った人は損失を被るので，それを埋めるために損失補償が必要となるのです。

[2]
■ 参考データ

例えば，強制的な土木工事への従事等がこれにあたります。

2 適正手続の保障 (31条)

> ### Festina lente
> 　31条は、アメリカ合衆国憲法の法の適正な手続（due process of law）を定める規定に由来するんだ。これは、公権力を手続的に拘束し、人権を手続的に保障していこうとする思想であり、法の支配のあらわれといえるね。
> 　人権保障と手続保障は密接不可分の関係にあるといえるんだね。

(1) 31条の保障

　31条は、「法律の定める手続」とあり、明文上は**手続の法定**ということだけを定めています。しかし、手続をいくら法定したところで、その内容が適正でなければ手続が適正とはいえないはずです。

　したがって、**手続内容の適正さ**ということまでも31条は要求していると解されます。さらに、実体の法定・適正がなければ、人権保障は担保されませんから、実体の法定・適正までも31条で要求されているとするのが通説です。

(2) 告知と聴聞

　手続内容の適正とは、具体的には、**告知と聴聞の機会の保障**です。

　この告知と聴聞とは、公権力が国民に刑罰その他の不利益を科す場合には、当事者にあらかじめその内容を告知し、当事者に対して弁解と防御の機会を与えなければならないとするものをいいます。

　判例も、第三者所有物没収事件において、31条の適正手続の内容として、告知と聴聞を受ける権利は含まれるとしています（最大判昭37.11.28）。

(3) 行政手続への準用

　31条の文言に「その他の刑罰を科せられない」とあるように、31条は、本来、刑事手続に関する規定です。しかし、今日、刑事手続の場面ばかりではなく行政手続における人権侵害が問題となっており、国民の生活への行政介入が適正手続により行われることが、国民の権利保障にとって無視しえない重要性を持つに至っています。

> ### Festina lente
> 消防、水防活動等で緊急の必要性がある場合に、強制的に協力を求めることは、18条に反しないとされているよ。

> ### Festina lente
> この権利が刑事手続における適正性の内容をなすことについては、すでに判例も認めているんだよ。

Part 1
憲法

Chapter 6
経済的自由・人身の自由
83

よって，その趣旨は，行政手続にも準用されることもあると考えられています（成田新法事件：最大判平 4.7.1）。

2 被疑者の権利[1]

1 不当な逮捕・抑留・拘禁からの自由（33条，34条）

（1）身体拘束に対する保障

33条は，逮捕等の身体拘束には，原則として司法官憲の発する令状（逮捕状，勾引状，勾留状）が必要であると定めます（令状主義）。これは，裁判官の発する令状を事前に要求して，司法的チェックを経ることで，恣意的な人身の自由の侵害を阻止する趣旨です。[2]

憲法は，この令状主義の例外として現行犯逮捕を予定しています。なぜなら，①犯罪とその犯人が明らかであるため誤認逮捕のおそれが少なく，②罪証隠滅・逃亡を防止するため直ちに逮捕する必要性が高いからです。

（2）身体拘束の要件，防御権の保障

抑留とは，身体の拘束のうち，一時的なものをいい，刑事訴訟法にいう逮捕が典型です。

拘禁とは，身体の拘束のうち，より継続的なものをいい，刑事訴訟法にいう勾留が典型です。34条は，過去に違法・不当な抑留又は拘禁が度々なされたことを受けて，その反省から抑留又は拘禁についての手続的な保障を定めたものです。

なお，34条は，被疑者だけでなく被告人にも保障が及びます。

2 住居等の不可侵（35条）

住居は人の私生活の中心であり，プライバシー保護の観点から捜査機関による侵入，捜索及び押収について，令状主義が規定されました。どこで何を差し押さえるのかを明示する令状を要求し，一般令状を禁止した点に重要性があります。[3]

なお，犯罪捜査以外の行政警察行為（行政警察活動）としての所持品検査には，35条の令状主義の原則が適用されます。よって，令状なしで所持品を強制的に開示されることはないのが原則です。

---

[1]
■ 語句解説

被疑者とは，犯罪の嫌疑を受け，捜査の対象とされているが，まだ公訴を提起されていない者をいいます。

[2]
■ 語句解説

司法官憲とは，裁判官のことをいいます。
勾引状とは，裁判所又は裁判官が被告人，証人等を一定の場所に引致するために発する令状のことをいいます。
勾留状とは，被疑者又は被告人が，罪を犯したと疑うに足りる相当な理由があり，かつ，住居不定，罪証隠滅のおそれ又は逃亡のおそれのいずれか1つの理由があるときに，被疑者・被告人を拘束するために，裁判所又は裁判官が発する令状をいいます。

[3]
■ 語句解説

一般令状とは，どこで何を捜索・押収するかを特定せず，いつでもどこでも証拠を探して捜索・押収することを認める令状のことです。
権限の濫用がなされやすいので禁止されます。

Part 1
憲 法

3 被告人の権利[*4]

1 拷問・残虐刑の禁止（36条）

拷問及び残虐な刑罰は，絶対に禁止されています。

2 公平な裁判所の迅速な公開裁判を受ける権利

(1)「公平な裁判所」の裁判

「公平な裁判所」の裁判とは，構成その他において偏頗（かたよっていること）や不公平のおそれのない裁判所による裁判を意味し，個々の事件についての内容や実質が具体的に公正妥当な裁判を指すのではありません（最大判昭23.5.5）。

(2)「迅速な」裁判

「迅速な」裁判とは，不当に遅延していない裁判のことをいいます。

迅速な裁判に反した場合は，直接37条に基づいて，免訴判決によって救済されます（高田事件：最大判昭47.12.20）。[*5]

(3)「公開」裁判

「公開」裁判とは，その対審及び判決が公開の法廷で行われる裁判のことをいいます。[*6]

3 証人審問権・喚問権，弁護人依頼権（37条2項，3項）

刑事被告人には，証人審問権・喚問権が37条2項で保障されるとともに，弁護人依頼権が3項で保障されています。なお，被告人が弁護人を依頼することができないときは，国でこれを付します（国選弁護人）。

4 不利益な供述の強要禁止（38条1項）

「自己に不利益な供述」とは，本人の刑事責任に関する不利益な供述，すなわち有罪判決の基礎となる事実，量刑上不利益となる事実等の供述を指します。一般に黙秘権といわれています。

氏名の供述がここにいう不利益な供述に含まれるかどうかが問題となりますが，判例はこれを否定しています（京成電鉄事件：最大判昭32.2.20）。

5 自白の証拠能力の制限（38条2項）

38条2項は，本人の自由な意思に基づかない自白は証拠として認められないとする規定です。

---

*4
■ 語句解説

被告人とは，罪を犯したとして公訴を提起されている者をいいます。

Part 1
憲法

*5
■ 語句解説

免訴とは，裁判所が，一定の場合に，被告事件の実体に対する判断をしないで訴訟手続を打ち切る裁判のことをいいます（刑事訴訟法337条）。

*6
■ 語句解説

対審とは，訴訟の審理方法の1つで，対立する当事者に裁判官の面前で主張を述べさせ，審理に関与させる方法をいいます。

Chapter 6
経済的自由・人身の自由

6 自白の補強証拠 (38条3項)

38条3項は，自白だけでは有罪にできないという規定です。

7 刑罰不遡及と二重処罰の禁止 (39条)

実行の時に適法であった行為については，刑事責任を問われません。事後法の禁止ないし遡及処罰の禁止といわれ，罪刑法定主義の重要な帰結の1つです。*1

また，二重処罰は禁止されます。すなわち，すでに無罪とされた行為についても，刑事責任を問われません。さらに，同一犯罪については重ねて刑事責任は問われません。

8 刑事補償 (40条)

40条を受けて，刑事補償法が制定されました。

---

*1
■ 語句解説

事後法（遡及処罰）の禁止とは，一定の行為の後に，当該行為を取り締まる法律を定めて罰することは許されないということです。

罪刑法定主義とは，どのような行為が犯罪となり，それに対してどのような刑罰が科せられるかについて，あらかじめ成文の法律をもって規定しておかなければ人を処罰することができないという刑法の基本原則です。
我が国でも，憲法31条でこの原則が採用されていると解されています（通説）。

ファイナルチェック　基礎知識の確認

問題1　最高裁判所は，薬局の開設に適正配置を要求する薬事法の規定について，不良医薬品の供給の防止等の目的のために必要かつ合理的な規制を定めたものということができず，憲法22条1項に違反し，無効であるとした。

問題2　最高裁判所は，共有林について分割請求権を制限している森林法の規定について，森林の細分化を防止し森林経営の安定を図るという当該規定の目的との合理的関連性がないとし，当該規定を違憲であるとした。

問題3　何人も，いかなる場合であっても，権限を有する司法官憲が発し，かつ理由となっている犯罪を明示する令状によらなければ，逮捕されない。

問題1 ◯ （薬局距離制限事件）　問題2 ◯ （森林法共有林事件）　問題3 ✗ 令状主義の例外として，現行犯として逮捕される場合がある（33条）。

本試験レベルの問題にチャレンジ！ ▶▶▶

Chapter 7 受益権・社会権・参政権

重要度 B

イントロダクション 学習のポイント

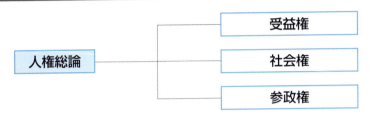

　このChapterでは，自由権以外の人権について，具体的には受益権，社会権，参政権について勉強します。このうち，社会権には，生存権，教育を受ける権利，勤労の権利，労働基本権があります。基本的には条文の勉強で大丈夫ですが，生存権や教育を受ける権利，労働基本権については，重要判例があるため，ある程度内容に踏み込んだ勉強をするとよいでしょう。

ベーシック じっくり理解しよう！

1 受益権*2

重要度 B

1 請願権（16条）

　請願とは，国，又は，地方公共団体の機関に対して，国務に対する希望を述べることです。したがって，請願権の保障は，請願を受けた機関にそれを誠実に処理する義務を課すにとどまる（請願法5条）だけで，請願の内容を審理，判定する法的義務は生じません。
　憲法上，請願は誰でもすることができます。

*2
■ 語句解説
受益権とは，国家に対して一定の作為を要求する権利であり，国務請求権とも呼ばれます。受益権には，①請願権，②裁判を受ける権利，③国家賠償請求権，④刑事補償請求権があります。

また，どの機関に対しても請願することができます。*1

2 裁判を受ける権利 (32条)

裁判を受ける権利は，政治権力から独立した公平な司法機関に対して，すべての個人が平等に権利，自由の救済を求め，かつ，そのような公平な裁判所以外の機関から裁判されることのない権利のことをいいます。

3 国家賠償請求権 (17条)

国家賠償制度は，公権力の不法な行使に対する国家の賠償責任を認める制度です。これを具体化した法律が国家賠償法です。

判例 郵便法免責規定違憲判決（最大判平 14.9.11）

争点 郵便物の配達事故について国の賠償責任を制限した郵便法 68 条，73 条（平成 14 年法 121 号による改正前）は，憲法 17 条に違反しないか。

結論 郵便法 68 条，73 条の一部は，憲法 17 条が立法府に付与した裁量の範囲を逸脱しており，同条に違反する。

判旨 憲法 17 条は，立法府に無制限の裁量権を付与するといった法律に対する白紙委任を認めているものではない。
郵便法 68 条，73 条の規定のうち，①書留郵便物について，郵便業務従事者の故意又は重大な過失によって損害が生じた場合に，不法行為に基づく国の損害賠償責任を免除し，又は制限している部分，及び②特別送達郵便物について，郵便業務従事者の軽過失による不法行為に基づき損害が生じた場合に，国家賠償法に基づく国の損害賠償責任を免除し，又は制限している部分は，合理性・必要性を認めることが困難であり，憲法 17 条が立法府に付与した裁量の範囲を逸脱したものであるといわざるを得ず，同条に違反し無効である。

---

4 刑事補償請求権 (40条)

身体を拘束された者が後に無罪の裁判を受けた場合，被った損害を補償する必要があります。そこで，公平の観点から結果に対する補償請求を認めたのが 40 条です。

---

*1
■ 参考データ
請願事項は，条文に列挙された事項だけではなく，あらゆる事項が請願の対象となります。

Festina lente
ここは，行政法で国家賠償法としてしっかり学習するところだから，サラリとやってしまっていいよ。

Part 1
憲 法

2 社会権

重要度 B

1 社会権総説

社会権とは，社会的経済的な弱者が，国家に公共的な配慮を求めることができる権利ということができます。このように，国民が国に対して一定の行為を要求する権利（作為請求権）である点で，国の介入の排除を目的とする権利（不作為請求権）である自由権とは性質が異なります。

社会権の中には，これから説明していく①生存権，②教育を受ける権利，③勤労の権利，④労働基本権等が含まれています。

2 生存権（25条）

生存権とは，25条1項にあるように，健康で文化的な最低限度の生活を営む権利のことをいいます。

同条2項は，国に社会国家として国民の生存権の実現に努力すべき義務があるとします。もっとも，具体的な実施には予算の裏づけを必要とし，また，権利の具体的内容も，一義的には明確ではありません。そこで，生存権の内容を具体化する立法があって初めて，生存権は具体的な権利になると考えられています。それを受けて，生活保護法，児童福祉法等の各種社会福祉立法や，国民健康保険法，雇用保険法等の各種社会保険立法等の社会保障制度が設けられています。*2

*2
■ 語句解説
社会国家とは，国家が国民の生活を保障する国家体制をいいます。

判例　朝日訴訟（最大判昭42.5.24）

争点　25条1項の規定は，具体的権利を定めたものか。

結論　具体的権利を定めたものではない。

判旨　憲法25条1項は，すべての国民が健康で文化的な最低限度の生活を営み得るように国政を運営すべきことを国の責務として宣言したにとどまり，直接個々の国民に対して具体的権利を賦与したものではない。具体的権利としては，憲法の規定の趣旨を実現するために制定された生活保護法によって，初めて与えられているというべきである。

> **判例** **堀木訴訟（最大判昭 57.7.7）**[1]
>
> **争点** 児童扶養手当法の併給禁止規定は，25 条に違反しないか。
>
> **結論** 違反しない。
>
> **判旨** 具体的にどのような立法措置を講ずるかの選択決定は，立法府の広い裁量に委ねられており，それが著しく合理性を欠き明らかに裁量の逸脱・濫用と見ざるを得ないような場合を除き，裁判所が審査判断するのに適しない事柄であるといわなければならない。

3 教育を受ける権利

1 意 義

　教育を受ける権利とは，国等によって教育を受ける権利を侵害されないという自由権的側面と，国民が国家に対して合理的な教育制度と施設を整え，適切な教育の場を提供することを要求するという社会権的側面を持った，複合的な権利です。

　教育を受ける権利の中で最も重要なのは，学習権です。

　学習権とは，国民各自が一個の人間として，また，一市民として，成長，発達し，自己の人格を完成，実現するために必要な学習をする権利のことをいいます。特に，自ら学習することのできない子どもにとっての学習権とは，その学習要求を充足するための教育を自己に施すことを大人一般に対して要求する権利を含むものです。

2 教育権の所在

　教育権とは，教育の内容や方法について決定する権利のことをいいます。

　判例は，教師に一定の範囲の教育の自由の保障はあるが，国は教科目，授業時間数等の教育の大綱について決定できるとした上で，国の過度の教育内容への介入は教育の自主性を害し，許されないと考えています。つまり，教育権の所在は，国民（親，教師）と国家の双方にあると解しています（旭川学テ事件：最大判昭 51.5.21）。

3 義務教育の無償（26 条 2 項）

　26 条 2 項は，義務教育の無償を規定するが，無償の範囲につ

---

[1]
✓ 要チェック！過去問題

行政府が，現実の生活条件を無視して著しく低い基準を設定する等，憲法および生活保護法の趣旨・目的に反し，法律によって与えられた裁量権の限界を越えた場合または裁量権を濫用した場合には，違法な行為として司法審査の対象となり得る。
➡ **○**（H30-5-2）

Festina lente

教育とは，個人が人格を形成し，社会において有意義な生活を送るために不可欠なものなんだよ。また，国民は教育によって，民主主義の政治過程に参与できる資質を培うことができるんだよ。

Part 1
憲 法

いて，判例は，教育の対価である授業料の無償を定めたものと解しています（教科書代金負担請求訴訟：最大判昭39.2.26）。*2

4 勤労の権利 (27条)

国民の生活は，第一次的には各自の労働によって維持されています。そこで，憲法は勤労の権利を保障し，労働条件の整備を国家に課すとともに，勤労を国民の義務ともしています。

5 労働基本権 (28条)*3

1 勤労者の定義

勤労者とは，労働力を提供して対価を得て生活する者をいいます。公務員もここにいう勤労者に含まれます。

2 労働基本権の趣旨，内容

資本主義社会における自由競争原理の下では，生産手段を持たない者は，自分の労働力を提供して生活するしかありません。そうすると，使う者（使用者）より使われる者（労働者）のほうが不利な立場に立たされるのは必然ですから，労使間は対等ではなく，使用者が不当な労働契約を強制してしまいがちです。

そこで，両者間の実質的対等を図ることを目的として規定されたのが，この労働基本権です。

労働基本権は，具体的には，団結権，団体交渉権，団体行動権（争議権）の3つからなり，労働三権ともいわれます。

3 労働基本権の意味

団 結 権	労働者の団体を組織する権利（労働組合結成権）のことであり，労働者を団結させて使用者の地位と対等に立たせるための権利である。
団体交渉権	労働者の団体が使用者と労働条件について交渉する権利であり，交渉の結果，締結されるのが労働協約（労働組合法14条）である。
団体行動権（争議権）	労働者の団体が労働条件の実現を図るために団体行動を行う権利であり，その中心は争議行為である。争議行為とは，いわゆるストライキ等を指す。

---

*2
■ 参考データ
現在では，法律により，教科書は無償で配布されています。

Festina lente
27条3項の児童酷使の禁止は，私人間（使用者対児童）を規律するものでもあるんだ（私人間効力）。

*3
■ 参考データ
28条を受けて，労働組合法が成立しました。

Festina lente
労働基本権の制限で一番問題となるのが，公務員の労働基本権に対する制限なんだけど，これについては，人権総論の基本的人権の限界の箇所で説明したよ。

Part 1 憲法

Chapter 7
受益権・社会権・参政権

3 参政権

重要度 **C**

1 参政権の意義

　参政権とは，国民が主権者として，直接，又は，代表者を通じて国の政治に参加する権利であり，代表的なものとして**選挙権**，**被選挙権**があります。民主主義を人類普遍の原理とし，国民主権原理を採用する日本国憲法において，参政権は基本的人権として民主政治を実現する上で不可欠のものとされます。

2 選挙権・被選挙権

　選挙権とは，選挙人として，選挙に参加することのできる資格，又は，地位を意味します。

　被選挙権とは，公職の選挙において候補者となり，当選人となり得る資格，又は，地位を意味します。立候補の自由ともいいます。

　被選挙権は，憲法で明文上規定されてはいませんが，**選挙権（15条１項）と表裏一体**のものとして，憲法上の権利として保障されます（判例）。

〈選挙権の要件〉

要件	内　容	反対概念
普通選挙	普通選挙とは，財力，教育，性別等を選挙権の要件としない制度をいう。日本国憲法は，「公務員の選挙については，**成年者**による普通選挙を保障する」（15条３項）と定めて，この原則を確認している。	制限選挙
平等選挙	平等選挙とは，選挙権の価値は平等，すなわち１人１票を原則とする制度をいう。現在は，選挙権の数的な平等の原則のみならず，投票の価値的な平等の要請をも含むものと考えられている。	複数選挙等級選挙 *1
自由選挙	自由選挙とは，棄権しても罰金，公民権停止，氏名の公表等の制裁を受けない制度をいう。	強制投票

*1
■ **語句解説**
複数選挙とは，特定の選挙人に２票以上の投票を認める制度をいい，**等級選挙**とは選挙人を特定の等級に分けて等級ごとに代表者を選出する制度をいいます。

秘密選挙	秘密選挙とは，誰に投票したかを秘密にする制度をいう。憲法は，「すべて選挙における投票の秘密は，これを侵してはならない。選挙人は，その選択に関し公的にも私的にも責任を問はれない。」（15条4項）と定めて，この原則を確認している。	公開投票
直接選挙	直接選挙とは，選挙人が公務員を直接に選挙する制度をいう。	間接選挙複選制*2

*2
■ 語句解説

間接選挙とは，選挙人がまず選挙委員を選び，その選挙委員が公務員を選挙する制度をいいます。例えば，アメリカの大統領選挙等はこれです。また，すでに選挙されて公職にある者が公務員を選挙する制度を**複選制**といいます。両者の違いは，間接選挙における選挙人は，選挙が終了すればその地位も消滅しますが，複選制では地位は消滅しないという点です。

ファイナルチェック　基礎知識の確認

問題1　憲法25条1項は，すべての国民が健康で文化的な最低限度の生活を営み得るように国政を運営すべきことを国の責務として宣言したにとどまらず，直接個々の国民に対して具体的権利を賦与したものである。

問題2　憲法26条2項は，普通教育の対価としての授業料を徴収しないことを定めたにとどまらず，教科書の代金や教材費についても無償とすべきことを要請する趣旨の規定である。

問題3　日本の選挙制度は，普通選挙・平等選挙・自由選挙・秘密選挙・間接選挙としての性質を持つ。

問題1 ✕　憲法25条1項は，直接個々の国民に対して具体的権利を賦与したものではない（朝日訴訟）。　**問題2 ✕**　判例によれば，義務教育の無償とは，授業料不徴収の意味であり，教科書，学用品その他教育に必要な一切の費用まで無償とすることを定めたものではない。　**問題3 ✕**　間接選挙ではなく，直接選挙としての性質を持つ。

本試験レベルの問題にチャレンジ！ ▶▶▶

Chapter 8 国会

重要度 A

イントロダクション　学習のポイント

　いよいよ統治に入ります。統治を勉強する上でまず三権分立という考え方を理解しておいてください。
　そして，三権のうちの1つ，立法権を担当するのが国会です。
　統治は基本的に条文知識が大切であり，それはこのテーマでも変わりません。ただし，比較をしなければならない箇所が多いため，本書の表を利用しながら覚えていくようにしましょう。
　また，国会と衆議院・参議院という各議院は別概念として捉えましょう。国会と議院の権能の比較も大切です。

ベーシック　じっくり理解しよう！

Festina lente

　この Chapter から「統治」の学習が始まるよ。
　ところで，統治を学習する上で忘れてはならない概念があるんだよ。それは，「三権分

立」という概念なんだよ。

　そもそも，日本国憲法は，特定の者が権力を握るとその権力を濫用して，国民の権利・自由を侵害してしまうという歴史からできたものなんだよ。

　そこで，国民の権利・自由を守るためには，特定の者に権力が集中しない統治のシステムを作ればよいということになったんだね。

　これが，三権分立の考え方だよ。つまり，国家権力を，行政を担当する行政権，法律の制定を担当する立法権，裁判を担当する司法権と３つに分け，それぞれを別々の機関に割り振るのが三権分立なんだよ。ちなみに，日本の場合は，行政権は内閣に，立法権は国会に，司法権は裁判所に割り振っているよ。

　なお，三権分立は国民の権利・自由を守るためのシステムであるから，「自由主義」という考え方に基づくものなんだよ。

1 国会の地位

重要度 **B**

　日本国憲法は，主権者としての国民が自ら直接統治を行う直接民主制ではなく，国民から国政を託された代表者が国家権力を行使する代表民主制を採用しています（前文第１段，43条）。この統治制度の下において，国会は，主権者たる国民を代表する機関としての性格を有します。よって，この代表機関性が国会の地位の基礎にあることになります。

1 国民の代表機関 (43条1項)

　43条１項の「代表」とは，民法で学ぶ「代理」のような，法的な意味の代表ではなく，政治的代表を指すと考えられています。すなわち，国民は代表機関を通じて行動し，代表機関は全国民のために行動しさえすれば，それで全国民の意思を反映するものとみなされるという趣旨で代表を捉えるのです。よって，この考え方によれば，代表者は必ずしも選挙民の意思に法的に拘束される必要はないということになります（自由委任）。*1

　さらに，この考え方を一歩進めて，「代表」とは，政治的代表ではあるが，選挙により表明される国民の多様な意思や社会の実際の勢力は国会にできるだけ忠実に反映されるべきだという考え方が現在有力です。この意味での代表を，社会学的代表といいます。

*1
要チェック！過去問題

議員は議会で自己の信念のみに基づいて発言・表決すべきであり，選挙区など特定の選出母体の訓令に法的に拘束されない，との原則は，自由委任の原則と呼ばれる。

➡ ○(H 23-6-4)

Chapter 8
国　会
95

2 国権の最高機関 (41条)

　憲法は国会を「国権の最高機関」と位置づけています。ここにいう「最高」とは，国会が裁判所等よりも一歩上に立つという意味ではなく，国会が立法権をはじめ重要な権能を憲法上与えられ，国政の中心的な地位を占める機関であるということを強調する政治的美称にすぎないと考えられています。

3 唯一の立法機関 (41条)

　国会が国の「唯一」の立法機関であるとは，①国会中心立法の原則と，②国会単独立法の原則の２つを意味しています。

1 国会中心立法の原則
(1) 意　義

　　国会中心立法の原則とは，国の行う立法は，憲法に特別の定めがある場合を除いて，国会によってなされなくてはならないという原則をいいます。

(2) 例　外

①	議院規則　（58条２項）
②	裁判所規則　（77条１項）

2 国会単独立法の原則
(1) 意　義

　　国会単独立法の原則とは，国会による立法は，国会以外の他の機関の関与がなくとも，国会の議決のみで成立するという原則をいいます。

(2) 例　外：地方自治特別法制定のための住民投票

　　地方自治特別法制定のための住民投票（95条）の制度は，特定の地方公共団体のみに適用される法律を制定するには，その地方の住民投票による過半数の賛成を必要とするものであり，憲法上規定されている例外です。

2 国会の組織と活動

重要度 **A**

1 国会の組織

1 二院制（42条）

(1) 二院制の存在理由

日本国憲法は，衆議院と参議院の二院制を採用しています。現在における二院制の主要な存在根拠は，①衆議院の**軽率な行為や過誤**を参議院がチェックして是正すること，②異なる時期に選挙を行うことによって，その時々の**民意を国会に忠実に反映**させること，にあるとされます。

〈両院の組織上の差異〉

	衆議院	参議院
議員任期	4年 （解散の場合は任期満了前に終了）	6年（解散制度なし） 3年ごとに半数改選
議員定数	465人*1	248人*2
議員資格	満25歳以上	満30歳以上
選挙区	小選挙区と比例代表区	大選挙区と比例代表区

(2) 衆議院の優越

日本国憲法は，議院の権能の範囲と議決の価値に関して，衆議院の優越を認める規定をいくつか置いています。衆議院に優越的な地位を与えた理由としては，①一院を重視することで国会の意思形成を容易にできること，②議員の任期，解散制度等からみて，衆議院のほうが民意により密着していること等が挙げられます。

a 衆議院にのみ認められる権限

①	**内閣不信任決議権**（69条）
②	**予算先議権**（60条1項）

*1
■ **参考データ**

2016年5月の公職選挙法等の一部改正により，衆議院議員の定数が475人から465人に削減されることとなりました（小選挙区6減，比例代表4減）。

*2
■ **参考データ**

2018年7月の改正によるものです（定数6増）。

Part 1
■
憲
法

Chapter 8
国 会　97

b 参議院にも認められるが衆議院の議決が優先するもの

事 項	内 容
法律案の議決 （59条）	①法律案は，憲法に特別の定めがある場合を除いては，両議院で可決したときに法律となる。 ②衆議院で可決し，参議院でこれと異なった議決をした法律案は，衆議院で出席議員の３分の２以上の多数で再び可決したときは，法律となる。 ③なお，衆議院は，参議院が衆議院と異なった議決をしたときは，両院協議会を開くことを求めることができる。＊1＊2 ④参議院が，衆議院の可決した法律案を受け取った後，国会休会中の期間を除いて60日以内に，議決しないときは，衆議院は，参議院がその法律案を否決したものとみなすことができる。
予算の議決 （60条2項）	予算について，参議院で衆議院と異なった議決をした場合に，法律の定めるところにより，両院協議会を開いても意見が一致しないとき，又は参議院が，衆議院の可決した予算を受け取った後，国会休会中の期間を除いて30日以内に，議決をしないときは，衆議院の議決を国会の議決とする。
条約の承認 （61条・ 60条2項）	条約の承認について，参議院で衆議院と異なった議決をした場合に，法律の定めるところにより，両院協議会を開いても意見が一致しないとき，又は参議院が，衆議院が承認の議決をした条約を受け取った後，国会休会中の期間を除いて30日以内に，議決をしないときは，衆議院の議決を国会の議決とする。
内閣総理大臣 の指名 （67条2項）	内閣総理大臣の指名について，衆議院と参議院とが異なった指名の議決をした場合に，法律の定めるところにより，両院協議会を開いても意見が一致しないとき，又は衆議院が指名の議決をした後，国会休会中の期間を除いて10日以内に，参議院が，指名の議決をしないときは，衆議院の議決を国会の議決とする。

	法律案	予算案	条 約	内閣総理大臣の指名
衆議院の先議権	な し	あ り	な し	
参議院が議決しない日数の要件	60日	30日	10日	
議決しない場合の効果	参議院の議決を否決とみなすことができる	衆議院の議決を国会の議決とする		
再 議 決	出席議員の３分の２以上の多数決	不 要		
両院協議会	任意的	必要的		

2 政 党

　政党とは，一定の政策を掲げ，それに対する国民の支持を背景に，政府機構の支配の獲得，維持を通じてその実現を図ろうとする，自主的，恒常的な政治組織・団体です。

　現在において，政党は，議会制民主主義を支える重要な存在で

＊1
■■ 語句解説

両院協議会とは，衆議院と参議院が異なった議決をしたときに，その調整のために設置される機関を

す。日本国憲法において，政党についての直接の規定はありません。が，結社の自由を保障し（21条1項），議院内閣制を採用している（66条3項等）ことから，政党の存在を当然に想定していると考えられています。

2 国会の活動

1 会期の定義と種類

　会期とは，国会が活動するものとされる一定の期間をいいます。国会の会期には，毎年1回定期に召集される「常会」，臨時の必要に応じて召集される「臨時会」，衆議院が解散され，その後の総選挙が行われた後に召集される「特別会」があります。

　なお，国会は，会期ごとに活動し（会期独立の原則），国会の会期中に議決に至らなかった案件は，原則として後の会期に継続しません（会期不継続の原則　国会法68条）。

　また，同一問題については，会議の効率的運営のため，同じ会期中に再び審議しません（一事不再議の原則）。

(1) 常　会（52条）

　52条は，国会の常会の召集について定め，国会の活動について会期制をとることを定めたものです。常会の会期は，国会法10条により，150日間と定められています。

(2) 臨時会（53条）

　常会が閉会した後も，国会の活動を必要とする事態が生じ得ることから，これに対応するために，臨時会の制度が設けられました。臨時会の召集決定は，原則として，内閣に委ねられていますが，いずれかの議院の総議員の4分の1以上の要求があれば，内閣はその召集を決定しなければなりません。

(3) 特別会（54条1項）

　衆議院の解散後に施行される総選挙の後に召集される国会を，特別会といいます。

2 緊急集会（54条2項，3項）

　緊急集会とは，衆議院が解散されて，総選挙が施行され，特別会が召集されるまでの間に，国会の開会を要する緊急の事態が生じたとき，それに応えて国会の権能を代行する制度です。

　緊急集会は，内閣のみ求めることができます。

いいます。

＊2 要チェック！過去問題
衆議院で可決された法律案を参議院が否決した場合は，両院協議会を必ずしも開かなくてもよい。
➡ ○ （H21-7-3）

Part 1 憲法

Chapter 8
国　会
99

また，緊急集会でとられた措置は臨時のものです。すなわち，次の国会開会の後 **10日以内**に**衆議院の同意**がない限り，**将来に向かって効力を失う**ことになります。

3 会議の原則 (56条, 57条)

定定数	定定数とは，会議体において，議事を開き，審議を行い，議決をなすために必要とされる最小限度の出席者数をいう → 議事及び議決の定定数は，総議員の **3分の1** (56条1項)
表決数	表決数とは，会議体において意思決定を行うに必要な賛成表決の数をいう → 両議院の議事は，憲法に特別の定めのある場合を除いては，**出席議員の過半数**で決する (56条2項) → 憲法に特別の定めのある場合 ①資格争訟裁判で議員の議席を失わせる場合 (55条) ②秘密会を開く場合 (57条1項但書) ③懲罰により議員を除名する場合 (58条2項) ④衆議院で法律案を再議決する場合 (59条2項) ⑤憲法改正の発議 (96条1項)
公 開	(1) 原 則 → 両議院の会議は，**公開**とする (57条1項本文) → 「公開」とは，会議録の保存・公表・頒布以外に，国民による本会議の自由な傍聴，新聞・放送等の報道機関による会議内容の自由な報道を含む (2) 例 外 → **出席議員の3分の2以上**の多数で議決したときは，**秘密会**を開くことができる (57条1項但書)

3 国会議員の特権

重要度 **B**

1 不逮捕特権 (50条)[1]

原則	国会議員には不逮捕特権が認められている。これは，行政権による逮捕権の濫用を防ぎ，議員の職務遂行を確保する趣旨である。
例外	逮捕権の濫用を防ぐというのが目的だから，**院外での現行犯**や，**院の許諾がある場合**には，逮捕権の濫用は考えにくいので，例外として国会法33条で，会期中でも逮捕が許容されている。会期前に逮捕された議員については，議院は釈放を要求できる。

[1] **要チェック！過去問題**

両議院の議員は，法律の定める場合を除いては，国会の会期中逮捕されず，会期前に逮捕された議員は，<u>開会後直ちに</u>これを釈放しなければならない。
➡ ✗ (H24-4-2)

Part 1
憲 法

2 免責特権 (51条)

　免責特権の趣旨は，議員に院内での言論の自由を厚く保障することにあります。

　「議院で行つた」とは，議院の活動として議員が職務上行った行為（職務活動に付随する行為を含む）を指します。

　免除される「責任」は，民事責任，刑事責任などの院外での**法的責任**です。ただ，**院内の懲罰責任は免責されず**，責任を問われる余地があります。

　この免責特権に関しては，職務上関係ない発言に適用がないのは当然です。

3 議員の歳費受領権 (49条)*2

　議員の歳費受領権は，裁判官の報酬とは異なり，憲法上，「減額できない」旨の定めはありません。

*2 **語句解説**
歳費とは，国会議員の受ける報酬のことをいいます。

4 国会の権能と議院の権能

重要度 A

国会の権能	議院の権能
①憲法改正の発議（96条1項） ②法律の議決（59条） ③条約の承認（73条3号，61条） ④内閣総理大臣の指名 　（6条1項，67条1項前段） ⑤内閣の報告を受ける権能 　（72条，91条） ⑥弾劾裁判所の設置（64条1項）*3 ⑦財政の統制（第7章等） ⑧皇室財産の授受の議決（8条） ⑨予算の議決（86条，60条）	①会期前に逮捕された議員の釈放要求権（50条） ②議員の資格争訟の裁判権（55条） ③役員選任権（58条1項） ④議院規則制定権・議員懲罰権（58条2項） ⑤国政調査権（62条） ⑥請願の受理・議決（国会法79条等） ⑦秘密会（57条1項但書） ⑧国務大臣の出席要求（63条）

*3 **要チェック！過去問題**
裁判官の弾劾は，議院の権能として正しい。
→✗（H25-6-ウ）

ファイナルチェック　基礎知識の確認

問題 1　憲法上，両議院で可決しても法律が成立しない場合がある。

問題 2　内閣総理大臣は，衆議院議員の中から衆議院の議決で，これを指名する。

問題 3　衆議院が解散されたときは，解散の日から 40 日以内に，衆議院議員の総選挙を行い，その選挙の日から 30 日以内に，国会を召集しなければならないが，この国会を臨時会という。

問題 4　両議院の議員は，院外における現行犯罪の場合を除いては，会期中その院の許諾がなければ逮捕されない。

問題 5　条約の締結に必要な国会の承認については，衆議院に先議権が認められるので，先に衆議院に提出しなければならない。

問題 1 ◯（59条1項，95条）　**問題 2 ✕**（67条1項）　**問題 3 ✕** 特別会という（54条1項）。　**問題 4 ◯**（50条，国会法33条）　**問題 5 ✕** 条約の承認については，衆議院の先議権は認められていない。

本試験レベルの問題にチャレンジ！▶▶▶

Chapter 9 内　閣

重要度 A

イントロダクション　学習のポイント

　内閣は国会・裁判所に比べると，必要な勉強量が少ないために攻略しやすいものと思います。国会と同様に，条文知識を覚えるために本書の表を利用して勉強するとよいでしょう。

ベーシック　じっくり理解しよう!

1 行政権と内閣

重要度 B

1 行政権の概念 (65条)

　行政権とは，すべての国家作用のうちから，立法作用と司法作用を除いた残りの作用です（控除説）。
　内閣は，行政権を担当する政府機関です。行政活動は内閣だけではできないので，実際には多くの行政機関を必要とします。内閣は行政全体を総合調整し，統括します。

2 議院内閣制

1 意 義

議院内閣制とは，議会と政府を一応分離した上で（権力分立），内閣が国会に対して連帯責任を負い，国会の信任が内閣の存立のために必要（民主的責任行政）なシステムのことをいいます。

2 日本国憲法における議院内閣制

日本国憲法は議院内閣制を採用していると解されていますが，憲法上，議院内閣制という言葉は出てきません。したがって，日本国憲法上，議院内閣制が採用されているということは，いくつかの条文の中から読みとっていかなければなりません。

議院内閣制の根拠となる条文は以下のとおりです。

（1）内閣の連帯責任の原則（66条3項）

国会に対する内閣の連帯責任を定め，議院内閣制をとることを明らかにした規定です。ここでいう「責任」は，法的責任ではなく，政治的責任を指します。つまり，国会に対する責任の取り方として，刑事責任や民事責任（損害賠償責任）等を負うわけではないということです。*1

（2）衆議院の内閣不信任決議権（69条）

衆議院の信任が内閣存立の基礎であり，衆議院が内閣を信任しないときの，内閣の責任の取り方を定めたものです。

すなわち，議院内閣制の下で，国会の不信任に対する内閣の責任は，衆議院を解散するか，あるいは，総辞職するかのいずれかであることを明らかにしました。

（3）内閣総理大臣の指名権（67条1項）

内閣総理大臣の資格及びその指名手続について定めたものです。行政府の長である内閣総理大臣の指名権を国会が有することは，立法府による行政府の統制手段の1つであり，議院内閣制のあらわれです。

（4）内閣総理大臣及び国務大臣の過半数が国会議員であること（67条1項，68条1項但書）

行政府の長である内閣総理大臣は国会議員でなければならず，かつ，国会の議決で，最優先的に指名しなければならないとしました。これは議院内閣制を組織的に保障するものです。

---

*1
☑ **要チェック！**
過去問題

大臣に対する弾劾制度を認めない日本国憲法においては，内閣に対して問われる「責任」は，<u>政治責任であって狭義の法的責任ではない</u>。
➡ **○**（H24-3-5）

そして，内閣総理大臣に国務大臣の任命・罷免権を与え，内閣の一体性と統一性の確保を図ると同時に，**国務大臣の過半数は，国会議員**でなければならないとして，議院内閣制を組織的に保障しました。*2

（5）内閣総理大臣，国務大臣の議院出席の権利と義務 (63条)

議院内閣制の下で，国会による内閣の責任追及の方法の1つとして，議員による国務大臣に対する質問があります。本条は，議員の質問の権利を担保すべく，内閣総理大臣その他の国務大臣の議院への出席の権利及び義務を定めました。

3 衆議院の解散

1 意　義

解散とは，任期満了前に議員全員の資格を失わせる行為をいいます。

憲法上，衆議院についてのみ認められています。

解散権に関する条文は，7条3号と69条の2つです。

2 解散権の所在

憲法は69条を除いて解散権の所在について明文を置いていませんが，通説は，内閣は，天皇の行う国事に関する行為（国事行為）に助言と承認を与えて，国事行為について責任を負うべき立場にあるので，助言と承認の中に実質的な解散権があると考え，**7条3号によって，内閣が衆議院の解散権を有している**と解しています。*3

2 内閣の組織

重要度 **B**

1 内閣の組織 (66条)

1 内閣総理大臣及びその他の国務大臣

内閣は，内閣総理大臣とその他の国務大臣で組織される合議体です。*4

そして，内閣総理大臣は，行政各部を指揮監督します。具体的には，行政各部の上に国務大臣を配置し，各省の長として行政事

---

*2
☑ **要チェック！過去問題**

内閣総理大臣は，<u>国会の同意を得て</u>国務大臣を任命するが，その過半数は国会議員でなければならない。

➡ ✕ (H29-5-1)

Part 1 憲法

*3
■ **参考データ**

これにより解散権の行使は69条の場合に限定されないことになります。例えば，争点Aがあって総選挙が行われ，その後争点Bが生じたとしましょう。争点Bが国家を二分するような大きな争点で，国会や内閣で統一的な意思形成をなし得なくなった場合，解散総選挙をして民意を問うということができるのです。

*4
■ **参考データ**

原則として，国務大臣の数は14人以内です（内閣法2条2項本文）。ただし，特別の必要がある場合には，17人以内とすることができます（同項但書）。

務を分担，管理させています。

> ## Festina lente
> 国務大臣には内閣という合議体のメンバーという側面と，それぞれの行政各部の長という側面の2つがあるんだよ。

2　内閣構成員の資格
（1）文民であること
　内閣総理大臣及びその他の国務大臣は，文民でなければなりません（66条2項）。文民統制の原則の趣旨を徹底するためです。*1
（2）国会議員であること
　内閣総理大臣及び国務大臣の過半数は，国会議員でなければなりません（67条1項，68条1項但書）。

2　内閣総理大臣

　内閣総理大臣は，国会議員の中から国会の議決で指名され（67条1項），天皇が任命します（6条1項）。内閣総理大臣は，内閣という合議体の首長として位置づけられます（66条1項）。これは，内閣の一体性と統一性を確保し，内閣の連帯責任の強化を図るためです。

3　内閣の総辞職 （69条～71条）

　内閣は，いつでも総辞職することができますが，以下に挙げた3つの場合には，内閣は総辞職しなければなりません。*2*3
　なお，総辞職した内閣は，新たに内閣総理大臣が任命されるまでは引き続き職務を行うことになります。

〈総辞職の原因〉

事　案	備　考
①衆議院で不信任の決議案を可決し，又は信任の決議案を否決したときに，10日以内に衆議院が解散されない場合 （69条）	

---

*1
■ 語句解説

文民とは，政府見解によれば，旧陸海軍の職業軍人の経歴を有する者であって，軍国主義的思想に深く染まっていると考えられる者以外の者及び自衛官の職にある者以外の者をいいます。

Festina lente

明治憲法下では，内閣総理大臣は，「同輩中の首席」にすぎず，他の国務大臣と対等の地位にあるにすぎなかったんだ。

*2
☑ 要チェック！
過去問題

内閣の「責任」のとり方は任意かつ多様であるべきなので，日本国憲法の下で総辞職が必要的に要求されることはない。
➡✗（H24-3-4）

*3
☑ 要チェック！
過去問題

内閣は，衆議院で不信任の決議案が可決されたとき，直ちに総辞職しなければならない。
➡✗（H26-6-3）

Part 1
憲　法

②内閣総理大臣が欠けた場合（70条前段）	・欠ける原因には，死亡，内閣総理大臣となる資格の喪失，辞職等がある
③衆議院議員総選挙の後，初めて国会の召集があった場合（70条後段）	・任期満了による総選挙後→臨時会 ・解散による総選挙後→特別会

Festina lente

内閣総理大臣を除く国務大臣の過半数が辞職した場合であっても，内閣は，総辞職をしなければならないわけではないんだ。

3 内閣の権能と内閣総理大臣の権能

重要度 B

内閣の権能については，内閣総理大臣の権能とは異なり，閣議（内閣法4条）が必要です。*4

内閣の権能	内閣総理大臣の権能
①法律の誠実な執行と国務の総理 ②外交関係の処理 ③条約の締結 ④官吏に関する事務の掌理 ⑤予算の作成と国会への提出 ⑥政令の制定 ⑦恩赦の決定，その他一般の行政事務 （以上，73条） ⑧天皇の国事行為に対する助言と承認（3条，7条） ⑨最高裁判所長官の指名（6条2項） ⑩最高裁判所長官以外の裁判官の任命（79条1項，80条1項） ⑪緊急集会の請求（54条2項但書） ⑫臨時会の召集決定（53条） ⑬予備費の支出（87条） ⑭決算の提出及び財政状況の報告（90条1項，91条）	①国務大臣の任免権（68条） ②内閣を代表して議案を国会に提出し，一般国務及び外交関係について国会に報告し，行政各部を指揮監督（※）する権限（72条） ③法令への連署（74条） ④国務大臣の訴追に対する同意（75条）

*4
■ 語句解説

閣議とは，合議体である内閣の構成員である内閣総理大臣及び国務大臣全体の会議のことです。内閣がその職権を行うのは閣議によるものとされ（内閣法4条1項），内閣総理大臣がこれを主宰します（同条2項）。

※ 内閣総理大臣は，指揮監督権につき閣議にかけて決定した方針が存在しなくても，「内閣の明示の意思に反しない限り，行政各部に対し，随時，その所掌事務について一定の方向で処理するよう指導，助言を与える権限を有する」（最大判平7.2.22）。

ファイナルチェック 基礎知識の確認

問題 1 内閣総理大臣とその他の国務大臣は，文民でなければならず，また，国会議員でなければならない。

問題 2 内閣総理大臣は，衆議院で不信任の決議案を可決し，又は信任の決議案を否決したときは，10日以内に衆議院が解散されない限り，単独で責任を負い辞職しなければならない。

問題 3 内閣総理大臣は，法律を誠実に執行し，国務を総理する。

問題1 ✗ 国務大臣全員が国会議員である必要はない（68条1項但書）。 **問題2 ✗** 内閣が，総辞職をしなければならないのであって，内閣総理大臣が単独で責任を負い辞職しなければならないわけではない（69条）。 **問題3 ✗** 法律を誠実に執行し，国務を総理するのは，内閣の事務である（73条1号）。

本試験レベルの問題にチャレンジ！▶▶▶

Chapter 10 裁判所

イントロダクション　学習のポイント

　この Chapter では，まず司法権とは何か？裁判所はどのような事件を取り扱うことができるか？について勉強します。これを司法権の範囲と限界といいますが，このテーマは統治の中でも判例がとても大切になります。
　その後は条文知識を中心に勉強をすることになりますが，特に司法権の独立で扱う条文知識は重要です。

ベーシック　じっくり理解しよう！

1 司法権

1 司法権の意義

　司法権とは，具体的な争訟について，法を適用し，宣言することによって，これを裁定する国家の作用をいいます。
　まず，具体的で法律的な事件がなければ，裁判所は動きません。法律を適用して解決できる事件が発生して初めて，その事件に法律を解釈して適用するのです。その上で裁定します。

2 司法権の範囲

　明治憲法の時代は，民事事件，刑事事件のみが司法権の範囲であり，行政事件は通常の裁判所とは別の系統の行政裁判所の所管でした。

　しかし，日本国憲法では，行政事件の裁判も含めてすべての裁判作用が司法権の範囲です。このことは，具体的には，特別裁判所の設置を禁止し，行政機関による終審裁判を禁止した（76条2項）ことにあらわれています。*1

3 法律上の争訟

　司法権の意義の中心である具体的な争訟（事件性）とは，「一切の法律上の争訟」（裁判所法3条1項）と同じ意味です。この法律上の争訟にあたらなければ，原則として，裁判所の審査権は及びません。

　法律上の争訟とは，①当事者間の具体的な権利義務ないし法律関係の存否に関する紛争であって，かつ，②それが法律を適用することにより終局的に解決することができるもの，をいいます。

1 当事者間の具体的な権利義務ないし法律関係の存否に関する紛争であること

　まず，具体的な権利義務ないし法律関係の存否に関する紛争であることが必要ですから，抽象的に法律の解釈又は効力を訴訟で争うことはできません（警察予備隊違憲訴訟：最大判昭27.10.8）。

　また，学問上の優劣や芸術上の優劣は，権利義務にかかわるものではなく，法律関係であるとはいえないため，司法権の範囲外であり，裁判で争うことができません。

2 法律を適用することにより終局的に解決することができるものであること

　法律を適用することによって終局的に解決できるものという要件については，「板まんだら事件」という有名な判例があります。

　この事件は，Aが板まんだら（本尊）を持つ寺院に金銭を寄附したところ，その板まんだらはニセ物であって御利益がないとして，民法のところで勉強する錯誤無効(旧民法95条)を主張し，寄附金の返還請求をしたというものです。

---

*1

■ **語句解説**

特別裁判所とは，特殊の身分を持つ人，又は，特定の種類の事件について裁判するために，一般的に司法権を行う通常裁判所の系列のほかに設けられる特別の裁判所，例えば，明治憲法下の皇室裁判所，軍法会議，行政裁判所等のことです。

Festina lente

このように紛争の外形は具体的な権利義務の有無を争っているものの、錯誤が成立するためには板まんだらがニセ物でないといけないのだ。

でも、ニセ物かどうかは宗教上の教義にもよるのだ。宗教団体側からすれば、正式に寺院に奉納されている以上、御利益はあるともいえるよね。そうなると、宗教の教義に立ち入らないと錯誤無効か否かを決められないのだ。つまり法律によって問題を解決することができないケースなのだよ。

錯誤無効による返還請求権 ← 具体的権利に関する紛争

錯誤の成否は本尊が本物かどうか ← 宗教上の教義に立ち入った判断

　板まんだら事件（最判昭 56.4.7）

　純然たる信仰の価値、又は、宗教上の教義に関する判断自体を求める訴えは、法律上の争訟にあたるか。

結　論　あたらない。

　訴訟は、形式的には具体的な権利義務に関する紛争であるが、その前提として信仰の価値又は宗教上の教義に関する判断を行わなければならず、法令の適用による終局的な解決の不可能なものであるから、法律上の争訟にあたらない。

4 司法権の限界

司法権の限界とは、法律上の争訟として司法権の範囲に含まれたとしても、裁判所が司法審査をしない、又は、できない場合があるという問題をいいます。具体的には下記のとおりです。

1 憲法の明文上の限界
(1) 議員の資格争訟の裁判

議員の資格争訟は、議院の自律権の問題であり、各議院で裁判します（55条）。

(2) 裁判官の弾劾裁判

裁判官の弾劾裁判については、両議院の議員からなる弾劾裁判所が設置されるので、通常の裁判所では審判されません（64条）。

2 国際法上の限界

国際法上の限界には、治外法権や条約による裁判権の制限等があります。*1

3 憲法の解釈上の限界

(1) 自律権に属する行為

自律権とは、議事手続（56条）や懲罰（58条2項）等、国会、又は、各議院の内部事項については、他の機関からの圧迫や干渉を加えられずに自主的に決定できる権能のことをいいます。このような自律権に属する行為については、裁判所は国会又は各議院の自主性を尊重して司法審査しません。

(2) 自由裁量に属する行為

国会や内閣などの自由裁量に属する行為については、裁量権を著しく逸脱するか、著しく濫用した場合でないと、裁判所の司法審査が及ばないとされています。*2

(3) 統治行為論

統治行為論とは、国家機関の行為のうち、極めて高度に政治性のある行為については、裁判所の司法審査の対象とならないという理論のことです。

この司法権に対する制約は、三権分立の原理に由来し、当該国家行為の高度の政治性、裁判所の司法機関としての性格、裁判に必然的に随伴する手続上の制約等にかんがみ、司法権の本質に内在する制約であるとして、判例は、権力分立を根拠として統治行為の存在を肯定しています。

判例 苫米地事件（最大判昭35.6.8）

争点 衆議院の解散は司法審査の対象となるか。

結論 ならない。

判旨 衆議院の解散は、極めて政治性の高い国家統治の基本に関する行為であって、かくのごとき行為について、その法律上の有効無効を審査することは司法裁判所の権限の外にあると解すべきである。

---

*1
■ 参考データ

例えば、外国の外交官が日本で犯罪を犯した場合も、当然具体的な争訟事件であり、司法権の範囲に含まれます。しかし、外交官には治外法権が認められているので、日本の裁判所では、原則として裁判されません。

*2
■ 参考データ

自由裁量に属する行為として、例えば、内閣総理大臣による国務大臣の任命・罷免（68条）、内閣総理大臣による国務大臣の訴追の同意（75条）等が挙げられます。

> **判例 砂川事件（最大判昭34.12.16）**
>
> **争点** 日米安全保障条約は違憲審査の対象となるか。
>
> **結論** ならない。
>
> **判旨** 日米安全保障条約は，主権国としての我が国の存立の基礎に極めて重大な関係を持つ高度の政治性を有するものというべきであって，その内容が違憲か否かの法的判断は，その条約を締結した内閣及びこれを承認した国会の高度の政治的ないし自由裁量的判断と表裏をなす点がすくなくない。それゆえ，違憲か否かの法的判断は，純司法的機能を使命とする司法裁判所の審査には原則としてなじまない性質のものであり，したがって，一見極めて明白に違憲無効であると認められない限りは，裁判所の司法審査権の範囲外にある。

（4）部分社会の法理

部分社会の法理とは，一般市民法秩序（一般市民社会における法秩序）と直接関連しない純然たる内部紛争は，司法審査の対象にならないという考えのことをいいます。*3

裁判所は，一般市民社会（市民法秩序）における法規範に基づいて紛争を解決するのであって，一般市民社会の中にある部分社会（例えば政党等）内部の紛争については，その部分社会内部の法規範（ルール）によって解決すべきだと考えられているのです。

もっとも，団体の内部紛争であっても，一般市民法秩序にかかわるものには司法審査が及びます。

> **判例 地方議会議員懲罰の司法審査（最大判令2.11.25）**
>
> **争点** 普通地方公共団体の議会の議員に対する出席停止の懲罰の適否は，司法審査の対象となるか。
>
> **結論** 司法審査の対象となる。
>
> **判旨** 出席停止の懲罰の性質や議員活動に対する制約の程度に照らすと，これが議員の権利行使の一時的制限にすぎないものとして，その適否が専ら議会の自主的，自律的な解決に委ねられるべきであるということはできない。そうすると，出席停止の懲罰は，議会の自律的な権能に基づいてされたものとして，議会に一定の裁量が認められるべきであるものの，裁判所は，常にその適否を判断することができる。

*3
■ ポイント
例えば，大学の中には学則というルールがあり，それに基づく秩序があります。さらに，大学の中にはいくつかのサークルがあって，例えば会費の納入のように，サークルの中にはサークルの規則があります。
このような部分社会（団体）内部での争いは団体の自治に委ねるほうが妥当なことが多いはずです。

Festina lente
従来の判例（最大判昭35.10.19）は，除名処分については司法審査が及ぶものの，出席停止の懲罰については司法審査が及ばない，としていたけれど，最近，判例が変更されたんだ。

| 判例 | 富山大学事件 （最判昭 52.3.15）*1 |

争点 大学の単位不認定処分は司法審査の対象となるか。

結論 原則としてならない。

判旨 大学は，国公立であると私立であるとを問わず，一般市民社会とは異なる特殊な部分社会を形成している。単位授与（認定）行為は，他にそれが一般市民法秩序と直接の関係を有するものであることを肯認するに足りる特段の事情のない限り，純然たる大学内部の問題として大学の自主的，自律的な判断に委ねられるべきものであって，裁判所の司法審査の対象にはならない。

*1
要チェック！過去問題
大学による単位授与行為（認定）は，純然たる大学内部の問題として大学の自律的判断にゆだねられるべきものであり，一般市民法秩序と直接の関係を有すると認めるにたる特段の事情がない限り，裁判所の審査は及ばない。
➡ ○ (H27-6-2)

| 判例 | 共産党袴田事件 （最判昭 63.12.20）*2 |

争点 政党の党員の除名処分は司法審査の対象となるか。

結論 判旨参照。

判旨 政党が党員に対してした処分が一般市民法秩序と直接の関係を有しない内部的な問題にとどまる限り，裁判所の審判権は及ばないが，一般市民としての権利利益を侵害する場合であっても，右処分の当否は，当該政党の自律的に定めた規範が公序良俗に反するなどの特段の事情のない限り右規範に照らし，右規範を有しないときは条理に基づき，適正な手続に則ってされたか否かによって決すべきであり，その審理も右の点に限られる。

*2
要チェック！過去問題
政党の結社としての自律性からすると，政党の党員に対する処分は原則として自律的運営にゆだねるべきであり，一般市民法秩序と直接の関係を有しない内部的問題にとどまる限りは，裁判所の審査は及ばない。
➡ ○ (H27-6-4)

5 司法権の帰属 (76条)

1 特別裁判所の禁止

特別裁判所の設置は，平等原則や司法の民主化の観点，また，法の解釈の統一という観点から適切でないことから，憲法が明文で禁止したものです。司法権重視という意味において法の支配のあらわれともいえます。

2 行政機関による終審裁判の禁止

行政機関による終審裁判の禁止も，特別裁判所の禁止と基本的に同じ目的です。

Festina lente
日本国憲法の下でも家事事件と少年事件だけを扱う家庭裁判所があるけど，家庭裁判所は通常の司法裁判所の系列下にあるので，特別裁判所にはあたらないんだ。

しかし，この規定を反対に解釈すれば，行政機関による裁判も前審としてならば許されるということです。

2 裁判所の組織と権能

重要度 A

1 裁判所の組織（79条，80条）

裁判所には，最高裁判所と下級裁判所があります。

最高裁判所は，行政事件訴訟を含むすべての訴訟についての終審裁判所です。また，合憲，違憲の判断や，判例変更等一定の場合は，大法廷で裁判することが必要とされています（裁判所法9条，10条）。*3

下級裁判所には，高等裁判所，地方裁判所，家庭裁判所，簡易裁判所の4種類があります（同法2条）。

*3
■ 参考データ

最高裁判所の審理及び裁判は，大法廷又は小法廷で行われます（裁判所法9条1項）。大法廷は最高裁判所裁判官15人全員で構成され，小法廷は3人以上の裁判官で構成されます（同条2項）。

2 最高裁判所裁判官の国民審査

最高裁判所裁判官の国民審査とは，最高裁判所裁判官を罷免するか否かを国民の投票によって決める手続のことをいいます。最高裁判所は法律等が憲法に適合するか否かを決定する権限を有する終審裁判所です（81条）。その重要性から，最高裁判所の裁判官についてのみ国民審査を規定しているのです。*4

最高裁判所裁判官の国民審査制度の法的性質をどのように解するかが争われていますが，判例・通説は，リコール制（解職制）

*4
■ 参考データ

下級裁判所の裁判官については，国民審査は行われません。また，国民審査は，参議院議員の通常選挙の時に行われることはありません（79条2項）。

であるとしています。その理由は，79条3項が，国民審査の法的効果として裁判官が罷免されるとしているからです。

3 裁判所規則制定権 (77条)*1

　裁判所規則とは，裁判所の内部ルールをいいます。最高裁判所に規則制定権が認められている趣旨は，裁判所の自主性の確保と裁判所の専門的判断を尊重する点にあります。

4 裁判の公開 (82条)

1 原　則

　裁判の対審と判決は，公開されるのが原則です（82条1項）。

2 例　外

(1) 非公開にするための要件

　対審の公開には例外があり，①裁判官が全員一致で，②公の秩序，又は，善良の風俗を害するおそれがあると判断した場合には，対審を公開しないことができます。

(2) 非公開が許されない場合

　憲法は，裁判の公正さを損なう危険性を回避し，国民の重要な人権を守るために，すなわち①政治犯罪，②出版に関する犯罪，③憲法第3章で保障する国民の権利が問題となっている事件については，常にその対審を公開しなければならないとしています。

　また，判決自体については例外なく，常に公開されなくてはなりません。

> ***1 要チェック！過去問題**
>
> 最高裁判所は，裁判所の内部規律・司法事務処理に関し規則を制定することができるが，訴訟手続や弁護士に関する定めは法律事項であるから，規則で定めることはできない。
>
> ➡ ✘ (H26-7-4)

---

3 司法権の独立

重要度 **A**

1 司法権の独立の意義

　裁判が公正に行われ，人権保障が確保されるためには，司法権が立法権，行政権から独立していなければなりません。また，同時に裁判を担当する個々の裁判官が裁判をするにあたっていかなる外部からの圧力や干渉も受けずに，公正無私の立場で職責を果

たすことが必要です。

　法の支配の下，日本国憲法では，明治憲法下では不十分であった司法権の独立を著しく強化しています。*2

2 司法権の独立の内容

1 司法権独立の原則の内容

(1) 裁判官の職権の独立

　　裁判官の職権の独立とは，裁判官が裁判をするにあたって独立して職権を行使することです。具体的には，単に他の指示，命令に拘束されないというだけではなく，事実上，他の機関から裁判について重大な影響を受けないということも含まれます。

(2) 司法権の独立

　　司法権の独立とは，司法権が立法権，行政権から独立していることです。これは個々の裁判官が独立して職権行使できるためには，裁判所が全体として，他の国家機関から独立して活動を行えるような仕組みが必要であるということに基づきます。

2 裁判官の職権の独立

(1) 裁判官の職権の独立 (76条3項)

　　76条3項は，裁判の公正を保つために，裁判官に対するあらゆる不当な干渉や圧力を排除し，裁判官の独立を保障したものです。あらゆる不当な干渉や圧力というのは，立法権，行政権はもとより，司法権内部の指示，命令も含まれます。

(2) 裁判官の職権の独立の強化に仕える制度

　　a　裁判官の身分保障

　　　これについては，後述します。

　　b　司法権の自主性を確保する諸制度

　　　ア　行政機関による裁判官の懲戒処分の禁止 (78条後段)

　　　　司法権の自主性を確保するために，司法権以外の権力が懲戒処分を行うことを禁止しました。行政機関だけでなく，立法機関も懲戒処分を行うことはできません。

　　　イ　下級裁判所裁判官の指名 (80条1項)

　　　　下級裁判所裁判官の任命方法は，最高裁判所の指名によることとし，司法府の自律性を認める一方で，裁判官の独善化を防ぐため10年の任期制を採用しました。

*2
■ 参考データ

司法権の独立の原則は，近代立憲主義の大原則として，日本国憲法のみならず，諸外国の憲法でも広く認められています。

Part 1
■ 憲 法

Festina lente

裁判官の良心をどのように解するかについて，通説は，裁判官個人の主観的な良心ではなく，客観的な裁判官としての良心であると解しているよ。

ウ　規則制定権（既述，77条）

3 裁判官の身分保障
1 身分保障の内容
　職権行使の独立の実効性を保つためには，裁判官の身分を保障することが必要です。そこで，日本国憲法には，以下の規定が置かれています。

①	罷免事由の限定
②	行政機関による懲戒処分の禁止*1
③	相当額の報酬の保障

*1
■ 語句解説

裁判官の懲戒とは，その身分関係の秩序を維持するために，裁判官の非行に対して科される制裁のことをいいます。

2 裁判官が罷免される場合（78条前段）
　78条に挙げられている①心身の故障，②公の弾劾のほか，③国民審査（最高裁判所の裁判官のみ　79条2項，3項，4項）の場合以外では，裁判官を罷免することはできません。裁判官が安心して裁判に専念できるようにすることによって，その独立を確保するためです。

3 行政機関による懲戒処分の禁止（既述，78条後段）
4 相当額の報酬の保障（79条6項，80条2項）
　裁判官には，定期，相当額の報酬の保障と，その減額の禁止が憲法上要請されています。*2

*2
■ ポイント

一般の公務員に関しては，定期，相当額の報酬の保障と，その減額の禁止の規定はありません。

4 違憲審査権（81条）

重要度

　違憲審査権とは，一切の法律，命令，規則，又は，処分が憲法に適合するかしないかを決定する権限のことをいいます。
　憲法は国家の根本法・基本法であることから，条約や法律，その他の法令，処分よりも上位にあり，最高規範だとされています（98条1項）。最高規範である憲法に反する法律などは効力を持つことができません。
　では，本条により認められる裁判所の違憲審査権は，どのようなものなのでしょうか。

裁判所による違憲審査には，①特別に設けられた憲法裁判所が，具体的争訟と関係なく，抽象的に違憲審査を行う方式（抽象的違憲審査制）と，②通常の裁判所が，具体的な訴訟事件を裁判する際に，その前提として事件の解決に必要な限度で，適用法条の違憲審査を行う方式（付随的違憲審査制）があります。

このうち，我が国の違憲審査制は，**付随的審査制**のみを定めたものだと解するのが判例・通説です。

また，最高裁判所が言い渡した違憲判決はいかなる効力を持つのでしょうか。この点，違憲判決の効力は，当該事件止まりであり，違憲とされた法令は**当該事件についてのみその適用を排除**されると解されています（個別的効力説）。

> **Festina lente**
> 81条の条文上は「最高裁判所は」と規定されているけれど，下級裁判所も司法権を行使するのだから，終審裁判所としてでなければ，違憲審査権を行使できると判例・通説は考えているよ（最大判昭25.2.1）。

ファイナルチェック　基礎知識の確認

問題1　判例は，衆議院の解散は，極めて政治性の高い国家統治の基本に関する行為であって，その法律上の有効無効を審査することは司法裁判所の権限の外にあると解している。

問題2　裁判所が，裁判官の全員一致で，公の秩序又は善良の風俗を害するおそれがあると決した場合には，対審及び判決は，公開しないでこれを行うことができる。

問題3　最高裁判所の裁判官は，憲法78条に定める「公の弾劾」によって罷免される場合があるほか，憲法79条に定める国民審査によって罷免される場合があるが，それ以外の方法によって罷免されることはない。

問題4　憲法上，最高裁判所，下級裁判所を問わず，裁判官は，すべて定期に相当額の報酬を受け，この報酬は，在任中，これを減額することができない。

問題1 ○（苫米地事件）　**問題2 ✕**　判決は，公開しないでこれを行うことはできない（82条2項）。　**問題3 ✕**　「心身の故障のために職務を執ることができないと決定された場合」にも罷免される（78条前段）。　**問題4 ○**（79条6項，80条2項）

本試験レベルの問題にチャレンジ！ ▶▶▶

Chapter 10　裁判所

Chapter 11 天　皇

重要度 B

イントロダクション　学習のポイント

　この Chapter では，天皇の国事行為について実質的な決定権がどこにあるかが大切です。また，ここまでの統治のまとめとして，各国家機関の指名・任命の関係を勉強します。

ベーシック　じっくり理解しよう!

1　天皇の地位と性格（1条，2条）

重要度 C

　明治憲法の時代，主権は天皇にあり，天皇は統治権の総攬者として，立法・行政・司法等すべての国家作用を完全に支配する権限を持っていました（明治憲法 4 条）。

　しかし，日本国憲法では，国民主権が採用されたことによって，天皇は象徴としての役割を果たすにすぎず，その地位は国民の総意に基づくものとされました（象徴天皇制　1 条）。*1

　なお，日本の天皇制は世襲制であり，これは，14 条の法の下の平等の重大な例外となります。

*1
📙 語句解説
象徴とは，感覚で捉えられない無形のものを，ある有形の存在をもって具体化する作用ないしはその媒介物を意味します。例えば鳩が平和の象徴であるといわれるのと同じで，天皇が日本国の象徴であり，日本国民統合の象徴であるということです。

2 天皇の権能 (3条〜7条)

重要度 A

日本国憲法は，まず3条で，天皇の国事行為については，**内閣の助言と承認**が必要であることを規定し，4条1項で，天皇は国政に関する権能を有しないことを明言しています。このように，天皇は国政に関する権能を一切有しておらず，憲法に挙げられた国事行為しか行うことができない，というところに大きな特徴があります。*2

また，天皇の行う国事行為については，助言と承認をする内閣が責任を負うのであって，天皇は一切責任を負わないことになっています。

なお，天皇の国事行為については，6条，7条に挙げられています。これについては，正確に把握しておく必要があります。

天皇の国事行為	実質的決定権の所在
内閣総理大臣の任命（6条1項）	**国会**（67条1項，6条1項）
最高裁判所長官の任命（6条2項）	**内閣**（6条2項）
憲法改正の公布（7条1号）	**国民**（96条）
法律の公布（7条1号）	**国会**（59条1項）
政令の公布（7条1号）	**内閣**（73条6号）
条約の公布（7条1号）	**内閣と国会の協働**（73条3号，61条）
国務大臣の任免の認証（7条5号）	**内閣総理大臣**（68条）
恩赦の認証（7条6号）*3	**内閣**（73条7号）
批准書等の認証（7条8号）	**内閣**（73条3号）

*2
■ 語句解説
国事行為とは，政治に関係しない形式的・儀礼的行為のことをいいます。

Festina lente
天皇は，最高裁の長官を任命するけど，長官以外の最高裁の裁判官の任命権はないんだよ。この点に注意しておこう。

*3
■ 語句解説
恩赦とは，大赦，特赦，減刑，刑の執行の免除及び復権のことをいいます。

〈各国家機関の指名・任命〉

	指　名	任　命	任命の条件	認　証	任　期
最高裁判所長官（1名）	内閣の指名	天皇が任命			なし定年は70歳
最高裁判所裁判官（14名）		内閣が任命		天皇が認証	
下級裁判所裁判官	最高裁判所の指名	内閣が任命	最高裁判所の指名した者の名簿による	高等裁判所長官のみ天皇が認証	10年再任されることができる
内閣総理大臣	国会の指名	天皇が任命	国会議員であること		
国務大臣		内閣総理大臣が任命	過半数が国会議員であること	天皇が認証	

3 皇室経費 （8条, 88条）

重要度 **B**

　天皇の財産や皇族の財産はすべて国に属するので，天皇・皇族の活動に要する費用，すなわち皇室経費は予算に計上されることになります（88条）。つまり，国会の議決が必要になります。

　また，天皇・皇族が自らの財産を譲渡したり，第三者から財産を譲り受けたりすることにも，国会の議決が必要という制限があります（8条　ただし，日常的なものについてまで常にその都度，国会の議決が必要なわけではありません）。財産の授受を通じて天皇が不当な影響力を持つことを防止する必要があるからです。[*1]

*1
■ ポイント
予算については衆議院優越の原則があるので，衆議院の議決だけで成立する場合もあります（60条2項）。一方，8条の議決は衆議院優越の原則は採用されておらず，衆参両院によって可決されなければなりません。

ファイナルチェック　基礎知識の確認

問題 1　天皇は，憲法に定める国事に関する行為のみを行い，国政に関する権能を有しない。

問題 2　天皇は，内閣の指名に基づいて，最高裁判所の裁判官を任命する。

問題 3　天皇は，国会の指名に基づいて，内閣総理大臣を任命し，また，天皇は，内閣総理大臣の指名に基づいて，他の国務大臣を任命する。

問題 4　皇室が財産を賜与することは，国会の議決に基づかなければならないが，皇室が財産を譲り受けることも，国会の議決に基づかなければならない。

問題1 ○（4条1項）　**問題2 ✗** 最高裁判所の長たる裁判官を任命する（6条2項）。　**問題3 ✗** 国務大臣を任命するのは，内閣総理大臣である（68条1項）。　**問題4 ○**（8条）

本試験レベルの問題にチャレンジ！ ▶▶▶

Chapter 12 財 政

重要度 B

イントロダクション　学習のポイント

　財政は、本来、行政活動の性質を有しますが、税金という私たちの生活に直結する問題が含まれるため、国会の関与が強く認められます。**財政民主主義**や**租税法律主義**というこれらの考え方を理解するようにしましょう。

ベーシック　じっくり理解しよう！

1　財政の基本原則

重要度 C

1　財政民主主義 (83条)

1　財政の意義

　財政とは、国家がその任務を行うために必要な財力を調達し、管理し、使用する作用、すなわち、国家の歳入と歳出をいいます。*1

2　財政民主主義

　国家が使用する費用というものは、結局国民が負担するものですから、財政の適正な運営は国民の重大な関心事です。日本国憲法は、財政について特に1章を設け、国民の代表機関である国会

*1
■ 参考データ
具体的にいえば、国家が国民から税金を徴収し、予算を組んで何にどの程度使うかを決定し、それを実際に支出するという一連の作業を指します。

の強いコントロールを及ぼしています。法律と予算は，いわば国家政策の車の両輪のようなもので，一方が欠けると国家は活動できません。また，ともに国民の自由や権利，生活に大きな影響を与えるものです。そのため，これを主権者である国民自身がコントロールすることは，民主主義の観点から，いわば当然といえます。

2 租税法律主義 (84条)

1 租税の意味

租税とは，国，又は，地方公共団体が，その課税権に基づいて，その使用する経費に充当するために，一方的，強制的に賦課，徴収する金銭給付のことをいいます。*2

2 趣　旨

租税は国民に対して，直接負担を求めるものですから，必ず国民の同意を得なければなりません。イギリスのマグナカルタ（1215年）や「代表なくして課税なし」というアメリカ独立の際の政治原理に由来します。

この規定は，歳入面から財政民主主義を定めたものです。

3 法律により議決を要する事項

①納税義務者，課税物件（所得に課税する等），課税標準（所得金額を基準とする等），税率等の課税要件と，②税の賦課・徴収の手続が法定されていることが必要です。

これによって，新たな租税の賦課や，現行の租税の変更が行われる場合でも，国民はあらかじめ予測できることになります。

また，条例も，地方住民の代表である地方議会で定めたものですから，地方税について，条例により新たに租税を課し，又は，現行の租税を変更することができるとしても，84条の趣旨には反しません。よって，84条の法律には，地方公共団体の租税については，条例をも含むと解されています。*3

判例 **通達課税と租税法律主義 (最判昭33.3.28)**

争点 事実上課税されていなかった法律上の課税物件を，通達で課税物件と扱うことは84条に反するか。*4

結論 通達の内容が法の正しい解釈に合致するものであれば反しない。

---

*2
■ ポイント

給与所得について，必要経費の実額控除が認められないこと，所得の捕捉率が著しく高いこと等は，事業所得に比べて著しく不公平ではなく，14条1項に反しません（サラリーマン税金訴訟：最大判昭60.3.27）。

*3
☑ 要チェック！過去問題

市町村が行う国民健康保険の保険料は，被保険者において保険給付を受け得ることに対する反対給付として徴収されるから，憲法84条は直接適用される。
➡ ✗ (H22-6-イ)

*4
■ 語句解説

通達とは，行政内部での上級庁から下級庁に対する文書による命令をいいます。

Chapter 12
財政　125

| 判旨 | 本件の課税がたまたま所論通達を機縁として行われたものであっても，通達の内容が法の正しい解釈に合致するものである以上，本件課税処分は，法の根拠に基づく処分と解するに妨げがない。 |

判例　国民健康保険と租税法律主義（最大判平18.3.1）

| 争点 | 市町村が行う国民健康保険の保険料について，憲法84条の規定が直接に適用されるか。 |

| 結論 | 直接には適用されないが，同条の趣旨が及ぶ。 |

| 判旨 | 国又は地方公共団体が，課税権に基づき，その経費に充てるための資金を調達する目的をもって，特別の給付に対する反対給付としてではなく，一定の要件に該当するすべての者に対して課する金銭給付は，その形式のいかんにかかわらず，憲法84条に規定する租税に当たるというべきである。市町村が行う国民健康保険の保険料は，これと異なり，被保険者において保険給付を受け得ることに対する反対給付として徴収されるものである。
したがって，上記保険料に憲法84条の規定が直接に適用されることはないというべきである。
もっとも，国，地方公共団体等が賦課徴収する租税以外の公課であっても，憲法84条に規定する租税ではないという理由だけから，そのすべてが当然に同条に現れた上記のような法原則のらち外にあると判断することは相当ではない。そして，租税以外の公課であっても，租税に類似する性質を有するものについては，憲法84条の趣旨が及ぶと解すべきであるが，その場合であっても，租税以外の公課は，賦課要件が法律又は条例にどの程度明確に定められるべきかなど，その規律の在り方については，当該公課の性質，賦課徴収の目的，その強制の度合い等を総合考慮して判断すべきものである。 |

3 国費の支出及び国庫債務負担行為の議決 (85条) *1

　85条は，83条の財政民主主義の理念を歳出面から規定したものです。国の支出は，すべて**国会の議決**に基づくことを定めています。

4 公金支出の禁止 (89条)

　国，又は，地方公共団体の所有する公金やその他の公の財産は，もともと国民の負担によるものですから，適正に管理され，

---

*1
■ **語句解説**

国費の支出とは，国の各般の需要を満たすための現金の支払をいいます。
国庫債務負担行為とは，国が各般の経費を調達するために，金銭給付を内容とする債務を負担することをいいます。

民主的にコントロールされる必要があります。憲法は，特に，宗教上の組織若しくは団体と公の支配に属しない慈善，教育，博愛の事業に対する公金などの支出を禁止しました。

なお，89条前段は，宗教上の組織若しくは団体への公金の支出を禁止することによって，政教分離の原則を財政面から確保しようとするものです。

Part 1 ■ 憲 法

2 財政監督の方式

重要度 **C**

1 予 算 (86条)

1 意 義

予算とは，一会計年度（4月1日から翌年の3月31日）における国の財政行為の準則をいいます。

予算の作成・提出権は，内閣に専属し（73条5号），国会の議決にあっては，衆議院先議となっているほか，衆議院の優越も認められています（60条）。

2 国会による減額修正と増額修正の可否

国会は予算の議決権を有しますが，修正権はどこまで有するのでしょうか。

この点，まず減額修正については，財政民主主義の観点からいって，国会の修正権に制限がないと解されています。

一方，増額修正については，内閣の予算作成・提出権を損なわない範囲内において可能であるというのが政府見解です。

2 決算審査 (90条)

1 意 義

決算とは，一会計年度の国家の現実の収入，支出の実績を示す確定的計数を内容とする国家行為の一形式をいいます。*2

2 国会の決算審査*3

内閣は検査報告とともに，決算を国会に提出しなければなりません。この趣旨は，国会が提出された決算を審議し，それを認めるか否かを議決することが必要だということです。

*2
■ **参考データ**

決算は，財務大臣が作成し，閣議決定により成立します。

*3
☑ **要チェック！過去問題**

国の収入支出の決算は，すべて毎年会計検査院がこれを検査し，内閣は，次の年度に，その検査報告とともに，これを国会に提出しなければならない。
➡ ○（H24-5-3）

Chapter 12
財 政 **127**

内閣は，会計検査院による検査が終わった後，翌年度に，その検査報告書とともに決算を国会に提出し，国会の決算審査が始まります。国会の審査方法としては，一種の報告事項として扱います（実務）。

　内閣は，決算を衆議院，参議院の両議院に同時に，かつ，別々に提出し，**両議院一致の議決は必要ではありません**。そして，国会が，仮に特定の支出を違法と議決しても，その支出の効力には影響を及ぼしません。

3 内閣の財政状況報告（91条）

　91条は，内閣が，国会及び国民に対して国の財政状況を報告する義務を規定し，財政状況公開の原則を明らかにしたものです。

ファイナルチェック　基礎知識の確認

問題1　内閣は，予算を作成し，国会に提出するときは，あらかじめ会計検査院の検査を受けなければならない。

問題2　法律で，国費の支出を要する行為が定められている場合であっても，それらの行為に伴って国費を支出するには，国会の議決に基づくことを必要とする。

問題3　国の収入支出の決算については，会計検査院が検査し，内閣が国会に提出しなければならないが，国会において否決された場合であっても，支出は無効とはならない。

問題1 ✗ 会計検査院の検査は，決算の提出の際に必要となる（86条，90条1項）。　**問題2 〇**（85条）　**問題3 〇**（90条1項参照）

本試験レベルの問題にチャレンジ！▶▶▶

Chapter 13 地方自治

重要度 B

イントロダクション　学習のポイント

```
                ┌── 地方自治の意義
    地方自治 ───┤
                └── 地方公共団体の権能
```

　行政書士試験では、憲法として地方自治が出題される可能性は非常に低いです。地方自治法の勉強に役立つという視点で読み進めておけば十分でしょう。

ベーシック　じっくり理解しよう!

1　地方自治の意義

重要度 C

1　地方自治の性質

1　意　義

　地方自治とは、国家の一部である一定の地域団体(地方公共団体)が、住民自らの意思と責任に基づき、その地域における政治、行政を行うことをいいます。[*1]

　この地方自治の存在理由は、1つは、**中央政府の権力を抑制**してその濫用から少数者や個人を守ることです(自由主義的意義)。もう1つは、国レベルの**代表民主制を補完**し、「民主主義の小学校」としての役割を果たすことです(民主主義的意義)。

2　地方自治の保障の性質

　地方自治は、制度として憲法上保障されており(**制度的保障**)、歴史的に形成された制度の中核部分については、法律によっても侵害することはできないと考えられています。そして、この中核

[*1]
■ 参考データ

明治憲法下では、地方自治は、憲法で定められず、すべて法律で定められました。また、地方自治は、中央集権国家の統一的支配のための手段として考えられていたため、不完全なものでした。
しかし、日本国憲法下では、地方自治を憲法上の制度として厚く保障しています(憲法第8章)。

部分にあたるのが，地方自治の本旨というものです。

2 地方自治の本旨 (92条)

地方自治の本旨は，具体的には，住民自治と団体自治の2つの要素から構成されます。

1 住民自治

住民自治とは，地方自治が住民の意思に基づいて行われるという民主主義的な要素をいいます。住民自治は，中央の代表民主制を補完する役割を果たします。

この住民自治は，以下の規定によって具体化されています。

①	地方公共団体の長，議会の議員等の直接選挙（93条2項）
②	地方自治特別法制定のための住民投票（95条）

2 団体自治

団体自治とは，地方自治が国から独立した団体に委ねられ，団体自らの意思と責任の下でなされるという自由主義的な要素をいいます。団体自治は，中央政府の権力を抑制する役割を果たします。団体自治の内容は，94条において具体化されており，①財産の管理，②事務の処理，③行政の執行，④条例の制定です。

ファイナルチェック　基礎知識の確認

問題1　憲法は，住民自治を具体化する制度として，地方公共団体の長や議会の議員はその地方公共団体の住民が直接選挙することを定めている。

問題2　憲法上，一の地方公共団体のみに適用される特別法は，その地方公共団体の議会の同意を得なければ，国会は，これを制定することができないと規定されている。

問題1 ○ (93条2項)　問題2 ✗　地方公共団体の住民の投票においてその過半数の同意を得なければならない (95条)。

本試験レベルの問題にチャレンジ！▶▶▶

Chapter 14 憲法改正

重要度 C

Part 1 憲法

イントロダクション　学習のポイント

憲法改正について憲法は96条で規定しています。試験対策上はこの96条の条文知識を押さえておけばよいでしょう。

ベーシック　じっくり理解しよう！

1 憲法改正の手続 (96条)

重要度 C

憲法改正とは，憲法上定められた改正手続に従って，憲法典の規定を修正，削除，追加する等の変更行為をいいます。

憲法改正の手続は，国会の発議→国民の承認→天皇の公布という手順を経て行われます。[1]

手続の流れ	注意点
① 国会の発議	国民に提案される憲法改正案を国会が決定すること（原案の提出ではない）をいう。
② 国民の承認	「特別の国民投票又は国会の定める選挙の際行われる投票」による。
③ 天皇の公布	改正権者である国民の意思による改正であるため，「国民の名で」行われる。

国会の発議とは，国民に提案される憲法改正案を国会が決定す

[1] 要チェック！過去問題

憲法の改正は国会が発議するが，そのためには，各議院の総議員の3分の2以上の賛成が必要とされる。
→ ◯ (H13-7-1)

ることをいいます。国会の発議には，各議院の総議員の3分の2以上の賛成が必要とされています（96条1項）。

> **Festina lente**
> 最近，憲法改正の発議の要件を3分の2から過半数に緩和する動きがあるけど，国家が政治をしやすくするために憲法改正の要件を緩和することは，国家権力を制限し国民が国家をコントロールするという立憲民主主義に反するから許されないよ。

2 憲法改正の限界

重要度 C

　憲法改正の限界とは，憲法改正手続に従えば，どのような内容の改正を行うことも法的に許されるかという問題をいいます。
　この点，国民主権，基本的人権の尊重，平和主義の三原則と96条の憲法改正規定については，改正することは許されないとする限界説が通説です。
　限界を超えた改正が現実になされてしまったときは，元の憲法からみるとその改正は無効です。ただし，有効なものとして実施されてしまった場合には，新たな憲法の制定ということになります。この場合には，一種の革命があったと考えることになります。

ファイナルチェック　基礎知識の確認

問題1　憲法改正は，各議院の出席議員の3分の2以上の賛成で，国会が，これを発議し，国民の承認を経なければならない。

問題2　憲法の改正は国会が発議するが，両議院の意見が一致しない場合には，衆議院の議決が国会の発議となる。

問題3　憲法改正について国民の承認を経たときは，天皇は，自らの名で，この憲法と一体をなすものとして，その改正された憲法を公布する。

問題1 ✗　各議院の総議員の3分の2以上の賛成が必要である（96条1項）。　問題2 ✗　衆議院の優越は認められていない。　問題3 ✗　天皇は，「国民の名で」，公布する（96条2項）。

本試験レベルの問題にチャレンジ！ ▶▶▶

Part 2 民法

学習進度チェック
学習した Chapter の日付を記入し，学習進度を確認しよう！

	学習予定日	日付①	日付②
Chapter 1 全体構造	/	/	/
Chapter 2 私権の行使	/	/	/
Chapter 3 権利の主体	/	/	/
Chapter 4 権利の客体（物）	/	/	/
Chapter 5 法律行為	/	/	/
Chapter 6 意思表示	/	/	/
Chapter 7 無効と取消し	/	/	/
Chapter 8 代理	/	/	/
Chapter 9 条件・期限・期間	/	/	/
Chapter 10 時効	/	/	/
Chapter 11 物権法総論	/	/	/
Chapter 12 物権変動	/	/	/
Chapter 13 占有権	/	/	/
Chapter 14 所有権	/	/	/
Chapter 15 用益物権	/	/	/

まずは各テーマのイメージをつかもう！

	学習予定日	日付①	日付②
Chapter 16　担保物権総説	/	/	/
Chapter 17　留置権	/	/	/
Chapter 18　先取特権	/	/	/
Chapter 19　質権	/	/	/
Chapter 20　抵当権	/	/	/
Chapter 21　債権法総説	/	/	/
Chapter 22　債権の目的	/	/	/
Chapter 23　債権の効力	/	/	/
Chapter 24　責任財産の保全	/	/	/
Chapter 25　多数当事者の債権・債務	/	/	/
Chapter 26　債権譲渡	/	/	/
Chapter 27　債権の消滅	/	/	/
Chapter 28　契約の意義・成立	/	/	/
Chapter 29　契約の効力・契約上の地位の移転	/	/	/
Chapter 30　契約の解除	/	/	/
Chapter 31　典型契約の類型	/	/	/
Chapter 32　財産移転型契約	/	/	/
Chapter 33　貸借型契約	/	/	/
Chapter 34　労務提供型契約　その他	/	/	/
Chapter 35　事務管理	/	/	/
Chapter 36　不当利得	/	/	/
Chapter 37　不法行為	/	/	/
Chapter 38　親族法総説	/	/	/
Chapter 39　夫婦関係	/	/	/
Chapter 40　親子関係	/	/	/
Chapter 41　相続法総説	/	/	/
Chapter 42　遺言	/	/	/
Chapter 43　配偶者居住権	/	/	/
Chapter 44　遺留分	/	/	/

ここから
債権法！
あと半分だ！

もう一息！
ラストスパート
だ！！

よく頑張ったね！
これで民法
マスターだ！！

民法ガイダンス

本試験の傾向分析と対策

過去問データベース

	07	08	09	10	11	12	13	14	15	16	17	18	19	20	21
全体構造															
私権の行使															
権利の主体		○	○	○	○	○		○	○		○	○		○	○
権利の客体（物）										○					
法律行為												○			
意思表示	○	○		○	○		○	○	○			○	○		○
無効と取消し		○			○			○							
代理	○	○	○		○	○				○		○	○		
条件・期限・期間											○				
時効	○	○	○			○				○	○		○		
物権法総論		○													○
物権変動	○	○					○		○			○	○		○
占有権		○						○					○		
所有権		○			○			○	○	○		○			
用益物権						○		○				○			
担保物権総説															
留置権			○				○		○		○				○
先取特権	○					○	○			○	○				
質権												○			
抵当権		○	○	○			○				○	○			
債権法総説												○			
債権の目的	○														
債権の効力	○	○	○					○	○						○
責任財産の保全		○				○	○		○						○

ガイダンス | 135

	07	08	09	10	11	12	13	14	15	16	17	18	19	20	21
多数当事者の債権債務		○	○	○	○			○			○				
債 権 譲 渡		○									○			○	
債 権 の 消 滅		○		○			○	○	○		○				
契約の意義・成立	○														
契約の効力・契約上の地位の移転								○					○	○	
契 約 の 解 除					○		○								
典型契約の類型															
財産移転型契約	○	○	○			○	○		○	○		○			○
貸 借 型 契 約		○				○	○			○		○	○		
労務提供型契約 その他			○	○	○					○		○	○		
事 務 管 理				○							○				
不 当 利 得				○			○								
不 法 行 為	○	○	○			○		○	○	○	○	○			○
親 族 法 総 説															
夫 婦 関 係							○		○	○		○			
親 子 関 係			○					○	○			○		○	
相 続 法 総 説	○		○	○		○									
遺 言			○			○					○				
配 偶 者 居 住 権														○	
遺 留 分															

最新の試験対策は，伊藤塾のホームページやメルマガにて配信中

2 出題分析アドバイス

　過去の本試験では，民法の条文全体から満遍なく出題されていますが，その中でも，債権分野に関する出題が頻繁になされていますので，それらの分野に関しては，特に注意して学習することが必要です。また，制度の横断的理解を問う問題や重要な最高裁判所判例も出題されており，それらについても準備を怠ってはなりません。

合理的学習法

1 得点計画

　民法の合格戦略（必要正解数）は，出題数の **5割程度** です。確実に半分は正解となるようにしてください。

2 全体構造

　民法は学習しやすく，得点しづらい科目です。

　民法は，私たちの市民生活を支える基本の法律であるため，その内容はとてもイメージしやすいです。例えば，「AとBがA所有の自転車を売却した場合」という記述から，その売却シーンを思い浮かべることは難しくはないでしょう。このように民法はイメージしやすいために，基本的な法律用語さえ頭に入ってしまえば，学習内容を理解することは憲法や行政法と比べて，難しいことではないでしょう。

　もちろん，民法でも，法律初学者にとってはしっくりこないものもあります。その代表例は，「遡及効」です。この言葉は文字どおり，遡って及んで効力が発生するという意味ですが，効力が遡って及ぶということがどうしても最初のうちはなじめないのです。例えば，AがBに脅されてその所有する家をBに売却し，その後，BがCにその家を売却したとします。その後，Aは畏怖状態を抜けたのでBとの契約を取り消したとします。この取消しには遡及効があります。そうすると，最初からAとBとの間には売買契約がなかったことになります。そのため，BがCに売った家は実はAの家であったということになってしまいます。AはCに対して，その家は自分の家なのにBが売ったのだから返してくれと主張してよいのでしょうか？　確かにCが買った時点ではその家はBのものでした。ところが，その後，A・B間の契約が取り消されて最初からなかったことにされたために，Cが買った時点でもその家はAのものであったということになってしまうのです。これがなかなか最初のうちはなじめません。

　しかし，このようになじめない概念も，ある程度学習を継続していくうちに，徐々に慣れてきます。したがって，なじめないモヤモヤ感を抱えつつも，学習を継続してほしいと思います。そのうちに，遡及効という言葉が自然に感じられるようになるはずです。

　さて，このような民法ですが，いざ問題となると，民法全体を横断するような総合問題が出題されやすく，また，具体的な事例を設定して出題されるパターンが多

いため，どこの何の知識を使って解く問題なのかの判断が難しいものが多いです。

　そのため，テキストを読んでわかったつもりだったのに，いざ問題となると解けないという受験生が少なくありません。これをクリアしていくためには，早い段階から問題に慣れ親しんでおくことが大切です。あるテーマをテキストで学習したら，その都度問題を解いてみて，今学習した知識がどのような形で出題されるのかを知っておくようにしましょう。

　例えば，民法では契約の種類として全部で13種類の契約類型について規定しています。しかし，実際の社会では，民法に規定されていない契約も存在します。これらは，民法に規定されていないからといって許されないわけではもちろんありません。すなわち，2人の間で結んだ契約が，民法に規定されていない契約であったとしても，許されるのです。

　このように日本では，契約等の市民の行為は，原則としてその市民の自由な意思に任せているのです。これは，私的自治の原則といわれています。

　結局，民法は，よりよい市民社会を形成するために，一般的な問題の解決方法を提示するとともに，個々の契約に対しては，市民一人ひとりの意思を尊重する態度を示しているのです。

　日本の民法の構成を見ると，一般的な規定など共通部分をまとめて，個別の規定より前に配置しています。これをパンデクテン方式といいます。

　そのために，現実の法律関係と規定の配列がうまく対応していません。例えば，売買に関する規定を知りたいときに，売買の箇所を見るだけでは足りず，手前にある契約総則の規定や，さらに手前にある債権総則の規定も見なければなりません。

　したがって，民法を効率的に学習するためには，現実の法律関係を想像して，それぞれのテーマのイメージを最初につかむことが大切です。

3 民法体系と本書リンク

下のフローチャートは民法の体系を示したものです。学習しているChapterが，全体図のどこにあたるのかを確認しながら学習を進めましょう。

全体の中での位置づけを意識することで，合格に必要な体系的理解が深まります。

〈民法の全体図〉

Chapter 1 全体構造

重要度

イントロダクション　学習のポイント

　民法は，私たちの日常生活を規律する基本となる法律です。したがって，その範囲は非常に広いものとなっています。ただし，試験では出題される箇所とされない箇所があるため，メリハリをつけて，重要度の高いものに力を入れていきましょう。この Chapter では，民法典の構造を勉強した上で，民法に流れる基本原理について勉強します。特に**私的自治の原則**という考え方はよく使いますので，理解するようにしましょう。

ベーシック　じっくり理解しよう！

1　民法の基本構造

重要度 C

1　民法の意義

　民法は，私法の一般法です。*1*2

2　民法典の構成

　民法典は，5編に分かれています。

1　財産法

　第1編「総則」は，財産法全体に通ずる通則的な規定をしたものです。*3

　第2編「物権」は，所有権を中心として，人が一定の物を支配し得ることを内容とする権利（物権）について，その種類・内容及び変動の方法等について規定しています。

　第3編「債権」は，人が他の人に一定の行為を請求し得ることを内容とする権利（債権）について，その内容・効果及び発生原

---

*1
■ 語句解説

私法とは，私人相互間の法律関係を規律する法をいいます。憲法，刑法などの「公法」と対比されます。

*2
■ 語句解説

一般法とは，地域・人・事項について限定せず，広く一般的に適用される法をいいます。特定の地域・人・事項について限定して適用され

因のうちの重要なものについて規定しています。

第1編「総則」，第2編「物権」，第3編「債権」は，財産の支配及び取引に関する法規を定めているので，財産法と呼ばれます。

2 家族法

第4編「親族」は，夫婦及び親子を中心とする親族関係について，その成立要件や相互間の権利義務について規定しています。

第5編「相続」は，ある人が死亡したときにその人に属していた財産が誰にどの範囲で受け継がれるかについて規定しています。

第4編「親族」，第5編「相続」は，家族関係に関する法規を定めているので，家族法と呼ばれます。

*3 る法である「特別法」と対比されます。民法の特別法には，商法，借地借家法等があります。特別法は，一般法に優先します。

*3
■ **参考データ**
民法は共通する項目については，「総則」という形で前に括っていきます。このような法律の方式をパンデクテン方式といいます。

2 民法の指導原理 ── 近代私法の3原則

1 権利能力平等の原則

権利能力平等の原則とは，すべての自然人は，等しく権利義務の主体となる資格（権利能力）を有する原則をいいます。*4

2 所有権絶対の原則

所有権絶対の原則とは，所有権は，何人に対しても主張することができ，他人がその所有物に対する支配に干渉することができない原則をいいます。

3 私的自治の原則

私的自治の原則とは，私法的な法律関係については，個人は自らの意思に基づいて，自由に法律関係を形成できる原則をいいます。

*4
■ **語句解説**
自然人とは私たち生きている人間のことをいいます。会社などの団体である法人と区別するためにこのように呼びます。

この原則は，**契約自由の原則**を包含します。契約自由の原則とは，契約を締結するかどうか，誰と契約を締結するか，どのような内容の契約を締結するかについて，自由に決定できることをいいます。

　また，私的自治の原則は，**過失責任の原則**を含みます。過失責任の原則とは，他人に損害を与えた場合には，加害者に何らかの責められる事情（故意，又は過失）がなければ，損害賠償責任を負わされることがないという原則をいいます（709条参照）。

Festina lente

　私的自治の原則は大切な考え方なのだ。人が自らの意思に基づいて自由に法律関係を形成できるということは，私たちは契約を締結するとき，民法の規定と異なる内容の特約をつけても良いということになるんだ。ただ，民法の規定の中には，社会生活を営む上で最低限守らなければならないことも規定しているのだ。これを強行規定というが，私的自治の原則といっても，さすがに強行規定には違反できないんだ。つまり，この関係を示すと次のような優先順位になるのだよ。

　強行規定＞当事者の特約＞任意規定（強行規定以外の民法の規定）

　ここから，契約内容を定めること，どのように定めるかがとても重要なことであることが理解できるね。

ファイナルチェック　基礎知識の確認

問題1　私的自治の原則とは，個人が自らの意思に基づいて，自由に私法上の法律関係を形成できる原則をいう。

問題2　私的自治の原則の中に含まれる過失責任の原則とは，他人に損害を与えた場合でも，加害者に故意又は過失がなければ，損害賠償責任を負わされることがないという原則である。

問題1 ◯　私的自治の原則は，民法の指導原理の1つである。　**問題2 ◯**　過失責任の原則は，非難されるような状態にあった者に対して責任を負わせる。

本試験レベルの問題にチャレンジ！ ▶▶▶

Chapter 2 私権の行使

重要度 C

イントロダクション　学習のポイント

民法では，私たちは物に対して物権，人に対して債権という権利を持てることを規定しています。ただし，これらの権利は，それを持っているからといって好き勝手に行使していいものではなく，権利行使が妥当でない場面においては，その行使は制限されます。この Chapter で勉強する制限として，信義則という概念はこれからの勉強でも何度か出てくるものですので，覚えておきましょう。

ベーシック　じっくり理解しよう!

1 私権の意義

重要度 C

　私権の内容及び行使は，絶対的なものではなく，公共の福祉に合致し（1条1項），信義則に従わなければならず（同条2項），権利の濫用は許されません（同条3項）。*1

*1
■ 語句解説
私権とは，ある権利主体が私法上持つ権利（物権，債権等）の総称のことです。

2 私権の制限

重要度 C

1 公共の福祉

　私権は絶対的なものではなく，その内容及び行使は，公共の福祉と調和しなければなりません（1条1項）。

2 信義則

　信義則とは，私権の行使や義務の履行は，社会生活上一般に期待されている信頼を裏切らないよう，相互に誠意をもって行わな

ければならないことをいいます（1条2項）。

3 権利濫用の禁止

1 意 義

権利濫用の禁止とは，外形的には権利の行使にみえるけれども，権利の社会性に反し，権利行使として是認できない行為をいいます（1条3項）。

> **判例** Yが設置した宇奈月温泉の引湯管は，全長7,500mのうち6m足らずがAの土地の約2坪を通過していたが，適法な利用権の設定を受けていなかった。これを知った原告Xが，Aからこの土地を譲り受け，土地所有権に基づいて，Yに対して引湯管の撤去を求める妨害排除請求の訴えを提起した事件について，Xの当該行為は権利濫用にあたるとした（宇奈月温泉事件：大判昭10.10.5）。

Festina lente

ここで少し考えてみよう。本来，所有権を侵害されると侵害者に対して妨害の排除などを求めることができる。自分の土地に隣の人が車を止めていたら「どかしてください」と請求できることに違和感はないと思う。それならば，この事案でも，妨害排除請求をXはできるはずだよね。でも本当にそれで妥当な結論になるのだろうか。結局，信義則や権利濫用という考え方は，民法の規定・理論をあてはめると妥当な結論が出ないような場面において，妥当な結論を導くためにあえて民法の規定・理論を使わないという考え方なんだ。だから，そう頻繁に使われるものではない。ただ，大切な考え方なんだよ。

2 効 果

私権の行使が権利濫用と判断されると，次のような効果が生じると解されています。

① 相手方に損害を与えたときは，権利者は，不法行為責任（709条）を負う。
② 権利本来の効果が認められない。例えば，妨害排除請求等が認められなくなる。
③ 権利自体が剥奪される場合がある（親権の喪失等　834条，835条）。

本試験レベルの問題にチャレンジ！ ▶▶▶

Chapter 3 権利の主体

重要度 A

イントロダクション　学習のポイント

　ここから民法総則に入ります。物権や債権という私法上の権利をいかなる者が有することができるか。この点について，民法は，私法上の権利の主体となる地位を権利能力と表現し，自然人と法人は権利能力を有するとしました。

　また，権利義務の主体となれるかという問題と実際に契約などを行うことができるかという問題を別の問題として考え，意思能力や行為能力という概念を整備しました。なお，行為能力を制限される者を制限行為能力者と呼びますが，**制限行為能力者制度**は民法でも大切なテーマの1つです。

ベーシック　じっくり理解しよう！

1 人（自然人）

重要度 A

1 能力総説

　私法上の権利義務の帰属主体たり得る地位・資格を「権利能力」といいます。すべての自然人には権利能力が認められ，権利義務の主体となります。

　しかし，権利能力が認められても，私的自治の原則から，自分の行為の法的な結果を弁識できる状態でなければなりません。そこで，民法は，「意思能力」を有効な法律行為をする要件としており，意思能力のない者が行った法律行為は無効になります（3条の2）。*1

　もっとも，意思能力の有無は具体的行為ごとに正常な判断能力があったかの判断を要することになるため，その証明・判断は必ずしも容易ではありません。

*1
■ 参考データ

意思能力の有無は問題となっている行為ごとに判断されますが，おおよそ7〜10歳前後の精神能力と理解されています。

Chapter 3 権利の主体　**145**

そこで，民法は，一般的に判断能力が不十分とみられる者を**制限行為能力者**として定型化し，その者の行為及び効果を類型化して，制限行為能力者と取引の相手方の利益調整を図っています。

2 権利能力

1 意 義

権利能力とは，私法上の権利義務の帰属主体となることができる地位・資格をいいます。

2 権利能力の始期

(1) 出 生

出生により，人は権利能力を取得します（3条1項）。*1

(2) 胎児についての例外

胎児の段階では，出生していないため，**原則として権利能力が否定**されます。

しかし，民法では，例外として①**不法行為に基づく損害賠償請求**（721条），②**相続**（886条），③**遺贈**（965条）については，すでに生まれたものとみなされます。

*1
■ 参考データ
民法では，出生の時期は，胎児の身体が母体から全部露出した時になります。

Festina lente

「すでに生まれたものとみなされる」という言葉の意味について，判例・通説は，停止条件説という立場をとっているんだ。この立場によると，実は，**胎児の段階では権利能力は認められない**。そして，その子が生きて生まれれば，胎児の時に起こってしまった不法行為や相続について遡って権利能力を取得することになるんだ。だから，胎児の段階では，親などの法定代理人（この概念は制限行為能力者のところで勉強するね）でも，胎児を代理してその権利を行使することはできないことになるんだ。*2

*2
☑ 要チェック！過去問題

胎児に対する不法行為に基づく当該胎児の損害賠償請求権については，胎児はすでに生まれたものとみなされるので，胎児の母は，胎児の出生前に胎児を代理して不法行為の加害者に対し損害賠償請求をすることができる。
➡ ✗ （H24-27-1）

3 権利能力の終期

(1) 死 亡

自然人は，**死亡**によって，権利能力を失います。
死亡により権利能力を失う結果，死亡者に帰属していた権利

義務は，相続人に承継されます（882条，896条）。

(2) 同時死亡の推定

死亡した者が数人ある場合に，その死亡の先後関係が明らかでないときは，同時に死亡したものと推定されます（32条の2）。*3

この結果，同時死亡者間での相続は，相互に発生しないことになります。

(3) 失踪宣告

a 意義

失踪宣告とは，不在者の生死不明の状態が継続して死の可能性が高い場合に，以前住んでいた場所を中心とした法律関係について，不在者の死亡を擬制する制度をいいます（30条，31条）。*4

失踪は，普通失踪と特別失踪（従軍・船舶の沈没等の死亡の推測を高めるような危難にあった場合）に分けることができます。

そして，失踪宣告を受けた者は，普通失踪では7年間の期間の満了の時に，特別失踪では危難が去った時に，死亡したものとみなされます（31条）。*5

死亡したものとみなされるので，相続が開始します（882条）。また，婚姻をしていた場合は，その婚姻は解消し，その者の配偶者は再婚することができます。

b 失踪宣告の取消し

ア 意義

失踪宣告の効力を失わせるためには，家庭裁判所による失踪宣告の取消しが必要になります（32条1項前段）。

イ 原則

失踪宣告の取消しによって，失踪宣告の効果として生

---

*3 **語句解説**
推定とは，反証がなされない場合に，ある事柄について，法令が一応の判断を下すことをいいます。つまり，反証がなされれば覆すことができます。

*4 **語句解説**
擬制とは，本来異なるものを，法令上，一定の法律関係につき同一のものと認定してしまうことをいいます。「みなす」という表現がされる場合は擬制を意味します。擬制は推定と異なり，反証がなされても覆すことはできません。

*5 **要チェック！過去問題**
Aの生死が7年間明らかでないときは，利害関係人の請求により，家庭裁判所は，Aについての失踪の宣告をすることができ，これにより，Aは，失踪の宣告を受けた時に死亡したものとみなされる。
→✗（R3-28-4）

じた財産上・身分上の変動は、そもそもなかったものとされます（遡及効）。

ウ 例外

失踪宣告後、取消前に「善意でした行為」は、取消しによってその効力に影響を及ぼされません（32条1項後段）。もっとも、ここで「善意」とは、当事者双方が善意であることを要します（判例・通説）。*1

Festina lente

例えば、Aが失踪宣告を受け、子BがAの家を相続したとしよう。そして、Bがその家をCに売った後に、Aが帰ってきて失踪宣告を取り消したとする。この場合、BCともにAが生存していたことについて知らなかったのであれば、Cは家をAに返さなくてよいことになるのだ。

エ 返還すべき財産の範囲に関する特則

失踪の宣告によって財産を得た者は、その取消しによって権利を失います（32条2項本文）。

ただし、失踪宣告を信じて財産を取得した者を保護するため、現に利益を受けている限度（現存利益）においてのみ、その財産を返還する義務を負います（同項但書）。なお、32条2項但書は、善意者のみに適用され、悪意者には適用されません（通説）。悪意者は、受けた利益すべてに利息を付して返還することを要します（704条前段）。*2

*1
■ 語句解説

善意とは、知らないことを意味します。なお、これに対して、悪意とは知っていることを意味します。

*2
■ 語句解説

現存利益とは、利益がそのまま又は形を変えて残っていることをいいます。
①消費してなくなった場合（遊興費にあてた場合等）には、現存利益はないから、返還義務を負いません。
②生活費、借金の返済等にあてた場合は、現存利益があるから、返還義務を負います。例えば、取得した財産が100万円で、手元に残っているのが30万円、遊興費で使ったのが20万円、生活費で使ったのが50万円の場合には、現存利益である80万円を返還する義務を負います。

Festina lente

　先ほどの例の続きを考えてみよう。ＣはＡに家を返さなくても
よかったが，Ｂが受け取った売買代金はどうなるんだろう？　この
代金はＡに返さなければならないね。ただ，Ｂは善意だった。だ
から，そのお金で遊んでしまったときは，なくなってしまった分は
Ａに返さなくてもよいことになるんだ。

3 行為能力

1 意 義

　行為能力とは，自ら単独で確定的に有効な意思表示をなし得る
能力をいいます。

　実際上，法律行為を行った当時に意思能力があったか否かを判
断することは困難です。そこで，意思能力の証明は容易ではない
ため，民法は一般的に能力不十分とみられる者を定型化し，これ
に保護者を付して能力不足を補わせ，また保護者の権限を無視し
た行為を取り消し得るものとし，その財産の保全を図りました。

　なお，このうち，禁治産・準禁治産制度に代えて導入された
「成年後見制度」（後見・保佐・補助の３類型）は，「自己決定の
尊重」の理念と本人保護との調和を図る趣旨で設けられました。
これは，高齢者・知的障害者等の一人ひとりの判断能力に応じ
た，柔軟で利用しやすい制度を目指したものとされています。

2 未成年者

(1) 意 義

　未成年者とは，成年に達していない者をいいます。18歳を
もって成年とすると定めているため（4条），18歳未満の者が，
未成年者にあたります。*3

(2) 未成年者の行為能力

a 原 則

　未成年者が売買契約等の法律行為をするには，保護者で
ある法定代理人の同意を必要とします（5条1項本文）。

　同意を得ないでした法律行為は，取り消すことができま
す（同条2項）。

---

*3
■ 参考データ

2022年4月1日
より，民法の成年年
齢が20歳から18
歳に引き下げられま
した。

Part
2
■
民
法

Chapter 3
権利の主体　**149**

b　例　外

次の法律行為については，未成年者は，自ら単独で（法定代理人の同意を得ないで），法律行為をすることができます。

① 単に権利を得たり，又は義務を免れるべき法律行為（5条1項但書）。例えば，贈与を受けること，未成年者が債務を免除される契約を締結すること等については，未成年者は単独で行うことができます。

② 法定代理人が目的を定めて処分を許した財産をその目的の範囲内で処分したり，又は目的を定めないで処分を許した財産の処分をすること（5条3項）。例えば，学資や特定の旅費としての金銭，小遣い等がこれらの財産にあたります。

③ 法定代理人から一種又は数種の営業を許された場合，その営業に関する法律行為（6条1項）

(3)　保護者：法定代理人

a　意　義

保護者は，法定代理人であり，一次的には親権者（818条），二次的には未成年後見人（838条）がなります。*1*2

b　権　限

ア　代理権（824条，859条）

法定代理人は，未成年者に代わって法律行為を行う代理権を有します。

イ　同意権（5条1項）

法定代理人は，未成年者の行為に同意する権利を有します。同意を得て行った未成年者の法律行為は，有効であり，取り消すことはできません。

ウ　取消権（120条1項）

法定代理人の同意が必要な法律行為について同意を得ないで行った未成年者の法律行為について，法定代理人は取消権を有します。取消権の行使によって，その行為は初めから無効であったものとみなされます（121条）。

エ　追認権（122条）

法定代理人は，その同意が必要な法律行為について同意を得ないで行った未成年者の法律行為を追認すること

---

*1
■ **語句解説**

親権者とは，未成年の子に対して親権を行う者をいい，父母が婚姻中は父母が共同して親権者となります（818条3項）。

*2
■ **参考データ**

もともと未成年後見人は1人であることを要し，かつ，自然人であることを要していましたが，2011年法改正により，未成年後見人も，成年後見人と同様，複数人でもよく，また法人でもよいとされました（旧842条削除，新840条2項，3項参照）。

150　Part 2
民 法

ができます。未成年者の行為は，この追認によって確定的に有効な法律行為となり，取り消すことはできなくなります。

> ### Festina lente
> 追認は，事後的な同意というイメージをしておくといいよ。結局，法定代理人は，法定代理人の同意を得ないで行った未成年者の行為を事後的に取り消すことも追認することもできるんだ。

3 成年被後見人
(1) 意　義
　成年被後見人とは，精神上の障害により事理を弁識する能力を欠く常況にある者で，家庭裁判所から後見開始の審判を受けた者をいいます（7条）。

(2) 成年被後見人の行為能力
　成年被後見人が単独で行った法律行為は，原則として取り消すことができます（9条本文）。ただし，日用品の購入その他日常生活に関する行為については，成年被後見人は単独で行うことができます（同条但書）。生活を営む上で通常必要な法律行為について成年被後見人の自己決定権をできるだけ尊重するため，この規定が設けられました。

(3) 保護者：成年後見人
a　意　義
　後見開始の審判がなされると，家庭裁判所は，職権で，成年被後見人の保護者である成年後見人を選任します（8条，843条1項）。

b　権　限
　成年後見人には①代理権（859条1項），②取消権（120条1項），③追認権（122条）が認められます。

4 被保佐人
(1) 意　義
　被保佐人とは，精神上の障害により事理を弁識する能力が著しく不十分な者で，家庭裁判所から保佐開始の審判を受けた者をいいます（11条）。

> ### Festina lente
> 成年後見人には，同意権がないよ。成年被後見人は事理弁識能力を欠く常況にあるので，事前に同意を与えて単独で行為させることは，成年被後見人本人の保護の観点から，望ましくないからね。だから，成年被後見人が成年後見人の同意を得て法律行為を行っても，これを取り消すことができるんだ。

Part 2
■
民法

Chapter 3
権利の主体
151

(2) 被保佐人の行為能力

a 原則

被保佐人は，**原則として，単独で有効な法律行為をすることができます**（13条1項参照）。

b 例外

被保佐人が次に掲げるような**財産上重要な行為**をするためには，**保佐人の同意**が必要です（13条1項柱書本文）。被保佐人が保佐人の同意を得ずにしたこれらの法律行為は，取り消すことができます（同条4項）。

① 元本を領収し，又は利用すること（同条1項1号）

② 借財又は保証をすること（2号）*1

③ 不動産その他重要な財産に関する権利の得喪を目的とする行為をすること（3号）

④ 訴訟行為をすること（4号）

⑤ 贈与，和解又は仲裁合意をすること（5号）

⑥ 相続の承認若しくは放棄又は遺産の分割をすること（6号）

⑦ 贈与の申込みを拒絶し，遺贈を放棄し，負担付贈与の申込みを承諾し，又は負担付遺贈を承認すること（7号）

⑧ 新築，改築，増築又は大修繕をすること（8号）

⑨ 602条に定める期間を超える賃貸借をすること（9号）*2

⑩ ①～⑨に掲げる行為を制限行為能力者の法定代理人としてすること（10号）

⑪ 家庭裁判所が，特別の審判により，保佐人の同意を要するとした事項（同条2項本文）

(3) 保護者：保佐人

a 意義

保佐開始の審判がなされると，家庭裁判所は，職権で，被保佐人の保護者である保佐人を選任します（12条，876条の2第1項）。

b 権限

保佐人には，①**代理権**（876条の4第1項），②**同意権**（13条），③**取消権**（120条1項），④**追認権**（122条）が認めら

---

*1
■ 参考データ

時効利益の放棄，時効完成後の債務承認については，同意が必要です。

*2
■ 参考データ

602条の賃貸借を短期賃貸借といい，具体的には土地ならば5年，建物ならば3年です。

れます。*3

5 被補助人
(1) 意 義

被補助人とは，精神上の障害により事理を弁識する能力が不十分な者で，家庭裁判所から補助開始の審判を受けた者をいいます（15条）。*4

(2) 被補助人の行為能力
a 原 則

被補助人は，原則として単独で有効な法律行為をすることができます。

b 例 外

13条1項各号に挙げられたものの中から，家庭裁判所が定めた特定の一部の行為については，補助人の同意を必要とすることができます（17条1項）。なお，被補助人が，補助人の同意を得ずにした法律行為は，取り消すことができます（同条4項）。

(3) 保護者：補助人
a 意 義

補助開始の審判がなされると，家庭裁判所は，職権で，被補助人の保護者である補助人を選任します（16条，876条の7第1項）。*5

	未成年者	成年被後見人	被保佐人	被補助人
保護者	親権者，未成年後見人	成年後見人	保佐人	補助人
取り消せない場合	・単に権利を得，又は義務を免れる行為 ・処分を許された財産 ・営業の許可を受けた場合	日用品の購入等	・13条1項列挙事由，及び家庭裁判所が保佐人の同意を要する旨の審判をした行為以外 ・日用品の購入等	審判により同意を要するとされた行為以外
保護者の権限	・同意権 ・代理権 ・追認権 ・取消権	・代理権 ・追認権 ・取消権 ※同意権なし	・同意権 ・代理権 ※代理権付与の審判をした場合 ・追認権 ・取消権	・同意権・代理権 ・追認権・取消権 ※常にすべての権限が認められるわけではない。

---

*3
■ 参考データ
代理権は当然に付与されるものでなく，一定の者の請求により，保佐人に代理権を付与する旨の審判をすることができます（876条の4第1項）。なお，請求者が被保佐人本人でない場合，被保佐人の同意が必要になります（同条2項）。

*4
■ 参考データ
補助開始の審判の請求者が，（被補助人になろうとする）本人ではない場合，本人の同意が必要です（15条2項）。

*5
■ 参考データ
未成年後見人，成年後見人，保佐人，補助人は複数人でもよく，また法人も認められます。

Chapter 3
権利の主体　153

b 権　限

補助人には，①代理権（876条の9第1項），②同意権（17条1項），③取消権（120条1項），④追認権（122条）が認められます。*1*2

6　取消権者の範囲と取消しの効果

(1) 取消権者（120条1項）

① 制限行為能力者本人*3
② 制限行為能力者が他の制限行為能力者の法定代理人としてした行為にあっては，当該他の制限行為能力者
③ 制限行為能力者の代理人，承継人，及び同意権者

(2) 取消しの効果

その法律行為は遡及的に無効となります（121条本文）。

その結果，譲り受けた物やその他の給付につき，法律上の原因がなくなるため，制限行為能力者は，譲り受けた物やその他の給付を相手方に返還しなければなりません（121条の2第1項）。もっとも，制限行為能力者保護の観点から，制限行為能力者の返還義務の範囲は，現に利益を受けている限度で足りるとされています（同条3項後段）。

7　制限行為能力者の相手方を保護する制度

(1) 相手方の催告権（20条）

a 意　義

制限行為能力者の相手方の催告とは，制限行為能力者の行為を追認するか否かの確答を求めることをいいます。民法は，相手方に対し，制限行為能力者の法律行為を追認するか又は取り消すかの確答を求める催告権を認めています。

b 効　果

① 単独で追認することができる者（行為能力を回復した後の本人・保護者）が，催告を受けたにもかかわらず確答を発しないとき

---

*1 **参考データ**

代理権は当然に付与されるものでなく，一定の者の請求により，補助人に代理権を付与する旨の審判をすることができます（876条の9第1項）。なお，請求者が被補助人本人でない場合，本人の同意が必要になります（同条2項・876条の4第2項）。

*2 **参考データ**

保佐人と異なり，同意権も当然に付与されるものでなく，一定の者の請求により，補助人に同意権を付与する旨の審判をすることができます（17条1項本文）。なお，請求者が被補助人本人でない場合，被補助人の同意が必要になります（同条2項）。

*3 **参考データ**

制限行為能力者本人も取り消すことはできます。この取消しの際には，保護者の同意を得る必要はありません。

*4 **要チェック！過去問題**

被保佐人が保佐人の同意を要する行為をその同意を得ずに行った場合において，相手方が被保佐人に対して，一定期間内に保佐人の追認を得るべき旨の催告をしたが，その期間内に

この場合には，追認をしたものとみなされます（20条1項，2項）。
　②　単独で追認できない者（被保佐人・被補助人）が，催告を受けたにもかかわらず確答を発しないとき
　　　この場合には，取り消したものとみなされます（同条3項，4項）。*4
　③　未成年者や成年被後見人には，そもそも催告の受領能力がないため，その者に催告をしても何の効果も生じません（98条の2本文）。

(2) 制限行為能力者の詐術（21条）

　制限行為能力者の詐術とは，制限行為能力者が行為能力者であることを取引の相手方に信じさせるために行う術策をいいます。制限行為能力者が詐術を用いて，自らを行為能力者だと相手方に誤信させた場合には，そのような制限行為能力者を保護する必要はないので，取引の安全を優先させ，詐術を用いた制限行為能力者の取消権を否定しました。*5

> 回答がなかったときは，当該行為を追認したものと擬制される。
> ➡ (R2-27-4)
>
> *5
> ■ 参考データ
> 制限行為能力者であることを隠さず，同意権者の同意があるかのように信じさせる場合も，「詐術」にあたります。
> また，制限行為能力者であることを単に黙秘するのみでは，「詐術」にあたりません。しかし，制限行為能力者の他の言動等と相まって相手方の誤信を強めさせたような場合には，「詐術」にあたります。

2　法　人　重要度 C

1　法人の意義

　法人とは，自然人以外で，法律によって権利能力を認められたものをいいます。実際の社会生活において，自然人の集団や財産の集合である団体も，社会的存在として一定の役割を果たしているので，自然人と同様に権利義務の主体たり得る資格を認めることが有用かつ適切です。そこで，一定の団体には，法人格（権利能力）が付与されています。
　法人は，その存在態様に応じて，人の集団である社団法人と，財産の集合である財団法人に分類することができます。また，法人は，その目的によって，営利法人と非営利法人に分類することができます。

2 権利能力なき社団

1 意義

権利能力なき社団とは，実質的には社団法人と同様の実体を持ちながら，法人格のない団体をいいます。例えば，大学のサークル，小学校のPTAなどがこれにあたります。*1

その実体が社団と変わらないため，できるだけ社団法人の規定を類推適用すべきであると解されています（通説）。

2 共同所有の形態

権利能力なき社団には法人格がないため，その団体自体に権利義務を帰属させることはできません。

もっとも，権利能力なき社団は，実質的には法人と同様の実体を持つから，法人の財産関係に近い共同所有の形態を想定すべきです。そこで，権利能力なき社団では，その権利義務は構成員に総有的に帰属すると解されています（判例）。*2

*1
■ 参考データ
①団体としての組織を備えていること，②意思決定に多数決の原則が行われていること，③構成員が変更しても団体が存続すること，④代表の方法，総会の運営，財産管理，その他団体として主要な点が確定していることが権利能力なき社団と認められるために必要となります（判例）。

*2
■ 語句解説
総有とは，共同所有者に潜在的な持分すら認められず，ただ，使用収益権のみが認められるような共同所有の形態をいいます。

Festina lente

不動産登記法上，権利能力なき社団名義の登記は認められていないよ。また，虚偽の登記の誘発防止のため，権利能力なき社団の肩書の付いた代表者名義の登記も認められていない。そこで，①代表者の個人名義や，②全員の共有名義等による登記をするほかに方法はないんだ。

ファイナルチェック　基礎知識の確認

問題1　胎児は，原則として，権利能力は否定されるが，例外として，①損害賠償の請求，②相続，③遺贈については，すでに生まれたものとみなされる。

問題2　本人以外の者の請求によって保佐開始の審判をするためには，本人の同意が必要である。

問題1 ⭕　　問題2 ❌　同意は不要である。

本試験レベルの問題にチャレンジ！▶▶▶

Chapter 4 権利の客体（物）

イントロダクション　学習のポイント

物権の客体となるものを「物（ぶつ）」といいます。このChapterでは，物の様々な分類について勉強します。特に不動産と動産は民法で異なる取扱いをすることがあるため，しっかりと覚えておきましょう。

ベーシック　じっくり理解しよう！

1 物の意義・分類

「物」とは，有体物をいいます（85条）。*3

民法は，物について，①動産・不動産（86条），②主物・従物（87条），③元物・果実（88条，89条）という3種の分類方法で規定しています。

*3
■ 語句解説
有体物とは，空間の一部を占める外界の物質（固体・液体・気体）すべてをいいます。

2 不動産と動産

1 不動産

不動産とは，土地及びその定着物をいいます（86条1項）。

土地の定着物とは，土地に固定されており，取引上継続的に固定されて扱われるものをいいます。例えば，石垣などがあります。ただし，建物は，土地とは別個独立の不動産とされます。

*1
■ 語句解説
立木も，登記又は明認方法を施せば，土地とは別個の不動産として扱われます。
明認方法とは，例えば，樹皮を削り，あるいは標木を立てて，これに所有者の氏名を墨書する等して，所有権の所在を公示することをいいます。

2 動産

動産とは，<u>不動産以外の物</u>をいいます（86条2項）。

3 主物と従物　重要度 B

従物とは，物の所有者がその物の常用に供するために，これに付属させた自己の所有に属する他の物をいいます（87条1項）。

これに対し，主物とは，従物を付属させる対象となる物をいいます。

例えば，母屋と納屋，土地と石灯籠，刀と鞘は，主物と従物の関係にあります。

当事者に別段の意思表示のない限り，<u>従物は，主物の処分に従います</u>（同条2項）。*2

*2
■ 参考データ
従たる権利についても，87条2項が類推適用されます。例えば，借地権者が所有する建物を売却すれば，買受人は，建物だけでなく，借地権（賃借権や地上権）も取得することができます。

4 元物と果実　重要度 C

果実とは，元物より生じる経済的収益をいいます。果実は，<u>天然果実</u>と<u>法定果実</u>に分けられます。

天然果実とは，元物から経済的用途に従って，有機的あるいは無機的に産出される物をいいます（88条1項）。例えば，牛乳，鶏卵，鉱物等があります。

法定果実とは，元物の使用の対価として受けるべき金銭その他の物をいいます（同条2項）。例えば，利息，賃料等があります。

これに対し，元物とは，果実を生じさせる物をいいます。例えば，乳牛，鶏，使用家屋等です。

Chapter 5 法律行為

イントロダクション　学習のポイント

民法では，一定の要件を満たすと一定の効果が生じるという規定が多くあります。効果を発生させる要件の代表格が契約です。この Chapter では，契約の効力がどのように発生するのかという流れを理解するとともに，あわせて，公序良俗という概念について勉強します。

ベーシック　じっくり理解しよう!

1 概　説

1 総　説

権利は，一定の事実を原因として変動（発生・変更・消滅）します。この要件となる一定の事実を法律要件といい，効果として生じる一定の私権の変動を法律効果といいます。

この法律要件には，①法律行為，②準法律行為，③事件があります。*3

2 法律行為

法律行為とは，意思表示を要素とする法律要件をいいます。

意思表示とは，一定の法律効果の発生を欲する意思を外部に対して表示する行為をいいます。

法律行為の代表例は，売買契約等の契約です。

*3
　■ 語句解説

準法律行為とは，法律効果を発生させる行為のうちで，法律行為ではないものをいいます。意思表示を要素としない点で，法律行為と異なります。
事件とは，時の経過や人の死亡など，人の精神作用に基づかない事実をいいます。

2 契約の成立から効力発生まで

3 公序良俗

公序良俗とは，公の秩序と善良の風俗を指します。
公序良俗に反する法律行為は，**無効**です（90条）。

Chapter 6 意思表示

重要度 A

イントロダクション 学習のポイント

　私たちは，通常，自分が本当に欲する物を買いますが，必ずしもそうではないこともあります。例えば，買う気がないのに冗談で買うと言ったり，間違えて別の物を買ってしまったり。また，おどされたり，だまされたりして買ってしまうということもあるかもしれません。このような場合，どのような取扱いをすべきでしょうか。これがこの Chapter のメインテーマになります。

ベーシック じっくり理解しよう!

1 意思表示総説

重要度 C

　意思表示とは，一定の法律効果の発生を欲する意思を外部に対して表示する行為をいいます。

　意思表示は，まず，意思表示が形成される前段階としての「動機」の段階があり，次に，意思表示の要素としての，「内心的効果意思」，「表示意思」，及び「表示行為」の各段階を経て形成されます。

　動機とは，意思表示をするに至る内心上の原因をいいます。*1

　内心的効果意思とは，法によって実現する効果（法律効果）を欲する意思をいいます。*2

*1
■ 参考データ
例えば，「この絵画が真作であるならば，価値があるから所有したい」との考えが動機にあたります。

*2
■ 参考データ
例えば，「この絵画を 1 億円で買う売買契約を成立させよう」との考えが内心的効果意思にあたります。

2 意思表示各論

重要度 A

1 心裡留保

1 意 義

心裡留保とは，表示行為に示された効果意思に対応する内心的効果意思が欠けており，かつ，表意者がそのことを知りながらする意思表示をいいます（93条1項）。

> **Festina lente**
>
> 心裡留保は，要するにウソや冗談のことだね。ウソや冗談を言ったら，どうなるのだろう？ 約束だから守らないといけない（有効）のか，それともやっぱりウソや冗談だから守る必要はない（無効）のか。これから勉強する「意思の不存在」のポイントは，結局，有効か無効のどちらなのか？ もし無効であるとすると，無効は誰に対しても主張できるのだろうか？になるのだ。その点に注目して読み進めよう！

（あげるつもりはないけど）Bさん，僕の家をあげます

2 効 果
(1) 原 則

民法は，原則として心裡留保であっても意思表示の効力は妨げられないことを定めました（有効 93条1項本文）。

(2) 例 外

相手方が，表意者の意思表示が表意者の真意ではないことを知っているか（悪意），又は知ることができた（有過失）場合には，相手方を保護する必要がないため，心裡留保は無効となります（93条1項但書）。*1*2

しかし，心裡留保が例外として無効となる場合に，第三者を全く保護しないのでは取引の安全が害されることから，民法は，「善意の第三者」の保護を定めています（同条2項）。

*1
■ 参考データ
知ることができた状態を（善意だが）過失があると評価します。過失については，ウッカリをイメージしておけば十分です。

*2
■ 参考データ
結局，原則どおり心裡留保が有効になるのは，相手方が善意無過失の場合に限られます。

Festina lente

　例えば、Aが冗談でBに家を格安で売却したとしよう。この格安さにBはAが冗談で言っていることを気付いていたとするよ。そうすると、AはBに対してはその契約が無効であることを主張できる。ここまではいいかな。では、Bがその家をAの心裡留保を知らないCに売却した場合はどうなるだろう？
　確かにA・B間の売買契約が無効である以上、その家はAの物であって、BはAの物（他人物）をCに売却したと考えることもできる。でも、冗談を言ったAと事情を知らずに取引に入ってしまったCのどちらを守るべきだろう？　2人を天秤にかけるイメージで考えてみて。そうするとやっぱりCを守るべきとなるんじゃないかな。
　だから、この場合は、Aは、無効をCには主張できないとするんだ。こうすることによって、家は無事にCが取得できるよ。
　ところで、ここで何度か「主張」という言葉を使ったよね。実は、主張という言葉は法律の世界では「対抗」と呼ばれるんだ。だから、これから「対抗」という言葉が出てきたときには、主張できるかどうかだな、と考えてね。

2 通謀虚偽表示

1 意　義

　通謀虚偽表示とは、相手方と通じて、表示された効果意思と対応する内心的効果意思が欠けていることを知りながらする意思表示をいいます（94条1項）。

2 効　果
(1) 無　効
　通謀虚偽表示は無効です（94条1項）。
(2) 善意の第三者の保護
　ただし、表示を信頼した第三者を保護し、ひいては取引の安全を害さないために、善意の第三者には無効を対抗できません（94条2項）。

3 第三者の保護

「第三者」という言葉を制限して解釈すべきか問題になります。

(1) 「第三者」の意義

94条2項の「第三者」とは，**虚偽表示の当事者及びその包括承継人以外の者で，虚偽表示に基づいて新たに独立の法律上の利害関係を有するに至った者**をいいます（判例）。*1

a 「第三者」にあたる者

ア　不動産の仮装譲受人から更に譲り受けた者及び転得者

イ　仮装譲渡された不動産につき抵当権の設定を受けた者

　　例えば，AからBへ仮装譲渡された土地に，Bが，善意である自己の債権者Cのために抵当権を設定した場合には，AとBは，抵当権設定の無効をCに主張できません。*2

*1
■ 参考データ

包括承継人とは，例えば相続人があたります。

*2
☑ 要チェック！過去問題

Aが自己の所有する甲土地をBと通謀してBに売却（仮装売買）した。Bが甲土地につきAに無断でEのために抵当権を設定した場合に，Aは，善意のEに対して，A・B間の売買の無効を対抗することができない。
→ ◯（H20-27-エ）

Festina lente

　抵当権は担保物権の1つだよ。詳しくは抵当権のところで勉強するけど，いろんなところで使う概念だから，ある程度のイメージを持っておくといいね。
　債権というと，お金を貸しているイメージを持つんじゃないかな。そのイメージで考えてみると，お金を貸していても，結局返してもらわないと意味がないよね。つまり，債権というのは債権者の立場からすれば回収できなきゃ意味がない。そこで，債務者がたくさんの人から借金をしているようなとき，債権者の立場から見ると不安だよね。せめて何かあったときにも自分だけは返してほしいと思うはずだ。そこで「担保」の出番となる。
　担保のうち，抵当権というのは，抵当権を債務者の不動産に対して持っていると，債

務者が弁済をできなくなったときに，その不動産を競売にかけられるんだ。これを抵当権の実行という。で，誰かが競落すると，抵当権を持つ債権者は競落金から優先的に弁済を受けられる。こういう仕組みなんだ。

ところで，抵当権ってどうしたら持てるの？ってことだけど，それは債権者と債務者の契約によって設定できる。ちなみに，抵当権は，債務者以外の不動産にも設定できるよ。この場合，自分の不動産に抵当権を設定してあげた人を物上保証人っていうんだ。

ウ　仮装債権の譲受人

例えば，AがB銀行と通謀して仮装の預金債権を設定し，その仮装預金債権を善意であるCに譲渡した場合には，AとBは，預金債権の無効をCに主張できません。*3

参考データ

*3
債権も財産の一種です。したがって，自由に譲渡できるのが原則です。

エ　虚偽表示の目的物に対して差押えをした者

債権者は差押えをした時点で，新たな法律上の利害関係に入ったといえるので，「第三者」にあたります。

例えば，AからBへ仮装譲渡された土地に，善意であるBの債権者Cがその土地を差し押さえた場合には，AとBは，土地の譲渡の無効をCに主張できません。

b　「第三者」にあたらない者

ア　債権の仮装譲渡の譲受人から取立てのために債権を譲り受けた者

例えば，Aの債権者Bが，その債権をCへ仮装譲渡し，Cがその債権をDへ取立てのために譲渡した場合には，Dは，B・C間の債権譲渡の有効を主張して，Aに対して債権の取立てをすることはできません。

イ　仮装譲受人に対する一般債権者

　　この者は，仮装譲渡に基づいて「新たに」法律上の利害関係に入ったわけではないから，「第三者」にあたりません。

　　例えば，AからBへ土地の仮装譲渡がなされた場合に，Bの一般債権者Cは，土地の譲渡の有効を主張することができません。

ウ　仮装譲渡された債権の債務者

　　例えば，AからBへ債権の仮装譲渡があった場合には，当該債権の債務者Cは，債権の譲渡があったことを理由にAからの請求を拒めません。

エ　先順位抵当権が仮装放棄された場合の後順位抵当権者[*1]

　　この者は，「新たに」法律上の利害関係に入ったわけではありませんから，「第三者」にあたりません。

オ　土地が仮装譲渡されて建物が建築された場合の借家人

　　この者は，土地の仮装譲渡について事実上の利害関係が認められるにすぎず，「法律上の」利害関係がないため，「第三者」にあたりません。次の事例で，Aは，Cに対し建物からの退去を請求することができます。

*1
■ 参考データ

抵当権は，1つの不動産に複数設定できます。この場合，登記の先後で抵当権の優先順位は決まります。そして，競落金から，1番の順位の抵当権者がまず配当を受け，次に2番，3番という具合に残額から回収できる仕組みになっています。

c まとめ

94条2項の「第三者」に該当する	不動産の仮装譲受人から更に譲り受けた者及び転得者
	仮装譲渡された不動産につき抵当権の設定を受けた者
	仮装債権の譲受人
	虚偽表示の目的物に対して差押えをした者
94条2項の「第三者」に該当しない	債権の仮装譲渡の譲受人から取立てのために債権を譲り受けた者
	仮装譲受人に対する一般債権者
	仮装譲渡された債権の債務者
	先順位抵当権が仮装放棄された場合の後順位抵当権者
	土地が仮装譲渡されて建物が建築された場合の借家人

(2)「善意」の意義

94条2項の「善意」とは、当該意思表示が通謀虚偽表示であることを知らないことをいいます。なお、第三者は善意であれば、登記を備えていなくとも保護されます。

(3) 転得者の問題

a 第三者Cが悪意で転得者Dが善意の場合

Cは悪意なので94条2項で保護されないが、転得者を保護すべき要請は直接の第三者と変わらないので、**Dは、94条2項の「善意の第三者」にあたり、保護されます**（判例）。

b 第三者Cが善意で転得者Dが悪意の場合

善意の第三者のもとで権利が確定し、転得者はその地位を取得することなどから、**一度、善意者Cがあらわれれば、後者Dは、たとえ悪意であっても保護されます**（絶対的構成　判例）。

4　94条2項の類推適用

　例えば、Aが、自己所有の建物がB名義で登記されているのを知りながら放置していた場合において、Bからその建物を善意で買い受けたCとAとの関係にも、94条2項は類推適用されます。[※1]

　すなわち、この事例の場合、Bが勝手に登記をしたわけですから、Aの意思表示は通謀虚偽表示ではありません。

　しかし、B名義の登記を知りながら長年にわたり放置していた場合、Bから建物の売却を受けた善意のCに対しては、Aは、建物が自己の所有であることを対抗できません。

3　錯　誤

1　意　義

　錯誤とは、表示行為により表示された効果意思に対応する内心的効果意思が①存在しないこと（表示の錯誤　95条1項1号）、又は②存在するものの何らかの誤解に基づくものであること（動機の錯誤　同項2号）について、表意者自身が知らないことをいいます。

2　錯誤の分類

　錯誤は、表示の錯誤と動機の錯誤に分類され、表示の錯誤はさらに表示上の錯誤、内容の錯誤に分類されます。

※1
■ 参考データ
94条2項の趣旨は、虚偽の外観の作出について帰責性がある権利者の犠牲のもとに、虚偽の外観を信頼して取引をなした第三者を保護し、もって取引の安全を図る点にあります。このような考え方を「外観法理」といいます。

Festina lente
錯誤は、勘違いや言い間違い、書き間違いなどをイメージするといいよ。ところで、心裡留保はウソや冗談だったね。じゃあ、心裡留保と錯誤の違いはわかるかな？　答えは、内心的効果意思と表示された効果意思の不一致を表意者自身が知っているかどうかだよ。その不一致を知っている場合が心裡留保、知らない場合が錯誤なんだ。

（1）表示の錯誤

表示上の錯誤とは，表示行為自体を誤るものであり，誤記・言い間違いの類をいいます。例えば，「10ドル」と言うつもりで，うっかり「10ポンド」と言った場合です。

内容の錯誤とは，表示行為の意義を誤ることをいいます。例えば，ドルとポンドの価値が同じだと考えて，「10ポンド」と言った場合です。

（2）動機の錯誤

動機の錯誤とは，意思表示をする動機に錯誤がある場合をいいます。意思表示の形成プロセスでいえば，動機と内心的効果意思の間に不一致がある場合です。例えば，受胎している良馬と誤信して，駄馬を買った場合です。

3 要 件

① 錯誤に基づくものであること（95条1項柱書）
② その錯誤が法律行為の目的及び取引上の社会通念に照らして重要なものであること（同条1項柱書）
③ その事情が法律行為の基礎とされていることが表示されていたこと（動機の錯誤のみが対象　同条2項）
④ 表意者に重過失がないこと（同条3項）*2*3

4 効 果

（1）原 則

原則として錯誤による意思表示を取り消すことができます（95条1項柱書）。

（2）善意無過失の第三者の保護

意思表示が錯誤により取り消された場合に，第三者を全く保護しないのでは取引の安全が害されることから，民法は，「善意無過失の第三者」の保護を定めています（95条4項）。

〈錯誤と第三者〉

Aは善意無過失のCに取消しを対抗できない
C 善意無過失

Part
2
■
民
法

*2
■ 語句解説

重過失とは重大な過失をいいます。重過失と比較したときに，通常の過失のことを**軽過失**といいます。

*3
■ 参考データ

表意者に重過失があっても，①相手方が悪意又は重過失の場合，②相手方が表意者と同一の錯誤に陥っていた場合には，表意者は意思表示の取消しをすることができます（95条3項1号，2号）。これらの場合は，取引の安全を考慮する必要がないからです。

Chapter 6
意思表示

5 第三者の保護
(1)「第三者」の意義
95条4項の「第三者」とは，錯誤による取消しの意思表示がされる前に現れたものでなければなりません。
(2) 錯誤取消後の第三者
取消後の第三者については，対抗問題として処理し，不動産取引であれば，登記を先に具備した者が保護されると解されています（177条）。
6 主張権者
錯誤によって取り消すことができる行為は，その意思表示をした者又はその代理人若しくは承継人に限り，取り消すことができます（120条2項）。

4 詐 欺

1 意 義
詐欺とは，他人をだまして（欺いて），錯誤に陥らせ，その錯誤によって意思表示させる行為をいいます。
2 効 果
民法は，詐欺による意思表示を取り消し得るものとしました（96条1項）。
3 善意無過失の第三者の保護
詐欺による意思表示の取消しは，善意無過失の第三者に対抗することができません（96条3項）。
(1)「第三者」の意義
96条3項の「第三者」とは，詐欺による法律行為に基づいて取得された権利について，詐欺取消前に新たに独立した法律上の利害関係に入った者をいいます（判例）。

そして，取消後に利害関係を有することになった第三者は，同項の「第三者」には含まれません。

(2) 詐欺取消後の第三者[*1]

取消後の第三者は96条3項によっては保護されないことになりますが、一切保護されないとすれば、取引の安全を害します。そこで、取消後の第三者を保護するための法律構成が問題となります。

この点については、詐欺を受けた表意者と取消後の第三者とは、物権相互間の優先的効力を争う対抗関係に立ち、**対抗要件（不動産の場合は登記）を先に備えた者が優先**する（177条）と解されています。

4 第三者による詐欺

意思表示の相手方以外の者が詐欺をした場合、相手方は、通常、詐欺の事実を知ることができません。

そこで、民法は、相手方保護のため、**相手方が詐欺の事実を知り（悪意）、又は知ることができたとき（有過失）に限り**、意思表示の取消しを認めています（96条2項）。[*2]

5 強　迫

1 意　義

強迫とは、不法に害悪を告知して、相手方に畏怖を生じさせ、その畏怖によって意思表示をさせる行為をいいます。

2 効　果

強迫による意思表示は取り消すことができます（96条1項）。

[*1] 参考データ
ここは不動産物権変動を勉強すると理解できる箇所です。今のところは、取消前の第三者が善意であれば、保護されると覚えておけば十分です。

[*2] 要チェック！過去問題
Aが自己所有の甲土地をBに売却する旨の契約が締結された。AがEの詐欺によって本件売買契約を締結した場合、この事実をBが知っていたとき、または知らなかったことにつき過失があったときは、AはEの詐欺を理由として本件売買契約を取り消すことができる。
→ ○（H26-28-4）

また，この取消しは，詐欺の場合と異なり，**取消前に現れた第三者に対しても，対抗することができます。**[*1]

3 取消後の第三者

取消後の第三者と表意者との関係については，詐欺取消しの場合と同様に目的物が不動産の場合，**177条によって処理**されます（判例・通説）。

	当事者間の効力	善意の第三者に対抗できるか
心裡留保	原則：有効 例外：無効	×
通謀虚偽表示	無効	×

	当事者間の効力	善意無過失の第三者に対抗できるか
錯誤	取り消すことができる （原則　表意者善意無重過失）	× （取消前に現れた者に対して） ※　取消後に現れた者との関係は177条で処理
詐欺	取り消すことができる	× （取消前に現れた者に対して） ※　取消後に現れた者との関係は177条で処理
強迫	取り消すことができる	○ （取消前に現れた者に対して） ※　取消後に現れた者との関係は177条で処理

> [*1] **参考データ**
> 第三者による強迫の場合は，第三者による詐欺と異なり，相手方の善意悪意にかかわらず，表意者は取り消すことができます。

3 意思表示の効力発生

重要度

1 到達主義

意思表示は，相手方に通知が到達した時に効力を生ずるのが原則です（97条1項）。これを到達主義といいます。

これに対して，意思表示を発した時に効力が生ずるとする発信主義があります。民法は，特別な場合においてのみ発信主義を採用しており，発信主義の例として，制限行為能力者の相手方がした催告への確答（20条）等があります。[*2]

> [*2] **参考データ**
> 発信時に権利能力・行為能力があれば，到達の当時，表意者は権利能力又は行為能力を有する必要はありません（97条3項）。

ファイナルチェック　基礎知識の確認

問題1　詐欺に基づく意思表示は，原則として取り消すことができるが，96条3項によって，取消後の善意無過失の第三者に対しては取消しを対抗することができない。

問題2　強迫に基づく意思表示は，取消前の第三者に対しては，その善意・悪意を問わず，その取消しを対抗することができる。

問題1 ✗　96条3項にいう善意無過失の「第三者」とは，取消前の第三者をいう。　問題2 ○

本試験レベルの問題にチャレンジ！ ▶▶▶

Chapter 7 無効と取消し

重要度 B

イントロダクション　学習のポイント

これまで勉強してきた無効と取消しの一般的な内容について勉強します。特に，取消しに注目していきましょう。

ベーシック　じっくり理解しよう！

1 無効

重要度 C

1 意義

無効とは，法律行為の効果が初めから生じないことをいいます。

無効は，本来すべての人に対する関係において無効であり，誰からでも，誰に対しても主張できます（絶対的無効）。例えば，公序良俗違反となる行為がこれにあたります（90条）。*1

2 取消し

重要度 B

1 意義

取消しとは，法律上定められた一定の事由に基づき，特定の者（取消権者）の単独の意思表示によって，法律行為を行為時に遡ってなかったものとすることをいいます。

2 取消しの効果（遡及的無効・原状回復義務）

取消しにより，その行為は最初からなかったものとされます

*1
■ 参考データ
例えば，意思無能力の無効（3条の2）は，表意者のみが無効主張できるのが原則であると解されています。このように，主張権者等に制限がある場合を相対的無効（取消的無効）といいます。

（遡及的無効　121条）。したがって，例えば，売主Aが制限行為能力を理由として買主Bとの売買契約を取り消すと（5条2項），すでにBに引き渡した目的物があれば，Aは，Bに対しその返還を請求することができます（121条の2第1項）。

3 取り消し得る行為の有効確定

いつでも取消権を行使できるとすれば，相手方を長期にわたり不安定な状態に置くことになり，妥当でありません。そこで，①追認，②法定追認，③取消権の消滅の制度が設けられています。

1 追認

取り消し得る行為の追認とは，取り消し得る行為を確定的に有効なものとする意思表示です（122条）。

追認し得る時期は，取消しの原因となっていた状況が消滅した後，つまり，行為能力者となってから，又は，錯誤，詐欺・強迫の状態を脱してからでなければ，追認することができません（124条1項）。*2*3

なぜなら，これらの状態になって初めて，取消権の放棄による自己の利益・不利益を適切に判断できるからです。

そして，追認は取消権の放棄なので，追認は，取消権を有することを知った後にしなければ，その効力を生じません（同項）。

2 法定追認

(1) 意　義

法定追認とは，取り消し得る行為について，追認と認められるような一定の事実があるとき，これを追認したものとみなし，以後取り消し得ないものとすることをいいます（125条）。これは，取消権者の意思のいかんを問わないで法律上追認したものとみなし，法的安定を図るための制度です。

(2) 要　件

① 取消権者が追認できる状況にあること
② 125条所定の行為があること*4

3 取消権の消滅

取消権は，追認をすることができる時から5年，行為の時から20年のうち，どちらか早く経過したほうによって消滅します（126条）。

Festina lente

つまり，追認により，法律行為が当初より確定的に有効なものとなるんだよ。

Part 2 ■ 民 法

*2
■ 参考データ

法定代理人・保佐人・補助人は，いつでも追認することができます（124条2項1号）。

*3
☑ 要チェック！過去問題

AはBの強迫によって売買契約を締結したが，その後もBに対する畏怖の状態が続いたので取消しの意思表示をしないまま10年が経過した。このような場合であっても，AはBの強迫を理由として売買契約を取り消すことができる。
→ ◯ (H26-28-1)

*4
■ 参考データ

125条は条文で確認しておきましょう。

Chapter 8 代理

重要度 A

イントロダクション　学習のポイント

代理は民法の中でも最頻出テーマといっても過言ではありません。毎年のように出題されるので、しっかりと勉強をしていきましょう。特に、後半の無権代理、表見代理は重要です。また、これとの関係で、代理人の権限濫用や代理権の消滅原因にも注意が必要です。

ベーシック　じっくり理解しよう！

1 代理総説

重要度 C

1 意　義

民法は，代理人が，本人に代わって意思表示をし，その効果が直接本人に帰属する制度を認めています。

代理とは，代理人が本人のためにすることを示して相手方に対して意思表示をなし，又は相手方から意思表示を受けることによって，その法律効果が直接本人に帰属することを認める制度をいいます（99条）。*1

Festina lente
代理制度では、本人、代理人、相手方の三者が登場し、法律関係が複雑になるので、誰と誰の法律関係が問題となっているのかについて注意する必要があります。

具体的には，①代理人に代理権が存在し，②代理人が相手方に対し顕名をして，③代理権の範囲内において意思表示（代理行為）をすることを要件として，法律効果を本人と相手方との間に

*1
■ 参考データ

代理に類似する制度として，使者があります。使者とは，本人以外の者で，本人の完成した意思表示をそのまま伝達する者（伝達機関としての使者）や，本人の決定した意思を表示してその意思表示を完成させる者（表示機関としての使者）をいいます。
使者の場合，意思決定をするのが本人である点で，代理人が意思決定を行う「代理」と異なります。

176　Part 2 民　法

直接帰属させる制度です。

2 任意代理と法定代理

　任意代理とは，本人の意思に基づいて代理権が生じる場合をいいます。
　これに対し，法定代理とは，本人の意思ではなく，法律の規定に基づいて代理権が生じる場合をいいます。

2 代理権

重要度 A

1 代理権の発生

1 法定代理権
　法定代理権は，本人の意思によらずに法律上与えられます。
　例えば，未成年者の親権者（818条）等に与えられます。

2 任意代理権
　任意代理権は，本人の意思，すなわち本人と代理人との間における授権行為（代理権授与行為ともいう）によって，生じます。

2 代理権の範囲

　法定代理は，本人の意思ではなく，法律の規定により代理権が生じるので，代理権の範囲は，法律の規定により定まります。
　これに対して，任意代理は，授権行為によって代理権が発生するので，代理権の範囲は，授権行為の内容により定まります。*2

*2
■ 参考データ
権限の定めのない代理人は，①保存行為，②代理の目的である物又は権利の性質を変えない範囲において，その利用又は改良を目的とする行為のみをする権限を有します（103条）。

Chapter 8　代理　177

3 代理権の制限
1 自己契約・双方代理その他利益相反行為
(1) 定　義
a　自己契約
自己契約とは，同一の法律行為について，当事者の一方が相手方の代理人となることをいいます。

例えば，AとBが自動車の売買契約を締結するに際して，買主Bが売主Aの代理人となる場合です。

b　双方代理
双方代理とは，同一人が同一の法律行為について，当事者双方の代理人となることをいいます。

例えば，AとBが自動車の売買契約を締結するに際して，Cが買主B及び売主Aの双方の代理人となる場合です。

c　その他利益相反行為
その他利益相反行為とは，自己契約・双方代理に該当しない利益相反行為で，代理行為自体を外形的，客観的に判断して，代理人と本人との利益が相反する行為をいいます。

例えば，Aの代理人であるBが，自らがCに対して負担している債務について，Aを代理して，Cとの間でAを保証人とする契約を締結する場合です。

(2) 効　果
a　原　則
自己契約・双方代理その他利益相反行為の場合には**無権代理行為**となり，**本人に効果が帰属しないのが原則**です（108条1項本文，同条2項本文，113条1項）。

なぜなら，これらの場合には，本人の利益を害するおそれがあるからです。

b　例　外
次のように，本人の利益が害されない場合には，例外的

に自己契約・双方代理その他利益相反行為が認められます（108条1項但書，同条2項但書）。
① **本人の許諾**がある場合
② **債務の履行**。例えば，弁済期の到来した代金の支払（弁済）等
③ 債務の履行に準ずべきもの。例えば，売買契約に基づく所有権移転登記申請（判例）等

2 代理人の権限濫用

代理人の権限濫用とは，代理権の範囲内で代理人が代理行為を行ったが，実はその行為が自己又は第三者の利益を図る目的を有するものであったために，本人がそれによって損害を被る場合をいいます。

例えば，Aの代理人Bが，相手方Cとの間で売買によって取得した代金を着服したような場合です。

代理人の権限濫用があっても，代理権の範囲内の行為であるから，**原則として本人に効果が帰属**します。

しかし，常に代理行為の効果が本人に帰属するのでは，本人に酷であり，妥当性を欠きます。

そこで，①相手方が，代理人が自己又は第三者の利益を図る目的を有することを知っている場合，又は，②合理的な注意をしていれば，代理人がそのような目的を有することを知ることができた場合には，相手方の代理行為への信頼を保護する必要はないので，代理人の権限濫用行為は，無権代理とみなされます（107条）。

4 代理権の消滅

代理権の消滅原因をまとめると次頁の表になります。

		死　亡	破産手続開始の決定	後見開始の審判	解約告知
任意代理	本　人	○	○	—	○
	代理人	○	○	○	○
法定代理	本　人	○	—	—	—
	代理人	○	○	○	—

3 代理行為

重要度 **B**

1 意　義

　代理行為とは，代理人が本人のためにすることを示してする意思表示をいいます。代理行為の効果が本人に帰属するには，①代理人が，本人のためにすることを示すこと（顕名），②代理権の存在，③代理行為が代理権の範囲内であることが必要です（99条）。*1

2 顕　名

1 意　義

　顕名とは，代理人が代理行為として意思表示をする場合，本人のためにすること（本人に法律行為の効果を帰属させること）を示すことをいいます。代理行為の効果が本人に帰属するためには，顕名がなされなければならないのが原則です（顕名主義　99条1項）。

*1
■ **参考データ**
代理では代理人が自らの判断で意思決定を行っていること，「代理人について決する」という101条1項の文言から，代理行為の性質については，代理関係における行為主体は代理人であると解されています（代理人行為説）。

Festina lente

　相手方の立場に立って考えてみるとわかりやすいよ。実際には，代理人が相手方のところに「契約しませんか？」と来るよね。そのとき，代理人がきちんと本人の代理人ですと名乗らないと，相手方としては，自分の目の前にいる人と契約すると勘違いしてしまうでしょ？　だから，顕名が必要なんだ。

Part 2
民法

2　顕名のない場合

代理人自身のためにした意思表示とみなされ（100条本文），**代理人と相手方との間に効果が帰属**します。これは，取引の相手が代理人自身であると信頼した相手方を保護するためです。

ただし，**相手方が，代理人が本人のためにすることを知り，又は知ることができたときは，本人と相手方との間に効果が帰属**します（同条但書）。

3　代理人の能力

代理人は，行為能力を有する者である必要はなく（102条本文），**制限行為能力者でも構いません**。代理行為の効果は，本人に帰属し，代理人（制限行為能力者）には帰属しないからです。

したがって，代理人は，制限行為能力を理由に代理行為を取り消すことはできません。*2

*2
■ **参考データ**
ただし，制限行為能力者が他の制限行為能力者の法定代理人としてした行為については取り消すことができます（102条但書）。本人である他の制限行為能力者の保護を図る必要があるからです。

4　代理行為の効果

1　代理の効果

代理人のした法律行為の効果は，直接本人に帰属します（99条1項）。代理人が詐欺されたときの取消権等も本人に帰属します。

2　代理行為の瑕疵

(1) 原　則

心裡留保・虚偽表示・錯誤等の存否，詐欺・強迫を受けたか否か，及び行為の当時ある事情を知っていたか，知らないことに過失があったか否か等，法律行為の効力に影響を及ぼすべき事実の有無は，**代理人を基準**として判断するのが原則です（101条1項）。

(2) 例　外

特定の法律行為をすることを委託された代理人がその行為をしたときは，代理人がある事情を知らなくても，**本人が知っているか又は過失によって知らなければ，本人は，代理人の不知を主張することができません**（101条3項）。

4 復代理

重要度 B

1 意義

復代理とは，代理人が，自分の権限内の行為を行わせるため，自分の名で更に代理人を選任して，本人を代理させる場合をいいます（104条以下）。代理人により選任された代理人は，復代理人と呼ばれます。

	任意代理	法定代理
復任権の存否	原則：なし 例外：次の場合にあり 　①本人の許諾を得たとき 　②やむを得ない事情があるとき	常にあり
代理人の責任	本人・代理人間の代理権授与契約の債務不履行として，債務不履行の一般規定（415条）によって処理される。	原則：全責任 例外：やむを得ない事由により復代理人を選任したときは，選任・監督上の責任のみを負う。

2 効果

1 本人に効果帰属

復代理人は，代理人の代理人ではなく，本人の代理人ですから（106条1項），本人の名において代理行為をなし，本人に効果が帰属します。

2 代理人と同一の権利義務

復代理人と本人との間も，本人と代理人との間と同一の法律関係に立ちます（106条2項）。

3 復代理権

復代理人は代理人の代理権に基づきます。したがって，復代理人の代理権（復代理権という）の範囲は，原代理人の代理権の範囲を越えることができません。例えば，原代理人に100万円借用する代理権があるときは，復代理人もその範囲において復代理権を有します。

また，原代理人の代理権が消滅すれば，復代理権も消滅しま

*1
■ 参考データ
原代理人の代理権は，復代理人を選任しても失われません。
復代理人の選任は，原代理人の代理権の譲渡ではないからです。

す。*1

5 無権代理

重要度 A

1 意 義

無権代理とは，代理人として代理行為をした者に代理権がない場合をいいます。また，無権代理には，代理権は与えられているが，代理行為が代理権の範囲を越えている場合も含まれます。

2 効 果

無権代理行為がなされても，代理行為の効果は，本人に帰属しないのが原則です（113条1項）。

3 本人がとり得る法的手段

1 追認権

追認権とは，無権代理人がした行為について，有権代理の場合と同じような効力を生じさせる権利をいいます（113条，116条）。
原則として，追認には遡及効があるため，追認があると初めから代理人の行為が有権代理であったことになります（116条本文）。

2 追認拒絶権

本人は，追認を拒絶することもできます（113条2項）。

4 相手方がとり得る法的手段

1 相手方の催告権

この場合の催告とは，無権代理行為を追認するか否かの確答を

本人に促す意思の通知をいいます。

相手方は，本人に対し，相当の期間を定めて，催告することができます（114条前段）。**相手方の善意・悪意を問いません。**

本人がその期間内に確答をすれば，確答の内容に従って契約が有効又は無効に確定しますが，**その期間内に確答をしない場合には，追認を拒絶したものとみなされます**（同条後段）。

2　相手方の取消権

善意の相手方は，無権代理行為を取り消すことができます（115条）。相手方が取消権を行使すると無権代理行為が初めからなかったことになり，無権代理人の責任追及，本人への表見代理の責任追及ができなくなります。

ただし，**本人が追認した場合には，相手方はもはや取消権を行使できません。**

3　無権代理人の責任追及

(1) 責任の内容

無権代理行為の効果が本人に帰属しない場合に，相手方を保護するため，無権代理人に無過失責任を負わせました（117条1項）。無権代理人は，本人が相手方に対して負担すべきであったであろうものと同一の内容の**債務を履行する責任**を負います。また，履行できない場合には**損害賠償責任**を負います。

(2) 要　件

① 　**代理人が代理権の存在を証明することができないこと**

② 　**本人が追認をなさないこと**

③ 　相手方が**取消権を行使していないこと**

④ 　相手方が，代理権のないことについて**善意無過失**であること（ただし，相手方が代理権のないことを知らないことに過失がある場合でも，代理人が悪意であるときは無権代理人に対する責任追及が可能である）

⑤ 　**無権代理人が行為能力を有する**こと

4　表見代理

この点については後述（p.187）します。

5　無権代理と相続

相続によって，被相続人の財産に属した一切の権利義務が相続

人に承継されます（896条本文）。そこで，相続によって無権代理人の地位（資格）と本人の地位（資格）が同一人に帰属した場合（すなわち，無権代理人が本人を相続した場合，又は本人が無権代理人を相続した場合），無権代理行為は有効になるのか，すなわち追認の拒絶が許されないかが問題となります。

> **Festina lente**
> 無権代理と相続は大事なテーマではあるけれど，相続の基本を勉強してからのほうが理解はしやすいと思うよ。相続を勉強した後に，もう一度戻って勉強し直そう。

1 無権代理人が本人を相続した場合
(1) 単独相続の場合

無権代理人BがCに無権代理行為をした後に，本人Aが死亡し，BがAを単独相続したような場合です。

この場合，判例によれば，本人自ら法律行為をしたのと同様の法律上の地位を生じ，**相続により無権代理行為が当然に有効**になります。*1

(2) 共同相続した場合

本人Aが死亡し，無権代理人B及びDが共同相続したような場合です。

> *1 要チェック！過去問題
> Aが所有する甲土地につき，Aの長男BがAに無断で同人の代理人と称してCに売却した。Aが死亡してBが単独相続した場合，Bは本人の資格に基づいて本件売買契約につき追認を拒絶することができない。
> ➡ ○ (H28-28-1)

Chapter 8 代理　185

この場合，無権代理行為をした相続人Ｂは，追認拒絶をすることはできません。一方，無権代理人以外の相続人Ｄは，追認権，追認拒絶権のいずれも行使できます。

そして，追認権は，その性質上，相続人全員に不可分的に帰属するので，共同相続人全員が共同して追認権を行使しない限り，無権代理行為は，無権代理人の相続分に相当する部分についても有効とならないとするのが判例です（追認不可分説）。*1

(3) 本人が死亡前に追認，又は追認拒絶をしていた場合

本人が無権代理行為の追認拒絶をした後に，無権代理人が本人を相続したような場合です。本人が追認を拒絶すれば，無権代理行為の効力が本人に及ばないことが確定します。

したがって，無権代理人が本人の追認拒絶の効果を主張することは，それ自体信義則に反せず，単独相続か共同相続かを問わず，確定した効果を承継します（判例）。

2　本人が無権代理人を相続した場合

無権代理人Ｂがその行為後に死亡し，本人Ａが相続したような場合です。

この場合は，本人Ａは，追認拒絶をすることができます（判例）。なぜなら，相続人たるＡが被相続人の無権代理行為を拒絶しても，何ら信義則に反しないからです。

ただし，追認拒絶をできるとしても，相手方Ｃは，相続人であるＡに対して，無権代理人の責任（117条　履行義務，損害賠償義務）の承継を主張することはできます（判例）。*2

3　相続人が無権代理人と本人の両方を相続した場合

無権代理人Ｂが死亡し，その地位をＤが相続した後に，更に

---

*1 要チェック！過去問題

Ａの子Ｂが，Ａに無断でＡの代理人としてＡ所有の土地をＣに売却する契約を結んだ。Ａが追認または追認拒絶をしないまま死亡してＢがＡを相続した場合，共同相続人の有無にかかわらず，この売買契約は当然に有効となる。
➡✕（H20-28-4）

*2 参考データ

無権代理行為が本人を売主とする不動産の売買契約である場合，無権代理人の責任を相続により承継した本人は，不動産の引渡しについては拒め，金銭賠償の責任のみ負うと解するのが通説です。

本人Aが死亡し、その地位をもDが相続したような場合です。

この場合、判例は、相続の順序に従えば、無権代理人が本人を相続した場合と同視できることを理由に、相続人が本人の資格で無権代理行為の追認を拒絶する余地はないとしています。*3

> *3 要チェック！過去問題
> Aが所有する甲土地につき、Aの長男BがAに無断で同人の代理人と称してCに売却した。Bが死亡してAの妻DがAとともに共同相続した後、Aも死亡してDが相続するに至った場合、Dは本人の資格で無権代理行為の追認を拒絶する余地はない。
> ➡ ○ （H28-28-2）

6 表見代理

重要度 A

1 総説

1 意義

表見代理とは、無権代理行為のうち、外観上、行為の相手方に、本人と無権代理人との間に代理権が存在することを信じさせるだけの事情がある場合に、有権代理と同様の効果を生じさせる制度をいいます（109条、110条、112条）。

2 趣旨

表見代理制度は、表見法理に基づきます。表見法理とは、虚偽の外観作出について責められるべき事情がある者に外形どおりの責任を負わせることによって、これを信じて取引をなした者の保護を図る理論をいいます。

3 種類

民法は、表見代理を3種類に分けて規定しています。

① 代理権授与の表示による表見代理（109条）
② 権限外の行為の表見代理（110条）

> Festina lente
> 表見代理という制度は類型がしっかりと定められているんだ。だから、表見代理が成立するかは、いずれの類型が認められるかをチェックしていけばいいんだ。ただ、基本の3類型は組み合わせることも認められているよ。例えば、代理権消滅後に、消滅した代理権の権限外の無権代理行為も表見代理として認められているんだ。

③ **代理権消滅後の表見代理**（112条）

4 効果

表見代理の成立が認められると，**本人に代理行為の効果が帰属**します。

ただし，表見代理が成立する場合でも無権代理であることに変わりはありません。ですから，相手方は，表見代理を主張せずに，無権代理人の責任を追及することができますし（通説），取消権を行使することもできます（115条）。

2 代理権授与の表示による表見代理

1 意　義

代理権授与の表示による表見代理とは，本人が代理権を与えたと表示しながら，実は代理権を授与していない場合に成立する表見代理をいいます（109条1項）。

例えば，AはBに何ら代理権を与えていないにもかかわらず，Cに対して「Bに代理権を与えた」旨を告げた場合，これを信じてBと取引をした善意無過失のCは，代理権授与の表示による表見代理により保護されます。

2 要　件

① 代理権を授与した旨の表示があること
② 表示された代理権の範囲内の行為であること*1
③ 第三者が**善意無過失**であること

3 権限外の行為の表見代理

1 意　義

権限外の行為の表見代理とは，代理人が，代理権の範囲外の代理行為をした場合に成立する表見代理をいいます（110条）。

例えば，本人Aは代理人Bに対し，A所有の時計を質入れする代理権（基本代理権）を付与したが，BはCへ時計を売却したとします。この場合，Cは善意無過失であれば，権限外の行為の表見代理の成立により保護されます。

*1
■ 参考データ

表示された代理権の範囲を越えて無権代理が行われた場合にも，表見代理となります（109条2項）。

2 要件
① 権限（基本代理権）が存在すること
基本代理権は，私法上の法律行為の代理権に限られます（判例）。
ただし，不動産の登記申請行為についての代理権は，それが私法上の契約に基づく債務の履行のためのものであれば，私法的作用を有するから，基本代理権となります（判例）。
② 代理人が基本代理権の範囲外の行為をすること（権限外の行為）
③ 第三者に正当な理由（善意無過失）があること

3 夫婦の日常の家事に関する第三者の保護との関係

(1) 761 条の意義
761 条は，本来，夫婦間の連帯責任を定めた規定ですが，日常家事の処理の便宜を図るために，同条を根拠として夫婦相互に日常家事に関する法定代理権を認めることができると解されています（判例・通説）。

(2) 表見代理との関係
夫婦の一方の行為が日常の家事の範囲を越えている場合には，761 条によって第三者の保護を図ることはできません。
また，日常の家事に関する代理権を基本権限として 110 条を直接適用すると，日常の家事の範囲をはるかに越えた重大な行為がなされたときでも表見代理が成立するおそれがあり，夫婦の財産的独立（762 条）が損なわれます。
そこで，判例は，問題となる法律行為が「当該夫婦の日常の家事に関する法律行為の範囲内に属する」と信じるにつき正当な理由のあるときに限り，110 条の趣旨を類推適用して，第

三者を保護しています。

4 代理権消滅後の表見代理

1 意義

代理権消滅後の表見代理とは，代理権が消滅して，もはや代理人ではなくなった者が代理行為をした場合に成立する表見代理をいいます（112条1項）。

*1
■ 参考データ
代理権消滅後の無権代理行為が，かつての代理権の範囲を逸脱している場合にも表見代理となります（112条2項）。

*2
■ 参考データ
112条の「第三者」は直接の相手方であり，転得者は含まれません。なぜなら，転得者が，代理人の代理権の存在を信頼することは通常ないからです。

2 要件

① かつて代理権が存在していたこと
② かつての代理権の範囲内の行為であること*1
③ 第三者が善意無過失であること*2

ファイナルチェック　基礎知識の確認

問題1 無権代理人が契約をした場合において，相手方は，代理権のないことを知らなかったときに限り，相当の期間を定め，当該期間内に追認するかどうか確答することを本人に対して催告することができる。

問題2 権限外の行為の表見代理が成立するためには，①基本代理権，②それを逸脱する代理行為，③権限ありと信ずべき正当な理由が要件となる。

問題1 ✗　催告権（114条）は，相手方の善意・悪意を問わずに行使することができる。　問題2 ○ （110条）

本試験レベルの問題にチャレンジ！▶▶▶

Chapter 9 条件・期限・期間

重要度 C

イントロダクション　学習のポイント

契約が成立しても直ちに効力が発生するとは限りません。場合によっては，**条件**や**期限**をつけることによって，効力の発生を将来に先延ばしすることがあります。

ベーシック　じっくり理解しよう!

1 条　件
重要度 C

1 意　義

条件とは，法律行為の効力の発生又は消滅について，**将来の不確実な事実**の成否にかからしめることをいいます（127条以下）。次の2種類があります。*3

停止条件とは，条件が成就することによって法律行為の効力が**発生**するものをいいます。例えば，「行政書士試験に受かったら100万円をあげる。」等の条件がこれにあたります。

解除条件とは，条件が成就することによってすでに**発生している法律行為の効力が消滅**するものをいいます。例えば，「100万円をあげるが，行政書士試験に受かったら返せ。」等の条件がこれにあたります。

2 条件の成就

1 条件成就の効果

停止条件付法律行為は，条件成就の時からその効力を生じ（127条1項），解除条件付法律行為は，条件成就の時からその効力が失われます（同条2項）。

*3
■ 参考データ

例えば，婚姻，認知，相続放棄等の身分行為には条件をつけることはできません。

2 条件成就の妨害

条件成就によって不利益を受ける者が、故意に条件の成就を妨害した場合、相手方は、条件が成就したものとみなすことができます（130条1項）。*1

2 期限・期間

重要度 C

1 期　限

期限とは、法律行為の効力の発生、消滅、又は債務の履行を、将来到来することが**確実な事実**の発生にかからしめる、法律行為の付款をいいます。

期限には、事実の発生時点が確定している**確定期限**（例えば、「2030年7月3日」等）と、発生時点が不明な**不確定期限**（例えば、「Aが死亡したとき」等）があります。

2 期限の利益

1 意　義

期限の利益とは、期限が到来するまでの間、法律行為の効力の発生、消滅又は債務の履行が猶予されることによって、当事者が受ける利益をいいます。

期限の利益は、通常、**債務者のため**にあると推定され（136条1項）、かつ**放棄することができます**（同条2項本文）。

2 期限の利益喪失事由（137条）

債務者が担保を滅失させる等、137条の定める一定の事由が生じた場合には、期限の利益を失います。

3 期　間

期間とは、ある時点からある時点までの継続した時の区分をいいます。なお、日、週、月又は年によって期間を定めたときは、初日は算入されず、翌日起算となるのが原則です（**初日不算入の原則**　140条本文）。

*1
■ 参考データ
条件成就によって利益を受ける者が故意に条件を成就させた場合、相手方は、条件が成就しなかったものとみなすことができます（130条2項）。

Festina lente
条件と期限の区別は実際には難しい場面があるよ。この点、「出世払い特約」がどちらになるか争われたことがあるけど、不確定期限とした判例があるんだ。

Chapter 10 時 効

重要度 B

イントロダクション　学習のポイント

民法は，長期間にわたる事実状態を尊重して，権利を取得させたり（**取得時効**），消滅させたり（**消滅時効**）する制度を設けています。また，2種類の時効に共通する内容として，時効という制度は原権利者にとっては不都合なものであるため，原権利者が時効の完成を妨げる規定などを整備しています。

ベーシック　じっくり理解しよう!

1 時効総説
重要度 C

1 定　義

時効とは，一定の事実状態が一定期間継続すると，それが真実の権利関係であるかどうかを問わずに，その事実状態をそのまま正当な権利関係として認めようとする制度をいいます（144条以下）。

時効には，権利取得の効果が与えられる**取得時効**（162条以下）と，権利を消滅させる**消滅時効**（166条以下）とがあります。

2 時効制度の存在理由

① 永続した事実状態を法律上も尊重することにより，社会秩序・法律関係全体の安定を図る。
② 証拠の散逸による権利関係の立証の困難を救済する。
③ 権利の上に眠る者は保護に値しない。

2 取得時効　重要度 B

1 意 義

取得時効とは，権利者らしい状態が一定期間継続することによって権利取得の効果が与えられる時効をいいます（162条以下）。

2 取得時効の対象となる権利

所有権などの財産権を時効取得できます（162条1項，163条）。[*1]

3 取得時効の要件

取得時効の要件は，①所有の意思をもって，②平穏に，かつ，公然と，③他人の物を，④占有すること，及び⑤時効期間が満了することです（162条）。

取得時効の時効期間は，占有の開始が善意無過失の場合は10年（同条2項），それ以外の場合は20年（同条1項）です。

1 善意無過失の占有の場合（162条2項）
(1) 善意無過失の意義

善意無過失とは，自己に所有権があるものと信じ，かつ，そのように信じることについて過失がないことを意味します。

占有の始めに善意無過失であれば，途中で悪意となっても，10年で時効取得することができます。

(2) 占有の承継がある場合

占有の承継がある場合，占有者は，「自己固有の占有」か，

*1
■ 参考データ
具体的には，地上権，永小作権，地役権等の用益物権，質権等です。また，不動産賃借権も取得時効の対象になります。

Festina lente
占有についての詳細は，物権（占有権）で勉強します。

「前主の占有をあわせた占有」かのいずれかを選択して，主張することができます（187条1項）。ただし，前主の占有をあわせて主張する場合には，前主の瑕疵も承継します（同条2項）。

2　悪意又は過失ある善意占有の場合（162条1項）

悪意又は過失のある善意占有の場合は，20年の占有の継続が要件となります。

3　消滅時効

重要度 **A**

1　意　義

消滅時効とは，法律上は権利を行使することができるにもかかわらず，権利者が権利を行使しない状態が一定の期間継続した場合に，その権利を消滅させる時効（制度）をいいます（166条以下）。

1　消滅時効の対象となる権利

① 債権（166条1項）
② 債権又は所有権以外の財産権（同条2項　地上権・永小作権・地役権等）

2　消滅時効の対象とならない権利

所有権，占有権は消滅時効の対象になりません。また，所有権に基づく物権的請求権や登記請求権も，消滅時効にかかりません。

2　時効期間の起算点

1　意　義

債権は，次に掲げる場合には，時効によって消滅します（166条1項）。

① 債権者が権利を行使することができることを知った時から5年間行使しないとき（同項1号）。
② 権利を行使することができる時から10年間行使しないとき（同項2号）。

これらの時効期間が進行を始める時点を時効期間の起算点といいます。

なお,「権利を行使することができることを知った時」を主観的起算点といい,「権利を行使することができる時」を客観的起算点といいます。このうち,「権利を行使することができる時」(166条1項2号) とは,権利を行使するのに法律上の障害がなくなった時を意味します (事実上の障害ではありません)。*1

　また, 債権又は所有権以外の財産権は, 権利を行使することができる時から 20 年間行使しないときは, 時効によって消滅します (同条2項)。

*1
■ 参考データ

例えば, 債権に同時履行の抗弁権 (533条) 等が付着している場合であっても, 債権者は, 自己の債務について弁済の提供をするなどして抗弁権を排除できるため, 法律上は権利行使が可能な状態と評価でき, 消滅時効は進行します。

2　消滅時効と履行遅滞

	消滅時効の客観的起算点	履行遅滞の起算点
確定期限の定めのある債権	期限到来時	期限到来時 (412条1項)
不確定期限の定めのある債権	期限到来時	履行の請求を受けた時又は期限到来を知った時のいずれか早い時 (412条2項)
期限の定めのない債権 (703条等)	債権成立時	催告時 (412条3項)
停止条件付債権	条件成就時	条件成就後, 債権者が履行請求した時
債務不履行による損害賠償請求権	本来の債権について履行請求できる時 (判例)	催告時 (※1)
契約解除による原状回復請求権	契約解除時 (判例　※2)	催告時 (※1)
返還時期の定めのない消費貸借	債権成立後, 相当期間経過後	催告後, 相当期間経過後 (591条)
不法行為に基づく損害賠償請求権	不法行為時 (724条2号) ※　なお, 主観的起算点は, 損害及び加害者を知った時	不法行為時 (判例　※3)

※1　この債務は, 期限の定めのない債務です。
※2　契約解除による原状回復請求権は, 解除した時に発生するので, 解除した時が消滅時効の起算点となります。
※3　期限の定めのない債務ですが, 被害者救済の観点から, 例外的に不法行為時からと解されています (不法行為時からの遅延損害金を請求することができます)。

Part 2
民法

3 時効期間の満了

1 消滅時効期間

消滅時効にかかる権利	期間	
	主観的起算点から	客観的起算点から
債　権（※1）	5年（166条1項1号）	10年（166条1項2号）
債権・所有権以外の財産権	なし	20年（166条2項）
不法行為による損害賠償請求権	3年（724条1号）	20年（724条2号）
人の生命又は身体の侵害による損害賠償請求権	5年 （不法行為：724条の2 債務不履行：166条1項1号）	20年 （不法行為：724条2号 債務不履行：167条）
定期金債権	10年（168条1項1号）	20年（168条1項2号）
判決で確定した権利（※2）	なし	10年（169条1項）（※3）

※1　商事消滅時効に関する旧商法522条が削除されたため，民法166条1項は，民事・商事を問わず適用されます。
※2　時効期間が10年とされるのは，判決の確定により強い証明力が与えられるため，法律関係の早期安定を図る必要がなくなるからです。
※3　確定の時に弁済期の到来していない債権は除きます。

Festina lente
履行遅滞を勉強するときに前頁の消滅時効の起算点と履行遅滞の時期の表に戻ろう。

2 短期消滅時効

法律関係の早期安定を図るため，5年ないし10年よりも短い消滅時効期間（短期消滅時効）が定められている権利があります。

詐害行為取消権（426条）	① 債務者が債権者を害することを知って行為をしたことを債権者が知った時から2年 ② 行為の時から10年
相続回復請求権（884条）	相続権侵害の事実を知った時から5年，相続開始の時から20年
相続承認・放棄の取消権（919条3項）	追認をすることができる時から6か月，承認又は放棄の時から10年
遺留分侵害額請求権（1048条）	相続の開始，及び贈与，遺贈を知った時から1年，相続開始の時から10年

短期消滅時効の対象となる債権も，判決により債権の存在が確定した場合には，時効期間は10年となります（169条1項）。

4 時効の効果

重要度 B

1 時効の援用

1 意 義

時効の援用とは，時効によって利益を受ける者が，時効の利益を受ける意思を表示することをいいます。時効が完成しても当事者が援用しない限り，時効の効果は生じません（145条）。援用するか否かは，当事者の自由な意思に委ねられています。

2 援用権者

援用ができる者を援用権者といい，145条は援用権者を「当事者（消滅時効にあっては，保証人，物上保証人，第三取得者その他権利の消滅について正当な利益を有する者を含む。）」と表示しています。この援用権者の範囲については，判例は**時効により直接に利益を受ける者**と解しています。

Festina lente
援用権者は試験でも大切なところだから，ちゃんと覚えないといけないよ。でも，民法を一通り勉強してからのほうがわかりやすいから，とりあえずは飛ばしてしまっても構わないよ。

条文・判例で援用権者と認められた者	判例で援用権を否定された者
①保証人（主たる債務の消滅時効について） ②連帯保証人（主たる債務の消滅時効について） ③物上保証人（被担保債権の消滅時効について） ④抵当不動産の第三取得者（被担保債権の消滅時効について） ⑤詐害行為の受益者（詐害行為取消権の被保全債権の消滅時効について）	①土地の所有権を時効取得すべき者から，その土地上にある同人の所有する建物を賃借している者（建物賃貸人のための土地所有権の取得時効について） ②後順位抵当権者（先順位抵当権の被担保債権の消滅時効について）

3 援用の方法

援用を実体法上の行為とみる立場（不確定効果説）からは，援用は**裁判外でもなし得ます**。援用は時効の効果を確定させる意義を持つので，撤回することはできません。

4 援用の及ぶ範囲

　援用権者が数人いる場合，1人が援用しても，その効果は他の者には及ばないと解されています（**援用の相対効**）。これは，当事者の意思を尊重する援用制度の趣旨を徹底するためです。

　例えば，保証人が主たる債務の消滅時効を援用しても，その効果は主たる債務者に及びません。保証人との関係で主たる債務が消滅するだけです。[*1]

2 時効利益の放棄

1 意 義

　時効利益の放棄とは，時効完成後に時効の利益を受けないという意思表示をすることをいいます。

　放棄の意思表示は時効完成後にしなければならず，**あらかじめ（時効完成前に），放棄することはできません**（146条）。債権者が債務者に強制して時効利益の放棄の特約を取り付けることを防止するためです。

2 効 果

　時効利益を放棄すると，援用権者は，援用権を喪失し，時効の効果を援用することができません。また，時効利益の放棄の効果は，放棄した者に限って及びます（**放棄の相対効**）。例えば，主債務者が時効利益を放棄しても，保証人は，主債務の消滅時効を援用することができます。[*2]

3 時効完成後の自認行為

　債務者の債務の存在を認める自認行為（債務の弁済，弁済猶予の申入れ等）について，**時効完成を知ってなされた場合**には，**時効利益の放棄**にあたることに問題ありません。

　しかし，**時効完成を知らないで**債務の存在を認める自認行為がなされた場合については，時効完成を知らない以上，時効利益の放棄にあたりません。しかし，相手方が債務者はもはや時効を援用しないだろうとの期待を抱くことから，**信義則上**（1条2項），**債務者が時効を援用することは許されません**（判例）。

3 遡及効

　時効が完成し，援用されると，取得時効では，新たな権利を原

[*1]
■ **参考データ**

ただし，主たる債務者が主たる債務の消滅時効を援用して主たる債務が消滅すると，付従性によって保証債務も消滅します。詳細は保証で勉強します。

[*2]
■ **参考データ**

時効利益の放棄後，新たに時効期間が経過した場合には，新たな時効が完成し，援用が可能です（判例）。

Part
2
■
民
法

始取得し（162条，163条）。一方，消滅時効では，権利が消滅するという効力が生じます（166条以下）。

このような時効の効力は，起算点に遡ります（144条）。すなわち，取得時効においては，占有の開始時に遡って権利を取得し，消滅時効においては，権利を行使することができる時に遡って権利を失います。

> **Festina lente**
>
> 所有権の取得方法には，原始取得と承継取得という大きく２種類があるんだ。このうち，原始取得とは，権利を他人の権利に基づかずに独自に取得すること，要するに原始取得した者は，前主の権利に制限物権等の制約が存在しても，そうした制約のない完全な権利を取得できるんだよ。取得時効のほかにも，無主物先占（239条），即時取得（192条）などがあるんだ。ちなみに，承継取得とは，ある権利を前主の権利に基づいて取得すること。売買契約によって，売主から買主が目的物の所有権を取得したり，相続によって，被相続人の財産を相続人が取得する場合が，承継取得なんだよ。

5 時効の完成猶予・更新等　重要度 B

1 時効の完成猶予・更新

1 意　義

時効の完成猶予とは，時効がまだ完成していない段階で，一定の行為があれば，時効期間の完成が猶予されることをいいます。

時効の更新とは，進行中であった時効期間が更新されることをいいます。時効の更新が生じる場合には，それまで進行していた時効期間が無になり，あらためて時効が起算されます。*1

*1
■ 参考データ
時効完成猶予・更新の趣旨は，時効制度が権利の上に眠る者を保護せず，永続した事実状態を尊重する制度であるということを前提として，権利者が眠りから覚めて，権利を行使し，事実状態の永続を阻止する事情がある場合において，時効の効力を否定することにあります。

2 時効の完成猶予・更新事由

完成猶予・更新事由	完成猶予期間	更　新
① 裁判上の請求 ② 支払督促	その事由が終了するまでの間（確定判決等によって権利が確定することなく終了した場合は，その時から6か月を経過するまでの間）	その事由が終了した時から（確定判決等によって権利が確定した場合のみ）（なお，その場合の時効期間は10年）
① 強制執行 ② 担保権の実行	その事由が終了するまでの間（申立ての取下げ等によって終了した場合は，その時から6か月を経過するまでの間）	その事由が終了した時から（申立ての取下げ等によってその事由が終了した場合を除く）
① 仮差押え ② 仮処分	その事由が終了した時から6か月を経過するまでの間	なし
催告（※1，※2）	その時から6か月を経過するまでの間	なし
権利についての協議を行う旨の合意が書面でされたとき（※3，※4）	次に掲げる時のいずれか早い時までの間 ・合意から1年経過時 ・合意による協議期間(1年未満)経過時 ・協議続行拒絶通知から6か月を経過した時	なし
権利の承認	なし	承認の時から

※1　催告によって時効の完成が猶予されている間にされた再度の催告は，時効の完成猶予の効力を有しません。
※2　権利についての協議を行う旨の合意により時効の完成が猶予されている間にされた催告についても，時効の完成猶予の効力を有しません。
※3　協議を行う旨の合意により時効の完成が猶予されている間にされた再度の合意は，時効の完成猶予の効力を有します（ただし，その効力は，時効の完成が猶予されなかったとすれば時効が完成すべき時から通じて5年を超えることができません）。
※4　催告によって時効の完成が猶予されている間にされた協議を行う旨の合意は，時効の完成猶予の効力を有しません。

2 その他の時効完成猶予事由

完成猶予事由	完成猶予期間
時効の期間の満了前6か月以内の間に未成年者又は成年被後見人に法定代理人がないとき	その者が行為能力者となった時又は法定代理人が就職した時から6か月を経過するまでの間
未成年者又は成年被後見人がその財産を管理する父, 母又は後見人に対して権利を有するとき	その者が行為能力者となった時又は後任の法定代理人が就職した時から6か月を経過するまでの間
夫婦間の権利	婚姻の解消の時から6か月を経過するまでの間
相続財産	相続人が確定した時, 管理人が選任された時又は破産手続開始の決定があった時から6か月を経過するまでの間
天災等	その障害が消滅した時から3か月を経過するまでの間

ファイナルチェック　基礎知識の確認

問題1　占有者がその占有開始時に目的物について他人の物であることにつき善意・無過失でも, その後, 他人の物であることを知った場合, 悪意の占有者として時効期間が計算される。

問題2　一定の事実が継続する場合に, それが本当の権利関係と一致するか否かを問わず, 事実状態に即した権利関係を確定し得る制度を時効制度といい, 消滅時効と取得時効とがある。

問題1 ✗　占有の開始の時に, 善意・無過失であれば足りる。　問題2 ○

本試験レベルの問題にチャレンジ！ ▶▶▶

Chapter 11 物権法総論

重要度 C

イントロダクション　学習のポイント

いよいよ物権に入ります。この Chapter ではこれから勉強する物権の全体像を知るとともに，物権を有する者に認められる物権的請求権について勉強します。

ベーシック　じっくり理解しよう！

1 意　義

重要度 C

　物権とは，一定の物を直接に支配して利益を受ける排他的な権利をいいます。物権には，直接支配性と排他性という特徴があります。
　直接支配性とは，権利者が，他人を介さず直接に物を支配することをいいます。また，排他性とは，物権が1個成立すると，同一物について同一内容の物権が重ねて成立しないことをいいます。

> **Festina lente**
> 　一物一権主義という言葉があるよ。この考え方は，物権の客体は1つの独立した物でなければならず，物の一部や複数の物の集合体ではいけないというものなんだ。権利は客体の数に応じてその数の分だけ存在することが通常であるし，また，物の一部又は物の集合の上に物権を認めると，外部から物権の存在を認識することが困難となり，取引の安全を害することから，解釈上認められているんだよ。ただ，物の一部や集合物に物権を認める社会的必要があり，かつ，外部から権利の存在を認識することが容易ならば，物の一部又は集合の上に物権を設定することも認められる。例えば，一筆の土地の一部について，所有権の成立や時効取得が認められるよ。

2 物権の種類

1 占有権と本権

　占有権とは，物を現実に支配しているという事実状態に基づいて認められる権利をいいます。

　本権としての物権とは，現実に物を支配しているか否かにかかわらず，物の支配を適法とする権利をいいます。

2 所有権と制限物権

　本権としての物権は，①所有権と②制限物権とに分けられます。

　所有権とは，目的物を自由に使用・収益・処分して，その利益のすべてを享受できる権利をいいます（206条）。

　これに対して，制限物権とは，目的物の持つ様々な価値の一部だけを支配する権利をいいます。

3 物権的請求権

1 意　義

　物権的請求権とは，物権の円満な支配が妨げられたり又は妨げられるおそれがあるときに，その侵害の除去又は予防を請求することができる権利をいい，物上請求権ということもあります。

2 種　類

1　物権的返還請求権
物権的返還請求権とは，物権の目的物の占有が奪われた場合において，その返還を請求する権利をいいます。

2　物権的妨害排除請求権
物権的妨害排除請求権とは，占有侵奪以外の方法で物権が違法に妨害されている場合において，妨害物の除去や妨害行為の停止を求める権利をいいます。

例えば，土地を他人が勝手に資材置場に使っているので，所有者が資材の除去を請求すること等がこれにあたります。

3　物権的妨害予防請求権
物権的妨害予防請求権とは，将来，物権侵害の生ずる可能性が高い場合において，妨害の予防を請求する権利をいいます。*2

*1
■ 参考データ
物権的請求権は，物権から派生し，物権に依存する権利であるため，物権と切り離して物権的請求権のみを譲渡することはできません。また，所有権は消滅時効にかからないので，所有権に基づく物権的請求権も消滅時効にかかりません。

*2
■ 参考データ
例えば，隣地の所有者が境界に沿って深く土地を掘り下げたため，こちらの土地が崩れる危険が生じたので，これを防止するための措置を求めること等がこれにあたります。

ファイナルチェック　基礎知識の確認

問題1　物権的妨害予防請求権とは，物を奪われる以外の方法で，物権の侵害が生じている場合に，妨害の除去を請求することができる権利をいう。

問題2　Aの所有する建物をBが無権原で占有している場合，Aは，Bに対し所有権に基づく返還請求権を行使することができるが，この返還請求権は，消滅時効により消滅することはない。

問題1❌　物権的妨害予防請求権とは，将来，物権侵害が生じる可能性が高い場合に，その予防を請求する権利をいう。
問題2⭕

本試験レベルの問題にチャレンジ！▶▶▶

Chapter 12 物権変動

重要度 A

イントロダクション　学習のポイント

　物権は，発生，移転，変更，消滅します。これを総称して**物権変動**といいます。民法は，物権変動があった場合には，取引の安全を考えて，**不動産の場合は登記**，**動産の場合は引渡し**という形で公示すべきであると考えています（**公示の原則**）。なお，不動産の場合，登記には**公信力**がないとされており，登記と真の権利状態が異なるときは，真の権利状態が優先されます。すなわち，登記名義が売主であっても，真の権利者が別にいる場合は，買主は権利を取得することはできません。これに対して，動産の場合，即時取得という制度が用意されていますが，これについては占有権（Chapter 13）で勉強します。**物権変動**はとても大切なテーマです。

ベーシック　じっくり理解しよう！

1 法律行為に基づく物権変動

重要度 B

1 総　説

　176条は，「物権の設定及び移転は，当事者の意思表示のみによって，その効力を生ずる。」と規定しています。つまり，物権は当事者の**意思表示だけで**変動します。*1

*1

■ 参考データ
このような考え方を意思主義といいます。

2 物権変動の時期

　例えば，売買契約を締結すると，その後，引渡しや登記，また，代金の支払などがなされますが，どの時点で売主から買主へ契約の目的物の所有権は移転するのでしょうか。
　この点，判例・通説は，意思主義の考え方から，特約がない限

り，原則として，売買契約をした時点で物権変動が生じるとしています（契約時説）。

2 不動産の物権変動

重要度 A

1 不動産登記

不動産の物権変動を公示する方法は，登記です（177条）。*2

2 177条の意義

177条は，「不動産に関する物権の得喪及び変更は，……その登記をしなければ，第三者に対抗することができない。」と規定しています。

1 対抗の意義

所有権は意思表示のみで移転しますが（176条），所有権の移転を第三者に対して主張するには，登記を備えることを要します。

例えば，Aが，所有する家をBに譲渡した後に，Cにも譲渡した二重譲渡の事例を考えると，Bは，所有権移転登記を備えなければ，Cに対して所有権取得を対抗することができません。

他方で，Cも登記を備えなければ，Bに対して所有権の取得を対抗することができません。

2 第三者の意義
(1) 177条の第三者とは

177条の第三者は，当事者若しくはその包括承継人以外の者で，登記の欠缺を主張するにつき正当の利益を有する者をいいます（判例）。例えば，同一不動産上に所有権，抵当権等の物権を取得した者や差押債権者は，第三者にあたります。*3

(2) 第三者にあたらない者

次の者は，登記の欠缺を主張する正当の利益を有しない

---

*2
■ 参考データ

登記は，国が作成，管理する登記簿に，不動産物権変動の事実及びその内容を記録して行います。登記権利者（例えば，買主）は，登記に協力しない登記義務者（例えば，売主）に対して，登記申請に協力せよと請求する権利を有します。これを登記請求権といいます。

*3
■ 語句解説

欠缺とは，不存在を意味します。

め，第三者にあたらず，権利者は，登記なくして権利を対抗することができます。

a 不動産登記法5条所定の者

詐欺や強迫によって登記の申請を妨げた者や他人のために登記を申請する義務のある者は，第三者にあたりません。

b 無権利の名義人

例えば，無効登記の名義人などです。

また，**無権利の名義人からの譲受人も無権利者**であり，第三者にあたりません。

c 不法占拠者・不法行為者

例えば，賃貸借契約が終了しているにもかかわらず，土地を明け渡さない賃借人等がこれにあたります。

d 前主・後主の関係にある者

これは，A→B→Cと所有権が移転した場合における，AとCとの関係のことです。AとBは当事者であり，Cから見るとAはBの延長線上にあるので，CにとってAは第三者にあたらず，Cは，Aに対し，登記なくして所有権を対抗することができます。

e 背信的悪意者

背信的悪意者とは，物権変動を知っている第三者であって，その物権変動について登記の欠缺を主張することが信

義則（1条2項）に反すると認められる者をいいます。詳細は後述します。

(3) 第三者の主観的要件

a 善意であることの要否

第三者は，善意である必要はありません（判例・通説）。

例えば，BがAに土地を譲渡したにもかかわらず，Aよりも好条件を提示してきたCにも同土地を譲渡した場合において，CがA・B間の売買を単に知っていたとしても（単純悪意），177条の第三者にあたるので，Aは，登記なくして所有権取得をCに対し対抗することができません。

b 背信的悪意者排除論

単なる悪意を超えて，Aの利益を害するために，Bから所有権を取得したような背信的悪意者Cは，社会生活上正当な自由競争の範囲を逸脱しています。

それゆえ，背信的悪意者は，登記の欠缺を主張することが信義則（1条2項）に反し許されず，177条の第三者にあたらないと解されています（判例・通説）。

① それでは，背信的悪意者からの譲受人（転得者）の取扱いをいかに解すべきでしょうか。例えば，Bが土地をAとCに二重に譲渡し，登記を備えたCが背信的悪意者であった場合において，Cから更に土地を譲り受けたDは，土地所有権を取得することができるでしょうか。

この点において判例・通説では，Dは，背信的悪意者でない限り，権利を取得することができるとしています。

② 一方で，善意ないし単純悪意者からの譲受人が背信的悪意者である場合の取扱いをいかに解すべきでしょうか。

例えば、Bが土地をAとCに二重に譲渡し、登記を備えたCが善意であった場合において、Cから更に土地を譲り受けた背信的悪意者Dは、土地所有権を取得することができるでしょうか。

この点について、**DがCをわら人形として利用したのではない限り、権利を取得することができる**と解されています（絶対的構成　通説）。

3 登記を対抗要件とする物権変動

1 取消しと登記──取消後の第三者

取消後、被詐欺者（A）が登記を復帰させる前に登場した第三者（C）の保護をいかに図るべきかが問題となります。

この点、判例・通説は、**AとCは対抗関係に立ち、登記を先に備えたほうを優先**するとします（177条説）。

取消しがなされた以上、これによる法律関係の変動は迅速に公示すべきであり、これを怠る者は不利益を受けてもやむを得ませんし、また、取消しによる遡及的無効を復帰的物権変動と評価することも可能だからです。

Cは先に登記していれば、所有権を対抗できる

Festina lente

取消後の第三者が、取消しの原因（制限行為能力・錯誤・詐欺・強迫）にかかわらず、一律に177条で処理をするのに対して、取消前にあらわれた第三者が保護されるかはその原因によって異なったね。

ここまでをまとめると左のような表になるよ。

	取消前の第三者	取消後の第三者
制限行為能力による取消し	保護されない	177条
錯誤取消し	95条4項	177条
詐欺取消し	96条3項	177条
強迫取消し	保護されない	177条

2　解除と登記

例えば，AがBに土地を売却し，登記を移転したが，Bが代金を払わないので契約を解除した場合，Bからの転得者Cがいたとき，法律関係はどうなるのでしょうか。

Cは登記していれば，所有権を対抗できる

この点について判例は，転売の時期が解除の前後を問わず，第三者が保護されるためには，登記（対抗要件）を備える必要があるとします。

3　取得時効と登記

時効による所有権の取得を第三者に対抗するには登記が必要でしょうか。例えば，Aが所有する不動産をBが占有している場合に，AがCにその不動産を売却した場合を考えてみましょう。

(1) Cが時効完成前の譲受人であるとき

この場合，Bは登記なく，Cに時効による所有権取得を対抗できます。*1

(2) Cが時効完成後の譲受人であるとき

この場合，Bは登記がなければ，Cに時効による所有権取得を対抗できません（対抗関係）。

Festina lente

この論点についての判例の考え方は次の5つにまとめることができるよ。
① 時効取得した者と時効取得された者は当事者の関係→登記不要
② 時効取得時までの第三者は当事者の関係→登記不要
③ 時効取得後の第三者は対抗関係→登記必要
④ 時効の起算点は固定する。
⑤ 時効完成後の第三者が登記経由後，占有者が更に時効取得に必要な期間を経過した場合は，②と同じ。

---

*1 要チェック！過去問題

不動産を時効により取得した占有者は，取得時効が完成する前に当該不動産を譲り受けた者に対して，登記がなければ時効取得をもって対抗することができない。
➡ ✗ (H25-28-2)

Chapter 12　物権変動

4　相続と登記
(1) 被相続人からの譲受人と相続人との関係

被相続人からの譲受人は，相続人に対して登記なくしてその譲受けを対抗できます。相続人は被相続人を包括承継するので，譲受人との関係は当事者の関係であり，対抗関係ではないからです。

> **Festina lente**
> 大切なテーマだけど，相続を勉強してから取り組んだほうが理解しやすいよ。

(2) 共同相続と登記

共同相続人のA・BのうちAが勝手に相続財産について単独登記をして，第三者Yに譲り渡した場合，他の共同相続人Bは登記なくしてその持分を対抗できます（判例）。

Aは他の共同相続人の持分については無権利であり，登記に公信力がない以上，Yは，他の共同相続人の持分については権利を取得できないからです。

> **Festina lente**
> 共同相続とは，相続人が複数いる場合をいうよ。共同相続の場面で被相続人が死亡した場合，その相続財産は相続人の共有となるんだ(898条)。例えば，父親甲が死亡して子ども乙と丙の2人だけが相続した場合，乙と丙は，それぞれ2分の1の持分をもって，甲が所有していた不動産等を共同相続することになるよ。

(3) 相続放棄

Xを共同相続したAとBのうち、Aが相続を放棄したが、その登記をしないでいるうちに、Aの債権者Yがその持分を差し押さえた場合、Bは単独相続をYに対して登記なくして主張できます。

なぜならば、相続放棄の遡及効（939条）によって、Aは初めから相続人でなかったことになり、初めからAの持分も存在しないからです。

登記がなくても土地全部の所有権を対抗できる

(4) 遺産分割と登記

遺産分割とは、共同相続の場合に、一応相続人の共有となっている遺産を分割して、各相続人の財産関係に解消することをいいます（906条〜914条）。

a 遺産分割前の第三者

例えば、Xを共同相続したAとBの遺産分割協議によって、相続財産である土地をBの単独所有とすることとしたが、Aの債権者Yがその持分を差し押さえていた場合、Bは、単独所有をYに対して対抗することができるか、問題となります。

まず、Bは、自己の持分（β）を登記なくしてYに対抗することができます。なぜなら、AはBの持分（β）については無権利であり、それゆえ、Yは、Bの持分については権利を取得できず、無権利者であって、第三者にあたらないからです。

それでは，Aの持分（α）についてはどうでしょうか。

この点，遺産分割前にYが差押えをした場合，その後遺産分割協議によってαがB所有になったとしても，Yは，909条但書によって保護されることになります。そして，この場合の909条但書で保護される第三者は，善意・悪意を問わないが，登記が必要と考えられています。

遺産分割までに登記を備えないとαを対抗できない

b　遺産分割後の第三者

それでは，遺産分割後の譲受人（又は差押債権者）に対して，遺産分割による持分の取得を登記なくして対抗できるでしょうか。

YがBよりも先に登記を備えていればαを対抗できる

この点については，相続人と遺産分割後の譲受人（又は差押債権者）は対抗関係に立ち，相続人は遺産分割による持分の取得を登記なくして対抗できないと解されています（899条の2第1項）。

(5) 遺贈と登記

被相続人Xから，特定不動産の遺贈（特定遺贈）を受けたBが，Xの死亡後，所有権移転登記をしないでいるうちに，相続人Aの債権者Yがこの不動産を差し押さえてきた場合，Bは，Yに対して登記なくして不動産所有権を対抗できません（判例）。

> **Festina lente**
> 相続放棄と遺産分割を比べると，登記の要否について結論が異なることに違和感を覚えるかもしれないね。遺産分割は，相続放棄と異なり，相続開始後遺産分割がなされるまでの期間制限がなく（915条参照），かつ，家庭裁判所でなされるわけでもないことから（938条参照），第三者保護の必要性は高いと説明されているよ。

なぜなら，遺贈はXの生前における意思表示に基づく物権変動であり，かつ，Xを包括承継したAはXと同一人格であるため，BとYは対抗関係に立つからです（177条）。*1

> *1 **参考データ**
> 899条の2第1項の規定は，財産法上の対抗要件制度の規律が直接適用されない包括承継の場合について対抗要件主義を定めるものです。遺贈は特定承継なので本条の適用対象外となり，177条が適用されます。

3 動産の物権変動

重要度 C

178条は，動産の物権変動について「動産に関する物権の譲渡は，その動産の引渡しがなければ，第三者に対抗することができない。」と規定しています。

動産の物権変動における対抗要件は，引渡しです。引渡しとは，当事者の一方から他の一方に対し占有を移転することをいいます。*2

具体的には，次の態様が認められています。

> *2 **参考データ**
> 動産物権変動でも，船舶や自動車，航空機等は，登記や登録が対抗要件となっています。

	定義	具体例
現実の引渡し	物理的に目的物の支配を移転すること	AがBに対して，現実に物を引き渡した
簡易の引渡し	すでに相手方Bが物理的に支配している物について，AがBに渡したことにすること	賃貸人Aが，賃借人Bに対して目的物を譲渡し，簡易の引渡しをした
占有改定	物理的にはA側に物が置かれたままの状態で，相手方Bに渡したことにすること	Aが自己の所有する物をBに譲渡し，同時にBから賃借した
指図による占有移転	目的物を他人Cが保持している場合に，本人AがCに対し，以後その物をBのために占有せよと命じ，Bがこれを承諾することによって，AからBへ占有が移転すること	AがCに賃貸している物をBへ譲渡した

本試験レベルの問題にチャレンジ！▶▶▶

Chapter 13 占有権

重要度 B

イントロダクション　学習のポイント

　占有をしている事実状態は，それだけで保護に値します。そこで，民法は，占有をしている者に占有権という物権を認めています。これは所有権などと異なり，ただ占有をしているという事実状態があるだけで認められるものです。占有権の中では，即時取得が大切です。

ベーシック　じっくり理解しよう！

1 占有の成立と態様，承継

重要度 C

1 占有の意義

　占有とは，自己のためにする意思で，物を所持している事実状態をいいます。例えば，土地について，使用利益や果実を得る目的で，自己の支配下に置くことが占有です。

2 占有の成立要件

　占有は，①物を所持していること，②その所持を自己のためにする意思（占有意思）があることにより成立します（180条）。*1

　自己のためにする意思とは，所持による事実上の利益を自己に帰属させようとする意思をいいます。所有の意思に限られず，その物から利益を得る意思があればよいので，賃借の意思であっても，自己のためにする意思は認められます。

　なお，自己のためにする意思の有無は，物の所持を生じさせた原因（権原）の性質に従って客観的に判断され（判例・通説），個々の所持者の主観的な意思を問いません。*2

*1
■ 参考データ
物の所持とは，事実的支配を意味するので，現実にその物を持っている必要はありません。

*2
■ 参考データ
たとえ盗人であっても，自己のためにする意思が認められます。

Festina lente

従業員は，雇主の機械・器具を所持していても，独立の占有は認められないよ。従業員のように，他人の指図に従い，その手足となって物を所持することにより，その他人の占有を補助するにすぎない者は占有補助者といわれているんだ。

3 占有の態様

1 自主占有と他主占有

(1) 意 義

　自主占有とは，所有の意思をもってする占有をいいます。これに対し，他主占有とは，所有の意思のない占有をいいます。

　所有の意思の有無は，物の所持を生じさせた原因，すなわち権原の性質に従って，客観的に判断されます。

　例えば，所有権を譲り受けた者や盗人等は，所有者として物を支配するために占有を開始した者ですから，所有の意思が認められ，これらの者の占有は自主占有です。

　これに対して，地上権者・賃借人等には，所有者として物を支配する意思はないので，所有の意思が認められず，これらの者の占有は他主占有です。[1]

(2) 他主占有から自主占有への変更

　他主占有者が，①自己に占有をさせた者に対し所有の意思のあることを表示したとき，又は②新たな権原により，更に所有の意思をもって占有を始めたときは，他主占有が自主占有に変わります（185条）。

[1]
■ **参考データ**

自主占有と他主占有の区別の実益は，取得時効の要件（162条）や占有者の損害賠償責任（191条）等についてあらわれます。

Festina lente

　①は，例えば，賃借人が賃貸人に対して，以後，賃貸借契約の目的物を自己の物として占有使用すると宣言し，賃料を支払わないような場合を指すよ。一方で，②は，例えば，他主占有者である賃借人が，賃借物を買い取ったようなときは，売買契約は新たな権原にあたるから，自主占有者となるんだ。

　ところで，ここで１つ重要な論点がある。それは相続を「新たな権原」といえるかどうかなんだ。実はこれは結構難しい問題なんだ。だから，結論はもう少し勉強してから出すことにするね。

2　代理占有と自己占有

代理占有とは，占有代理人を通じた所持により，本人が物の占有を取得する関係をいいます（181条，204条）。間接占有ともいいます。

3　その他の態様

占有者の善意・悪意により区別されます。**善意占有**とは，本権がないにもかかわらず，本権があると信じてする占有をいいます。**悪意占有**とは，本権のない占有者が自己に本権のないことを知り，又はその存在に疑いを有している占有をいいます。*2

また，善意占有は，その誤信に過失があったか否かにより，①過失ある占有と②過失なき占有とに分けることができます。

これらの区別は，取得時効（162条，163条），即時取得（192条），果実収取権（189条，190条）等において実益があります。

4　推定規定

占有者は，**所有の意思**をもって，**善意**で，**平穏**に，かつ，**公然**と占有をするものと推定されます（186条1項）。

しかし，無過失については，186条1項に規定がないので，推定されません（判例）。したがって，占有者が**取得時効**（162条，163条）を主張する場合，占有の事実をもって，「善意」「平穏」「公然」を証明する必要はありませんが，**「無過失」の証明責任は負います**。*3

また，ある時点において引渡しを受けたこと，及び現在占有していることが証明されれば，占有は，その間継続していたものと推定されます（186条2項）。したがって，占有者が取得時効を主張する場合，元の占有と現在の占有を証明すれば，「継続」自体を証明する必要がありません。

---

*2 **参考データ**
占有の場面での「善意」は単に知らないという意味を超えて，積極的に自分に正当な権原があると信じることを意味します。

*3 **参考データ**
即時取得（後述）については，前主の占有について権利の推定（188条）が働くので，前主の占有を信頼した取得者は，無過失が推定されます（判例）。

4 占有権の承継取得

1 意義
物の支配状態が移転したと認められれば，占有そのものの承継が生じ，それに伴って占有権も承継されます。
占有権は，**相続によっても承継取得します**（判例）。

2 占有承継の効果
占有承継人は，自己の占有のみを主張することができ，また，自己の占有に前主の占有をあわせて主張することもできます（187条1項）。ただし，前主の占有をあわせて主張する場合には，悪意又は有過失等の瑕疵もまた承継します（同条2項）。

Festina lente

さあ，ここで，以前に触れた，相続を「新たな権原」といえるかについて，考え直してみよう。例えば，AがCの家屋を賃借して住んでいたが，8年後に死亡した。その後Aの相続人BがA所有の家屋だったと信じて11年利用し続けた場合，Bは家屋を時効取得できるか，こんな具体例を考えてみてほしい。

まず，ここまでの勉強で，相続によっても占有は承継できることはわかったね。だから，Bは相続によってAの占有を承継する。

次に，Bは自己固有の占有のみを主張できるか？それともAの占有とあわせてしか主張できないか？が問題になる。もし，Aの占有とあわせてしか主張できないとすると，相続を新権原ということができないからね。

これについては，相続を原因とする場合であっても，187条1項は適用できるから，自己固有の占有のみを主張してもいい。

ここまでが前提知識。じゃあ，相続を新権原としていいのかな？

判例は，①新たに相続財産を**事実上支配**することにより占有を開始し，②その占有に**所有の意思があると客観的に認められる**ときには，相続は新たな権原にあたり，自主占有への転換が認められるとしているよ。

2 占有権の効果

重要度 **B**

1 本権の推定

占有者は，占有物に対して適法な占有権原（本権）を有するものと推定されます（188条）。それゆえ，所有権を主張する占有者が占有している事実を証明すれば，その者は所有者であると推定され，それを争う者が占有者に所有権がないことを立証しなければなりません。

2 占有物に関する費用の償還請求

1 必要費

必要費とは，物の保存や管理に必要な費用をいい，家屋の雨漏りの修繕費，公租公課等がこれにあたります。

占有者は，占有が本権に基づかないことについて善意であるか悪意であるかを問わず，また，所有の意思の有無を問わず，占有回復者に対し，原則として，必要費の全額の償還を請求することができます（196条1項本文）。

ただし，占有者が果実を取得した場合には（例えば，家屋を賃貸して賃料を収受していた等），通常の必要費は占有者の負担となり，占有回復者に償還請求をすることができません（同項但書）。この場合には，占有者は，果実により得た利益で必要費をまかなえるからです。

2 有益費

(1) 意 義

有益費とは，物を改良し，物の価値を増加する費用をいい，土地の土盛り，通路の舗装，店舗の内装替え等がこれにあたります。

有益費の支出による物の価格の増加が現存する場合に限り，占有者は，占有回復者の選択に従って，費やした金額又は現存の増価額のいずれかについて，償還請求することができます（196条2項本文）。

（2）期限の許与

　悪意の占有者から有益費償還請求がなされた場合，占有回復者は，裁判所に期限の許与を求めることができます（196条2項但書）。このような猶予がなされると，有益費償還債務は「弁済期にない」ことになるため，占有者の留置権は認められず，占有物を直ちに返還しなければなりません（295条1項但書）。

〈その他の善意占有と悪意占有の効果の比較〉

	善意占有者	悪意占有者
果実収取権 （189条，190条）	原則……あり 暴行若しくは強迫・隠匿……なし 敗訴……なし	な　し （返還＋代価償還）
損害賠償の範囲 （191条）（※）	現存利益 （他主占有は損害の全部）	損害の全部

※　占有者が責めに帰すべき事由によって占有物を滅失・損傷した場合の損害賠償のこと。

3　占有訴権

1　意　義

　占有訴権とは，占有者が占有を妨害され，又は妨害されるおそれがある場合に，妨害者に対して妨害の排除を請求する権利をいいます（197条〜202条）。占有者に本権があるか否かを問わず，占有を侵奪・妨害等された者は自己の占有を円満なものに回復する権利を有します。

2　各種占有訴権の内容

	要　件	請求内容
占有保持の訴え （198条）	占有者の占有が妨害されているとき	①妨害の停止　及び　②損害賠償
占有保全の訴え （199条）	占有妨害のおそれがあるとき	①妨害の予防　又は　②損害賠償の担保
占有回収の訴え （200条）	占有を奪われたとき（※）	①物の返還　及び　②損害賠償

※　「占有を奪われた」とは，占有者の意思に反して所持が奪われることをいいます。例えば，占有する動産が窃取された場合，占有する土地上に勝手に建物を建てられた場合等です。騙取された場合や，遺失して拾得された場合には，「占有を奪われた」とはいえないので，占有回収の訴えを提起することができません。

3　占有継続の擬制

占有回収の訴えを提起して勝訴し，物の占有を回復した者は，現実に占有していなかった間も占有を失わず，占有が継続していたものと擬制されます（203条但書）。*1

4　占有訴権の当事者
(1) 行使できる者

占有訴権の主体は，占有者です（197条前段）。また，他人のために占有をする者（賃借人のような占有代理人等）も，占有訴権を行使することができます（同条後段）。*2

(2) 行使の相手方

占有回収の訴えは，占有侵奪者からその事情を知らないで占有を取得した善意の特定承継人に対して，行使することはできません（200条2項）。

*1
■ 参考データ
取得時効（162条，163条）や留置権（295条）等の占有を要件としているものにおいて重要となります。

*2
■ 参考データ
占有者に対して，占有補助者は，独自の占有を有しないので，占有訴権を行使することができません。

3　即時取得

重要度 A

1　意　義

即時取得とは，処分権限を持たない単なる動産の占有者を正当な権利者と誤信して取引した者が，その動産について完全な権利を取得することができる制度をいいます（192条）。

> **Festina lente**
>
> 例えば，A所有の動産を占有している（無権利者の）Bが，権限なくその動産をCに売却した場合，Cは，その動産の所有権を取得できないのが原則だよね。Aの立場に立って考えれば，当然のことと思えるんじゃないかな。
> でも，動産取引は不動産取引の場合と比較して頻繁で，しかも，動産物権変動の対抗要件である引渡しは公示手段として不十分なんだ。だから，動産取引の安全を図るために，民法は，動産の占有に公信力を認めて，占有を信頼して動産取引をしたCが，所有権を原始取得することができる即時取得を設けたんだ。

2 要 件

1 目的物が動産であること*1
2 前主との間に有効な取引行為があること
(1) 取引行為の意味

即時取得は動産取引の安全を図る制度なので，成立するためには，取引行為があることを要します。例えば，相続や，他人の山林を自己の山林と誤信して伐採し，伐木を取得すること等は，取引行為にあたりません（判例）。

(2) 有効の意味

取引行為に，制限行為能力，錯誤，詐欺，強迫，無権代理等の瑕疵がある場合，即時取得は成立しません。

しかし，転得者には，即時取得が成立し得ます。

3 前主に占有があること，前主が無権利であること
4 平穏・公然・善意・無過失に占有を取得したこと*2

① 取得者には平穏・公然・善意が推定されます（186条1項）。また，無過失も188条により推定されます（判例）。
② 192条は，動産の占有を始めたことを要求していますが，占有改定（183条）はこれにあたりません。

3 効 果

即時取得の要件を満たすと，即時にその動産について行使する権利を取得します。

取得とは，原始取得を意味し，動産の上に存した他物権は消滅します。

---

*1
■ 参考データ

登記を対抗要件とする船舶，登録を対抗要件とする自動車・航空機等は，動産ですが，公示制度が完備されているので即時取得は適用されません。
ただし，未登録の自動車や登録を抹消した自動車は，公示がされていないので，192条の動産にあたります（判例）。

*2
要チェック！
過去問題

A所有のカメラをBが処分権限なしに占有していたところ，CがBに所有権があると誤信し，かつ，そのように信じたことに過失なくBから同カメラを買い受けた。Cが同カメラを即時取得するための要件としての平穏，公然，善意は推定されるのに対して，無過失は推定されないので，Cは無過失の占有であることを自ら立証しなければならない。
➡ ✘ （H23-29-イ改）

4 盗品・遺失物の回復

1 意義
即時取得が成立しても，動産が**盗品又は遺失物**であるときは，被害者又は遺失主は，**盗難又は遺失の時から2年間**，回復請求をすることができます（193条）。*3

2 要件
① 即時取得の要件を満たすこと
② 盗品又は遺失物であること
③ 盗難又は遺失の時から2年間を経過していないこと

3 効果
被害者又は遺失主は，盗難又は遺失の時から2年間，即時取得者に対してその物の回復を請求することができます。*4

4 194条の特則
盗品又は遺失物を，競売若しくは公の市場（店舗等）において，又はその物と同種の物を販売する商人から善意で買い受けて，即時取得した者があるときには，被害者又は遺失主は，即時取得した者が支払った**代価を弁償**しなければ，回復請求をすることができません（194条）。

*3
■ 参考データ
詐欺・横領等により占有者の意思によって占有が離れた場合は，盗品又は遺失物でないので，回復請求は認められません。

*4
■ 参考データ
回復請求の相手方には，直接即時取得した者のみならず，特定承継した者も含まれます（通説）。例えば，即時取得した者から動産を買い受けた者等です。

ファイナルチェック　基礎知識の確認

問題1　Aが所有する動産甲を，Bが，その処分の権限なく占有している場合，Cが，甲の所有者がBであると信じ，かつ，そう信じることにつき過失なくBから甲を買い受け，Bが甲を以後Cのために占有する意思を表示したときは，Cは甲の所有権を取得する。

問題1 ✗　Bは無権利者であるため，Cが甲の所有権を取得するためには即時取得によらなければならないが，占有改定による即時取得は認められない。

本試験レベルの問題にチャレンジ！　▶▶▶

Chapter 14 所有権

重要度 B

イントロダクション　学習のポイント

いま，本書を読み進め，マークをしたり，書き込みをされていることだろうと思います。自分の本だから当然と思われるでしょう。このように自由に使用してよく，また，やろうと思えば，他人に貸したり（収益），売ったり（処分）することができる権利を所有権といいます。これまでの物権の勉強でも所有権をイメージしながら勉強してきたのではないでしょうか。この Chapter では，特に複数人で共同所有する形態である共有について注意していきましょう。

ベーシック　じっくり理解しよう！

1 所有権総説

重要度 C

1 意　義

所有権とは，目的物を全面的に支配する物権であり，法令の制限内において自由にその目的物を使用，収益，及び処分することができる権利をいいます（206条）。

2 相隣関係

1 意　義

相隣関係とは，隣接する不動産の所有者が，その不動産を円滑に利用するために，相互に不動産の利用を調整しあう関係をいいます（209条〜238条）。

2 公道に至るための他の土地の通行権

(1) 意　義

公道に至るための他の土地の通行権とは，ある土地が他人の

土地に囲まれて公道に通じないとき（袋地），その土地の所有者が，公道に至るために隣地を通行することができる権利をいいます（210条）。

公道に至るための他の土地の通行権は，袋地の有効な利用を図るための権利です。

(2) 特殊性

公道に至るための他の土地の通行権は，袋地の所有権に基づいて当然に認められる権利であるため，袋地所有者は袋地の所有権移転登記を備えていなくても行使することができます（判例）。

また，所有権は時効により消滅しないので，長期間行使しなかったとしても公道に至るための他の土地の通行権が時効消滅することはありません。[*1]

(3) 通行の方法

a 通常の場合

袋地所有者（通行権者）は，袋地を利用するために必要な限度で，かつ，その土地を囲んでいる土地にとって損害の最も少ない場所や方法で，通行しなければなりません（211条1項）。[*2]

そして，通行権者は，その土地を囲んでいる土地に発生した損害に対して，償金を支払わなければなりません（212条本文）。

b 土地の分割又は一部譲渡によって袋地が生じた場合

次の点で，通常の場合と異なります（213条）。

ア 通行できる土地

共有地の分割の場合には他の分割者の土地についてのみ，また，一部譲渡の場合にはその譲渡人若しくは譲受

[*1] ■参考データ
袋地が袋地でなくなったときは，公道に至るための他の土地の通行権は当然に消滅します。

[*2] ■参考データ
通行権者は，必要に応じて，通路を開設することができます（211条2項）。

人の土地についてのみ，袋地所有者は公道に至るための他の土地の通行権を行使できます（213条1項前段，2項）。自ら袋地を作り出した者のために，無関係な隣接者が通行を受忍すべきいわれはないからです。*1

イ　償金の支払

通行に際して，通行権者は償金を支払う必要はありません（213条1項後段，2項）。

*1
■ 参考データ
213条により通行権を行使される袋地を囲んでいる土地（残余地）が譲渡された場合，残余地に対する通行権は，残余地が第三者に譲渡された場合にも消滅しません（判例）。

2 所有権の取得

重要度 C

所有権の取得原因には，まず，原始取得と承継取得があります。原始取得は，取得時効，即時取得，特殊な取得方法に分けられます。

特殊な取得方法については，無主物先占（239条），遺失物の拾得（240条），埋蔵物の発見（241条），添付があります。

添付とは，所有者の異なる2個以上の物が，結合して分割できなくなったり，工作を加えられて1個の新たな物となった場合において，所有権の得喪を生じさせて，1個の物としての所有権を認めた上で，所有権を誰か1人若しくは数人に帰属させる制度をいいます（242条〜248条）。

添付には，付合，混和，加工があります。

3 共　有

重要度 A

1 共同所有の諸類型

1 意　義

共同所有とは，1つの物を複数の者が共同で所有する場合をいいます。

民法典には「共有」という言葉しか使用されていませんが，1つの物を複数の者が共同で所有する形態（広義の共有）には，「共有」（狭義の共有）のほか，「合有」「総有」という概念があります。

2　全体像

	具体例	持　分	持分の処分	分割請求
共　有	・249 条以下 ・相続財産（判例）	各人が具体的持分を持つ	自　由	自　由
合　有	・組合財産（668 条）	潜在的持分を持つ （脱退時に返還）	否　定	否　定
総　有	・入会権 ・権利能力なき社団（判例）	な　し	―	―

2 共有の内部関係

1　共有持分

　共有持分（持分権）とは，各共有者が目的物に対して有する権利をいいます。ＡとＢが自動車１台を平等の割合で共有しているとすれば，ＡとＢは各々２分の１ずつ持分を有します。

　持分は，法律の規定や共有者の合意があればそれによりますが，なければ平等です（250 条）。

2　目的物の使用・収益・処分

　共有者は，共有物の全部について，その持分に応じて使用・収益することができます（249 条）。先の例を前提にすると，ＡとＢは例えば１か月ごとに共有する自動車を交替で使用できます。

　また，共有者は，各自，自分の持分を自由に処分することができます。

3　共有物の変更・管理・保存

（1）共有物の変更

　共有物の変更とは，共有物の性質若しくは形状を物理的に変化させることや，法律的に処分することをいいます。山林の伐採，畑を宅地に造成すること，土地の売却及びその解除，抵当権の設定等がこれにあたります。

　共有物の変更は，共有者に大きな影響を与えるため，各共有者は，他の共有者全員の同意がない限り，共有物の変更をすることはできません（251 条）。

（2）共有物の管理

　共有物の管理とは，共有物の変更を伴わない利用又は改良を

いいます。共有宅地の整備，共有建物の改装，賃貸借契約及び
その解除等がこれにあたります。

共有物の管理は，共有者の利益にかかわるので，持分の価格
に従い，その過半数で決しなければなりません（252条本文）。

（3）共有物の保存

保存行為とは，共有物の現状を維持する行為をいいます。共
有物の補修，妨害の排除等がこれにあたります。共有者全員の
利益になるので，各共有者は単独で行うことができます（252
条但書）。

（4）まとめ

		意　義	要　件
変更行為		共有物の性質・形状を物理的に変化させることや，法律的に処分すること	共有者全員の同意
管理行為	利用行為	共有物を変更しない範囲で収益を図る行為	持分の価格の過半数で決める
	改良行為	使用価値・交換価値の増加を図る行為	
保存行為		共有物の現状を維持する行為	各共有者が単独で決める

4　内部関係における持分の主張

各共有者は，他の共有者に対して持分権を主張することができ
ます。

Festina lente

共有物を共有者が単独で使用している場合を想定してみよう。この場合，他の共有者
は引渡請求をすることができるかな？　判例は，単独で使用している共有者も共有物全
部の使用をする権利を有するのであるから，当然には引渡請求は認められないとしてい
るよ。

また，共有者の一部の者から，共有者の協議に基づかないで，占有使用することを承
認された第三者に対して，承認しなかった共有者は当然には共有物の明渡しを請求する
ことはできないとしているよ。

5　持分の放棄及び共有者の死亡

共有者の1人がその持分を放棄したとき，又は相続人なくして
死亡したときは，その持分は，他の共有者にそれぞれの持分の割

合に従って帰属します（255条）。なお，持分の放棄も物権変動であるため，第三者に対抗するには登記が必要です（177条）。

　もっとも，共有者のうちの1人が相続人なくして死亡した場合において，特別縁故者がいるとき，判例は958条の3を優先し，共有持分は特別縁故者に帰属するとしています。*1

3 共有の対外関係

1 単独で行使することができる請求
① 自己の持分権の確認請求
② 第三者の不正登記の抹消請求（判例）
③ 自己の持分に応じた損害賠償請求（判例）
④ 妨害排除請求（保存行為　判例）
⑤ 共有物全体の返還請求（保存行為　判例）

2 共同で行使することを要する請求
　第三者に対する共有関係であることの確認請求は，共有者全員でなすことが必要です（判例）。

4 共有物の分割

　各共有者は，いつでも共有物の分割を請求することができます（256条1項本文）。
　もっとも，分割禁止特約（不分割特約）をすることもできます。*2

*1
■ 参考データ
特別縁故者制度とは，相続人がいなくて死亡した場合に，世話になった人等がいたときは，その人に財産を分け与えるという制度です（958条の3）。

*2
■ 参考データ
分割禁止特約の期間は5年を超えることができません（256条1項但書）。

本試験レベルの問題にチャレンジ！ ▶▶▶

Chapter 15 用益物権

重要度 B

イントロダクション　学習のポイント

制限物権のうち，まず**用益物権**についてです。用益物権とは，他人の所有物を使用・収益する権利をいいます。具体的には，**永小作権**，**地上権**，**地役権**があります。

ベーシック　じっくり理解しよう！

1 永小作権

重要度 C

永小作権とは，**耕作又は牧畜をなすことを目的**として，他人の土地を利用する権利をいいます（270条以下）。

永小作権も物権ですから，その設定，移転は，**登記**をしなければ第三者に対抗することができません（177条）。*1

*1
■ 参考データ

小作料は永小作権の要素であり，設定契約において小作料を定めなければなりません（270条）。

2 地上権

重要度 B

1 意 義

地上権とは，**工作物又は竹木を所有するために**，他人の土地を使用することができる権利をいいます（265条）。

地上権は，地上権者と地上権設定者との間の設定契約によって発生し，譲渡や相続によって承継されます。*2

地上権は不動産に関する物権ですから，その設定，移転は，**登記**をしなければ第三者に対抗することができません（177条）。

*2
■ 参考データ

法律の規定によって生ずる法定地上権もあります（388条）。

2 賃借権との比較

		地上権	賃借権
権利の性質		物 権	債 権
対 抗 力		177条	605条
登記協力義務		あり	なし
存続期間	約定期間あり	制限なし 永久地上権も可能	①最長：50年（604条） ②最短：制限なし
	約定期間なし	①慣習（268条1項） ②当事者の請求により裁判所が定める（268条2項） → 20～50年 ③地上権者は放棄可（268条1項）	いつでも解約申入可（617条） → 申入れの後 土地：1年 建物：3か月 動産：1日 で終了
地代支払義務		無償でもよい	賃借権の当然の内容
土地修補義務		特約により生じる	①賃貸人に修繕義務あり（原則：606条1項本文） ②賃借人の責めに帰すべき事由によってその修繕が必要となったときは，賃貸人に修繕義務なし（例外：同項但書）
妨害排除請求権		物権的請求権	対抗力あれば可（605条の4）
流通性（譲渡性）		あり（承諾不要）	賃貸人の承諾が必要（612条）

3 地役権

重要度 B

1 意 義

地役権とは，ある土地（<u>要役地</u>）の便益（利用価値）を増すために，他人の土地（<u>承役地</u>）を利用する権利をいいます（280条）。

要役地とは，地役権の設定により，他の土地を用益して利用価値を増す土地をいいます。一方，承役地とは，地役

Festina lente
地役権の勉強では，要役地と承役地のイメージができなければ理解できないから，なるべく早めに要役地と承役地については覚えてしまってね。

Chapter 15 用益物権 233

権によって制限を受ける土地をいいます。

　例えば，ある土地が利便性の高い道路に出るために，隣地を通行させてもらうような場合，通行地役権を設定します。

　この場合，ある土地は要役地であり，隣地は承役地になります。

2 発生原因

1 設定契約

　地役権は，地役権者と設定者との地役権設定契約により発生します。

　例えば，人が通行するための通行地役権のほか，田畑に水を引くための引水地役権，電線路施設のための地役権等があります。

2 時効取得

　地役権も時効取得の対象となります。しかし，地役権の時効取得は，「継続的に行使され，かつ，外形上認識することができるもの」に限られています（283条）。[*1]

3 法的性質

1 付従性

　要役地から分離して地役権のみを譲渡すること，又は他の権利の目的とすること（地役権のみに質権を設定すること等）はできません（281条2項）。

2 随伴性

　要役地所有権が移転すると，それに伴い地役権も当然に移転します（281条1項本文前段）。また，要役地が他の権利の目的となると，地役権もその目的となります（同項本文後段）。例えば，地役権の設定された要役地に抵当権（369条）が設定されると，抵当権の効力は地役権に及びます。

3 不可分性

　民法は，共有地にかかる地役権をできるだけ共有地全体につき，合一に存続させようとしています。

（1）分割・譲渡における不可分性

　要役地又は承役地の共有者は，自己の持分のみについて，地役権を消滅させることはできません（282条1項）。

　また，要役地又は承役地が，共有地の分割又は共有持分の譲

---

*1

■ 参考データ

継続的に行使とは，権利行使が時間的に継続することをいい，通行地役権の場合は，要役地の所有者によって承役地上に通路が開設されることを要します（判例）。

Festina lente

付従性と随伴性については，地役権は要役地（の所有権）と切り離せないというイメージを持っておくとわかりやすいと思うよ。

Festina lente

地役権で一番難しいのがこの不可分性の勉強だと思う。少しでもわかりやすく勉強するために，キーワードを「全体・存続」としておこう。

渡によって数人の所有に帰属するようになるときは，地役権は，原則として各部のため又は各部の上に存在することになります（同条2項本文）。*2

（2）時効における不可分性

まず，共有地を要役地とする地役権に関して消滅時効が進行している場合において，共有者の1人につき消滅時効の完成猶予又は更新の事由が生じたときは，完成猶予又は更新の効果は共有者全員に生じます（292条）。

他方，共有地の共有者の1人が時効によって地役権を取得すると，他の共有者も地役権を取得します（284条1項）。また，共有地を要役地とする地役権の取得時効の完成猶予又は更新は，それらの共有者全員について生じないと効力を生じません（同条2項，3項）。

Festina lente

先ほどのキーワード「全体・存続」からイメージすると，地役権はできるだけ認めたい方向に働くよね。だから，消滅時効では1人に完成猶予事由などが生じると全員時効の完成が猶予される。取得時効では1人が取得すれば全員取得することになるんだ。

4 内　容

地役権の存続期間の制限は民法上ありませんから，当事者は，地役権設定契約において自由に存続期間を定めることができます。また，永久地役権の設定も可能であると解されています（通説）。そして，対価の支払は，地役権の要素ではないので（280条参照），有償，無償を問いません。

5 地役権の対抗

1　対抗要件

地役権は物権ですから，その得喪及び変更は，登記が対抗要件となります（177条）。

2　土地の譲渡

（1）承役地が譲渡された場合

地役権者は，地役権設定登記がない限り，原則として，承役

---

*2
■ 参考データ
例外的に，分割又は一部の譲渡によって地役権を必要としなくなった土地についてまで地役権を存続させるのは不合理ですから，こういった場合は地役権を必要とする土地の地役権のみが存続します（282条2項但書）。

Part 2
■
民
法

Chapter 15　235
用益物権

地の新所有者に対抗することができません（177条）。

Festina lente

　例外的に，登記がなくても地役権者が承役地の新所有者に対抗できるとした判例があるよ。
　つまり，通行地役権の承役地が譲渡された場合に，譲渡の時に，承役地が要役地の所有者によって継続的に通路として使用されていることがその位置，形状，構造等の物理的状況から客観的に明らかであり，かつ，譲受人がそのことを認識していたか又は認識することが可能であったときは，譲受人は，通行地役権が設定されていることを知らなかったとしても，特段の事情がない限り，地役権設定登記の欠缺を主張するについて正当な利益を有する第三者にあたらないとしたんだ。わかりやすくかみ砕いていえば，土地を買おうと思う人は普通その土地を見に行くよね。見に行った時に，その土地上に別の土地の人が使う通路があったら普通おかしいなと思うでしょ。それなら，（登記もないし）地役権という権利の存在を知らなかったなんて言い訳にできないだろうから，その人は177条の第三者にあたらないとしたんだ。

(2) 要役地が譲渡された場合

　要役地の譲受人は，地役権の随伴性により，土地所有権だけでなく，地役権も取得することができます（281条1項本文）。
　この場合，譲受人は，要役地の所有権移転登記をすれば，承役地の所有者に対し，地役権の移転を対抗することができます（通説）。

ファイナルチェック　基礎知識の確認

問題1　地役権は，継続的に行使され，かつ，外形上認識することができるものに限り，時効によって取得することができる。

問題2　AがB所有の甲土地に地上権の設定を受けた場合，地上権を第三者Cに譲渡するためには，Bの承諾が必要である。

問題1 ○（283条）　**問題2 ✗**　地上権は，土地の所有者の承諾なく自由に譲渡することができる。

本試験レベルの問題にチャレンジ！▶▶▶

Chapter 16 担保物権総説

重要度 B

イントロダクション　学習のポイント

制限物権のうち，担保物権についてこれから勉強します。担保物権とは，他人の所有物を債権の担保のために利用する権利です。担保物権は，法定担保物権と約定担保物権に分かれます。法定担保物権とは，一定の要件の下で法律上当然に成立するものであり，約定担保物権とは，契約によって成立するものです。法定担保物権は留置権と先取特権に，約定担保物権は質権と抵当権に分類されます。

ベーシック　じっくり理解しよう!

1 序論

重要度 C

1 担保物権の意義

担保物権とは，債権者が自らの債権の履行を確保するために，債務者又は第三者が所有する物に対して，優先的に権利行使をすることができる権利をいいます。*1

2 人的担保と物的担保

債権担保の作用を果たす制度には，人的担保と物的担保とがあります。*2

1 人的担保

人的担保とは，連帯債務（436条以下），保証債務（446条以下）のように，他人の資力を担保として成立するものをいいます。

2 物的担保

物的担保とは，債務者又は第三者（物上保証人という）の個々の財産上の担保をいいます。

*1

■ 参考データ
すべての債権者は，債務者に対して平等の関係に立ちます（債権者平等の原則）。この債権者平等の原則の例外をなすのが，担保物権の制度です。

*2
■ 参考データ
人的担保は，他人の資力が担保に大きく影響しますが，物的担保は，このような影響を受けないものが多く，人的担保と比べて確実であるといえます。

2 種類

1 典型担保物権

民法の規定する担保物権は，留置権，先取特権，質権，及び抵当権です。これらを典型担保物権ともいいます。

2 法定担保物権と約定担保物権

典型担保物権は，成立の仕方によって，法定担保物権と約定担保物権とに分けることができます。

法定担保物権とは，法律上当然に生じる担保物権をいいます。
一方，約定担保物権とは，当事者の設定行為により生じる担保物権をいいます。

3 性質・効力

1 性質

担保物権には，次の性質があるとされています（担保物権の通有性という）。ただし，すべての担保物権が，これらの性質を有するわけではなく，各々の担保物権の特性に応じて異なっています。

1 付従性

担保物権は，債権担保を目的として成立するので，債権が不存在又は無効であれば，担保物権は成立しません。これを付従性といいます。

2 随伴性

債権が他人に譲渡されると，担保物権もこれに伴って譲受人に移転します。これを随伴性といいます。

3 不可分性

担保物権は，担保する債権（被担保債権という）の全部の弁済を受けるまで，目的物全部の上にその効力を及ぼします（296条，305条，350条，372条）。これを不可分性といいます。

4 物上代位性

物上代位とは，担保目的物が売却，賃貸，滅失又は損傷したような場合に，担保物権の設定者が受けるべき金銭その他の物に対しても，担保権の効力を及ぼすことができることをいいます。先取特権（304条），質権（350条），抵当権（372条）に認められます。

2 効力

1 優先弁済的効力
債務の弁済が得られないとき，担保の目的物の持つ価値から他の債権者に優先して弁済を受けることができる効力をいいます。

2 留置的効力
担保の目的物を債権者の手元に留置し，債務者に心理的圧迫を加えることにより，弁済を促す効力をいいます。

4 担保物権の比較

重要度 B

	留置権	先取特権 一般	先取特権 動産	先取特権 不動産	質権 動産	質権 不動産	質権 権利	抵当権
付従性	○							
随伴性	○							
不可分性	○ 296条	○ 305条・296条			○ 350条・296条			○ 372条・296条
物上代位性	×	×	○ 304条		○ 350条・304条			○ 372条・304条
優先弁済的効力	×	○ 303条			○ 342条			○ 369条1項
留置的効力	○ 295条	×			○ 347条		△（※）	×
当事者による設定契約	× 295条	× 303条			○ 342条，344条，520条の7等			○ 369条
登記の可否	×	○ 336条	×	○ 337条，338条，340条	× 352条	○ 177条，361条・373条	× 364条	○ 177条，373条

※ 債権証書の交付がある場合には，その証書につき留置的効力を有し，その限りで347条の準用があります（362条2項）。

Chapter 17 留置権

重要度 B

イントロダクション　学習のポイント

担保物権のうち，**留置権**についてこの Chapter で勉強します。留置権とはその名称のとおり，被担保債権の弁済があるまでの間，物を留置することができる権利です。物を留置することによって，弁済を促します。その**成立要件**が大切になります。

ベーシック　じっくり理解しよう！

1 総　説　　重要度 B

1 意　義

留置権とは，他人の物の占有者が，その**物に関して生じた債権**を有している場合に，その債権の弁済を受けるまで，その物を留置して，債務者の弁済を間接的に強制する法定担保物権をいいます（295 条以下）。

例えば，A が時計の修理を B に依頼して B がこれを修理した場合において，A が修理代金を支払わないにもかかわらず，所有権に基づく返還請求をしたときに，B がこれに応じなければならないとすると，B の代金の回収が困難になるおそれがあります。

> **Festina lente**
> つまり，修理代金を払ってくれるまでは返さないぞ！と主張できることだね。B さんの立場に立って考えれば，時計を返したけど，修理代金を払ってもらえなかったら……って不安になるものね。

そこで，民法は，当事者の公平を図るため，債権の弁済がない限り，債権者に物を留置する権利（留置権）を認めました。

2 性　質

留置権は，担保物権の通有性のうち，①付従性，②随伴性，③不可分性を有しますが，物上代位性はありません。

留置権は目的物を留置することが主たる内容であって，目的物の交換価値を把握するものではないからです。

2 成立要件

重要度 B

留置権が成立するためには，①他人の物を占有していること，②その物に関して生じた債権を有すること（牽連性），③債権が弁済期にあること，④占有が不法行為によって始まったものでないことが必要です（295条）。

1 他人の物を占有していること

留置権は，占有している物に関して生じる権利ですから，物の占有を離れて留置権は成立しません。

2 その物に関して生じた債権を有すること（牽連性）

通常，①債権が目的物自体から生じた場合，及び②債権が物の返還請求権と同一の法律関係又は事実関係から生じた場合には，目的物と債権の牽連性があると解されています。

1 債権が目的物自体から生じた場合

例えば，①占有物に必要費や有益費を費やして，償還請求権が

生じたとき（196条，608条），②物の瑕疵により損害を受けて損害賠償請求権が生じたとき（661条）等があります。

2 債権が物の返還請求権と同一の法律関係又は事実関係から生じた場合

例えば，売買契約から生ずる代金債権と目的物引渡請求権や，物の修理委託契約から生ずる修理代金債権と目的物返還請求権等は，同一の法律関係から生じているといえます。

また，2人の者が互いに傘を取り違えて持ち帰ったときの相互の返還請求権は，同一の事実関係から生じているといえます。

3 個別的検討

Festina lente

ここが留置権の一番難しいところなんだ。もう一度，簡単にいうと，留置権は牽連性の要件を満たさないと成立しないよね。じゃあ，牽連性があるかどうかをどう判断するか。費用償還請求権のような，まさにその目的物自体から債権が発生する場合は判断は難しくない。難しいのは，債権が物の返還請求権と同一の法律関係から生じる場合だよ。

このときのポイントは，「被担保債権が成立したときの債務者と物の引渡請求権者が同一」であるかどうかだ。あくまでも「被担保債権が成立したとき」の人で確認しなきゃダメだよ。

(1) 牽連性が肯定される場合

① 目的物がAからB，BからCへと転売された場合，AはBに対する代金請求権をもって，Cに対して当該目的物を留置できます（判例）。

② 家屋に対する費用償還請求権を被担保債権とする家屋の留置は認められます（判例）。

(2) 牽連性が否定される場合

① Aが建物甲をB，Cに二重譲渡して，Bが先に引渡しを受けたが，Aは第二譲受人Cに登記名義を移転したので，CがBに対して甲の明渡請求をした場合，被担保債権（損害賠償請求権）の成立時点において被担保債権の債務者と物の引渡請求権者が同一人ではないので牽連性は認められず，Bは，Cに対して留置権を行使することはできません（判例）。

損害賠償請求権が成立した時点の債務者はAであり，引渡請求をする者はCだからです。*1

② C所有の不動産をAがBに売却した（他人物売買）とき，Bは，Aに対して有する565条・564条，415条に基づく損害賠償債権を被担保債権として，Cからの明渡請求に対して留置権を主張することはできません（判例）。*2

*1 要チェック！過去問題
Aが自己所有の建物をBに売却し引き渡したが，登記をBに移転する前にCに二重に売却しCが先に登記を備えた場合，Bは，Cからの建物引渡請求に対して，Aに対する損害賠償債権を保全するために留置権を行使することができる。
➡ ✗ (H27-30-2)

*2 要チェック！過去問題
AがC所有の建物をBに売却し引き渡したが，Cから所有権を取得して移転することができなかった場合，Bは，Cからの建物引渡請求に対して，Aに対する損害賠償債権を保全するために留置権を行使することはできない。
➡ ○ (H27-30-3)

③ 敷金返還請求権を被担保債権とする家屋の留置は認められません（判例）。なぜならば，具体的な敷金返還請求権は，家屋の明渡しによって初めて認められるからです（明渡しが先履行）。

3 債権が弁済期にあること

留置権は，債権の弁済期が到来しない間は，成立しません（295条1項但書）。

4 占有が不法行為によって始まったものでないこと

不法行為によって占有を始めた者には，留置権は成立しません（295条2項）。この場合には，留置権を認めて占有者を保護すべきではないからです。*3

*3
■ 参考データ
家屋賃借人が賃貸借契約解除後も依然として家屋を占拠し，その間に修繕を加えたような場合，295条2項を類推適用し，悪意有過失の占有者の留置権の主張を認めません（判例）。

3 効 力

重要度 B

1 留置的効力

留置権の基本的な効力です。なお，留置権は不可分性を有する

ので，**債権の全部の弁済を受けるまで，目的物の全部を留置する**
ことができます（296条）。

2 留置的効力に関連して生じる付随的問題

留置物の**保管・使用**・留置権者による**果実の収取**について，
297条，298条で規定されています。

さらに，**費用償還請求権**について299条で規定されており，留
置権者が，留置物について，**必要費**を支出した場合には，全額を
請求することができます（299条1項）。

また，**有益費**を支出した場合には，価格の増加が現存する限
り，所有者の選択に従い，支出金額又は増価額の償還請求をする
ことができます（同条2項本文）。ただし，裁判所は，所有者の請
求によって，償還に**期限を許与**することができます（同項但書）。

3 第三者に対する効力

留置権は物権なので，債務者以外の第三者に対しても主張する
ことができます。そして，留置権の**対抗要件は占有**であり（302
条参照），留置権成立後の留置不動産の新所有者に対しても，占
有があれば，対抗することができます。[1]

4 裁判上行使した場合の効果

1 引換給付判決

訴訟において留置権を行使した場合，裁判所は，所有者の引渡
請求を棄却せずに，留置権者に対して，弁済を受けるのと引換え
に物を所有者へ引き渡すように命じる判決（引換給付判決）をし
ます（判例）。

[1]
■ **参考データ**

目的物が不動産であ
っても，留置権は登
記できません（不動
産登記法3条参照）。

Festina lente

原告が被告に対して，物の引渡請求をした場合を考えてみよう。
この場合，被告が「自分には留置権があるから引き渡さないんだ」
と主張する。普通に考えれば，被告の主張に理由があるから，原告
の請求は棄却されそうだよね（原告敗訴）。でも，そうしないで，
裁判所は，引換給付判決をするんだ。

Part 2
民 法

2 時効の完成猶予

留置権者は，被担保債権の債権者でもあります。そこで，留置権を行使した場合，被担保債権の消滅時効の完成が猶予されるかが問題となります。

この点，留置権の行使は，被担保債権の消滅時効（166条1項）の進行を妨げません（300条）。*2

4 留置権の消滅

重要度

1 物権・担保物権の一般的消滅原因

① 留置権は，物権共通の消滅原因である目的物の滅失，混同（179条），及び留置権の放棄により消滅します。
② 被担保債権が消滅すると，留置権は，その目的を失って消滅します（付従性）。*3

2 留置権特有の消滅原因

1 留置権消滅請求

留置権者が保管義務等に違反した場合には，債務者（所有者を含む）は，請求により，留置権を消滅させることができます（298条3項）。

2 担保の供与による消滅請求

債務者は，留置物に代わる相当な担保（代担保という）を提供して留置権の消滅を請求することができます（301条）。

3 占有の喪失

留置権は，占有している物に関して生じる権利ですから，留置権者が物の占有を失えば，留置権は当然に消滅します（302条）。

もっとも，占有回収の訴えにより占有を回復できれば（200条），占有は継続していたとみなされるから，留置権は消滅しません（203条但書　判例）。

*2
■ 参考データ

裁判上，留置権の行使を主張した場合には，当該被担保債権について，「裁判上の請求」（147条1項1号）があったものと評価され，訴訟終了の時から6か月の間，時効の完成が猶予されることとなります。

*3
■ 参考データ

被担保債権の一部が弁済されただけでは，目的物全部について留置権が失われません（不可分性　296条）。

本試験レベルの問題にチャレンジ！ ▶▶▶

Chapter 18 先取特権

重要度 C

イントロダクション　学習のポイント

もう1つの法定担保物権が先取特権です。試験ではほとんど出題されないので，軽く読み進めてください。

ベーシック　じっくり理解しよう！

1 意　義

重要度

　先取特権とは，法律の定める特殊な債権を有する者が，債務者の財産から法律上当然に優先弁済を受ける法定担保物権のことをいいます（303条以下）。

　例えば，Aの甲に対する雇用関係に基づく債権について考えてみます。

　甲に対して，A・B・Cが債権を有する場合において，甲が債務の全部を弁済することができないとき，本来，A・B・Cは，債権額の割合に応じて弁済を受けるのが原則です（債権者平等の原則）。しかし，B・Cの債権は普通の貸金債権であり，Aの債権が甲の雇人として働いたことによる給料債権であるというような場合にもこれを徹底すると，給料により生活をするAの保護に欠けます。

　そこで，民法は，このような場合には，Aに先取特権，つまり，B・Cに優先して弁済を受ける権利があることを認めています（306条2号参照）。

2 種類

重要度 C

一般先取特権とは，債務者のすべての財産が先取特権の対象になるものをいいます（306条～310条）。*1

動産先取特権とは，特定の動産についてのみ，優先権を主張できるものをいいます（311条～324条）。

不動産先取特権とは，特定の不動産についてのみ，優先権を主張できるものをいいます（325条～328条）。*2

*1
■ 参考データ
一般先取特権は，①共益の費用，②雇用関係，③葬式の費用，④日用品の供給を原因として生じた債権に認められます（306条）。

*2
■ 参考データ
不動産先取特権は，①不動産の保存，②不動産の工事，③不動産の売買を原因として生じた債権に認められます（325条）。

3 性質

重要度 C

先取特権は非占有担保であり，目的物の占有は先取特権者に移転しません（留置的効力はない）。

ただし，先取特権には，担保物権の効力として優先弁済的効力があるので，先取特権者は，他の債権者に先立って弁済を受けることができます（303条）。

また，先取特権は，付従性，随伴性，不可分性（305条・296条），物上代位性（304条）といった担保物権の通有性を備えています。

本試験レベルの問題にチャレンジ！ ▶▶▶

Chapter 19 質権

重要度 C

イントロダクション　学習のポイント

質権は契約によって設定される**約定担保物権**です。ただし，約定担保物権では抵当権が重要になるため，質権の重要度は相対的に低くなります。先取特権と同様に，軽く読み進めてください。

ベーシック　じっくり理解しよう！

1　意義

重要度 C

1　定　義

質権とは，債権者が，その債権の担保として債務者又は第三者から受け取った物を債務の弁済があるまで**留置**して，その弁済を間接的に強制するとともに，弁済がない場合にはその物から**優先弁済**を受けることを内容とする約定担保物権をいいます（342条以下）。

例えば，AがBから金銭を借りる場合において，Aが時計に質権を設定してBに引き渡したとき，Bは，Aから金銭の返還を受けるまでその時計を手元にとどめることができます。そして，もし，返済期日に弁済がないときは，Bは，その時計を競売すること等により，他の債権者に先立って金銭を回収することができます。

> **Festina lente**
> 質権という言葉から思い浮かぶのが質屋さんじゃないかな。質屋さんに時計を質入れしてお金を借りるシーンはイメージしやすいかもね。まさに，質権はそのイメージでいいんだ。つまり，質権は，時計を質入れし（引渡し）て成立するんだから。ただ，質屋さんの場合，質流れといって，お金を返せなかったときに質物が流れてしまうイメージもあるけど，民法の質権では質流れは許されないよ（349条）。

2 特　徴

1　約定担保物権

　質権は，質権者と質権設定者との質権設定契約によって設定されます。

2　性質・効力

　質権には，付従性，随伴性，不可分性（350条・296条），物上代位性（350条・304条）等，担保物権としての通有性があります。また，質権には，留置的効力と優先弁済的効力があります。

2　設　定

重要度 **B**

1 要物契約

　質権は，当事者の質権設定の合意だけでなく，目的物を引き渡すことにより効力が発生します（344条）。すなわち，質権設定については，引渡しが効力発生要件です。*1

　この引渡しには，現実の引渡し（182条1項）のみならず，簡易の引渡し（同条2項）や指図による占有移転（184条）が含まれますが，占有改定（183条）は含まれません（345条参照）。

2 目的物

　質権の目的物は，譲渡することができる物に限られます（343条）。したがって，禁制品や法律上譲渡が禁止されたものには質権設定はできません。

3 対抗要件*2

種　類	第三者対抗要件
動産質	目的物の占有の継続（352条）
不動産質	登記（177条）
権利質	確定日付ある通知・承諾等（364条，467条）

Part 2　民　法

---

*1
✓ 要チェック！ 過去問題

質権が成立するためには目的物の引渡しが必要であるが，この引渡しには，設定者を以後，質権者の代理人として占有させ，占有改定による引渡しは含まれない。
➡️⭕(R2-28-エ)

*2
■ **参考データ**

質物が第三者によって奪われたときは，占有回収の訴え（200条）によって，質物を回復することができます（353条）。

Chapter 19
質　権　　251

3 質権の種類・比較

質権は，その目的物により，動産質，不動産質，及び権利質に分けられます。

	動産質	不動産質	権利質
設定要件	質権設定の合意，目的物の引渡し（344条，345条） → 占有改定による引渡しは不可		指図証券等以外の債権：合意のみ 指図証券等：合意・交付（520条の7等）
対抗要件	占有の継続（352条）	登記（177条）	指図証券等以外の債権：確定日付ある通知又は承諾（364条，467条） 指図証券等：合意・交付（520条の7等）
存続期間	なし	10年（360条）	なし
果実収取権	優先弁済にあてるのみ（350条・297条）	あり（356条）	

ファイナルチェック　基礎知識の確認

問題1　不動産質権における第三者対抗要件は，不動産の引渡しである。

問題2　動産質権者が質物の占有を奪われたときは，質権に基づく返還請求をすることができる。

問題1 ✗　不動産質権の第三者対抗要件は，登記である（177条）。　問題2 ✗　占有回収の訴えによってのみ，その質物を回復することができる（353条）。

本試験レベルの問題にチャレンジ！ ▶▶▶

Chapter 20 抵当権

重要度 A

イントロダクション　学習のポイント

抵当権は，担保物権の中で最重要のテーマです。内容も多いところですので，じっくりと攻略していきましょう。抵当権の大きな特徴は，非占有担保（留置的効力がない）という点にあります。つまり，不動産に抵当権を設定しても，その不動産の占有は抵当権を設定した所有者の下にとどまります。そして，抵当権者は，被担保債権が弁済されなかった場合に，抵当権を実行（競売）し，落札した者が払い込んだ金銭から優先的に弁済を受けることができます。

ベーシック　じっくり理解しよう!

1 総　説

重要度 A

1 意　義

1 意　義

　抵当権とは，債務者又は第三者が，債務の担保に供した不動産や一定の権利等の目的物を担保提供者（抵当権設定者）の使用収益に任せておきながら，債務者の債務不履行の場合にその目的物の価額から優先弁済を受けることを内容とする約定担保物権をいいます（369条以下）。
　例えば，AがBに金銭を貸した場合に，Aは，その金銭債権の担保として，債務者B自身が所有する甲建物に抵当権の設定を受けたり，第三者Cが所有する乙建物に抵当権の設定を受けたりすることができます。

2 特　徴
(1) 約定担保物権
(2) 性質・効力

　抵当権には，**付従性**，**随伴性**，**不可分性**（372条・296条），**物上代位性**（372条・304条）があります。

　そして，抵当権は，担保目的物の占有を抵当権者に移転しない非占有担保なので，**留置的効力がなく**，もっぱら**優先弁済的効力を有する**権利です。*2

2 設　定

1 設定契約
　抵当権者（債権者）と抵当権設定者（債務者又は第三者）との抵当権設定契約により成立します。

2 目的物（369条）
① **不動産**
② **地上権**
③ **永小作権**

3 被担保債権
　被担保債権は金銭債権であることが多いですが，それ以外の債権でも被担保債権とすることができます。なぜなら，それ以外の債権であっても，それが債務不履行となったときには損害賠償請求権たる金銭債権に転化するからです。*3

4 対抗要件
　抵当権も物権であるため，**登記が対抗要件**となります（177条）。

---

*1 参考データ
債務者以外の人が（債務者のために）債権者と抵当権設定契約を締結しても構いません。こういった場合の債務者以外の人を物上保証人といいます。

*2 参考データ
抵当権は目的物の交換価値のみを支配する権利であるといわれます。

*3 参考データ
抵当権の成立における**付従性は緩和**されており，将来発生する債権でも，被担保債権とすることができます（例えば，条件付き・期限付きの債権でも構いません）。

また，抵当権は同一目的物上に複数設定することができ，その場合，それらの順位は，登記の前後によります（373条）。*4

そして，抵当権が実行され，抵当権の目的不動産が競落されたとき，順位の高いものから，優先弁済を受けることができます。

*4
■ 参考データ

例えば，第1順位の抵当権が被担保債権の弁済による付従性によって消滅したときは，第2順位の抵当権の順位は，第1順位へと上昇します（順位上昇の原則）。

Part 2
■ 民法

Festina lente

例えば，被担保債権が消滅し，抵当権が消滅したにもかかわらず，抵当権の登記のみが抹消されずに残存している場合に，この登記を別の新しい抵当権に流用できるかという問題があるよ。こういう論点を一般的に無効登記の流用というよ。

判例は，①流用前に第三者（後順位抵当権者・第三取得者）がいる限り，登記は無効で，②流用後に第三者が出現した場合には，抵当権者は，流用登記をもって第三者に対抗できるとしているんだ。

2 抵当権の効力

重要度
A

1 被担保債権の範囲

1 元 本
2 利息その他の定期金

利息その他の定期金は，その満期となった「最後の2年分」についてのみ担保されます（375条1項本文）。遅延損害金についても同様です（同条2項本文）。既存の抵当権の被担保債権額が予想外に増大することを防止して，後順位抵当権者や一般債権者を保護するためです。

そのため，後順位抵当権者や一般債権者がいないときは，同条の制限はなく，利息その他の定期金，遅延損害金の全額について配当を受けることができると解されています。

2 抵当権の効力の及ぶ目的物の範囲

1 付加一体物

抵当権は，抵当地の上に存する建物を除き，その目的である不動産（抵当不動産という）に付加して一体となっている物（付加一体物という）に及びます（370条本文）。

Chapter 20
抵当権
255

ところで，付加一体物の定義について，民法は規定していません。そこで，付加一体物の範囲が問題となります。

(1) 付合物

付合物は不動産の所有者に帰属するので（242条本文），付合の時期を問わず付加一体物にあたり，抵当権の効力が及ぶことに問題はありません。*1

(2) 従　物

従物（土地に付属された石灯籠，取り外しのできる庭石，建物に備え付けられた畳等）が，付加一体物に含まれるかについては，見解が分かれています。

判例は，付加一体物とは物理的一体性のある物をいい，従物は独立の物であるから，370条の付加一体物に含まれないとしています。ただし，判例の考え方によっても，抵当権設定時に存在していた従物には，87条2項（従物は主物の処分（抵当権設定）に従う）の効果として抵当権の効力が及びます。*2

(3) 従たる権利

従たる権利については，370条類推適用，又は87条2項類推適用（判例）により，抵当権の効力が及ぶと解されています。

例えば，債務者AがCから借りている土地の上に所有する建物について，債権者Bが抵当権の設定を受けた場合，抵当権の効力は，その建物だけでなく，Aの借地権についても及びます。*3

(4) 付加一体物又は従物が分離した場合

例えば，山林に抵当権を設定していたが，その山林上の立木が伐採されたような場合，すなわち，抵当権の効力が及んでい

---

*1 ■参考データ
例えば，石垣，敷石，立木，苗等には，土地の抵当権の効力が及びます。

*2 ■参考データ
通説は，付加一体物とは，経済的な観点から不動産との統一体をなしているものを指し，従物は付加一体物にあたるので，370条により，抵当権設定の前後を問わず，抵当権の効力が及ぶと解します。

*3 ☑要チェック！過去問題
借地上の建物に抵当権が設定された場合において，その建物の抵当権の効力は，特段の合意がない限り借地権には及ばない。
➡✕（H30-30-2）

た物が後に不動産から分離されて動産となった場合，なお，抵当権の効力がこれに及ぶかが問題となります。

この点については，分離物（伐採された立木）にも抵当権の効力は及ぶと解します。

ただし，抵当権の効力が及ぶとしても，それを第三者に対抗できるか（対抗力）については，別途検討が必要です。

そして，通説は抵当権は登記を対抗要件とすることから，分離物が抵当不動産の上に存在し，いわば登記による公示の衣に包まれている限りにおいて第三者に対抗することができるが，搬出されると対抗できなくなると解します（対抗力喪失説）。

Festina lente

対抗力喪失説によると，結局，次のようになるよ。

まず，抵当権設定者との関係では，対抗関係でないため，抵当権者は，搬出された伐木を山林へ返還するように請求できる。次に，第三者が不法に伐採して搬出したような場合も，この者は177条の第三者にあたらないから，搬出された伐木を山林へ返還するように請求できる。そして，抵当権設定者から伐木を買い受けた者との関係は？というと，その伐木がいまだ山林上に残っていれば，抵当権者はその伐木に抵当権が及んでいることを対抗できるけど，その伐木が搬出されてしまうと，対抗できなくなるんだ。

---

2 果 実

(1) 原 則

抵当権は，非占有担保ですから（369条1項），抵当権の効力は，原則として抵当不動産の果実に及びません。

(2) 例 外

ただし，被担保債権について不履行があったときは，その後に生じた抵当不動産の果実に抵当権の効力が及びます（371条）。なお，371条の果実には，天然果実のみならず，法定果実も含まれます。*4

3 抵当権と物上代位

1 意 義

物上代位とは，担保目的物が滅失や損傷したような場合に，設定者の受けるべき金銭その他の物に対しても，担保権の効力を及ぼすことができることをいいます。

---

*4
■ 参考データ

例えば，抵当建物が借家となっており，抵当権設定者が賃料債権を有しているとき，被担保債権に債務不履行が生じた後は，抵当権の効力は賃料債権（法定果実）に及びます。

Part
2

民

法

Chapter 20
抵当権

257

2 代位の目的物
(1) 売買代金
売買代金債権を物上代位の目的とすることはできます。
(2) 賃料
賃料も，判例によれば，交換価値のなし崩し的具体化として，物上代位の手続によれば，抵当権の効力が及びます。
(3) 滅失や損傷によって生じた債権
抵当権の目的物が滅失や損傷したことによって債務者が受ける①不法行為に基づく損害賠償請求権，②保険金請求権（判例）についても，物上代位が認められます。

3 行使の要件
抵当権者が物上代位によって優先弁済を受けるためには，価値代表物の払渡し又は引渡しの前に差押えをすることを要します（372条・304条1項但書）。

Festina lente
例えば，抵当権設定者への弁済があった場合には，「払渡し又は引渡し」にあたり，物上代位ができなくなるんだ。
債権譲渡は，判例によれば，「払渡し又は引渡し」にあたらないよ。

3 抵当権と用益権との関係

重要度 A

1 法定地上権

1 意義
法定地上権とは，土地と建物が同一の所有者に属して存在する場合において，土地と建物の一方又は両方に抵当権が設定され，その実行により競売されて，土地と建物が異なる所有者に属する

ようになったときに，法律上当然に，地上権を発生させる制度をいいます（388条）。

〈建物に抵当権が設定された場合〉

〈土地に抵当権が設定された場合〉

> **Festina lente**
> 上の2つの図を見てほしい。Bの土地上にCが土地利用権なく建物を所有している，Cの土地上にBが土地利用権なく建物を所有している状態になってしまっているよね。土地利用権がない以上，建物所有者は土地の所有者から，建物収去土地明渡請求を受けるおそれがある。これでは，社会経済上不利益なので，このような場合に，当然に土地利用権（法定地上権）の発生を認めたんだ。

2 成立要件

① 抵当権設定時に，土地上に建物が存在すること
② 抵当権設定時に，土地と建物が同一の所有者に属すること
③ 土地・建物の一方又は双方に，抵当権が設定されたこと
④ 抵当権実行（競売）によって，土地と建物が異なる所有者に属するに至ったこと

（1）抵当権設定時に，土地上に建物が存在すること

a　更地に抵当権を設定した場合

　　更地に抵当権を設定した後に建物を建てた場合，要件①を満たさないので，**法定地上権は成立しません**（判例）。

　　また，1番抵当権設定時には更地であったが，2番抵当権設定時には建物が築造された場合，2番抵当権が実行されても，**法定地上権は成立しません**（判例）。2番抵当権の実行によって1番抵当権も実行されるので，**1番抵当権を基準**としなければならないからです。

b　土地に抵当権が設定された当時建物が存在したが，その後建物が滅失した場合

　　土地のみに抵当権が設定されており，土地上の建物が滅失後に再築された場合には，**旧建物を基準として法定地上権が成立します**。[*1]

Festina lente

　　法定地上権が成立するかどうかは，成立要件の4つを当てはめれば，基本的にわかるんだ。ただ，要件をそのまま当てはめて結論を出すものばかりじゃないよ。例えば，**全体価値考慮説**という考え方があるよ。この考え方によると，**土地と建物に共同して抵当権が設定**されており，**建物が滅失**した場合，建物が滅失後に**再築**されたとしても，**原則として法定地上権は成立しない**となるんだ。ここで法定地上権の成立を認めてしまうと，抵当権者が当初予定していたよりも担保価値がずっと低額になってしまうため，このような結論をとるんだ。全体価値考慮説のポイントは，「土地と建物に共同抵当」，「建物が滅失し，再築」だよ。

---

*1
■ 参考データ

旧借地法では，建物の種類によって存続期間が異なっていたため，新建物と旧建物のどちらで存続期間を判断するのか問題となりました。

（2）抵当権設定時に，土地と建物が同一の所有者に属すること

a　抵当権設定時，土地と建物が別人に帰属していたが，その後，土地と建物が同一の所有者に属するようになった場合

　　抵当権設定当時，土地と建物が別人に帰属していれば，すでに契約によって土地利用権が設定されているはずですから，**法定地上権を成立させる必要はありません**（判例）。

b　抵当権設定時に土地と建物が同一の所有者に属していたが，別々の所有者に帰属するようになった場合

抵当権設定後，土地所有者と建物所有者とが異なるに至っても，**法定地上権は成立します**（判例）。

c 先順位抵当権を基準にすると法定地上権は成立しないが，後順位抵当権を基準にすると法定地上権が成立する場合

土地を目的とする先順位の甲抵当権が解除により消滅した後に，後順位の乙抵当権が実行された場合において，土地と地上建物が甲抵当権の設定時には同一の所有者に属していなかったが，乙抵当権の設定時には同一の所有者に属していれば，**法定地上権は成立します**（判例）。

(3) 土地・建物の一方又は双方に，抵当権が設定されたこと

条文は「土地又は建物」のみと規定しています。しかし，双方に抵当権が設定されている場合にも，競売の結果，買受人が異なることがあるので，この場合にも法定地上権は成立し得ます。[*2]

(4) 抵当権実行（競売）によって，土地と建物が異なる所有者に属するに至ったこと

2 土地抵当権者の建物一括競売権

土地（更地）に抵当権を設定した後に建物が建築された場合，本来，法定地上権は成立しないため，抵当権者は土地を更地の価値で競売することができます。

しかし，土地と建物を一括して競売するほうが，土地の買い手を見つけやすく，また建物収去の問題も生じません。

そこで，土地（更地）に抵当権を設定した後，その抵当地に建物が築造された場合には，**土地抵当権者は，土地とともに建物を競売することができる**こととされています（389条1項本文）。

もっとも，この場合であっても，抵当権の優先弁済権の及ぶ範囲は，更地として競売された**土地の価格分のみ**です（同項但書）。

3 抵当権に後れる賃借人の地位

抵当権設定後に目的物の賃貸借契約があったとき，その**賃借権は抵当権の対抗要件に後れる**ので，賃借人は，抵当権が実行されると，抵当不動産を明け渡さなければなりません。

Part
2

民

法

---

*2
■ **参考データ**

土地・建物が共有である場合に，法定地上権が成立するかが問題となることがあります。これについては，**土地共有の場合，法定地上権不成立，建物共有の場合，法定地上権成立**と覚えておきましょう。

Chapter 20 　261
抵当権

しかし，これを貫くと賃借人の保護に欠けることがあるので，次の制度が設けられています。*1

1 抵当権者の同意による賃借権の存続

登記をした賃借権は，その登記前に登記をした抵当権を有するすべての者が同意し，かつ，その同意の登記があるときは，その同意した抵当権者に対抗することができます（387条1項）。

2 明渡猶予期間制度

明渡猶予期間制度とは，抵当権者に対抗できない賃借権により抵当建物を占有する者のうち，一定の要件を満たす者に対しては，建物の競売により所有権が買受人に移転した時から6か月を経過するまで，その明渡しを猶予する制度をいいます（395条1項）。

抵当権実行としての競売の際に，急に明渡しを迫られることによる不利益から賃借人を保護し，他方，明渡しまでの期間を一定にすることで抵当権者の予測可能性を高めた制度です。

*1
■ 参考データ

賃貸物件（対抗力あり）に，抵当権が設定されると，抵当権のほうが後れるので，賃借人は，抵当権が実行され，新所有者があらわれても，その者に賃借権を対抗できます。

4 抵当不動産の第三取得者の地位

重要度 A

抵当権の登記に後れる抵当不動産の第三取得者は，抵当権の実行により，不動産の所有権を失う不安定な地位に置かれるから，この者を保護する必要があります。

そこで，民法は，次のような第三取得者の保護のための制度を設けています。

1 代価弁済

1 意　義

代価弁済とは，抵当不動産につき所有権又は地上権を買い受けた第三取得者が，抵当権者の請求に応じて抵当不動産の代価を弁済した場合には，その代価が被担保債権額に満たなくても，抵当権を消滅させる制度をいいます（378条）。

2 効　果

(1) 所有権を買い受けた者が代価弁済した場合

この場合は，弁済額が抵当権の被担保債権額に満たなくても，抵当権は消滅します。また，債務者は代価弁済の範囲で債務を免れ，残債務は無担保債務として存続します。

Festina lente

上の図でもう一度考えてみよう。第三取得者Cが買い受けた建物はあくまでも抵当権付きの建物だよね。そこで，債務者であるAが弁済を怠ると，Bは抵当権を実行するだろう。そうすると，Cはせっかく買った家なのに，手放さなければならない（なお，Cが競落することは認められている（390条））。これじゃ，Cがかわいそうだから代価弁済が認められる。

代価弁済，つまり，BがCに「800万円を自分に支払ってくれたら，抵当権を消してあげますよ。」と持ちかけてくれると，CはBに800万円を払って抵当権を消滅させることができるんだ。ただ，この800万円ってよくよく考えるとAに払うべきお金だったよね。だから，その分はAの債務も減少するんだ（1,000万円－800万円＝200万円）。で200万円の債務は，抵当権がすでに消滅しているから無担保になるわけ。

(2) 地上権を買い受けた者が代価弁済をした場合

この場合は，抵当権が消滅するわけではなく，地上権者が，

抵当権者及び買受人に地上権を対抗することができることになります。*1

2 抵当権消滅請求

1 意義
抵当権消滅請求とは，抵当不動産につき所有権を取得した第三者が，抵当権者に自ら抵当不動産を評価した額を提供し，その承諾を得た金額を払い渡し，又は供託して，抵当権を消滅させる制度をいいます（379条以下）。

2 抵当権消滅請求権者
抵当不動産につき所有権を取得した第三取得者です（379条）。*2

3 効果
抵当権は消滅し（386条），所有権は抵当権の負担のないものとなります。そして，請求金額が被担保債権額に満たないときは，差額は無担保債権となります。

5 抵当権侵害

重要度 A

抵当権も物権ですから，侵害があれば，抵当権者は，物権的請求権を行使することによってその侵害を排除することができます。*3

また，侵害によって抵当権者に損害が生じたときは，抵当権者は，不法行為に基づく損害賠償を請求することができます（709条）。

1 物権的請求権

1 侵害行為停止の請求
抵当権に対する侵害があるといえるには，被担保債権が担保されなくなるおそれを生ずれば足ります。例えば，山林に抵当権が設定されている場合，抵当権設定者や第三者による樹木の伐採及び不法な搬出に対して，抵当権者は，抵当権に基づく物権的請求権を行使して搬出禁止の請求をすることができます（判例）。

2 不法占有者に対する妨害排除請求 *4
抵当権も物権ですから，抵当不動産の交換価値の実現が妨げら

*1
■ 参考データ
そのため，抵当権者が抵当不動産を競売することはできますが，競売後も地上権は存続して，地上権者は買受人に対抗することができます。

Festina lente
代価弁済はどちらかというと抵当権者の請求を待つという第三取得者の側からは受け身の制度だったけど，抵当権消滅請求は第三取得者から請求できることから能動的な制度とイメージできるね。

*2
■ 参考データ
主たる債務者，保証人及びこれらの者の承継人は，たとえ所有権を取得しても，抵当権消滅請求をすることができません（380条）。

*3
■ 参考データ
抵当目的物の使用収益は抵当権設定者に委ねられますから，抵当権設定者による通常の利用は，抵当権侵害にあたりません。

れ、抵当権者の優先弁済請求権の行使が困難となるような状態があるときには、不法占有者に対して抵当権に基づく妨害排除請求をすることができます。

ただし、抵当権はあくまでも非占有担保であるため、原則として自己への明渡しを求めることはできません。

例外的に、抵当不動産の所有者において抵当不動産を適切に維持管理することが期待できない場合には、抵当権者に、直接抵当不動産を明け渡すことを認められます。*5

*4
■ 参考データ
論理的には、不法占有者に対しては、抵当権設定者の妨害排除請求権を代位行使することも可能です（債権者代位権参照）。

*5
☑ 要チェック！過去問題
第三者が抵当不動産を不法占有することによって同不動産の交換価値の実現が妨げられ、抵当権者の優先弁済権の行使が困難となるような状態があるときは、抵当権に基づく妨害排除請求権が認められるが、抵当権は占有を目的とする権利ではないため、抵当権者が占有者に対し直接自己への抵当不動産の明渡しを求めることは常にできない。
➡✗（H29-31-2）

3 占有権原のある占有者に対する抵当権に基づく妨害排除請求

競売手続を妨害する目的で設定された占有権原に基づく占有者に対しても、その占有により抵当不動産の交換価値の実現が妨げられて抵当権者の優先弁済請求権の行使が困難となるような状態にある場合、抵当権者は、占有者に対し、抵当権に基づく妨害排除請求をすることができます。

2 不法行為に基づく損害賠償請求権

損害が発生したといえるためには、抵当権の侵害により目的物の価値が減少し、その結果、被担保債権が十分に満足されなくなったことが必要です。

そして、抵当権実行前でも、弁済期後であれば、損害賠償を請求することができます（判例・通説）。

3 期限の利益の喪失

債務者の行為により抵当目的物を滅失、損傷、又は減少させた

場合，債務者は，故意・過失を問わず，期限の利益を失います（137 条 2 号）。

6 抵当権の処分

具体的には，転抵当，抵当権の譲渡・放棄，抵当権の順位の譲渡・放棄が認められます（376 条 1 項）。*1

		相手方（受益者）	効　果
抵当権の	譲　渡	一般債権者に対して	受益者が優位
	放　棄	一般債権者に対して	受益者と処分者は同順位
抵当権の順位の	譲　渡	後順位抵当権者に対して	受益者が優位
	放　棄	後順位抵当権者に対して	受益者と処分者は同順位

また，抵当権の順位を変更することもできます（374 条 1 項）。
抵当権の順位の変更とは，同一不動産上に存在する数個の抵当権の順位を相互に入れ替えることをいいます。例えば，第 1 順位甲，第 2 順位乙，第 3 順位丙の各抵当権の順位を，丙・乙・甲の順位に変更する場合です。順位の変更は当事者の合意のほか，登記をしなければ効力を生じません（同条 2 項）。

*1
■ 語句解説
転抵当とは，抵当権者がその抵当権をもって他の債権の担保とすることをいいます。

7 共同抵当

共同抵当とは，同一債権の担保として数個の不動産上に抵当権が設定される場合をいいます（392 条）。共同抵当における配当の方式には，同時配当と異時配当とがあります。

8 抵当権の消滅原因

1 物権・担保物権共通の消滅原因

物権共通の消滅原因として，目的物の滅失，混同，抵当権の放

棄（376条1項の抵当権の放棄ではない）があります。

また，担保物権共通の消滅原因として，付従性により担保物権が消滅する被担保債権の弁済等があります。

さらに，抵当不動産が競売された場合にも，消滅します。競売の場合は，競売代金により債権全額が弁済されたかを問わず，抵当権が消滅します。

2 抵当権の時効消滅

1 債務者又は物上保証人との関係

抵当権は，債務者又は物上保証人との関係では，被担保債権と同時でなければ，消滅時効にかかりません（396条）。

2 第三取得者・後順位抵当権者との関係

396条の反対解釈により，第三取得者や後順位抵当権者との関係では，抵当権のみが独立して20年の消滅時効にかかります（166条2項　判例）。

3 目的物の時効取得による消滅

債務者又は抵当権設定者でない者が，抵当不動産を時効取得すると，抵当権は消滅します（397条）。

時効取得は原始取得なので，時効取得が成立するとその反射的効果として，抵当権は消滅することになるからです。

ファイナルチェック　基礎知識の確認

問題1　土地賃借人が所有する地上建物に設定された抵当権の効力は，特約がない限り，敷地の賃借権には及ばない。

問題1 ✕　賃借権にも及ぶ。

本試験レベルの問題にチャレンジ！ ▶▶▶

Chapter 21 債権法総説

重要度 C

イントロダクション　学習のポイント

　ここから債権に入ります。民法は，債権の発生原因を①契約，②事務管理，③不当利得，④不法行為の4種類規定しています。そして，発生原因は異なってもおよそ債権としての共通内容を債権総論として規定しています。このChapterでは，債権法の全体像を意識するようにしましょう。

ベーシック　じっくり理解しよう！

1　債　権

重要度 C

　債権とは，特定人（債権者）が特定の義務者（債務者）に対して一定の給付を請求する権利をいいます。給付とは，例えば，売主が買主に対して目的物を引き渡すこと等のことであり，債権の目的となる債務者の行為をいいます。

2　債権法の全体像

重要度 C

　民法は，399条から520条の20まで，債権自体の効力，移転，消滅に関する規定を置いており，これを講学上，債権総論と呼んでいます。
　これに対し，債権の発生原因となる契約，事務管理，不当利得，不法行為を債権各論といいます。

〈債権法の全体像〉

ファイナルチェック　基礎知識の確認

問題 1　劇団の座長 A が，俳優 B に演技させる債権を有していたとしても，他の劇団の座長 C も同日同時刻に自分の劇場で俳優 B に演技させる債権を取得することができる。

問題 1 ⭕　債権は相対的な権利だからである。

本試験レベルの問題にチャレンジ！▶▶▶

Chapter 21　債権法総説

Chapter 22 債権の目的

重要度 B

イントロダクション　学習のポイント

引渡債務の目的物に着目すると，債権は**特定物債権**と**種類債権**に分けることができます。

特定物債権とは特定物の引渡しを目的とする債権であり，種類債権とは種類物（不特定物）の引渡しを目的とする債権です。それぞれの債権に関連する**善管注意義務**と**調達義務**と**種類債権の特定**に力を入れていきましょう。

ベーシック　じっくり理解しよう!

1　特定物債権

重要度 B

1　意　義

特定物債権とは，当事者が，その個性に着目した物（これを特定物といいます）の引渡しを目的とした債権をいいます。例えば，中古自動車，土地，建物等の引渡しを目的とする債権がこれにあたります。

2　善管注意義務

特定物引渡債務を負う債務者は，目的物を引き渡すまで，**善良な管理者の注意**をもって，目的物を保存しなければなりません（**善管注意義務**　400条）。債務者が，この善管注意義務に違反して，目的物を滅失，損傷したときは，債務不履行に基づく損害賠償責任を負います（415条）。*1

Festina lente

特定物は，代えのきかない物，世の中にその1つしかない物とイメージしておこう。

*1
■ 語句解説

善管注意義務の内容と程度は，契約その他の債権の発生原因及び取引上の社会通念に照らして定まるものです（400条）。これは，「自己の財産に対するのと同一の注意」（659条等），「自己のためにするのと同一の注意」（827条等）よりも，重い注意義務です。

善管注意義務が要求される場合	財産法	①留置権者（298条1項） ②質権者（350条・298条1項） ③特定物引渡前の債務者（400条） ④使用借主（400条，593条） ⑤賃借人（400条，601条） ⑥有償の受寄者（400条，657条） ⑦有償・無償の受任者（644条） ⑧事務管理者（698条反対解釈）
	身分法	①後見監督人（852条・644条） ②後見人（869条・644条） ③遺言執行者（1012条3項・644条）
自己の財産に対するのと同一の注意義務が要求される場合	財産法	無償の受寄者（659条）
	身分法	①親権者（827条） ②相続人（918条1項） ③限定承認者（926条1項） ④相続放棄者（940条1項）

3 引渡し

　債権の目的が特定物の引渡しである場合において，契約その他の債権の発生原因及び取引上の社会通念に照らしてその引渡しをすべき時の品質を定めることができないときは，弁済をする者は，その引渡しをすべき時の現状でその物を引き渡さなければなりません（483条）。

4 所有権の移転時期

　特定物の売買においては，原則として売買契約時に所有権が買主に移転します。

Festina lente

契約によっては，**契約内容に適合した品質の特定物を引き渡す義務**が生じる場合もあるんだよ。

2 種類債権

重要度 **B**

1 意　義

　種類債権とは，当事者が，その個性に着目せず，種類と数量のみに着目した物（これを種類物といいます）の引渡しを目的とした債権をいいます。例えば，新車，米等の引渡しを目的とする債

Chapter 22
債権の目的

権がこれにあたります。

また，種類債権の一種に制限種類債権があります。これは，種類債権のうち，給付すべき種類物の範囲に一定の制限が設けられている債権をいいます。*1

2 調達義務

債務者は，同一種類の物が市場に存在する限り，これを調達して給付する義務（調達義務）を負います。

3 種類債権の特定

1 意 義

種類債権では，一定の種類の中から一定の量が選び出されて，給付の目的物が確定します。これを種類債権の特定といいます。

2 特定の時期

① 当事者が契約によって目的物を選定したとき

② 債務者が物の給付をするのに必要な行為を完了したとき（401条2項前段）*2

	内 容	特定の判断基準
持参債務	目的物を債権者の住所地において引き渡すべき債務	目的物を債権者の住所において，現実に提供した時
取立債務	目的物を債務者の住所地において引き渡すべき債務	①目的物を「分離」し，②債権者の取立てがあれば，直ちに引渡可能な状態において（「準備」），③これを債権者に「通知」した時

③ 債権者の同意を得て給付すべき物を指定したとき（401条2項後段）

3 瑕疵ある物と特定

瑕疵ある不特定物を提供しても，種類債権は特定しないため，債権者は債務者に対し，完全な履行を請求することができます。

4 特定の効果

債務者は，債権者に引き渡すまで善管注意義務を負います（400条）。そして，目的物の所有権は，特約なき限り，特定した時に買主に移転します。

*1
■ 参考データ
例えば，甲倉庫にある米10キロの引渡しを目的とする債権等がこれにあたります。

*2
■ 参考データ
②は，債務者としてなすべき行為を完了し，債権者側においてなすべき行為さえあれば，直ちに債務が実現される状態を意味します。

Part 2
民 法

Chapter 23 債権の効力

重要度 B

イントロダクション　学習のポイント

債務が約束どおりに履行されれば，問題なく，債務は消滅します。

問題は約束どおりに履行されない場合，どうするかです。これを**債務不履行**といい，債務不履行は①遅れている（**履行遅滞**），②履行が不可能（**履行不能**），③履行したが完全なものではなかった（**不完全履行**）と類型化されます。

そして，いずれにしても，債権者に損害が発生していれば，**損害賠償請求**などをすることができます。ここでは，債務不履行の要件と効果についてしっかりと学んでいきましょう。

ベーシック　じっくり理解しよう！

1 現実的履行の強制

重要度 C

債権は，債務者に対し一定の給付を要求する権利ですが，債権者が債務者に給付を請求しても，債務者が給付しない場合もあり得ます。

このような場合には，原則として，債権者は，裁判所に訴えて債権の存在を確認し，かつ，債務者に対して債務の履行を命じてもらうことができます。また，この判決に基づいて，債権の内容を強制的に実現できます。

この点に関して，民法は，「債務者が任意に債務の履行をしないときは，債権者は，民事執行法その他強制執行の手続に関する法令の規定に従い，直接強制，代替執行，間接強制その他の方法による履行の強制を裁判所に請求することができる。」と規定し（414条1項本文），具体的な方法は民事執行法に委ねています。

2 債務不履行に基づく損害賠償請求

重要度

1 意 義

　債務不履行とは、債務者に正当な理由がないにもかかわらず、債務の本旨に従った債務の履行をしないことをいいます。

　これには、①履行が可能であるにもかかわらず、履行期が経過しても履行しない「履行遅滞」（412条参照）、②履行の不能な場合である「履行不能」（412条の2）、③不完全な履行をした場合である「不完全履行」の3つの態様があります。*1

2 履行遅滞

1 要 件

　履行遅滞に基づく損害賠償請求の要件は、①履行期に債務を履行することが可能であるにもかかわらず履行されないこと、②債務がその履行期を徒過したこと、③債務者の責めに帰すべき事由に基づくこと、④履行しないことが違法であること、⑤損害が発生したこと、⑥履行遅滞と損害との間に相当因果関係があることです。

(1) 履行することが可能であるにもかかわらず履行されないこと（要件①）

　これは、後述する履行不能と区別するための要件です。

(2) 履行期を徒過したこと（要件②）

　遅滞となる時期は、債権の種類によって異なります。

　a　確定期限の定めのある債務

　「2023年10月31日に支払う」というように、履行期が確定期限であるときは、期限の到来の時から当然に遅滞となります（412条1項）。

　b　不確定期限の定めのある債務

　「Aが死亡したら履行する」というように、履行期が不確定期限であるときは、債務者はその期限の到来した後に履行の請求を受けた時又はその期限の到来を知った時のいずれか早い時から遅滞となります（412条2項）。

*1
■ 参考データ

類型上3つに分類できますが、不完全履行は、追完が可能であれば、結局履行遅滞に、追完が不可能であれば、結局履行不能になります。

c　期限の定めのない債務

　期限の定めがないときは，原則として，債務者が履行の請求を受けた時から遅滞となります（412条3項）。

（3）不履行が債務者の責めに帰すべき事由に基づくこと（要件③）

　債務不履行が，「契約その他の債務の発生原因及び取引上の社会通念に照らして債務者の責めに帰することができない事由」による場合には，債務者は，損害賠償責任を負いません（415条1項但書）。この免責事由は，債務の発生原因に則して判断されるべきものです。*2

（4）履行しないことが違法であること（要件④）

　債務者は履行が遅延したとしても，そのことに正当の事由（留置権，同時履行の抗弁権の存在等）があれば，違法性がなく，債務不履行責任を負いません。

（5）損害が発生したこと（要件⑤）

　損害には，大別して財産に対して加えられた財産的損害と，それ以外の非財産的損害（精神的損害　例えば慰謝料など）があります。このうち，財産的損害には，積極的損害（代わりの商品を購入するための支出等）と消極的損害（転売利益を得られなかった等の逸失利益）が含まれます。

（6）履行遅滞と損害との間に相当因果関係があること（要件⑥）

　債務不履行がなければ，損害は生じなかったという関係が必要となります。

2　効　果

　履行遅滞によって生じる損害の中心は，債務の履行が遅れたことによる損害であり，その賠償を遅延賠償といいます（415条1項）。

3 履行不能

1　要　件

　履行不能に基づく損害賠償請求の要件は，①履行が不能であること，②不能が債務者の責めに帰すべき事由に基づくこと，③損害が発生したこと，④履行不能と損害との間に相当因果関係があ

---

*2

■ 参考データ

金銭債務については特則が設けられており，金銭債務の債務者は，**不可抗力**の場合も債務不履行責任を負います（419条3項）。つまり，債務者の帰責事由は不要です。

ることです。

（1）履行が不能であること（要件①）

履行が不能である場合には，債権の成立時に履行が不能である場合（**原始的不能**）と，債権の成立後に履行が不能となった場合（**後発的不能**）があります。

履行不能には，物理的不能だけでなく，社会通念上の履行不能も含まれるので，不動産の二重譲渡で売主が他の買主に移転登記を経た場合等も，履行不能にあたります。*1

（2）不能が債務者の責めに帰すべき事由に基づくこと（要件②）

履行遅滞と同様です。ただし，債務者がその債務について遅滞の責任を負っている間に当事者双方の責めに帰することができない事由によってその債務の履行が不能となったときは，その履行の不能は，債務者の責めに帰すべき事由によるものとみなされます（413条の2第1項）。

（3）その他の要件

要件③，④については，履行遅滞の要件⑤，⑥と同様です。

2 効　果

（1）損害賠償請求権

履行不能による損害賠償は，目的物の給付に代わる損害の賠償（**塡補賠償**）です（415条2項1号）。

（2）代償請求権

債務の履行が不能となった場合に，債権者の履行請求権は消滅します。この場合に，債務者が履行不能を生じさせたのと同一の原因によって，履行の目的物に代わる権利や利益（これを代償といいます）を得たときは，債権者は，自らが受けた損害の額の限度において，債務者に対し，代償の譲渡を求めることができます（422条の2）。*2

4 不完全履行

不完全履行の要件は，①一応債務が履行されたこと，②履行として給付された内容が質的に当該債権本来の内容に達していないこと，③不完全履行が債務者の責めに帰すべき事由に基づくこと，④損害が発生したこと，⑤不完全履行と損害との間に相当因果関係があることが必要であると解されています。

---

*1
■ 参考データ
履行期前に給付の不能なことが確実となったときは，履行期の到来を待たずに履行不能となります。また，履行期が徒過した後に不能となったときも，この時から履行不能となります。

*2
■ 参考データ
例えば，債務者の目的物が滅失したときに，債務者が取得する損害保険金請求権などです。

Festina lente
不完全履行の要件を定めた条文はないよ。

5 損害賠償の方法と内容等

1 損害賠償の方法

民法では，金銭賠償が原則とされていますが（417条），別途契約によって，現実に損害を回復すること（原状回復）を損害賠償の方法とすることができます。

2 損害賠償の内容

（1）原 則

原則として，債務不履行との間に事実的因果関係のある損害の全部ではなく，そのうち，通常ならば生じる損害（通常損害）の額だけを請求できます（416条1項）。*3

（2）例 外

特別な事情から生じた損害（特別損害）については，債務者が，履行期ないし不履行時に，その特別な事情を予見すべきであった場合は，その額も請求できます（416条2項）。*4

3 損害賠償に関する例外及び減額調整

（1）金銭債務の特則

金銭債務の賠償額は，実損害ではなく，原則として一定の率によります（419条1項）。

また，債権者は，損害賠償にあたって，損害の証明を要せず（同条2項），債務者は，不可抗力の場合も債務不履行責任を負います（同条3項）。

（2）損害賠償額の予定

損害賠償額の予定とは，債務不履行の場合に債務者が賠償すべき額をあらかじめ当事者間の契約で定めておくことをいいます（420条1項）。これは，過失の有無や損害の大小等を問題とせずに，一律に解決するための契約です。

損害賠償額の予定があるときは，債権者は，債務不履行の事実を証明すれば，損害の発生やその額を証明しなくても，約定の賠償額を請求することができます。そして，裁判所は，過大な賠償額の予定等がなされているときは，民法90条を理由として当該予定条項を無効としたり，予定賠償額を減額することができます。しかし，裁判所は，予定賠償額を増額することができるわけではありません。

---

*3
■ 参考データ
例えば，種類物売買の目的物が給付されなかった場合の同種の物を買うために余計にかかった費用等がこれにあたります。

*4
■ 参考データ
例えば，不動産の売買契約において，価格が暴騰したので買主が第三者に対して自己に有利な転売契約を結んでいたところ，売主が債務を履行しなかった場合の転売によって得られたはずの利益等がこれにあたります。

Chapter 23
債権の効力

(3) 過失相殺

過失相殺とは，債務不履行又はこれによる損害の発生若しくは拡大に関して債権者にも過失があったときに，裁判所がこれを考慮して債務者の損害賠償責任の有無及び賠償額を定めることをいいます（418条）。その趣旨は，債権者と債務者の公平を図ることにあります。

3 債権者の受領遅滞

重要度 C

例えば，自動車の売主が引渡しのために買主の自宅まで約束の自動車を運んでいったところ，買主が正当な理由なく自動車を引き取ろうとしないということも起こり得ます。

このように，債権者が，債務の内容を実現するためになすべき債務者への協力行為を拒み，又は協力行為をすることができない場合には，債務者は，弁済の提供（債務者が給付に必要な準備をして債権者の協力を求めること）をなせば，債務を履行しないことによって生ずべき責任を負わないとされています（492条）。

このとき，債権者は受領遅滞に陥り，受領遅滞によって生じる不利益・負担は，債権者が引き受けなければなりません（413条，413条の2第2項）。*1*2

*1
参考データ

もっとも，これらの規定は，債権者であることのみを理由に債権者に受領義務や協力義務を課すものではありません。

*2
参考データ

受領遅滞の効果の1つとして，債務者の目的物の保存義務がそれまでの善管注意義務（400条）から，自己の財産に対するのと同一の注意義務(413条1項)へと軽減されます。

本試験レベルの問題にチャレンジ！▶▶▶

Chapter 24 責任財産の保全

重要度 B

イントロダクション　学習のポイント

この Chapter では債権者代位権と詐害行為取消権について勉強します。受験生が苦手にするテーマの1つです。一度にマスターするのは難しいかもしれません。責任財産の保全といわれてもピンとこないかもしれませんが，簡単にいえば，債権者は，債務者の財産がなくならないようにするためにどういうことをできるか？という問題です。まず，2つの要件に着目していきましょう。また，2つの比較は大切ですから，表を利用して混乱しないようにしていきましょう。

ベーシック　じっくり理解しよう！

1 総　説

重要度 C

　債務者が債務を弁済しないとき，債権者は，裁判所に訴えて債権の存在を確認してもらい，それに基づいた強制執行手続により，自分の債権を回収することができます。

　このような強制執行に備えて，債務者の強制執行の対象となる財産，すなわち責任財産を確保しておく制度として，民法上，債権者代位権（423条以下）と詐害行為取消権（424条以下）の2つがあります。これらは，いずれも，本来債務者の自由に委ねられている責任財産の管理に対して債権者が干渉するものですから，自己の財産管理に対する債務者の自由と，責任財産の維持に対する債権者の利益との調和を図る必要があります。

■ 参考データ *3

債権者代位権と詐害行為取消権の実際の運用は，将来の強制執行に備える機能を超えて，終局的な債権回収の手段としても活用されています。

2 債権者代位権

債権者代位権とは，債務者がその有する財産権を行使しない場合に，債権者が自己の債権を保全するために債務者に代わり，自己の名において，債務者の権利を行使して，債務者の責任財産の維持，充実を図る制度をいいます（423条以下）。*1

*1
■ 語句解説
債権者代位権を行使する債権者（代位債権者）が有する債権を被保全債権といい，債務者が第三債務者に対して有する債権を被代位権利といいます。

1 要 件

債権者代位権の要件は，①被保全債権が存在すること，②債権者が自己の債権を保全する必要があること，③債務者が自ら権利を行使しないこと，④被保全債権が原則として弁済期に達していること，⑤被代位権利が代位権の客体となり得る債権であることです。

1 被保全債権が存在すること（要件①）

詐害行為取消権の場合と異なり，被保全債権は代位権を行使するときに存在していればよく，被代位権利の成立前に存在している必要はありません。*2

2 債権者が自己の債権を保全する必要があること（要件②）

「債権を保全する必要がある」（423条1項本文）とは，原則として債務者が無資力であることを意味し，債権者の被保全債権は金銭債権でなければなりません。

3 債務者が自ら権利を行使しないこと（要件③）

債務者が権利を行使している場合には，それがいかに不当なものであったとしても，債権者代位権を行使することはできませ

*2
■ 参考データ
被保全債権が強制執行により実現することのできないものであるときは，被代位権利を行使することができません（423条3項）。債権者代位権は強制執行の準備のための制度だからです。

ん。この場合は，詐害行為取消権の問題となります。

4　被保全債権が原則として弁済期に達していること（要件④）*3

　債権者は，その債権の期限が到来しない間は，被代位権利を行使することができません（423条2項本文）。ただし，保存行為（例えば，債務者の債権の時効の完成を阻止する行為，未登記の権利の登記等）については，弁済期前にもすることができます（同項但書）。

5　被代位権利が代位権の客体となり得ること（要件⑤）

(1) 原　則

　被代位権利は債務者の財産権であれば，原則として種類は問いません。例えば，代金債権のような請求権や取消権のような形成権，時効の援用権等も被代位権利となります。

(2) 一身専属権

　一身専属権については，債務者の自由意思に委ねられるべきなので，被代位権利となりません（423条1項但書）。

Festina lente

　例えば，①夫婦間の契約取消権（754条），②遺留分侵害額請求権（1046条），③契約の承諾，④債権譲渡の通知，⑤離婚における財産分与請求権，⑥慰謝料請求権等があるよ。
　ただし，⑤離婚における財産分与請求権の権利内容が具体化した後は，単純な金銭債権となるから，代位行使することができるんだ。また，⑥慰謝料請求権も具体的な金額が確定すれば，単純な金銭債権となるから，代位行使することができるよ。

---

(3) 差押禁止債権

　差押えが禁止される債権（民事執行法152条参照）は，被代位権利となりません（民法423条1項但書）。

2　行使の方法と範囲

1　行使の方法

　債権者代位権は，裁判外でも裁判上でも行使することができます。また，債権者代位権は，債権者が自己の名において債務者の権利を行使するのであって，債務者の代理人として行使するので

---

*3
☑ **要チェック！過去問題**

債権者は，債務者の相手方に対する債権の期限が到来していれば，自己の債務者に対する債権の期限が到来していなくても，被代位権利を行使することができる。
➡ ✗（R3-32-2）

Part 2　民法

Chapter 24
責任財産の保全

はありません。*1

2 行使の範囲

債権者は，被代位権利を行使する場合において，被代位権利の目的が可分であるときは，自己の債権の額の限度においてのみ，被代位権利を行使することができます（423条の2）。代位権の行使は債務者の財産に対する干渉となるので，債権保全に必要な範囲に限定されるからです。

3 相手方の地位

債権者が被代位権利を行使したときは，相手方は，債務者に対して主張することができる抗弁をもって，債権者に対抗することができます（423条の4）。*2

3 効　果

1 債務者の取立てその他の処分権限等

債権者が被代位権利を行使した場合であっても，債務者は，被代位権利について，自ら取立てその他の処分をすることを妨げられません（423条の5前段）。

この場合，相手方も，被代位権利について，債務者に対して履行をすることを妨げられません（同条後段）。そして，債務者が相手方からの履行を受領すれば，当該権利は消滅します。

2 総債権者のための共同担保

債権者が被代位権利を行使した場合，代位債権者は債務者の権利を行使するので，その行使の効果は直接に債務者に帰属し，債務者の下に回収された財産は，総債権者のための共同担保となります。

代位債権者も，代位によって優先弁済権を取得することなく，他の一般債権者と平等弁済を受けることができるにすぎません（債権者平等の原則）。

3 代位債権者の事実上の優先弁済権
(1) 被代位権利が金銭の支払請求権である場合

弁済の効果は債務者に帰属します。もっとも，債権者は，被代位権利を行使する場合において，被代位権利が金銭の支払を目的とするものであるときは，相手方に対し，その支払を自己に対してすることを求めることができます（423条の3前段）。

---

*1
■ 参考データ
債権者は，被代位権利の行使に係る訴えを提起したときは，遅滞なく，債務者に対し，訴訟告知（民事訴訟法53条参照）をしなければなりません（民法423条の6）。

*2
■ 参考データ
例えば，債務者Bが売主として買主Cに対して有する代金債権を債権者Aが代位行使する場合，買主Cは同時履行の抗弁権を主張して，代金の支払を拒むことができます。

Festina lente
代位行使によって差押えと同様の効果が生じるわけではないから，代位債権者から通知がなされても，また訴訟告知（423条の6）がなされても，債務者の処分権限には影響がなく，債務者は，相手方に対して権利行使をすることができるんだよ。

このとき，代位債権者が第三者から受領した目的物が金銭であって，かつ，代位債権者の被保全債権も金銭債権である場合（金銭を目的とする給付債権へと転化している場合も含みます）には，代位債権者は，債務者が自己に対して有する返還請求権（金銭債権）と，自己が債務者に対して有する被保全債権（金銭債権）を <u>相殺</u> することによって，<u>事実上優先弁済</u> を受けたのと同一の結果となります。つまり，現実には，債権者代位権は，通常の強制執行手続よりも簡便な債権回収の手段として機能します。

　この場合において，相手方が債権者に対してその支払をしたときは，被代位権利は，これによって消滅します（同条後段）。

(2) 被代位権利が物の引渡請求権である場合

　債権者は，被代位権利を行使する場合において，被代位権利が <u>動産の引渡しを目的とするものであるときは，相手方に対し，その引渡しを自己に対してすることを求めることができます</u>（423条の3前段）。＊3

　この場合において，相手方が債権者に対してその引渡しをしたときに被代位権利が消滅するのは，(1) 被代位権利が金銭の支払請求権である場合と同様です。

(3) 被代位権利が不動産の登記請求権の場合

　<u>不動産登記請求権</u> については，債務者の下に登記を戻すだけですむので，受領拒絶ということは考えられず，<u>直接債権者に登記を移転するように請求することはできません</u>。

＊3 要チェック！過去問題

債権者は，被代位権利を行使する場合において，被代位権利が動産の引渡しを目的とするものであっても，債務者の相手方に対し，その引渡しを自己に対してすることを求めることはできない。

→✕（R3-32-3）

4 個別権利実現準備型の債権者代位権

1 意 義

債権者代位権は，本来，債務者の責任財産を保全するための制度ですから，被保全債権は金銭債権であるのが原則です（責任財産保全型の債権者代位権）。

しかし，**金銭債権以外の債権の保全**のためにも，債権者代位権を利用することが，条文上及び判例上認められています。これを個別権利実現準備型の債権者代位権といいます。*1

2 具体例

(1) 登記請求権の代位行使（423条の7）

登記又は登録をしなければ権利の得喪及び変更を第三者に対抗することができない財産を譲り受けた者は，その譲渡人が第三者に対して有する登記手続又は登録手続をすべきことを請求する権利を行使しないときは，その権利を行使することができます（423条の7前段）。例えば，不動産がA→B→Cと譲渡されたのに，登記がなおAにある場合，CはBに対する登記請求権を保全するため，BのAに対する登記請求権を代位行使することができます。

*1
■ 参考データ

個別権利実現準備型の債権者代位権においては，債務者の責任財産を保全するために代位権が行使されるのではなくて，債権者の債務者に対する金銭債権以外の債権を保全するために行使されるので，**債務者の無資力要件は不要**となります。

(2) 債権譲渡の通知請求権の代位行使

AのDに対する債権が，B，更にCへと転売されていった場合，CはBに代位して，Aに対し，Bへの譲渡をDに通知するように求める権利を行使することができます。

(3) 賃貸人の所有権に基づく妨害排除請求権の代位行使

A・C間の賃貸借契約の目的となっている土地を不法に占有しているBに対して，賃借人Cは，土地所有者である賃貸人AのBに対する所有権に基づく妨害排除請求権を代位行使することができます。

3 詐害行為取消権

重要度 B

詐害行為取消権とは，**債務者が債権者を害することを知って行為をした場合**，債権者がその行為の取消しを裁判所に請求することができる権利をいいます。

Festina lente
債務者の責任財産の保全と強制執行の準備手続を趣旨とする点では，債権者代位権と同様だよ。ただし，詐害行為取消権においては，取消しの対象となった行為の相手方（受益者）がいることから，その相手方の取引の安全にも配慮しなければならないんだ。

1 要　件

① **債務者が債権者を害する法律行為をしたこと（客観的要件）**
② **債務者に詐害意思があり，受益者（転得者）が詐害の事実を知っていること（主観的要件）**

1　客観的要件

債権者を害する法律行為（詐害行為）とは，債務者の総財産を減少させ，債権者に債権全額の弁済を得られなくさせる行為をいいます。

（1）被保全債権が金銭債権であること

原則として，被保全債権は**金銭債権**に限られます。

なお，債権者は，その債権が強制執行により実現することのできないものであるときは，詐害行為取消請求をすることができません（424条4項）。

（2）被保全債権が詐害行為前の原因に基づいて生じたものであること

債権者は，その債権が詐害行為の前の原因に基づいて生じたものである場合に限り，詐害行為取消請求をすることができます（424条3項）。すなわち，被保全債権の発生原因は，**詐害行為の前に生じたもの**であることを要します。なぜなら，詐害行為取消権の趣旨は，被保全債権の取得時点の責任財産を保全することにあるからです。[*1]

（3）債務者の無資力

詐害行為時と取消権行使時の双方の時点において，債務者が**無資力**であることが，要求されます。

（4）財産権を目的とする行為

詐害行為は，債務者の法律行為であって財産権を目的とするものに限られる（424条2項）ため，婚姻や相続放棄等の**身分行為は，詐害行為とならないのが原則**です。ただし，身分行為であっても，財産権にかかわる行為は詐害行為となり得ます。

例えば，**遺産分割協議**は，相続財産の帰属を確定させるものであって，その性質上，財産権を目的とする法律行為であるため，取消権の対象となります（判例）。これに対して，**離婚による財産分与**は，原則として詐害行為取消権の対象になりませ

---

*1
■ **参考データ**

弁済期が到来していることまでは要しません。

ん。ただし，離婚による財産分与が不相当に過大であるときは，財産分与に仮託してなされた財産処分行為にあたるため，**不相当に過大な部分**については，取消権を行使することができます（判例）。

(5) 詐害性判断の特則*2

a 相当の対価を得てした財産の処分行為（424条の2）

債務者が，その有する財産を処分する行為をした場合において，受益者から**相当の対価を取得しているとき**は，当該行為は，**原則として，詐害行為にあたりません**。例えば，債務者が相当価格で所有する不動産を売却する場合（相当価格処分行為）です。

もっとも，例外として，債権者は，次に掲げる要件のいずれにも該当する場合に限り，その行為について，詐害行為取消請求をすることができます。

① その行為が，不動産の金銭への換価その他の当該処分による財産の種類の変更により，債務者において**隠匿，無償の供与その他の債権者を害することとなる処分（隠匿等の処分）をするおそれを現に生じさせる**ものであること

② **債務者**が，その行為の当時，対価として取得した金銭その他の財産について，**隠匿等の処分をする意思**を有していたこと

③ **受益者**が，その行為の当時，債務者が隠匿等の処分をする意思を有していたことを**知っていたこと**

b 特定の債権者に対する担保の供与等（424条の3）

債務者がした既存の債務についての**担保の供与又は債務の消滅**に関する行為は，**原則として，詐害行為にあたりません**。

もっとも，例外として，債権者は，次に掲げる要件のいずれにも該当する場合に限り，詐害行為取消請求をすることができます（同条1項）。

① その行為が，債務者が**支払不能**（債務者が，支払能力を欠くために，その債務のうち弁済期にあるものにつき，一般的かつ継続的に弁済することができない状態）**の時**に行われたものであること

*2
■ 参考データ

責任財産が減少する行為に詐害性がありますが，必ずしも減少するわけではない行為であっても，特則として詐害性があると判断される場面があります。

Part
2

民
法

Chapter 24
責任財産の保全 **287**

② その行為が，債務者と受益者とが**通謀して他の債権者を害する意図**をもって行われたものであること

c　**過大な代物弁済等**（424条の4）

債務者がした債務の消滅に関する行為であって，受益者の受けた給付の価額がその行為によって**消滅した債務の額より過大**であるものについて，424条に規定する要件に該当するときは，債権者は，その**消滅した債務の額に相当する部分以外の部分**について，詐害行為取消請求をすることができます。

2　主観的要件
（1）受益者を被告とする場合

主観的要件として，**債務者が詐害意思を有すること**，及び**受益者が悪意であること**を要します（424条1項）。[*1]

（2）転得者を被告とする場合

主観的要件として，債務者が詐害意思を有すること，及び受益者が悪意であることを要します（424条の5，424条1項）。さらに，その**転得者**が，**転得の当時**，**債務者がした行為が債権者を害することを知っていたこと**を要します（424条の5第1号）。

2　行　使

1　行使の方法

詐害行為取消権は，**必ず訴えによらなければなりません**（424条，424条の5）。また，詐害行為取消訴訟の**被告**は，**受益者又は転得者**であり（424条の7第1項1号，2号），債務者は被告となりません。

債権者は，詐害行為取消請求に係る訴えを提起したときは，遅滞なく，債務者に対し，**訴訟告知**をしなければなりません（同条2項）。[*2]

2　逸出財産の返還の方法

債権者は，受益者に対する詐害行為取消請求において，債務者がした行為の取消しとともに，その行為によって**受益者に移転した財産の返還**を請求することができます（現物返還の原則　424条の6第1項前段）。

[*1]
■ 語句解説

債務者の詐害意思とは，その行為が債権者を害すること，すなわち，総債権者に対する弁済の資力に不足をきたすことを知っていることをいいます。

受益者の悪意とは，債務者の詐害行為を知っていること，すなわち，債務者の当該行為が債権者を害するものであることを知っていることをいいます。

[*2]
■ 参考データ

訴訟告知をするのは，詐害行為取消請求を認容する確定判決は，債務者及びそのすべての債権者に対してその効力を有する（425条）ことから，**債務者に対する手続保障**を図るためです。

もっとも，例外として，受益者がその財産の返還をすることが困難であるときは，債権者は，その価額の償還を請求することができます（同項後段）。

3　行使の範囲

債権者は，詐害行為取消請求をする場合において，債務者がした行為の目的が可分であるときは，自己の債権の額の限度においてのみ，その行為の取消しを請求することができます（424条の8第1項）。[3]

しかし，詐害行為の目的物が不可分の場合には，その価額が債権額を上回るときでも，詐害行為全体について取消権を行使することができます。

4　期間制限

詐害行為取消請求に係る訴えは，債務者が債権者を害することを知って行為をしたことを債権者が知った時から2年を経過したときは，提起することができません（426条前段）。

また，詐害行為取消請求に係る訴えは，行為の時から10年を経過したときも，提起することができません（同条後段）。

3　効　果

1　認容判決の効力が及ぶ者の範囲

詐害行為取消請求を認容する確定判決は，被告とされた受益者又は転得者のみならず，債務者及びそのすべての債権者に対してもその効力を有します（425条）。

2　債務者に回復された財産をめぐる法律関係

詐害行為取消権の行使の結果として取り戻された財産は，債務者の責任財産として回復されます。

債務者のすべての債権者は，債権の成立と詐害行為の時期の前後を問わず，取り戻された財産につき，民事執行法の規定に従い，強制執行等をすることができます。

3　取消債権者の事実上の優先弁済権

（1）　目的物が金銭又は動産の場合

債権者は，受益者又は転得者に対して財産の返還を請求する場合において，その返還の請求が金銭の支払又は動産の引渡しを求めるものであるときは，受益者に対してその支払又は引渡

Festina lente

詐害行為取消権の制度は，逸出財産を債務者の一般財産に原状回復することを目的とするものとして構想されているんだ。だから，**現物返還**が可能な場合には，できるだけその方法によるべきなんだよ。

---

[3]
■ 参考データ

債権者が受益者又は転得者に対して価額の償還を請求する場合についても，**自己の債権の額の限度**においてのみ，その行為の取消しを請求することができます（424条の8第2項）。

Festina lente

詐害行為取消権の行使の効果は，債務者のすべての債権者（詐害行為の時又は判決確定の時より後に債権者になった者を含む）の利益のために生じるんだ。

Chapter 24
責任財産の保全　289

しを，転得者に対してその引渡しを，自己に対してすることを求めることができます（424条の9第1項前段）。*1

(2) 目的物が不動産の場合

取消債権者は，債務者名義の登記の回復を請求できるにとどまり，直接自己への移転登記を請求することはできません。

*1
■ 参考データ
その結果，相手方から金銭を受領した取消債権者は，債務者の返還請求権と被保全債権とを相殺することにより，他の債権者に優先して自己の被保全債権を回収することができることになり，事実上の優先弁済が認められます。

4 債権者代位権と詐害行為取消権の比較

	債権者代位権	詐害行為取消権
制度趣旨	債務者の責任財産の保全	
適用場面	一般財産の減少を放置する行為があったとき	一般財産を積極的に減少させる行為があったとき
被保全債権	・履行期にあること 　→　ただし，保存行為は，履行期前でもよい ・代位の目的たる権利より前に成立したことを要しない ・被保全債権となるべき債権が強制執行により実現することができないものであるときは，債権者は，被代位権利を行使することができない	・詐害行為前の原因に基づいて生じたものであること ・履行期の前後を問わない
債務者の無資力	原則：必要 例外：個別権利実現準備型の債権者代位権の場合，不要	常に必要
客体	債務者に属する権利 　→　ただし，①一身専属権，②差押不可能な権利は，除かれる	詐害行為 　→　ただし，財産権を目的としない行為は除かれる
行使方法	裁判上，裁判外を問わない	裁判上行使することが必要
効果	債務者にも及ぶ（民事訴訟法115条1項2号）	債務者及びそのすべての債権者に対してその効力を有する
期間制限	なし	①債務者が債権者を害することを知って行為をしたことを債権者が知った時から2年 ②行為の時から10年

本試験レベルの問題にチャレンジ！▶▶▶

Chapter 25 多数当事者の債権・債務

重要度 A

Part 2 民法

イントロダクション　学習のポイント

　1人の債権者に対して複数の債務者がいる場合を多数当事者の債務関係といいます。この場合、各債務者の債務はそれぞれ分割・独立しており、ある債務者に起こった事由は他の債務者に対して影響を及ぼさないのが原則です（**分割債務の原則**）。しかし、ある債務者が弁済をできないような場合、債権者としては他の債務者に弁済をしてもらえれば、自分の債権を回収することができます。そこで、特約によって**連帯債務**にすることが認められています。

　なお、一定の要件を満たす場合、民法などの法律によって複数の債務が連帯債務になることもあります。また、債権者が債権回収を確実にする方法として、ほかにも**保証・連帯保証**が認められています。担保物権などの物的担保と並んで、人的担保といわれる民法が認めた担保制度です。この場合にも、保証人や債務者に生じた事由が他の保証人などに影響を与えるかが問題となります。

ベーシック　じっくり理解しよう！

1　分割債権・分割債務

重要度 B

1　意　義

　分割債権とは、1個の可分な給付を目的とした債権が、多数の者に一定の割合で分割的に帰属する関係をいいます（427条）。例えば、次頁の図のAとBとCが共有する建物を売却した場合のDに対する3,000万円の代金債権がこれにあたります。

　分割債務とは、1個の可分な給付を目的とした債務が、多数の者に一定の割合で分割的に帰属する関係をいいます（同条）。例えば、次頁の図のAとBとCがDの所有する建物を共同購入し

た場合のDに対する3,000万円の代金債務がこれにあたります。

2 効　力

　各債権者又は各債務者は，別段の意思表示がない限り，平等の割合で分割された債権を有し，又は債務を負います（427条）。
　各債権又は各債務は，一定の割合において分割され，相互に全く独立したものです。それゆえ，各債権者は自分の債権のみを単独で行使することができ，各債務者は自分の債務のみを弁済すべき義務を負います。また，1人の債権者又は債務者について生じた事由は，すべて相対的効力しか有しません。*1

> **Festina lente**
> 　分割債権・分割債務が原則だけど，給付の目的が，性質上不可分である場合などは，不可分になるよ。例えば，1台の自動車，1棟の家屋等の所有権移転ないし引渡しをするという給付は不可分債務だね。

*1
■ 語句解説
相対的効力とは，数人の債権者又は債務者のうちの1人に生じた事由の効力が，他の債権者や債務者に影響を及ぼさないことをいいます。これに対して，**絶対的効力**とは，数人の債権者又は債務者のうちの1人に生じた事由の効力が，他の債権者や債務者に影響を及ぼすことをいいます。

2　不可分債権・不可分債務

重要度 B

1 意　義

　不可分債権とは，多数人が1個の不可分給付を目的とする債権を有する場合をいいます（428条）。
　これに対して，不可分債務とは，多数人が1個の不可分給付を目的とする債務を負担する場合をいいます（430条）。給付の目的

が，性質上不可分である場合（例えば，1台の自動車，1棟の家屋等の所有権移転ないし引渡しをするという給付）に限定されます。*2

2 効 力

1 不可分債権の場合

各債権者は，すべての債権者のために履行を請求することができます（428条・432条）。それゆえ，各債権者は，単独で，自己に全部の給付をするように請求することができます。例えば，AとBが共同して家屋の使用貸借の貸主となっていた場合において，Aは，単独で，使用貸借契約の終了を原因とする家屋明渡請求権を行使することができます。

一方で，債務者は，すべての債権者のために各債権者に対して履行をすることができます（432条）。それゆえ，債務者は，債権者のうち1人を選び，この者に対して全部の履行をすることができます。

2 不可分債務の場合

債権者は，不可分債務者の1人に対して，又はすべての債務者に対して，同時又は順次に，全部の履行を請求することができます（430条・436条）。

*2
■ 参考データ
金銭給付は可分なので，分割債権債務となるのが原則です。そして，債権の目的が，「その性質上可分である」が意思表示により「不可分債務」となるケースは認められません。例えば，不動産の共同賃借人の負担する賃料債務は連帯債務となります。

3 連帯債権

重要度 B

1 意 義

連帯債権とは，数人の債権者が，同一内容の可分の給付について，各自が独立に全部の給付を求める債権を有し，そのうちの1人に対して給付があれば，他の債権者の債権も消滅する多数当事者の債権をいいます（432条以下）。

連帯債権の成立には，法令の規定による場合，及び当事者の意思表示による場合があります。

2 効力

1 対外的効力

各債権者は，すべての債権者のために全部又は一部の履行を請求することができ，債務者は，すべての債権者のために各債権者に対して履行をすることができます（432条）。

2 影響力

(1) 相対的効力

連帯債権において各債権者が有する権利は，本来，それぞれ別個独立なものですから，連帯債権者の1人について生じた事由は，他の連帯債権者に影響を与えない（相対効）のが原則です（435条の2）。

しかし，例外的に，一定の事由については，他の債権者に影響を与える絶対的効力を認めています。

(2) 絶対的効力

弁済，代物弁済，履行の請求，更改，免除，相殺及び混同については，絶対的効力を生じます。

a 弁済，代物弁済

例えば，Dが連帯債権者の1人であるCに全額を支払うと，AとBの債権も消滅します。

b 履行の請求

連帯債権者の1人，例えばCがDに対して請求すれば，その効果はAとBにも及びます（432条）。これにより，C

のみならず，A及びBとの関係でも消滅時効の完成猶予及び更新がされることになります（147条1項1号，2項）。

c 更 改

更改とは，給付の内容の重要な変更，又は債務者若しくは債権者の交替によって，新債務を成立させるとともに旧債務を消滅させる契約のことをいいます（513条）。

Dが，連帯債権者の1人，例えばCとの間で，更改契約を結んだ場合は，Cがその権利を失わなければ分与されるべき利益にかかる部分については，AもBも履行を請求することができません（433条）。

d 免 除

免除とは，債権を無償で消滅させる債権者の一方的意思表示をいいます（519条）。

連帯債権者の1人，例えばCがDの債務を免除したとします。この場合，Cの債権は全額消滅し，AとBは，Cがその権利を失わなければ分与されるべき利益にかかる部分

（1,000万円）については，履行を請求することができません（433条）。その結果，AとBは，2,000万円の連帯債権を有することになります。

e　相殺

Dが，連帯債権者の1人，例えば，Cに対して債権があり，この債権と代金債務を相殺したとします。この場合，AとBの債権も消滅します（434条）。

f　混同

混同とは，同一債権について債権者としての地位と債務者としての地位が同一人に帰属し，債権が消滅することをいいます（520条）。

例えばDが，連帯債権者の1人であるCを相続すると，Dは弁済したものとみなされ，AとBの債権も消滅します（435条）。

3　対内的効力

債務者からの弁済を受領した債権者は，他の債権者に利益を分配すべきです。

4 連帯債務

重要度 A

1 意 義

　連帯債務とは，数人の債務者が，同一内容の可分の給付について，各自が独立に**全部の給付をなすべき債務**を負担し，そのうちの1人の給付があれば，他の債務者の債務も消滅する多数当事者の債務をいいます（436条以下）。

　連帯債務は，債務者の数に応じた数個の独立した債務ですから，各債務者の債務の態様を異にすることができます（例えば，利息，期限等）。また，債務者の1人についての債権にのみ，抵当権を設定したり，保証人を付けたりすることができます。
　連帯債務の成立には，意思表示による場合，及び法律の規定による場合があります。

2 効 力

1 対外的効力

　債権者は，連帯債務者の**1人，数人又は全員**に対して，給付の**全部又は一部**の請求をすることができます（436条）。**同時**に請求してもよいし，**順次**に請求しても構いません（同条）。
　なお，連帯債務は，別個の独立の債務ですから，連帯債務者の1人について法律行為の無効又は取消しの原因があっても，他の連帯債務者の債務は，その効力を妨げられません（437条）。

Chapter 25
多数当事者の債権・債務 | 297

2 影響力
(1) 相対的効力
連帯債務において各債務者が負う債務は，本来，それぞれ別個独立なものですから，連帯債務者の1人について生じた事由は，他の債務者に影響を与えない（相対的効力）のが原則です（441条）。

しかし，例外的に，一定の事由については，他の債務者に影響を与える絶対的効力を認めています。

(2) 絶対的効力
弁済，代物弁済，更改，相殺，及び混同については，絶対的効力を生じます。

a 弁済，代物弁済
連帯債務者の1人，例えばCが，Dに全額を支払うと，AとBの債務も消滅します。

b 更 改
更改とは，給付の内容の重要な変更，又は債務者若しくは債権者の交替によって，新債務を成立させるとともに旧債務を消滅させる契約のことをいいます（513条）。

Dが，連帯債務者の1人，例えばCとの間で，更改契約を結んだ場合は，他の連帯債務者AとBも連帯債務を免れます（438条）。

c 相 殺
ア 自己の債権による相殺
連帯債務者の1人，例えば，Cが，Dに対して債権があり，この債権と代金債務を相殺したとします。この場

合，AとBの債務も消滅します（439条1項）。

イ　他の連帯債務者が債権を有する場合の履行拒絶

例えば，連帯債務者Aが，Dに対して1,500万円の債権を有していたとします。このとき，BとCは，Aの**負担部分の限度**1,000万円まで，債務の履行を拒むことができます（439条2項）。*1

> *1
> ■ **語句解説**
> **負担部分**とは，連帯債務者の内部において，それぞれが最終的に負担する割合をいいます。原則として負担部分は平等です。

d　混同

混同とは，同一債権について債権者としての地位と債務者としての地位が同一人に帰属し，債権が消滅することをいいます（520条）。

例えばCが，Dを相続すると，Cは弁済したものとみなされ，Cの債務は消滅し，他の連帯債務者AとBも，連帯債務全額を免れます（440条）。

3　対内的効力

連帯債務者の1人が，弁済その他自己の財産をもって共同の免責を得たときは，その連帯債務者は，その免責を得た額が自己の

負担部分を超えるかどうかにかかわらず，他の連帯債務者に対し，その免責を得るために支出した財産の額のうち各自の負担部分に応じた額の求償権を取得します（442条1項）。

例えば，債務者A，B，Cが，負担部分平等で，1,200万円の連帯債務を負っている場合に，Cがその負担部分400万円を超えない300万円しか弁済しなかった場合でも，Cはその300万円について，AとBに各100万円ずつ，求償をすることができます。

(1) 求償権の範囲

求償の範囲には，弁済その他免責があった日以後の法定利息，及び避けることができなかった費用（例えば，弁済のために債権者方まで出向いた交通費等），その他の損害が含まれます（442条2項）。

(2) 通知義務

連帯債務者が弁済その他自己の財産をもって共同の免責を得る場合，他の債務者に影響を及ぼすことになるから，事前及び事後において，他の連帯債務者に対して通知することが要求されます（443条）。

(3) 償還無資力者がいる場合

連帯債務者の中に償還をする資力のない者がいるときは，その償還をすることができない部分は，求償者及び他の資力ある者の間で，各自の負担部分に応じて分割して負担します（444条1項）。弁済者のみに償還無資力の負担を負わせることは不公平だからです。

この場合に，求償者及び他の資力のある者がいずれも負担部

分を有しない者であるときは，その償還をすることができない部分は，求償者及び他の資力のある者の間で，等しい割合で分割して負担します（同条2項）。

また，これらの場合に，償還を受けることができないことについて求償者に過失があるときは，他の連帯債務者に対して分担を請求することはできません（同条3項）。

例えば，B，C，DがAに対して120万円の連帯債務を負担していたところ（負担部分は平等），Bが120万円全額をAに弁済し，他の連帯債務者CとDに対して，40万円ずつ求償しましたが，Dが無資力であったとします。この場合，Dの負担部分40万円について，BとCは，それぞれの負担部分に応じて（事例では平等），20万円ずつ負担することになります。ただし，Bが求償権の行使を怠っていたため，Dが無資力となり償還を受けることができなくなった場合のように，求償者に過失があるときは，Bは，Cに対してその分担を請求することはできません。

(4) 連帯債務者の1人との間に免除等があった場合

連帯債務者の1人に対して債務の免除がされ，又は連帯債務者の1人のために時効が完成した場合においても，他の連帯債務者は，その1人の連帯債務者に対し，求償権を行使することができます（445条，442条1項）。

5 保証債務

重要度 **A**

1 意義

保証契約とは，債権者と保証人との間でする，主たる債務者がその債務の履行をしないときに，保証人が主たる債務者に代わって履行するという合意をいいます。[*1]

この保証は，人的担保の典型例です。すなわち，本来の債務者以外の債務者（保証人）を設定し，その債務者（保証人）のすべての財産に対して，債務の履行を強制することで，被担保債権の履行がより確実になるのです。

*1
語句解説

保証人の負う義務を**保証債務**といいます。また，保証人の保証債務と区別するため，債務者を**主たる債務者**，主たる債務者の負う債務を**主たる債務**といいます。

Chapter 25
多数当事者の債権・債務

2 保証債務の性質
1 同一内容性
　保証債務は，あくまでも主たる債務を担保するための債務ですから，その内容は主たる債務と同一のものとなります。
2 付従性
　付従性とは，一般的に権利又は債務が，その成立，存続，消滅等において主たる権利と運命をともにすることをいいます。
　① 主たる債務が成立しなければ保証債務は成立しません（成立における付従性）。
　② 保証債務は，その内容や態様において，主たる債務より軽くなることは差し支えありませんが，主たる債務より重くなってはいけません（内容における付従性　448条1項，2項）。
　③ 主たる債務が消滅すれば，保証債務もまた消滅します（消滅における付従性）。
3 随伴性
　随伴性とは，主たる債務者に対する債権が債権者から第三者に移転すれば，保証債務も一緒に移転することをいいます。
4 補充性
　補充性とは，保証人は，主たる債務者が約束を守らなかったときに初めて責任を負う，すなわち，二次的な責任を負っていることをいいます（446条1項）。

3 成立要件
　主たる債務が債権者と主たる債務者との間の契約によって成立

するのに対して，保証債務は，債権者と保証人との間の保証契約によって成立します。すなわち，主たる債務と保証債務とは別個独立の債務です。なお，保証契約は，書面でしなければ，その効力を生じません（446条2項）。[1]

4 効 力

1 保証債務の範囲

保証債務の範囲は，特約のない限り，元本のほか，利息，違約金，損害賠償，その他その債務に従たるすべてのものを含みます（447条1項）。また，特約があれば，その範囲を限定することができます。

2 保証人の抗弁権等

保証債務の補充性により，保証人には，①催告の抗弁権（452条），②検索の抗弁権（453条）が認められます。また，保証債務の付従性から，③主たる債務者に生じた権利の援用が認められます。

（1）催告の抗弁権

催告の抗弁権とは，債権者が主たる債務者に請求しないでいきなり保証人に請求してきた場合において，保証人が，まず主たる債務者に催告すべきことを請求できることをいいます（452条）。

（2）検索の抗弁権

検索の抗弁権とは，保証人は，債権者が主たる債務者に催告をした後であっても，①主たる債務者に弁済をする資力があり，かつ，②執行が容易なことを証明して，まず主たる債務者の財産について執行すべきことを主張できることをいいます（453条）。

（3）主たる債務者に生じた権利の援用

① 保証債務の付従性から，保証人は，主たる債務者が債権者に対して同時履行の抗弁権を有しているときは，これを主張して，債権者の請求を拒むことができます（457条2項）。

② 保証人は，主たる債務者が債権者に対して相殺権，取消権又は解除権を有するときは，これらの権利の行使によって主たる債務者がその債務を免れるべき限度において，債権者に対して債務の履行を拒むことができます（457条3項）。

---

[1]
■ 参考データ

保証人になる資格には何ら制限はありません。ただし，債務者が法律上，保証人を立てる義務がある場合には，保証人は，①行為能力者であること（450条1項1号），②弁済する資力を有すること（同項2号）という要件を満たすことが必要です。

Part 2 民法

3　影響力
(1) 主たる債務者について生じた事由の効力
　主たる債務者について生じた事由の効力は，付従性に基づき，原則として保証人に及びます（絶対的効力）。

　例えば，主たる債務者に対する履行の請求その他の事由による時効の完成猶予及び更新は，保証人に対しても効力を生じます（457条1項）。

　例外として，①債権者と主たる債務者との間で，保証契約後に主たる債務を加重した場合の効力（448条2項），②債権譲渡の際の債務者の抗弁放棄の効果（468条1項参照），③主たる債務者による時効利益の放棄（146条参照）等は，保証人に及びません。*1

(2) 保証人について生じた事由の効力
　保証人について生じた事由の効力は，主たる債務を消滅させる行為（弁済，相殺等）のほかは，主たる債務者に影響を及ぼしません。

　ただし，連帯保証については例外があります（458条）。

4　情報提供義務
(1) 主たる債務の履行状況に関する情報の提供義務
　保証人が主たる債務者の委託を受けて保証をした場合において，保証人の請求があったときは，債権者は，保証人に対し，遅滞なく，主たる債務の元本及び主たる債務に関する利息，違約金，損害賠償その他その債務に従たるすべてのものについての不履行の有無並びにこれらの残額及びそのうち弁済期が到来

*1
■ 参考データ
債権譲渡の通知（467条）は，主たる債務者への通知のみで足り，これによって保証人に対しても対抗することができます。逆に，保証人への通知は，主たる債務者に対する対抗要件にならないだけでなく，保証人に対する対抗要件にもなりません。

しているものの額に関する情報を提供しなければなりません（458条の2）。

（2）主たる債務者が期限の利益を喪失した場合における情報の提供義務

主たる債務者が期限の利益を有する場合において，その利益を喪失したときは，債権者は，保証人に対し，その利益の喪失を知った時から2か月以内に，その旨を通知しなければなりません（458条の3第1項）。*2

5　対内的効力

保証人が債権者に弁済した場合，保証人は，主たる債務者に対して求償権を取得します（459条〜465条）。

（1）通知義務

a　保証人の通知義務

主たる債務者の委託を受けた保証人は，主たる債務者に対して，弁済その他債務の消滅行為の事前及び事後に通知する義務を負い，この通知を怠ると求償権の制限を受けます（463条1項，3項）。

委託を受けない保証人は，主たる債務者に対して，弁済その他債務の消滅行為の事後に通知する義務を負い，この通知を怠ると求償権の制限を受けます（同条3項）。

b　主たる債務者の通知義務

保証人が主たる債務者の委託を受けた者である場合，主たる債務者は，弁済その他債務の消滅行為をした後，保証人に対して通知しなければなりません（事後通知）。*3

（2）求償権の範囲

a　委託を受けた保証人

① 保証人が主たる債務者の委託を受けて保証をした場合において，主たる債務者に代わって弁済その他債務の消滅行為をしたときは，その保証人は，主たる債務者に対し，そのために支出した財産の額の求償権を有します（459条1項）。

委託を受けた保証人の求償権の範囲は，連帯債務の場合と同様です（459条2項・442条2項）。

② 委託を受けた保証人は，主たる債務の弁済期到来前に

Festina lente

これは，主たる債務者が主たる債務について債務不履行に陥ったものの，保証人が長期間にわたってそのことを知らなかった場合，保証人が請求を受ける時点では遅延損害金が多額になり，保証人に酷な結果となることから，それを避けるために設けられた規定なんだ。

Part 2 ■ 民法

---

*2
■ 参考データ

この期間内に通知をしなかった場合，債権者は，保証人に対し，主たる債務者が期限の利益を喪失した時から現に通知をするまでに生じた遅延損害金に係る保証債務の履行を請求することができません（458条の3第2項）。

---

*3
■ 参考データ

この場合，通知がなく，その後，保証人が善意で弁済その他債務の消滅行為をしたときは，保証人は，その行為を有効であったものとみなすことができ（463条2項），主たる債務者に対して求償をすることができます。

弁済その他債務の消滅行為をすることができます。この場合，保証人は，**主たる債務者がその当時利益を受けた限度**において求償権を有します（459 条の 2 第 1 項前段）。

b 委託を受けない保証人

① 保証をしたことが**主たる債務者の意思に反しない場合**には，弁済その他債務の消滅行為をした当時を基準として，**主たる債務者が利益を受けた限度で求償**をすることができます（462 条 1 項・459 条の 2 第 1 項）。[*1]

② さらに，保証をしたことが**主たる債務者の意思に反する場合**には，求償の当時を基準として，主たる債務者が**現に利益を受けている限度で求償**し得るにとどまります（462 条 2 項前段）。

（3）事前求償権

主たる債務者から委託を受けて保証をした保証人は，主たる債務者に対し，一定の事由があるときに限り，**あらかじめ求償**をすることができます（460 条 1 号〜3 号参照）。[*2]

5 連帯保証

連帯保証とは，保証人が，主たる債務者と連帯して保証債務を負担することをいいます。連帯保証債務も，保証債務の一種ですから，主たる債務の存在を前提として付従性がありますが，次の点で通常の保証債務とは異なります。

1 補充性の否定

連帯保証人には，**催告及び検索の抗弁権がありません**（454 条）。

2 分別の利益の否定

連帯保証人が数人いても，**分別の利益がありません**。

---

*1
■ **参考データ**
それゆえ，利息や損害賠償を請求することはできません。

*2
■ **参考データ**
たとえば，債務が弁済期にあるときなどがこれにあたります。

Festina lente

分別の利益について説明するね。主債務を保証する人が複数いるときの状態を**共同保証**というんだ。この場合は，原則として，保証人の責任を軽減し，共同保証人間の関係を簡略化するために，各保証人は，債務額を全保証人に均分した部分（負担部分）についてのみ保証する仕組みになっている（456 条・427 条）。これを**分別の利益**というよ。

例えば，A の 100 万円の債務を単純保証した B と C は，債権者の請求があった場合，100 万円全額を支払う必要はなく，それぞれ 50 万円ずつ支払えばいいんだ。ただし，

> 分別の利益は，連帯保証の場合は認められないよ。つまり，ＢとＣが連帯保証人のとき
> は，それぞれ 100 万円全額を支払わなければならないんだ。

3　連帯債務の規定の準用

　連帯保証において各保証人が負う債務は，本来，それぞれ別個独立なものであるから，連帯保証人の１人について生じた事由は，他の連帯保証人に影響を与えない（相対的効力）のが原則です（458 条・441 条）。

　主たる債務者又は連帯保証人につき生じた事由の効力について，民法は絶対的効力を定める連帯債務の規定を準用しています（458 条・438 条，439 条１項，440 条）。

〈多数当事者の債権及び債務の全体像〉

○：絶対効　×：相対効　△：その連帯債務者の自己負担部分についてのみ

		履行	代物弁済	相殺	更改	請求	混同	他人の債権で相殺	免除	時効完成
分割債権分割債務		×	×	×	×	×	×	—	×	×
不可分債権		○	○	○	×	○	×	—	×	×
不可分債務		○（主債務を満足させるもの）		○	○	×	×	△負担部分のみ履行拒絶	×	×
連帯債権		○	○	○	△分与割合利益部分のみ	○	○	—	△分与割合利益部分のみ	×
連帯債務		○（主債務を満足させるもの）		○	○	×	○	△負担部分のみ履行拒絶	×	×
単純保証	主	○（付従性から）ただし，時効の利益の放棄は影響しない（相対効）						—	○	○
	保	○（主債務を満足させるもの）				×	×	—	×	×
連帯保証	主	○（付従性から）ただし，時効の利益の放棄は影響しない（相対効）						—	○	○
	保	○（主債務を満足させるもの）				×	○	—	×	×

6 個人根保証契約

重要度 C

　保証制度は，様々な経済取引において利用されていることから，保証人保護の必要性の程度，そのための措置の要否も場面ごとに一律でなく，また，保証人保護のためにとるべき措置についても様々なものが考えられます。この点，保証人が個人である場合には，人的無限責任を負うことに伴う保証人の経済生活の破綻という問題を考慮する必要があるのに対し，法人である場合にはそのような考慮が不要である上に，機関保証に代表されるように，保証の要否や必要な範囲について特段の規制を設けなくても保証人において合理的な判断をすることが期待できます。

　そこで，民法は，特に保証人保護の措置を講ずる必要のある，法人でない個人が根保証契約（一定の範囲に属する不特定の債務を主たる債務とする保証契約）をした場合（個人根保証契約）について，保証人保護の方策を規定しています（465条の2～465条の10）。

本試験レベルの問題にチャレンジ！▶▶▶

Chapter 26 債権譲渡

重要度 B

イントロダクション　学習のポイント

債権譲渡はこれまで行政書士試験での出題があまりありません。しかし、一般的には大切なテーマであり、また出題されたときは得点が容易なため、おろそかにしてはいけません。

対抗要件が最も大切ですので、対抗要件を勉強するときは、**債務者に対する対抗要件**と債務者以外の**第三者に対する対抗要件**を区別するようにしてください。

ベーシック　じっくり理解しよう！

1 債権譲渡

重要度 C

債権譲渡とは、譲渡人と譲受人との合意によって成立する、債権の同一性を保ちつつ、債権を移転することを目的とする契約です。

これは、債権者が債権をあたかも動産や不動産のように売却することを可能とするものです。

1 自由譲渡性

1 原　則

債権は、**原則として、自由に譲渡**することができます（466条1項本文）。

2 例 外
(1) 性質上の制限
債権者が変わってしまうと給付内容も全く変わってしまうような債権（例えば，画家に肖像画を描いてもらう債権等）は，譲渡することができません（466条1項但書）。

(2) 法律上の制限
例えば，扶養請求権は，特定の債権者自身に給付して生活を保護することを目的としており，譲渡を認めるとこの目的が没却されることから，法律上，譲渡することができないとされています（881条）。

(3) 当事者の特約による制限（譲渡制限特約）
　a　総　説

債権者・債務者間においては，債権譲渡を禁止ないし制限する特約（譲渡制限特約）を結ぶことができます（466条2項）。これは，譲渡に伴う事務手続の煩雑化や，過誤払いの危険を避ける等の趣旨に基づきます。

　b　悪意・重過失である譲受人との関係

譲渡制限特約に違反した債権譲渡であっても，原則として有効です。

ただし，譲渡制限特約について悪意・重過失である譲受人に対しては，債務者は，その特約を主張して債務の履行を拒絶することができます。また，債務者は，譲渡人に対する弁済その他の債務を消滅させる事由をもって，悪意・重過失の譲受人に対抗することができます（466条3項）。

c　差押債権者との関係

　債務者は，譲渡制限特約をもって，強制執行をした**差押債権者に対抗することができません**（466条の4第1項）。なぜなら，私人間の特約により法定外の差押禁止財産を作り出せるのは不当だからです。*1

3　将来債権の譲渡

　将来発生すべき債権（将来債権）も，現在の時点において譲渡することが可能です（466条の6第1項）。そして，譲渡契約の時に債権が現に発生していなくても，譲受人は，発生した債権を当然に取得します（同条2項）。

2 債権譲渡の対抗要件

1　債務者に対する対抗要件

　債権譲渡は，譲渡人と譲受人間の合意によって効力を生じますが，これに関与しない債務者は，債権者が誰であるかわからず，譲渡人と譲受人に二重に弁済するおそれがあります。そこで，467条1項は，債務者の二重弁済を防止するため，**通知又は承諾**がない限り，債務者に譲渡の効果を主張できないとして法律関係を画一的に処理しています。

(1)　通　知

　通知とは，債権が譲渡されたという事実を**譲渡人が債務者に通知**することをいいます。通知については，以下の点を押さえておきましょう。

　　①　通知は譲渡と同時でなくても構いませんが，譲渡前の通知は無効です。

　　②　通知をするのは譲渡人です。**譲受人が譲渡人に代位して通知することはできません**（判例）。

　　③　保証人がいる場合，債権譲渡の通知は，主たる債務者に対してしなければ，たとえ保証人に対してしても，主たる債務者だけでなく，保証人に対しても対抗することはできません。

(2)　承　諾

　承諾とは，**債務者**が債権譲渡の事実に対する認識を表明することをいいます。承諾は，**譲渡人又は譲受人のいずれに対して**

---

*1
■ **参考データ**

譲渡制限特約のある債権を差し押さえたのが，悪意・重過失の譲受人の債権者であった場合には，債務者は，その債務の履行を拒むことができますし，譲渡人に対する弁済その他の債務を消滅させる事由をもって対抗することができます（466条の4第2項）。

Part
2
民
法

Chapter 26
債権譲渡
311

しても構いません。*1

2　債務者以外の第三者に対する対抗要件

　AのBに対する債権をCが譲り受けた場合に，この債権がAからDにさらに二重に譲渡されることがあります。このような場合に，Cが，Dという債務者以外の第三者に対抗するには，確定日付のある証書による通知又は承諾を要します（467条2項）。

　この趣旨は，債権譲渡の日付及び通知又は承諾の日付を明確にし，もって債権者（A）と債務者（B）とが通謀してこれらの日付を遡らせて，第三者の権利を害することを可及的に防止するためです。

*1
■ 参考データ

譲渡前の承諾も，譲渡の目的債権・譲受人が特定していれば，債務者に二重弁済等の不測の損害を及ぼすおそれがないので，有効とされます。

（1）一方にのみ確定日付がある場合

　　確定日付のある証書による通知又は承諾を有する譲受人が，単なる通知又は承諾しかない譲受人に優先します。

（2）ともに確定日付がある場合

　a　異時到達の場合

　　　債権が二重譲渡され，2人の譲受人がともに確定日付のある証書による通知又は承諾を得ているとき，譲受人相互間の優劣は，確定日付のある証書による通知が債務者に到達した日時又は確定日付のある証書による債務者の承諾の日時の先後によって判断されます。

　　　例えば，次の表の例では，先に債務者の下に通知が到達したCが優先することになります。

Dへの譲渡		Cへの譲渡
10月 3日	譲渡の日付	10月1日
10月 5日	確定日付	10月6日
10月10日	通知到達日付	10月8日

b　同時到達の場合（到達の先後不明の場合を含む）

各譲受人は，債務者に対して，債権者として，その**全額の弁済**を請求することができます（判例）。その反面，債務者は，譲受人の1人に弁済すれば，債務を免れます。

○：優先する　×：劣後する　△：優劣関係は生じない

			第1譲受人	第2譲受人
		第2譲受人のみに確定日付がある場合	×	○
ともに確定日付がある場合	異時到達	第1譲受人の通知が，先に債務者に到達した場合	○	×
		第2譲受人の通知が，先に債務者に到達した場合	×	○
		通知の確定日付は第2譲受人が先であるが，第1譲受人の通知が先に債務者に到達した場合	○	×
		同時到達	△	△

3 債権譲渡における債務者の抗弁

債務者は，**対抗要件具備時**（譲渡通知を受け，又は，譲渡の承諾をした時）**までに譲渡人に対して生じた事由**（例えば，債権不成立，取消し，解除，弁済等）をもって，**譲受人に対抗**することができます。債務者は債権譲渡に関与していないため，債務者が債権譲渡前よりも不利な地位に置かれてはならないからです。

2 債務引受け

債務引受けとは，債務をその**同一性を維持**したままで，**引受人に移転**する契約をいいます。

債務引受けには，①**併存的債務引受け**（470条，471条），②**免責的債務引受け**（472条以下）の2種類があります。

1 併存的債務引受け

併存的債務引受けとは，引受人が**従来の債務者と併存**して同一内容の債務を負担する契約をいいます（重畳的債務引受けともいいます）（470条1項）。

例えば，AがBに対して100万円の金銭債権を有する場合において，引受人CがBの債務について併存的債務引受けをすると，BとともにCも連帯債務者となります。

1 要 件

上記の例で，A・B・C三者の三面契約によるときには問題は生じません。

また，AとCのみが契約した場合には，債務者Bの意思に反していても効力が発生します（470条2項）。

さらに，BとCのみが契約した場合には，債権者AがCに対して承諾をした時に効力が発生します（同条3項）。このB・C間の契約は，第三者のためにする契約となります（同条4項）。

2 効 果

併存的債務引受けがなされると，債務者と連帯して引受人も同一内容の債務を債権者に対して負担し，債務者は債務を免れません。

2 免責的債務引受け

免責的債務引受けとは，引受人が債務を引き受けることにより，**従来の債務者が責任を免れる**ことをいいます。

例えば，AがBに対して100万円の金銭債権を有する場合において，引受人CがBの債務について免責的債務引受けをすると，以後，Cが債務者となり，Bは債務者ではなくなります

（472条1項）。

1 要件

上記の例で，A・B・C三者の三面契約によるときには問題は生じません。

また，AとCのみが契約した場合には，債権者AがBに対して当該契約が成立した旨の通知をした時に効力が発生します（472条2項）。

さらに，BとCのみが契約した場合には，債権者AがCに対して承諾をした時に効力が発生します（同条3項）。

2 効果

免責的債務引受けがなされると，債務の同一性が維持されたまま，債務が引受人に移転し，旧債務者は債務を免れます。

ファイナルチェック　基礎知識の確認

問題1 譲渡制限特約付債権について，譲受人が善意で当該債権を譲り受けた場合であっても，過失がないときでなければ，債務者は，譲受人に対してその債務の履行を拒むことができる。

問題2 AのBに対する債権をAがCとDに二重譲渡した場合において，まずCへの譲渡につき確定日付のない通知がBに到達し，その後，Dへの譲渡につき確定日付のある通知が到達したときは，先に通知が到達したCが優先する。

問題1 ✗ 重過失でなければ，債務の履行を受けることができる（466条3項）。　**問題2 ✗** 確定日付のない通知と確定日付のある通知では，確定日付のある通知のほうが優先する。

本試験レベルの問題にチャレンジ！▶▶▶

Chapter 27 債権の消滅

重要度 B

イントロダクション　学習のポイント

債権（債務）は弁済によって消滅します。そこで，誰（弁済者）が誰（弁済受領権者）に対して弁済することによって消滅するかが主に問題になります。通常は，債務者が債権者に対して弁済と考えるところですが，民法は他の弁済であっても有効になる場合を規定します。また，債権者が受け取らなかったとしても，債務者が受取りの直前まで行動した以上，債務者に債務不履行責任を負わせることは妥当でありません。そこで，債務者として果たすべき行動をしたときに，民法は一定の効果を与えています（弁済の提供）。

また，互いに債権を有している場合には，現実のやり取りをしなくても，互いの債権を帳消しにすることが認められています。これを相殺といいます。相殺では，相殺が認められるための要件が大切になります。

ベーシック　じっくり理解しよう！

1　総説

重要度 C

債権は，給付内容の実現を目的とする権利ですから，給付内容を実現すれば，その目的を達成して消滅します。これが，①弁済です。

逆に，目的たる給付の実現が不能となった場合にも，債権は消滅します（ただし，債務者の責めに帰すべき事由による履行不能の場合は，債権は，債務不履行に基づく損害賠償請求権に転化して存続します）。

そのほかに債権が消滅する特殊な原因として，民法は，②代物弁済，③供託，④相殺，⑤更改，⑥免除，及び⑦混同を規定しています。

> **Festina lente**
> 債権は権利の一種なので，消滅時効や，債権の発生原因となった法律行為の取消し，解除等のように，一般的な権利の消滅原因によっても消滅するんだよ。

2 弁 済

重要度 **A**

弁済とは，債務の内容である一定の給付を実現して債権者を満足させる債務者その他の第三者の準法律行為をいいます（473条以下）。

1 方 法

1 弁済の目的物に関する規定*1

特定物の引渡しを目的とする債務は，当事者間の契約その他の債権の発生原因及び取引上の社会通念に照らし，引渡時の品質を定めることができる場合（例えば，売買契約，請負契約）には，その**契約等の内容に適合した物**を引き渡すべきです。

これに対して，引渡時の品質を定めることができない場合（例えば，事務管理を原因とする特定物の返還請求権）には，その**引渡しをすべき時の現状**でその物を引き渡せばよいとされています（483条）。

2 弁済の場所に関する規定

弁済の場所は，まず，特約や慣習によって定まります。

それが不明な場合には，特定物の引渡しは，**債権の発生当時に物の存在していた場所**となります（通常は取立債務）。

そして，その他の弁済は，**債権者の現在の住所**となります（**持参債務の原則** 484条1項）。

給付の内容	弁済の場所
特定物の引渡し	債権発生の時にその物が存在した場所
特定物の引渡し以外	債権者の現在の住所

3 弁済の費用に関する規定

運送費，荷造費，登録税，関税等の弁済の費用は，特約や特別の慣行がなければ，**債務者が負担**します（485条本文）。

ただし，債権者の住所の移転，その他の行為によって費用が増加したときは，その増加額は債権者の負担となります（同条但書）。*2

Festina lente

債務者は，特定物の引渡しをするまで善管注意義務を負うんだ（400条）。だから，物が損傷した場合，その損傷が**帰責事由**に基づくときは，**債務不履行責任**が問題となるよ（415条）。

*1
■ 参考データ

債権者の預金又は貯金の口座に対する払込みによってする弁済は，債権者がその預金又は貯金に係る債権の債務者に対してその払込みに係る金額の払戻しを請求する権利を取得した時に，その効力を生じます（477条）。

*2
■ 参考データ

契約費用（目的物の評価費用，証書作成費用等）は当事者双方が平等に負担します（558条，559条）。

Part 2 ■ 民法

Chapter 27
債権の消滅 **317**

2 弁済の提供

弁済の提供とは，債務者が給付の実現に必要な準備をして，債権者の協力を求めることをいいます（493条）。履行の提供ともいいます。

1 要件

弁済の提供は，債務の本旨に従った現実の提供があることを要するのが原則です（493条本文）。

ただし，口頭の提供（受領の催告）で足りる場合があります（同条但書）。

(1) 債務の本旨に従った現実の提供

現実の提供といえるためには，債権者が給付を受領する以外には何もしなくてよいほどの提供をすることを要します。

(2) 口頭の提供（受領の催告）

口頭の提供とは，債務者が現実の提供をなすための必要な準備を完了して，弁済受領権者にその受領を催告することをいいます。

　a　口頭の提供が許される場合（493条但書）

　　①　債権者があらかじめその受領を拒んだ場合

　　②　債務の履行について債権者の行為を要する場合

　b　口頭の提供すら不要の場合

　　債権者の受領しない意思が明確なときは，債務者は，口頭の提供も不要となります（判例）。

2 効果

①　債務者は履行遅滞の責任を免れる（492条）*1

②　債務が双務契約上のものである場合には，相手方は，同時履行の抗弁権（533条）を失う

③　約定利息が発生しない

④　危険負担は債権者主義となる（536条2項）

⑤　受領遅滞中の履行不能は，債権者の責めに帰すべき事由によるものとみなされる（413条の2第2項）

⑥　注意義務（400条）が軽減されるので，債務者は，後に生じた履行不能について，故意又は重過失がない限り，債務不履行責任を負わない

---

*1
■ 参考データ

債務者は，遅延賠償，遅延利息，違約金の支払を免れます。また，債権者は，履行遅滞を理由とする解除，担保権の実行をすることはできません。

⑦　増加費用は債権者が負担する（413条2項）

3 弁済者

債務者本人が弁済すべきことは当然です（473条）。

また，債務者以外の第三者も，自己の名において，他人の債務を弁済する意思で，弁済することができるのが原則です（**第三者弁済**　474条1項）。

ただし，常に第三者が弁済できるわけではなく，次のような制限があります。制限に違反した第三者弁済は，無効となります。

1　債務の性質がこれを許さないとき（474条4項前段）

債務者本人が弁済しなければ，債権の目的が達成されない場合（例えば，著名な学者の講演等）がこれにあたります。

2　当事者が第三者の弁済を禁止し，若しくは制限する旨の意思表示をしたとき（474条4項後段）

3　弁済をするについて正当な利益を有しない第三者が債務者又は債権者の意思に反して弁済をすること（474条2項，3項）

①債務者の意思に反することを債権者が知りながら，弁済をするについて正当な利益を有しない第三者が，債務者の意思に反して弁済をした場合，その弁済は**無効**となります（474条2項）。

また，②第三者が債務者の委託を受けて弁済することを債権者が知らずに，弁済をするについて正当な利益を有しない第三者が，債権者の意思に反して弁済をした場合，その弁済は**無効**となります（同条3項）。正当な利益とは，弁済をすることについての**法律上の利害関係**をいいます。

(1) 法律上の利害関係が否定される場合

例えば，単に親子関係があることや，友人関係にあること等は，事実上の利害関係にすぎません。

(2) 法律上の利害関係が肯定される場合

例えば，①**物上保証人**，②**担保不動産の第三取得者**には，被担保債権の弁済をすることについて法律上の利害関係があります。

なお，判例は，**借地上の建物賃借人は，敷地の地代弁済について法律上の利害関係を有する**としています。

Festina lente
この制限は，債務者が他人に弁済されることを潔しとしない場合や，債務者が第三者の過酷な求償にさらされる可能性を考慮したものなんだよ。

4 弁済による代位

　弁済による代位とは，主債務者以外の者が弁済をした場合に，債権者が債務者に対して持っていた権利が，弁済をした第三者に移転する制度をいいます。

　この制度により，弁済者は，主債務者に対する求償権が確保されるので，安心して弁済することができます。

　弁済による代位には，①**法定代位**と②**任意代位**があります。

　法定代位とは，弁済をなすことについて，**正当な利益を有する者**が，その弁済によって**当然に債権者に代位**することをいいます（499条）。

　任意代位とは，弁済をするについて**正当な利益を有しない者**が弁済により債権者に代位することをいいます（同条）。任意代位の場合，**債権譲渡の債務者対抗要件，第三者対抗要件**を満たさなければ，**代位の事実を債務者，第三者に対抗することはできません**（500条・467条）。

例えば，債務者Aが債権者Bに対して債務を負っている場合に，Cがこれを弁済し，弁済による代位をしたとします。Cは，Aに対して求償権を取得し，その求償権の範囲内において，BがAに対して有していた履行請求権，損害賠償請求権等を行使することができます。また，Bが債権の担保として有していた一切の権利を行使することができます（501条1項，2項）。

5 弁済受領権

1 総説

弁済は，**弁済を受領する権限を有する者**（弁済受領権者）に対してなされなければなりません。通常は，**債権者**が弁済受領権を有します。

弁済受領権者以外への弁済は，原則として無効です。しかし，その給付が原因となって何らかの意味で真の債権者が利益を受ける場合があります。この場合には，債権者が現に利益を受ける限度で，給付者の善意・悪意を問わずに弁済としての効力が生じます（479条）。

2 受領権者としての外観を有する者に対する弁済（478条）

受領権者としての外観を有する者とは，受領権者でないのに**取引通念上，受領権者らしい外観を呈する者**をいいます（このような者を表見受領者といいます）。*1

例えば，預金証書・印鑑の持参人であって受領権者でない者，真正又は偽造の受取証書の持参人であって受領権者でない者，債権の二重譲渡における劣後譲受人等がこれにあたります。

表見受領権者に対してした弁済は，その弁済をした者が**善意**であり，かつ，**過失**がなかったときに限り，効力を有します。

*1
■ 語句解説

受領権者とは，債権者及び法令の規定又は当事者の意思表示によって弁済を受領する権限を付与された第三者をいいます。

6 弁済の証拠

二重払いを避け，また，第三者弁済による求償や代位等を容易にするため，弁済の証明手段が必要となります。

そこで民法は，次の制度を定めています。

1 受取証書

弁済者は，弁済と引換えに，弁済受領者に対し，受取証書の交付を請求することができ（486条），弁済と受取証書の交付とは同時履行の関係にあります。

2 債権証書

債権証書とは，債権の成立を証する文書をいいます。債権証書がある場合において，弁済者が全部の弁済をしたときは，その証書の返還を請求することができます（487条）。

なお，弁済と債権証書の返還は同時履行の関係になく，弁済者は，弁済後において，証書の返還請求をすることができます。

---

3 代物弁済・供託

重要度 **C**

1 代物弁済

代物弁済とは，本来の給付に代えて，他の物の給付をもって債務を消滅させる契約をいいます（482条）。

例えば，AがBに対する借金を返済する代わりに，Bとの合意により，Aの所有する高級時計を給付して，50万円の債務を消滅させることがこれにあたります。*1

2 供 託

供託とは，給付の目的物を供託所に寄託して債務を免れる制度をいいます。

---

*1
■ **参考データ**

代物弁済は諾成契約であって，弁済者と債権者の間の合意のみによって成立します。そして，代物弁済は契約なので，契約自由の原則により，「他の給付」は，本来の給付に相当する価値を有する必要はありませんし，給付の種類も問いません。

Part 2
民 法

4 相殺

重要度 A

相殺とは、2人の者が相互に同種の目的を有する債務を負担する場合において、その債務を対当額において消滅させる意思表示をいいます（505条）。相殺する側の債権を自働債権といい、相殺される側の債権を受働債権といいます。

例えば、AがBに対して60万円の代金支払請求権（α債権）を有しており、BもAに対して30万円の貸金返還請求権（β債権）を有している場合において、両債権が相殺適状にあるときは、Aは、α債権を自働債権とし、Bのβ債権を受働債権として相殺することができます。相殺により、対当額30万円分が消滅し、AのBに対する30万円の債権が残ります。

Festina lente
相殺には、弁済する時間と費用を節減できるという機能があるんだ。また、決済において当事者の公平を図ることができるんだよ。

1 相殺の要件

1 相殺適状

相殺適状とは、相殺をなすのに適した状態をいいます。具体的には、次の要件を備えていることが必要です。

(1) 当事者間に対立した債権が存在すること（505条1項）

相殺する者と相手方との間に、債権が対立していなければならないのが原則です。

(2) 双方の債権が同種の内容を有すること

この要件により、実際上は、代替物の引渡しを目的とする種類債務、特に金銭債務同士の相殺に限られることになります。

(3) 双方の債権が弁済期にあること

条文上は、「双方の債務が弁済期にあるとき」とされていま

す（505条1項本文）。

　自働債権は，相手方の期限の利益を奪わないようにするため，必ず弁済期にあることが必要です。

　受働債権についても，期限の利益を放棄することができるというだけでなく，期限の利益の放棄又は喪失等により，その弁済期が現実に到来していることが必要です。

【5月1日現在：Aが相殺する場合】

(4) 双方の債権が有効に存在すること

　双方の債権が，相殺の意思表示のとき，有効に存在することを要するのが原則です。

　ただし，時効消滅について，例外が認められています。すなわち，自働債権が時効によって消滅した場合でも，自働債権が時効消滅前に相殺適状にあったのであれば，相殺することができます（508条）。これは，当事者がいずれは相殺による決済が可能であると考えて，権利行使をしないまま，期間が経過してしまいがちであるので，当事者の合理的期待を保護するために規定されています。*1*2

2　相殺禁止

相殺適状にあっても，相殺が禁止されるときは，相殺をすることができません。これには，性質上の相殺禁止，相殺制限特約，及び法律による相殺禁止があります。

(1) 性質上の相殺禁止（505条1項但書）

　自働債権に抗弁権（例えば，同時履行の抗弁権等）が付着している場合には，相殺をすることができません。この場合に相殺を認めると，相手方の抗弁権を一方的に奪う結果となるからです。

*1
■ 参考データ
すでに消滅時効にかかった債権を譲り受け，これを自働債権として相殺することはできません。なぜなら，このような場合には，そもそも時効消滅前に相殺適状になかったからです。

*2
■ 参考データ
受働債権の消滅時効が完成している場合に，相殺権者が，時効の利益を放棄して相殺することは自由です。

(2) 相殺制限特約

当事者間に相殺制限特約がある場合には，相殺をすることができません（505条2項）。

ただし，相殺制限の特約は，**善意無重過失の第三者**（債権譲受人，債務引受人等）に対抗することはできないので，債権の譲受人が善意無重過失であれば，その債権を自働債権とする相殺をすることができます。

(3) 法律による相殺禁止

a　受働債権が不法行為等によって生じたとき（509条）

①**悪意による不法行為に基づく損害賠償の債務**（同条1号），②**人の生命又は身体の侵害による損害賠償の債務**（同条2号）を**受働債権とする相殺は許されません**。なぜなら，このような相殺を許すと不法行為の誘発の危険があるとともに，損害賠償の現実の支払により被害者を救済する必要があるからです。*3

これに対して，被害者側から不法行為者に対して相殺をすること，すなわち，損害賠償債権を自働債権として相殺することは，509条の趣旨から考えて，認められます（判例）。

b　受働債権が差押禁止債権であるとき（510条）

受働債権が，扶養料，俸給，恩給，扶助料等，差押えが禁止されたものであるときは，相殺することができません。もし，相殺を認めると，現実の履行が回避されてしまうからです。

*3
■ 参考データ
①，②に掲げる債務に係る債権を，債権者が他人から譲り受けたときは，相手方に対する不法行為の誘発の防止や現実の支払を債権者に受けさせることによって被害者救済を図るという本条の趣旨があてはまらないことから，①，②の債権を受働債権とする相殺は許されます。

これに対して，差押禁止債権の債権者がこれを自働債権として相殺することは認められます。

c　自働債権が受働債権の差押後に取得された債権であるとき（511条1項）

このような場合にもなお相殺を認めると，差押制度の実効性を失わせ，差押債権者の利益を害します。

d　自働債権が差押えを受けたとき（481条）

自働債権が差押えを受けたときは，相殺をもって差押債権者に対して対抗することはできません。自働債権の処分権が制限されているためです。

2 相殺の方法

相殺は，当事者の一方から相手方に対する一方的な意思表示によって行います（506条1項前段）。

相殺の意思表示に，条件や期限を付けることはできません（同項後段）。なぜなら，条件を付けると相手方の地位を不安定にしますし，また，相殺は遡及効が生じるので，期限をつけても無意味だからです。

3 相殺の効果

1 債権の消滅

双方の債権は，その**対当額において消滅**します（505条1項本文）。

2 相殺の遡及効

双方の債権が**相殺適状を生じた時に遡って**効力を生じます（506条2項）。それゆえ，相殺適状後の利息は発生しませんし，相殺適状後に生じた遅滞の効果も消滅します。

---

5 更改・免除・混同

重要度 **C**

1 更　改

更改とは，給付の内容の重要な変更，又は債務者若しくは債権者の交替によって，新債務を成立させるとともに，旧債務を消滅させる契約のことをいいます（513条）。更改の法的性質は，新債務の成立とともに，旧債務を消滅させる有因契約です。

例えば，AがBに対して100万円の金銭債権を有している場合において，AとBの合意により，自動車1台の給付を目的とする債権に切り替えること等がこれにあたります。

2 免　除

免除とは，債権を無償で消滅させる債権者の単独行為をいいます（519条）。債権者の債務者に対する一方的意思表示によるので，債務者の意思は問題となりませんし，明示・黙示，方式等を問いません。

3 混　同

混同とは，債権と債務が同一人に帰属することをいい，この場合，当該債権は原則として消滅します（520条本文）。

例えば，父Aが子Bに対して100万円の金銭債権を有している場合において，BがAを相続したときは，混同により，100万

Chapter 27
債権の消滅　**327**

円の金銭債権は原則として消滅します。混同が生じる場合としては，相続のほかに，合併，債権の譲受け等があります。

混同が生ずれば，原則として債権が消滅しますが，債権が第三者の権利の目的であるときは消滅しません（同条但書）。

建物転借人Ｃが建物賃貸人Ａからその建物を買い受けても，混同は生じず，Ａ・Ｂ間の賃貸借関係，及びＢ・Ｃ間の転貸借関係は，当然には消滅しません。

本試験レベルの問題にチャレンジ！ ▶▶▶

Chapter 28 契約の意義・成立

重要度 B

イントロダクション　学習のポイント

　この Chapter から債権各論に入ります。債権各論とは債権の発生原因をいいます。具体的には，契約・事務管理・不当利得・不法行為の 4 つが債権発生原因です。まずは契約から見ていくわけですが，民法は契約の類型を全部で 13 種類規定しています。ただし，これらの類型に共通する内容もあるので，各種典型契約の前にその共通項を契約総論として規定します。この Chapter では契約総論のうち，まず契約の成立について勉強します。

ベーシック　じっくり理解しよう!

1　契約の意義

重要度 C

1　意　義

　契約は，申込みと承諾という当事者の相対立する意思表示が合致することにより成立する法律行為です。

　例えば，A が B に「自分の家屋を 3,000 万円で売りたい」とい

う意思表示（申込み）をし，BがAに対して，Aの提示した条件に同意する意思表示（承諾）をした場合には，売買契約が成立します（555条）。そして，売買契約が有効に成立すれば，売主Aは買主Bに対して代金の支払を請求することができ，BはAに対して家屋の明渡しを請求することができます。

2 契約の分類

1 双務契約と片務契約

双務契約とは，契約の当事者双方が債務を負担しあう契約をいいます（例えば，売買契約，賃貸借契約等）。

これに対して，片務契約とは，一方当事者のみが債務を負担する契約をいいます（例えば，贈与契約等）。

この区別の主な実益は，双務契約については，同時履行の抗弁権（533条），危険負担（536条）の適用があるという点にあります。

2 有償契約と無償契約

有償契約とは，当事者双方が対価的な意味を持つ，経済的出捐をなす契約をいいます（売買契約，賃貸借契約等）。

これに対し，無償契約とは，一方当事者が対価的な意味を持つ経済的出捐をしない契約をいいます（贈与契約，使用貸借契約等）。

この区別の主な実益は，有償契約については，売買契約の規定が原則として準用される点にあります（559条）。

3 諾成契約と要物契約

諾成契約とは，当事者の合意のみで成立する契約をいい，要物契約とは，当事者の合意のほかに物の引渡しその他の給付をなすことを成立要件とする契約をいいます。

民法では，諾成契約が原則とされています。

4 要式契約と不要式契約

要式契約とは，一定の方式を成立の要件とする契約をいい，不要式契約とは，一定の方式を必要としない契約をいいます。

民法では，不要式契約が原則とされています（522条2項）。

5 典型契約と非典型契約

典型契約（有名契約）とは，民法が規定している13種の契約類型をいいます。

これに対して、**非典型契約（無名契約）**とは、民法に規定が置かれていない契約類型をいいます（宿泊契約、出版契約等）。

契約自由の原則（521条2項）により、民法に規定が置かれていない契約を締結することは自由にできます。

3 契約自由の原則

契約自由の原則とは、契約が当事者の自由な意思に従って形成されることをいい、近代私法の基本原則です。*1

1 契約締結の自由
何人も、法令に特別の定めがある場合を除き、契約をするかどうかを自由に決定することができます（521条1項）。

2 契約内容の自由
契約の当事者は、法令の制限内において、契約の内容を自由に決定することができます（521条2項）。

*1
■ 参考データ
現代では、弱者保護の観点から、契約自由の原則に修正が加えられます。
例えば、合意された契約条項であっても、一方当事者（弱者）に不利な内容の場合、その効力が否定されること等（借地借家法9条、労働基準法13条等）があります。

2 契約の成立

重要度

1 申込み

申込みとは、一定の契約を締結しようとする意思表示をいいます。

1 申込みの効力発生時期と申込者の死亡・行為能力喪失

申込みも意思表示ですから、**到達時**に効力が発生します（到達主義　97条1項）。

ところで、意思表示は、意思表示後の表意者の死亡や意思能力の喪失、行為能力の制限があっても原則として影響を受けません（同条3項）。

もっとも、「申込み」の意思表示について、例外を定めており、申込者が申込みの通知を発した後に①死亡し、②意思能力を有しない常況にある者となり、又は、③行為能力の制限を受けた場合に、申込者がその事実が生じたとすればその申込みは効力を有しない旨の意思を表示していたとき、又はその相手方が承諾の通知を発するまでにその事実が生じたことを知ったときは、その申込

みは，その効力を有しません（526条）。

2 申込みの拘束力

（1）承諾期間を定めた申込み

承諾期間を定めた申込みは，申込者が撤回をする権利を留保したときを除き，**任意に撤回することができません**（523条1項）。

（2）承諾期間を定めない申込み

a 隔地者間における申込み

承諾期間を定めない申込みは，申込者が撤回をする権利を留保したときを除き，承諾の通知を受けるための**相当な期間は撤回することができません**（525条1項）。

b 対話者間における申込み

対話者間における承諾期間の定めのない申込みは，その対話が継続している間は，いつでも撤回することができます（525条2項）。[*1]

2 承　諾

承諾とは，申込みを受けてこれに同意することにより契約を成立させる意思表示をいいます。

1 承諾期間の定めのある申込みに対する承諾

承諾は，その期間内に申込者に到達することを要し，**期間内に到達しなければ，契約は成立しません**（523条2項）。[*2]

2 承諾期間の定めのない申込みに対する承諾

承諾は，申込みの効力が存続している間に申込者に到達すれば，契約が成立します。

3 契約の成立時期

承諾の通知が**到達した時**に契約が成立します（到達主義　97条1項）。

4 約款による契約

1 意　義

約款とは，多数の契約に用いるためにあらかじめ定式化された契約条項の総体をいいます。

[*1]
■ 参考データ

対話が継続している間に申込者が承諾の通知を受けなかった場合，申込者が対話の終了後もその申込みが効力を失わない旨を表示したときを除き，その申込みは，その効力を失います（525条3項）。

[*2]
■ 参考データ

申込者は，期間経過後に到達した承諾を新たな申込みとみなして（524条），これに承諾することで契約を成立させることができます。

日常生活では約款を利用して契約が締結される例は少なくなく、旅行・宿泊・運送・保険・建築請負など、様々な場面で用いられています。

民法は、約款のうち、「定型約款」に関する規律を設けています。

2 定型約款の意義

定型約款とは、定型取引（ある特定の者が不特定多数の者を相手方として行う取引であって、その内容の全部又は一部が画一的であることがその双方にとって合理的なものをいいます）において、契約の内容とすることを目的として、その特定の者により準備された条項の総体をいいます（548条の2第1項柱書）。

定型約款とは以下のすべての要件を満たす「条項の総体」です。[*3]

(1)「定型取引」に用いられるものであること

「定型取引」とは、次のいずれをも満たす取引のことをいいます。

a 特定の者が不特定多数の者を相手方として行う取引であること

これは、相手方の個性に着目せずに行う取引であるか否かに着目した要件です。[*4]

b 取引の内容の全部又は一部が画一的であることが当事者の双方にとって合理的なものであること

「取引の内容の全部又は一部が画一的であることが当事者の双方にとって合理的な取引」とは、①多数の相手方に対して同一の内容で契約を締結することが通常であり、かつ、②相手方が交渉を行わず、一方当事者が準備した契約条項の総体をそのまま受け入れて契約の締結に至ることが取引通念に照らして合理的である取引（交渉による修正や変更の余地のないもの）を意味します。

(2) 契約内容とすることを目的として準備されたものであること

(3) 当該定型取引の当事者の一方により準備されたものであること

Festina lente

約款による契約では、契約条件について個別交渉がなく、一方当事者によって作成又は使用された契約条件を他方が受け入れるのが通例だね。また、相手方は、その契約条件を受け入れるか否かの自由しかないのが通例だから、相手方（とりわけ消費者）にとって自己決定権を行使する機会が保障されているのか、約款による契約が私的自治の原則に合致するといえるのか、という問題が生じるんだ。

[*3]
■ 参考データ

左記の定義からすれば、生命保険約款、損害保険約款、旅行業約款、宿泊約款、運送約款、預金規定、コンピュータ・ソフトウェアの利用規約など、日本で一般に「約款」と呼ばれているものは、ほとんどが定型約款の定義に該当します。

[*4]
■ 参考データ

例えば、労働契約は、相手方（労働者）の個性に着目して行われる取引であるため、「定型取引」にはあたりません。

Chapter 28
契約の意義・成立

3　定型約款の拘束力

(1) 個別条項についての合意擬制 (548条の2第1項)

① 定型取引を行うことの合意をした者が，定型約款を契約の内容とする旨の合意をしていたときは，定型約款の**個別の条項についても合意をしたものとみなされます**（同項1号）。

② 定型約款を準備した者（**定型約款準備者**）が，あらかじめその**定型約款を契約の内容とする旨を相手方に表示**していたときは，定型約款の**個別の条項についても合意をしたものとみなされます**（同項2号）。

(2) 不当な個別条項 (548条の2第2項)

①相手方の権利を制限し，又は相手方の義務を加重する条項であって，②その定型取引の態様及びその実情並びに取引上の社会通念に照らして1条2項に規定する基本原則（**信義則**）に反して相手方の利益を一方的に害すると認められるものについては，**合意をしなかったものとみなされます**。

3　契約の原始的不能

重要度 B

　契約の原始的不能とは，契約締結時において，契約の実現可能性がないことをいいます。例えば，建物の売買契約において契約成立時にすでに建物が焼失していた場合等がこれにあたります。
　原始的不能であっても，**契約は有効**です（412条の2第2項参照）。

> **Festina lente**
> 　原始的不能に対して，契約後に契約の実現可能性がなくなる場合を後発的不能というんだ。契約の原始的不能，後発的不能いずれの場合であっても，①**債務者に帰責事由があれば，債務不履行の問題**となり，②**債務者に帰責事由がなければ，危険負担**の問題となるよ。
>
> ```
> 原始的不能        後発的不能
> ─────────────┼─────────────→
> 債務不履行    契約締結   債務不履行
> 危険負担              危険負担
> ```

本試験レベルの問題にチャレンジ！▶▶▶

Chapter 29 契約の効力・契約上の地位の移転

イントロダクション　学習のポイント

　民法は，契約総則の「第2款　契約の効力」において，①同時履行の抗弁権（533条），②危険負担（536条），及び③第三者のためにする契約（537条以下）の規定を置いています。

　①と②は，双務契約に関する原則を定めたものであり，③は，契約の効力が例外的に第三者に及ぶ場合の制度です。

　また，「第3款　契約上の地位の移転」では，当事者の一方が契約上の地位を第三者に移転する方法について規定しています。

ベーシック　じっくり理解しよう！

1 同時履行の抗弁権

　同時履行の抗弁権とは，売買契約等の双務契約における当事者の一方が，相手方が債務の履行（債務の履行に代わる損害賠償の債務の履行を含みます）の提供をするまで，自己の債務の履行を拒絶することができる権限をいいます（533条）。

　例えば，AがBにダイヤモンドを100万円で売却し，ダイヤモンドの引渡しと代金の支払時期について5月8日と定めましたが，買主Bが5月8日になっても代金を支払っていないとします。そして，買主Bが，5月10日に，代金の提供をせずにダイヤモンドの引渡しを請求してきたとします。

　この場合，契約で定めたダイヤモンドの引渡期限である5月8日はすでに到来していますが，Aは，代金を払ってもらっていないのに，Bにダイヤモンドを引き渡さなければならないとしたら，不公平です。

そこで，民法は，双務契約上の両当事者の債務について同時履行の抗弁権を定め，両債務の履行上の牽連関係を認めています。

> **Festina lente**
> 双務契約では，当事者の双方が対価的な関係のある債務を負うから，両債務の間には，特別の関係が生じるよ。これを**牽連性**というんだ。簡単にいえば，一方債務があってこそ他方債務もあるということだよ。
> 同時履行の抗弁権も，一方あってこその他方なら，一方がなされない段階で他方をなす必要はないだろう，ということなんだ。

この事例では，売主Aは，買主Bからのダイヤモンドの引渡請求に対して，同時履行の抗弁権を主張して，自己の債務であるダイヤモンドの引渡しを拒絶することができます。

1 同時履行の抗弁権が認められる場合，認められない場合

同時履行の抗弁権が認められる場合	①双務契約における両当事者の債務（533条）
	②解除による原状回復義務（546条）
	③売主の担保責任（562条以下，533条）
	④請負人の担保責任（636条，533条）
	⑤負担付贈与における負担と贈与（553条）
	⑥弁済と受取証書の交付（486条）
	⑦契約が無効又は取り消された場合の当事者相互の返還義務（判例）
同時履行の抗弁権が認められない場合	①弁済と債権証書の返還（487条）
	②弁済と抵当権設定登記の抹消請求（判例）
	③賃借家屋の明渡しと敷金の返還（622条の2，判例）
	④造作買取請求と建物の明渡し（判例）

2 効　果

1　履行遅滞責任を負わない

同時履行の抗弁権を有している場合には，履行を遅滞していることに違法性はないからです。

2　裁判上主張されたときは，引換給付判決がなされる

3　同時履行の抗弁権が付着している債権を自働債権として，相殺することはできない

相殺を認めると，相手方の同時履行の抗弁権を一方的に奪ってしまうからです。

> **Festina lente**
> 同時履行の抗弁権の付着した債権であっても，消滅時効は，弁済期から進行するよ（166条1項）。

3 同時履行の抗弁権と留置権の比較

		同時履行の抗弁権	留置権
共通点	趣　旨	公平の見地	
	効　果	債務者に自己の債務の履行を拒絶する権能を認める	
相違点	法的性質	双務契約の効力の一種	担保物権の一種
	拒絶の内容	給付内容を問わない	他人の物の留置のみ
	対第三者	主張できない	主張できる
	可分性	可分（不履行に応じて割合的）（※）	不可分
	担保の供与	担保の供与によっても不消滅	担保の供与により消滅請求（301条）
	競売申立権	なし	あり

※　履行を拒絶する債務は，相手方の不履行の度合いに応じて割合的であり得ます。

2 危険負担

重要度 A

危険負担の制度は，双務契約において，一方の債務が履行不能（原始的不能を含みます）である場合に，債権者が反対債務の履行を拒絶することができるかという問題です。

例えば，売買契約成立後引渡し前に売買の目的物である家屋が類焼して売主の引渡債務が履行不能となった場合，買主（債権者）は代金債務の履行を拒絶することができるでしょうか。

売主Aの引渡債務が建物の滅失により履行不能となった以上，買主BはAに対し，目的物の引渡しを請求することはできません（412条の2第1項）。そこで，これと対価関係にある反対債務の履行も拒絶することができるかが問題となります。

1 原 則

双務契約（α債務とβ債務が発生）において一方の債務（α債務）が債務者の帰責事由なく履行不能となった場合，債権者は，債務者から反対債務（β債務）の履行請求を受けたとき，自己の債務（β債務）の **履行を拒絶することができます**（536条1項）。*1

2 例 外

債権者の帰責事由によって履行不能が生じた場合，債権者は反対債務の履行を拒絶することができません。この場合，債務者は，自己の債務を免れたことによって得た利益を債権者に償還しなければなりません（536条2項）。*2

3 第三者のためにする契約

重要度 C

第三者のためにする契約とは，契約当事者の一方が第三者に直接に債務を負担することを約する契約をいいます（537条〜539条）。

例えば，売主Aが買主Bに対して自動車を売却し，売買代金を第三者Cに受領させるという場合がこれにあたります。この場合，Cは，Bに対して直接代金の支払を請求することができます。なお，Bを諾約者といい，Aを要約者といい，Cを受益者といいます。

---

*1
■ 参考データ

債権者は自己の債務の履行を拒絶できるだけです。自己の債務を消滅させたい場合，債権者は契約の**解除**をしなければなりません。

Festina lente

売買の目的物が特定され，引き渡された場合，それ以後に，目的物が両当事者の責めに帰すことができない事由によって滅失・損傷した場合，買主は追完請求等をすることもできないし，代金の支払を免れることはできなくなるよ（567条1項）。簡単にいうと，買った物を引き取った後にそれが壊れても，売主に帰責事由がないなら，買主は代金の支払を拒むことはできないんだ。

*2
■ 参考データ

債権者の**受領遅滞**後に当事者双方の責めに帰することができない事由によってその債務の履行が不能となったときは，その履行の不能は，**債権者の帰責事由**によるものとみなされます（413条の2第2項）。

1 要件

① 要約者と諾約者との間に有効な契約が成立すること
② 受益者に直接権利を取得させるという契約であること

2 効果

1 第三者の地位

第三者は，**契約の利益を享受する意思表示**をすることによって，諾約者に対する直接の請求権を取得します（537条3項）。

2 要約者・諾約者の地位

要約者と諾約者間においては，通常の契約と同様の権利義務が発生します。そして，諾約者は，要約者に対して有する抗弁について（同時履行の抗弁権等），受益者に対抗することができます（539条）。

なお，受益者の受益の意思表示があった後は，受益者が諾約者に対して権利を取得するので，要約者・諾約者間の合意のみにより，受益者の権利を変更することができなくなります（538条1項）。

また，受益者が受益の意思表示をした後，諾約者が受益者に対する債務の履行をしない場合，要約者は，受益者の承諾を要件として，契約を解除することができます（同条2項）。

Festina lente
胎児や設立中の会社など，将来出現する者を受益者とする第三者のためにする契約も有効だよ（537条2項）。

4 契約上の地位の移転

重要度 C

契約の当事者の一方が第三者との間で契約上の地位を譲渡する旨の合意をした場合において，その**契約の相手方がその譲渡を承諾**したときは，契約上の地位は，その第三者に移転します（539条の2）。

例えば，A・B間で契約が成立し，Aがその契約上の地位をCに譲渡する場合，Bの承諾が必要となります。

本試験レベルの問題にチャレンジ！ ▶▶▶

Chapter 30 契約の解除

重要度 A

イントロダクション　学習のポイント

　契約総論の最終テーマが**契約の解除**です。一度有効に成立した契約も，例えば，債務不履行のようなその後の事情によって，**契約をなかった状態に戻す**ことができます。これが解除です。解除は，**解除権**を有する者の**一方的な意思表示**によって，行われます。解除に似たような制度として**取消し**について勉強しましたが，取消しはそもそも契約の有効要件にかかわる問題でした。

ベーシック　じっくり理解しよう！

1　総　説

重要度 C

　解除とは，契約が有効に成立した後に，一方当事者の意思表示によって，その契約が初めから存在しなかった場合と同様の状態に戻す効果を生じさせることをいいます。

　例えば，売主Aと買主BがA所有の家屋の売買契約を締結したとします。そこで，Bが代金の全部又は一部をAに支払ったのですが，Aが家屋の引渡しを遅滞しているとします。

　この場合，Bを**契約の拘束力から解放**する制度が解除です。すなわち，Bは，Aとの契約を解除すれば，契約をなかったものとすることができ，支払っていた代金の返還を求めることができます。

解除には，契約により当事者の一方ないし双方に解除権を与える約定解除と，法律の規定により解除権が生じる法定解除があります。[1]

*1
■参考データ

解除に類似する制度として，当事者の合意によって契約関係を消滅させる合意解除（解除契約）も認められています。

2 法定解除権の発生要件

重要度 **A**

541条及び542条は，法定解除権の発生に関する規定です。

なお，各種契約に基づく特殊な解除を定めた条文として，550条，594条3項，607条，610条，611条2項，612条2項等があり，これらについては契約各論で学習します。

1 催告解除の要件 (541条)

1 債務が履行期に履行可能であること

2 債務者が履行期を徒過したこと

3 履行しないことが違法であること

履行しないことが違法でない事由として，同時履行の抗弁権（533条）や留置権（295条）などが挙げられます。

4 相当の期間を定めて催告すること

相当期間の催告は，債務者に履行の機会を再度与えるために要求されています。[2]

5 相当期間が経過すること

解除権が発生した後でも，債権者が解除の意思表示をする前に，債務者が本来の給付に加え，遅滞により生じた損害の賠償を提供したときは，一度発生した解除権は消滅します（判例）。

6 債務の不履行が契約及び取引上の社会通念に照らして軽微でないこと (541条但書)

「債務不履行」＋「催告」＋「相当期間の経過」を全体として考慮した上で，債務不履行が軽微と評価される場合には，債務不履行により債権者が契約を維持する利益ないし期待を失っていないため，解除権が否定されます。

7 債務の不履行が債権者の帰責事由によるものでないこ

*2
■参考データ

期間を定めないで催告したり，不相当に短い期間を定めて催告した場合でも，客観的に相当期間が経過した後は，解除することができます（判例）。

期間の定めのない債務について債務者が履行しない場合，債権者が契約を解除するためには，412条3項の履行の請求をすれば足り，さらに541条の「催告」をする必要はありません（二重の催告は不要）。

Chapter 30
契約の解除 **341**

と（543条）

8　債権者が解除の意思表示をすること

2 無催告解除ができる場合

　債務不履行を受けた債権者が，催告をして履行をする機会を債務者に与えるまでもなく，直ちに契約を解除することができる場合があります（542条1項，2項）。

　なお，債務不履行が債権者の帰責事由によるものであるときは，債権者は，契約の解除をすることができません（543条）。

Festina lente

　例えば，買主が売買契約の目的物である売主の所有する中古カメラを不注意で壊してしまい，その引渡しが不能となった場合，買主は債務不履行を理由としてその契約を解除することができないよ。しかも，この場合，売主は買主に対して売買代金の支払を求めることができるんだ（536条2項前段）。

1　契約の全部解除（542条1項）

　次のいずれかの場合は，無催告で契約の全部を解除できます。

(1)　債務の全部の履行が不能である場合（1号）

(2)　債務者が債務の全部の履行を拒絶する意思を明確に表示した場合（2号）

(3)　債務の一部の履行が不能である場合又は債務者がその債務の一部の履行を拒絶する意思を明確に表示した場合において，残存する部分のみでは契約をした目的を達することができない場合（3号）

(4)　契約の性質又は当事者の意思表示により，特定の日時又は一定の期間内に履行をしなければ契約をした目的を達することができない場合において，債務者が履行をしないでその時期を経過したとき（4号）

　例えば，中元の進物用の団扇を6月中に送付すべき約束でした売買契約等がこれにあたります。

(5)　上記の場合のほか，債務者がその債務の履行をせず，債権者がその履行の催告をしても契約をした目的を達するのに足りる履行がされる見込みがないことが明らかで

ある場合（5号）

2 契約の一部解除（542条2項）

次のいずれかの場合は，無催告で契約の一部を解除できます。

(1) **債務の一部の履行が不能であるとき**（1号）
(2) **債務者がその債務の一部の履行を拒絶する意思を明確に表示したとき**（2号）

3 解除の方法　重要度 B

1 意思表示

解除は，相手方に対する**意思表示**によって効力が生じます（540条1項）。

いったん解除の意思表示をした後は，**撤回することができません**（同条2項）。撤回を認めると相手方の地位が不安定となるからです。

2 解除権の不可分性

契約当事者の一方が複数の場合，解除の意思表示は，特約がない限り，その**全員から又は全員に対して**しなければなりません（解除権行使の不可分性　544条1項）。法律関係の複雑化を避けるためです。*1

また，その**1人について解除権が消滅**したときは，**他の者についても消滅します**（解除権消滅の不可分性　同条2項）。

*1

■ 参考データ

共有物を目的とする賃貸借契約の解除は，共有物の管理に関する事項（252条本文）にあたるので，544条1項の適用はなく，持分価格の過半数により決せられます（判例）。

4 解除の効果　重要度 A

1 当事者間の関係

解除がなされると，各当事者は**原状回復義務**を負います（545条1項本文）。

原状回復義務については，反対の特約がない限り，保証人も責

任を負います（判例）。

そして，各当事者の原状回復義務は，**同時履行の関係**に立ちます（546条・533条）。

2 第三者との関係

Festina lente

545条1項但書は，解除により「第三者の権利を害することはできない」と規定します。

例えば，売主Aと買主Bの間で土地売買契約が締結されたが，Bの債務不履行によりAが契約を解除した場合を考えてみましょう。

この場合，解除により当該売買契約は遡及的に消滅するので，Bが解除前に第三者Cに土地を転売していたとしても，論理的には，Cは無権利者から土地を購入したことになり，土地所有権を取得することができなくなります。

しかし，これを貫くと取引の安全が害されるので，545条1項但書は，第三者を保護しています。

取引の安全保護という545条1項但書の趣旨から，第三者とは，解除された契約から生じた法律効果を基礎として，**解除前に新たな権利を取得した者**をいうと解されています。*1

なお，第三者は**登記**（不動産の場合）を具備していることを要すると解されています（判例）。

*1
■ 参考データ
解除前の第三者は，545条1項但書により保護されますが，解除後の第三者は，解除権者と第三者との対抗問題（177条）として処理されます。

5 解除権の消滅

重要度 B

1 547条による消滅

解除権の行使について**期間の定めがない場合**は，相手方は，解除権者に対し，相当の期間を定めて，その期間内に解除をするか

どうかを確答すべき旨の**催告**をすることができ，その**期間内に解除の通知を受けないとき**は，解除権は消滅します。解除されるか否かがわからない相手方の不安定な地位を解消させるためです。

2　548条による消滅

解除権を有する者が**故意若しくは過失**によって契約の目的物を著しく損傷し，若しくは返還することができなくなったとき，又は加工若しくは改造によってこれを他の種類の物に変えた場合にも解除権を認めることは，信義則に反するので，解除権は消滅します。ただし，解除権を有する者が，解除権を有することを知らずに，上記行為をしたときは，解除権は消滅しません。

3　その他の原因による消滅

解除権の放棄，解除権の時効消滅等があります。

Festina lente

解除権は，債権に準じて，債権者が債務不履行を知った時から5年間又は債務不履行時から10年間の消滅時効にかかるよ（166条1項）。なお，解除によって生ずる原状回復請求権は，債権者が原状回復請求権の成立を知った時から5年間又は解除時から10年間の消滅時効にかかると考えられているけど（166条1項），両起算点は，ほとんどの場合に一致するため，10年の消滅時効が問題となることはまれであるとされているんだ。

ファイナルチェック　基礎知識の確認

問題1　履行遅滞による契約の解除をするに先立ち，期間を定めて履行の催告をしたが，その期間が不相当に短かった場合であっても，催告時と解除時の間に相当な期間が経過していれば，解除は有効である。

問題1 ○　（判例）

本試験レベルの問題にチャレンジ！▶▶▶

Chapter 32 財産移転型契約

重要度 B

イントロダクション　学習のポイント

典型契約のうち，財産移転型の契約は，①贈与，②売買，③交換の3種類があります。

中でも②売買契約は契約の基本であるとともに，売買契約の規定は原則として他の有償契約にも準用されること（559条）から大切なテーマです。売買契約の中でも，売主の担保責任は特に重要なので，その責任の種類・内容についてはしっかりと勉強していきましょう。

ベーシック　じっくり理解しよう！

1 売買契約の意義・成立

売買契約とは，当事者の一方（売主）がある財産権を相手方（買主）に移転することを約束し，これに対して買主がその代金を支払うことを約束することによって効力を生ずる契約をいいます（555条）。諾成・双務・有償の契約です。

1 売買の一方の予約

売買の一方の予約とは，当事者の一方が予約完結権を有する予約をいいます。予約完結権を有する者の一方的意思表示により，売買契約は成立します（556条1項）。

2 手付

手付とは，契約の締結の際に，買主から売主に対して交付される金銭その他の有価物をいいます（557条1項）。

1 証約手付

証約手付とは，契約を締結したことを示し，その証拠という趣旨で交付される手付をいいます。手付は，最低限，証約手付の性質を有します。

2 解約手付

解約手付とは，手付の金額だけの損失を覚悟すれば，相手方の債務不履行がなくても契約を解除できるという趣旨で交付される手付をいいます。交付された手付は，解約手付と推定されます。

買主が売主に解約手付を交付したときは，買主はその手付を放棄し，売主はその倍額を現実に提供して，契約の解除をすることができます（557条1項本文）。ただし，その相手方が契約の履行に着手した後は，解除することはできません（同項但書）。

(1) 買主はその手付を放棄し，売主はその倍額を現実に提供

売主の倍額償還は，現実の提供を要します。

(2) 相手方が契約の履行に着手した後はこの限りでない

この要件は，履行に着手した当事者が不測の損害を被ることを防止する趣旨です。*1

履行に着手した当事者であっても，相手方が履行に着手するまでの間は，解約手付により契約を解除できます。

*1
■ 参考データ

契約の履行に着手とは，客観的に外部から認識できるような形で履行行為の一部をなし，又は履行の提供をするために欠くことのできない前提行為をした場合をいいます（判例）。

3　違約手付

違約手付とは，違約罰又は損害賠償額の予定として交付される手付をいいます。違約手付は，損害賠償額の予定と推定されます（420条3項参照）。

違約罰としての手付	買主が履行しないときに，売主が手付金を取得できるだけでなく，それ以外に売主はさらに違約につき損害賠償を請求できるという手付
損害賠償額の予定としての手付	当事者の一方の債務不履行の場合に生ずる損害賠償として，手付の交付者は手付を没収され，手付の受領者は手付の倍額を返還すれば足り，それを超える損害賠償を認めないという手付

2　売買契約の効力

重要度 **A**

1　売主の義務

1　財産権移転義務

財産権移転義務とは，「ある財産権を相手方に移転する」義務をいいます（555条）。売買の中心的な効力の1つです。

（1）権利を移転する義務

売主は，買主に対して目的たる財産権を移転しなければなりません（555条）。

他人の権利（権利の一部が他人に属する場合におけるその権利の一部を含みます）を売買の目的としたときは，売主は，その権利を取得して買主に移転する義務を負います（561条）。

例えば，AがC所有の不動産を自己の所有物としてBに売却した場合，契約としては有効であり（他人物売買），Aは，Cから不動産の所有権を取得して，Bに移転する義務を負います（561条）。その義務が果たせなかった場合，Aは，Bに対して債務不履行責任を負うことになります（415条，541条，542条）。[1]

*1
■ **参考データ**

権利の一部が他人に属する場合に，その権利の移転ができないときは，売主は，担保責任（債務不履行責任の特則）を負うことになります（565条・562条〜564条，415条，541条，542条）。

Part 2
民 法

350

所有者C　売主A　　売買契約　　買主B

(2) 対抗要件を具備させる義務（560条）

売主は，買主に対し，登記，登録その他の売買の目的である権利の移転についての対抗要件を備えさせる義務を負います。

(3) 権利の移転に必要な行為をする義務

権利の移転のためになんらかの行為が必要である場合には，売主は，その行為をしなければなりません。

(4) 引渡義務などの占有を移転する義務

売主は，目的物を引き渡すなど目的物の占有を移転しなければなりません。

2　果実引渡義務

575条は，目的物から生じる果実の引渡しと代金の利息の支払を簡潔に処理するため，果実と代金の利息を相殺的に処理する旨を定めています。

すなわち，**引渡前に目的物から生じた果実は，売主に帰属**し，買主は，**目的物の引渡日から代金の利息支払義務**を負います。

$$果実 - 管理費 = 利息$$

なお，判例によれば，売主は，目的物の引渡しを遅滞していても，買主の代金が未払いである限り，果実を取得することができます。また，買主が代金全額を支払えば，売主は，目的物を占有していても果実収取権を失います。

3　担保責任

担保責任とは，売買の目的物に契約不適合がある場合や移転した権利に契約不適合がある場合に，売主が買主に対して負う責任をいいます（562条〜570条）。

これは，売主の不完全な履行がなされたことに対する**債務不履行責任の特則**です。

> **Festina lente**
> 例えば，賃借権の売買の場合には，売主は，賃貸人の承諾を得なければならないよ（612条）。

〈担保責任の内容〉

不適合の種類		規律の内容	条文
目的物の契約不適合	種類，品質又は数量の契約不適合	追完請求権	562条
		代金減額請求権	563条
		損害賠償請求権・契約の解除	564条
	種類又は品質の契約不適合（追加的規律）	担保責任の期間の制限	566条
		競売における担保責任の特則の対象外	568条4項
移転した権利の契約不適合	移転した権利の不適合（他人に一部が帰属する権利の不移転を含む）（※）	追完請求権，代金減額請求権，損害賠償請求・契約の解除	565条
	契約に適合しない抵当権等	費用の償還請求	570条

※ 権利の全部が他人に属する場合は，565条ではなく，債務不履行責任（415条，541条，542条）によります。

（1）目的物の契約不適合

目的物の契約不適合とは，「引き渡された目的物が種類，品質又は数量に関して契約の内容に適合しないものであるとき」をいいます（562条1項本文）。

a 要 件

ア 引き渡された目的物

目的物が何であるかという限定はなく，特定物か不特定物か，又は代替物か非代替物であるかを問いません。

また，引渡しのない履行遅滞や履行不能は目的物の契約不適合にはあたらないため，債務不履行の一般的規律によって処理されることになります。

イ 種類，品質又は数量に関して契約の内容に適合しないものであるとき

例① 品 質

例えば，BがAから中古車1台を買う契約を結んだが，実は契約前から当該中古車のエンジン部分には欠陥があり，走行できないことが判明した場合，売主は担保責任を負うことになります。

種類・品質の契約不適合には，物質的な欠陥のみならず，環境的瑕疵（その物を取り巻く外部状況の欠点，例えば近くに暴力団事務所のある建物など），心理的瑕疵（その物に付着する心理的な負担，例えば自殺来歴のある建物など）も含まれます。

目的物に法律上の利用制限がある場合にも，欠陥にあたります（判例）。

例②　数量不足又は物の一部滅失

例えば，AがBに1㎡あたり10万円として土地を100㎡売却したが，実際には90㎡しかなかった場合，売主は担保責任を負うことになります。

売買の目的物に数量不足があったすべての場合に数量の契約不適合があったということになるのではなく，売買契約の当事者が当該契約のもとで「数量」に特別の意味を与え，それを基礎として売買がされた場合にはじめて，数量の不適合があったと評価されることになります。[1]

b　効　果

ア　追完請求権（562条）

買主は，売主に対し，①目的物の**修補**，②**代替物の引渡し**又は③**不足分の引渡し**による**履行の追完を請求**することができます（同条1項本文）。

もっとも，売主は，買主に不相当な負担を課するものでないときは，買主が請求した方法と異なる方法による履行の追完をすることができます（同項但書）。例えば，買主の修補請求に対し，売主は，買主に対し不相当な負担を課すものでなければ，代替物を引き渡すことによっ

[1] ■参考データ

「数量」を契約の内容とした場合とは，当事者において目的物の実際に有する数量を確保するため，その一定の面積，容積等のあることを売主が契約において表示し，かつ，この数量を基礎として代金額が定められた売買契約をいいます（判例）。

て追完することができます。

　また，目的物の契約不適合が買主の帰責事由によるものであるときは，買主は，売主に対し，履行の追完を請求することができません（同条2項）。この趣旨は，契約不適合が買主の帰責事由によるものである場合にまで，追完請求を認めるべきではないという点にあります。

イ　代金減額請求権（563条）

　買主が相当の期間を定めて履行の追完の催告をし，その期間内に履行の追完がないときは，買主は，その不適合の程度に応じて代金の減額を請求することができます（追完請求権の優位性　同条1項）。

　もっとも，次に掲げる場合には，例外的に，買主は，催告することなく，直ちに代金の減額を請求することができます（同条2項各号）。

① 　履行の追完が不能であるとき

② 　売主が履行の追完を拒絶する意思を明確に表示したとき

③ 　契約の性質又は当事者の意思表示により，特定の日時又は一定の期間内に履行をしなければ契約をした目的を達することができない場合において，売主が履行の追完をしないでその時期を経過したとき

④ 　上記に掲げる場合のほか，買主が催告をしても履行の追完を受ける見込みがないことが明らかであるとき

　また，目的物の契約不適合が買主の帰責事由によるものであるときは，買主は，売主に対し，代金減額請求をすることができません（同条3項）。

ウ　損害賠償請求権・解除権（564条，415条，541条，542条）

　買主は，追完請求権，代金減額請求権を有する場合であっても，債務不履行に基づく損害賠償請求，及び解除をすることができます。*1

c　期間制限（566条）

　売主が「種類又は品質」に関して契約の内容に適合しない目的物を買主に引き渡した場合において，買主がその不適合を知った時から1年以内にその旨を売主に通知しない

---

*1

☑️ 要チェック！過去問題

Aが甲建物をBに売却する旨の売買契約において，Bに引き渡された甲が契約の内容に適合しない場合，Bは，Aに対して，履行の追完または代金の減額を請求することができるが，これにより債務不履行を理由とする損害賠償の請求は妨げられない。

➡ 🔵 (R3-33-イ)

ときは，買主は，その不適合を理由として，履行の追完の請求，代金の減額の請求，損害賠償の請求及び契約の解除をすることができません（同条本文）。*2

ただし，売主が引渡しの時にその不適合を知り，又は重大な過失によって知らなかったときは，この期間制限は適用されません（同条但書）。悪意・重過失のある売主は保護する必要がないからです。

*2
■ 参考データ
この趣旨は，目的物の引渡しによって履行が完了したときの売主の期待を保護し，短期の期間制限を設けることにより，法律関係を早期に安定化させることにあります。

(2) 移転した権利の契約不適合

売主が買主に移転した権利が契約の内容に適合しないものである場合（権利の一部が他人に属する場合においてその権利の一部を移転しないときを含みます）には，562条から564条までの規定が準用されます（565条）。

a 要 件

ア 「移転した権利が契約の内容に適合しないものである場合」

例① 売買の目的物である不動産の上に地上権，永小作権，地役権，留置権，質権，先取特権，抵当権の負担があった場合

例えば，Bが家を建てようと思ってAから土地を購入したところ，その土地上にはCの地上権が設定されており（登記済み），Bが家を建てることができなかった場合，売主は担保責任を負うことになります。

例② 売買の目的物である不動産のために存すると称した地役権が存在しなかった場合

例③ 売買の目的物である不動産の上に対抗力を有する他人の賃借権が存在している場合

イ 「権利の一部が他人に属する場合においてその権利の一部を移転しないとき」

例えば，AがBに不動産を売却したが，不動産の一部がCの所有に属していた場合において，その一部をBに移転できなかった場合，AはBに対して担保責任を負うことになります（565条・562条〜564条，415条，541条，542条）。

b 効　果

ア　追完請求権（565条・562条）

イ　代金減額請求権（565条・563条）

ウ　損害賠償請求権・解除権（565条・564条，415条，541条，542条）

エ　抵当権等がある場合の買主による費用の償還請求（570条）

買い受けた不動産について契約の内容に適合しない先取特権，質権又は抵当権が存していた場合において，買主が費用を支出してその不動産の所有権を保存したときは，買主は，売主に対し，その費用の償還を請求することができます。*1

Festina lente

契約不適合を理由とする担保責任に関する民法の規定は，任意規定だよ。だから，当事者間の特約によってこれを排除することができるのが原則なんだ（572条）。ただ，①知りながら告げなかった事実，及び②自ら第三者のために設定し又は第三者に譲り渡した権利については，売主はその責任を免れることができない。これらの場合に，特約による免責を認めるのは，信義則に反するからね。

*1
■ 参考データ
具体的には，買主が，被担保債権の第三者弁済（474条），代価弁済（378条），又は抵当権消滅請求（379条）をした場合です。

(3) 担保責任の全体像

	追完請求権	代金減額請求	解　除・ 損害賠償	権利行使期間 の定め
物の品質，種類に関する 契約不適合（562条）	○	○	○	1 年（566条） （※2）
物の数量に関する 契約不適合（562条）	○	○	○	5 年又は 10 年 （※3）
権利移転に関する 契約不適合（565条）（※1）	○	○	○	5 年又は 10 年 （※3）

※1　権利の一部が他人に属する場合において，その権利の一部を移転しないときを含む。
※2　債権の消滅時効の一般原則（166条1項）の適用を排除するものではない。
※3　債権の消滅時効の一般原則（同項）による。

2 買主の義務

1 代金支払義務

代金の支払期限や支払場所は，契約ないし慣習（92条）により定められるのが通常ですが，目的物の引渡しに期限があるときは，代金支払にも同じ期限が定められていると推定されます（573条）。

また，目的物の引渡しと同時に代金を支払う特約があるときは，引渡場所で代金を支払うことを要します（574条）。*2

2 利息支払義務

買主は，目的物の引渡しを受けるまで代金に利息を付ける必要はありません。また，引渡しを受けても代金支払時期がそれ以降に約定されているときは，その期限が到来するまで代金に利息を付ける必要はありません（575条2項）。

3 買戻し・再売買の予約

買戻しとは，売買契約を締結する際に，売主が一定期間内に売買代金（別段の合意をした場合にあっては，その合意により定めた金額）と契約費用を返還すれば，目的物を取り戻せる旨を約束することをいいます（579条以下）。

再売買の予約とは，売買に際して，売主が将来目的物を再び買い戻すことを予約することをいいます（556条）。

両者は，債権の担保という機能を有する点で共通します。

*2
■ 参考データ
目的物について権利を主張する者があって，買主がその買い受けた権利の全部又は一部を失うおそれがあるときは，買主は，その危険の程度に応じて，代金の全部又は一部の支払を拒むことができます（576条本文）。

	買戻し	再売買の予約
目的物	不動産に限定（579条） → 動産の買戻特約も当事者間では有効	制限なし
特約の時期	売買契約と同時（579条）	制限なし
返還すべき額	現実に支払った代金（※） ＋ 契約費用（579条）	制限なし
対抗要件	登記（581条）	仮登記
権利行使期間	① 10年超の定めは不可 ② 定めがなければ5年内 ③ 一度定めたら，伸長・更新不可	予約完結権は5年又は10年の消滅時効（166条1項）
意思表示の相手方	現在の所有者	当初の予約義務者
行使方法	売買代金（※）と契約費用を提供する（583条）	意思表示のみ

※ 別段の合意をした場合にあってはその合意により定めた金額。

3 贈与契約

重要度 C

1 意　義

　贈与とは，ある人（贈与者）が相手方（受贈者）に無償である財産を与える意思を表示し，相手方がこれを受諾することによって成立する契約をいいます（549条）。諾成・無償・片務契約です。

1 書面によらない贈与

　書面によらない贈与は，履行の終わった部分を除いて，各当事者は，いつでも解除することができます（550条本文）。
　これに対して，履行の終わった部分については，解除することはできません（同条但書）。なぜなら，この場合には，贈与者の

贈与意思が外部に表示されて明確になっているからです。[*1]

引渡しがあれば（占有改定による引渡しも含まれます），登記が済んでいなくても，「履行の終わった」にあたります（判例）。

*1
■ 参考データ
履行の終わった部分とは，贈与者の贈与意思が外部に対して明確に示された状態と解されています。

また，引渡しがなくても，移転登記がなされた場合には，「履行の終わった」にあたります（判例）。

2 書面による贈与

書面による贈与では，各当事者は，解除することはできません（550条本文の反対解釈）。贈与の意思が書面に記されることにより，明確になっているからです。

2 効力──贈与者の引渡義務

贈与者は，贈与契約の内容に従って，財産権を給付する義務（物の引渡し，不動産の引渡し・移転登記）を負います。

そして，贈与の無償性にかんがみ，贈与者は，贈与の目的である物又は権利を，贈与の目的として特定した時の状態で引き渡し，又は移転することを約したものと推定されます（551条1項）。

なお，特定物の贈与では，贈与者は，目的物を引き渡すまで，善管注意義務を負います（400条）。

Festina lente

特殊な贈与として，①負担付贈与と②死因贈与があるよ。負担付贈与とは，贈与契約に際して，受贈者も何らかの給付を負担する契約をいって（553条），贈与者は，その負担の限度において売主と同じ担保責任を負うんだ（551条2項）。これに対して，死因贈与とは，贈与者の死亡によって効力を生ずる贈与契約をいって（554条），死亡が効力発

> 生要件である点で遺贈（964条以下）と類似するから，その性質に反しない限り，遺贈に関する規定が準用されるんだ（554条）。

4 交換契約

重要度 C

　例えば，AがBに自転車を，BがAにスキー用具一式を渡すというように，当事者が互いに金銭の所有権以外の財産権を移転する契約を交換契約といいます（586条1項）。売買契約と同様に，有償・双務・諾成契約です。

　当事者間に特約がない限り，売買契約に関する規定が準用されます（559条）。

ファイナルチェック　基礎知識の確認

問題1　買主が手付として500万円を交付した場合，売主が契約を解除するためには，買主に対して，口頭の提供をするのみでは足りず，その倍額の1,000万円につき現実の提供を行うことを要する。

問題2　Aが所有する甲不動産について，Bを売主とし，Cを買主とする売買契約が成立した場合，甲不動産の所有権は売買契約成立時にBからCに移転するが，BがAから所有権を取得することができないため売買契約が解除されたときは，甲不動産の所有権はCからAに直接復帰する。

問題3　書面によらない不動産の贈与において，受贈者に登記を移転すれば，引渡しが未了でも，贈与者は贈与を解除することができない。

問題1 ○　口頭の提供とは，必要な準備を完了し，受領を催告すること。　**問題2 ×**　この場合，売主は他人の権利を取得して買主に移転する義務を負うのであり（561条），売買契約成立時に売主から買主に所有権が移転するわけではない。
問題3 ○　（550条但書　判例）

本試験レベルの問題にチャレンジ！ ▶▶▶

Chapter 33 貸借型契約

重要度 B

Part 2 民法

イントロダクション　学習のポイント

典型契約のうち，貸借型の契約は，①賃貸借，②消費貸借，③使用貸借の3種類があります。利用するために物を借りたときに賃料を支払うのが賃貸借であり，タダ（無償）で借りるのが使用貸借です。一方，消費するために物を借り，例えば，隣家からお米を借りる，お金を借りるなどの場合，同じ物を用意して返すのが消費貸借です。賃貸借が試験では重要です。

ベーシック　じっくり理解しよう！

1 賃貸借契約の意義・効力

重要度 A

　賃貸借契約とは，当事者の一方（賃貸人）がある物の使用及び収益を相手方（賃借人）にさせることを約し，相手方（賃借人）がこれに対してその賃料を支払うこと及び引渡しを受けた物を契約が終了したときに返還することを約する契約をいいます（601条）。有償・双務・諾成契約です。[1]

  ←使用収益権 賃料支払請求権→
賃貸人A　　　　　　　　　　　　賃借人B

また，他人物の賃貸借契約も有効です（559条・561条参照）。

*1

■参考データ

不動産賃借人の保護を図るため，借地借家法が制定されています。同法では，建物の所有を目的とする地上権及び土地の賃借権（借地権）の存続期間，効力等，並びに建物の賃貸借（借家権）の契約の更新，効力等に関して特別の規定がなされています。

1 賃貸人・賃借人間の効力

1 賃貸人の義務
(1) 使用収益させる義務

賃貸人は，賃借人に対して目的物を使用収益させる義務を負

います（601条）。

（2）修繕義務

賃貸人は，特約がない限り，目的物の使用収益に必要な修繕をする義務を負います（606条1項）。ただし，賃借人の帰責事由によってその修繕が必要となったときは，修繕義務を負いません（同項但書）。

（3）費用償還義務

a　必要費

賃借人が目的物を保存するのに必要な費用（必要費　例えば，畳の修繕費，公租公課等）を支出したときは，特約がない限り，賃貸人に対して，直ちにその償還を請求することができます（608条1項）。

b　有益費

賃借人が目的物の改良のための費用（有益費　例えば，建物の増築費用，壁紙の貼替費用等）を支出したときは，特約がない限り，賃貸借終了時において，目的物の価格の増加が賃貸借終了時に現存する限りで，賃貸人の選択に従い，支出した費用又は増価額のいずれかを償還するように請求することができます（608条2項本文，196条2項）。

Festina lente

必要費償還請求及び有益費償還請求は，貸主が目的物の返還を受けた時から1年以内に行使されなければ，消滅するよ（622条・600条）。つまり，2つの請求権は行使できる時期は異なるけれど，できなくなる時期は一緒なんだ。

（4）担保責任

賃貸借は有償契約ですから，賃貸人は，売買契約の売主と同様に，賃借人に対して担保責任を負います（559条，562条以下）。

2　賃借人の義務

（1）賃料支払義務

賃借人は，目的物の使用収益の対価として，賃料を支払わなければなりません（601条）。

(2) 用法遵守義務，目的物保管・返還義務，原状回復義務

賃借人は，契約又は目的物の性質によって定まった**用法に従って**，使用収益することを要し（616条・594条1項），目的物を返還するまで**善管注意義務**を負います（400条）。

また，賃貸借契約が終了したときは，賃借人は，賃貸人に対し，目的物を**返還する義務**を負います（601条）。

さらに，賃借人は，賃借物を受け取った後にこれに生じた損傷（通常の使用及び収益によって生じた賃借物の損耗並びに賃借物の経年変化を除く）がある場合において，賃貸借が終了したときは，その損傷を**原状に復する義務**を負います（621条本文）[1]。

*1
■ 参考データ
損傷が賃借人の責めに帰することができない事由によるものであるときは，原状回復義務を負いません（621条但書）。

2 賃借権の譲渡・転貸

賃借権の譲渡とは，賃借人Bが第三者Cに対してBの賃借人の地位を移転することをいいます。また，転貸とは，賃借人Bが賃貸借の目的物をDに又貸しすることをいいます。

賃借人は，**賃貸人の承諾**がなければ，賃借権を第三者に譲渡することができず，また，賃借物を第三者に転貸することができません（612条1項）。なぜなら，賃貸借は人的信頼関係に基づくからです。

土地賃借人が借地上に建てた**建物を第三者に賃貸**することは，建物の使用収益であって，**土地の転貸にはあたりません**（判例）。

1 賃貸人の承諾がない場合

例えば，AがBに対し建物を賃貸している場合において，B

が，無断で賃借権をCに譲渡した場合（無断譲渡），又は無断で賃借物をDに転貸した場合（無断転貸）における関係者間の法律関係を考えてみましょう。

(1) B・C間，B・D間の法律関係

612条1項の意味は，Aの承諾のない限り，譲渡・転貸は，Aに対抗できないという点にありますから，**B・C間の賃借権の譲渡，B・D間の賃借物の転貸自体は，有効**です。*1

*1 **参考データ**
BはAの承諾を得る義務を負い，これができなければ，CやDは，契約を解除することができます（542条1項1号）。

(2) A・B間の法律関係

無断譲渡又は無断転貸がなされ，CやDが**賃借物を使用収益したとき**は，Aは，Bとの間の賃貸借契約を解除することができます（612条2項）。

もっとも，条文を形式的に適用すると，あまりに広く解除が認められてしまい，賃借人に酷なケースも出てくるため，解釈により，解除が制限されています。そこで，たとえ無断譲渡・転貸があったとしても，例えば，使用収益の実態には変化がないなど，賃借人の当該行為が**賃貸人に対する背信的行為と認めるに足らない特段の事情**がある場合は，612条2項の解除権は発生しないと解されています（判例）。

(3) A・C間，A・D間の法律関係

無断譲渡・転貸は，賃貸人に対しては，何ら効力を生じないため，CやDは，Aとの関係では不法占有者となります。したがって，Aは，Bとの賃貸借契約を解除しなくても，CやDに対して，**所有権に基づく返還請求**をすることができます。

2 賃貸人の承諾がある場合

例えば，Aが建物をBに賃貸している場合において，Bが，Aの承諾を得て，賃借権をCに譲渡した場合，又は賃借物をDに転貸した場合を考えてみましょう。

(1) 譲渡の場合

Bは契約から脱け出て，A・C間の賃貸借が継続します。

(2) 転貸の場合

a　Bは賃借人のままであるが，Dは，A・B間の賃貸借に基づくBの債務の範囲を限度として，**Aに対して直接義務を負います**（613条1項前段）。これは，賃貸人Aを保護するために規定されたものです。例えば，Aは，Dに対して賃料を請求することができます。この場合，Dは賃料の前払いをもってAに対抗することができません（同項後段）。*2

b　A・B間で賃貸借契約を**合意解除**しても，この解除を**Dに対抗することはできません**（613条3項本文）。もっとも，その解除の当時，AがBの債務不履行による解除権を有していたときは，Dに対抗することができます（同項但書）。

また，AがBの**債務不履行を理由として賃貸借契約を解除**したときは，Dは，転貸借をもって**Aに対抗することはできません**。なぜなら，B・D間の転貸借の存在の前提となっているA・B間の賃貸借が消滅しているからです。

なお，**AがDに目的物の返還を請求**した時に，BのDに対する債務が社会通念上履行不能となるので，その時に**転貸借契約が終了**します（判例）。

*2
■ 参考データ
ここでいう賃料の前払いとは，すでに賃料を支払ったことを意味するのではなく，転貸借契約における弁済期を基準として，賃料をその弁済期よりも前に支払うという趣旨です。

3 賃借人の第三者に対する関係

賃借権は債権なので，賃借人は，賃貸人に対しては目的物を使用収益させるように要求できますが，賃貸人たる地位につかない新所有者に対しては使用収益させるように要求できないのが原則です（これを「売買は賃貸借を破る」といいます）。

例外として，不動産賃借権は，登記をすれば，その不動産について物権を取得した者その他の第三者に対抗することができます（605条）。すなわち，新所有者に対しても，対抗することができます。*1

1 目的物の譲受人に対する関係

例えば，AがBに対して不動産を賃貸している場合において，AがYに不動産を譲渡したという事例を考えてみましょう。

(1) 賃借権の対抗要件がある場合

民法605条，借地借家法10条又は31条その他の法令の規定による賃貸借の対抗要件を備えた場合において，その不動産が

*1
■ 参考データ

土地の賃借人は，借地権の登記がなくても，当該土地上にある自分の建物の登記があれば，第三者に対して借地権を対抗することができます（借地借家法10条1項）。また，建物の賃借人は，賃借権の登記がなくても，建物の引渡しがあったときは，建物の新所有者等に対して借家権を対抗することができます（同法31条）。

譲渡されたときは，その不動産の賃貸人たる地位は，その譲受人に移転します（605条の2第1項）。*2

　もっとも，不動産の譲渡人及び譲受人が，賃貸人たる地位を譲渡人に留保する旨及びその不動産を譲受人が譲渡人に賃貸する旨の合意をしたときは，賃貸人たる地位は，譲受人に移転しません（同条2項前段）。そして，この場合において，譲渡人と譲受人との間の賃貸借が終了したとき，譲渡人に留保されていた賃貸人たる地位は，譲受人に移転します（同項後段）。

　なお，賃貸人たる地位の移転は，賃貸物である不動産について所有権の移転の登記をしなければ，賃借人に対抗することができません（同条3項）。権利関係を明確にし，賃料の二重払いを防ぐ必要があるからです。*3

(2) 賃借権の対抗要件がない場合

　Yは，当然には賃貸人たる地位を承継せず，Bに対して所有権に基づく妨害排除請求をすることができます。ただし，不動産所有権の移転は，所有権移転登記を具備しなければ第三者に対抗することができず（177条），不動産の賃借人は同条の「第三者」にあたると解されます。したがって，Yは所有権移転登記を具備しなければ，Bに対して所有権の移転を対抗することができず，所有権に基づく妨害排除請求をすることもできません。

　ところで，対抗要件がないため605条の2第1項による賃貸人たる地位の移転はありませんが，不動産の譲渡人は，その賃貸人たる地位について，賃借人の承諾を要しないで，譲渡人と譲受人との合意により，譲受人に移転させることができます（605条の3前段）。したがって，A・Y間で賃貸人たる地位の移転の合意をすれば，Yは，新賃貸人となります。ただし，賃貸人たる地位の移転は，賃貸物である不動産について所有権の移転の登記をしなければ，賃借人に対抗することができません（同条後段，605条の2第3項）。

2　不法占拠者に対する関係

　例えば，AがBに対して土地を賃貸している場合において，Zが土地を不法占拠しているとき，Bは，いかなる手段によってZを排除することができるでしょうか。*4

---

*2
■ 参考データ

譲受人は賃借権を対抗される立場にあり，そのことを覚悟して譲り受けている以上，賃貸人たる地位を移転させて賃料請求権などを認めることが当事者の合理的意思に合致するからです。

*3
✅ 要チェック！過去問題

A所有の甲土地をBに対して建物所有の目的で賃貸する旨の賃貸借契約が締結され，Bが甲土地上に乙建物を建築して建物所有権保存登記をした後，AがCに甲土地を売却した。Cは，甲土地について所有権移転登記を備えなければ，Bに対して，本件賃貸借契約に基づく賃料の支払を請求することができない。

➡ ⭕ (R2-33-3)

*4
■ 参考データ

賃借人は，不法占拠者に対して不法行為に基づく損害賠償請求権を行使することも考えられます。

Part 2
■
民法

Chapter 33
賃貸型契約　367

(1) 賃借権に基づく妨害停止請求等

不動産の賃借人は、対抗要件を備えた場合において、次のような請求をすることができます（605条の4）。

① その不動産の占有を第三者が妨害しているときは、その第三者に対する妨害の停止の請求（同条1号）
② その不動産を第三者が占有しているときは、その第三者に対する返還の請求（同条2号）

したがって、Bが土地賃借権について対抗要件を備えていれば、Bは、Zに対して、賃借権に基づく妨害停止請求等をすることができます。

(2) 占有訴権に基づく妨害排除請求

Bが土地を占有している場合において、ZがBの占有を妨害したときは、Bは、Zに対して、占有訴権に基づき妨害の排除を請求することができます（197条以下）。

(3) 所有権に基づく妨害排除請求権の代位行使

Bが土地を占有していなかったとしても、Aに対して賃貸人の使用収益させる義務の履行としてZの占有を排除するように請求することができるので、Aが妨害排除を請求しないときは、Bは、債権者代位権（423条）の転用により、Aの所有権に基づく妨害排除請求権を代位行使することができます。

4 敷 金

1 意 義

敷金とは、いかなる名目によるかを問わず、賃料債務その他の賃貸借に基づいて生ずる賃借人の賃貸人に対する金銭の給付を目的とする債務を担保する目的で、賃借人が賃貸人に交付する金銭

をいいます（622条の2第1項柱書かっこ書）。

賃貸人は，敷金を受け取っている場合において，次に掲げるときは，賃借人に対し，その受け取った敷金の額から賃貸借に基づいて生じた賃借人の賃貸人に対する金銭の給付を目的とする債務の額を控除した残額を返還しなければなりません（同項柱書）。*1

① 賃貸借が終了し，かつ，賃貸物の返還を受けたとき（同項1号）
② 賃借人が適法に賃借権を譲り渡したとき（同項2号）

賃貸人は，賃借人が賃貸借に基づいて生じた金銭の給付を目的とする債務を履行しないときは，敷金をその債務の弁済に充てることができます。一方，賃借人は，賃貸人に対し，敷金をその債務の弁済に充てることを請求することはできません（622条の2第2項）。

2 賃貸人・賃借人の地位に変更があった場合

(1) 賃貸人たる地位の移転がある場合

賃貸人たる地位が譲受人（又はその承継人）に移転したときは，敷金の返還に係る債務は，譲受人（又はその承継人）が承継します（605条の2第4項）。

(2) 適法な賃借権の譲渡がある場合

特段の事情がない限り，敷金は承継されません。

その結果，賃貸人は，賃借人に対し，その受け取った敷金の額から賃貸借に基づいて生じた賃借人の賃貸人に対する金銭債務の額を控除した残額を返還しなければなりません（622条の2第1項2号）。*2

*1
■ 参考データ
賃借人の賃貸人に対する敷金返還請求権は，賃借人が賃借物を返還した時に発生するので，敷金返還請求と賃借物の返還請求とは，同時履行の関係に立ちません（判例）。

*2
■ 参考データ
当然に承継すると考えると旧賃借人に不測の損害が生じるおそれがある一方で，賃貸人は新賃借人に対して敷金の交付を求めればよいからです。

2 賃貸借契約の終了

重要度 A

1 期間満了（存続期間の定めのある場合）

1 賃貸借契約の存続期間

賃貸借の存続期間は，**50年**を超えることができません。契約でこれより長い期間を定めたときであっても，その期間は，**50年**となります（604条1項）。

なお，最短については民法上制限がありません。

2 賃貸借契約の更新

(1) 合意による更新

　賃貸借の存続期間は，**更新**することができます。ただし，その期間は，更新の時から **50年** を超えることができません（604条2項）。

(2) 黙示の更新

　賃貸借の期間が満了した後，**賃借人が賃借物の使用又は収益を継続する場合**において，**賃貸人がこれを知りながら異議を述べないとき**は，従前の賃貸借と同一の条件で更に賃貸借をしたものと推定されます（619条1項前段）。

2 解約申入れ（存続期間の定めのない場合）

　存続期間の定めのない賃貸借契約の場合，**当事者は，いつでも**解約申入れをすることができ，申入れから一定の期間経過後に（土地は1年，建物は3か月，動産等は1日），契約は終了します（617条1項）。

3 解　除[1]

　賃貸人は，①賃借人に賃料未払い等の債務不履行があるときには解除の一般原則に従い，解除することができます（541条）。

　なお，**信頼関係破壊の理論**により修正を受けます。すなわち，賃借人の義務違反が賃貸借契約の基礎をなす信頼関係を破壊しない場合には**解除できません**。他方で，①の解除には本来催告が必要ですが，例えば，極端な用法違反をして賃借物を使用したなど，義務違反の程度が著しく，催告が無意味であると判断して差し支えないと考えられるときは，**無催告の解除**が認められます（判例）。

信頼関係の破壊なし	債務不履行の程度	信頼関係の破壊が著しい
解除不可	催告して解除	無催告解除

　また，②賃借権の無断譲渡・転貸があるときには，原則として無催告で契約を解除することができます（612条2項）。

---

[1]
■ **参考データ**

解除の効果は，遡及する通常の解除の場合と異なり，将来に向かって消滅します（620条）。

4 賃借物の全部滅失等

賃借物の全部が滅失その他の事由により使用及び収益をすることができなくなった場合には，賃貸借は，これによって終了します（616条の2）。**当事者の帰責事由を問わず**，当然に終了します。賃貸借契約は継続的な契約であり，このような場合に契約を存続させることは無意味だからです。

3 消費貸借契約

重要度 **B**

消費貸借契約とは，借主が貸主から金銭その他の代替物を借りて，後日，これと同種・同等・同量の物を返還する契約のことをいいます（587条）。

原則として無償・片務・要物契約ですが，利息を特約で付ければ有償となり，また，書面によれば諾成契約にすることも可能です。*2

1 要 件

1 原 則

消費貸借は，当事者の一方が種類，品質及び数量の同じ物をもって**返還をすることを約して**相手方から金銭その他の物を**受け取ることによって**，その効力を生じます（587条）。すなわち，消費貸借契約は，①目的物の授受と②返還の合意により成立します（要物契約）。

2 諾成的消費貸借契約

（1）要件（契約の成立）

書面でする消費貸借は，当事者の一方が金銭その他の物を引き渡すことを**約し**，相手方がその受け取った物と種類，品質及び数量の同じ物をもって返還をすることを**約することによって**，その効力を生じます（諾成的消費貸借 587条の2第1項）。*3

（2）物を受け取るまでの契約の解除

書面でする消費貸借の**借主**は，貸主から金銭その他の物を**受け取るまで**，**契約の解除**をすることができます（587条の2第2

---

*2
■ **参考データ**

利息の特約があるときは，貸主は，借主が金銭その他の物を**受け取った日以後の**利息を請求することができます（589条2項）。

*3
■ **参考データ**

書面を要求したのは，借主が軽率に借入れの合意をして債務を負担してしまうことを防止するため，借入意思を書面にまとめさせることで，借入をするかどうかを熟慮させるためです。

Part
2
■
民

法

Chapter 33
貸借型契約 **371**

項前段）。借主に借りる義務を負わせない趣旨です。この場合において，貸主は，その契約の解除によって損害を受けたときは，借主に対し，その賠償を請求することができます（同項後段）。

（3）物を受け取る前の契約の終了

　書面でする消費貸借は，借主が貸主から金銭その他の物を受け取る前に当事者の一方が破産手続開始の決定を受けたときは，その効力を失います（587条の2第3項）。

2 効 力

1 貸主の責任

　消費貸借契約が要物契約として成立する場合，要物契約では目的物を引き渡した時点で契約が成立するので，貸主に貸す義務は生じません。これに対して，書面でする諾成的消費貸借では，貸主に貸す義務が生じることになります。

　また，利息の特約の有無に応じて，貸主は，次のような責任を負います。

（1）利息付消費貸借の場合

　利息付消費貸借は有償契約であるため，貸主は，売買契約における売主の担保責任と同様の責任を負います（559条）。*1

（2）無利息の消費貸借の場合

　貸主は，贈与契約における贈与者と同様の引渡義務等を負います（590条1項・551条）。

　すなわち，貸主は，消費貸借の目的である物を，消費貸借の目的として特定した時の状態で引き渡せば足ります。

2 借主の義務

　借主は，貸主から受け取った物の所有権を取得し，貸主に受け取った物と同種・同質・同量の物を返還する義務を負います（587条）。また，利息の特約があるときは，利息を支払うことを要します（589条）。

　なお，利息の特約の有無にかかわらず，貸主から引き渡された物が種類又は品質に関して契約の内容に適合しないものである場合，つまり，受け取った物に欠陥がある場合は，借主は，その物の価額を返還することができます（590条2項）。

---

*1
■ 参考データ

引き渡された目的物が種類，品質又は数量に関して契約の内容に適合しないものであるときは，借主は，貸主に対し，代替物の引渡し又は不足分の引渡しによる履行の追完を請求することができるので（559条・562条1項本文），貸主は，履行の追完義務を負います。

3 終　了

1　返還時期の定めがある場合

確定した返還時期の定めがあれば，借主は，その時期に返還しなければなりません（412条1項参照）。

不確定の返還時期の定めがある場合，借主がその期限の到来後に履行の請求を受けた時又はその期限の到来を知った時に返還しなければなりません（同条2項参照）。*2

2　返還時期の定めがない場合

貸主は，相当の期間を定めて，借主に返還を催告することができます（591条1項）。催告があれば直ちに返還しなければならないとすれば，借主に酷だからです。

4 準消費貸借契約

準消費貸借契約とは，他の債務において給付すべき金銭その他の物を目的物として消費貸借を成立させる契約をいいます（588条）。

例えば，AがBに対し30万円で時計を売却した場合において，BがAに代金債務30万円を直ちに給付せずに，消費貸借契約の目的とする契約がこれにあたります。

準消費貸借契約が成立すると，旧債務は消滅して，新債務が成立します。

4 使用貸借契約

重要度 C

使用貸借契約とは，当事者の一方がある物を引き渡すことを約し，相手方がその受け取った物について無償で使用及び収益をして契約が終了したときに返還をすることを約する契約です（593条）。無償・片務・諾成契約です。*3

使用借権には，第三者に対する対抗力は認められません。したがって，貸主が目的物を第三者に譲渡して，第三者が対抗要件を備えると，借主は，使用借権を対抗することができなくなります。

また，この契約は，無償であり，貸主の借主に対する人的信頼関係を基礎としているので，借主の死亡により終了します（597

*2
■ 参考データ
借主は，返還の時期の定めの有無にかかわらず，いつでも返還をすることができます（591条2項）。また，返還の時期を定めた場合において，貸主は，借主がその時期の前に返還をしたことによって損害を受けたときは，借主に対し，その賠償を請求することができます（同条3項）。

*3
■ 参考データ
使用貸借契約は，平成29年改正前は要物契約でしたが，改正により諾成契約となりました。

条3項)。

	使用貸借契約	賃貸借契約
法的性質	無償・片務・諾成	有償・双務・諾成
対抗力	なし	登記その他の方法によりあり (605条, 借地借家法10条1項, 31条)
貸主の修繕義務	なし	あり (606条1項)
通常の必要費	借主負担 (595条1項)	貸主負担 (608条1項)
費用償還時期	特別の必要費又は有益費 (595条2項・583条2項) → 目的物返還の時から1年以内 (600条1項)	必要費：直ちに (608条1項) 有益費：賃貸借終了時 (同条2項) → 目的物返還の時から1年以内 (622条・600条1項)
貸主の責任	引渡義務等 (596条・551条)	担保責任あり (559条・562条以下)
借主の死亡	終了する (597条3項)	終了しない
存続期間	定めなし	民法上は, 最長50年 (604条1項)

ファイナルチェック 基礎知識の確認

問題1 賃貸人の承諾を得て, 賃借権が旧賃借人から新賃借人に移転された場合, 敷金に関する権利義務は, 当然に新賃借人に承継される。

問題2 賃借人が賃貸人の承諾を得ないで, 第三者に無断で賃借権を譲渡し, 使用収益させた場合において, 賃借人の当該行為が賃貸人に対する背信的行為と認めるに足りない特段の事情がある場合には, 612条の解除権は発生しない。

問題3 土地賃貸借の賃借人は, 当該土地の所有権移転に伴い賃貸人たる地位を譲り受けた者に対し, 当該土地の所有権移転登記が経由されていないことを理由として, 賃料の支払請求を拒むことができない。

問題1❌ 賃貸人の承諾を得て, 賃借権が旧賃借人から新賃借人に移転された場合, 敷金に関する権利義務は, 特段の事情がない限り, 新賃借人に承継されない。 問題2⭕ (判例) 問題3❌ 譲受人が, 賃料の支払請求をするには登記が必要である。

本試験レベルの問題にチャレンジ！ ▶▶▶

Chapter 34 労務提供型契約 その他

重要度 B

イントロダクション　学習のポイント

この Chapter では残りの典型契約について勉強します。中でも、大切なのが請負契約と委任契約です。イメージを持つならば、仕事の結果を重視するのが請負契約で、仕事の過程を重視するのが委任契約としておくとよいでしょう。

請負契約では担保責任が、委任契約では委任者・受任者の義務、終了原因が重要です。

ベーシック　じっくり理解しよう！

1 請負契約

重要度 B

請負契約とは、当事者の一方（請負人）がある仕事を完成することを約し、相手方（注文者）がその仕事の結果に対して報酬を与えることを約する契約をいいます（632条）。有償・双務・諾成契約です。

1 請負人の義務

1 仕事完成義務

請負人は、仕事を完成させる義務を負います（632条）。*1

2 完成物引渡義務

契約の目的物が物の製作である場合、請負人は、仕事を完成した後、さらにその完成物を注文者に引き渡す義務を負います。

*1
■ 参考データ

請負人は、特約がある場合や請負人自身による仕事が意義を有する場合（例えば、演奏や講演等）を除いて、下請負人を使用して仕事を完成させることができます。

3 担保責任

請負人は，完成した仕事の目的物が種類又は品質に関して請負契約の内容に適合しない場合，注文者に対し，以下の担保責任を負います（559条・562条〜564条）。

（1）内 容

a 追完請求権

引き渡された目的物が種類，品質に関して契約の内容に適合しない場合には，注文者は，請負人に対して履行の追完を請求することができます（559条・562条）。[*1]

b 報酬減額請求権

注文者は，相当の期間を定めて履行の追完の催告をし，その期間内に履行の追完がないときは，契約不適合の程度に応じて報酬の減額を請求することができます（559条・563条）。

c 損害賠償請求権・解除権

注文者は，契約不適合を理由として，請負人に対して債務不履行に基づく損害賠償を請求することができます（559条・564条，415条）。

損害賠償請求権は，報酬債権と相殺することができます（判例）。また，注文者は，請負契約を解除することができます（559条・564条，541条）。

（2）担保責任を負わない場合

a 担保責任に関する規定の不適用（636条）

仕事の目的物の種類又は品質に関する請負契約の内容の不適合が，注文者が提供した材料の性質又は注文者の与えた指図によって生じた場合には，請負人は，原則として担保責任を負いません（636条本文）。

b 担保責任免除特約（559条・572条）

当事者間で担保責任を排除する特約があった場合，請負人は，原則として担保責任を負いません。

（3）期間制限

請負人が種類・品質に関して契約の内容に適合しない仕事の目的物を注文者に引き渡した場合（引渡しを要しない場合にあっては，仕事が終了した時に目的物が種類・品質に関して契約

[*1]

■ 参考データ

追完請求権の例としては，修補請求権，工事のやり直しの請求権等が挙げられます。

Festina lente

不誠実な請負人を保護する必要はないよね。だから，請負人が，注文者の材料又は指図が不適当なことを知りながら注文者に告げなかったときは，請負人は担保責任を負うし，免除特約があっても，請負人が知って告げなかった事実については，請負人は免責されないんだ。

Part 2
民 法

の内容に適合しない場合）において，仕事の目的物の契約不適合を注文者が知ったときは，注文者は，その時から1年以内に契約不適合の旨を請負人に通知しなければ，その不適合を理由とする履行の追完請求，報酬の減額の請求，損害賠償の請求，契約の解除をすることができません（637条1項）。*2

2 注文者の義務

注文者は，①仕事の目的物を引き渡すべきときには，その引渡しと同時に，②引渡しを要しないときは，仕事完成後に，報酬を支払うことを要します（633条）。

また，①注文者の帰責事由なく仕事を完成することができなくなった場合，又は，②請負契約が仕事完成前に解除された場合において，請負人がすでにした仕事の結果のうち可分な部分の給付によって注文者が利益を受けるときは，請負人は，注文者が受ける利益の割合に応じて報酬を請求することができます（634条）。

3 完成目的物の所有権の帰属

請負人の仕事完成後，目的物の引渡しを要する場合，完成した目的物の所有権の帰属が問題となります。

1 特約がある場合

建物完成と同時に注文者に所有権が帰属する旨の特約がある場合，建物完成と同時に注文者に所有権が帰属します。

2 特約がない場合

(1) 注文者が材料の全部又は主要な部分を提供した場合

建物の所有権は，完成と同時に注文者に原始的に帰属します（判例）。

(2) 請負人が材料の全部又は主要な部分を提供した場合

完成建物の所有権は，請負人に帰属します。そして，注文者への引渡しによって，注文者に所有権が移転します（判例）。

4 請負契約の終了

請負契約は，仕事の完了，及び契約法一般の解除権の行使によって終了するほか，次の特殊の解除権が認められています。

---

*2
■ 参考データ

請負人が仕事の目的物の契約不適合を知っていたとき，又は知らなかったことにつき重過失があったときは，注文者は，1年以内に契約不適合の通知をしなくても，履行の追完請求，報酬の減額の請求，損害賠償の請求，契約の解除をすることができます（637条2項）。

Part 2
■
民法

1 仕事完成前における注文者による解除

注文者は，請負人が仕事を完成しない間は，いつでも損害を賠償して契約を解除することができます（641条）。*1

2 注文者の破産による解除

注文者が破産手続開始の決定を受けたときは，仕事完成前の請負人又は破産管財人は，契約を解除することができます（642条1項）。

*1
■ 参考データ
注文者が仕事の完成を欲しないという場合にまで仕事を継続させるのは無意味ですし，損害が賠償されれば，請負人にも酷とはいえないためです。

2 委任契約

重要度 B

委任契約とは，当事者の一方（委任者）が，法律行為をなすことを相手方（受任者）に対して委託し，相手方がこれを承諾することによって成立する契約をいいます（643条）。

委任契約は，原則として，無償・片務・諾成契約です（同条，648条1項）。特約により委任者が受任者に報酬を支払うときは，有償・双務契約となります。*2

*2
■ 参考データ
事実行為を委任する場合を準委任といい，委任の規定が準用されます（656条）。

1 受任者の義務

1 善管注意義務（644条）

受任者は，委任事務の処理をするにあたり，委任契約の無償・有償を問わず，善管注意義務を負います。*3

2 報告義務（645条）

受任者は，委任事務を処理している間，委任者の求めに応じて，いつでも事務処理の状況を報告し，委任終了後には，遅滞なくその経過及び結果を報告しなければなりません。

3 受領物等の引渡し・取得権利の移転義務（646条）

受任者は，委任事務を処理するにあたって取得した金銭・果実・その他の物を委任者に引き渡さなければなりません。

また，受任者は，委任者のために自己の名で取得した権利を委

*3
■ 参考データ
委任契約は，委任者・受任者間の信頼関係を基礎とする契約ですから，受任者は，原則として自ら委任事務を処理しなければなりません。ただし，委任者の許諾がある場合，又はやむを得ない事由がある場合には，受任者は，他人に委任事務を代行させることができます（復委任644条の2第1項）。

任者に移転しなければなりません。

4 金銭を消費した場合の責任 (647条)

受任者が委任者に引き渡すべき金額を自分のために消費した場合，受任者の故意・過失の有無，損害の証明の有無を問わず，その消費した日以後の利息を支払う義務を負います。

2 委任者の義務

1 費用前払義務 (649条)

委任事務を処理するについて費用を要するときは，委任者は，受任者の請求により，その前払いをしなければなりません。

2 費用償還義務 (650条1項)

受任者は，委任事務を処理するのに必要と認められる費用を支出したときは，委任者に対して，その費用及び支出の日以後におけるその利息の償還を請求することができます。

3 代弁済又は担保提供義務 (650条2項)

受任者は，委任事務を処理するために必要と認められる債務を負担したときは，委任者に対して，自己に代わってその弁済をすることを請求することができます。また，その債務が弁済期にないときは，委任者に対して，相当の担保を供させることができます。

4 損害賠償義務 (650条3項)

受任者は，委任事務を処理するため，自己に過失なく損害を受けたときは，委任者に対して，その賠償を請求することができます。この場合，委任者の故意・過失は問いません。

5 有償委任における報酬支払義務 (648条, 648条の2)

(1) 履行割合型委任

事務処理の労務に対して報酬を受けるべき場合には，受任者は，委任事務を履行した後でなければ，これを請求することができません (648条2項本文)。[4]

ただし，期間によって報酬を定めたときは，期間が経過した後，委任者は，報酬を支払うことを要します (同項但書・624条2項)。

また，委任が，①委任者の帰責事由なく委任事務の履行をすることができなくなったとき，又は②委任が履行の中途で終了

*4
■ 参考データ

受任者は，委任事務の処理との同時履行を主張することはできません。

Part
2
■
民

法

Chapter 34
労務提供型契約 その他 | 379

したときは，受任者は，すでにした履行の割合に応じて報酬を請求することができます（648条3項）。

（2）成果完成型委任

委任事務の履行により得られる成果に対して報酬を受けるべき場合，受任者は，その成果の引渡しを要するときは，その成果の引渡しと同時でなければ報酬を請求することができません（648条の2第1項）。

また，委任者の帰責事由なく成果を得ることができなくなった場合又は成果を得る前に委任契約が解除された場合には，①すでにした委任事務の処理の結果が可分であり，かつ，②その部分の給付によって委任者が利益を受けるときに限り，受任者は，委任者が受ける利益の割合に応じて報酬を請求することができます（同条2項・634条）。

3 委任契約の終了

1 無理由解除（651条1項）

委任は，両当事者において，いつでも解除することができ，将来に向かってのみ効力が生じます（652条・620条）。

ただし，①相手方に不利な時期に委任を解除した場合，②委任者が受任者の利益（もっぱら報酬を得ることによるものを除きます）をも目的とする委任を解除した場合は，やむを得ない事由があるときを除いて，損害を賠償しなければなりません（651条2項）。

2 その他の事由

①委任者又は受任者が死亡したとき，②委任者又は受任者が破産手続開始の決定を受けたとき，③受任者が後見開始の審判を受けたときは，委任契約が終了します（653条）。

	死　亡	破産手続開始の決定	後見開始の審判
委任者	終　了	終　了	存　続
受任者	終　了	終　了	終　了

3 寄託契約

　寄託とは，当事者の一方（寄託者）がある物を保管することを相手方（受寄者）に委託し，相手方がこれを承諾することによって成立する契約をいいます（657条）。

　寄託契約は，原則として，無償・片務・諾成契約です（657条，665条・648条1項）。特約により寄託者が受寄者に報酬を支払うときは，有償・双務契約となります。

> **Festina lente**
> 　受寄者は寄託物を保管する義務を負うけど（657条），注意義務の程度が，有償寄託では善管注意義務であるのに対して（400条），無償寄託では自己の財産に対するのと同一の注意義務で足りるよ（659条）。

4 その他の契約

1 雇用契約

　雇用契約とは，当事者の一方（労働者）が相手方に対して労働に服することを約し，相手方（使用者）がこれにその報酬を与えることを約する契約をいいます（623条）。有償・双務・諾成契約です。

2 組合契約

　組合契約とは，数人の当事者がそれぞれ出資をして共同の事業を営むことを約する契約をいいます（667条1項）。組合契約は，有償・双務・諾成契約です。そして，組合員の一人について意思表示の無効又は取消原因があった場合でも，他の組合員の間においては，組合契約は，その効力を妨げられません（667条の3）。

1 組合の業務決定・業務執行（内部関係）
(1) 業務執行者が定められていない場合

　組合の業務は，組合員の過半数をもって決定し，各組合員が執行します（670条1項）。

(2) 業務執行者が定められている場合

この場合，業務は，業務執行者が決定し，これを執行します（670条2項，3項前段）。そして，業務執行者が複数いる場合には，組合の業務は，業務執行者の**過半数**をもって決定し，各業務執行者がこれを執行します（同項後段）。

2 組合の対外的関係（組合代理）

組合には法人格がないため，ある組合員が組合の業務執行として第三者との間でした法律行為の効果は，代理の方式により他の組合員に帰属します（組合代理　670条の2）。

3 組合の財産関係

各組合員の出資その他の組合財産は，総組合員の「共有」に属するとされていますが（668条），組合財産については，組合員の持分処分が制限され，清算前の組合財産分割が禁止される（676条）等，物権法の共有（249条以下）とは異なる態様を規定しているため，物権法の共有と区別して，**合有**と呼ばれます。

(1) 組合の債権

個々の組合員は，持分の割合の債権を単独で行使することはできません（676条2項）。

また，組合員の債権者は，組合財産についてその権利を行使することができません（677条）。したがって，右の図のような場合で，X組合の債務者Yが組合員Aに対して債権を有している場合でも，Yは，相殺することができません。

(2) 組合の債務

組合の債権者は，組合財産について，その権利を行使することができます（675条1項）。

組合の債権者は，その選択に従い，その債権が発生した当時における損失分担の割合によって各組合員に割り付けた額又は等しい割合で，各組合員個人に対して弁済を請求し，その個人財産に対して執行することもできます（同条2項本文）。

3 終身定期金契約

終身定期金契約とは，ある人（債務者）が，自己，相手方，又は第三者の死亡するまで，相手方（債権者）又は第三者（受益者）に，定期に，金銭その他の代替物を給付する契約をいいます（689条）。社会保障として公的年金制度が充実したため，実際にはほとんど使われていません。

4 和解契約

和解契約とは，当事者が互いに譲歩して，その間に存する争いをやめる旨を合意する契約をいいます（695条）。双務・有償・諾成契約です。

> **Festina lente**
> 和解によって争いのあった法律関係が確定すると，和解の内容に反する証拠が後にあらわれても，和解の効力は覆らない。これを和解の**確定効**というんだ（696条）。

ファイナルチェック　基礎知識の確認

問題1 請負人が債務の本旨に従って仕事を完成した後であっても，注文者は，損害を賠償して契約の解除をすることができる。

問題2 受任者が委任者に不利な時期に委任契約を解除した場合，受任者は，やむを得ない事由があるときを除き，委任者に生じた損害を賠償しなければならない。

問題1 ✗　解除できるのは仕事の完成前である（641条）。　問題2 ○　（651条2項1号）

本試験レベルの問題にチャレンジ！ ▶▶▶

Chapter 35 事務管理

イントロダクション　学習のポイント

契約と同様に債権発生原因の1つが**事務管理**です。
試験では重視されないので、委任契約との比較表を利用して効率よく勉強してください。

ベーシック　じっくり理解しよう！

1 事務管理とは

　事務管理とは、法律上の義務なくして、他人のためにその事務を管理（処理）することをいいます（697条）。
　例えば、隣人の留守中にその屋根が暴風雨で壊れたのを見つけて、頼まれていないのに修繕することがこれにあたります。
　本来、自己の事務については自らが自由に処分すべきであり、法律上の権限なくして他人の事務に干渉することは違法です。しかし、社会生活における相互扶助の観点から、それが必要な場合もあるので、他人の生活への不当な干渉の排除と社会生活における相互扶助の要請との調和を図るため、事務管理の規定が置かれています。

2 効　果

　事務管理が成立すると、行為の違法性が阻却されるので、管理者は不法行為責任（709条）を負いません。
　その他の効果として、民法は、管理者の管理義務などについて

定めています。なお，本人の身体・名誉・財産に対する急迫の危害を免れさせるための事務管理では（**緊急事務管理**という），注意義務は軽減され，管理者は，**悪意又は重過失**がなければ，損害賠償責任を負いません（698条）。[*1]

〈委任の規定の準用〉

委　任	寄　託 （665条）	組　合 （671条 業務執行組合員について）	事務管理 （701条）
善管注意義務 （644条）	有　償 → 善管注意義務 （400条） 無　償 → 自己の財産と同一の義務（659条）	○	原　則 → 善管注意義務 緊急事務管理 → 注意義務軽減（698条）
報告義務 （645条）	危険通知義務 （660条1項）	○	○ 管理開始通知義務 （699条）
引渡義務 （646条）	○	○	○
消費責任 （647条）	○	○	○
報酬請求権 （履行割合型 648条・特約）	○	○	規定なし
報酬請求権 （成果完成型 648条の2）	× （準用なし）	○	×
費用前払請求権 （649条）	○	○	規定なし
費用償還請求権 （650条1項）	○	○	有益費用 （702条1項，3項）
代弁済請求権 （650条2項）	○	○	○ （702条2項）
損害賠償請求権 （650条3項） ※ 無過失責任	× 過失責任（661条）	○	規定なし
復委任 （644条の2）	原則禁止 （658条2項）	○	×

[*1] **要チェック！過去問題**

AはBのためにある事務処理を行った。Aは、これが、①A・B間における委任契約に基づく債務の履行である場合において、事務の処理に関して費用を要するときは、Bに対しその費用の前払いを請求することができるのに対し、②Bのために行った事務管理である場合には、Bに対し事務の管理により生じる費用の前払いを請求することができない。

→○（H22-32-ア）

本試験レベルの問題にチャレンジ！▶▶▶

Chapter 35 事務管理

Chapter 36 不当利得

重要度 C

イントロダクション　学習のポイント

　不当利得も債権発生原因の1つです。他人が自分の財産を原因なく有している場合，返還を請求することができます。これが不当利得に基づく返還請求権です。
　なお，客観的には不当利得に基づく返還請求権が認められそうな場合であっても，その請求を認めるべきでないときがあります。これは，特殊な不当利得で勉強します。試験ではあまり重視されないので，効率よく勉強していきましょう。

ベーシック　じっくり理解しよう！

1 不当利得とは
重要度 C

　不当利得制度とは，法律上正当な理由がないにもかかわらず，他人の財産又は労務から利得を受け，これによってその他人に損害を及ぼした場合に，その利得の返還を命じ，当事者間の公平・正義の実現を図るものです。

> **Festina lente**
> 例えば，隣地の一部を自己の所有する土地であると誤信して，これを駐車場として利用した場合を考えてみよう。この場合，法律上の原因なく，利用料相当額を利得したことになるので，その利得を隣地の所有者に対し返還する義務を負うことになるんだ。

2 一般不当利得
重要度 B

1 要　件

① 他人の財産又は労務によって利益を受けたこと（受益）

② 他人に損失があること（損失）
③ 受益と損失との間に因果関係があること（因果関係）
④ 法律上の原因がないこと

2 効　果

1 善意の受益者

利益の存する限度（現存利益）で返還義務を負います（703条）。なお，生活費にあてたときは，本来支払わなければならないものを免れたので，現存利益があるものと評価されます。

2 悪意の受益者

受けた利益に利息を付して返還し，なお損害があれば，損害賠償の義務も負います（704条）。

3 給付利得の場合

例えば，売買契約が詐欺を理由に取り消された場合，すでに目的物が引き渡されていたり，代金が支払われていたようなときは，受益者は，相手方に対して原状回復義務（全部返還義務）を負うのが原則です（121条の2第1項）。

3 特殊な不当利得

重要度

1 非債弁済（705条）

債務がないのに弁済した者が，その弁済の当時，債務の不存在を知っていたときは，給付したものの返還を請求できません。

本来，このような弁済は，不当利得として返還請求できるはずですが，債務の不存在を知りつつ，あえて弁済として給付した弁済者を保護する必要はありません。そこで，民法は，非債弁済の規定を置きました。

2 期限前の弁済（706条）

債務者は，期限到来前に債務を弁済した場合，給付物の返還を請求することができません（706条本文）。

ただし，債務者が錯誤によってその弁済をしたときは，債権者

は，これによって得た利益（例えば，期限までの利息相当額等）を返還しなければなりません（同条但書）。

3 他人の債務の弁済 (707条)

債務者でない第三者が，錯誤によって他人の債務の弁済をした場合において，債権者が，善意で証書を滅失させ，若しくは損傷し，担保を放棄し，又は時効によって債権を失ったときには，弁済者は，不当利得を理由として，給付したものの返還を請求することができません（707条1項）。弁済は有効となり，債務は消滅します。*1

4 不法原因給付 (708条)

1 意義

不法原因給付とは，不法な原因のために給付を行った者が，その給付したものの返還を請求することができないという法律関係をいいます（708条本文）。

例えば，「報酬を前払いするから，Aを殺してくれ」との殺人契約に基づいて100万円を支払った者は，殺人契約が公序良俗に反し無効であるにもかかわらず，不当利得の返還として100万円の返還を請求することはできないことになります。

2 趣旨

本来，不法の原因のための契約は公序良俗に反して無効ですから（90条），これによって給付したものについては不当利得返還請求が認められるはずです。

しかし，この請求を認めると，法が反社会的な行為をなした者を救済する結果になり，妥当ではありません。

そこで，クリーン・ハンズの原則のもと，不法の原因のために給付をした者は，自らその無効を主張して法的救済を求めることは許されないとしました。*2

3 要件

(1) 不法の原因があること

708条は，90条と表裏一体の関係にあるので，不法とは，公序良俗に反することをいいます。

*1
■ 参考データ

弁済者は，債権者には不当利得返還請求をできませんが，債務者には求償できます（707条2項）。

*2
■ 語句解説

クリーン・ハンズの原則とは，裁判所の救済を受けようとする者は，汚れなき手でなければならないとする原則をいいます。

388 Part 2
民法

(2) 給付がなされること

給付をしたといえるためには，相手方に終局的な利益を与えたといえる場合でなければなりません。*3

(3) 不法の原因が受益者のみに存しないこと

不法原因が，給付者・受益者の双方に存する場合でも，受益者の不法のほうが著しく大きい場合には，不当利得返還請求が認められます（判例）。

4 効　果

(1) 不当利得返還請求の否定*4

(2) 給付物の所有権の帰属

給付の内容が物の所有権移転である場合，所有権に基づく返還請求権についても，708条が類推適用され，否定されると解されています。そして，給付した物の返還を請求することができなくなったことの反射的効果として，**所有権は，相手方に帰属**すると解されています（判例・通説）。

例えば，A・B間で妾契約を締結し，これに基づいてAがBに建物を給付したとします。

この場合，Aは，妾契約が無効であるとして，不当利得返還請求権を行使することもできず，また所有権に基づいて建物の返還請求をすることもできず，その反射的効果として，建物所有権はBに帰属します。

*3
■ 参考データ
既登記不動産では，引渡しがあっただけでは，「給付をした」にあたらず，移転登記がなされて初めて，「給付をした」にあたります。これに対して，未登記不動産では，引渡しがあれば，「給付をした」にあたります（判例）。

*4
■ 参考データ
当事者間で，不法原因給付の後になされた，給付した物を任意に返還する旨の特約は，708条の趣旨に反しないので，有効です（判例）。

ファイナルチェック　基礎知識の確認

問題1　不当利得の返還請求権が成立するためには，受益と損失との間に因果関係があり，それについて法律上の原因がないことが必要となる。

問題2　債務者でない第三者が錯誤によって他人の債務を弁済した場合であっても，債権者が善意で証書を滅失させたときは，弁済者は給付物の返還を請求できない。

問題1 ◯ （703条）　問題2 ◯ （707条1項）

本試験レベルの問題にチャレンジ！ ▶▶▶

Chapter 37 不法行為

イントロダクション　学習のポイント

　4つ目の債権発生原因が不法行為です。不法行為があると被害者は加害者に対して損害賠償請求権を取得します。契約と並び，大切なテーマですから，しっかりと勉強していきましょう。

　まず，交通事故などをイメージするとわかりやすい一般不法行為について勉強し，その後，特殊な不法行為について勉強していきます。

　不法行為を勉強する際には，被害者救済の視点を忘れないようにしましょう。

ベーシック　じっくり理解しよう！

1　総　説

　不法行為制度とは，ある者（加害者）が他人（被害者）の権利，利益を違法に侵害した結果，他人（被害者）に損害を与えた場合において，被害者の加害者に対する損害賠償請求権を発生させる制度をいいます（709条以下）。

　不法行為制度の趣旨は，被害者の救済及び損害の公平な分担にあります。

　不法行為に関する民法の規定は，不法行為の要件及び効果についての原則的規定である一般不法行為と，一般不法行為を修正した特殊な不法行為（714条～719条）からなります。

2 一般不法行為 重要度

1 要件

① 行為者の**故意又は過失**ある行為に基づくこと
② 他人の権利又は法律上保護される利益を侵害したこと（違法性）*1
③ 損害の発生
④ 行為と損害の発生との間に因果関係があること
⑤ 行為者に**責任能力**があること*2

2 効果

不法行為が成立すると**損害賠償請求権**が発生します。

1 賠償の方法

不法行為による損害賠償は，**原則として金銭賠償**です（722条1項・417条）。

ただし，**名誉毀損の場合**には，金銭賠償だけでは損害の回復が困難なので，損害賠償に代え，又は損害賠償とともに，**名誉を回復するのに適当な処分**（例えば，謝罪広告等）が認められます（723条）。

2 損害の種類

損害には，財産的損害と非財産的損害があります。そして，財産的損害には，積極的損害（現実に生じた損害）と消極的損害（不法行為がなければ得られたであろう利益の喪失＝逸失利益）があります。

非財産的損害には，被害者の感じた苦痛・不快感についての精神的損害や名誉・信用の毀損による無形の損害が含まれます。なお，精神的損害に対する賠償を慰謝料といいます。

3 損害賠償の範囲

加害者が賠償すべき損害の範囲は，416条の類推適用により，加害行為と相当因果関係に立つ損害です（判例）。

---

*1 **参考データ**
正当防衛（720条1項），緊急避難（同条2項）が認められれば，違法性が阻却されます。

*2 **語句解説**
責任能力とは，不法行為の領域において，自己の行為が違法なものとして，法律上非難されるものであることを弁識できる能力をいい（712条，713条本文参照），おおむね12歳くらいが基準となると解されています。

4 請求権者

（1）被害者本人

不法行為によって直接に被害を受けた本人が，損害賠償請求権を有するのが原則です。

なお，この損害賠償請求権は相続の対象になります。この点，不法行為により被害者が即死した場合，被害者は死亡の瞬間に権利主体でなくなるから，損害賠償請求権は被害者のもとで発生せず，相続される余地はないのではないかという問題がありますが，判例は，相続を肯定しています。受傷後しばらくして死亡した場合には，損害賠償請求権が認められるのに，即死の場合に認めないとするのでは，均衡を欠くからです。[1]

（2）近親者

不法行為によって生命を侵害された被害者の近親者（＝父母・配偶者・子）は，固有の慰謝料請求権を取得します（711条）。[2][3]

5 過失相殺

不法行為の際には，被害者にも過失が存在する場合があります。そこで，損害の公平な分担という見地から被害者の過失を考慮して，被った損害額から合理的な減額をした金額をもって，加害者が現実に賠償義務を負うべき額とするという過失相殺の制度が定められています（722条2項）。[4]

過失相殺が認められると，裁判所は損害額を減額することができます。債務不履行における過失相殺（418条）と異なり，被害者救済の観点から，①賠償額をゼロにはできず，②過失相殺は裁量的とされています。

（1）被害者側の過失

損害の公平な分担，及び求償関係の一挙解決の見地から，被害者本人と身分上，生活関係上，一体をなすとみられるような関係にある者（親，配偶者等）の過失は考慮されます（判例）。

例えば，Aの運転する自動車とCの運転する自動車が事故を起こし，Cの運転する自動車に同乗していたCの夫Bが怪我をした場合，BのAに対する損害賠償額を算定するにあたり，Cの過失を考慮することができます。

---

[1] ■参考データ

精神的損害に対する慰謝料請求権も相続の対象になります。

[2] ■参考データ

近親者が，被害者が死亡したときにも比肩すべき精神上の苦痛を受けたと認められる場合には，近親者は，709条，710条を根拠として，固有の慰謝料を請求することができます（判例）。

[3] ☑要チェック！過去問題

他人の不法行為により夫が死亡した場合には，その妻は，相続によって夫本人の慰謝料請求権を行使できるので，妻には固有の慰謝料請求権は認められていない。
➡✕（H26-34-2）

[4] ■参考データ

過失相殺の「過失」が認められるためには，被害者に責任能力は不要であり，事理を弁識するに足る知能（事理弁識能力5〜6歳程度のもの）が備わっていれば足ります（判例）。

Part 2
民 法

(2) 722条2項類推適用

被害者の体質的素因や心因的素因によって損害が拡大した場合，損害の公平な分担という見地から，損害賠償額の認定にあたってその素因が考慮される場合があると解されています（722条2項類推適用　判例）。

Festina lente

判例は，加害行為と加害行為前から存在した被害者の疾患が共に原因となって損害が発生した場合には，公平の観点から，損害賠償額を定めるにあたって，被害者の疾患を考慮することができることを認めているんだ。ただ，単なる身体的特徴では，考慮することはできないよ。交通事故の被害者が平均的な体格ないし通常の体質と異なる身体的特徴を有していたとしても，それが疾患にあたらない場合には，特段の事情の存しない限り，これを損害賠償の額を定めるに際し考慮することはできないとした判例があるよ。

6 期間制限

損害及び加害者を知った時から3年，又は不法行為時から20年の期間経過により，不法行為に基づく損害賠償請求権は消滅します（724条）。*5

7 債務不履行責任との関係

例えば，タクシー事故で乗客が損害を受けた場合のように，運送契約等に基づく債務不履行責任と不法行為責任の要件の両方を満たすことがあります。

この場合は，被害者は，任意にいずれの責任をも追及することができます（請求権競合説　判例）。

*5
■ 参考データ
人の生命又は身体を害する不法行為に基づく損害賠償請求権については，この期間が5年又は20年となります（724条の2）。

		不法行為責任	債務不履行責任
帰責性の立証責任		被害者（原則どおり）	債務者（立証責任の転換）
過失相殺	責任免除	できない（722条2項）	できる（418条）
	金額軽減	できる	
	考慮	任意的（722条2項）	必要的（418条）
損害賠償の範囲		416条類推適用	416条
損害賠償請求権を受働債権として相殺すること（509条）		原則：できる 例外：①悪意による不法行為に基づく損害賠償債務 ②人の生命・身体の侵害による損害賠償債務	原則：できる 例外：人の生命・身体の侵害による損害賠償債務
損害賠償の方法		原則：金銭賠償（722条1項） 例外：名誉毀損における原状回復（723条）	原則：金銭賠償（417条） 例外：特約による
期間制限	原則	3年又は20年（724条）	5年又は10年（166条1項）
	人の生命・身体を害する場合	5年又は20年（724条の2）	5年又は20年（167条）

3 特殊な不法行為

重要度

1 監督義務者等の責任 （714条）

違法行為により他人に損害を与えても，**責任無能力者**は責任を負いません。

そこで，被害者救済の観点から，これらの者を監督すべき法定の義務ある監督義務者（親権者，後見人）及び代理監督者（幼稚園の教諭等）に責任を負わせようとするのがこの制度です。

1 要件

① 責任無能力者の加害行為が，責任能力以外の一般不法行為（709条）の要件を備えていること

② 監督義務者又は代理監督者が，監督の義務を怠らなかったことを立証できなかったこと

2 効 果

監督義務者等が損害賠償責任を負います。

> **Festina lente**
> 714条の責任はあくまでも加害者に責任能力が欠ける場合を前提としているから，未成年者が責任能力を有する場合には，未成年者自身が不法行為責任を負い，714条は適用されないよ。でも，未成年者には資力がないことが多いよね。そこで，未成年者が責任能力を有する場合でも，監督義務者の義務違反と損害との間に相当因果関係が認められるときは，監督義務者は，709条に基づいて不法行為責任を負うんだ（判例）。

2 使用者責任（715条）

使用者責任とは，他人に使用されている者（被用者）が，その使用者の事業を執行するにつき，他人に損害を加えた場合に，使用者（及び代理監督者）が損害賠償責任を負うことをいいます。

例えば，宅配業者Aの運転手Bが，宅配中に不注意で通行人Cを車ではねた場合，被用者のBは，709条に基づき損害賠償責任を負い，使用者のAは，715条に基づき損害賠償責任を負います。

使用者責任は，被用者の活動により利益をあげている使用者が，損失についても負担するのが公平であるという報償責任の原理に基づきます。

1 要 件

① ある事業のために他人を使用していること
② 事業の執行について第三者に損害を加えたこと[*1]
　被用者の職務の範囲は，被害者保護の観点から，行為の外形を標準として客観的に判断されます（**外形標準説** 判例）。
③ **被用者が一般不法行為の要件を備えていること**
④ **使用者が，被用者の選任監督につき相当の注意をしたこと，又は相当の注意をしても損害が生じたことを証明できなかったこと**

2 効 果

（1）損害賠償責任

　使用者責任を負う使用者は，被用者の加害行為から生じた損害をすべて賠償する責任を負います。この場合，被用者の賠償義務と使用者の賠償義務は，**連帯債務**の関係となります。

（2）求償関係

　使用者（及び代理監督者）は，被害者に損害を賠償したときは，**被用者に対して求償することができます**（715条3項）。

　ただし，使用者は，**信義則上，相当と認められる限度**において求償することができるにすぎません（判例）。[*2]

3 注文者の責任 （716条）

　請負人がその仕事に際して第三者に損害を加えても，注文者は，原則として損害賠償責任を負いません。[*3]

　ただし，注文者が請負人に対してした注文又は指図に過失があり，これによって第三者に損害を与えたときには，注文者は責任を負います。

4 工作物責任 （717条）

　工作物責任とは，**土地の工作物**の設置又は保存に瑕疵があり，これによって他人に損害が生じた場合に，工作物の占有者又は所有者が，損害賠償責任を負うことをいいます。

　例えば，Aが住んでいる家のブロック塀が老朽化していたために倒壊し，そこを通行していたBが怪我をした場合，Aは工作物責任を負います。

[*1]
■ 参考データ

被害者が，適法な職務権限内の行為でないことについて悪意又は重過失あるときは，信義則上，保護に値しないので，使用者責任を問うことはできません（判例）。

[*2]
☑ 要チェック！ 過去問題

使用者Aが，その事業の執行につき行った被用者Bの加害行為について，Cに対して使用者責任に基づき損害賠償金の全額を支払った場合には，AはBに対してその全額を求償することができる。

➡ ✗（H28-34-ア）

[*3]
■ 参考データ

これは，請負人の行為は請負人自身の事業の執行であって，注文者と請負人の間では使用関係が生じないため，注文者は使用者責任のような責任を負わないことを注意的に規定したものです（通説）。

工作物責任は，他人に損害を生ぜしめる危険性を有する工作物を支配している以上，その危険について責任を負うべきであるという危険責任の原理に基づきます。

1 要件
① 土地の工作物であること
② 土地の工作物の設置又は保存に瑕疵があること
③ 瑕疵と損害との間に因果関係があること
④ 占有者に免責事由のないこと（なお，所有者の責任は無過失責任）

2 効果
第1次的には，占有者が損害賠償責任を負います。そして，占有者が免責事由を立証したときは，所有者が損害賠償責任を負います（第2次的な賠償義務者）。

5 共同不法行為者の責任 (719条)

共同不法行為者の責任とは，①数人の者が共同の不法行為によって他人に損害を加えたとき（狭義の共同不法行為責任），又は②共同行為者のうち，誰が実際に損害を加えたのか明らかでないときに，生じた損害全額について共同行為者が連帯して責任を負うことをいいます。

その趣旨は，共同不法行為者の全員に，損害の全部について連帯して賠償させることで被害者の責任追及を容易にし，被害者の救済を図ることにあります。

1 要件
(1) 狭義の共同不法行為
① 各人の行為が独立して一般不法行為の要件を備えていること

② 各行為者の間に共同関係があること*1

(2) 加害者不明の共同不法行為

例えば，数人の者が殴りあっている間に，被害者が誰かからナイフで傷つけられた場合に問題となります。

①2人以上の者の共同行為があること，②損害が共同行為者中のいずれかによって生じたこと，及び③各人が因果関係を除く一般不法行為の要件を満たしていることが要件となります。

2 効 果
(1) 損害賠償責任

共同不法行為者は，それぞれ，共同不法行為と相当因果関係にある全損害について，連帯して賠償する責任を負います（連帯債務）。

(2) 求償関係

共同不法行為者の1人が被害者に賠償をしたときは，その者は，免責を得た額が自己の負担部分を超えるかどうかにかかわらず，他の共同不法行為者に対し，免責を得るために支払った額（その額が共同の免責を得た額を超える場合にあっては，免責を得た額）のうち各自の負担部分に応じた額の求償をすることができます（442条1項）。

*1
■ 参考データ
共同関係としては，被害者保護の見地から，意思の連絡がなくても，客観的関連共同性（社会的にみて，数人の加害行為が一体とみられる関係をいう）があればよいと解されています（判例・通説）。

ファイナルチェック　基礎知識の確認

問題1 未成年者が責任能力を有する場合であっても，監督義務者の義務違反と未成年者の不法行為によって生じた結果との間に相当因果関係が認められるときは，監督義務者に対して不法行為に基づく損害賠償を請求することができる。

問題1 ◯ （判例）

本試験レベルの問題にチャレンジ！ ▶▶▶

Chapter 38 親族法総説

イントロダクション　学習のポイント

この Chapter から親族法に入ります。これ以降の勉強は，効率を重視していきましょう。例年，親族と相続のどちらかから択一式で1問出題されます。

ベーシック　じっくり理解しよう！

1 親族法とは

親族法とは，家族をめぐる問題処理の基準を与える法です。

人の共同生活の基盤をなすのは家庭生活であり，人と人とが最も緊密に結ばれる関係は家族関係です。親族法は，こうした家族関係をめぐって紛争が生じた場合に，その解決の基準を与え，また，国が家族関係に関する問題について後見的に介入する必要を生ずる場合の基準を与えています。

親族法は，身分関係を対象とします。ここにいう身分とは，夫・妻・子というように親族法上の特定の地位のことを意味します。

2 親　族

親族とは，6親等内の血族，配偶者，3親等内の姻族をいいます（725条）。

1 親族の種類

1 血族

血族（自然血族）とは，出生によって血縁のつながる者の関係をいいます。また，養子縁組によって，養子と養親及び養親の血族の間に親族関係を生じます。これを法定血族といい，自然血族と同様に扱われます（727条）。

2 姻族

姻族とは，婚姻を媒介とした配偶者の一方と他方の血族の関係をいいます。

3 配偶者

配偶者とは，婚姻によって夫婦となった者の一方から見た他方をいいます。

配偶者関係は婚姻により生じ，死亡，婚姻の取消し，離婚により終了します。

2 親族の範囲

- ①, ②, ③ ‥‥は，血族とその親等をあらわす。
- 1, 2, 3 ‥‥は，姻族とその親等をあらわす。
- ※ 直系とは，祖父母，父母，子，孫のように，ある者から見て系統が上下に直線的に連なるものをいう。傍系とは，兄弟，おじ・おば，いとこのように，ある者と共同始祖を介して血統が連なるものをいう。
- ※ 尊属とは，自分より前の世代に属する者をいう。卑属とは，自分より後の世代に属する者をいう。自分と同じ世代にある者（例えば，兄弟姉妹，いとこ）は尊属でも卑属でもない。

Chapter 39 夫婦関係

重要度 B

イントロダクション 学習のポイント

親族法の中でも比較的大切なのが夫婦関係の婚姻です。
婚姻の成立を中心に効率よく勉強しましょう。

ベーシック じっくり理解しよう!

1 婚姻

重要度 B

婚姻とは，結婚すること，及び結婚している状態をいいます。

1 婚姻の成立

1 形式的要件（739条）

戸籍法の定めに基づく届出が必要です（739条1項）。

届出は，当事者双方及び成年の証人2人以上が，口頭又は署名した書面でしなければなりません（同条2項）。

2 実質的要件

実質的要件としては，婚姻意思の合致と婚姻障害の不存在が必要です。

(1) 婚姻意思の合致

婚姻意思の内容としては，単に婚姻届出に向けられた意思（形式的意思）だけでは足りず，夫婦共同生活を送る意思（実質的意思）が必要です。*1

*1 参考データ

成年被後見人が婚姻をする場合，成年後見人の同意を得ることを要しません（738条）。

(2) 婚姻障害の不存在

婚姻適齢	婚姻は，18歳にならなければ，することができない（731条）。*2
重婚の禁止	重婚とは，婚姻届出のある者が重ねて婚姻届を出す場合をいう（732条）。後婚については取消原因（744条）となり，前婚については離婚原因（770条1項1号～5号）となり得る。
近親婚の禁止	①直系血族又は3親等内の傍系血族の間（734条） 　この血族には，法定血族も含まれる。ただし，養子と養方の傍系血族との間の婚姻は可能 ②直系姻族の間（735条） 　直系姻族の間では，姻族関係が終了した後でも婚姻をすることができない。 ③養子，その配偶者，直系卑属又はその配偶者と，養親又はその直系尊属との間（736条）
再婚禁止期間	女は，前婚の解消又は取消しの日から起算して100日を経過した後でなければ，再婚をすることができない（733条1項）。これは，父性確定の困難を避けるためである。もっとも，女が前婚の解消若しくは取消しの時に懐胎していなかった場合又は女が前婚の解消若しくは取消しの後に出産した場合には733条1項は適用されない（同条2項）。

2　婚姻の無効と取消し

1　婚姻の無効（742条）

　無効原因には，①婚姻意思のないとき（742条1号），②届出をしないとき（同条2号）があります。*3

2　婚姻の取消し

(1) 取消原因

　公益的見地から取消しが認められるものとして，不適齢婚，重婚，近親婚，再婚禁止期間内の婚姻の取消しがあります（744条～746条）。また，私益的見地から取消しが認められるものとして，詐欺・強迫による婚姻の取消しがあります（747条）。

(2) 取消しの方法

　婚姻を取り消すためには，家庭裁判所に請求しなければなりません（744条1項，747条1項）。

(3) 取消しの効果

　婚姻取消しの効果は，遡及しません（748条1項）。婚姻の取消しについては，離婚に関する規定（子の監護者の決定，離婚復氏，財産分与等）が準用されます（749条）。

Part 2 ■ 民法

*2
■ 参考データ
婚姻適齢は，従来，男18歳，女16歳でしたが，2022年4月1日より，男女とも18歳となりました。

*3
■ 参考データ
内縁関係にある当事者の婚姻届を，他方当事者の承諾なしに，当事者の一方が提出した場合，後に他方当事者が届出の事実を知ってこれを追認したときは，婚姻はその届出の当初に遡って有効となります（116条類推適用判例）。

Chapter 39
夫婦関係

取消事由	取消権者（744条）			取消制限等
不適齢婚	①各当事者	②親族	③検察官	・適齢後の取消しはできない（745条1項）。ただし，本人には，3か月の熟慮期間あり（同条2項本文） ・適齢後に追認すれば，取消しは不可（同項但書）
重婚	^	^	^	④ 当事者の配偶者
再婚禁止期間違反	^	^	^	⑤ 前配偶者 … 前婚の解消若しくは取消しの日から起算して100日を経過し，又は女が再婚後に出産したときは，取消しは不可（746条）
近親婚	^	^	^	
詐欺強迫	表意者のみ			・追認により，取消しは不可（747条2項） ・詐欺を発見し，若しくは強迫を免れてから3か月経過すると，取消しは不可（同項）

3 婚姻の効果

① 氏の共同（750条）

夫婦は，婚姻の際に定めるところに従って，夫又は妻の氏を称します（夫婦同氏の原則）。

② 同居・協力・扶助義務（752条）

③ **契約取消権**（754条）

夫婦間の契約は，婚姻中はいつでも取り消すことができます。夫婦間の契約の履行は，当事者間の道義に委ね，法による強制を避けるためです。*1

*1
■ 参考データ
夫婦関係が円満を欠き，破綻に瀕している場合における契約には，本条の適用はありません。また，夫婦円満のときに契約が締結されても，夫婦関係が不和になり，婚姻が実質的に破綻してからは，取り消すことができません（判例）。

2 婚姻の解消

重要度 C

婚姻の解消とは，いったん有効に生じた婚姻の効果について，婚姻成立後に生じた事由に基づき，将来に向かって消滅させることをいいます。婚姻の解消には，離婚によるものと，当事者の死亡によるものとがあります。

	離　婚	死　亡
再婚禁止期間	適用あり（733条）	
姻族関係	当然に終了（728条1項）	意思表示により終了（728条2項）
復　氏	原則：当然復氏する（767条1項） 例外：離婚後3か月以内の届出により，離婚の際の氏を称することができる（同条2項）	原則：復氏しない 例外：届出により，いつでも従前の氏に復することができる（751条1項）
財　産	財産分与（768条）	相続（890条，896条）

Festina lente

　離婚の方法は①協議離婚（763条），②調停離婚，③審判離婚，④裁判離婚（770条）があるよ。ちなみに，協議離婚とは，夫婦の離婚意思の合致と届出によって成立する離婚のことをいって，ここでいう離婚意思は，婚姻意思と異なって，離婚届出に向けられた意思で足りるんだ（形式的意思説）。

本試験レベルの問題にチャレンジ！ ▶▶▶

Chapter 40 親子関係

重要度 B

イントロダクション　学習のポイント

この Chapter では，親子関係を争う方法と親権に重点を置いて勉強していきましょう。

ベーシック　じっくり理解しよう！

1　総　説

重要度 C

　子は，自然血族関係に基づく実子と，法定血族関係に基づく養子とに大きく分類できます。

　さらに，実子は，嫡出子と非嫡出子とに分けられます。民法上，嫡出子と非嫡出子との間で，親権者（818条1項，3項，819条4項）の取扱いを異にし，かつ嫡出推定を受ける子と受けない子で父子関係を否定する手続を異にしています（774条，775条，人事訴訟法2条2号）。

　養子は，普通養子と特別養子とに分かれます。普通養子縁組で

は，実方との親族関係は消滅しないので，養子は実方，養方双方との間に親族関係が生じます。これに対して，特別養子縁組では，実方との親族関係が断絶します（817条の9本文）。

2 実子

重要度 B

1 嫡出子

嫡出子とは，婚姻関係にある男女間に懐胎・出生した子をいいます。嫡出子は，出生時より嫡出性を取得する「生来嫡出子」と，一定の事由が生じることによって嫡出性が認められる「準正嫡出子」があります。

1 推定される嫡出子

妻が婚姻中に懐胎した子は，夫の子と推定されます（772条1項）。また，婚姻成立の日から200日後，又は婚姻の解消若しくは取消しの日から300日以内に生まれた子は，婚姻中に懐胎したものと推定されます（同条2項）。

(1) 嫡出否認の訴え

772条によって嫡出推定を受ける子は，嫡出否認の訴えによらなければ，嫡出子たる身分を奪われません（774条，775条参照）。

嫡出否認の訴えは，夫が子の出生を知った時から，1年以内に提起しなければなりません（777条）。

(2) 父を定めることを目的とする訴え

再婚禁止期間に違反した結果，前婚による嫡出推定と後婚による嫡出推定とが重複する場合，裁判所が，子の父は前夫か又は後夫かについて決定します（773条）。

2 推定されない嫡出子

推定されない嫡出子とは，772条の嫡出推定を受けないが，嫡

出子である子をいいます。*1

　親子関係不存在確認の訴えによって，いつでも誰からでもその身分を覆すことができます。

3　推定の及ばない子

　推定の及ばない子とは，嫡出推定の及ぶ期間内に生まれたが，妻が懐胎期間中に夫によって懐胎することが不可能な事実のあるときに出生した子をいいます。例えば，①長期間の別居で事実上の離婚状態にあり，夫婦関係が断絶していた，②夫が海外に単身赴任中であった，③夫が刑事施設に収容中であったなどの場合がこれにあたります。

　親子関係不存在確認の訴えによって，いつでも誰からでもその身分を覆すことができます。

4　まとめ（訴えの種類）

推定される嫡出子	嫡出否認の訴え（774 条以下）
推定されない嫡出子	親子関係不存在確認の訴え
推定の及ばない子	親子関係不存在確認の訴え
二重の推定が及ぶ場合	父を定めることを目的とする訴え（773 条）

2　非嫡出子

　非嫡出子とは，**婚姻関係にない男女間に生まれた子**をいいます。

　嫡出でない子は，**認知**によって初めて法律上の親子関係が認められます（779 条）。

1　認　知

　認知とは，嫡出でない子と父（又は母）との間に，意思表示又は裁判により親子関係を発生させる制度をいいます。*2

　民法は，父がその意思に基づいて自発的に認知する任意認知（779 条）と子の認知の訴えによってなされる強制認知（認知の訴え　787 条）を定めています。

（1）任意認知

　父が未成年者又は成年被後見人であっても，認知をするには意思能力さえあれば足り，その**法定代理人の同意を要しません**（780 条）。

---

*1
■ **参考データ**

例えば，内縁関係にあった男女が婚姻して，婚姻後 200 日以内に子が産まれたような場合です。

*2
■ **参考データ**

認知の効果は出生時に遡ります（784 条本文）。

そして、原則として、認知される側の承諾は不要です。*3

なお、認知は、戸籍法の定めるところにより、届け出ることによって行います。また、遺言によってもすることができます。

(2) 強制認知 (787条)*4

子、その直系卑属又はこれらの者の法定代理人は、認知の訴えを提起することができます（787条本文）。

2 準 正 (789条)

準正とは、父母の婚姻を原因として、嫡出でない子が、嫡出子たる身分を取得する制度をいいます。

(1) 婚姻準正

すでに父によって認知された嫡出でない子（非嫡出子）がいる場合に、父母が婚姻することで、その子が嫡出子たる身分を取得することを婚姻準正といいます。婚姻準正の効果は、**婚姻の時**から生じます（789条1項）。

(2) 認知準正

父から認知されていない嫡出でない子の父母が婚姻した場合に、婚姻中、父が認知することでその子が嫡出子たる身分を取得することを認知準正といいます。認知準正の効果については、認知の時から生じると規定されていますが（789条2項）、**婚姻の時**から効果が生じると解するのが多数説です。

*3
■参考データ
胎児を認知する場合は、母の承諾を得なければなりません（783条1項）。

*4
■参考データ
認知請求権は、放棄することができません（判例）。

*5
■参考データ
出生後間もない他人の子を自分たちの嫡出子として届け出ても（「藁の上からの養子」という）、嫡出親子関係のみならず、養親子関係も生じません（判例）。養子縁組は厳格な要式行為だからです。

3 養 子

重要度

1 縁組の要件

1 形式的要件

縁組は、婚姻と同様、これを**届け出る**ことによって成立します（799条・739条1項）。*5

2 実質的要件

(1) 縁組意思の合致

縁組意思とは、社会通念上親子関係と認められる関係を成立させる意思をいいます（**実質的意思説** 判例・通説）。*6

成年被後見人は、意思能力がある限り、単独で縁組をするこ

*6
■参考データ
もっぱら相続税の節税のために養子縁組をする場合であっても、直ちに当該養子縁組について民法802条1号にいう「当事者間に縁組をする意思がないとき」にはあたりません（判例）。

とができ（799条・738条），未成年者も，**15歳以上**であれば，父母が反対しても縁組することができます。

　なお，15歳未満の者は，法定代理人を介してのみ縁組をすることができます（**代諾養子縁組**　797条1項）。

（2）縁組障害事由の不存在

養 親 の 年 齢	養親は20歳に達した者でなければならない（792条）。
養子になる者の制限	尊属又は年長者を，養子とすることはできない（793条）。
後 見 人 の 縁 組	後見人が被後見人を養子とするには，家庭裁判所の許可が必要（794条）
配偶者のある者の縁組	①配偶者のある者が未成年者を養子とするには，原則として配偶者とともにしなければならない（795条本文）。 ②配偶者のある者が縁組をするには，原則としてその配偶者の同意を得なければならない（796条本文）。
養子が未成年者の場合	未成年者を養子とするには，原則として家庭裁判所の許可を得なければならない（798条本文）。

2　縁組の効果

　養子は，縁組の日から養親の**嫡出子**たる身分を取得します（809条）。これに関連して生じる効果として，①養子が未成年のときは養親の親権に服し（818条2項），②養子は原則として養親の氏を称する（810条）ことになります。

　また，養子と養親の血族との間にも親族関係（法定血族関係）が発生します（727条）。

Festina lente

　縁組の解消方法として，①協議離縁，②裁判離縁，③死後離縁があるよ。離縁をすると，養親と養子との間の法定嫡出親子関係が消滅し，養親の血族との間の法定血族関係も消滅するんだ。そして，原則として，養子は縁組前の氏に復するよ。

3　特別養子

　特別養子制度とは，実方との親族関係を断絶し，実体的な法律関係のみならず，戸籍上も養親の実子として取り扱う制度をいいます（817条の2以下）。

特別養子縁組は，**家庭裁判所の審判**によって成立します（817条の2第1項）。

〈普通養子縁組と特別養子縁組の比較〉

	普通養子縁組	特別養子縁組
方　式	① 当事者の合意 ② 届　出	① 養親となる者の請求 ② 家庭裁判所の審判
実父母の同意	養子が15歳未満の場合，法定代理人の承諾及び父母である監護権者の同意が必要	原則として父母の同意が必要
年　齢	養親：20歳に達していること 養子：制限なし（ただし，養親の尊属・年長者は不可）	養親：一方は25歳，他方は20歳に達していること*1 養子：原則，縁組請求時に15歳未満*2
実親との関係	実方の父母及びその血族との親族関係は存続	実方の父母及びその血族との親族関係は，原則として終了

---

*1
☑**要チェック！過去問題**

特別養子縁組において養親となる者は，配偶者のある者であって，夫婦いずれもが20歳以上であり，かつ，そのいずれかは25歳以上でなければならない。

➡ **○**（R2-35-イ）

*2
■ **参考データ**

令和元年法律第34号による改正後のもの（改正前は，原則として6歳未満）。

4　親　権

重要度 **B**

親権とは，父母が未成年の子を一人前の社会人となるまで養育するため，子を監護教育し，子の財産を管理することを内容とする親の権利義務の総称をいいます（818条以下）。

1　身上監護権 （820条）

親権を行う者は，子の利益のために子の監護及び教育をする権利を有し，義務を負います。

2　財産管理権 （824条本文）

親権者は，子の財産を管理し，その財産上の行為について子を代表します。

3　利益相反行為の規制 （826条）

親権を行う父又は母とその子との利益が相反する行為（利益相

反行為）については，親権者に親権の公正な行使を期待することはできません。

そこで，826条1項は，親権者の代理権・同意権を制限し，家庭裁判所の選任した特別代理人に，これらの権利を行使させ，もって未成年の子の利益を保護しています。[*1]

1 判断基準

利益相反行為にあたるか否かは，その行為自体の外形から判断すべきであって，親権者の意図や当該行為の実質的効果等によって判断すべきではないと解されています（判例 形式的判断説）。[*2]

Festina lente

外形から判断することから，①子の財産を親権者に譲渡する行為は，対価が相当なものであっても，利益相反行為にあたるし，②親権者が，自己の債務のために，子の不動産に抵当権を設定する行為は，たとえそれが子の養育費を作るためであっても，利益相反行為にあたるよ。

これに対して，子を債務者として借財し，その子の不動産に抵当権を設定する行為は，たとえ，親権者が借財によって得た金銭を自己の用に供する意図であっても，利益相反行為にあたらないんだ。

2 違反の効果

特別代理人の選任を待たずに親権者自ら子を代理して行った利益相反行為は，無権代理行為であり，後に選任された特別代理人又は成年に達した子が追認しなければ，子に効果が帰属しません（判例）。

4 親権の喪失等

父又は母による虐待又は悪意の遺棄があるときその他父又は母による親権の行使が著しく困難又は不適当であることにより子の利益を著しく害するときは，家庭裁判所は，子，その親族，未成年後見人，未成年後見監督人又は検察官の請求により，その父又は母について，親権喪失の審判をすることができます（834条本文）。[*3]

また，父又は母による親権の行使が困難又は不適当であることにより子の利益を害するときは，家庭裁判所は，子，その親族，

---

*1
■ 参考データ

共同親権者の1人とだけ利益が相反する場合には，他方の単独代理は認められず，特別代理人と他方親権者と共同で代理します（判例）。

*2
☑ 要チェック！
過去問題

親権者が，自らが債務者となって銀行から借り入れを行うにあたって，子の所有名義である土地に抵当権を設定する行為は，当該行為がどのような目的で行なわれたかに関わりなく利益相反行為にあたる。

➡○ (H26-35-エ)

*3
■ 参考データ

親権の喪失の審判により，親権者は，親権に属する一切の権限（身上監護権，財産管理権，代理権等）を失います。

Part 2
民 法

未成年後見人，未成年後見監督人又は検察官の請求により，その父又は母について，親権停止の審判をすることができます（834条の2第1項）。そして，停止をする場合，家庭裁判所は，2年を超えない範囲内で期間を定めます（同条2項）。

ファイナルチェック　基礎知識の確認

問題1　未成年者が認知をする場合，法定代理人の同意は不要であり，また，成年被後見人が認知をする場合も，成年後見人の同意を必要としない。

問題2　婚姻成立の日から200日後，又は婚姻の解消若しくは取消しの日から300日以内に生まれた子は，婚姻中に懐胎したものと推定される。

問題3　特別養子縁組の当事者は，その協議により離縁することができる。

問題1 ○ （780条）　問題2 ○ （772条2項）　問題3 ✕ 特別養子縁組の離縁は，家庭裁判所によって行われる（817条の10）。

本試験レベルの問題にチャレンジ！ ▶▶▶

Chapter 41 相続法総説

イントロダクション　学習のポイント

この Chapter から相続法に入ります。

ある人が亡くなった場合，相続が発生します。そこで，相続人になるのは誰か？相続人が複数いる場合，どのような配分で相続財産を取得できるか？が問題となります。

また，相続は亡くなった被相続人を包括承継するため，必ずしもプラスの財産のみを引き継ぐとは限りません。そこで，相続をしないという選択，つまり相続放棄も認められています。

この Chapter の内容は相続の基本ですから，しっかりと勉強していきましょう。

ベーシック　じっくり理解しよう!

1 総説

1 相続の意義

相続とは，ある人が死亡した場合に，その者の権利義務を，一定の身分関係に立つ者が包括的に承継することをいいます（882条以下）。

相続の開始によって承継される財産的地位の従来の主体を被相続人といい，新たな主体を相続人といいます。

2 相続の開始

相続は，自然人の死亡という事実のみを原因として直ちに開始します（882条）。[1]

*1
■ 参考データ

失踪宣告があると，被宣告者は死亡したとみなされるので（31条），相続が開始します。

2 相続人

重要度 **A**

1 相続人の範囲

1 配偶者

被相続人の配偶者（夫から見た妻，妻から見た夫）は，**常に**相続人となります（890条前段）。

「配偶者」とは，**法律上の配偶者**であり，内縁の配偶者は含まれません。

2 血族相続人

(1) 種類

次の者が相続人となります。なお，これらの者の優先順位は次の順と同様です。

①　**子**（887条1項），その代襲相続人（同条2項本文，3項)*2

②　**直系尊属**（889条1項1号）

③　**兄弟姉妹**（同項2号），その代襲相続人（同条2項）

(2) 順位

相続開始時に生存する最優先順位の血族相続人が相続します。直系尊属（父母，祖父母など）の中では，親等の近い者が優先します（889条1項1号但書）。

Festina lente

要するに，亡くなった被相続人に子どもがいるときは，たとえ親兄弟がいても，子どもが相続人になって親兄弟は相続人にならないんだ。そして，その被相続人に配偶者がいるときは，子どもと配偶者が相続人になるんだ。結局，相続人としてあり得るパターンは，①配偶者のみ，②子のみ，③直系尊属のみ，④兄弟姉妹のみ，⑤配偶者＋子，⑥配偶者＋直系尊属，⑦配偶者＋兄弟姉妹の全7パターンだね。

---

2 代襲相続

1 意義

代襲相続とは，相続開始以前に相続人となるべき者が死亡その他の事由で相続権を失った場合において，その者の直系卑属

*2
■ **参考データ**

実子と養子との間に順位の差はありません。

Part
2
民
法

Chapter 41
相続法総説　**415**

（子）が，その者に代わって同一順位で相続することをいいます（889条2項・887条2項）。

例えば，死亡したAには子Cがおり，Cには子E（Aの孫）がいたとします。ここで，Cがすでに死亡していた場合，Eは，Cに代わって，Aを代襲相続します。

2 代襲原因
(1) 相続開始以前の死亡
同時死亡（32条の2参照）も含まれます。

例えば，先の例において，A・Cが共に海で遭難し，死亡したとき（A・Cのどちらが先に死亡したかは不明）は，同時に死亡したものと推定されるので，Eは，Cに代わって，Aを代襲相続します。

(2) 相続欠格（891条）*1
先の例において，Cが相続欠格に該当する場合にも，Eは，Cに代わってAを代襲相続します。*2

(3) 廃除（892条）
先の例において，Cが廃除された場合にも，Eは，Cに代わってAを代襲相続します。

これに対し，相続放棄は，代襲原因となりません。したがって，先の例において，Cが相続放棄した場合には，EはCを代襲してAの相続人となることはできません。

3 再代襲相続
代襲者についても代襲原因が発生すれば，その子が代襲者となります。これを再代襲相続といいます（887条3項）。

例えば，次頁の図①の被相続人Aの子Bに代襲原因が発生すれば，孫C・Dが代襲者となりますが，孫Dについても代襲原因が発生すれば，孫Dの子Eが代襲者となります。

なお，兄弟姉妹については，1回のみ代襲相続が認められるため（889条2項は，887条3項を準用していない），次頁の図②の場合において，Bの子Cは，代襲相続することができますが，Cの子Dは，たとえCが死亡していたとしても，Aを代襲相続することはできません。

---

*1
■ 参考データ
相続欠格や廃除については 3，4 でお話しします。

*2
☑ 要チェック！過去問題
相続欠格においては，被相続人の子が欠格者となった場合には，欠格者の子は代襲相続人となることができないが，相続人の廃除においては，被相続人の子について廃除が確定した場合でも，被廃除者の子は代襲相続人となることができる。
→✗（H21-35-エ）

3 相続欠格

1 意 義
相続欠格とは，相続人の不正行為に対する制裁として，相続権を当然に喪失させる制度をいいます（891条）。

2 欠格事由
891条に法定されています。

3 効 果
欠格事由に該当する者は，被相続人の意思に関係なく，法律上，当然に相続権を失います（891条）。相続欠格者は受遺能力も失います（965条）。

4 推定相続人の廃除

1 意 義
推定相続人の廃除とは，被相続人の意思によって，遺留分を有する推定相続人の相続権を喪失させる制度をいいます（892条以下）。

Festina lente

　例えば，自分に対して虐待をする子どもに財産を相続させたくないと思ったとき，どうすればいいだろう？　このとき思いつくのは，それなら遺言でその財産を別の人に相続させればいいじゃないかということかもしれない。確かにそうなんだけど，実は，民法は遺留分という制度を準備しているんだ。つまり，残された遺族の生活保障などの観点から，相続財産のうち一定分については，遺族にいく仕組みを作ってるんだ。そうすると，別の人にあげますよと遺言に書いても，一定分（遺留分）についてはその虐待する子どものところにいっちゃう。そこで，廃除という制度を作ったんだ。廃除をすれば，その虐待する子どもは相続人じゃなくなるから，その子に財産はいかなくなるんだよ。

　ただ，廃除は，残された遺族にとって大きな影響を与えるから，亡くなる人の好き嫌いで利用できるようじゃまずいよね。だから，廃除をするかどうかは家庭裁判所が判断する仕組みになってるよ。

　ところで，遺留分は後述するけど，すべての法定相続人に認められるわけじゃなくて，兄弟姉妹にはそもそも認められないんだ。とすると，兄弟姉妹については，わざわざ廃除しなくても，遺言で兄弟姉妹にいかないように相続財産を処分しちゃえばOKだよね。だから，廃除は，遺留分を有する推定相続人の相続権を喪失させる制度なんだ。兄弟姉妹を廃除することはできないよ。

2　要　件

① 　廃除される者が，遺留分を有する推定相続人であること
② 　廃除原因があること
　　例えば，被相続人に対する虐待，重大な侮辱，その他の著しい非行があったことがこれにあたります。
③ 　被相続人が家庭裁判所に廃除の請求をすること
④ 　廃除の審判又は調停があること

3　効　果

被廃除者は，当該被相続人との関係で相続権を失います。

3　相続の効力

重要度 A

1　相続財産の包括承継

　被相続人の死亡により，原則として，被相続人に属していた一切の権利義務が相続人に包括的に承継されます（包括承継　896条本文）。*1

*1
■ 参考データ
例外的に，被相続人の一身に専属したもの（一身専属権）は承継されません。例えば，代理権などが有名です。

2 相続分

1 意義

相続分とは，数人の相続人が共同で相続財産を承継する場合における，各相続人の承継割合をいいます。指定相続分（被相続人の意思によって決定される相続分　902条）がない場合に，法定相続分（900条）によって決定されます。*2*3

2 法定相続分

(1) 意義

法定相続分とは，被相続人による相続分の指定がない場合に，法律の規定によって定まる相続分をいいます（900条）。

配偶者以外の相続人		配偶者
第1順位：子	1／2	1／2
第2順位：直系尊属	1／3	2／3
第3順位：兄弟姉妹	1／4	3／4

(2) 法定相続分の基準

a　配偶者と子が相続人であるとき

配偶者は2分の1，子は2分の1です（900条1号）。子が数人あるときは，全員でその2分の1を均分します（同条4号本文）。

b　配偶者と直系尊属が相続人であるとき

配偶者は3分の2，直系尊属は3分の1です（900条2号）。直系尊属が複数人いる場合は，各自の相続分は，相等しいものとします（同条4号本文）。

a
A（被相続人）死亡　B
C　D
B：2分の1　C：4分の1　D：4分の1

b
A　B
C（被相続人）死亡　D
A：6分の1　B：6分の1　D：3分の2

*2
■参考データ
遺留分に反する指定があった場合でも，無効とはなりません。そのような相続分指定は，遺留分を侵害された遺留分権利者からの遺留分侵害額請求の規律（1046条1項）に服することになります。

*3
■参考データ
債権者は，相続分の指定があっても，法定相続分に従って権利行使することができますが，債権者側で指定相続分を承認した場合にはその指定相続分に従って権利行使することとなります（902条の2）。

c　配偶者と兄弟姉妹が相続人であるとき

配偶者は**4分の3**，兄弟姉妹は**4分の1**です（900条3号）。兄弟姉妹が数人あるときは，原則として各自の相続分は**均等**です（同条4号本文）。

ただし，**父母の一方のみを同じくする兄弟姉妹の相続分は，父母の双方を同じくする兄弟姉妹の相続分の2分の1**です（同号但書）。

B：4分の3　C：6分の1　D：12分の1

3　代襲相続人の相続分

代襲相続人の相続分は，被代襲者の受けるべきであったものと同様です（901条1項本文，2項）。代襲相続人が数人あるときは，被代襲者が受けるべきであった部分につき，900条の定めに従って各自の相続分を決めます（901条1項但書）。

B：2分の1　D：4分の1　F：4分の1

> **Festina lente**
> 基本はこんな感じだよ。応用として，相続とは別に財産をもらっていた相続人と他の相続人の公平を図る制度として，特別受益者の相続分（903条）とか，相続財産の増加に寄与した相続人と他の相続人の公平を図る制度として寄与分（904条の2）があるよ。

3　遺産の共有関係

1　序　説

数人の相続人又は包括受遺者（990条）がいる場合，直ちに遺産を分割しようとしても，相続開始と遺産分割との間に必要な相当の時間的間隔は避けられません。

そこで，相続人が数人あるときは，**相続財産はその共有に属する**と定めるとともに（898条），各共同相続人は，その相続分に応じて被相続人の権利義務を承継すると定めています（899条）。*1

*1
■参考データ
898条の「共有」の意義について，判例は，249条以下の「共有」と同義であると解しています。したがって，各共同相続人は，相続財産を構成する個々の財産上に持分権を有し，この持分権を遺産分割前でも単独で自由に処分することができます（249条以下）。

2　債権の共同相続
(1)　可分債権
　債権が可分債権である場合，相続分の割合に応じて**当然に分割**されて承継します（判例）。*2
(2)　不可分債権
　債権が不可分債権である場合，共同相続人全員に不可分的に帰属します。

3　債務の共同相続
(1)　可分債務
　債務が可分債務である場合，可分債権の場合と同様，各相続人の相続分に応じて**当然に分割**されます（判例）。
(2)　不可分債務
　債務が不可分債務である場合，共同相続人全員に不可分的に帰属するため，それぞれの相続人が全部についての履行の責任を負います。
(3)　連帯債務
　債務が連帯債務である場合，原債務は当然分割され，各共同相続人は，各自その承継した範囲において，本来の連帯債務者（被相続人以外の連帯債務者）とともに連帯債務を負います（判例）。
(4)　金銭の共同相続
　相続人は，遺産の分割までの間は，相続開始時に存した金銭を相続財産として保管している他の相続人に対して，自己の相続分に相当する金銭の支払を求めることはできません（判例）。

4　遺産分割

1　意　義
　遺産分割とは，共同相続の場合に，一応相続人の共有となっている遺産を相続分に応じて分割し，各相続人の単独財産にすることをいいます（906条以下）。

2　分割の方法
(1)　指定分割（908条）
　遺言による分割方法の指定がある場合は，それに従います。*3
(2)　協議分割（907条1項）
　協議分割とは，共同相続人の協議による分割をいいます。協

---

*2
■ **参考データ**

ただし，共同相続された普通預金債権，通常貯金債権及び定期貯金債権は，いずれも，相続開始と同時に当然に相続分に応じて分割されることはなく，遺産分割の対象となります（判例）。

---

*3
■ **参考データ**

判例は，**「相続させる」趣旨の遺言**は，遺贈と解すべき特段の事情がない限り，**遺産分割の方法を定めたものである**としています。特定の財産を特定の相続人に「相続させる」旨の遺言は，「特定財産承継遺言」といいます（1014条2項参照）。相続人は，対抗要件を備えなければ法定相続分を超える部分の取得について，第三者に対抗できません（899条の2第1項）。

Part
2
■
民
法

Chapter 41
相続法総説　　**421**

議は，共同相続人全員でしなければなりません。

（3）審判分割（907条2項）

審判分割とは，相続人の申立てによって家庭裁判所が行う分割をいいます。

3 遺産分割の効力*1

遺産分割の効果は，相続開始の時に遡るため，分割によって取得した各個の権利は，相続開始の時からその相続人に帰属していたことになります（909条本文）。

ただし，遺産分割によって，遺産分割前に個々の相続財産の持分を取得した第三者の権利を害することはできません（同条但書）。なお，法定相続分（900条，901条）を超える部分については，対抗要件を備えなければ，第三者に対抗することができません（899条の2第1項）。

> *1
> ■ 参考データ
> 共同相続人は，すでに成立している遺産分割協議につき，その全部又は一部を全員の合意により解除した上（合意解除），改めて分割協議を成立させることはできます（判例）。

---

4 相続の承認・放棄

重要度 **A**

1 総　論

1 意　義

相続の開始によって当然に相続の効果が相続人に帰属しますが，相続人は，これを①無条件に承認するか（単純承認　920条），②相続によって得た積極財産の限度においてのみ，被相続人の債務及び遺贈を弁済するという留保付きで承認するか（限定承認　922条以下），③相続による効果の帰属を全面的に拒絶するか（相続放棄　938条以下）の選択の自由を有します。*2

2 承認・放棄の熟慮期間（915条1項）

相続の承認・放棄は，相続人が，自己のために相続の開始があったことを知った時から3か月以内になされなければなりません。

3 承認又は放棄前の相続財産の管理

相続人は，承認又は放棄するまでの間，その固有財産におけるのと同一の注意をもって，相続財産を管理する義務があります（918条1項本文）。

> *2
> ■ 参考データ
> 相続人が承認及び放棄をするには，行為能力が必要です。

Part 2
民　法

2 単純承認

1 意 義

単純承認とは，相続人が，被相続人の権利義務を全面的に承継することを内容として相続を承認することをいいます（920条）。

2 法定単純承認

単純承認の意思表示がなくても，次の場合には，相続人は単純承認をしたものとみなされます（921条）。

①	相続人が相続財産の全部又は一部を処分したとき（921条1号本文）
②	相続人が，承認又は放棄をなすべき期間（3か月）内に，限定承認又は放棄をしないでその期間が徒過したとき（同条2号）
③	相続人が限定承認又は放棄をした後でも，相続財産の全部又は一部を隠匿し，私にこれを消費し，悪意で財産目録中に記載しなかったような背信行為があるとき（同条3号本文）

3 効 果

相続人が単純承認をした場合，無限に被相続人の権利義務を承継します（920条）。

3 限定承認

1 意 義

限定承認とは，相続人が，相続によって得た積極財産の限度においてのみ，被相続人の債務及び遺贈を弁済すべきことを留保して，相続を承認することをいいます（922条以下）。相続によって得たプラスの財産の限度でのみ，被相続人の債務や遺贈等マイナスの部分を負担するという留保付きで相続を承認することを認め，債務の過大な承継から相続人の利益を保護する制度です。

2 方 法

（1）方 式（924条）

相続人が限定承認をしようとする場合，自己のために相続の開始があったことを知った時から3か月以内に，相続財産の目録を作成して，これを家庭裁判所に提出し，限定承認する旨の申述をしなければなりません。

（2）共同相続人の限定承認

相続人が数人いるときは，その全員が共同してのみ，限定承認をすることができます（923条）。

Festina lente

でも，共同相続人の1人が相続放棄をした場合には，その者は初めから相続人でなかったことになるので（939条），他の共同相続人全員で限定承認をすることができるよ。

4 相続放棄

1 意義

相続放棄とは，相続人が，熟慮期間内に，その自由意思によって一定の手続に従い，全面的に遺産の承継を拒否することをいいます（938条以下）。

2 方式（938条）

相続の放棄は，相続開始後に，家庭裁判所に申述することを要し，相続開始前に相続放棄をすることはできません。

なお，各相続人は，単独で相続放棄をすることができます。

3 効果

(1) 放棄の遡及効（939条）

相続を放棄した場合，相続開始の時に遡ってその効力が生じ，放棄した者は，その相続について初めから相続人とならなかったものとみなされます。

(2) 放棄後の相続財産の管理（940条1項）

相続を放棄した者は，その放棄によって相続人となった者が相続財産の管理を始めることができるまで，自己の財産におけるのと同一の注意をもって，その財産の管理を継続しなければなりません。*1

*1
■ 参考データ
限定承認をした相続人も，その固有財産におけるのと同一の注意をもって，相続財産の管理を継続する義務を負います（926条1項）。

ファイナルチェック　基礎知識の確認

問題1 Aの法定相続人であるBCD間で遺産分割協議が成立した場合，Bが遺産分割協議で負担することになった債務を一向に履行しようとしないときであっても，BCD全員が遺産分割協議の全部を合意解除することはできない。

問題2 被相続人Aの兄Bが，Aを日常的に虐待していた場合，AはBを相続人から廃除することができる。

問題1 ✗ 合意により解除した上で，改めて遺産分割協議を成立させることができる。　問題2 ✗ 兄弟姉妹は遺留分がないため，廃除の対象とならない（892条，1042条1項柱書参照）。

本試験レベルの問題にチャレンジ！▶▶▶

Chapter 42 遺言

イントロダクション　学習のポイント

自分の財産を死後どのように処分するかについて遺言をすることができます。

遺言は，死後本人の意思を確認することができないため，厳格な要式が定められており，要式に従わない遺言は無効となります。なお，試験対策上は要式についてはある程度の知識を備えておけば十分でしょう。

また，遺言は，その性質上，いつでも撤回することができます。

ベーシック　じっくり理解しよう！

1 総説

1 意義

遺言とは，一定の方式で表示された個人の意思に，この者の死後，それに即した法的効果を与えるという法技術をいいます（960条以下）。遺言制度は，遺言者の最終意思を尊重し，主に相続の法定の原則を修正するために用いられます。

2 遺言の法的性格

1　要式行為

遺言は，本人の最終の真意であることを確認し，また，偽造，変造を防止するため，要式行為とされています（960条）。したがって，方式に違反する遺言は，無効です。

2　単独行為

遺言は，相手方のいない単独行為であり，承諾なくして効力が生じます。

3 本人の独立の意思によること（961条）

代理は認められません。また，15歳以上の制限行為能力者が遺言をする場合，法定代理人等の同意を要しません。*1

4 撤回の自由（1022条）

遺言者の最終意思を確保するため，遺言は，いつでも，遺言の方式に従って撤回することができます。

3 共同遺言の禁止

遺言は，2人以上の者が同一の証書ですることができません（975条）。数人が同一の証書で遺言をすると，遺言者の真意があらわれず，また，各自が自由に撤回できないことになるからです。

*1 ■参考データ
成年被後見人は，事理弁識能力を一時回復した時において，医師2人以上の立会いのもとで，単独で遺言をすることができます（973条）。また，被保佐人・被補助人は，単独で遺言をすることができます（962条）。

2 遺言の方式

重要度

遺言は，遺言者が死亡した時からその効力が生じるので（985条1項），効力が生じる時は，もはやその意思を確認することができません。そこで，あらかじめ，遺言者の意思を明確にするため，遺言の方式が厳格に定められています（厳格要式性）。

遺言の方式には，大きく分けて，普通方式と特別方式があります。

3 遺言の効力

重要度

遺言の効力が発生するのは，原則として，遺言者の死亡の時です（985条1項）。

ただし，停止条件付きの遺言の場合には，その条件が遺言者の

死亡後に成就したときは，条件が成就した時からその効力を生じます（同条 2 項）。

4 遺　贈

重要度 **C**

Part 2 ■ 民 法

1 意　義

遺贈とは，遺言によって自らの財産を無償で他人に与えることをいいます（964 条）。

2 種　類

遺贈には，包括遺贈と特定遺贈があります（964 条）。

1 包括遺贈

包括遺贈とは，遺産の全部又は一部を一定の**割合**で示してする遺贈をいいます。例えば，内縁の妻に遺産の 4 分の 1 を与える等がこれにあたります。

民法は，包括受遺者は，**相続人と同一の権利義務**を有するとしています（990 条）。*2

2 特定遺贈

特定遺贈とは，**特定の具体的**な財産的利益の遺贈をいいます。例えば，遺言者の財産に属する特定の不動産や一定金額の贈与等がこれにあたります。

3 遺贈の承認又は放棄

1 包括遺贈の場合

包括受遺者は相続人と同一の権利義務を有するとされるため（990 条），相続と同様に遺贈の承認又は放棄が認められます。包括受遺者が遺贈を放棄する場合には，自己のために包括遺贈があったことを知った時から 3 か月以内に放棄することを要します（990 条，915 条 1 項参照）。

2 特定遺贈の場合

受遺者は，遺言者の死亡後，いつでも，遺贈の放棄をすることができます（986 条 1 項）。

*2
■ 語句解説

受遺者とは遺贈によって利益を受ける者をいいます。胎児は，遺贈については，すでに生まれたものとみなされるので（965 条・886 条 1 項），胎児を受遺者とする遺贈も有効です。

Chapter 42
遺　言
427

5 遺言の撤回

1 撤回の自由

遺言者は，いつでも，その遺言の全部又は一部を撤回することができます（1022条）。*1

2 法定撤回

遺言者が遺言の趣旨と抵触する行為をした場合，当該遺言は，本人の最終意思を反映したものとは考えられないので，**抵触した部分は，撤回**したものとみなされます（1023条以下）。*2

*1
■ 参考データ
遺言者は，遺言を撤回する権利を放棄することができません（1026条）。

*2
■ 参考データ
具体的には，①前の遺言と後の遺言の抵触（1023条1項），②遺言とその後の生前処分等の抵触（同条2項），③遺言書や遺贈の目的物の破棄（1024条）があります。

ファイナルチェック　基礎知識の確認

問題1　満15歳に達した者は，原則として，単独で遺言をすることができる。

問題2　遺言者は，いつでも，遺言の方式に従って，遺言を撤回することができる。

問題3　包括受遺者は，相続人と同一の権利義務を有する。

問題4　前の遺言が後の遺言と抵触するときは，その抵触する部分については，後の遺言で前の遺言を撤回したものとみなされる。

問題1 ○（961条〜963条）　問題2 ○（1022条）　問題3 ○（990条）　問題4 ○（1023条1項）

本試験レベルの問題にチャレンジ！ ▶▶▶

Chapter 43 配偶者居住権

重要度 C

イントロダクション　学習のポイント

配偶者居住権の制度は，住み慣れた居住環境での継続的な生活に対する配偶者の期待を保護するために，相続法の改正により新たに創設され，2020年4月に施行されました。要件及び効果を意識するようにしましょう。

ベーシック　じっくり理解しよう！

1 意　義

重要度 C

　配偶者居住権とは，**配偶者**が，**相続開始時に居住していた被相続人所有の建物**を対象として，終身又は一定期間，無償でその使用及び収益をすることができる**法定の権利**のことをいいます。*3

　配偶者居住権は，帰属上の一身専属権であり，その帰属主体は配偶者に限定され，譲渡することはできません（1032条2項）。

*3
■参考データ
配偶者短期居住権という制度も創設されました。これは，遺産分割が終了するまで等，短期間，無償で居住建物を使用することができる法定の権利です（1037条以下）。

2 要件・効力等

重要度 C

1 要　件

　遺産分割による取得の場合，以下の要件を満たす必要があります（1028条1項）。
　① 配偶者が，**被相続人の財産に属した建物**に**相続開始の時**に居住していたこと

② 以下のいずれかに該当すること
　ⅰ　遺産の分割により配偶者居住権を取得するとされたとき
　ⅱ　配偶者居住権が遺贈の目的とされたとき
③ 被相続人が相続開始の時に居住建物を配偶者以外の者と共有していないこと*1

2 効　力

　配偶者は，居住建物の所有権者との関係で，居住建物の全部につき，無償で，使用及び収益する権利を取得します（1028条1項柱書本文）。

　また，配偶者居住権は，原則として配偶者の終身の間存続します（1030条本文）。

> **＊1 要チェック！過去問題**
> 夫Ａと妻Ｂが居住していた甲建物が，Ａの相続開始時にＡとＡの兄との共有であった場合には，Ａが遺言において，遺産分割協議の結果にかかわらずＢには甲建物を無償で使用及び収益させることを認めるとしていたときであっても，Ｂは配偶者居住権を取得しない。
> ➡ ○ (R3-35-ウ改)

本試験レベルの問題にチャレンジ！▶▶▶

Chapter 44 遺留分

重要度 B

イントロダクション　学習のポイント

　自分の財産を死後どのように処分するかは自由ですが，一方で，遺族にとってはその財産が生活を支えることにもなります。そこで，一定の財産については，遺族に残す仕組みがとられています。これが**遺留分**という制度です。

　遺留分を侵害する遺言があっても，直ちに無効になるわけではありませんが，遺族は**遺留分侵害額請求権**を行使することにより，侵害された自己の遺留分を回復することができます。

ベーシック　じっくり理解しよう!

1 遺留分の範囲

重要度 B

1 遺留分権利者

　遺留分権利者は，**兄弟姉妹を除く**，法定相続人です（1042条1項柱書）。すなわち，配偶者，子及びその代襲者，直系尊属です。ここには，胎児も含まれます（886条）。

2 遺留分の率

　直系尊属のみが相続人である場合は，被相続人の財産の**3分の1**であり，その他の場合は，被相続人の財産の**2分の1**です（1042条1項1号，2号）。遺留分権利者が複数いるときは，全体の遺留分の率に，それぞれの遺留分権利者の法定相続分の率を乗じたものが，その者の遺留分の率となります（同条2項，900条，901条）。

　例えば，相続人が配偶者Aと子B・C・Dであれば，Aの遺

留分の率は，1/2×1/2＝1/4，B・C・Dは，各々，1/2×1/2×1/3＝1/12です。

	配偶者	直系卑属	直系尊属
単独相続の場合	1/2	1/2	1/3
配偶者と共同相続の場合		1/2	1/2

2 遺留分侵害額請求権

重要度 B

1 意義

　遺留分侵害額請求権とは，遺留分権利者の現実に受けた財産が遺贈又は贈与によって遺留分に満たないときに，遺留分侵害額に相当する金銭の支払を請求する権利です（1046条1項）。

　なお，遺留分を侵害する遺贈又は贈与は無効となるわけではなく，遺留分権利者が遺留分侵害額請求をしても，遺留分侵害額に相当する金銭債権が発生するにとどまり，遺贈又は贈与の目的とされた財産が相続財産に復帰するわけではありません。*1

*1
■ 参考データ
遺留分侵害額請求権の行使は，訴えによる必要はありません（判例）。

2 消滅時効

　遺留分侵害額請求権は，遺留分権利者が相続の開始及び遺留分を侵害する贈与又は遺贈があったことを知った時から1年間行使しないときは，時効により消滅します（1048条前段）。

相続開始の時から **10年** 経過したときも、遺留分侵害額請求権は消滅します（**除斥期間** 同条後段）。

3 遺留分の放棄

重要度 B

1 方法

相続開始前における遺留分の放棄は、**家庭裁判所の許可**を受けたときに限り、その効力を生じます（1049条1項）。なお、**相続開始後**の遺留分放棄には、家庭裁判所の許可は不要です。

2 効果

共同相続人の1人のした遺留分の放棄は、**他の各共同相続人の遺留分に影響を及ぼしません**（1049条2項）。例えば、相続人として配偶者Aと子B・C・Dがいる場合、Aが遺留分を放棄しても、B・C・Dの遺留分の率は、各々1／12のままです。

また、遺留分の放棄は、相続放棄ではないので、遺留分を放棄しても相続権を失うわけではありません。

ファイナルチェック　基礎知識の確認

問題1　兄弟姉妹には、遺留分はない。

問題2　被相続人Aに配偶者B、嫡出子Cが存在し、Aが唯一の財産である120万円の金銭のすべてをCに遺贈した場合、Bは30万円の範囲でCに遺贈の侵害額を請求することができる。

問題1 ○（1042条1項柱書）　**問題2 ○** 配偶者と子が共同相続する場合、配偶者の遺留分の率は、1／2×1／2＝1／4となる。

本試験レベルの問題にチャレンジ！ ▶▶▶

Part 3

商　法

学習進度チェック

学習した Chapter の日付を記入し，学習進度を確認しよう！

		学習予定日	日付①	日付②
Chapter 1	商法総則・商行為	／	／	／
Chapter 2	会社法総論	／	／	／
Chapter 3	持分会社	／	／	／
Chapter 4	株式会社総論	／	／	／
Chapter 5	株式	／	／	／
Chapter 6	機関	／	／	／
Chapter 7	設立	／	／	／
Chapter 8	資金調達	／	／	／
Chapter 9	組織再編	／	／	／
Chapter 10	計算その他	／	／	／

頻出項目を中心に学習しよう！

もう一息！ラストスパートだ！！

よく頑張ったね！これで商法マスターだ！！

商法ガイダンス

本試験の傾向分析と対策

1 過去問データベース

	07	08	09	10	11	12	13	14	15	16	17	18	19	20	21
商法総則・商行為	○	○	○	○	○	○	○	○	○	○	○	○	○	○	○
会社法総論															
持分会社				○						○					
株式会社総論		○												○	
株式		○	○		○	○	○	○	○	○	○	○	○	○	○
機関	○	○	○	○		○	○	○	○	○	○	○	○	○	○
設立	○				○	○		○	○	○	○	○	○		
資金調達		○	○			○									
組織再編			○			○									
計算その他		○			○				○			○			○

最新の試験対策は，伊藤塾のホームページやメルマガにて配信中

2 出題分析アドバイス

　過去問データベースを見ると，主に株式会社の株式・機関，商法総則・商行為からの出題となっています。出題内容は，条文中心ですが，判例知識も問われることがあります。

合理的学習法

1 得点計画

　商法（会社法を含みます。以下，合理的学習法においては同じ）の出題は，5問となっています。会社法の成立，昨今の試験における私法重視傾向からみれば，頻出項目を中心に学習し，出題数の **4〜5割程度** を目途に得点計画を立てるべきです。

2 全体構造

　商法は，会社法と商法（商法総則・商行為）の2つの法律から出題されます。
　基本的な問題数は，会社法4題，商法1題です。

1 会社法

　受験生の中には会社勤めの方も多いと思いますが，会社にも様々な種類があります。合名会社，合資会社，合同会社，古いものだと有限会社がありますが，最も有名なものが株式会社でしょう。
　行政書士試験の会社法の出題の中心も株式会社です。
　それでは株式会社はどのように作ることができるのでしょうか？　取締役や株主総会という言葉を耳にしたことはあると思いますが，それぞれどのような役割を担っているのでしょうか？　株主と聞けば，株式を持っている人というイメージがあると思いますが，どのように株式は発行されるのでしょうか？　また株主となればどのような権利を持つのでしょうか？　こういったことが会社法で規定されています。
　行政書士となった後は，会社法の知識を持つことはとても大切です。実際，会社設立を主業務にしている行政書士はいますし，「会社を作りたいのですが……」という相談もそれなりに多いです。
　しかし，試験対策で考えると，残念ながら会社法の学習範囲の広さと比較して出題数が少ないために，効率のよいテーマとはいい難いのです。試験対策上は，頻出分野を中心にとにかく効率よく学習することを心掛けるとよいでしょう。省いてしまった部分については，試験が終わった後にしっかりと勉強するという気持ちで臨んでほしいと思います。

Part 3
商法

ガイダンス　437

2　商法（商法総則・商行為）

　商法は，全範囲が出題されるのでなく，そのうち，商法総則と商行為の２編から出題されます。

　商法総則は，商人を対象に，商号や使用人等について規定しています。商人については，必ずしも一致する概念ではありませんが，個人事業主をイメージしてもらってもよいでしょう。なお，会社についての同様の規定は，会社法の総則部分に定められていますが，会社法総則については学習する必要はありません。会社法総則が仮に出題されたとしても，商法総則の知識をもって解けば十分です。

　一方，商行為は，商人や会社の契約などに伴う法律的な行為について規定しています。私生活上の法律的な行為については民法で規定されていますが，承認や会社ならではの特別的な定めはここに置かれています。そのような意味では，「民法ではこうなっていたが，それが商法だと（商人が行うと，あるいは商行為だと）こうなる」という視点での学習を取り入れるとよいでしょう。

　ただし，商法総則と商行為を併せてそれなりにボリュームのある範囲ではありますが，基本的に１題しか出題されないので，会社法同様，効率のよい学習を心掛けましょう。

Chapter 1 商法総則・商行為

重要度 A

イントロダクション　学習のポイント

　商法総則・商行為からは毎年1問出題されます。
　そもそも商法は民法の特別法として位置づけられるため，どういう取引に商法が適用されるのかを理解しなければなりません。商法は，商法が適用される取引を商人と商行為という概念で規定しています。そこで，まず商行為とは何か？商人とはどういう者を指すか？を理解していきましょう。その上で，基本的な内容について勉強していきましょう。

ベーシック じっくり理解しよう!

1 商行為と商人（商法の適用範囲）

重要度 B

企業をめぐる大量・継続的な取引が円滑・確実に行われるように，商法では民法と異なる規制がなされています。そこで，ある取引（行為）について，商法と民法のどちらが適用されるかによって法律効果に差異が生じるため，商法の適用範囲が問題となります。この点に関して，商法は，商行為と商人という概念によってその適用範囲を画しています。*1

1 商行為とは

1 基本的商行為

行為自体の性質に着目して誰が行っても商行為として取り扱うべき行為を基本的商行為といいます。基本的商行為には，絶対的商行為と営業的商行為があります。

(1) 絶対的商行為（501条）

絶対的商行為とは，行為の性質から当然に商行為となる行為をいいます。その行為の持つ客観的な営利的性格に着目して，商人でない者が1回限りで行う場合でも商行為となります。*2

例えば，利益を得て譲渡するつもりで，動産・不動産・有価証券を有償取得する行為（投機購買）や，取引所においてする取引等があります。

(2) 営業的商行為（502条）

営業的商行為とは，営業としてなされる（営利の目的をもって，反復継続して行うこと）ときに，初めて商行為となる行為をいいます。

---

*1
■ ポイント

当事者の一方のために商行為となる行為について，商法が適用されます（3条1項）。

*2
☑ 要チェック！過去問題

商行為とは，商人が営業としてする行為または営業のためにする行為のいずれかに当たり，商人でない者の行為は，商行為となることはない。
→✗（H29-36-5）

例えば，賃貸する意思で，動産・不動産を有償取得する行為（投機貸借）や，客の来集を目的とする場屋（飲食店等）における取引等があります。*3

2　附属的商行為（503条）

附属的商行為とは，商人が営業のためにする行為をいいます。基本的商行為とは異なり，必ずしも行為自体としては営利性がありませんが，営業のための手段的行為であることから，商法を適用するため，商行為としているのです。

絶対的商行為 （501条）	①投機購買及びその実行行為
	②投機売却及びその実行行為
	③取引所においてする取引
	④手形その他の商業証券に関する行為
営業的商行為 （502条）	①投機貸借及びその実行行為
	②他人のためにする製造又は加工に関する行為
	③電気又はガスの供給に関する行為
	④運送に関する行為
	⑤作業又は労務の請負
	⑥出版，印刷又は撮影に関する行為
	⑦客の来集を目的とする場屋における取引
	⑧両替その他の銀行取引
	⑨保険
	⑩寄託の引受け
	⑪仲立ち又は取次ぎに関する行為
	⑫商行為の代理の引受け
	⑬信託の引受け
附属的商行為 （503条）	商人がその営業のためにする行為

3　会社の行為（会社法5条）

会社がその事業としてする行為，及びその事業のためにする行為は，商行為とされます。

*3
☑️**要チェック！過去問題**

商人でない個人が，賃貸して利益を得る意思で，レンタル用のDVDを買い入れる行為は，営業として行わない場合には，商行為とならない。
➡️〇（R3-36-エ）

Part
3
■
商

法

Chapter 1
商法総則・商行為　441

2 商人とは

　商人には，商行為の概念を基礎とする固有の商人（4条1項）と商行為概念を基礎としない擬制商人（同条2項）があります。

　固有の商人とは，**自己の名**で**商行為**をすることを**業とする者**をいいます。会社もこれにあたります。[*1]

　擬制商人とは，固有の商人でない者で，店舗その他これに類似する設備によって物品の販売をすることを業とする者，鉱業を営む者をいいます。これらの者は，固有の商人ではありませんが，商人として扱われます。

[*1]
■ 語句解説
業とするとは，営利の目的で，反復・継続して行うことをいいます。

Festina lente

　商法総則の規定のうちで，会社に適用されるものは，商法典とは別に会社法（会社法総則等）に規定されている。だから，商法総則は，会社以外の個人商人に適用されるってことだね。

---

2 商行為の特則

重要度 **B**

　商行為に基づく法律関係においては，民法と異なった効果が様々に認められています。その主なものは，以下のとおりです。

① 　商行為の代理については，**顕名がなくても**，原則としてその行為は本人に対して効力を生じる（504条，なお，民法99条1項参照）。

② 　商行為の委任による**代理権**は，**本人の死亡によって消滅しない**（506条，なお，民法111条1項1号参照）。[*2]

③ 　数人の者がその1人又は全員のために商行為となる行為によって債務を負担したときは，その債務は**連帯債務**となる（511条1項，なお，民法427条参照）。また，債務が主債務者の商行為によって生じたものであるとき，又は保証が商行為であるときは，保証人は連帯保証債務を負担する（511条2項，なお，民法454条参照）。

[*2]
☑ 要チェック！過去問題
商行為の委任による代理権は，本人の死亡によって消滅する。
➡ ✗（H30-36-ア）

Part 3
商 法

3 商業登記

重要度 **B**

1 商業登記の意義

商人と取引をする第三者は，その商人の取引上の重要な事項について正確に知ることができれば，安心して取引をすることができます。このような公示の要請に応えるべく，商業登記制度が定められています。

2 商業登記の効力

1 一般的効力

登記すべき事項は，登記の後でなければ善意の第三者に対抗できません（9条1項前段）。

逆に，当事者は，いったん登記すると，原則として当該事項について善意の第三者に対しても対抗することができます。これは，登記によって第三者の悪意が擬制されるからであると説明されています。もっとも，登記後であっても，第三者が正当な事由によって善意の場合には，その第三者に対抗することはできません（同項後段）。

2 不実登記の効力

故意又は過失によって真実と異なる（不実の）登記をした者は，それが真実と異なることをもって善意の第三者に対抗できません（9条2項）。

登記された内容が実際の事実と異なっている場合，本来，その登記には何の効力も生じないはずですが，不実登記を信頼した第三者を保護しているのです。外観法理に基づく規定です。

3 会社の登記

会社の登記に関しても，同様の規定が会社法908条にあります。

Chapter 1
商法総則・商行為 **443**

4 商号

重要度 B

1 商号とは

商号とは，商人がその営業上自己をあらわす名称をいいます。

2 商号の選定

1 商号選定の自由

商人は，その営業の実体にかかわらず，自由に商号を選定することができます（商号選定自由の原則　11条1項）。

2 他の商人であると誤認させるおそれのある商号の使用禁止

何人も，不正の目的をもって，他の商人であると誤認させるおそれのある名称又は商号を用いることはできません（12条1項）。

3 名板貸人の責任

自己の商号を使用して営業又は事業を行うことを他人に許諾した商人（名板貸人）は，当該商人を営業主であると誤認してその他人（名板借人）と取引した者に対して，その取引から生じる債務につき，その他人と連帯して弁済の責任を負います（14条）。これは，取引の相手方を保護するための外観法理に基づく規定です。*1

会社についても，会社法総則に，同様の規定があります（会社法9条）。

*1 要チェック！過去問題

商人Aが，商人Bに対してAの商号をもって営業を行うことを許諾したところ，Aの商号を使用したBと取引をした相手方Cは，当該取引（以下，「本件取引」という。）を自己とAとの取引であると誤認した。本件取引の相手方の誤認についてCに過失がなかった場合，契約はAの商号を使用したBとCの間で成立するが，AはBと連帯して本件取引によって生じた債務について責任を負う。
➡○（H23-36-2）

4 商号の譲渡

商人の商号は，営業とともに譲渡する場合又は，営業を廃止する場合に限り，譲渡することができます（15条1項）。これは，商号が営業主体である商人の同一性をあらわすものとして，取引の相手方の信頼の対象となっているからです。

5 営業譲渡

重要度 **B**

1 意　義

一定の営業目的により組織化され有機的一体として機能する財産を「（客観的意味における）営業」といいます。「営業」には，動産・不動産・債権等の財産権のみならず，得意先やノウハウ等の事実関係も含まれるため，個々の営業用財産の単なる総和というわけではありません。[2]

この「営業」を移転することを目的とする債権契約を営業譲渡といいます。

2 効　力

1 当事者間における効力

営業を譲渡した商人は，別段の意思表示のない限り，同一市町村及びこれに隣接する市町村の区域内においては，譲渡した日から20年間は，同一の営業を行ってはなりません（16条1項）。譲渡人に競業避止義務を課することにより，営業の譲受人保護を図る趣旨です。[3]

2 譲渡人の債権者との間の効力

(1) 譲受人が譲渡人の商号を引き続き使用する場合

この場合は，譲受人も，譲渡人の営業により生じた債務を弁済する責任を負います（17条1項）。本来，譲渡人の債務は，債務引受がなされない限り，当然には譲受人に承継されないはずですが，商号が引き続き使用される場合に，営業譲渡を知らない債権者を保護する趣旨です。[4]

---

*2
■ **参考データ**

これに対して，商人の営業活動のことを，主観的意味における営業といいます。

*3
■ **参考データ**

さらに，譲渡人は，不正競争の目的をもって，同一の営業を行ってはなりません（16条3項）。

*4
■ **ポイント**

左のような趣旨から，遅滞なく，譲受人が弁済する責任を負わない旨の登記・通知がなされた場合は，譲受人は責任を負いません（17条2項）。

Chapter 1
商法総則・商行為　**445**

(2) 譲受人が譲渡人の商号を引き続き使用しない場合

この場合でも，譲受人は，譲渡人の事業により生じた債務を引き受ける旨の広告をしたときは，その債務を弁済する責任を負います（18条1項）。

3 譲渡人の債務者との間の効力

譲受人が譲渡人の商号を引き続き使用する場合，譲渡人の営業により生じた債権について，その譲受人にした弁済は，弁済者が善意でかつ重過失がないときは，有効となります（17条4項）。これは，営業譲渡を知らない弁済者を保護する趣旨です。

3 会社の事業譲渡

会社に関しては，「事業譲渡」という文言が用いられていますが，会社法総則に，ほぼ同様の規定が置かれています（会社法21条以下）。

6 商業使用人と代理商

重要度 **A**

商業使用人とは，雇用契約によって特定の商人（営業主）に従属し，企業の内部にあって，その商業上の業務を補助する者をいいます。支配人はこれにあたります。

これに対して，企業の外部から独立して補助する者として代理商があります。

1 支配人

支配人とは，営業主に代わってその営業に関する一切の裁判上又は裁判外の行為をする権限（包括的代理権）を有する商業使用人をいいます（21条1項）。支店長等がこれにあたります。

1 包括的代理権

営業主が支配人の有する代理権に制限を加えても，この制限をもって善意の第三者に対抗することができません（21条3項）。*1

2 義 務

支配人は，営業主の許諾がない限り，①自ら営業を行うこと，②自己又は第三者のために営業主の営業の部類に属する取引をす

> *1
> ☑ **要チェック！**
> **過去問題**
> 支配人の代理権の範囲は画一的に法定されているため，商人が支配人の代理権に加えた制限は，悪意の第三者に対しても対抗することができない。
> ➡✕（H26-36-3）

ること，③他の商人・会社の使用人となること，④会社の取締役・執行役・業務執行社員となること，はできません（競業避止義務・精力分散防止義務　23条1項）。

2 代理商

代理商とは，商業使用人以外で，商人のためにその平常の営業の部類に属する取引の代理又は媒介をする者です（27条）。

代理商は，商業使用人ではなく，独立の商人であり，本人とは委任又は準委任契約関係にあります。

代理商は，本人の許諾がない限り，①自己又は第三者のために本人の営業の部類に属する取引をすること，②本人の営業と同種の事業を行う会社の取締役・執行役・業務執行社員となることはできません（競業避止義務　28条1項）。もっとも，支配人と異なり，精力分散防止義務は負いません。

3 会社の使用人等

会社に関しても，会社法総則に，ほぼ同様の規定が置かれています（会社法10条以下）。

ファイナルチェック　基礎知識の確認

問題1　支配人は，商人の許可を受けなければ，自ら営業を行うことや他の商人の使用人となることができない。

問題2　自己の商号を使用して営業を行うことを他人に許諾した商人は，当該商人を営業主であると誤認してその他人と取引した者に対して，その取引から生じる債務につき，その他人と連帯して弁済の責任を負う。

問題3　商行為の委任による代理権は，本人の死亡によって消滅する。

問題1 ◯ （23条1項1号，3号）　問題2 ◯ （14条）　問題3 ✗ 消滅しない（506条）。

本試験レベルの問題にチャレンジ！▶▶▶

Chapter 2 会社法総論

重要度 B

イントロダクション　学習のポイント

　会社法は非常に内容が多いため，まずこの Chapter では会社法の基本概念について勉強していきます。社員の責任に注目しながら，会社の種類についてしっかりと理解していきましょう。

ベーシック　じっくり理解しよう!

1 法人性

重要度 B

　会社が法人であることは，明文で規定されています (3条)。法人とは，自然人以外で権利義務の主体となり得る者をいいます。
　会社は，法定の手続が履行されると，当然に法人格が付与されます (準則主義)。

2　営利性

重要度 **B**

　営利性とは，対外的な企業活動で利益をあげ，それを構成員に分配することをいいます。利益の構成員への分配は，**剰余金の配当**又は**残余財産の分配**という形をとって行われます。

3　社団性

重要度 **B**

1　意　義

　社団とは，共同の目的を有する**複数人の結合体**をいいます。

2　一人会社

　一人会社とは，社員が 1 人の会社をいいます。一人会社も，社員の加入等によって社員が複数となる可能性があるので，潜在的には社団であるといえます。したがって，一人会社も社団性が**認められます**。

4　会社の種類

重要度 **A**

　会社法は，**株式会社**，**合名会社**，**合資会社**，及び**合同会社**の 4 種の会社を定めています（2 条 1 号）。

1　株式会社

　株式会社とは，社員の地位が**株式**と称する細分化された均一な割合的単位の形をとり，その社員（株主）が，ただ会社に対し各自有する株式の引受価額を限度とする出資義務を負うだけで，会社債権者に対しては直接には責任を負わない（**間接有限責任** 104 条）会社のことをいいます。[*1]

　株式会社は，大規模な，あるいはリスクの高い事業を行うことを可能にするための共同企業形態です。

[*1]

■ 語句解説

社員とは，従業員のことではなく，出資をした会社の実質的所有者のことです。例えば，株式会社の場合は株主が社員にあたります。

Chapter 2
会社法総論　**449**

2 合名会社

合名会社とは，会社債務について，会社債権者に対して**直接**，**連帯**して**無限責任**を負う社員（直接無限責任社員）のみで構成される会社をいいます（576条2項）。

合名会社では，社員は，原則として会社の**業務を執行**し**会社を代表**します（590条1項，599条1項）。合名会社は，人的信頼関係のある少人数の共同企業に適しています。

3 合資会社

合資会社とは，出資の価額を限度として会社の債務につき直接弁済をする責任を負う社員（**直接有限責任社員**）と**直接無限責任社員**とからなる**二元的**組織の会社をいいます（576条3項）。

合資会社における業務執行及び会社代表は，合名会社と同様に，原則として社員全員が行います（590条1項，599条1項）。合資会社は，合名会社と同様に，社員の人数が少ない共同企業に適しています。

4 合同会社

合同会社とは，**間接有限責任社員**のみで構成され（576条4項），会社の内部関係については民法上の組合と同様の規律が適用される会社をいいます。合同会社における業務執行及び会社代表は，合名会社と同様に，原則として社員全員が行います（590条1項，599条1項）。

Festina lente

現行の会社法は，近年の社会経済情勢の変化に対応し，会社法制を国民にわかりやすいものとするため，2005年に制定されたんだよ(施行は2006年)。

---

5 会社の分類等

重要度 **A**

1 株式会社と持分会社

会社は，大きく，株式会社と持分会社に分類することができます。すなわち，①会社の社員たる地位が株式である株式会社，及び特例有限会社は，「**株式会社**」に，②会社の社員たる地位が持分である合名会社・合資会社・合同会社は，「**持分会社**」となり

ます。学習の中心となるのは，株式会社です。*1

2 有限責任と無限責任

有限責任とは，社員が一定の限度でしか責任を負わないことをいいます。これに対して，無限責任とは，会社の債務に関して，無限に責任を負うことをいいます。*2

3 直接責任と間接責任

直接責任とは，会社債権者が請求してきたら，その請求に直接応じなければならないということをいいます。これに対して，間接責任とは，会社への出資行為を通じてのみ責任を負うことをいい，会社債権者が社員に請求してきても，直接それに応える必要はありません。

*1
■ 参考データ
特例有限会社とは，会社法の施行時にすでに設立されている有限会社で，定款変更等の特段の手続をせずに，会社法施行後は会社法上の株式会社として存続するものをいいます。

*2
■ ポイント
無限に責任を負うとは，社員の個人財産をもって全面的に責任を負うという意味です。

ファイナルチェック　基礎知識の確認

問題1　社員が1人の一人会社は，株式会社では認められるが，合名会社では認められない。

問題2　設立しようとする持分会社が「合同会社」である場合には，その社員の一部を無限責任社員とし，その他の社員を有限責任社員とする旨を，定款に記載・記録しなければならない。

問題3　無限責任とは，会社の債務に関して，社員の個人財産をもって無限に責任を負うことをいう。

問題1 ✗ 合名会社においても一人会社は認められている。　問題2 ✗ 設立しようとする持分会社が「合同会社」である場合には，その社員の全部を有限責任社員とする旨を記載・記録しなければならない。　問題3 ○

本試験レベルの問題にチャレンジ！　▶▶▶

Chapter 3 持分会社

重要度 A

イントロダクション　学習のポイント

　この Chapter では、会社のうち、株式会社以外の会社である持分会社について勉強します。合名会社、合資会社、合同会社をあわせて持分会社といいます。基本的には合名会社、合資会社、合同会社を個別に勉強するのではなく、持分会社として勉強し、その上で、各会社の異なる点を整理していきましょう。

ベーシック　じっくり理解しよう！

1 総　論

重要度 C

　持分会社とは、社員たる地位が持分である合名会社・合資会社・合同会社のことです（575条1項）。
　持分会社は、株式会社とは異なり、いずれも社員間に人的信頼関係があり、また、社員が経営について能力と意欲を有すること

を前提としています。このため，各社員は，無限責任社員と有限責任社員の区別なく，原則として会社の業務を執行し（590条1項），会社を代表します（599条1項本文）。また，業務執行その他の内部の規律については，広く定款自治に委ねられています（577条参照）。

ただし，無限責任社員が存在しない合同会社では，会社債権者保護のため，他とは異なる規律が設けられている場合もあります。

2 設 立

重要度 C

持分会社の設立手続は，株式会社と比べて簡素化されています。

1 定款の作成

まず，社員になろうとする者が定款を作成し，その全員がこれに署名又は記名押印しなければなりません（575条1項）。

2 出資の履行

1 合名・合資会社の場合

①出資の履行の時期・程度を自由に定めることができ，②合名会社の社員・合資会社の無限責任社員は，信用や労務を出資の目的とすることができます。

これは，無限責任社員が存在するため，会社に財産が拠出されていなくても，会社債権者を保護することができるからです。

2 合同会社の場合

合同会社の社員になろうとする者は，定款の作成後，合同会社の設立の登記をする時までに，その出資にかかる金銭の全額を払い込み，又はその出資にかかる金銭以外の財産の全部を給付しなければなりません（578条本文）。これは，合同会社の社員は間接有限責任しか負わないため，会社債権者保護の観点から，その引当てとなる会社財産を確保する必要があるからです。

3 設立の登記

持分会社は，その本店の所在地において設立の登記をすることによって成立します（579条）。

3 社　員

重要度 **B**

1 持分の譲渡等

1 持分の譲渡

　持分とは，持分会社の社員たる地位をいいます。社員は，定款に別段の定めがない限り，他の社員の全員の承諾がなければ，その持分を他人に譲渡することができないのが原則です（585条1項，4項）。これは，持分会社では，社員間の人的信頼関係が重要だからです。*1

　もっとも，業務を執行しない有限責任社員は，定款に別段の定めがない限り，業務を執行する社員の全員の承諾があれば，その持分を他人に譲渡することができます（同条2項，4項）。

2 持分の全部の譲渡をした社員の責任

　持分の全部を他人に譲渡した社員は，その旨の登記をする前に生じた持分会社の債務について，従前の責任の範囲内でこれを弁済する責任を負います（586条1項）。*2

---

*1
■ **ポイント**

持分会社は，自己の持分を譲り受けることはできません（587条1項）。持分会社がその持分を取得した場合には，当該持分は，その取得時に消滅します（同条2項）。

*2
■ **参考データ**

持分の全部の譲渡をした社員の責任は，当該登記後2年以内に請求又は請求の予告をしない会社債権者に対しては，当該登記後2年を経過した時に消滅します（586条2項）。

---

4 管　理

重要度 **B**

1 業務の執行

1 原　則

　各社員が，持分会社の業務を執行します（590条1項）。社員が2人以上ある場合には，持分会社の業務は，定款に別段の定めがないときは，社員の過半数をもって決定します（同条2項）。*3

2 定款で業務執行社員を定めた場合

　定款で業務を執行する社員を定めることができます（591条）。

　業務執行社員が2人以上ある場合には，持分会社の業務は，定款に別段の定めがないときは，業務を執行する社員の過半数をもって決定します（同条1項前段）。ただし，支配人の選任及び解任は，定款で別段の定めがない限り，社員の過半数をもって決定しなければなりません（同条2項）。

---

*3
■ **ポイント**

持分会社の常務については，その完了前までに他の社員（業務執行社員）が異議を述べないときは，各社員（各業務執行社員）が単独で行うことができます（590条3項）。

業務執行社員を定款で定めた場合，各社員は，業務執行権を有しないときであっても，その業務及び財産の状況を調査することができます（592条1項）。これは，業務執行について重大な利害関係を有している各社員に監視権を認める趣旨です。

2 業務執行社員の義務

1 義 務

業務執行社員は，職務を行うにあたり，善管注意義務（593条1項）・忠実義務（同条2項）を負います。

また，業務執行社員は，株式会社の取締役と同様，競業避止義務を負い（594条），利益相反取引の制限（595条）を受けます。*4

2 責 任

業務執行社員は，その任務を怠ったときは，持分会社に対し，連帯して，これによって生じた損害を賠償する責任を負います（596条）。

また，業務を執行する有限責任社員がその職務を行うについて悪意又は重過失があったときは，当該有限責任社員は，連帯して，これによって第三者に生じた損害を賠償する責任を負います（597条）。

3 会社の代表

業務執行社員は，持分会社を代表するのが原則です（599条1項本文）。

業務執行社員が2人以上ある場合でも，各業務執行社員が，持分会社を代表します（単独代表の原則　同条2項）。*5

持分会社を代表する社員は，持分会社の業務に関する一切の裁判上又は裁判外の行為をする権限を有し（同条4項），かかる権限に加えた制限は，善意の第三者に対抗することができません（同条5項）。

*4
■ 参考データ

競業避止義務については，①「自己又は第三者のために会社の事業の部類に属する取引をすること」に加え，②「会社の事業と同種の事業を目的とする会社の取締役，執行役又は業務執行社員となること」にも及んでおり，株式会社の取締役よりも厳しいものとなっています。

*5
■ ポイント

定款又は定款の定めに基づく社員の互選によって，業務を執行する社員の中から持分会社を代表する社員を定めることもできます（599条3項）。

5 持分会社と株式会社との比較

重要度
B

次頁の表のとおりです。

Chapter 3
持分会社　455

		持分会社			株式会社
		合名会社	合資会社	合同会社	
社員の構成		直接無限責任社員 ———	直接無限責任社員 直接有限責任社員	——— 間接有限責任社員	株主
設立	出資の目的	信用・労務可	直接有限責任社員は金銭等に限る（576条1項6号）	金銭等に限る（576条1項6号）	金銭等に限る
設立	設立時の出資義務	×	×	○(578条)	○(34条, 63条)
機関	所有と経営	原則一致			分離
機関	意思決定方法	社員の過半数（590条2項） ただし，定款により自由に決定可（同項）			出資額に応じた多数決原理
利益(剰余金)配当	財産の分配	定款により自由に決定 （定款に定めのない場合，出資額の価額に応じて分配，622条）			保有株式数に応じて分配 (109条1項, 454条3項)
利益(剰余金)配当	利益（剰余金）配当制限	なし	なし	利益額の範囲内（628条）	分配可能額の範囲内(461条)
	持分の譲渡	原則として他の社員全員の承諾が必要（585条1項）			○（127条）
退社	任意退社	○（606条）			×
退社	退社に伴う持分の払戻し	○（611条）			×

ファイナルチェック　基礎知識の確認

問題1　合名会社の社員及び合資会社の無限責任社員は，信用を出資の目的とすることができる。

問題2　持分会社の各社員は，定款に別段の定めがある場合を除き，他の社員の同意がなくても，自由にその持分の全部又は一部を他人に譲渡することができる。

問題1 ○ （576条1項6号参照）　問題2 ✗ 原則として他の社員全員の承諾が必要である（585条1項）。

本試験レベルの問題にチャレンジ！ ▶▶▶

Chapter 4 株式会社総論

重要度 B

イントロダクション 学習のポイント

会社法の中心課題は**株式会社**です。その分，範囲も広いため，まずは株式会社の総論的な知識をこの Chapter では勉強します。特に，**公開会社**という概念について，会社法が公開会社かそうでないかで規定を異にしていることが多いため，しっかりと理解し，覚えるようにしてください。

ベーシック じっくり理解しよう！

1 特 質
重要度 B

1 株 式

株式とは，**細分化**された**均一**な**割合的単位**の形をとる，株式会社の**社員たる地位**をいいます。

細分化することで，わずかな資金しか有しない者でも，出資が容易になります。また，均一な割合的単位とすることで，会社と社員間の法律関係を単純化し，社員の個性を喪失させることを可能としています。

2 間接有限責任

有限責任とは，各株主が，**会社**に対して，自己の引き受けた株

式について引受価額を出資する責任のみを負うことをいいます（104条）。これにより，多数の者が安心して会社に資本参加することができるようにしているのです。

2　資本金

重要度 B

1　意　義

資本金とは，会社財産を確保するための基準となる一定の計算上の数額をいいます。

株主は間接有限責任を負うにすぎない（104条）ので，会社債権者が引当てとすることができるのは会社財産しかありません。そこで，登記及び貸借対照表を通じて公示される一定の数額を資本金として，会社財産を確保しようとしています。

> **Festina lente**
> 資本金は，一定の枠であって，絶えず変動する現実の会社財産とは異なるよ。

2　資本金の額

資本金の額は，原則として，設立又は株式の発行に際して株主となる者が払込み又は給付した財産の額です（445条1項）。

ただし，この額の2分の1を超えない額は，資本金として計上せず，後述する準備金とすることができます（同条2項，3項）。

3　資本金額の増加・減少

株式会社は，株主総会の普通決議により，剰余金の額を減少して資本金額を増加することができます（450条，309条1項）。

これに対して，資本金額を減少するには，厳格な手続が要求されます（資本不変の原則）。すなわち，原則として株主総会の特別決議が必要になり（447条1項，309条2項9号），また，会社債権者保護手続として会社債権者に異議を述べる機会を与えなければなりません（449条）。

> **Festina lente**
> 準備金は，資本と同様，一定の枠であって，現実の会社財産とは異なるものだよ。

4　準備金

準備金とは，株式会社において，純資産額が資本金額を超える額のうち，一定の目的のために会社に積み立てておく留保額をい

458　Part 3
　　　商　法

います（445条3項，4項参照）。

会社法は，資本金という一定額を基準として，それに更に準備金という制度を設けて，これらに対応する会社財産を維持することを求め，原則として資本金と準備金を超える部分に限って剰余金として株主に配当することを認めています。

3 公開会社・大会社

重要度 B

1 公開会社と非公開会社

公開会社とは，その発行する**全部又は一部**の株式の内容として譲渡による**株式の取得**について株式会社の**承認**を要する旨の定款の定めを**設けていない**会社をいいます（2条5号）。つまり，一部の種類の株式でも譲渡制限のないものがあれば，構成員の流動性があると評価でき，公開会社となります。*1

これに対して，非公開会社とは，発行する**全部**の種類の株式について，定款で譲渡制限をしている会社をいいます。

Festina lente
ここにいう公開会社か非公開会社かの区別は，株式譲渡制限の有無に求められるんだ。上場や店頭登録等の有無による区別ではないよ。

*1 要チェック！過去問題
公開会社であり，かつ大会社は，譲渡制限株式を発行することができない。
→✗（R2-40-1）

Chapter 4 株式会社総論　459

2 大会社と大会社以外の会社

大会社とは，資本金として計上した額が5億円以上か，負債の部に計上した額が200億円以上の会社をいいます（2条6号）。

ファイナルチェック　基礎知識の確認

問題1　株主は，株式会社の債務について，債権者に対して直接弁済する責任を負う。

問題2　設立又は株式の発行に際して株主となる者が株式会社に対して払込み又は給付をした額のうち，2分の1を超えない額については，資本金として計上しないことができる。

問題1 ✗　間接責任であるため，直接弁済する責任を負うわけではない。　問題2 ○　（445条2項）

本試験レベルの問題にチャレンジ！▶▶▶

Chapter 5 株 式

重要度

イントロダクション 学習のポイント

株式は会社法の中でも頻出のテーマです。
中でも株主の権利，株主平等の原則，株式の内容と種類，株式の譲渡は基本的なテーマになります。メリハリをつけて勉強をするようにしましょう。

ベーシック じっくり理解しよう!

1 株式の意義

重要度

1 総 説

株式とは，細分化された均一な割合的単位の形をとる，株式会社の社員たる地位をいいます。

2 株主の権利

株主は，その有する株式につき，以下①から③に掲げる権利，

その他会社法の規定により認められた権利を有します（105条1項各号）。

① 剰余金の配当を受ける権利 *1
② 残余財産の分配を受ける権利 *1
③ 株主総会における議決権

株主に①及び②に掲げる権利の全部を与えない旨の定款の定めは，無効になります（同条2項）。これは，会社の営利性のあらわれです。

3 発行可能株式総数

株式会社は，発行可能株式総数を，株式会社の成立の時までに，定款で定めなければなりません（37条1項参照）。そして，公開会社の場合，設立時には発行可能株式総数の少なくとも4分の1は株式を発行しなければなりません（同条3項）。

また，株式会社は，定款を変更して発行可能株式総数の定めを廃止することはできませんが，一定の限度で減少又は増加させることができます（113条）。

このように，発行可能株式総数を定款で定めておき，その授権の範囲内で会社が取締役会の決議等により適宜株式を発行することを認める制度を，授権資本制度といいます。*2

4 反対株主の株式買取請求権

反対株主の株式買取請求権とは，株式会社の一定の基礎的変更の場合において，それに反対する株主が，会社に対してその所有する株式を公正な価格で買い取ることを請求できる権利をいいます（116条1項）。

これにより，反対株主は，投下した資本を回収して経済的不利益を回避することができます。

旧法では，株式買取請求権が認められるのは，株主総会決議において反対の意思表示をした株主に限定されていました。

しかし，会社法では，株主総会において議決権を行使することができない株主や，株主総会決議を要しない場合のすべての株主にも株式買取請求が認められるようになりました。

---

*1
■ 語句解説

剰余金とは，会社に蓄積されている利益の額をいいます。
残余財産とは，会社が解散して清算があった場合に，債務を弁済して残った財産をいいます。

Festina lente

剰余金の配当は，旧法における利益配当・中間配当等を統一した言葉だよ。
また，旧法では，株主に対する配当は，期末・中間の年2回しか行うことができなかったけれど，会社法では，株主総会決議により，いつでも配当を行えるようになったんだ。

---

*2
☑ 要チェック！過去問題

会社成立時に株式会社が発行する株式数は，会社法上の公開会社の場合には，発行可能株式総数の4分の1を下回ることができないため，定款作成時に発行可能株式総数を定めておかなければならないが，会社法上の公開会社でない会社の場合には，発行株式数について制限がなく，発行可能株式総数の定めを置かなくてよい。

➡ ✗（H21-37-1）

5 株主平等の原則

1 意 義

株主平等の原則とは，株主としての資格に基づく法律関係について，会社は，株主をその有する株式の内容及び数に応じて平等に取り扱わなければならないという原則をいいます（109条1項参照）。

株主平等原則は，多数決の濫用から少数派株主を保護する機能を有します。

この原則に違反する行為は無効と解されています。もっとも，個々の行為について，不利益を受ける株主が任意に承認するのであれば，有効になります。

2 内 容

株主平等原則の内容は，各株式の内容が同一である限り，同一の取扱いがなされるべきこと（取扱いの平等）にあります。

もっとも，例外として，非公開会社における，定款に基づく剰余金の配当等についての異なる取扱い（109条2項）があります。*3

6 株主の権利に関する利益の供与

株式会社は，何人に対しても，株主の権利の行使に関し，財産上の利益の供与をしてはいけません（120条1項）。これは，会社財産の浪費を防止するとともに，会社経営の健全性を確保する（特に総会屋への利益供与の根絶を図る）ために設けられた規定です。*4

7 単元株制度

単元株式とは，定款の定めをもって一定数の株式を1単元として，株主の議決権を1単元に1個とする制度をいいます（188条）。

---

*3
要チェック！
過去問題
「公開会社でない株式会社が，剰余金の配当を受ける権利に関する事項について，株主ごとに異なる取扱いを行うこと」は，定款の定めを必要としない。
→✗（H26-40-1）

*4
■ポイント
例えば，株主になったBが，株主総会において議決権を行使する際に，会社にとって不利益に議決権を行使しないように，会社から金銭を受けていたような場合は，利益供与の禁止に違反することになります。

株式の単位の小さい会社では，1株しか有しない株主にも議決権を認めて，株主総会の招集通知を送付することは，株主管理コストの点から不合理です。そこで，定款自治のもと，株式会社の事務負担の軽減を図ることを認めるものです。[1]

1 設定等

(1) 設定・増加

単元株式数（2条20号）を設定・変更する場合，原則として**株主総会の特別決議による定款変更**が必要です（466条，309条2項11号）。

また，単元株式数は，法務省令で定める数を超えることはできません（188条2項）。これは，過大な数を定めることにより少数株主を不当に害することを防止するためです。

(2) 廃止・減少

単元株式数を減少・廃止する場合には，株主の権利を害するおそれがないため，**取締役の決定**（取締役会設置会社においては，**取締役会の決議**）によって定款変更を行うことができます（195条1項）。

2 単元未満株主の権利

(1) 議決権

単元未満株主は，株主総会において**議決権を行使することができません**（189条1項）。

(2) 定款による権利の制限

単元未満株主は，議決権の存在を前提とする権利以外の株主としての権利は，すべて有しています。

もっとも，株式会社は，単元未満株主の一定の権利以外の権利の全部又は一部について，**行使することができない旨を定款に定めることができます**（189条2項柱書）。

3 株券の発行

株券発行会社であっても，単元未満株式にかかる株券を発行しないことができる旨を定款で定めることができます（189条3項）。

4 買取請求・売渡請求

(1) 買取請求

単元未満株主は，株式会社に対し，自己の有する**単元未満株式を買い取ることを請求**することができます（192条1項）。

[1]
■ **ポイント**

会社法の制定前は，単元株制度と並んで，端株制度がありました。しかし，両制度の実質は変わりなく，実際には端株制度はあまり利用されていなかったことから，端株制度は廃止されました。

(2) 売渡請求

　株式会社は，単元未満株主が，会社に対してその有する単元未満株式の数と**あわせて単元株式となる数の株式を**その**単元未満株主に売り渡すよう請求できる**旨を，定款で定めることができます（194条1項）。

8 株式の併合と分割

1 株式の併合

　株式の併合とは，2株を1株に，あるいは3株を2株にというように，複数の株式をあわせて，それよりも少数の株式とすることをいいます（180条1項）。これは，1株の価値を大きくして株式の投資の対象としての単位を適正にする等のために行われます。

2 株式の分割

　株式の分割とは，1株を2株に，あるいは2株を3株にというように，株式を細分化して従来より多数の株式とすることをいい

ます（183条1項）。これは，株価の高い会社が1株の市場価格を下げて投資家が購入しやすいようにする等のために行われます。

3　株式無償割当て

　株式無償割当てとは，株主に対して新たに払込みをさせないで，当該株式会社の株式の割当てをすることをいいます（185条）。

　株式無償割当ては，株主の申込み等の手続をとることなく，株主に**自動的に株式を取得させる**制度である点で，後述する募集株式の募集を行う場合に株主に割当てを受ける権利を与えるときとは異なります。

　株式無償割当ては，その効果の点で株式の分割と似ています。しかし，次の点において異なります。すなわち，①株式の分割においては，同一の種類の株式の数が増加するのに対し，株式無償割当てにおいては，同一又は**異種の株式**を交付することができます。②株式の分割においては，自己株式の数も増加するのに対し，株式無償割当てにおいては，**自己株式については割当てができません**。③株式の分割においては自己株式を株主へ交付できないのに対し，株式無償割当てにおいては，**自己株式を株主に交付することができます**。

*1 要チェック！過去問題
取締役会設置会社において株式の無償割当てをするには，その都度，割り当てる株式の数およびその効力の生ずる日を，株主総会の決議によって定めなければならない。
➡✗（H26-38-3）

〈株式併合・株式分割・株式無償割当ての比較〉

	株式併合	株式分割	株式無償割当て*1
意義	複数の株式をあわせて，それよりも少数の株式とすること	株式を細分化して従来より多数の株式とすること	株主に対して新たに払込みをさせないで，当該株式会社の株式の割当てをすること
手続	株主総会の特別決議	株主総会の普通決議（取締役会設置会社では取締役会の決議）	株主総会の普通決議（取締役会設置会社では取締役会の決議）

2 株式の内容と種類

重要度 A

1 総論

株式会社は，一定の範囲と条件のもとで，①**すべての株式**の内容として特別な事項を定めること（107条），②権利の内容の異なる複数の種類の株式を発行すること（**種類株式** 108条）が認められています。これらは，株式の多様化を図ることを認めることにより，株式による資金調達の多様化と支配関係の多様化の機会を株式会社に与えるためです。

1 全部の株式の内容についての特別の定め

株式会社は，その発行する全部の株式の内容として，以下①から③に掲げる株式を，**定款によって**定めることができます（107条1項）。*2

① 譲渡制限株式
② 取得請求権付株式
③ 取得条項付株式

2 種類株式

株式会社は，以下①から⑨に掲げる種類株式を発行することができます（108条1項）。この種類株式を発行するためには，一定の事項を**定款に定めなければなりません**（同条2項）。

① 剰余金の配当について内容の異なる種類株式
② 残余財産の分配について内容の異なる種類株式
③ 議決権制限（種類）株式
④ 譲渡制限種類株式
⑤ 取得請求権付種類株式
⑥ 取得条項付種類株式
⑦ 全部取得条項付種類株式
⑧ 拒否権付種類株式
⑨ 取締役・監査役選任に関する種類株式

2 譲渡制限株式

譲渡制限株式とは，譲渡によるその株式の取得について，当該

---

*2 **要チェック！過去問題**
会社は，その発行する全部の株式の内容として，株主総会において議決権を行使することができる事項について制限がある旨の定款の定めがある株式を発行することができる。
→ ✗ （H28-38-イ）

株式会社の承認を要する株式をいいます（2条17号，107条1項1号，108条1項4号）。*1

これは，会社にとって好ましくない者が，株主として経営に関与することを防止して会社経営の安定を図るための制度です。

3 取得請求権付株式

取得請求権付株式とは，株主が，会社に対して取得を請求することができる株式をいいます（2条18号，107条1項2号，108条1項5号）。

株式会社は，取得の対価として，社債・新株予約権・新株予約権付社債・株式・その他の財産を株主に交付することを定款で定めることができます（107条2項2号，108条2項5号）。

*1
■ 参考データ
会社法では，一部の株式のみを譲渡制限種類株式とすることが可能になりました。

4 取得条項付株式

取得条項付株式とは，会社が，一定の事由が生じたことを条件として株式を取得することができる株式をいいます（2条19号，107条1項3号，108条1項6号）。

株式会社は，取得の対価として，社債・新株予約権・新株予約権付社債・株式・その他の財産を株主に交付することを定款で定めることができます（107条2項3号，108条2項6号）。

5 剰余金の配当・残余財産の分配について内容の異なる種類株式

株式会社は，剰余金の配当又は残余財産の分配のいずれかについて異なる定めをした種類株式を発行することができます（108条1項1号，2号）。これは，株主間では，経済的な需要が異なることから認められたものです。

このうち，剰余金の配当・残余財産の分配について，他の株式

に比べ優先的な定めをした種類株式を「優先株式」といいます。これに対して，他の株式に比べて劣後的な定めをした種類株式を「劣後株式」といいます。*2

6 議決権制限（種類）株式

議決権制限株式とは，株主総会において議決権を行使することができる事項について異なる種類株式をいいます（108条1項3号）。これは，剰余金配当等に期待する反面，議決権の行使には関心のないような株主のニーズに応えたものです。いかなる事項についても議決権を有しない株式（全部議決権制限株式）と，一定事項についてのみ議決権を有する株式（一部議決権制限株式）があります。

この議決権制限株式は，公開会社では，議決権制限株式の数が発行済株式総数の2分の1を超えたときは，直ちに，その割合を2分の1以下にする措置をとらなければなりません（115条）。これは，少ない株式を有する者が実質的に会社を支配することは好ましくないと考えられたためです。*3

7 全部取得条項付種類株式

全部取得条項付種類株式とは，2つ以上の種類株式を発行する株式会社において，そのうちの1つの種類株式の全部を，株主総会の特別決議によって会社が取得することができる種類株式をいいます（108条1項7号，171条1項，309条2項3号）。これは，倒産状態にある株式会社を，倒産手続によらないで，100％減資を行うような場合等を想定しています。

8 拒否権付種類株式

拒否権付種類株式とは，株主総会において決議すべき事項のうち，その決議のほか，その種類株式の株主を構成員とする種類株主総会の決議があることを必要とする種類株式をいいます（108条1項8号）。これは，定款上，ある種類の株主に拒否権を与えるもので，ベンチャー企業等において特に有用です。*4*5

*2
■ 参考データ
会社が業績不振である場合，普通株の発行によっては誰も株式を引き受けず，資金調達が困難となるときがあります。そのようなときには，剰余金の配当で有利な優先株を発行すれば，株主の募集が容易になるため，資金を調達しやすくなります。

*3
■ ポイント
非公開会社では，このような制限はありません。なぜなら，株主間の人的なつながりが強いため，少数者による会社支配を防止する必要性が低いからです。

*4
■ 語句解説
種類株主総会とは，種類株主（ある種類の株主）で構成される総会をいいます。

*5
■ 参考データ
例えば，取締役選任につき種類株主総会の決議を要すると定めた場合には，株主総会で選任した取締役であっても，種類株主総会でそれを否決すれば，取締役選任決議の効力が失われます。

Part
3
商
法

Chapter 5
株 式
469

9 取締役・監査役選任に関する種類株式

　取締役・監査役選任に関する種類株式とは，当該種類株式の種類株主を構成員とする種類株主総会において，取締役又は監査役を選任する種類株式をいいます（108条1項9号）。これは，出資割合や事業への関与の度合いに応じて取締役・監査役を選任することができるようにするための制度です。

　指名委員会等設置会社及び公開会社では，この種類株式を発行することができないことになっています（同項柱書但書）。

〈株式の種類〉

	意　　義	全部の株式の内容についての特別の定め	種類株式
譲渡制限株式	譲渡による当該株式の取得について当該株式会社の承認を要する株式	○	○
取得請求権付株式	株主が，会社に対して取得を請求することができる株式	○	○
取得条項付株式	会社が，一定の事由が生じたことを条件として株式を取得することができる株式	○	○
剰余金の配当・残余財産の分配について内容の異なる種類株式	優先株式・劣後株式	×	○
議決権制限（種類）株式	株主総会において議決権を行使することができる事項について異なる種類株式	×	○ 公開会社では，発行済株式総数の2分の1を超えてはならない
全部取得条項付種類株式	会社が，1つの種類株式の全部を株主総会の特別決議によって取得することができる種類株式	×	○

Part 3
商 法
470

| 拒否権付種類株式 | 株主総会の決議のほか，種類株主総会の決議があることを必要とする種類株式 | × | ○ |
| 取締役・監査役選任に関する種類株式 | 種類株主総会において，取締役又は監査役を選任する種類株式 | × | ○
指名委員会等設置会社・公開会社では × |

3 株券と株主名簿

重要度 A

1 株　券

1 意　義

株券とは，株主の地位たる株式を表章する有価証券をいいます（214条以下）。*1

2 株券の発行

（1）意　義

株券は，発行しないのが原則であり，定款の定めがある場合に限り発行することができます（214条）。

株券を発行するか否かについては，すべての種類株式について一律に定めなければならず，株式の種類ごとに株券発行の有無を違えることはできません（同条かっこ書）。

（2）株券の発行時期 *2

株券発行会社は，株式を発行した日以後，遅滞なく，株券を発行しなければなりません（215条1項）。

もっとも，株券発行会社のうち非公開会社は，株主が請求しない限り，株券を発行しないことができます（同条4項）。

3 株券不所持の申出

株券発行会社の株主は，その株券発行会社に対し，株券の所持を希望しない旨を申し出ることができます（217条1項）。これは，株主が株券を紛失すると，善意取得（131条2項）により他の者に権利を奪われてしまうおそれがあるため，これを防ぐための制度です。

もっとも，株券発行会社の株式を譲渡するには株券の交付が必

*1
■ 参考データ

旧法においては，株主の名前が株券記載事項とされていましたが，会社法では，株主の名前は記載事項ではなくなりました（216条参照）。

*2
☑ 要チェック！過去問題

株式会社は株券を発行するか否かを定款で定めることができるが，会社法は，株券を発行しないことを原則としているので，株券を発行する旨を定款に定めた会社であっても，会社は，株主から株券の発行を請求された段階で初めて株券を発行すれば足りる。

➡ ✘（H21-37-2）

Chapter 5 株　式　471

要ですので，株券不所持の申出をした株主は，いつでも，株券発行会社に対し，当該株式にかかる株券を発行するように請求することができます（217条6項前段）。

2 株主名簿

1 意　義

株主名簿とは，株主及び株券に関する事項を明らかにするため，会社法の規定により作成される帳簿をいいます（121条）。これは，株式譲渡自由の原則（127条）のもと，多数の絶えず変動する株主を，会社との関係で明確化・固定化するためのものです。*1

（1）作成義務・記載事項

株式会社は，株主名簿を作成し，これに一定の事項を記載・記録しなければなりません（121条）。また，株式会社は，株主名簿をその本店に備え置かなければなりません（125条1項）。*2

（2）名義書換

株式を取得した者は，株式会社に対し，その株式にかかる株主名簿記載事項を株主名簿に記載・記録することを請求できます（133条1項）。

2 基準日

株式会社は，一定の日（基準日）を定めて，基準日において株主名簿に記載・記録されている株主（基準日株主）を，その権利を行使することができる者と定めることができます（124条1項）。*3

基準日後に株式を取得した者は，基準日株主として取り扱われません。ただし，基準日が株主総会における議決権との関係で設定されているのであれば，その基準日後に株式を取得した者に議決権を行使させることができる旨を定めることができます（同条4項本文）。

3 株主名簿の閲覧・謄写

株主及び債権者は，株式会社の営業時間内はいつでも，請求の理由を明らかにして，株主名簿の閲覧又は謄写を請求することができます（125条2項）。

---

*1
要チェック！過去問題

すべての株式会社は，株主名簿を作成して，株主の氏名または名称および住所ならびに当該株主の有する株式の種類および数などを記載または記録しなければならない。

→○（H21-38-ア）

*2
参考データ

株主名簿に記載・記録すべき事項には，①株主の氏名・名称及び住所，②その株主の有する株式の数，③株主が株式を取得した日，④株券発行会社である場合は株券の番号があります。

*3
ポイント

例えば，2021年4月1日から2022年3月31日までの営業年度における営業成績の決算をして剰余金の配当を行うために，2022年6月1日に株主総会を開催するとします。その場合，決算期である2022年3月31日時点での株主に議決権を行使させる必要があるため，議決権を行使する者は3月31日現在の株主名簿上の株主と定めることが行われます。

4 株式の譲渡

1 株式譲渡の自由

1 意義

株主は，その有する株式を自由に譲渡することができるのが原則です（127条）。なぜなら，株式会社では，株主に，退社による出資の払戻しが認められていないため，株式譲渡による投下資本回収の途を保障する必要があるし，他方で，株式会社では原則として株主の個性が重視されないため，株式譲渡の自由を認めても会社に不都合はないからです。

A株式会社

A社の株主B

株式

自由に譲渡できるのが原則

C

2 効力発生要件

株式譲渡の効力発生要件については，株券不発行会社と株券発行会社とに分けて検討する必要があります。

(1) 株券不発行会社の場合

株券不発行会社の株式については，当事者間の意思表示のみで譲渡することができます。

(2) 株券発行会社の場合

株券発行会社の株式の譲渡は，当事者間の意思表示のほか，株券を交付しなければ，効力が生じないのが原則です（128条1項本文）。

ただし，株券発行会社が自己株式の処分による株式の譲渡をするときは，株券を交付しなくても効力が生じます（同項但書）。

(3) 対抗要件[*4]

	会社に対する対抗要件	第三者に対する対抗要件
株券発行会社	株主名簿	株券の占有
株券不発行会社	株主名簿	株主名簿

[*4]
要チェック！過去問題
株券発行会社においては，株式の譲受人は，株主名簿の名義書換えをしなければ，当該会社および第三者に対して株式の取得を対抗できない。
→✗（H21-38-ウ）

2 株式の譲渡制限

株式の譲渡制限には，①時期による制限，②子会社による親会社株式の取得の制限，③株式会社による自己株式の取得の制限，④譲渡制限株式があります。*1

*1
■ 参考データ
自己株式の取得の制限については後述します。

1 時期による制限
(1) 権利株の譲渡制限

株主となる権利（権利株）の譲渡は，**会社に対抗することができません**（35条，50条2項，63条2項，208条4項）。もっとも，権利株の譲渡も，**当事者間では有効**であると解されています。*2

*2
■ 語句解説
権利株とは，会社成立前，又は新株発行前の株式引受人の地位をいいます。

(2) 株券発行前の譲渡制限

株券発行会社においては，株券の発行前にした譲渡は，**会社との関係では効力を生じません**（128条2項）。

もっとも，株券発行前の株式譲渡も，**当事者間では有効**であると解されています。

2　子会社による親会社株式の取得の制限

　子会社は，その親会社である株式会社の株式（親会社株式）を取得することはできません（135条1項）。これは，親会社と子会社とは法的には別個の存在ですが，経済的には一体の関係にあることから，会社支配の不正防止，会社財産の空洞化を防止するため，原則として禁止したものです。*3

　違法な親会社株式の取得は，無効と解されています。

　なお，一定の場合には親会社株式の取得が認められていますが（同条2項各号），適法に取得した場合であっても，相当の時期に処分しなければなりませんし（同条3項），子会社は保有している親会社株式について議決権を有しません（308条1項かっこ書）。

*3
■ 語句解説
子会社とは，会社がその総株主の議決権の過半数を有する株式会社その他の当該会社がその経営を支配している法人として法務省令で定めるものをいいます（2条3号）。
親会社とは，株式会社を子会社とする会社その他の当該株式会社の経営を支配している法人として法務省令で定めるものをいいます（2条4号）。

3　譲渡制限株式

　株式会社は，定款で，株式の譲渡について株式会社の承認を要することを定めることができます（107条1項1号，108条1項4号）。これは，会社の経営にとって好ましくない者が株主として会社経営に参加することを防止して会社経営の安定を図るために設けられるものです。

(1) 譲渡承認機関

　取締役会設置会社では取締役会が譲渡承認機関であり，取締役会非設置会社では株主総会が譲渡承認機関であるのが原則で

す（139条1項本文）。*1

(2) 承認を得ずになされた譲渡の効力

会社の承認を得ずに譲渡制限株式が譲渡された場合，会社は株式取得者の名義書換請求を拒むことができますが（134条柱書本文），譲渡当事者間ではその譲渡は有効と解されています。

*1 ■ポイント
旧法では承認機関は取締役会でしたが，会社法においては取締役会が必要的機関ではなくなったため，取締役会を置いていない会社では，株主総会が承認機関となりました。

5 株式会社による自己の株式の取得

重要度 B

1 総論

1 意義

自己株式の取得とは，会社が自社の発行した株式を取得することをいいます。自己株式の取得は，一定の場合に認められています（155条）。

2 自己株式を取得できる場合

155条は，会社が自己株式を取得できる場合について，網羅的に規定しています。*2

同条が規定する自己株式を取得できる場合には，①取得条項付株式の取得，②譲渡制限株式の譲渡承認請求を承認しない場合の買取り，③株主との合意による有償取得，④取得請求権付株式の取得，⑤全部取得条項付種類株式の取得，⑥株式相続人に対する売渡しの請求，⑦単元未満株式の買取り等があります。

3 自己株式に関する権利

取得した自己株式には，議決権が認められません（308条2項，325条）。また，その他の共益権も認められません。会社自身が自

*2 ✓要チェック！過去問題
株式会社が他の会社の事業の全部を譲り受ける場合には，当該株式会社は，当該他の会社が有する当該株式会社の株式を取得することができる。
➡ ○ (R2-38-3)

社の経営に参加するのは背理だからです。さらに，**剰余金配当請求権**（453条かっこ書，454条3項かっこ書），**残余財産分配請求権**（504条3項かっこ書）等も，認められません。*3

これに対して，明文の除外規定がない株式分割・株式併合の効果は，自己株式にも及ぶと解されています。

4 自己株式の消却

株式会社は，自己株式を消却することができます（178条1項前段）。*4

この場合は，消却する自己株式の数を定めなければなりませんが（同項後段），取締役会設置会社では，この決定は，**取締役会の決議**によらなければなりません（同条2項）。これに対して，取締役会非設置会社においては，**取締役の決定**で足ります。

*3
■ 語句解説
共益権とは，株主が会社の経営に参加する権利をいいます。議決権や種々の監督是正権がこれにあたります。
自益権とは，株主が会社から経済的利益を受ける権利をいいます。剰余金配当請求権や残余財産分配請求権がこれにあたります。

*4
■ 語句解説
株式の消却とは，会社存続中に特定の株式を絶対的に消滅させることをいいます。

株式消却

ファイナルチェック　基礎知識の確認

問題1　公開会社では，設立時に発行可能株式総数の4分の1以上の株式を発行しなければならない。

問題2　株式の併合は，既存株主の利益に影響を与えるので，株主総会の特別決議が必要である。

問題3　単元株の定めのある取締役会設置会社が，当該定めを廃止する定款変更をする場合，取締役会決議によってすることができる。

問題4　株主から一切の決議権を奪うような議決権制限株式を発行することはできない。

問題1 ○（37条3項）　問題2 ○（180条2項，309条2項4号）　問題3 ○（195条1項）　問題4 ✕　全部議決権制限株式も認められる。

本試験レベルの問題にチャレンジ！　▶▶▶　

Chapter 5　株式　477

Chapter 6 機 関

イントロダクション　学習のポイント

株式と並び，会社法で頻出のテーマが機関です。
特に，株主総会と取締役（会）は大切です。
取締役会設置会社か否かで，規定が異なることが多いため，一度に理解しようとすると混乱しやすいので，基本的な視点として取締役会設置会社の場合どうなるか？という視点から見ていくとよいでしょう。

ベーシック　じっくり理解しよう！

1 総 論

1 株式会社の機関

本来，出資者である株主は，株式会社の実質的所有者として，

会社の経営権を有するはずです。しかし，通常，株主が多数にのぼることが予定される株式会社では，すべての株主で会社を経営するのは不合理です。そこで，典型的な株式会社では，株主から構成される株主総会が会社の基本的事項についての意思決定を行い，株主総会が選任した取締役から構成される取締役会がそれ以外の事項の意思決定を行います。そして，取締役会が取締役の中から選定した代表取締役が業務の執行及び会社の代表を担当します。さらに，会社経営の適正化を図るために，株主総会が選任する監査役が取締役の職務執行を監査します。[*1]

その他，監査役から構成される監査役会，会計監査を行う会計監査人，取締役らと共同して計算書類等を作成する会計参与等の機関があります。

2 機関設計[*2]

会社法は，株式会社の必要的機関として株主総会及び取締役を要求し（326条1項），その他の機関は，定款で定めて設置する任意的機関としています（同条2項）。これにより，会社の実態に応じた柔軟な機関設計を可能にしているのです。ただし機関設計には，次のような一定のルールがあります（326条〜328条等）。

機関設計のルール
①　すべての株式会社には，株主総会と取締役を設置しなければならない。
②　公開会社には，取締役会を設置しなければならない。
③　取締役会を設置する場合には，監査役，監査等委員会又は指名委員会等のいずれかを設置しなければならない。ただし，大会社以外の非公開会社において会計参与を設置する場合は，この限りでない。
④　取締役会を設置しない場合には，監査役会，監査等委員会及び指名委員会等を設置することができない。
⑤　監査役と監査等委員会又は指名委員会等をともに設置することはできない。
⑥　大会社には，会計監査人を設置しなければならない。
⑦　会計監査人を設置するには，監査役，監査等委員会又は指名委員会等のいずれかを設置しなければならない。

Festina lente

機関とは，その者が行った意思決定又は行為が法律上会社の意思決定又は行為と認められる会社の組織上の一定の地位にある者のことをいうよ。

[*1]

■ ポイント

株主は株式会社の実質的所有者であるといっても，会社経営の能力を有しないのが通常です。そこで，株式会社では，出資者が業務執行者を選任し，この業務執行者が会社の業務を決定し執行することとしました。これを所有と経営の分離といいます（326条1項）。なお，公開会社では，取締役等の資格として株主でなければならない旨を定款で定めることができないとされています（331条2項本文）。これを社員資格と機関資格の分離といいます。これに対して，個人的な信頼関係を有する株主からなる非公開会社では，定款をもって取締役等の資格を株主に限ることを認めています（同項但書）。

[*2]
☑要チェック！過去問題

取締役会または監査役を設置していない株式会社も設立することができる。

➡ **○** (H19-38-5)

Part 3 商法

Chapter 6 機関　**479**

⑧ 会計監査人を設置しない場合は，監査等委員会又は指名委員会等を設置することができない。
⑨ 指名委員会等を設置した場合には，監査等委員会を設置することができない。

〈大会社でない取締役会設置会社（監査等委員会設置会社及び指名委員会等設置会社を除く）の必要的機関等〉

*1
■ 参考データ

監査等委員会設置会社では，監査等委員である取締役の任期は2年です。また，それ以外の取締役の任期は原則として1年ですが，定款又は株主総会の決議で短縮可能です（332条1項，3項，4項）。

3 役員等の意義・欠格事由・員数・任期

	意　義	欠格事由	員　数	任　期
取締役	・取締役会非設置会社の取締役は，会社の業務を執行し，原則として会社を代表する必要的機関 ・取締役会設置会社の取締役は，取締役会の一構成員にすぎない	・法　人 ・法令で処罰された一定の者等 ・定款による制限 ・指名委員会等設置会社における支配人その他の使用人との兼任禁止	・取締役会非設置会社は1人以上 ・取締役会設置会社は3人以上	・原則として2年（定款又は株主総会の決議で短縮可能） ・指名委員会等設置会社でない非公開会社では，定款により，10年まで伸長可能 ・指名委員会等設置会社の場合は1年 *1
会計参与	取締役（指名委員会等設置会社では執行役）と共同して，計算書類等を作成する者	公認会計士，監査法人，税理士，税理士法人でない者	規制なし	
会計監査人	計算書類等の監査（会計監査）をする者	公認会計士又は監査法人でない者	規制なし	1年

| 監査役 | 取締役（会計参与設置会社では会計参与を含む）の職務執行を監査する機関 | ・法定欠格事由・定款による資格制限については取締役と同じ
・その会社・子会社の取締役・支配人その他の使用人，又は子会社の会計参与・執行役との兼任禁止 | ・原則として１人でも数人でもよい
・ただし，監査役会設置会社においては３人以上で，そのうち半数以上が社外監査役である必要あり | ・原則として４年（定款又は株主総会の決議で短縮不可）
・非公開会社では，定款により，10年まで伸長可能 |

2 株主総会

重要度 **A**

1 意 義

株主総会とは，株主を構成員として会社の意思を決定する株式会社の必要的機関をいいます（295条以下）。

2 権 限

1 取締役会非設置会社の場合

取締役会非設置会社においては，株主総会は，会社法に規定する事項及び株式会社の組織・運営・管理，その他**株式会社に関する一切の事項**について，決議をすることができます（295条1項）。つまり，強行規定又は株式会社の本質に反しない限り，いかなる事項についても決議ができるということです。

2 取締役会設置会社の場合

取締役会設置会社においては，株主総会は，**会社法に規定する事項及び定款で定めた事項に限り**，決議をすることができます（295条2項）。

3 招 集

1 招集の時期

株主総会は，必要がある場合には，いつでも，招集することができます（296条2項）が，定時株主総会は，毎事業年度の終了

Festina lente

会社法の規定により株主総会の決議を必要とする事項について，取締役等の株主総会以外の機関が決定することができることを内容とする定款の定めは，無効となるよ（295条3項）。

Part 3

商 法

Chapter 6
機 関 481

後一定の時期に招集しなければなりません（同条1項）。

2 招集権者

取締役が招集するのが原則です（296条3項）。

ただし，一定の要件を満たした株主は，取締役に対し招集の請求をすることができ（297条1項），さらに，この請求を会社が無視した場合には，裁判所の許可を得て，株主総会を招集することができます（同条4項）。[*1][*2]

3 招集の決定

会社が株主総会を招集する場合，取締役会非設置会社では，取締役が日時，場所や株主総会の目的等の事項を決定します（298条1項）。

取締役会設置会社では，取締役会が上記決定事項を決定します（同条4項）。

4 招集の通知

（1）時　期

株主総会を招集するには，株主総会の日の2週間前までに，株主に対してその通知を発する必要があります（299条1項）。

この時期は，書面投票・電子投票（298条1項3号，4号）を定めた場合を除き，非公開会社では，1週間前までとなります。さらに，取締役会非設置会社の場合，定款で1週間よりも短縮することができます。[*3]

会社の態様		招集通知の時期
非公開会社（書面投票・電子投票を定めた場合を除く）	取締役会非設置会社	会日の1週間前（但し，定款で無制限に短縮可能）
	取締役会設置会社	会日の1週間前
公開会社		会日の2週間前

（2）方　法

招集通知は，①書面投票・電子投票を定めた場合又は②取締役会設置会社の場合には，書面・電磁的方法でしなければなりません（299条2項，3項）。

これに対して，①②以外の場合には，口頭・電話等の適宜の方法で連絡すれば足ります。

[*1]
■ 参考データ

招集の請求ができるのは，原則として，総株主の議決権の100分の3以上の議決権を6か月前から引き続き保有する株主です（297条1項）。ただし，非公開会社にあっては，6か月という制限はありません（同条2項）。また，上記の要件は，定款で軽減・撤廃することも可能です。

[*2]
☑ 要チェック！過去問題

公開会社ではない取締役会設置会社であって，監査役設置会社ではない会社において，総株主の議決権の100分の3以上の議決権を有する株主は，取締役に対して，株主総会の目的である事項および招集の理由を示して，株主総会の招集を請求することができる。
➡○（H24-38-1改）

[*3]
■ 語句解説

書面投票とは，株主総会に出席しない株主が書面により議決権を行使することができる制度をいいます（298条1項3号）。**電子投票**とは，株主総会に出席しない株主が電磁的方法により議決権を行使することができる制度をいいます（同項4号）。

5 招集手続の省略

株主の全員の同意があるときは，上記のような招集手続を経ることなく株主総会を開催することができます（300条本文）。

ただし，書面投票・電子投票を定める場合には，議決権行使書面等の交付が必要なので，省略できません（同条但書）。

4 株主提案権

1 議題提案権

株主は，取締役に対し，一定の事項（議決権を行使できる事項に限ります）を株主総会の目的とすることを請求することができます（303条1項）。

もっとも，取締役会設置会社では，①総株主の議決権の100分の1以上の議決権又は300個以上の議決権を，②6か月前から引き続き有する株主に限り，③株主総会の日の8週間前までに，上記請求をすることができます（同条2項）。*4

2 議案提出権

株主は，株主総会において，株主総会の目的である事項につき議案を提出することができます（304条本文）。

3 議案要領通知請求権

株主は，取締役に対し，株主総会の日の8週間前までに，株主総会の目的である事項につき当該株主が提出しようとする議案の要領を株主に通知することを請求することができます（305条）。要件は，議題提案権と同じです。

会社の態様		株主の提案権	
非公開会社	取締役会非設置会社	議題提案権・議案要領通知請求権は，単独株主権として認められる。	
	取締役会設置会社	議題提案権・議案要領通知請求権は，少数株主権として認められる（ただし，定款で単独株主権とすることも可能）。	6か月という期間制限なし
公開会社			6か月という期間制限あり

Festina lente

改正会社法（令和元年法律第70号）では，株主提案権の濫用的な行使を制限するため，株主が同一の株主総会において提出できる議案の数を10までとする上限ができたよ。

Part 3

商法

*4
■ 参考データ

ただし，303条2項の要件は，定款の定めによって軽減することができます。なお，非公開会社では，6か月という期間制限はありません（303条3項）。

Chapter 6
機関　483

5 議決権

議決権とは，株主総会の決議に加わる権利をいいます。

1 1株1議決権の原則とその例外

(1) 1株1議決権の原則

株主は，株主総会において，その有する**株式1株につき1個の議決権**を有します（1株1議決権の原則 308条1項本文）。単元株制度を採用している会社では，**1単元につき1個の議決権**となります（同項但書）。

ただし，非公開会社では，定款の定めによる異なった取扱いが認められます（109条2項）。例えば，1人1議決権等とすることも可能です。

(2) 議決権を有しない場合又は行使することができない場合

a 単元未満株式

単元未満株主は，議決権を有しません（308条1項但書参照）。

b 議決権制限株式

議決権制限株式の株主は，制限された事項について，議決権を行使することができません（108条1項3号）。[*1]

c 自己株式（308条2項）

自己株式については，会社は議決権を有しません。

d 相互保有株式（308条1項かっこ書）

相互保有株式の株主は，議決権を行使することができません。これは，当事会社の経営者同士が相互に相手の会社の支配権を持ち合うという議決権行使の歪曲化を防止するためです。

相互保有株式となるか否かは，株式会社がその経営を実質的に支配することが可能な関係にあるかどうかという実質基準により決定されます。その例として，**総議決権の4分の1以上の保有**が挙げられています。[*2]

e 特別な利害関係を有する株主が有する株式

会社が自己株式を取得する場合には，**自己株式取得を承認する株主総会**において，**売主となる株主**は，議決権を行

[*1]
■ **参考データ**

議決権制限株式の株主であっても，種類株主総会では議決権を行使することができます。

[*2]
■ **ポイント**

例えば，A社が実質的に支配するB社がA社株式を保有していた場合，B社は，A社の株式について議決権を行使することができません。

使することができません（140条3項本文，160条4項本文）。このような株主に議決権行使を認めることは株主間の公平に反するからです。

f　基準日後に発行された株式等

議決権を行使することができる株主を定めるための基準日を設定した場合，原則として，**基準日後に発行された株式の株主**及び**名義書換未了の株主**は議決権を行使することができません（124条1項参照）。

2　代理行使

株主は，**代理人によって**その議決権を行使することができます（310条1項前段）。これは，株主の議決権行使を容易にし，その行使の機会を保障するためです。*3

> 判例　**代理人資格を株主に限る**旨の定款の規定は，株主以外の第三者によって株主総会がかく乱されることを防止し，会社の利益を保護する趣旨にでたものと認められ，合理的理由による相当程度の制限ということができるから，**有効**である（最判昭43.11.1）。

3　書面投票・電子投票

株主の数が1,000人以上の会社では，書面によって議決権を行使することを認めなければなりません（書面投票　298条2項本文）。それ以外の会社でも，書面投票を採用することができます（同条1項3号）。

また，会社は，株主総会に出席しない株主に電磁的方法により議決権を行使することを認めることができます（電子投票　同項4号）。

4　議決権の不統一行使

株主は，その**議決権を統一しないで行使**することができます（313条1項）。これは，株式の信託等の場合，株主名簿上は1人の株主になっていても，実質上は複数の株主に権利が帰属しているので，実質上の株主の意向に従って議決権を行使することを認める趣旨です。*4*5

そのため，会社は，このような場合以外の議決権の不統一行使を拒むことができます（同条3項）。

---

*3
☑ **要チェック！過去問題**

株主総会は株主が議決権を行使するための重要な機会であるため，本人が議決権を行使する場合のほか，代理人による議決権行使の機会が保障されているが，会社法上の公開会社であっても，当該代理人の資格を株主に制限する旨を定款に定めることができる。
➡○（H21-37-3）

*4
■ **ポイント**

例えば，2個以上の議決権を有する株主が，その一部で賛成し残りで反対することができます。

*5
■ **参考データ**

取締役会設置会社において，議決権の不統一行使をしようとする株主は，総会の3日前までに，会社に対して，①議決権の不統一行使の旨，及び②その理由を通知しなければなりません（事前通知　313条2項）。

Chapter 6
機関　485

〈株主総会の議決権とその行使方法〉

	議決権	議決権の行使方法
原　則	1株1議決権の原則	株主自身が総会に出席して行使
例　外	①単元未満株式 ②議決権制限株式 ③自己株式 ④相互保有株式 ⑤基準日後に発行された株式 ⑥自己株式取得・売渡請求において特別な利害関係を有する株主	①代理行使 ②書面による行使（書面投票） ③電磁的方法による行使（電子投票） ④不統一行使

6 決議方法

1 普通決議

株主総会の決議は，議決権を行使することができる株主の**議決権**の**過半数**を有する株主が出席し（定足数），出席した当該株主の**議決権**の**過半数**（決議要件）をもって行うのが原則です（309条1項）。ただし，定款の定めにより，定足数及び決議要件を変更することができます。*1

2 特別決議

次の①〜⑫に掲げている株主総会の決議は，当該株主総会において議決権を行使することができる株主の**議決権**の**過半数**を有する株主が出席し（定足数），出席した当該株主の**議決権**の**3分の2以上**（決議要件）にあたる多数をもって行わなければなりません（309条2項前段）。ただし，定足数は，定款の定めにより議決権の3分の1以上の範囲で加重又は軽減することができ，決議要件は，定款の定めにより加重することができます（同項前段かっこ書）。さらに，当該決議の要件に加えて，一定の数以上の株主の賛成を要する旨（頭数要件）その他の要件を定款で定めることもできます（同項後段）。

*1
■ **参考データ**

取締役・監査役・会計参与の選任・解任決議は重要な事項なので，定款をもってしても，定足数について，議決権を行使できる株主の議決権の3分の1未満に引き下げることはできません（341条参照）。

Festina lente

株主総会の特別決議事項（309条2項）は，次のとおりだよ。
① **譲渡制限株式**の株式会社による**買取決定**等
② **特定の株主からの自己株式取得**に関する決定
③ **全部取得条項付種類株式の取得決定**及び**譲渡制限株式の相続人に対する売渡請求**の

決定
④ 株式の併合
⑤ 募集株式の発行等における募集事項の決定，募集事項の決定の委任，非公開会社における株主割当ての決定，及び募集株式の第三者割当ての決定
⑥ 新株予約権の発行における募集事項の決定，募集事項の決定の委任，非公開会社における新株予約権の株主割当ての決定，及び募集新株予約権の第三者割当ての決定
⑦ 累積投票によって選任された取締役の解任決議又は監査役の解任決議
⑧ 役員等の会社に対する損害賠償責任の株主総会決議による免除
⑨ 資本金の額の減少決議（ただし，定時株主総会における資本金の減少による資本の欠損填補の場合は普通決議）
⑩ 現物配当で，かつ株主に対して当該配当財産に代わる金銭分配請求権を与えない場合の剰余金配当決議
⑪ 定款の変更，事業の譲渡等，解散についての規定により株主総会の決議を要する場合
⑫ 組織変更，合併，会社分割，株式交換及び株式移転についての規定により，株主総会の決議を要する場合

3 特殊な決議

(1) 309条3項の特殊な決議

①全部の株式の内容として譲渡制限の定款の定めを設ける定款変更，②一定の場合における合併契約書等の承認等の株主総会の決議は，当該株主総会において議決権を行使することができる株主の半数以上（頭数要件）であって，当該株主の議決権の3分の2以上にあたる多数をもって行わなければなりません（309条3項）。

この特殊決議では，定款において，要件を加重することのみ認められており，軽減することはできません（同項かっこ書）。

(2) 309条4項の特殊な決議

非公開会社において，105条1項各号に規定されている株主の権利について株主ごとに異なる取扱いを行う旨の属人的な定款の定め（109条2項）を設ける定款変更を行う場合の株主総会の決議は，総株主の半数以上（頭数要件）であって，総株主の議決権の4分の3以上にあたる多数をもって行わなければなりません（309条4項）。

この特殊決議は，定款において，要件を加重することのみ認められており，軽減することはできません（同項かっこ書）。

4 決議の省略

総会の決議事項について，議決権を行使できる株主の全員が書

面又は電磁的記録により同意の意思表示をしたときは，当該事項を可決する旨の株主総会の決議があったものとみなされます（319条1項）。*1

7 議　事

1 説明義務

取締役・会計参与・監査役・執行役は，株主総会において，株主から特定の事項について説明を求められた場合には，当該事項について必要な説明をしなければなりません（314条本文）。

ただし，正当な理由がある一定の場合には，説明義務を負いません（説明拒否事由　同条但書）。

2 株主総会議事録

株主総会の議事について，法務省令で定めるところにより，株主総会議事録を作成しなければなりません（318条1項）。

株主及び債権者は，株式会社の営業時間内は，いつでも，総会議事録の閲覧・謄写の請求をすることができます（同条4項）。

また，株式会社の親会社社員は，その権利を行使するため必要があるときは，裁判所の許可を得て，子会社の株主総会議事録の閲覧・謄写の請求をすることができます（同条5項）。

8 株主総会決議の瑕疵の主張方法

株主総会決議に法令違反等の瑕疵がある場合，決議は無効となるのが原則です。しかし，会社をめぐる利害関係人は多く，決議を前提にしてその後に行為が積み重なっている場合もあることから，常に無効とすると法的安定性を損ないます。そこで会社法は，瑕疵の程度に応じて各種の訴えの制度を定めているのです。

1 株主総会決議取消しの訴え（831条）

株主総会決議取消しの訴えとは，比較的軽微な瑕疵のある決議について，一応有効としつつ，取消判決によりその決議の時にさかのぼって無効とすることを目的とする形成訴訟です。

(1) 決議取消事由

① 招集手続又は決議の方法が法令・定款に違反し，又は著しく不公正なとき *2

② 決議の内容が定款に違反するとき

---

*1
■ 参考データ

総会への報告事項についても同様の省略が認められています（320条）。

*2
■ ポイント

招集手続又は決議方法に法令・定款違反があっても，①その違反事実が重大でなく，かつ，②決議の結果に影響を及ぼさないと認めるときは，裁判所は，決議取消請求を棄却することができます（**裁量棄却**　831条2項）。

Part 3
商　法
488

③ **特別利害関係人が議決権を行使**したため，**著しく不当な決議**がなされたとき *3

（2）提訴権者・提訴期間

　株主，取締役，監査役，及び**清算人**が，総会決議の日から**3か月以内**に提訴する必要があります（831条1項）。

　自己に対する招集手続に瑕疵がなくても，他の株主に対する招集手続の瑕疵を理由に訴えを提起できます。

（3）判決の効力

　法的安定を図るため，決議取消判決は，確定すると，**当事者以外の第三者**に対しても効力を生じます（**対世効**　838条）。

　また，決議取消判決により，その決議は，**決議時に遡って**無効となります（**遡及効**　839条の反対解釈）。

2　株主総会決議無効確認の訴え（830条2項）

　株主総会決議無効確認の訴えは，**決議の内容が法令に違反**する場合の訴えです。この場合，決議は当然に無効であるため，一般原則により，**いつでも誰でも**主張でき，必ずしも訴えによる必要はありません。

3　株主総会決議不存在確認の訴え（830条1項）

　株主総会決議不存在確認の訴えは，決議の手続的な瑕疵の程度が著しく，そのために決議が法律上存在すると認められない場合の訴えです。決議無効確認の訴えと同様です。*4

	決議取消しの訴え （831条）	決議無効確認の訴え （830条2項）	決議不存在確認の訴え （830条1項）
原　因	①招集手続又は決議方法の法令・定款違反，又は著しく不公正なとき ②決議内容の定款違反 ③特別利害関係人の議決権行使による著しく不当な決議	決議内容の法令違反	①決議が物理的に存在しない場合 ②法的に株主総会の決議として評価されるものが存在しない場合
提訴権者	株主・取締役・監査役・清算人	誰でも	
提訴期間	決議の日より3か月以内	いつでも	
判決効	対世効（838条） 遡及効（839条反対解釈）	対世効（838条） もともと無効又は不存在	

*3
■ 語句解説

特別利害関係人とは，当該決議に何らかの個人的な利害関係を有する者をいいます。

Part
3
■
商

法

*4
■ 参考データ

決議不存在確認の訴えには，①決議が物理的に存在しない場合，②代表権を有さない取締役が有効な決定・決議に基づかないで総会を招集した場合，③招集通知漏れが著しい場合，等があります。

Chapter 6　489
機　関

3 取締役

重要度 **B**

1 意 義

取締役会非設置会社においては，取締役とは，原則として，会社の**業務執行**をし，会社を代表する機関です。これに対し，取締役会設置会社においては，取締役とは，**取締役会を構成**する者をいい，会社の機関ではありません。[1]

2 資格・選任等

1 資 格

法人，倒産法等で処罰された者など，欠格事由のある者は，取締役となることができません（331 条 1 項）。これは，会社経営者としてふさわしくない者を除外する趣旨です。

また，公開会社では，定款の定めによっても，取締役の資格を株主に限定することはできません（同条 2 項）。これは，公開会社では，**社員資格と機関資格の分離**を承認する趣旨です。これに対して，非公開会社においては，定款の定めにより，取締役の資格を株主に限定することができます（同項但書）。[2]

2 員 数

取締役会非設置会社の場合は，**1 人**でも構いませんが（326 条 1 項），**取締役会設置会社**の場合は，**3 人以上**必要です（331 条 5 項）。

3 選 任

(1) 手 続

株主総会の決議により，選任されます（329 条 1 項）。[3]

(2) 決議方法

選任の決議は，**普通決議**で行われますが，定款をもってしても，①定足数は行使することができる議決権の過半数から 3 分の 1 までしか緩和できず，②決議要件は出席した株主の議決権の過半数より上回る割合にしかできなくなっています（341 条）。これは，取締役選任の重要性から，慎重を期す趣旨です。

なお，少数派株主からも取締役を選出する可能性を与えるた

---

[1]
■ **ポイント**

指名委員会等設置会社の業務執行は，執行役が行い，取締役が行うことはできません。

Festina lente

改正会社法（令和元年法律第70号）により，成年被後見人や被保佐人が欠格事由から削除されたよ。

[2]
☑ **要チェック！過去問題**

すべての株式会社は，定款において，取締役の資格として当該株式会社の株主である旨を定めることができる。
➡ ✖ （H21-40-1)

[3]
■ **参考データ**

設立時取締役の選任は，①発起設立の場合は発起人の議決権の過半数をもって（40 条 1 項），②募集設立の場合は創立総会の決議によって（88 条），行われます。

Part 3
商 法

490

め，累積投票の制度が設けられています（342条）。これは，株主総会の目的である事項が2人以上の取締役の選任である場合に，株主からの請求により，各株主が1株につき選任する取締役の数と同数の議決権を有することになり，株主は1人に集中して投票することが可能となるという制度です。ただし，この制度は定款で排除することも可能です。

4 任　期

取締役の任期は，選任後2年以内に終了する事業年度のうち最終のものに関する定時株主総会の終結の時までであるのが原則です（332条1項本文）。*4

5 終　任

取締役は，①任期満了，②委任契約の終了事由（取締役の死亡，破産手続開始，後見開始等　民法653条），③辞任，④欠格事由の発生，⑤会社の解散，⑥解任決議，⑦解任の訴えにより終任します。

(1) 解任決議

会社は，いつでも株主総会の決議により取締役を解任することができます（339条1項）。

その決議方法は，選任と同じ普通決議です（341条）。ただし，累積投票によって選任された取締役の解任は，特別決議によらなければなりません（309条2項7号）。

(2) 解任の訴え

取締役の職務の執行について不正の行為又は法令・定款に違反する重大な事実があるにもかかわらず，解任決議が成立しなかった場合，一定の要件を満たす株主は，訴えをもって当該役員についての解任請求をすることができます（854条1項）。*5*6

3 権限①──業務の執行

1 取締役会非設置会社の場合

取締役は，定款に別段の定めがある場合を除き，取締役会非設置会社の業務を執行します（348条1項）。

取締役が2人以上いる場合，取締役会非設置会社の業務は，定款に別段の定めがある場合を除き，取締役の過半数をもって決定することになります（同条2項）。

---

*4
■ ポイント

指名委員会等設置会社の取締役の任期は，選任後1年以内に終了する事業年度のうち最終のものに関する定時株主総会の終結の時までです（332条6項）。

*5
■ 参考データ

解任の訴えを提起できるのは，①総株主の議決権の100分の3以上の議決権を6か月以上前から引き続き保有する株主，②発行済株式の100分の3以上の数の株式を6か月以上前から引き続き保有する株主です（定款で要件軽減可。非公開会社では，6か月要件なし）。

*6
☑ 要チェック！過去問題

取締役が法令若しくは定款に違反する行為をし，当該行為によって株式会社に著しい損害が生じるおそれがある場合には，株主は直ちに当該取締役の解任の訴えを提起することができる。
➡ ✗ （H21-40-5）

Part
3
■
商
法

Chapter 6
機関　491

2　取締役会設置会社の場合

取締役会設置会社では，取締役会の決定に基づいて，①代表取締役，②業務執行取締役として選定された者が，業務執行を行います（363条1項）。

4　権限②——会社の代表

1　会社を代表する者

会社を代表する者，すなわち，株式会社を代表する取締役のことを，代表取締役といいます（47条1項かっこ書）。

(1) 取締役会非設置会社

取締役会非設置会社では，原則として，取締役が株式会社を代表します（349条1項本文）。取締役が2人以上いる場合でも，取締役各自が株式会社を代表することになります（各自代表の原則　同条2項）。

ただし，他に代表取締役その他株式会社を代表する者を定めた場合には，この者が株式会社を代表します（同条1項但書）。

(2) 取締役会設置会社

取締役会設置会社（指名委員会等設置会社を除く）では，取締役会は，取締役の中から，代表取締役を選定しなければなりません（362条3項）。

2　代表の権限

代表取締役は，株式会社の業務に関する一切の裁判上又は裁判外の行為をする権限を有します（349条4項）。かかる権限に加えた制限は，取引の安全を図るため，善意の第三者に対抗することができません（同条5項）。

3　表見代表取締役

株式会社は，代表取締役以外の取締役に社長，副社長その他株式会社を代表する権限を有するものと認められる名称を付した場合には，当該取締役がした行為について，「善意」の第三者に対してその責任を負います（354条）。これは，表見法理に基づく責任です。*1

*1

■ ポイント

ここでの「善意」とは，代表権限がないことについて，善意かつ無重過失であることを意味します。

Part 3
商　法

5 取締役と会社との関係

1 一般的な義務

会社と取締役との法律関係には，委任の規定が適用されます（330条）。したがって，取締役は，株式会社に対し，受任者としての善管注意義務を負います（民法644条）。また，忠実義務（355条）を負います。

2 競業取引の制限

取締役は，自己又は第三者のために，株式会社の事業の部類に属する取引をしようとするときは，株主総会（取締役会設置会社においては取締役会）において，当該取引につき重要な事実を開示し，その承認を得なければなりません（356条1項1号，365条1項）。これは，取締役がその地位に基づき，会社の事業に関して取得した知識を，会社と競業関係にある自己又は第三者のために利用して会社に損害を与えることを防止するためです。*2

3 利益相反取引の制限

取締役は，①取締役が，自己又は第三者のために株式会社と取引をしようとする場合（直接取引），②株式会社が取締役の債務を保証することその他取締役以外の者との間において株式会社と当該取締役との利益が相反する取引をしようとする場合（間接取引）には，株主総会（取締役会設置会社においては取締役会）において，当該取引につき重要な事実を開示し，その承認を受けなければなりません（356条1項2号，3号，365条1項）。これは，取締役が会社の利益を犠牲にして，自己又は第三者の利益を図ることを防止するためです。*3

> **判例** 株主総会の承認を得ずになされた利益相反取引は，会社と取締役との間では無効であるが，取引の安全を図るため，会社は，第三者に対しては，株主総会の承認がないこと，及び第三者の悪意を立証しなければ，無効を主張することができない（相対的無効 最大判昭43.12.25）。

4 取締役の報酬等

取締役の報酬，賞与その他の職務執行の対価として株式会社から受ける財産上の利益（報酬等）についての以下①から③に掲げる事項は，定款又は株主総会の決議によって定めなければなりま

---

*2
■ **参考データ**

株式会社の事業の部類に属する取引とは，会社の取引と市場において競合し，会社と取締役との間に利益衝突をきたす可能性のある取引をいいます。

*3
☑ **要チェック！ 過去問題**

取締役会設置会社において，取締役が自己または第三者のために会社と取引をしようとするときには，その取引について重要な事実を開示して，取締役会の承認を受けなければならない。

➡ ⭕ (H25-39-ア)

Festina lente

改正会社法（令和元年法律第70号）では，報酬等の透明性の向上のため，上場会社等の取締役会は，定款や株主総会の決議により取締役の個人別の報酬等の内容が具体的に定められていない場合，その決定方針を定めなければならないとされたよ。

Part 3
商法

Chapter 6
機関

せん（361条1項）。取締役が決定できるとすれば、自らの報酬等を多く決定するお手盛りの危険があるので、制限を設けているのです。

① 報酬等のうち額が確定しているものについては、その額
② 報酬等のうち額が確定していないものについては、その具体的な算定方法
③ 報酬等のうち金銭でないものについては、その具体的な内容

6 株主による取締役の行為の差止め

6か月（定款で短縮可。非公開会社では制限なし）前から引き続き株式を有する株主は、取締役が株式会社の目的の範囲外の行為その他法令・定款違反の行為をし、又はこれらの行為をするおそれがある場合において、当該行為によって当該株式会社に著しい損害が生ずるおそれがあるときは、当該取締役に対し、当該行為をやめることを請求することができます（360条1項）。これは、業務執行を担当する取締役が同僚の違法行為を抑止することを必ずしも期待できないからです。*1

*1
■ 参考データ

監査役、監査等委員、監査委員による差止めも別に認められています（385条、399条の6、407条）。そのため、監査役設置会社、監査等委員会設置会社又は指名委員会等設置会社においては、株主は、株式会社に「回復することができない損害」が生ずるおそれがなければ（要件が厳しい）、差止請求をすることができません（360条3項）。

4 取締役会

重要度 A

1 意 義

取締役会とは、取締役の全員をもって構成され、その会議における決議によって業務執行に関する会社の意思を決定し、かつ、取締役（指名委員会等設置会社では執行役及び取締役）の職務執行を監督することを権限とする機関をいいます。公開会社では、必ず設けなければなりません（327条1項1号）。

2 権 限

取締役会（指名委員会等設置会社を除く。以下同じ　416条参照）は、①取締役会設置会社の業務執行の決定、②取締役の職務の執行の監督、③代表取締役の選定及び解職を職務として行いま

す（362条2項）。

業務執行の決定は，代表取締役に委任することができますが，以下に掲げる事項その他の**重要な業務執行の決定**については，代表取締役に**委任することができません**（同条4項）。これは，慎重な意思決定を確保するためです。

Festina lente

代表取締役に委任することができない事項として，次のものがあるよ。
- **重要な財産**の**処分**及び**譲受け**
- **多額の借財**
- **支配人**その他の**重要な使用人**の**選任及び解任**
- 支店その他の重要な組織の設置，変更及び廃止
- 募集社債の総額その他の社債を引き受ける者の募集に関する重要な事項として法務省令で定める事項
- 取締役の職務の執行が法令及び定款に適合することを確保するための体制その他株式会社の業務の適正を確保するために必要なものとして法務省令で定める体制（いわゆる「**内部統制システム**」）の整備[*2]
- 定款の定めに基づく役員等の株式会社に対する損害賠償責任の免除

3 運営

1 招集

取締役会を招集する者は，取締役会の日の**1週間**（定款で短縮可）前までに，各取締役（監査役設置会社においては，各取締役及び各監査役）に対してその通知を発しなければなりません（368条1項）。

ただし，取締役（及び監査役）**全員の同意**により，招集の手続を省略できます（同条2項）。

取締役会は，**各取締役**が招集するのが原則ですが（366条1項本文），取締役会を招集する取締役を定款・取締役会で定めたときは，その取締役が招集します（同項但書）。ただし，招集権者以外の取締役は，招集権者に対し，招集を請求することができ（同条2項），これに応じてもらえない場合は，自ら招集することができます（同条3項）。[*3]

2 決議方法

(1) 原則

取締役会の決議は，議決に加わることができる取締役の**過半**

---

*2
■ **参考データ**

大会社である取締役会設置会社においては，取締役会は，内部統制システムに関する事項を決定しなければなりません（362条5項）。

*3
■ **ポイント**

監査役，**株主**にも，それぞれ一定の場合には，取締役会の招集権が認められています（383条2項，3項，367条）。

数（定足数）が出席し，その**過半数**（決議要件）をもって行います（369条1項）。

取締役は**1人につき1議決権**を有し，議決権の代理行使・不統一行使は認められません。[*1]

（2）例外①：書面決議

取締役会設置会社は，取締役が取締役会の決議の目的である事項について提案をした場合において，当該議決に加わることのできる取締役の**全員**が**書面又は電磁的記録により同意**の意思表示をしたとき（監査役設置会社では，業務監査権限を有する監査役が異議を述べないことを要する）は，当該提案を可決する旨の取締役会の決議があったものとみなす旨を**定款**で定めることができます（370条）。これは，機動的な会社運営を実現するための制度です。[*2]

	可否	要　件
株主総会の書面決議	可	株主の同意
取締役会の書面決議	可	定款＋取締役の同意 （監査役設置会社では，業務監査権限を有する監査役が異議を述べないことを要する）
監査役，委員会，特別取締役の書面決議	不可	

（3）例外②：特別取締役による決議

取締役会設置会社（指名委員会等設置会社を除く）が一定の要件を満たすときは，取締役会は，**①重要な財産の処分，譲受け**，及び**②多額の借財**に関する取締役会の決議について，あらかじめ**選定した3人以上の取締役**（特別取締役）のうち，議決に加わることができるものの過半数が出席し（定足数），その過半数をもって（決議要件）行うことができる旨を定めることができます（373条1項）。この制度は，取締役の数が多い会社において，迅速な意思決定を可能とするためのものです。[*3]

3　議事録

取締役会の議事については，法務省令で定めるところにより，取締役会議事録を作成しなければなりません（369条3項）。

---

*1
■ **参考データ**

特別利害関係を有する取締役は，議決に加わることができません（369条2項）。例えば，取締役の競業取引や取締役・会社間の取引の承認等です。当該取締役に一切の私心を去って公正に議決権を行使することを期待しがたいからです。

*2
☑ **要チェック！過去問題**

取締役会は，取締役が相互の協議や意見交換を通じて意思決定を行う場であるため，本来は現実の会議を開くことが必要であるが，定款の定めにより，取締役の全員が書面により提案に同意した場合には，<u>これに異議を唱える者は他にありえないため</u>，当該提案を可決する旨の取締役会の決議があったものとみなすことができる。
➡ ✕（H21-37-4）

*3
■ **参考データ**

特別取締役による決議の定めを設ける要件は，取締役会設置会社（指名委員会等設置会社を除く）が，①取締役の数が6人以上であること，及び②取締役のうち1人以上が社外取締役であること，です。

その閲覧請求は，次のとおりです。

取締役会設置会社	株主	原則	株主は，その権利を行使するため必要があるときは，株式会社の営業時間内は，いつでも，取締役会議事録等の閲覧・謄写の請求をすることができる（371条2項）。
		例外	監査役設置会社，監査等委員会設置会社又は指名委員会等設置会社である場合には，株主は，裁判所の許可を得なければならない（371条3項）。
	債権者		取締役会設置会社の債権者は，役員又は執行役の責任を追及するため必要があるときは，裁判所の許可を得て，当該取締役会設置会社の議事録等の閲覧・謄写の請求をすることができる（371条4項）。
	親会社社員		取締役会設置会社の親会社社員がその権利を行使するため必要があるときは，裁判所の許可を得て，子会社の取締役会議事録等につき閲覧又は謄写の請求をすることができる（371条5項）。

〈株主総会と取締役会の整理〉

	株主総会	取締役会
意義	株主を構成員として，会社の意思を決定する株式会社の必要的機関	取締役全員をもって構成され，その会議により業務執行に関する会社の意思決定をするとともに，取締役の職務執行を監督する機関
招集通知	開催の2週間前までに通知することが必要。ただし，非公開会社では1週間前までとなり，取締役会非設置会社の場合，定款で更に短縮可	開催の1週間前までに通知することが必要。ただし，定款で短縮可
招集手続の省略	株主全員の同意により省略可	取締役（及び監査役）全員の同意により省略可
決議の方法	原則として，議決権を行使できる株主の議決権の過半数を有する株主の出席のもとで，出席株主の議決権の過半数をもって行う。	原則として，議決権を行使できる取締役の過半数の出席のもとで，出席者の過半数をもって行う。
特別利害関係人の決議への参加	自己株式取得の相手方の場合を除き，認められる（決議が著しく不当な場合に決議取消しの原因となるにすぎない）。	認められない。
議決権の行使方法	代理行使，不統一行使が認められる。	代理行使，不統一行使は認められない。

決議の省略	議決権を行使できる株主の全員が書面又は電磁的記録により同意の意思表示をしたときは，当該事項を可決する旨の株主総会の決議があったものとみなす。	議決に加わることのできる取締役の全員が書面又は電磁的記録により同意の意思表示をしたときは，当該提案を可決する旨の取締役会の決議があったものとみなす旨を定款で定めることができる（監査役設置会社では，業務監査権限を有する監査役が異議を述べないことを要する）。

5 会計参与

重要度 B

会計参与とは，取締役（指名委員会等設置会社では執行役）と**共同して，計算書類等を作成**することを職務とする者をいいます（374条1項前段，6項参照）。これは，専門家である会計参与が取締役と共同して計算書類を作成することにより，計算書類等の正確性を担保することを目的とするものです。

株式会社は，定款の定めによって，会計参与を置くことができます（326条2項）。*1

*1
■ ポイント
大会社でない非公開会社（監査等委員会設置会社・指名委員会等設置会社を除く）が，取締役会を設置する場合（取締役会設置会社）には，監査役又は会計参与の設置が義務づけられます（327条2項）。

6 監査役

重要度 C

1 意 義

監査役とは，取締役（会計参与設置会社においては，取締役及び会計参与）の職務の執行を監査する機関をいいます（381条1項前段）。

監査役は，定款の定めによって置くことができる任意機関です（326条2項）。

ただし，**取締役会設置会社**（監査等委員会設置会社及び指名委員会等設置会社を除く）は，原則として監査役を置かなければなりません（327条2項本文）。これは，監査機関を設置して取締役会の権限行使を監督するためです。*2

また，**会計監査人設置会社**（監査等委員会設置会社及び指名委

*2
■ 参考データ
取締役会設置会社でも，大会社以外の非公開会社で，かつ，会計参与設置会社では，監査役を設置しなくても構いません（327条2項但書）。監査等委員会設置会社及び指名委員会等設置会社では，監査役を設置することができません（同条4項）。

員会等設置会社を除く）でも，監査役を設置しなければなりません（同条3項）。

2 権　限

1　業務監査権限

監査役は，取締役の職務執行を監査する機関であり（381条1項前段），原則として，会社の業務全般の監査権限を有します。

2　取締役会への出席義務

監査役は，取締役会に出席し，必要があると認めるときは，意見を述べなければなりません（383条1項）。また，必要があると認めるときは，取締役会の招集を請求することができ（同条2項），応じてもらえないときは，自ら招集することができます（同条3項）。

3　取締役の違法行為の差止め

監査役は（会計監査限定監査役を除く），取締役が会社の目的の範囲外の行為その他法令・定款に違反する行為をし，それにより会社に著しい損害を生ずるおそれがある場合には，当該取締役に対し，その行為をやめるべきことを請求することができます（385条1項）。

4　情報収集権

監査役は（会計限定監査役を除く），いつでも，取締役及び会計参与並びに支配人その他の使用人に対して事業の報告を求め，会社の業務・財産の状況を調査することができます（381条2項）。さらに，監査役設置会社の子会社に対しても，必要があれば，事業の報告を求め，又はその業務・財産の調査をすることができます（同条3項）。

7　監査役会

監査役会とは，すべての監査役で組織され，監査の方針や監査役の職務執行に関する事項の決定等を行う機関です（390条1項，2項）。監査役を集合体として結束させ，経営陣に対する発言力の強化を図るとともに，監査役の役割分担を容易にし，情報の共

有を可能にすることにより，組織的・効率的な監査を可能にするためのものです。

　監査等委員会設置会社及び指名委員会等設置会社以外の大会社で公開会社である会社は，監査役会を設置しなければなりませんが（328条1項），それ以外の会社（監査等委員会設置会社及び指名委員会等設置会社を除く）は，定款の定めによって監査役会を任意に設置することができます（326条2項）。

　監査役会を設置した場合，監査役は **3人以上**で，その **半数以上は社外監査役**でなければならず（335条3項），**1人以上の常勤監査役**を選定しなければなりません（390条3項）。*1

*1
■ 語句解説
社外監査役とは，就任前の10年間その株式会社又はその子会社の取締役・会計参与・使用人となったことがないことなど，会社法所定の要件を満たすものをいいます。

常勤監査役とは，会社の営業時間中，原則として，その会社の監査役としての職務を行う者をいいます。

8 会計監査人

重要度 C

　会計監査人とは，株式会社の**計算書類等を監査**することを職務とする者をいいます（396条1項前段）。

　会計監査人は，業務を監査する機関が設置されている場合に限り，置くことができます（327条3項参照）。また，監査等委員会設置会社及び指名委員会等設置会社及び大会社では，会計監査人を置かなければなりません（同条5項，328条1項，2項）。

9 指名委員会等・執行役（指名委員会等設置会社）

重要度 C

1 意　義

　指名委員会等設置会社とは，指名委員会，監査委員会及び報酬委員会を置く株式会社のことをいいます（2条12号）。すべての株式会社が，指名委員会等設置会社となることができます（326条2項）。*2

　指名委員会等の設置を選択した会社では，代表取締役及び監査役（監査役会）を置くことができず（327条4項），その代わりに，**執行役（代表執行役）**，**取締役会**，**指名委員会・監査委員**

*2
■ 参考データ
従来，**委員会設置会社**と呼ばれていた形態は，2014年改正によって導入された**監査等委員会設置会社**と区別するために，**指名委員会等設置会社**という名称になりました。

500　Part 3
　　　商　法

会・報酬委員会及び会計監査人が置かれることになります（402条1項，327条1項4号，5項）。

〈指名委員会等設置会社の必要的機関等〉

2 指名委員会等設置会社の取締役の権限・資格

指名委員会等設置会社の取締役は，法令に別段の定めがある場合を除いて，業務執行をすることができません（415条）。業務執行権限は，執行役に与えられています（418条2号）。

また，指名委員会等設置会社の取締役は，支配人その他の使用人（執行役はこれにあたらない）を兼ねることはできません（331条4項）。

これらは，執行と監督の分離により，取締役会の監督機関としての役割を徹底させる趣旨です。

Festina lente
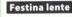
ただし，「監査委員でない取締役」は，執行役との兼任が可能であるため（400条4項参照），執行役の資格を有していれば，その資格での業務執行は可能だよ。

10 監査等委員会設置会社

重要度 A

監査等委員会設置会社とは，監査等委員会を置く株式会社のことをいいます（2条11号の2）。監査等委員会は，2014年の会社法の改正で新しく認められた制度で，取締役の業務の執行の監査を行うことを主な仕事としています。監査等委員会を置くかどうかは会社の自由です（326条2項）。

監査等委員会に所属する取締役と，そこに所属しない取締役は株主総会で別々に選ばれ，監査等委員会に所属する取締役の過半数は社外取締役でなければなりません（331条6項）。監査等委員は取締役が務めるため，取締役として取締役会で議決権を行使することができます。

11 役員等の損害賠償責任

1 会社に対する責任

1 意 義

　取締役，会計参与，監査役，執行役又は会計監査人（以下，役員等という）は，その**任務を怠った**ことにより会社に損害が発生したときは，会社に対して損害賠償責任を負います（任務懈怠責任　423条1項）。

　本来，役員等は，会社と委任ないし準委任の関係にあるため，任務懈怠によって会社に対し債務不履行責任を負うはずです（民法415条）。しかし，これだけでは会社の利益保護としては十分ではないので，特別に423条の責任が定められているのです。

　この責任は，**過失責任**です。

　なお，責任を負う役員等が複数存在する場合には，当該役員等は**連帯債務者**となります（430条）。

2 責任の特則

(1) 競業取引

　取締役又は執行役が株主総会（取締役会設置会社においては，取締役会）の承認を得ないで行った競業取引（356条1項，419条2項）により会社に損害が発生した場合，当該取引によって取締役等が得た利益の額は，会社の損害額と推定されます（423条2項）。これは，損害額の認定を容易にするためです。

(2) 利益相反取引

　取締役又は執行役が行った利益相反取引により会社に損害が発生した場合，当該利益相反取引を行った取締役又は執行役等は，原則として，その任務を怠ったものと推定されます（423条3項各号）。

　さらに，自己のために会社と利益相反取引をした取締役又は執行役の責任は，**無過失責任**となり，後述する責任の一部免除が認められません（428条）。

(3) 利益供与

　株式会社が利益供与（120条1項）をした場合，当該利益供

与に関与した取締役・執行役は，当該株式会社に対して，連帯して，供与した利益の価額に相当する額を支払う義務を負います（同条4項本文）。

この責任は，立証責任の転換された過失責任です。ただし，当該利益供与行為をした取締役については，無過失責任です（同項但書）。

(4) 剰余金の配当等に関する責任

分配可能額を超えて剰余金の配当等をなした業務執行取締役・執行役は，当該株式会社に対して，連帯して，分配された額を支払う義務を負います（462条1項）。

この責任は，立証責任の転換された過失責任です（同条2項）。

3 責任の免除

以上に述べた役員等の任務懈怠責任は，原則として，総株主の同意によらなければ，免除することはできません（424条）。

もっとも，会社に損害を与えた行為につき，善意かつ重大な過失がないときは，一定の要件を満たせば，責任の一部を免除することができます（425条～427条）。

2 第三者に対する責任

役員等は，職務を行うにつき悪意又は重過失あるときは，これにより損害を受けた第三者に対して損害賠償責任を負います（429条1項）。

本来，役員等は第三者に対し不法行為責任（民法709条）しか負わないはずです。しかし，株式会社が経済社会で重要な地位を占め，しかも株式会社の活動が役員等の職務執行に依存していることを考慮して，第三者保護のため，特に役員等の第三者に対する責任が定められているのです（法定責任説）。

この責任の成立のためには，任務懈怠につき悪意又は重過失のあることが必要です。

また，損害の範囲は，直接損害であるか，間接損害であるかを問いません。さらに，「第三者」の範囲については，会社債権者のみならず，株主も含まれると解するのが多数説です。*1

なお，責任を負う役員等が複数存在する場合には，当該役員等は連帯債務者となります（430条）。

---

*1

■ 語句解説

直接損害とは，役員等の行為によって第三者が直接に損害を受ける場合をいいます。

間接損害とは，第1次的には会社に損害が生じ，その結果，第2次的に第三者が損害を受ける場合をいいます。

ファイナルチェック　基礎知識の確認

問題 1　株式会社には，株主総会，取締役及び監査役を必ず設置しなければならない。

問題 2　株主総会の招集手続が法令に違反する場合や決議の内容が定款に違反する場合には，株主総会の決議は当然に無効となる。

問題 3　取締役会設置会社でない株式会社において，取締役が自己のために株式会社と取引をしようとする場合には，株主全員の承認を受けなければならない。

問題 4　取締役会は，支配人の選任を代表取締役に委任することができる。

問題1 ✗　株式会社において必ず設置しなければならないのは，株主総会及び取締役である。　**問題2 ✗**　このような場合は，決議取消原因となるにすぎない（831条1項1号，2号）。　**問題3 ✗**　この承認は株主総会の普通決議で足りる（356条1項2号）。　**問題4 ✗**　取締役会は，支配人の選任等の重要な業務執行の決定を（代表）取締役に委任することができない（362条4項3号）。

本試験レベルの問題にチャレンジ！ ▶▶▶

Chapter 7 設 立

重要度 B

イントロダクション 学習のポイント

　会社は実体を形成し，登記をすることによって成立します。
　設立には，発起設立と募集設立という 2 種類の方法が認められています。
　まず，発起設立と募集設立という 2 つの方法を理解し，実体の形成の中でも定款の作成について比較的力を入れていくとよいでしょう。

ベーシック じっくり理解しよう!

1 概　要

1 設立の意義

株式会社の設立とは，株式会社という団体を形成し，法人格を取得し，法律上の人格者（法人）となることをいいます。

設立には，大きく，実体の形成と法人格の付与という2つの面があります。

1 実体の形成

株式会社の実体の形成は，①団体の根本規則である定款を作成し，②出資者たる社員（株主）を確定し，③団体の活動を担う機関を具備し，④出資により会社財産を形成することによって行われます。

2 法人格の取得

会社は，会社法の規定に従って実体が形成されると，本店の所在地において設立登記をすることによって法人となります（準則主義　49条，911条）。

2 設立の方法

1 発起設立と募集設立

会社法は，株式会社の設立について，発起設立及び募集設立という方法を定めています（25条1項）。

発起設立とは，設立の企画者である発起人が設立の際に発行する株式のすべてを引き受ける方法をいいます（同項1号）。

これに対して，募集設立とは，発起人が設立に際して発行する株式の総数の一部を引き受け，残部について株式引受人を募集する方法をいいます（同項2号，57条以下）。

2 出資額の規制

株式会社を容易に設立することができるようにするため，出資額の規制はありません。*1

*1
■ 参考データ
旧法では，株式会社では1,000万円，有限会社では300万円の最低資本金が必要でした。しかし，会社法では最低資本金制度は撤廃され，資本金が1円でも株式会社を設立できるようになりました。

2 設立の手続

重要度 **B**

1 定款の作成

定款とは，社団法人の組織活動の根本規則をいいます。発起設立・募集設立のいずれの場合でも，設立の第1段階は，発起人による定款の作成です（26条）。

1 発起人

定款は発起人によって作成されます（26条1項）。発起人とは，会社設立の企画者として定款に発起人として署名した者をいいます。*2

発起人の資格には制限がなく，制限行為能力者，法人，外国人でも構いません。また，員数にも制限がなく，最低1名以上であればよいとされています。

各発起人は，発起設立・募集設立を問わず，設立時発行株式を1株以上引き受けなければなりません（25条2項）。

2 定款の作成と方式

定款は発起人が作成し，その全員がこれに署名又は記名押印しなければなりません（26条1項）。また，定款は電磁的記録をもって作成することができます（同条2項）。

作成された定款は，公証人の認証を受けなければ効力を生じません（30条1項）。これは，内容を明確にして後日の紛争を防止するとともに，不正行為を防止するためです。なお，定款認証後に定款を変更する場合には，認証は不要です。

3 定款の内容

(1) 定款の記載・記録事項

定款の記載・記録事項には，絶対的記載事項，相対的記載事項，任意的記載事項の3種類があります。

絶対的記載事項とは，定款に必ず記載しなければならない事項をいい，この記載がないと定款全体が無効となります。*3*4

相対的記載事項とは，定款に記載しなくても定款自体の効力は有効ですが，定款に記載しないとその効力が認められない事項をいいます。

Part 3 商法

*2
■ **参考データ**

たとえ会社設立の企画者であったとしても，定款に発起人として署名していない者は，法律上は発起人ではありません。もっとも，株式募集に関する文書に賛成人等として自己の氏名を掲げること等を承諾した者は，擬似発起人として，発起人と同様の責任を負います（103条4項）。

*3
■ **ポイント**

絶対的記載事項には，以下のものがあります（27条各号，37条1項）。
①目的，②商号，③本店の所在地，④設立に際して出資される財産の価額又はその最低額，⑤発起人の氏名・名称及び住所，⑥発行可能株式総数（会社成立時までに記載・記録すればよい）。

*4
■ **参考データ**

旧法では，設立時発行株式総数が絶対的記載事項とされていましたが，会社法では除外されました。その代わりに，設立に際して出資される財産の価額又はその最低額が絶対的記載事項になりました。

Chapter 7
設立　**507**

任意的記載事項は，**定款に記載しなくても効力があります**が，定款に記載すると明確性が高まるとともに，その変更について定款変更手続が必要になるという効果があります（29条参照）。

〈定款の記載事項〉*1

絶対的記載事項

① 目　的
② 商　号
③ 本店の所在地
④ 設立に際して出資される財産の価額又はその最低額
⑤ 発起人の氏名・名称及び住所
⑥ 発行可能株式総数

相対的記載事項

① 現物出資
② 財産引受け
③ 発起人の報酬・特別利益　　　　　　変態設立事項
④ 設立費用
⑤ 株式の内容制限事項
⑥ 種類株式に関する事項
⑦ 株券を発行する旨の定め　等

（2）変態設立事項

変態設立事項とは，会社法28条に列挙される相対的記載事項をいいます。これには，①現物出資，②財産引受け，③発起人の報酬・特別利益，④設立費用があります。*2*3

変態設立事項は，発起人又は第三者の利益を図り，会社の財産的基礎を危うくさせ得る事項であるため，**定款に記載・記録しなければ，その効力を生じません**（28条柱書）。

変態設立事項	定款に記載・記録すべき内容
① 現物出資	金銭以外の財産を出資する者の氏名・名称，当該財産及びその価額，その者に対して割り当てる設立時発行株式の数
② 財産引受け	株式会社の成立後に譲り受けることを約した財産・その価額，その譲渡人の氏名・名称

---

*1
☑ **要チェック！過去問題**

株式会社の定款には，当該株式会社の目的，商号，本店の所在地，<u>資本金の額，設立時発行株式の数</u>，ならびに発起人の氏名または名称および住所を記載または記録しなければならない。

➡❌（H29-37-1）

*2
■ **語句解説**

現物出資とは，金銭以外の財産をもってする出資をいいます（28条1号）。
財産引受けとは，発起人が，設立中の会社のために会社の成立後に財産を譲り受ける契約をすることをいいます（28条2号）。

*3
■ **ポイント**

設立時に現物出資ができる者は，発起人に限定されます（34条1項，63条1項参照）。

Part 3
商法

③	発起人の報酬・特別利益	株式会社の成立により発起人が受ける報酬その他の特別の利益，その発起人の氏名・名称
④	設立費用	株式会社の負担する設立に関する費用

Festina lente

　例えば，1株5万円で株式を発行していて，ある人が100万円相当の自動車を現物出資して，20株の発行を受けた場合を考えてみよう。

　この自動車が本当に100万円相当ならいいけど，発起人が自己や第三者の利益を図るために自動車の価値を過大評価していて，実際は50万円の価値しかない場合もあるんだ。

　とすると，1株2万5千円で発行したことになって他の出資をした株主との間で不公平だし，50万円相当の財産しか出資されていないから，会社の財産的基礎を害してしまうよね。

　そこで，現物出資は，変態設立事項として定款に記載・記録しなければ効力を生じないとして，さらに，後述する検査役の調査が必要としたんだよ。

4　定款の備置き・閲覧等

　定款は，本店及び支店に備え置き，発起人・株主・会社債権者の閲覧・謄写に供しなければなりません（31条1項，2項）。

　また，親会社の株主等も，権利を行使するため必要があるときは，裁判所の許可を得て，子会社の定款について閲覧・謄写の請求をすることができます（同条3項）。

2　社員の確定

　株式会社の設立には，団体の構成員であり，かつ，団体に対する出資者である社員（株主）を確定することが必要です。

1　設立時発行株式に関する事項の決定

　まず，設立時に発行する株式について，必要な事項を決定します。

　発行事項については，原則として発起人の多数決で決定できますが（民法670条参照），一定の事項は，定款に定めがある場合を除いて，発起人全員の同意で決めなければなりません（32条，58条1項，2項）。

2　株式の引受け

　株式の引受けとは，株式会社の設立又は募集株式の発行に際して出資者となることをいいます。

Chapter 7
設　立　509

発起設立では，発起人が設立時発行株式の全部を引き受けます。

募集設立の場合には，発起人が株式を引き受けるほかに，引受人を募集します。募集に対して申込みがあると，割当てがなされ引受けが確定し，引受人は払込みをすると，会社成立時に株主となります。*1

3　発行可能株式総数の決定と変更

発行可能株式総数とは，株式会社が発行することができる株式の総数をいいます。設立時の定款（原始定款）で定める必要はありませんが，会社の成立の時までには定款に定めなければなりません（37条1項，98条）。

3　機関の具備

1　設立時役員等の選任

設立時役員等とは，設立時取締役，設立時会計参与，設立時監査役，設立時会計監査人をいいます（38条）。*2

	発起設立	募集設立
選任すべき役員	設立時取締役 設立時会計参与（会計参与設置会社である場合のみ） 設立時監査役（監査役設置会社である場合のみ） 設立時会計監査人（会計監査人設置会社である場合のみ）	
選任の方法	発起人の議決権の過半数（40条1項）	創立総会の決議（88条）

2　設立時代表取締役，設立時委員等の選定

	設立時代表取締役	設立時委員等
選定すべき株式会社	取締役会設置会社	指名委員会等設置会社
選定の方法	設立時取締役の過半数（47条3項，48条3項）	

3　創立総会

（1）意　義

募集設立の場合，発起人は，設立時発行株式の払込期日又は払込期間の末日のうち最も遅い日以後，遅滞なく，創立総会を招集しなければなりません（65条1項）。

---

*1
■ **語句解説**

株式の割当てとは，株式の申込みがあった場合に，その申込人に引き受けさせる株式数を決定することをいいます。

*2
■ **語句解説**

設立時取締役とは，会社の設立に際して取締役となる者をいいます。この設立時取締役は，設立手続の調査（46条，93条）や，設立時代表取締役の選定等を行います。

創立総会とは，設立時株主の総会をいいます。創立総会は，会社成立後の株主総会に相当するもので，設立中の会社の決議機関です。*3

（2）決議方法

創立総会は，原則として，議決権を行使することができる設立時株主の議決権の過半数であって，出席した当該設立時株主の議決権の3分の2以上にあたる多数（決議要件）をもって決議します（73条1項）。

4 出資による会社財産の形成

1 出資の履行

（1）全額払込み・全部給付

①発起人は引受け後遅滞なく，②募集株式の引受人は払込期日又は払込期間中に，引き受けた株式につき発行価額全額の払込みをし，また現物出資の場合はその全部の給付をしなければなりません（34条1項本文，63条1項）。

（2）失 権

発起設立・募集設立いずれの場合でも，発起人及び募集株式の引受人が出資の履行をしない場合には，設立時発行株式の株主となる権利を失います（36条3項，63条3項）。

（3）払込取扱場所・払込取扱機関による保管証明

発起人の不正行為を防止して払込みの確実を図るために，払込みは，発起人が定めた銀行・信託銀行等の払込取扱場所においてしなければなりません（34条2項，63条1項）。

また，募集設立の場合には，発起人は払込取扱機関に対して保管証明書の交付を請求できます（64条1項）。この保管証明書を交付した場合，払込取扱機関は払込金保管証明責任を負い，払い込まれた金銭の返還に関して制限があったとしても，これを成立後の株式会社に対抗することができません（同条2項）。*4

2 変態設立事項の調査

変態設立事項については，原則として，発起人の請求に基づいて裁判所が選任した検査役の調査が必要です（33条）。*5

---

*3
■ 参考データ

創立総会では，設立に関する事項の報告が行われます（87条）。そして，創立総会は，設立時役員等の選任・解任，定款の変更のほか，会社の設立の廃止，創立総会の終結，その他株式会社の設立に関する事項に限り，決議をすることができます（66条）。

Part
3
商
法

*4
■ 参考データ

会社法では，発起設立においては払込金保管証明制度が廃止されました。発起人のみが出資者であり，出資者自身がその出資された財産の保管に携われることから，財産の保管状況を明らかにする必要がないためです。

*5
■ 参考データ

現物出資と財産引受けについては，検査役の調査が不要となる場合があります。①価額の総額が500万円を超えない場合，②市場価格のある有価証券の場合，③弁護士等の証明を受けた場合です（33条10項）。

Chapter 7 | 511
設 立

3 設立の登記

重要度 C

1 登記事項

設立登記における登記事項は，911条3項に列挙されています。代表的なものとして，以下のような事項があります。

① 目　的
② 商　号
③ 本店及び支店の所在場所
④ 資本金の額
⑤ 発行可能株式総数
⑥ 発行する株式の内容
⑦ 取締役の氏名
⑧ 代表取締役の氏名・住所　等

2 登記の効果

設立登記により，**株式会社が成立**し，法人格を取得します（49条）。会社の成立とともに，出資を履行した発起人・設立時募集株式の引受人は株主となり（50条1項，102条2項），設立時役員等は会社の役員等になります。*1

> *1 要チェック！過去問題
> 発起人は，その引き受けた設立時発行株式について，その出資に係る金銭の全額を払い込み，またはその出資に係る金銭以外の財産の全部を給付した時に，設立時発行株式の株主となる。
> ➡ ✗（H29-37-3）

〈発起設立と募集設立の比較〉

		発起設立	募集設立
定款作成		発起人	
引受人		発起人がすべての株式を引き受ける	発起人が一部の株式を引き受け，残部については発起人以外の者を募集する
変態設立事項についての検査役の調査	調査	原則として必要	
	報告先	裁判所	創立総会
創立総会		開催しない	開催する

512 Part 3 商法

機関	設立時役員等の選任	発起人の議決権の過半数による	創立総会の決議による
	設立時代表取締役の選定	設立時取締役の過半数による	

ファイナルチェック　基礎知識の確認

問題1　株式会社は，定款の作成，社員（株主）の確定，出資，機関の具備によって法人格を取得するが，登記をしなければ第三者に対して会社の成立を対抗することができない。

問題2　株式会社の資本金の額は，公開会社では1,000万円以上，非公開会社では300万円以上でなければならない。

問題3　変態設立事項には，現物出資，財産引受け，発起人の報酬・特別の利益，設立費用があり，定款に記載又は記録しなければ効力を生じない。

問題1 ✕　登記は対抗要件ではなく，会社の成立要件である（49条）。　**問題2 ✕**　最低資本金の制度は撤廃された。
問題3 ○　（28条各号）

本試験レベルの問題にチャレンジ！ ▶▶▶

Chapter 8 資金調達

イントロダクション　学習のポイント

　資金調達の方法として，このChapterでは，募集株式の発行等と社債の発行について勉強します。社債では，株式との基本的な違いについて注目するとよいでしょう。

ベーシック　じっくり理解しよう!

1 株式会社の資金調達

　株式会社が企業活動を行っていくためには，適宜にその資金を調達していくことが必要です。
　株式会社が資金を調達する方法としては，金融機関等から金銭を借り入れるという方法もありますが，その他，①新株を発行する，②所有している自己株式を処分する，③社債を発行するという3つの方法が考えられます。*1

*1
■ 語句解説
新株の発行とは，会社成立後に株式を発行することをいいます。

2 募集株式の発行等

重要度 C

1 意 義

募集株式とは，募集に応じて株式の引受けの申込みをした者に対して割り当てる株式をいいます。

会社法は，新株を発行する場合・自己株式を処分する場合の双方をあわせて「募集株式の発行等」とし，その規律を定めています（199条以下）。

2 募集事項の決定等

株式会社は，募集株式の発行等をしようとするときは，その都度，一定の募集事項を定めなければなりません（199条1項各号）。*2

3 募集株式の割当て

株式会社は，申込者の中から募集株式の割当てを受ける者を定め，かつ，その者に割り当てる募集株式の数を定めなければなりません（204条1項前段）。

株主割当ての場合において，株主が引受けの申込みの期日までに申込みをしないときは，その株主は，募集株式の割当てを受ける権利を失います（同条4項）。

4 金銭以外の財産の出資

株式会社は，金銭以外の財産の出資（現物出資）を認めるときは，募集事項の決定の後，遅滞なく，現物出資財産の価額を調査させるため，裁判所に対し，検査役の選任の申立てをしなければなりません（207条1項）。*3*4

---

*2
■ 参考データ
決定すべき募集事項には，①募集株式の数，②募集株式の払込金額・その算定方法，③現物出資の場合はその旨と当該財産の内容・価額，④払込期日・払込期間，⑤増加する資本金・資本準備金に関する事項があります。

*3
■ ポイント
設立段階では，現物出資ができる者は発起人に限定されていましたが（34条，63条参照），募集株式の発行等では，そのような制限はありません（208条2項）。

*4
■ 参考データ
設立時と同様，一定の場合には検査役の調査が不要になります（207条9項）。

Chapter 8 資金調達

5 出資の履行

1 払込金額の全額払込み・現物出資の全部給付

募集株式の引受人は，募集株式の払込金額の全額を払い込み，又は全額に相当する現物出資財産を給付しなければなりません（208条1項，2項）。

2 引受人からの出資義務の相殺禁止

募集株式の引受人は，出資の履行（払込み・給付）をする債務と株式会社に対する債権とを相殺することができません（208条3項）。

3 引受人の失権

募集株式の引受人は，出資の履行をしないときは，株主となる権利を失います（208条5項）。

4 株主となる時期

募集株式の引受人は，原則として，払込期日を定めた場合にはその期日に，払込期間を定めた場合には期間中の出資をした日に，募集株式の株主となります（209条1項）。

3 社債の発行

重要度 C

1 意 義

社債とは，会社法の規定に基づき会社が行う割当てにより発生するその会社を債務者とする金銭債権であって，676条各号に掲げる事項についての定めに従い償還されるものをいいます（2条23号）。

多額かつ長期の資金調達は，金融機関等から借り入れる方法では困難ですし，また，募集株式の発行等では，会社の支配関係に

影響を及ぼしてしまいます。そこで、多額かつ長期の資金調達の方法として社債が発達しました。

なお、社債は、株式会社のみならず、**持分会社や特例有限会社においても**発行することができます。*1

> *1
> ■ 参考データ
> 株式会社は、新株予約権付社債を発行することもできます。新株予約権付社債とは、新株予約権を付した社債をいいます。例えば、社債権者として安定的に利息を受け、会社の業績が上がれば新株予約権を行使して株主となるといったことが可能です。

2 株式との比較

1 共通点

社債と株式とは、いずれも株式会社が**一般大衆から長期かつ多額の資金を調達する方法**として用いられます。

そして、公開会社では原則として取締役会決議によって発行することができる点（201条1項、362条4項5号）、有価証券を発行することができる点（214条、676条6号）で、株式と社債は共通します。

2 相違点

株式は、株式会社の**社員たる地位**であるのに対して、社債は、会社に対する**債権**である点において、両者は根本的に異なります。

〈株式と社債の相違点〉

	株　式	社　債
根本的差異	株式会社の社員たる地位 →　株主は**会社の構成員**	会社に対する債権 →　社債権者は会社に対する**債権者**
会社経営への関与	株主は議決権・監督是正権等により、**会社経営に直接・間接的に関与する。**	社債権者には**会社経営に関する権限はない。**
配当・利息	分配可能額の範囲内で、**不確定**額の剰余金の配当を受ける。	**一定**の約定された利息の支払を請求できる。
会社が解散した場合	一般債権者、社債権者に後れて、**全債務を弁済した後に**残余財産の分配を受ける。	**株主より先に**、一般債権者と同順位で会社財産から弁済を受ける。

Chapter 8　資金調達

ファイナルチェック　基礎知識の確認

問題 1　取締役会設置会社が募集株式の発行等に際して株主に株式の割当てを受ける権利を与えない場合，有利発行のときを除き，公開会社であるか否かを問わず，取締役会の決議により募集事項を決定しなければならない。

問題 2　社債を募集形態で発行することができるのは，株式会社のみである。

問題 3　株主が，株主総会における議決権の行使等を通じて，株式会社の経営に参与する権利を有するのと同様に，社債権者も，社債権者集会における議決権の行使等を通じて，会社の経営に参与する権利を有する。

問題1 ✗ 非公開会社では，株主総会の特別決議で決定する。　問題2 ✗ 持分会社も発行できる。　問題3 ✗ 株主は，株式会社の経営に参与する権利を有するが，社債権者は，会社の経営に参与する権利を有するわけではない。

本試験レベルの問題にチャレンジ！　▶▶▶

Chapter 9 組織再編

重要度 B

イントロダクション 学習のポイント

　企業は，その経済的な効率をより上げるために，結合したり分割したりして，企業組織を再編することがあります。その方法には，合併，会社分割，株式交換・株式移転，組織変更，事業譲渡等がありますが，合併を中心に勉強しておきましょう。

ベーシック じっくり理解しよう！

1 合　併

重要度 B

1 意　義

　合併とは，2つ以上の会社が契約によって1つの会社に合体することをいいます。
　合併には，①新設合併と②吸収合併とがあります。*1

*1 語句解説

新設合併とは，2つ以上の会社がする合併であって，合併により消滅する会社の権利義務を，合併により設立する会社に承継させるものをい

います（2条28号）。**吸収合併**とは，会社が他の会社とする合併であって，合併により消滅する会社の権利義務の全部を，合併後存続する会社に承継させるものをいいます(同条27号)。

2 手 続

合併は株主の利害に大きく影響するので，①当事会社間で**合併契約**を締結し（748条），②原則として各当事会社が**株主総会の特別決議**による承認を得ることが必要です（783条，795条，804条，309条2項12号）。また，③**反対株主に株式買取請求権**が認められています（785条，797条，806条）。さらに，④合併に異議のある会社債権者を保護するため，**会社債権者保護手続**を行うことが必要になります（789条，799条，810条）。

3 効 果

存続会社を除くすべての会社は**解散**し（471条4号），新設合併の場合には**新会社が成立**します。この場合，消滅会社は解散すると同時に消滅し，**清算は行われません**（475条1号かっこ書）。消滅会社の権利義務は，存続会社・設立会社に**包括的に承継**されます。そして，消滅会社の株主は，合併の対価として，持株数に応じて存続会社・設立会社の株式等の交付を受け，存続会社・設立会社の株主になります。*1

*1
■ 参考データ
旧法においては，消滅会社の株主に対して交付される対価は，存続会社・設立会社の株式に限定されていました。しかし，会社法では，株式ではなく，金銭等の財産を対価とすることが認められました（749条1項2号等）。また，この対価の柔軟化は，合併だけでなく吸収分割・株式交換の場合にも認められました。

〈合併と事業譲渡との比較〉

	合 併	事業譲渡
共 通 点	・事業用財産の重要な部分の移転を生じさせる ・原則として株主総会の特別決議が必要 ・反対株主は株式買取請求権を有する	
財産の移転	消滅会社の全財産が包括的に移転	契約で定めた範囲の財産が個別に移転
会社・株主への影響	・消滅会社は，法律上当然に解散 ・消滅会社の株主は，存続会社・新設会社の株式等を受け取る	譲渡会社は，事業の全部譲渡の場合でも当然には解散しない
会社債権者保護手続	あ　り	な　し

2 会社分割

重要度 B

1 意 義

会社分割とは，1つの会社を2つ以上の会社に分けることをいいます。

会社分割には，①**新設分割**と②**吸収分割**とがあります。*2

〈新設分割〉　〈吸収分割〉

*2
■ **語句解説**
新設分割とは，1又は2以上の株式会社又は合同会社がその事業に関して有する権利義務の全部又は一部を，分割により設立する会社に承継させることをいいます（2条30号）。
吸収分割とは，株式会社又は合同会社がその事業に関して有する権利義務の全部又は一部を，分割後他の会社に承継させることをいいます（同条29号）。

2 手 続

合併と同様に，株主及び会社債権者に影響を与えるため，同様の手続が必要になります。

すなわち，①**分割計画**の作成（762条）又は**分割契約**の締結（757条）をして，②原則として各当事会社で**株主総会の特別決議**による承認を受け（783条，795条，804条，309条2項12号），③**反対株主には株式買取請求権**が認められます（785条，797条，806条）。そして，④**会社債権者保護手続**がとられます（789条，799条，810条）。

3 効 果

合併の場合と異なり，分割会社は存続し，**解散することはありません**。

新設分割の場合，**新会社が成立**して分割会社の**権利義務を承継**し（764条1項），吸収分割の場合は，**承継会社**が分割会社の権利義務を承継します（759条1項）。

また，金銭その他の財産のみが交付される場合を除いて，分割会社は**設立会社・承継会社の株主又は社員**となります（764条8項，759条8項1号）。

Chapter 9 組織再編　521

3 株式交換・株式移転

重要度 B

1 意義

株式交換・株式移転は，ある株式会社がその株主総会の特別決議による承認等により他の株式会社の 100％子会社となる制度です。*1*2

その親会社となる会社が既存の会社である場合が「株式交換」，新設会社である場合が「株式移転」です。すなわち，株式交換とは，株式会社がその発行済株式の全部を他の株式会社又は合同会社に取得させることをいいます（2条31号）。これに対して，株式移転とは，1つ又は2つ以上の株式会社がその発行済株式の全部を新たに設立する株式会社に取得させることをいいます（同条32号）。

*1
■ 語句解説

100％子会社（完全子会社）とは，発行済株式のすべてを親会社に保有される会社をいいます。

*2
■ 参考データ

100％子会社を創設する方法は，他にも，その会社の株主に対して第三者割当てによる新株発行をして，株式の現物出資を求める方法等があります。しかし，この方法では第三者割当てに応じない株主がいた場合には100％の子会社化は不可能ですし，検査役の調査が必要となる等の難点があります。そこで，株主総会の特別決議等の手続を経れば強制的に100％子会社を創設できるようにした制度が，株式交換・株式移転です。

2 手続

株式交換・株式移転は株主の利害に大きく影響するので，原則として株主総会の特別決議による承認を得ることが必要です（783条，795条，804条，309条2項12号）。また，反対株主に株式買取請求権が認められています（785条，797条，806条）。

なお，株式交換・株式移転により当事会社の財産に変動はないため，原則として会社債権者保護手続は不要です。

3 効 果

　株式交換・株式移転により，完全子会社となる会社の**すべての株式**を完全親会社となる会社が取得します（769条1項，774条1項）。そして，完全子会社となる会社の株主は，**完全親会社の株主**となり（769条3項，774条2項），あるいは対価として完全親会社から株式以外の財産の交付を受けます（768条1項2号，773条1項7号）。

Festina lente

　改正会社法（令和元年法律第70号）では，新たに「株式交付」という制度が設けられたよ（2条32号の2）。これは，他社（B社）を買収しようとする会社（A社）が円滑にB社を子会社とすることができるようにするための制度で，A社がB社を子会社とするためにB社の株式を譲り受け，その株式の譲渡人に対して対価としてA社の株式を交付することができるとするものなんだ。

4 組織変更

重要度 **B**

1 意 義

　会社の組織変更とは，会社が法人格の同一性を保ちつつ別の類型の会社になることをいい，①**株式会社から持分会社**（合名会社・合資会社・合同会社）への組織変更と，②**持分会社から株式会社**への組織変更とがあります（2条26号）。

　なお，合名会社・合資会社・合同会社間での変更は，「持分会社の種類」の変更にすぎず，組織変更にはあたりません。

2 手 続

　組織変更を行うには，①**組織変更計画**を作成し（743条），②**総株主又は総社員の同意**を得なければなりません（776条1項，781条1項）。また，③**会社債権者保護手続**を行うことが必要です（779条，781条2項）。

Chapter 9
組織再編　**523**

5 事業譲渡等

重要度 C

株式会社が，次に掲げる行為をする場合には，**株主総会の特別決議**による承認を受けなければなりません（467条1項，309条2項11号）。これらの行為は会社の事業の将来に重要な影響を及ぼすので，株主を保護する必要があるからです。また，**反対株主に株式買取請求権**が認められています（469条）。

① 事業の全部の譲渡
② 事業の重要な一部の譲渡 *1
③ 他の会社の事業の全部の譲受け
④ 事業の全部の賃貸，事業の全部の経営の委任，他人と事業上の損益の全部を共通にする契約その他これらに準ずる契約の締結，変更又は解約
⑤ 株式会社の成立後2年以内における，その成立前から存在する財産であってその事業のために継続して使用するものの取得（事後設立）

*1 要チェック！過去問題

会社が他の会社の事業の全部または重要な一部を譲り受ける場合には，譲受会社において株主総会の特別決議による承認を要するが，譲受会社が対価として交付する財産の帳簿価格の合計額が譲受会社の総資産の額の五分の一を超えないときは，株主総会の承認は不要である。
→✗（H21-39-オ）

ファイナルチェック　基礎知識の確認

問題1 吸収合併により消滅する株式会社については，清算が必要となる。

問題2 会社分割においては，消滅する株式会社について清算が必要となる。

問題3 株式交換とは，1又は2以上の株式会社が，その発行済株式の全部を新たに設立する株式会社に取得させることをいう。

問題4 合名会社が株式会社となるには，組織変更の手続が必要となる。

問題1 ✗ 消滅会社は合併により，解散と同時に消滅し，清算不要である。　問題2 ✗ 分割会社は存続し，解散しない。　問題3 ✗ 株式会社がその発行済株式の全部を他の株式会社又は合同会社に取得させることをいう（781条1項）。　問題4 ○

本試験レベルの問題にチャレンジ！ ▶▶▶

Chapter 10 計算その他

イントロダクション　学習のポイント

　この Chapter は、これまで勉強した会社法のテーマ以外を簡単にまとめてあります。**剰余金の配当**と**定款の変更**に力をいれておきましょう。

ベーシック　じっくり理解しよう！

1 計 算

1 総 説

　会社の財産状況や経営成績を正確に把握することは、株主にとって剰余金の配当の面だけでなく、取締役の監督という面においても重要です。また、株式会社では会社財産のみが会社債権者のよりどころになるため、会社の財産状況を明らかにすることは、会社債権者の保護のためにも不可欠です。
　そこで、会社法は、会社の財産状況を健全化し、更にその財産状況を公開するための手続を定めています。

2 計算書類の作成と承認

　株式会社は、法務省令で定めるところにより、各事業年度にかかる計算書類を**作成**しなければなりません（435条2項）。*2

*2
■ 語句解説

計算書類とは、貸借対照表、損益計算書、その他株式会社の財産及び損益の状況を示すために必要かつ適当なものとして法務省令で定めるものをいいます（435条2項かっこ書）。会計帳簿は含まれません。

Chapter 10
計算その他　525

そして，この計算書類は，**定時株主総会**に提出又は提供し，その**承認**を受けなければなりません（438条1項，2項）。

また，定時株主総会の1週間前の日（取締役会設置会社では，2週間前の日）から，計算書類を5年間本店に，その写しを3年間支店に，それぞれ**備え置いて**，株主及び会社債権者の**閲覧**に供し，また請求に応じてその**謄本又は抄本を交付**しなければなりません（442条）。*1

3 剰余金の配当

1 総説

会社の営利性とは，対外的な事業活動によって利益を得ることにとどまらず，それを構成員に分配することを意味します。

そこで，株式会社は，その株主に対し，**剰余金の配当**をすることができるとされています（105条1項1号，453条）。*2

2 要件

剰余金の配当は，株式会社の債権者にとって唯一の引当てである会社財産を流出させるので，会社財産を確保するため，原則として，①**株主総会の決議**（454条1項），②**分配可能額の存在**（461条）という要件を満たさなければなりません。*3

なお，回数の制限はありません。

3 違法な剰余金の配当

分配可能額を超えて剰余金の配当をした場合には，**会社**は株主に対して交付を受けた金銭等の帳簿価額に相当する金銭の支払を請求でき（462条1項），また，**会社債権者**も直接株主に対して交付を受けた金銭等の帳簿価額に相当する金銭の支払を請求できます（463条2項）。さらに，**業務執行者**及び剰余金配当議案を提案した**取締役**は，**会社に交付した金銭等の帳簿価額に相当する金銭を支払う義務**を負います（462条1項各号）。

---

*1 ■ 参考データ
親会社の社員は，その権利を行使するために必要なときは，裁判所の許可を得れば，子会社の計算書類の閲覧又は謄本・抄本の交付請求をすることができます（442条4項）。

*2 ■ ポイント
株式会社が自己株式を保有している場合であっても，自らに剰余金の配当をすることはできません（453条かっこ書）。また，株式会社の純資産額が300万円を下回る場合には，配当をすることができません（458条）。

*3 ☑ 要チェック！過去問題
株式会社が最終事業年度において当期純利益を計上した場合には，当該純利益の額を超えない範囲内で，**分配可能額を超えて剰余金の配当を行うことができる**。
➡ （R3-40-オ）

2 定款の変更

重要度 B

会社の根本規則である定款も，事情により変更する必要が生じる場合があります。そのような定款の変更は，原則として**株主総**

会の特別決議ですることができます（466条，309条2項11号）。

〈定款変更の手続〉

原　則	株主総会の特別決議が必要
例　外 （株主総会の決議 を要しない場合）	①　株式分割を行う場合には，株主総会決議によらないで，株式分割の割合に応じた発行可能株式総数を増加させる定款変更ができる（184条2項）。 ②　株式の分割と同時に単元株式数の設定・増加を行い，かつ，その前後で各株主の有する議決権の数も変化しないように割合を定めた場合には，株主総会の決議を経ることなく，定款の変更をすることができる（191条）。 ③　株主総会の決議によらないで，取締役の決定（取締役会設置会社においては，取締役会の決議）によって単元株式数を減少・廃止する定款変更を行うことができる（195条1項）。

3 解散・清算

重要度 **C**

1 意　義

　会社の法人格の消滅をもたらす原因となる事実を解散といいます。そして，解散後に会社の一切の権利義務を処理して残余財産を株主に分配する手続を清算といいます。

2 解　散

　株式会社は，次の事由によって解散します（471条各号）。
　①定款で定めた存続期間の満了，②定款で定めた解散の事由の発生，③株主総会の特別決議（309条2項11号），④合併（消滅会社），⑤破産手続開始の決定，⑥解散命令，解散判決。

3 清　算

　会社の法人格は，**解散によっては直ちに消滅はせず**，会社は清算手続に入り，その結了によって消滅します（476条）。

Chapter 10
計算その他

ファイナルチェック　基礎知識の確認

問題 1　株式会社は，その純資産額が 300 万円以上でなければ，剰余金の配当をすることができない。

問題 2　株式会社が定款を変更する場合，原則として株主全員の同意が必要となる。

問題 1 ◯（458条，453条）　問題 2 ✕　原則として株主総会の特別決議ですることができる（466条，309条2項11号）。

本試験レベルの問題にチャレンジ！ ▶▶▶

Part 4

行政法

学習進度チェック

学習した Chapter の日付を記入し，学習進度を確認しよう！

	学習予定日	日付①	日付②
Chapter 1 行政法総論	/	/	/
Chapter 2 行政組織法等	/	/	/
Chapter 3 行政作用法	/	/	/
Chapter 4 行政手続法	/	/	/
Chapter 5 行政救済法の体系	/	/	/
Chapter 6 行政不服審査法	/	/	/
Chapter 7 行政事件訴訟法	/	/	/
Chapter 8 国家賠償法	/	/	/
Chapter 9 損失補償制度	/	/	/
Chapter 10 地方自治総論	/	/	/
Chapter 11 住民の直接参政制度	/	/	/
Chapter 12 地方公共団体の機関	/	/	/
Chapter 13 地方公共団体の権能	/	/	/
Chapter 14 国と地方公共団体及び地方公共団体相互の関係	/	/	/

行政法は
得意科目に
しよう！

コツコツと
覚えて
いこう！

もう一息！
ラストスパート
だ！！

よく頑張ったね！
これで行政法
マスターだ！！

行政法ガイダンス

本試験の傾向分析と対策

1 過去問データベース

		07	08	09	10	11	12	13	14	15	16	17	18	19	20	21
行政法の一般的な法理論	行政法総論		○	○	○	○		○		○			○		○	○
	行政組織法等		○	○			○			○		○	○			
	行政作用法	○	○	○	○	○	○	○	○	○	○	○	○	○	○	○
行政手続法		○	○	○	○	○	○	○	○	○	○	○	○	○	○	○
行政救済法	行政不服審査法		○	○	○	○	○	○	○	○	○	○	○	○	○	○
	行政事件訴訟法	○	○	○	○	○	○	○	○	○	○	○	○	○	○	○
	国家賠償	○	○	○	○	○	○	○	○	○	○	○	○	○	○	○
	損失補償		○			○			○	○			○	○		
地方自治法	地方自治総論		○	○			○		○	○	○		○			
	住民の直接参政制度	○	○	○	○			○	○	○	○			○		
	地方公共団体の機関	○				○	○					○			○	○
	地方公共団体の権能	○	○	○	○	○	○	○	○	○	○	○	○	○	○	○
	国と地方公共団体及び地方公共団体相互の関係		○				○					○				

最新の試験対策は，伊藤塾のホームページやメルマガにて配信中

2 出題分析アドバイス

行政書士の活躍の場が大きい行政手続法や行政不服審査法は重要性が高くなっています。特に行政手続法は，1994年の施行から25年以上経ち，その存在が重視されています。例えば，現在では，「パブリックコメント」という制度が，「意見公募手続等」として立法化されているなど，条文で諸々の手続が規定されているので，しっかりと条文知識を記憶する必要があるでしょう。また，行政法の一般的な法理論や行政事件訴訟法も同様に重要性が増しています。

地方自治法に関しては，近年の出題傾向をみると，地方公共団体の機関，その中でも特に執行機関が，国と地方公共団体及び地方公共団体相互の関係，その中でも特に国と地方公共団体の関係が多く問われています。

合理的学習法

1 得点計画

行政法を，行政法の一般的な法理論，行政手続法，行政救済法，地方自治法と分けてみていきます。

1 得点計画

行政法の一般的な法理論と行政救済法をあわせた部分の合格戦略（必要正解数）は，択一式出題問題のうち6〜7割を得点することです。

行政手続法の合格戦略は，7〜8割です。

地方自治法の合格戦略は，5割です。確実に半分は正解してください。

行政法全体でみれば，およそ7割となります。

出題問題数からみれば，最も多い科目となるので，苦手科目としてはいけない科目の1つに挙げられます。

2 合理的学習法

a 行政法の一般的な法理論（行政組織法・行政作用法・行政救済法）

合格点を確保するためには，用語の定義や基本原理について，押さえておく必要があります。また，行政上の強制措置についてはほぼ1年ごとに出題されているので注意が必要です。

ガイダンス | 531

b 行政手続法

　本試験では，条文の知識を問う出題がほとんどです。行政不服審査法や地方自治法との横断的な知識を問う問題なども出題されています。

　合格点を確保するためには，①処分に関する手続（申請に対する処分手続と不利益処分手続），②行政指導に関する手続，③届出に関する手続，④命令等を定める手続の4つの手続について，条文を中心に整理し，基本的な事項をしっかりと覚えましょう。

c 行政救済法（行政不服審査法・行政事件訴訟法・国家賠償法・損失補償制度）

　行政不服審査法，行政事件訴訟法については条文を中心に，国家賠償法・損失補償制度については判例を中心に，学習する必要があります。また，行政不服審査法と行政事件訴訟法は密接に関連しているので，2013（平成25）年度でも比較問題が出題されており，セットで学習すると効率的です。

d 地方自治法

　内容的には，執行機関，国と地方公共団体の関係等の頻出事項を，過去問を中心に整理することが必要です。また，地方自治法には，憲法の条文と似ているものが多数あるので，憲法と比較しながら知識を整理していくと効率よく学習できます。

2 全体構造

1 行政法の一般的な法理論

　行政法を好きではない人の多くの理由は，このテーマに原因があります。行政法のテーマは抽象的な内容がほとんどです。そもそも行政とのやり取りを日常的に感じている人はあまり多くないでしょう。そのため，行政法はイメージしづらい科目といえます。ただでさえそうであるのに，更に抽象的な用語や定義が多く出てくるのです。

　さて，それではこのテーマを乗り切るためにどうすればよいでしょうか？　まず，具体的に考える，すなわち，具体例をイメージしていくことです。例えば，行政主体という言葉があった場合，自分が住んでいる都道府県や市町村をイメージしてみる。そして，役所の様々な部署から様々な手紙が届いたりして，都道府県や市町村という存在が自分に対して手紙を寄こしているのだと考えてみる。このようにしていくと，抽象的なものを抽象的なまま丸暗記せずにすみます。それから，テキストを見ながらでも構わないので，とりあえず早めに問題を解いてみることです。問題が解けるようになると苦手意識は薄らぐものです。

2 行政手続法・行政不服審査法・行政事件訴訟法

　これら3つの法律はぜひとも得意にしなければなりません。行政書士になった後にも，これらの法律で学んだ知識を活かすことにより，個別の行政法規の見え方は違ってくるはずです。

　いずれの法律も基本的には条文知識が大切です。そして，いずれも手続に関係する法律であるため，手続の時間の流れを意識して読んでいくことが理解のポイントになります。

　最初から細かいことまで覚える必要はなく，まずは大まかな手続の流れを頭に入れて，それから繰り返し条文を読んで，細かい内容を頭に入れていけばよいでしょう。別冊の「ハンディ行政書士試験六法」で，最も大事にしなければならないのがこの3つの法律です。

　なお，行政事件訴訟法では，判例が重要となる箇所（処分性・原告適格・訴えの利益）もあります。

　どのような法律であるかを簡単にイメージしておくために，代表的なシーンを紹介しておきます。

　許可や免許（以下「許認可」という）が必要とされる職業は様々あります。身近な職業でいえば，不動産屋（正確には宅地建物取引業者）を開業するためには，宅地建物取引業の免許を受けなければなりません。そして，これらの許認可を受けて事業を行っていた者が不祥事を起こしてしまった場合，最悪だと業界追放，すなわち，許認可を与えた行政庁によって許認可を取り消されてしまいます。

　それでは，このような取消処分を事業者の言い分を聞くことなく，一方的に行ってもよいのでしょうか？　当然，そのようなことは許されていません。取消処分をするためには，原則として処分の相手方に意見陳述の機会が保障されます。このような手続を聴聞手続といいます。このように，一定の処分をする際に必要となる事前の手続を規定しているのが行政手続法です。

　ところで，たとえ聴聞手続を経てなされた取消処分であっても，処分の相手方からしてみると，納得できないということもあるでしょう。そこで，このような場合に，処分の相手方がその処分の取消しを求めて争うことができる仕組みが設けられています。これが行政不服審査法や行政事件訴訟法です。

　すなわち，私たちは，行政によって不利益な処分がなされた場合，その処分の取消しを求めて，行政に審査請求をしたり（行政不服審査法），裁判所に取消訴訟を提起すること（行政事件訴訟法）ができます。なお，この審査請求と取消訴訟の関係は，処分の相手方が原則として自由に選択でき，また両方同時に行うことも可能です。

ガイダンス　**533**

3　その他

　その他，国家賠償法，地方自治法が出題法令として明記されています。

　国家賠償法では重要判例を記憶していくことが大切です。国家賠償とは，先の取消処分を例にするのであれば，許認可を取り消されたため，事業を営むことができなくなり，会社に損害が生じたような場合に，処分をした国や公共団体を相手方として損害賠償請求を求めることをいいます。この損害賠償請求の要件などについて規定している法律が国家賠償法であり，要件の１つひとつに重要判例が複数存在します。

　一方，地方自治法は出題範囲がとても広いため，メリハリをつけて試験頻出テーマを学習していくとよいでしょう。

　自分が住んでいる都道府県や市（区）町村をイメージしてください。地方自治法は，そもそも都道府県とは何か，市（区）町村とは何か，それぞれどういう役割を担っているのかについて規定しています。その上で，都道府県や市（区）町村などの各地方公共団体には，地方議会や都道府県知事・市（区）町村長などが置かれていますが，これらの組織や運営に関する事項の大枠なども定めています。

　ところで，試験案内には明記されていませんが，公務員法（国家公務員法・地方公務員法）や損失補償が出題されることもあります。公務員法については試験で出題されやすい箇所を学習するとよいでしょう。損失補償は学習内容が少ないため，効率よく仕上げることができます。ただし，損失補償が出題されることはそれほどありません。

Chapter 1 行政法総論

イントロダクション 学習のポイント

　行政法は行政書士試験の最重要科目です。この行政法の中でも,最初に勉強する行政法の一般的な法理論(Chapter 1～Chapter 3)は,抽象的な概念が多く,なかなか理解しにくいところだろうと思います。抽象的な概念を丸暗記しても役に立たない知識になってしまいますから,具体例や図を利用してできる限りイメージを持ちながら勉強をしていくとよいでしょう。Chapter 1では行政法総論を勉強しますが,大切な箇所は行政法の基本原理である法律による行政の原理と行政上の法律関係になります。

ベーシック じっくり理解しよう!

1 行政と行政法

重要度 C

1 行政法とは

行政法とは，日本国で施行されている数多くの法律の中から，特に<u>行政に関する法律</u>をまとめて表現した言葉です。六法全書を開いても，「行政法」という1つの法律があるわけではありませんので，注意をしてください。

> **Festina lente**
>
> では，「行政」とは，どのようなものなんだろうか？
> 普段意識することはあまりないかもしれないけど，我々は，行政と多くの場面で接触しているんだ。
> 水道の供給，ゴミの収集，公営交通手段（バス，電車等）の運営等，行政の活動は多様で，それなしに我々の生活は成り立たないとさえいえるね。
> このような行政を「国家作用の中から立法作用と司法作用を控除したもの」と定義する控除説と，「法の下に法の規制を受けながら，現実具体的に国家目的の積極的実現を目指して行われる全体として統一性をもった継続的な形成的国家活動」と定義する積極説が，対立しているんだよ。
> いずれの定義も一長一短あることに留意しつつも，このような難しい議論には深入りしないで，控除説を押さえておけばよいだろう。

2 行政法の分類

行政に関する法律は，次のように大きく3種類に分けることができます。

① <u>誰が</u>行政を行うのか —— 行政<u>組織法</u>
② 行政は<u>何を</u>行うのか —— 行政<u>作用法</u>
③ 行政によって不利益を受けた国民は<u>どのように救済</u>されるのか —— 行政<u>救済法</u>

1 行政組織法

行政組織法とは，誰が行政を行うのか，つまり，行政を営む組

織や機構に関する法律をまとめて表現した言葉です。内閣法，国家行政組織法，地方自治法等が，行政組織法にあたります。

これらは，国や地方公共団体の機関の設置，廃止，それぞれの機関が担当する事務の範囲等について定めています。*1

2 行政作用法

行政作用法とは，行政は何を行うのか，つまり行政が実施すべき内容・権限に関する法律をまとめて表現した言葉です。警察官職務執行法や生活保護法等が，行政作用法にあたります。

3 行政救済法

行政救済法とは，行政活動によって不利益を受けた国民の救済方法に関する法律をまとめて表現した言葉です。行政救済法（行政救済制度）には，①行政不服申立制度，②行政事件訴訟制度，③国家賠償制度，④損失補償制度があります。

*1
■ ポイント
国や地方公共団体のために，機関が，その手足となって，職務を行います。

〈行政法の分類まとめ〉

3 行政法の基本原理

行政全般にわたる基本原理として，法律による行政の原理（法治主義）があります。

法律による行政の原理（法治主義）とは，国民の権利・自由を守るため，行政権の行使が，国民の代表である議会が制定する法律に基づいて行われることを要求する原理です。行政権の権力濫用から国民の権利・自由を守るための原理といえます。法律による行政の原理は，具体的には，行政活動は，現に存在する法律に違反してはいけないという原則（法律の優位の原則）や，ある種の行政活動を行うためには法律の根拠が必要であるという原則（法律の留保の原則）などを意味します。

> **Festina lente**
> どういった行政活動に法律の根拠が必要であるかについては，学説の対立があるよ。この点，従来の通説を侵害留保説というんだ。この説によれば，国民の権利自由を制限するような行政活動を行うためには法律の根拠が必要となるよ。この他にも権力的作用については，法律の根拠が必要だとする権力留保説という考え方もあるんだ。基本的には，侵害留保説を覚えておくようにしよう！

2 行政上の法律関係

重要度 A

1 公法と私法

　公法とは，国，又は地方公共団体とその構成員（国民，住民）との関係について定めた法律をいいます（憲法，刑法，訴訟法等）。

　これに対して，私法とは，個人相互の私的生活関係について定めた法律をいいます（民法，商法等）。

　この分類によれば，行政に関する法規は公法に属することになります。

2 公法と私法の適用場面

1 行政上の法律関係

　行政と国民との法律関係を行政上の法律関係といいますが，この法律関係に私法が適用されるかが問題となります。この点については，個別判例が多く出ています。試験対策上は，個別の事例ごとに，私法が適用されたか否かという視点で記憶していくとよいでしょう。

2 問題となった判例

私法を適用したもの （又は適用の余地を認めたもの）	私法の適用の余地を 認めなかったもの
①現金出納の権限を有しない地方公共団体の長の借入金受領行為には，民法110条が類推適用される（最判昭34.7.14）。 ②公営住宅の利用関係には，民法及び借家法（現借地借家法）の適用がある（最判昭59.12.13）。*1 ③国の安全配慮義務違反に基づく債務不履行責任については，会計法30条の適用はなく，旧民法167条1項が適用される（最判昭50.2.25）。 ④租税滞納処分としての土地の差押えには，民法177条が適用される（最判昭31.4.24）。*2 ⑤地方議会議員の報酬請求権は，譲渡し得る（最判昭53.2.23）。 ⑥課税処分は，信義則の法理によって違法なものとして取り消され得る（最判昭62.10.30）。 ⑦独占禁止法19条に違反した契約の私法上の効力は，直ちに無効とはならない（最判昭52.6.20）。 ⑧公共団体の工場誘致施策が変更されたことによって損害を被った者は，信義則違反などを理由として，公共団体の不法行為責任を追及し得る（最判昭56.1.27）。	①防火地域内にある耐火構造の建築物の外壁位置について定める建築基準法65条の規定は，民法234条1項の適用を排除する（最判平元.9.19）。 ②生活保護法に基づき要保護者が国から生活保護を受ける権利は，財産的権利であるものの，他者に譲渡することはできず，相続の対象ともなり得ない（最判昭42.5.24）。

*1 要チェック！過去問題

公営住宅の使用関係については，公営住宅法およびこれに基づく条例が特別法として民法および借家法（事件当時）に優先して適用されるが，公営住宅法および条例に特別の定めがない限り，原則として一般法である民法および借家法の適用があり，その契約関係を規律するについては，信頼関係の法理の適用がある。
→〇（H22-10-2）

*2 要チェック！過去問題

租税滞納処分における国と相手方との関係は，一般統治権に基づく権力関係であるから，民法の対抗要件の規定は適用されない。
→✕（H22-10-4改）

判例 租税法律主義と信義則の適用（最判昭62.10.30）

 事案　Aは，承認を受けることなく，自己の名義で青色申告を行っていたが，特に注意されることなく税務署に受理されていた。しかし，数年後にこの青色申告の効力が否定され，更正処分がとられることとなった。

 争点　公平性が重要視される租税法律関係において，信義則の適用によって個別に救済され得るか。

結論　租税関係については，原則として信義則の適用によって個別に救済されることはない。しかし，特別の事情が存する場合には，信義則の法理が適用され得る。

判例 会計法30条の消滅時効（最判昭50.2.25）

事案 自衛隊員であるAは，自衛隊車両整備工場で車両の整備をしていたところ，同僚の隊員が運転する大型自動車にひかれて死亡した。そこで，Aの両親は，国に対し，安全配慮義務違反に基づく損害賠償を求めた。

争点 国が公務員に対する安全配慮義務を懈怠（けたい）したために，公務員が生命・健康を害した場合，国に対する損害賠償請求権の消滅時効について，会計法30条（5年）の適用はあるか。

結論 会計法30条の適用はなく，消滅時効期間は，旧民法167条1項による。

※ 会計法30条が金銭の給付を目的とする国の権利及び国に対する権利につき5年の消滅時効を定めたのは，国の権利義務を早期に決済する必要があるなど，主として行政上の便宜を考慮したことに基づくから。

ファイナルチェック　基礎知識の確認

問題1 原則として，行政の活動が行われるためには，法律の根拠を必要とする。

問題2 不文法が行政法の法源となることは少なく，不文法の中でも，判例法は法源となるが，慣習法や条理は法源とならない。

問題3 建築基準法は，防火地域又は準防火地域内にある外壁が耐火構造の建築物について，その外壁を隣地境界線に接して設けることができる旨規定しているが，この場合，民法の境界線付近の建築制限の規定の適用が優先される。

問題1 ◯　**問題2 ✕**　慣習法や条理も法源になり得ると考えられている。　**問題3 ✕**　建築基準法の当該規定は，建物を建築する場合に境界線から50cm以上の距離を置くことを求めている民法234条1項の適用を排除するものとされる（最判平元.9.19）。

本試験レベルの問題にチャレンジ！▶▶▶

Chapter 2 行政組織法等

重要度 B

イントロダクション　学習のポイント

　行政組織法等では，行政主体と行政機関が大切です。定義は大切ですが，最初から定義を覚えようとするよりも，むしろ最初は具体例をもってイメージできるようにしていきましょう。そして，行政機関の種類を勉強する際は，それぞれの役割にも注目しましょう。
　また，権限の代行を勉強する際には，権限の委任と権限の代理の比較が重要です。比較をすることによってそれぞれの特徴が理解できるようになると思いますから，表を利用して違いを意識していきましょう。

ベーシック　じっくり理解しよう!

1 行政主体と行政機関

重要度 A

1 行政主体

1 意　義

　行政主体とは，行政を行う権利と義務を持ち，自己の名と責任で行政を行う団体をいいます。

2 種類

行政主体には、国と公共団体があります。公共団体の代表的な例としては「地方公共団体」があり、そのほかに特殊法人、独立行政法人などがあります。

なお、行政主体はすべて法人として扱われ、その機関（行政機関）の活動の効果はすべて行政主体に帰属します。

〈行政主体の種類〉

以下では、特殊法人、独立行政法人について説明します。

(1) 特殊法人

特殊法人とは、法律により直接に設立される法人又は特別の法律により特別の設立行為をもって設立すべきものとされる法人（独立行政法人を除く）をいいます。政府は、必要な事業を行う場合、その業務の性質が企業的経営になじみ、これを通常の行政機関に担当させても、各種の制度上の制約から能率的な経営を期待できないときなどに、特殊法人を設け、これに国家的責任を担保するに足りる特別の監督を行うとともに、できる限り経営の自主性と弾力性を認めて能率的経営を行わせます。*1

(2) 独立行政法人

独立行政法人制度は、各府省の行政活動から一定の事務・事業を分離し、これを担当する機関に独立の法人格を与えて、業務の質の向上や活性化、効率性の向上、自律的な運営、透明性の向上を図ることを目的とする制度のことです。*2

---

*1
■参考データ
特殊法人は、抜本的な見直しが行われ、2021年4月現在では、33法人となっています。例えば、日本放送協会や、日本たばこ産業株式会社などがあります。

*2
■参考データ
独立行政法人の例として、文部科学省所管の大学入試センター、国立美術館等があります。
また、独立行政法人は、中央省庁再編に伴い行政の効率化・スリム化を目的とした1999年の行政改革で設けられたものです。

> ## Festina lente
>
> 　従来，国の行政活動である絵画等の芸術作品の展示は，文部科学省の一部である国立美術館が行っていたんだよ。
> 　このような仕事を従来より柔軟に行えるようにして質の高いサービスを提供するために，国から独立させた組織が独立行政法人国立美術館なんだよ。

2 行政機関

1 意 義

　行政機関とは，行政主体たる国や公共団体に効果を帰属させるため，現実に職務を行う機関をいいます。行政主体が，自己の名と責任で行政を行うといっても，国や公共団体そのものが行動することはできないので，行政機関が，国や公共団体の手足となって職務を行うのです。

2 行政機関の権限

(1) 効果の帰属

　法律により，行政機関には一定範囲の権限と責任が割り当てられ，行政機関がその権限の範囲内において行う行為の効果は行政主体に帰属します。行政機関そのものには法人格がなく，また，国や公共団体の手足となって職務を行うにすぎないので，その行為の効果は，行政機関には帰属しません。*3

(2) 権限の尊重

　行政機関は，他の行政機関が行った行政行為を，原則として尊重しなければならず，これと矛盾した行為をとることは許されません。もっとも，他の行政機関が行った行政行為が明白に権限を踰越（ゆえつ）してなされたものであるときは，矛盾した行為をとっても構いません。明白に権限を踰越してなされた行政行為は，法律による行政の見地から，無効な行政行為と解すべきだからです。

3 種 類

行政機関は，その有する権限に応じて以下のように分類されます。

(1) 行政庁

　行政庁とは，行政主体の法律上の意思を決定し，これを外部に表示する権限を持つ機関をいいます。例として，各省大臣，

> ## Festina lente
>
> 例えば，会社は法人だけど，会社自身が行為を行うことはできないよね。そこで代表取締役等の行為を会社の行為とみなして会社に効果を帰属させるんだよ。こんなふうに，法人に代わって行為を行うものを「機関」というよ。

Part
4
行
政
法

---

*3
■ ポイント

例えば，行政機関である税務署長が課税処分を行うと，その効果は行政主体である国に帰属します。

Chapter 2
行政組織法等　543

都道府県知事，市町村長，独立行政委員会があります。

行政庁の意思決定の方法としては，独任制と合議制の2種類があります。*1*2

独任制	独任制とは，行政庁が1人で意思決定を行う制度をいう。行政庁は独任制が原則である。なぜなら，多種多様な行政需要に迅速に応え，かつ責任の所在を明確にするには，独任制が適しているからである。各省大臣，都道府県知事，市町村長等主要な行政庁は，いずれも独任制である。
合議制	合議制とは，行政庁が複数人で構成され，その複数人が話し合いによって意思決定を行う制度をいう。行政庁は独任制が原則であるが，慎重さが要求される領域や専門技術的な判断を必要とする領域，政治的中立性が要求される領域においては，各界の有識者や利害関係人などの合議によって，公正な意思決定を担保する必要がある。したがって，このような領域では例外として合議制がとられている。合議制の行政庁の例として，独立行政委員会等がある。*3

（2）補助機関

補助機関とは，行政庁その他の行政機関の職務を補助するために，日常的な事務を遂行する機関をいいます。例として，法務省や文部科学省といった各省の局長・課長等が挙げられます。

（3）執行機関

執行機関とは，行政目的を達成するために，国民の身体や財産に対して直接に実力を行使する機関をいいます。例として，警察官，徴税職員等が挙げられます。

（4）諮問機関

諮問機関とは，行政庁から諮問を受けて意見を述べる機関をいいます。例として，法制審議会，中央教育審議会，社会保障審議会，情報公開・個人情報保護審査会などがあります。審議会の答申（意見）は，行政庁を法的には拘束しませんが，しかし，最大限尊重されるべきものです。

また，諮問するか否かは，原則として行政庁の自由裁量によって決定されます。しかし，例外として，法令で諮問が義務づけられている場合もあります。*4

（5）参与機関（議決機関）

参与機関（議決機関）とは，行政庁の意思を法的に拘束する

---

*1
■ ポイント

例えば，ある企業が独占禁止法に違反したか否かについて1人だけの判断に委ねるのは，公平の観点から疑問があります。このような場合には合議制が望ましいのです。

*2
☑ 要チェック！過去問題

行政庁とは，行政主体の意思を決定し，これを外部に表示する権限を有する行政機関をいう。
➡ ○ （H21-9-ア）

*3
■ 語句解説

独立行政委員会とは，内閣から独立した立場で行政権を行使する機関をいいます。政治的中立性が強く要求される職務を行うため，内閣から独立している必要があるのです。独立行政委員会の例として，人事院，公正取引委員会が挙げられます。

*4
■ ポイント

原則は，諮問しなくてもよい。
例外として，法律によって諮問しなければならない場合あり。
例えば，「行政機関の保有する情報の公開に関する法律」（情報公開法）19条が例外です。

議決を行う行政機関をいいます。**権限が強化された諮問機関**と考えておけばよいでしょう。例として，電波監理審議会があります。なお，行政庁が，参与機関の議決を経ることを要求されているにもかかわらず，参与機関の議決を経ないで行政行為を行った場合には，当該行政行為は無効となります。

(6) 監査機関

監査機関とは，行政機関の**事務や会計の処理を検査**し，その適否を監査する機関をいいます。例として，会計検査院があります。*5

	意　義	具体例
行政庁	行政主体の法律上の意思を決定し，これを外部に表示する権限を持つ機関	各省大臣，都道府県知事，市町村長，独立行政委員会
補助機関	行政庁その他の行政機関の職務を補助するために，日常的な事務を遂行する機関	各省の事務次官，局長，課長，事務官等，副知事，副市町村長，会計管理者，部長，課長その他の一般職員
執行機関	行政目的を達成するために，国民の身体や財産に対して直接に実力を行使する機関	警察官，徴税職員
諮問機関	行政庁から諮問を受けて意見を述べる機関	法制審議会，中央教育審議会，社会保障審議会，情報公開・個人情報保護審査会
参与機関（議決機関）	行政庁の意思を法的に拘束する議決を行う機関（権限が強化された諮問機関）	労働保険審査会，公認会計士・監査審査会
監査機関	行政機関の事務や会計の処理を検査し，その適否を監査する機関	行政評価局，会計検査院

4　権限の代行

法律による行政の原理から，行政機関の権限はそれぞれ法令によって定められており，その範囲内でのみ活動できるにすぎないのが原則です。しかし，病気や怪我等のため自ら権限を行使することができない場合や不適切な場合もあります。その場合には，

Festina lente

諮問が義務づけられている場合において諮問をせずに行った場合で，諮問の趣旨が利害関係人の保護にあるときは，諮問をせずに行った行政庁の意思決定は無効となるよ。諮問の趣旨が行政の便宜にある場合には，行政庁の意思決定は取り消すことができるにすぎないんだ。

Part 4
■
行政法

*5
■ **ポイント**

会計検査院は，行政庁でもあり，監査機関でもあります。

Chapter 2
行政組織法等　　**545**

他の行政機関に，その権限の全部，又は一部を行使させる必要があります。これを権限の代行といいます。

権限の代行には，①権限の委任，②権限の代理，③代決（専決ともいう）があります。

(1) 権限の委任

権限の委任とは，ある行政機関の権限の一部を，別の行政機関に委任して行使させることをいいます。権限を委任した場合，その部分について，委任した行政機関（委任機関—行政庁であることが多い）の権限はなくなります。つまり，ある行政機関の権限の一部を，そっくりそのまま他の行政機関（受任機関—多くの場合，行政庁の下級行政機関又は補助機関）に移してしまうのです。*1

法律上与えられた権限の所在を変えるのですから，権限の委任をするには，必ず法律上の根拠が必要となります。

また，誰に権限があるのかをはっきりさせるため，外部（国民）への公示（国民が一定の事項を知ることができる状態に置くこと）が必要となります。

なお，権限の全部，又はその主要な部分を委任することは許されません。権限を法定した意味がなくなるからです。

委任を受けた行政機関（受任機関）は，自己の名と責任でその権限を行使します。

委任機関は，原則として，受任機関を指揮監督することはできません。すでに，権限そのものが受任機関に移転しているからです。もっとも，委任機関が自己の下級行政機関に対して権限を委任した場合は，当該下級行政機関を指揮監督することができます。

(2) 権限の代理

権限の代理とは，ある行政機関の権限を，別の行政機関が代理機関となって行使することです。

上述した権限の委任と権限の代理の最大の違いは，権限が移転するか否かです。権限の代理では，代理権を与えられた機関（代理機関—補助機関であることが多い）は，権限行使を代わりに行うにすぎません。権限は，あくまでも本来の行政機関（被代理機関—行政庁であることが多い）にあります。また，

*1
■ ポイント

権限の委任では，受任した行政庁がA庁だとすると，「A」という名で権限の行使を行います。一方，権限の代理では，例えば委任庁がBとすると，「Bの代理のA」として権限を行使することになります。

Part 4
行政法

代理機関は，代理行為を行う際には顕名（代理関係があることと，被代理機関がどこなのかを明示する行為）が必要です。

権限の代理には，①授権代理と②法定代理があります。

授権代理	授権代理とは，本来の行政機関からの授権に基づいて代理関係が発生し，代理行為を行うことをいう。授権をするための法律上の根拠は不要である。また，授権は権限の一部についてのみ行うことができる。そして，被代理機関は，権限行使に関して代理機関を指揮監督することができる。
法定代理	法定代理とは，行政機関が欠けたときや事故があったときに，法律の定めるところに従い，他の行政機関が本来の行政機関の権限を代理することをいう。授権代理とは異なり，被代理機関は代理機関を指揮監督することはできない。

〈権限の委任と権限の代理の比較〉

	権限の委任	権限の代理	
		授権代理	法定代理
権限の移転	あり	なし	
法律の根拠	必要	不要	必要
権限行使の方法	受任機関（自分）の名で行う。	顕名必要	
委任機関・被代理機関による監督	できない（ただし，受任機関が自己の下級機関である場合のみできる）	できる	できない

（3）代決・専決

代決・専決とは，法律によって権限の与えられた機関の権限を，**補助機関が決裁すること**です。簡単にいえば，補助機関が，行政庁の印を公文書に押印して，案件を処理することで，事務処理上の便宜のためのものです。

5　権限の監督

行政組織は，全体として統一的な行政事務の処理を可能とするため，ピラミッド型の階層的な構成をとっています。そこでは，行政機関相互の意思や判断を統一するために，**上下の関係**においては**指揮監督**，**対等関係**においては**協議**といった手段が用いられています。*2

（1）指揮監督

指揮監督権限には，①監視権，②許認可権，③訓令・通達権

*2
■ ポイント

上級行政庁（例えば国税局長）が下級庁（例えば税務署長）に権限の委任を行うと，先にみたとおり，上級庁はその権限を失います。しかし，上級庁である以上，下級庁を指揮監督することは依然として可能です。

Chapter 2
行政組織法等　547

（指揮命令権），④取消・停止権，⑤権限争議決定権（裁定権）があります。これらの指揮監督権は，上級行政機関が下級行政機関の権限行使の適法性及び行政組織内部の意思統一を確保するための制度です。したがって，一般国民を法的に拘束する効力はありません。

> **Festina lente**
> 通達には国民を拘束する力はないんだよ。憲法の判例でも，通達の変更によって今まで非課税になっていたパチンコ台を課税物品に加えたとしても，通達の変更自体が憲法84条に違反するわけじゃないってこと。これは，憲法の勉強でもあるんだよ。

監視権	監視権とは，上級行政機関が下級行政機関の実情を把握するために，その事務の執行を調査したり，事務の執行について報告をさせる権限をいう。
許認可権	許認可権とは，上級行政機関が下級行政機関に，あらかじめ権限行使について許可や認可を求めるよう要求する権限をいう。
訓令・通達権（指揮命令権）	訓令とは，下級行政機関に対して行政行為の内容を指示するために上級行政機関が発する命令をいい，そのうち特に書面の形式によるものを通達という。上級行政機関は，法律の根拠がなくても，この訓令・通達権に基づいて下級行政機関を指揮監督することができる。
取消・停止権	取消・停止権とは，上級行政機関が，下級行政機関の違法，又は不当な行為を職権により取り消し，停止する権限をいう。上級行政機関は，法律の根拠がなくても，この権限を行使することができる。
権限争議決定権（裁定権）	権限争議決定権とは，下級行政機関相互において権限の有無・範囲に争いがある場合に，上級行政機関がそれを解決する権限をいう。

(2) 協　議

　協議とは，対等の関係にある行政機関の間における意思統一の方法をいいます。同一の事項が，複数の行政機関の権限に関係する場合などに行われます。

　法律上協議を義務づけられているにもかかわらず協議を経ないでなされた行政行為は，無効となります。

2　国の行政機関

重要度 C

　2001年1月6日に，中央省庁はこれまでの1府22省庁から1府12省庁に再編されました。この中央省庁再編の目的は，こ

れまでの官僚主導の政治を排し，**政治家主導の政治を実現**することにあります。つまり，内閣総理大臣の指導のもと，内閣機能を強化し，国民の視点に立った総合性と機動性のある政策の立案と実施を実現することにあります。

1 内閣と内閣府

1 内 閣

内閣とは，その長である内閣総理大臣と14人以内（特別に必要がある場合は3人増員できる）の国務大臣から構成される**合議機関**をいいます（内閣法2条）。内閣は，**行政権本来の主体**であり（憲法65条），行政権の担い手として，政策の決定，行政各部の総合調整などを行います。

2 内閣府

内閣府とは，中央省庁再編に基づき，それまでの**総理府，経済企画庁，沖縄開発庁，金融再生委員会の4つを統合**して設置された機関をいいます。内閣府は，内閣に設置され，内閣の事務を補助します。また，内閣府にはその外局として，委員会や庁が置かれ，その例として，国家公安委員会，金融庁があります。内閣府は，別々になされている各省庁の政策を総合的に調整していく役割を担います。

2 その他の行政機関

行政権は内閣に属するといっても，すべての行政を内閣が処理するのは困難です。そこで，行政を実際に担っているのは，内閣の統括の下に置かれた各行政機関です。国の行政機関には，省，委員会及び庁があり，その**設置及び廃止は，別に法律（国家行政組織法）の定めるところ**によります。

> **Festina lente**
> なお，国務大臣の定数は，復興庁と東京オリンピック・パラリンピック競技大会推進本部が置かれている間は，16人以内（特別に必要がある場合は19人以内）とすることができるんだよ。

> **Festina lente**
> ここでいっている「行政機関」は，前に説明した行政庁や諮問機関などとはちょっと意味が違うよ。ここでは，どっちかっていうと，日常用語に近い意味なんだ。大臣や職員とかから構成される組織体全体のことをいうと理解しておくといいよ。

Part 4
行政法

Chapter 2
行政組織法等　**549**

〈国の行政機関〉

省	委員会	庁
総務省	公害等調整委員会	消防庁
法務省	公安審査委員会	公安調査庁　出入国在留管理庁
外務省	―	―
財務省	―	国税庁
文部科学省	―	文化庁　スポーツ庁
厚生労働省	中央労働委員会	―
農林水産省	―	林野庁　水産庁
経済産業省	―	中小企業庁　特許庁　資源エネルギー庁
国土交通省	運輸安全委員会	気象庁　海上保安庁　観光庁
環境省	原子力規制委員会	―
防衛省	―	防衛装備庁

3 公　物

重要度
C

1 意　義

　行政活動を行うには，様々な物的手段（要するに物）が必要となります。公物とは，行政主体により，直接に公の目的のために

使用される**有体物**（存在が目に見える物）をいいます。公物の例として，消防車，パトカー，**道路**，**河川**，公園，庁舎等があります。

　わざわざ物の種類として公物という概念を持ち込んだのは，その物についての責任者が誰であるのかを明確にさせるためです。例えば，公物に欠陥があったために国民が損害を被った場合，責任を負うのは行政主体ということになります（これに対して，普通の物の場合には，その物の占有者や所有者が責任を負います）。

2 分　類

　公物は，様々な視点から分類することができます。例えば，使用目的の違いによって，①公共用物と，②公用物とに分けることができます。

公共用物*1	一般国民に使用される物
公 用 物*2	国や公共団体の内部の者によって使用される物

3 公物の取得時効

　一般国民が公物を長期にわたって占有した場合，公物を時効取得できるかが問題となります。

　この点について，判例は，公物について**黙示の公用廃止が認められる場合に限って時効取得が認められる**という判断を示しています（最判昭51.12.24）。

　公用廃止とは，物が公物として供用されている場合に，供用を廃止することです。

4 公物の使用関係

　公物の使用関係とは，公物の管理者と一般国民との間の公物の使用に関する法律関係をいいます。

1　公共用物の使用関係

　公共用物は，もともと一般国民による自由な使用が予定されている物です。このことを前提にして，公共用物の使用関係は，①一般使用，②許可使用，③特許使用の3つに分類されます。

Festina lente

行政主体が所有している有体物が公物なのではないんだよ。国有地のように行政主体が所有している公物もあるけれど，国立美術館展示の私有の絵のように個人が所有している公物もあるんだよ。

Part 4
■
行政法

*1
■ **参考データ**

公共用物の例として，道路，河川，橋，公園等が挙げられます。

*2
■ **参考データ**

公用物の例として，官公庁舎（役所の建物），公用車等が挙げられます。

Chapter 2
行政組織法等 | 551

一般使用[*1]	一般使用とは，許可その他の特別な行為を必要とすることなく，**誰でも自由に**公物を利用することが認められている場合の使用関係をいう。
許可使用[*2]	許可使用とは，公物の使用が公共の安全や秩序に影響を及ぼすときなどに，その使用を**許可に基づかせる**場合の使用関係をいう。
特許使用[*3]	特許使用とは，特定の人のために，**一般国民には許されない特別の使用を許す場合**の使用関係をいう。

[*1] ■参考データ
一般使用の例として，交通のための公道の使用が挙げられます（公道は，もともと交通の用のため，一般国民の自由な使用が予定されています）。

[*2] ■参考データ
許可使用の例として，公道でデモ行進をするような，普通とは異なる使用を許可する場合が挙げられます。

[*3] ■参考データ
特許使用の例として，電力会社が公道に電柱を立てる等，公共用物を継続的に使用する場合が挙げられます。

2 公用物の使用関係

公用物は，本来行政目的を実現するために供される物です。したがって，基本的にその利用関係は，行政の内部的規律の問題となるにとどまります。もっとも，**官公庁舎内の売店・食堂の設置・経営**等のように，公用物の本来の目的を妨げない限度で，公用物が一般国民の利用に供されることがあります。これを，**公用物の目的外使用**といいます。

ファイナルチェック　基礎知識の確認

問題1　諮問機関とは，審議会・調査会など，行政庁の諮問によって意見を述べる行政機関であり，諮問機関の意見は行政庁を法的に拘束する。

問題2　上級行政機関は，法律上の根拠がない場合であっても，外部に公示することにより，自己の権限の一部をその下級行政機関に委任することができる。

問題3　橋や道路は公共用物であるが，河川や湖などの自然は公共用物には該当しない。

問題1 ✗　諮問機関の意見は行政庁を拘束しない。　問題2 ✗　権限の委任は，法律上の根拠が必要である。
問題3 ✗　河川や湖等の自然も公共用物に該当する。

本試験レベルの問題にチャレンジ！ ▶▶▶

Chapter 3 行政作用法

イントロダクション 学習のポイント

　行政法の一般的な法理論の中心課題です。ボリュームのあるところですが，まずは行政行為を中心に勉強していきましょう。行政行為は，本テキストに掲載されている内容で見落としても構わない箇所はありません。その中でも特に重要になってくるのは，行政行為の種類，行政行為の効力としての公定力，無効と取消しの比較，職権取消しと撤回の比較です。行政行為の種類では，まず体系図を頭に入れて，それぞれの具体例をもって定義をイメージしていきましょう。また，無効と取消しの比較や職権取消しと撤回の比較はそれぞれの比較の表で整理をしましょう。行政行為以外の行政作用の中では，行政上の強制措置が重要です。

ベーシック　じっくり理解しよう！

1　総　説

　数多くある行政活動が，我々の権利・利益を侵害しないようにするためには，行政活動に関するルールを設ける必要があります。そのルールの集まりが行政作用法です。
　行政活動の仕方（形式）は多様ですが，中でも典型といえるものが，以下で説明する行政行為と呼ばれるものです。

2 行政行為

重要度

1 意 義

行政行為とは，行政が，法に基づき**一方的に国民に働き掛ける**ことで，**国民の権利義務に変動を生じさせ**，それによって行政目的を実現する行為をいいます。*1

行政が行政目的を達成するためには，民法の世界のように，相手方である国民と対等の立場で交渉するのでは足りない場合が少なくありません。例えば，税金の徴収についていちいち国民と交渉していたのでは，滞納が頻発する危険があります。そこで，公共の利益実現のため，行政が一方的に行う行政行為という概念が必要となります。*2

2 行政行為の種類

1 法律行為的行政行為と準法律行為的行政行為

法律行為的行政行為とは，行政庁が**意思表示により望んだことと同様の法律効果**が発生する行為をいいます。

準法律行為的行政行為とは，単に行政庁が判断したことや認識したことを表示した場合に，**法律が一定の法的効果**を与える行為をいいます。意思ではなく，行為を捉えて直接法律の規定に基づき効果が発生する点が法律行為的行政行為とは異なります。

法律行為的行政行為には，条件や期限等の附款を設けることができますが，準法律行為的行政行為にはこれを設けることができないという差があるので，分類の意味があります。

*1
■ 参考データ
例えば，課税処分や，風俗営業の許可，公務員の罷免，土地収用の裁決等が行政行為に含まれます。

*2
■ ポイント
法律学における概念は，効果等の差異によって分類されます。そこで，分類を見たらそれがどんな差を生じるのかを意識して勉強すると理解が早まります。

2 法律行為的行政行為（命令的行為と形成的行為）

Festina lente

例えば，自動車の運転は本来国民の自由に属する行為。実際，自動車が発明された当初はみんな勝手に道を走っていたんだ。ただ，運転の基礎ができていない人に運転させることは危険なことがわかってきたから，国民の自由の上にひとまず禁止の網をかぶせておき，運転免許を得た人に対してのみこの網を外して自由を回復してあげることにしたんだよ。これが命令的行為ってこと。

これに対して，発電所を営む事業などは国民生活全般に直結するから，国民の権利・自由に含めることはできないよ。これはもともと国が独占している権限なんだ。東京電力などは本来国民の自由ではない事業を行う権利を国から与えてもらっている。これが形成的行為ってこと。

（1）命令的行為

命令的行為とは，行政庁が，国民に対して**義務を命じ**，また**逆に義務を除去する**行政行為の総称です。この命令的行為は，①下命，②禁止，③許可，④免除の4つに分けることができます。

a 下命

下命とは，国民に一定の行為をする義務を課す行為をいいます。*3

b 禁止

禁止とは，国民に一定の行為をしてはならない義務を課す行為をいいます。*4

c 許可

許可とは，禁止を解除する行為をいいます。例として，自動車の運転免許の付与，飲食店営業の許可があります。

d 免除

免除とは，下命を解除する行為をいいます。*5

〈命令的行為相互の関係〉

---

*3 ■参考データ
下命の例として，税務署長の課税処分があります。

*4 ■参考データ
禁止の例として，営業の停止命令，道路の通行禁止があります。

Festina lente
複数の許可の申請が競合する場合は，早い者勝ちになるんだよ（先願主義）。

*5 ■参考データ
免除の例として，納税義務の免除，児童の就学義務の免除等があります。

Chapter 3 行政作用法

(2) 形成的行為

　形成的行為とは，国民が本来有していない特別の権利や法的地位などを与えたり奪ったりする行為をいいます。命令的行為が人の自由を規律する行為であるのに対し，形成的行為は国民に対して新たに権利，能力を付与する等の行為です。この形成的行為は，①特許（剥権），②認可，③代理の3つに分けることができます。

a 特許（及び剥権）

　特許とは，国民に対して特定の権利，又は法律関係を設定する行為をいいます（設権行為ともいう）。特許は行政庁の自由裁量行為です。例えば，内容の両立しない特許申請が重なった場合には，行政庁が裁量で選ぶことができます（自由選択主義）。*1*2

*1 ■参考データ
特許の例として，河川の占用許可等があります。

*2 ■ポイント
許可の場合における先願主義と対比してください。特許は国が国民に権利を与えてあげるものだから，早い者順ではなく適切な人を選ぶのです。

> **Festina lente**
> 例えば，道路は，皆で使うものだから，特定の人が独占的に利用することは，許されないはずだよね。けれども，道路に電柱や電話ボックスを設置するために道路の占用の許可（道路法32条の条文上は，「許可」となっているけど，「特許」にあたるよ）が出されると，その人だけが，独占的に利用することができるようになるんだよ。

　一方，剥権とは，特許によって設定された権利又は法律関係を消滅させる行為をいいます。剥権の例として，河川の占用許可取消し等があります。

〈特許と剥権の関係〉

特許　特殊な状態になる　　剥権　普通の状態に戻る

b 認可

　認可とは，第三者の行為を補充してその法律上の効果を完成させる行為をいいます。*3

第三者の行為 ＋ 認可 → 有効な法律行為となる

認可がないので無効

*3 ■参考データ
認可の例として，農地の権利移転の許可等があります。

Festina lente

例えば、Aさんが所有する農地をBさんに売ろうとする場合、「売りましょう」「買いましょう」という合意だけでは足りず、原則として、農業委員会の許可（農地法3条の条文上は、「許可」となっているけれど、「認可」にあたるよ）があって初めて、売買契約の効力が発生するんだよ。

c 代 理

代理とは、行政主体が、**他の法的主体**がなすべき行為を**代わり**に行い、その結果として、他の法的主体が行ったのと同じ効果をもたらす行為をいいます。*4

*4
■ 参考データ
代理の例として、土地収用裁決等があります。

Festina lente

例えば、ある県が道路を作ろうとしたんだけれども、道路予定地の所有者であるAさんが、「土地は一切売りません」と主張している場合、県が収用委員会に収用裁決の申請をし、収用の裁決がなされると、県は、道路予定地を取得できることになるんだよ。

3 準法律行為的行政行為の分類

準法律行為的行政行為は、①確認、②公証、③通知、④受理の4つに分けることができます。準法律的行政行為は、行政の意思ではなく法律の規定によってその効果が生じます。

(1) 確 認

確認とは、特定の**事実や法律関係**の**存否**又は真否を**確定**する行為をいいます。判断の表示とも表現されます。*5

(2) 公 証

公証とは、特定の**事実や法律関係**の**存否**を**公に証明する**行為をいいます。認識の表示とも表現されます。*6

*5
■ 参考データ
確認の例として、選挙における当選人の決定、発明の特許等があります。当選の効果が生じるのは、行政の意思に基づくのではなく、公職選挙法の規定があるからです。

*6
■ 参考データ
公証の例として、行政書士の登録等があります。登録の効果が生じるのは、行政庁の意思に基づくのではなく、行政書士法の規定があるからです。

Chapter 3 行政作用法

(3) 通 知

通知とは，相手方に特定の事項を知らせる行為をいいます。*1

(4) 受 理

受理とは，相手方の行為を有効な行為として受領する行為をいいます。受理の例として，各種申請の受理等が考えられます。

以上，行政行為の種類をみてきましたが，これらの区別は相対的であり絶対的なものではないことに注意が必要です。

*1
■ 参考データ

通知の例として，納税の督促（払えという催促）等があります。納税義務が生じるのは，行政の意思に基づくのではなく，税法の規定があるからです。

			意　義	具体例
法律行為的行政行為	命令的行為	下命	作為を命ずる行為	課税処分，違法建築物の除却（取壊し）命令
		禁止	不作為を命ずる行為	営業の禁止，道路の通行禁止
		許可	一般的な禁止を解除する行為	運転免許の付与，医師の免許の付与，質屋営業の許可，風俗営業の許可
		免除	作為義務を解除する行為	納税義務の免除，児童の就学義務の免除
	形成的行為	特許	特定の権利又は法律関係を設定する行為	公務員の任命，河川の占用許可，外国人の帰化の許可，公有水面埋立免許
		剥権	特許によって設定された権利又は法律関係を消滅させる行為	公務員の罷免，河川の占用許可取消し
		認可	第三者の行為を補充してその法律上の効果を完成させる行為	銀行の合併の認可，土地改良区の設立認可，農地の権利移転の許可，公共料金値上げの認可，河川占用権の譲渡の承認
		代理	行政主体が他の法的主体の行為を代わってすること	土地収用裁決，公共団体の役員の選任
準法律行為的行政行為	確　認		特定の事実や法律関係の存否又は真否を確定する行為	選挙における当選人の決定，発明の特許，市町村の境界の決定，土地収用事業の認定
	公　証		特定の事実や法律関係の存否を公に証明する行為	行政書士の登録，戸籍への記載，不動産登記簿への登記，犬の鑑札の交付，選挙人名簿への登録

Part 4
行政法

| 準法律行為的行政行為 | 通　知 | 相手方に特定の事項を知らせる行為 | 納税の督促 |
| | 受　理 | 相手方の行為を有効な行為として受領する行為 | 各種申請の受理 |

3 行政行為の効力

1 効力の種類

行政行為は，私人間における法律行為とは異なる特殊な効力を有しています。そのような効力には，①公定力，②不可争力，③自力執行力，④不可変更力がありますが，代表的なものが①公定力です。

なお，これらの効力は，すべての行政行為に対して一律に認められるものではありません。

（1）公定力

公定力とは，仮に違法な行政行為がなされた場合でも，それが無効な行政行為でない限り，取り消されるまでは有効な行為として扱われる効力をいいます。

公定力を正面から認めた規定はありませんが，行政法関係の安定性の維持，国民の信頼保護の観点から認められる効力です。*2

（2）不可争力

不可争力とは，行政行為がなされてから一定期間が経過すると，もはや国民のほうからその効力を，不服申立てや取消訴訟によって争うことができなくなる効力をいいます。*3

行政行為は多くの人々に影響を与える行為であるため，早期にその効力を安定させる必要があります。その観点から認められる効力です。なお，行政庁自身は，職権で取り消すことができます。

---

*2
■ **ポイント**

民法でも，例えば詐欺（民法96条1項）によって行われた意思表示は，取消権者によって取り消されるまでは有効と扱われます（同法121条参照）。
公定力と民法の詐欺による意思表示の効果との違いは，行政行為の場合，後に説明する取消訴訟という特別な訴訟によらない限り，裁判所もこれを有効とみなさなければならない点にあります。

*3
■ **参考データ**

不服申立てとは，行政庁に対して行政行為の見直しを求める手段であり，取消訴訟は裁判所に訴えることによって行政行為の効力を消滅させる手段です。

Chapter 3
行政作用法 **559**

(3) 自力執行力

自力執行力とは，行政行為の内容を行政庁が自力で強制的に実現できる効力をいいます。例えば，いつまでも税金を支払わない者がいる場合には，行政庁は自分で取り立てることができます。この自力執行力は，行政目的を早期に実現するために認められる効力です。

自力執行力は非常に強力な効力であり，行政権濫用のおそれがあるため，法律の根拠がある場合にのみ認められます。例えば，税金の取立ては，国税徴収法，地方税法によって自力執行力が認められています。行政代執行法も，自力執行力を認めた法律の1つです。*1

(4) 不可変更力

不可変更力とは，行政庁自身も，もはやその行政行為を取消し・変更できなくなる効力をいいます。審査請求における裁決などの準司法的な（裁判に似ている）行政行為にのみ認められる効力です。この効力は，紛争解決という目的を達成するために認められます。*2

なお，裁判所は取り消すことができます（三権分立より）。

2 行政行為の効力発生時期

行政行為の効力の発生時期は，法令が特段の定めをしている場合を除き，行政行為が相手方に到達した時です。

4 行政行為の瑕疵

すでに述べた法律による行政の原理によると，行政活動は，現に存在する法律に違反してはいけませんでした。行政行為の内容が法律に定める要件に適合しない場合には，違法な行政行為となります。

また，違法ではなくとも行政行為の内容が公益に反する場合に

Festina lente

例えば，10万円の課税処分を受けたAさんが，その課税処分は違法だと考えても，課税処分が有効であることを前提として10万円を納めなければならないんだよ。
10万円を取り戻すためには，取消訴訟を提起して，課税処分を取り消さなくてはならないんだよ。
このように，行政行為に公定力があるため，仮に行政行為が違法であっても，国民は拘束されることになるんだよ。

*1
■ ポイント
行政行為自体も国民の権利義務に影響を与えるために法律の根拠が必要ですが，さらに，自力執行力が認められるためには特別の法律の根拠が必要になるのです。

*2
■ 語句解説
審査請求は，行政庁に対して行政行為についての不満を述べて，その是正を求める手続です。そして，その場合における行政庁の判断を裁決といいます。

は，不当な行政行為となる場合があります。

行政行為の瑕疵とは，このような行政行為の違法性・不当性の原因となる瑕疵をいいます。行政行為の瑕疵には，①行政行為を無効とする瑕疵と，②行政行為を取り消すことができるものにする瑕疵とがあります（それぞれの瑕疵について争い方が異なるので，このように区別する実益があります）。

1 行政行為を無効とする瑕疵

行政行為を無効とする瑕疵とは，違法性が強い瑕疵をいいます。この瑕疵により無効となった行政行為は，初めから全く効力を持ちません（特に公定力がないことが重要）。したがって，裁判によるまでもなく効力を否定できます。

それでは，どの程度の瑕疵があると，行政行為は無効となるのでしょうか。この点について，判例は基本的に「重大明白説」を採用しています。

すなわち，無効な行政行為とは，①行政行為に内在する瑕疵が重要な法規違反であること，②瑕疵の存在が明白であることの2つの要件を備えている場合をいいます。

そして，ここで「瑕疵の存在が明白」について，判例は外見上一見明白説に立ちます。この立場によると，瑕疵の存在が明白であるといえるためには，処分成立の当初から，外形上，客観的に明白であることを指すものと解します。*3

〈無効な行政行為の例〉

行為者に関する瑕疵	強度の強迫等によって，行政庁に全く意思のないままなされた行政行為（ただし，詐欺や錯誤に基づく行政行為は無効ではない）
形式に関する瑕疵	書面による必要があるのに，口頭で済ませた行政行為
手続に関する瑕疵	議会（議決機関）の議決が義務づけられているのに，議決を経ないでなされた行政行為
内容に関する瑕疵	内容が不明確な行政行為

2 行政行為を取り消すことができるものにする瑕疵
(1) 意 義

行政行為を取り消すことができるものにする瑕疵とは，無効となるに至らない程度の瑕疵をいいます。取り消されると，行

Festina lente

無効となった行政行為には公定力がないということは，さっきの例でいえば，10万円の課税処分を受けたAさんは，取消訴訟を提起して，課税処分を取り消さなくても，10万円を取り戻すことができるということだよ。

---

*3
要チェック！過去問題

処分に重大かつ明白な瑕疵があり，それが当然に無効とされる場合において，当該瑕疵が明白であるかどうかは，当該処分の外形上，客観的に誤認が一見看取し得るものであるかどうかにより決すべきである。
→ ⭕(R2-9-1)

為は最初に遡って無効となります。しかし，取り消されない限り無効とはなりません。この場合が先述した公定力のはたらくケースです。

（2）取消権者

取り消すことができるのは，正当な権限を持った行政庁，又は，裁判所です。したがって，瑕疵を争う者（瑕疵があることを理由に行政行為の取消しを望む者）は，行政庁に対する不服申立て又は裁判所での取消訴訟のどちらかを選ぶことになります。また，行政庁が自ら進んで取り消すこともできます（職権による取消し）。自分のミスを直すだけなので，職権による取消しをするための法律上の根拠は不要です。

（3）取消権の制限

行政行為によって利益を受けた者がいる場合（授益的行政行為がなされた場合）には，職権による取消しをすべきでない場合があります。かかる者の利益を保護するためです。もっとも，この場合でも公益上の必要性が高い場合であれば取り消すことができると考えるべきです。

〈無効な行為と取り消すことができる行為の比較〉

	無効な行政行為	取り消すことができる行政行為
瑕疵の程度	重大かつ明白	無効に至らない程度
行政行為の効力	な　し （裁判によるまでもなく効力を否定できる）	取り消されるまでは有効 （公定力より）
瑕疵を認定できる者	誰でも無効主張できる	行政庁　裁判所
瑕疵を争う方法	不　要 （効力が生じていないから）	不服申立て 訴訟による取消し 職権による取消し

3　行政行為の撤回

（1）意　義

行政行為の撤回とは，有効に成立した行政行為の効力を，その後に発生した新しい事情を理由として，将来に向かって消滅させることをいいます。[*1]

*1
■ ポイント

撤回という用語は学問上使われるもので，法令の文言で，「取消し」となっているものを解釈によって

(2) 撤回権者

撤回をすることができるのは，原則として**行政行為を行った行政庁**に限られます。撤回権は，処分権と表裏一体だからです。

上級行政庁（監督行政庁）は，特別の定めがある場合にのみ撤回できます。

なお，撤回をするための法律上の根拠は不要です。

(3) 撤回権の制限

行政行為によって利益を受けた者がいる場合（授益的行政行為がなされた場合）には，撤回をすべきでない場合があります。かかる者の利益を保護するためです。もっとも，この場合でも公益上の必要性が高ければ撤回できると考えるべきです。実際にも，行政庁は，両利益を比較衡量して，撤回の当否を決定しています。

		撤　回	取消し（職権取消し，争訟取消し）
共　通　点		法律上の根拠不要，原則として取消し・撤回は自由 （もっとも，利益を受けた者がいる場合には制限され得る）	
相違点	撤回又は取消事由の発生時期	後発的	原始的（初めから）
	権利の行使者	行政行為を行った行政庁のみ	正当な権限を有する行政庁 （行った行政庁と監督する行政庁） 裁判所（争訟取消しのみ）
	遡及効の有無	な　し （将来に向かってのみ）	あ　り

4　違法性の承継

例えば，違法な先行処分Aとそれに基づく後行処分Bがなされたとします。その際，Bの効力を否定する理由として，先行処分であるAが違法であることを挙げることは，原則としてできません。形式上は，それぞれ別個の行政行為だからです。

しかし，**先行処分と後行処分が連続した一連の手続**で，**同一の目的**を有している場合には，後行処分が先行処分の違法性を承継し，後行処分も違法となるため，このような主張が許されることになります。これが違法性の承継です。*2

撤回とする場合が多いのです。例えば，運転免許の取消しは，行政法学では撤回にあたります。

Part 4
行政法

*2
■ **参考データ**

例えば，農地買収計画と買収処分は，土地取得という目的を実現するための一連の手続であるから，農地買収計画が違法であれば，その違法性は買収処分に承継され，買収処分も違法となります。

Chapter 3
行政作用法　563

5 瑕疵の治癒及び違法行為の転換

瑕疵ある行政行為は，本来は取り消され又は無効とされるべきです。しかし，法的安定性に配慮すべき場合もあります。そこで一定の場合には，瑕疵ある行政行為を，適法な行政行為として扱うことができると考えるべきです。判例でも認められているのが，①瑕疵の治癒と，②違法行為の転換です。

(1) 瑕疵の治癒

瑕疵の治癒とは，瑕疵ある**行政行為がなされた後**その瑕疵が修復され，**適法な行為になる**ことをいいます。

瑕疵が軽微で，治癒する利益がある場合等に認められます。

> **Festina lente**
>
> 行為の当時は違法だとしても，後から違法だった原因がなくなる場合があるのだよ。例えば，農地を買収する計画に対して，不服の申立てがなされたとする。このときに不服申立てに対する裁決が出る前に，買収処分がなされると，買収処分はホントは違法なはずだね。
> でも，その後に不服申立てに棄却裁決が出ると，結局は合法な買収計画だったことになるんだから，裁決の結果を待たずに買収が行われたっていうちっちゃな違法性は無視してもいい！

(2) 違法行為の転換

違法行為の転換とは，ある行政行為が違法ないし無効である場合に，その行政行為を**別の行政行為として**みたときに**適法**であるならば，その**別の行政行為として扱うこと**をいいます。*1

■ ポイント

*1 違法行為の転換とは，例えば，死者を名あて人として農地買収処分がなされ，買収令書をその相続人に手渡した場合には，その相続人を名あて人として処分がなされたものとみなして，適法と扱う場合等です。

5 行政行為の附款

1 意義

行政行為の附款とは，行政行為の効果を制限したり，特別な義務を課すために，行政行為の主たる内容に付加される，付随的な定めをいいます。

附款は，行政行為の目的を達成するために付けられます。*2

*2
■ポイント

行政行為の附款とは，例えば，許可の内容が自動車の運転免許を付与するが，眼鏡をかけることとなっている場合は，自動車の運転免許を付与するという部分が主たる内容であり，眼鏡をかけることという部分が付随的な定め，すなわち附款です。

2 附款を付けることができる場合

附款は，法令が明文で定めている場合（法定附款という）はもちろん，行政庁の裁量が認められる行為の場合には，明文の規定がなくても行政庁の裁量の範囲内で付けることができます。これに対し，行政庁の裁量が認められない行為には付けることができません。

なお，附款はそれ自体が意思表示ですから，意思表示に基づく行政行為である法律行為的行政行為にのみ付けることができます。準法律行為的行政行為には付けることができません。また，行政目的達成に必要な最小限度でのみ付けることができます。*3

3 種類

附款には，①条件，②期限，③負担，④取消（撤回）権の留保，⑤法律効果の一部除外の5種類があります。

(1) 条件

*3
■ポイント

法律行為的行政行為は，附款を付けることができる。
準法律行為的行政行為は，附款を付けることができない。

条件とは，行政行為の効力の発生，消滅を，**発生不確実な将来の事実**にかからせる意思表示をいいます。条件のうち，事実の発生によって行政行為の**効果が生ずるものを停止条件**，行政行為の**効果が消滅するものを解除条件**といいます。*1

（2）期　限

期限とは，行政行為の効力の発生，消滅を，**将来発生することの確実な事実**にかからせる意思表示をいいます。*2

当該事実が発生するまでは，行政行為の効力が不確定な状態に置かれます。事実の発生によって**効力が発生する場合を始期**といい，**効力が消滅する場合を終期**といいます。

（3）負　担

負担とは，許認可等の行政行為に付加される意思表示で，相手方に**特別の義務を課すもの**をいいます。

相手方が負担に従わなくても，本体たる行政行為の効力は消滅しません。*3

（4）取消（撤回）権の留保

取消（撤回）権の留保とは，許認可などの行政行為をするにあたって，許認可を**取り消す（撤回する）権利を留保する**旨の意思表示を付加することをいいます。*4

（5）法律効果の一部除外

法律効果の一部除外とは，行政行為をする際に，法令がその行政行為に認めている**効果の一部を発生させないこと**とする意思表示のことをいいます。*5

---

*1
■ 参考データ
条件の例として，会社成立を条件とするバス事業の免許等があります。

*2
■ 参考データ
期限の例として，自動車運転免許の「○年の誕生日まで有効」という記述等があります。

*3
■ 参考データ
運転免許付与の際の眼鏡使用は負担の例です。

*4
■ ポイント
庁舎の中で売店を設置する許可をする際に，取消権を留保するのが通例となっています。

*5
■ 参考データ
法律効果の一部除外の例として，公務員に出張を命じて旅費を支給しない場合等が挙げられます。

	意　義	具体例
条　件	行政行為の効果を発生不確実な将来の事実にかからせる意思表示	「工事開始より通行止め」 （工事は必ず始まるとは限らないので，これは条件）
期　限	行政行為の効果を将来発生することの確実な事実にかからせる意思表示	「○月○日より通行止め」 （特定の日付は必ずやってくるので，これは期限）
負　担	許認可等の行政行為に付加される意思表示で相手方に特別の義務を命ずるもの	「自動車の運転免許を付与するが，眼鏡をかけること」 「道路の占用許可の対価として，占用料の納付を命ずることができる」

Part 4
行政法

取消・撤回権の留保	許認可等の行政行為をするにあたって、これを取消し・撤回する権利を留保する旨の意思表示を付加すること	「公物の占有を許可するが、○○の場合は許可を取り消す」
法律効果の一部除外	行政行為をする際に、法令がその行政行為に認めている効果の一部を発生させないこととする意思表示	「公務員に出張を命じて旅費を支給しない」

4 附款の瑕疵

　附款の瑕疵には、①附款が違法であるため取り消し得る場合と、②附款に強度の違法性があるため無効である場合とがあります。なお、附款が違法であるため取り消し得る場合であっても、取り消されるまでは一応有効なものとして扱われます。附款は、行政行為の一部であり、公定力を有するからです。

　なお、取り消す場合には、附款を含めた行政行為全体を取り消すこともできるし、附款だけを取り消すこともできるのが原則です。もっとも本体である行政行為と不可分一体にある附款の場合には、その附款がなかったら行政行為がなされなかったといえるので、附款を含めた行政行為全体が違法となります。したがって、この場合には全体を取り消さなければならず、附款のみを取り消すことは許されません。*6

不可分一体のときは本体が違法な附款に毒されてゆく……

*6
■ポイント

附款が違法であり、その附款と本体の行政行為とが不可分一体の関係にある場合には、附款のみの取消しを求める訴訟を提起することはできません。

3 行政裁量

重要度 A

1 行政裁量

　行政裁量とは、行政庁に認められる判断の余地をいいます。**効果裁量**のほか、**要件裁量**も認められます。また、**時の裁量**を認めた判例もあります。

> **判例** 専門技術的判断と裁判所の審査（伊方原発訴訟）
> 　　（最判平4.10.29）
> 　　原子炉施設の安全性に関する判断は，専門分野の学識経験者
> 等を擁する原子力委員会の科学的，専門技術的知見に基づく意
> 見を尊重して行う内閣総理大臣の合理的な判断に委ねる趣旨と
> 解する。

> **判例** 小田急立体交差事業認可取消訴訟上告審
> 　　（最判平18.11.2）
> 　　都市施設の規模，配置等に関する事項を定めるにあたっての
> 判断は，これを決定する行政庁の広範な裁量に委ねられてい
> る。

> **判例** 懲戒権者による国家公務員に対する懲戒処分（神戸税関事件）
> 　　（最判昭52.12.20）
> 　　公務員につき，国家公務員法に定められた懲戒事由がある場
> 合に，懲戒処分を行うかどうか，懲戒処分を行うときにいかな
> る処分を選ぶかは，懲戒権者の裁量に任されているものと解す
> べきである。

2 裁量権の逸脱・濫用

　裁量権の逸脱とは，法の許容する裁量の範囲を超えることをい
い，裁量権の濫用とは，法の許容する裁量の範囲内であっても法
の趣旨に反して裁量権を行使することをいいます。

　行政庁の裁量処分については，裁量権の範囲を超え又はその濫
用があった場合に限り，裁判所は，その処分を取り消すことがで
きます（行政事件訴訟法30条）。

> **判例** 専門技術的判断と裁判所の審査（伊方原発訴訟）
> 　　（最判平4.10.29）
> 　　原子炉施設の安全性に関する判断の適否が争われる原子炉設
> 置許可処分の取消訴訟における裁判所の審理，判断は，原子力
> 委員会若しくは原子炉安全専門審査会の専門技術的な調査審議
> 及び判断を基にしてされた内閣総理大臣の判断に不合理な点が
> あるか否かという観点から行われるべきであって，現在の科学
> 水準に照らし，当該調査審議において用いられた具体的審査基
> 準に不合理な点があり，あるいは当該原子炉施設がこの具体的
> 審査基準に適合するとした原子力委員会若しくは原子炉安全専
> 門審査会の調査審議及び判断の過程に看過し難い過誤，欠落が

568 Part 4
　　行政法

あり，内閣総理大臣の判断がこれに依拠してされたと認められる場合には，内閣総理大臣の当該判断に不合理な点があるものとして，当該判断に基づく原子炉設置許可処分は違法と解すべきである。

判例 小田急立体交差事業認可取消訴訟上告審
（最判平 18.11.2）
　裁判所が都市施設に関する都市計画の決定又は変更の内容の適否を審査するにあたっては，当該決定又は変更が裁量権の行使としてされたことを前提として，その基礎とされた重要な事実に誤認があること等により重要な事実の基礎を欠くこととなる場合，又は，事実に対する評価が明らかに合理性を欠くこと，判断の過程において考慮すべき事情を考慮しないこと等によりその内容が社会通念に照らし著しく妥当性を欠くものと認められる場合に限り，裁量権の範囲を逸脱し又はこれを濫用したものとして違法となるとすべきものと解するのが相当である。

判例 懲戒権者による国家公務員に対する懲戒処分（神戸税関事件）
（最判昭 52.12.20）
　もとより，裁量は，恣意にわたることを得ないものであることは当然であるが，懲戒権者が当該裁量権の行使としてした懲戒処分は，それが社会観念上著しく妥当を欠いて裁量権を付与した目的を逸脱し，これを濫用したと認められる場合でない限り，その裁量権の範囲内にあるものとして，違法とならないものというべきである。
　裁判所が懲戒処分の適否を審査するにあたっては，懲戒権者と同一の立場に立って懲戒処分をすべきであったかどうか又はいかなる処分を選択すべきであったかについて判断し，その結果と懲戒処分とを比較してその軽重を論ずべきものではなく，懲戒権者の裁量権の行使に基づく処分が社会観念上著しく妥当を欠き，裁量権を濫用したと認められる場合に限り違法であると判断すべきものである。

Festina lente

　行政裁量に関する判例は，①行政裁量が認められるかどうか，②認められる場合，裁量権の逸脱・濫用にあたるかどうか，という流れになっているよ。もちろん，①の段階で行政裁量が認められないならば，裁量権の逸脱・濫用の話にはなりません。

Part
4

行政法

Chapter 3
行政作用法

4 行政上の強制措置

重要度 A

　行政主体は，行政上の目的達成のため，下命に代表されるように，国民に義務を課すことがあります。

　そして，その行政上の義務が履行されなかった場合，行政上の目的を達成することはできません。

　そこで，実効性を確保する手段として，①行政自身が，行政上の義務が履行された状態を**自力で強制的**に作り出す強制執行の制度，②行政上の義務を履行しなかったことに対する制裁としての行政罰の制度が用意されています。

　これらの制度は，1つの義務不履行に対して，どちらも行うことができます。例えば，行政罰のみでは目的を達成できないときは，行政上の強制執行をすることもできます。

　上記の手段とは異なり，行政上の義務不履行を前提としない手段として，③行政上の即時強制があります。*1

	行政上の強制執行	行政罰
共通点	法律上の根拠が必要 行政上の義務不履行を前提とする	
相違点	将来に向かって行政上必要な状態を実現する作用	過去の行政上の義務違反に対する制裁

1 行政上の強制執行

　行政上の強制執行とは，行政上の**義務が国民によって履行されないとき**に，行政自身が，履行された状態を**自力で強制的**に作り出す作用をいいます。行政行為で学んだ自力執行力のあらわれです。行政上の強制執行には，①代執行，②執行罰（間接強制），③直接強制，④行政上の強制徴収の4つがあります。*2

*1 **要チェック！過去問題**
義務不履行者に対しては，行政強制，罰則の間接強制などによる実効性の確保が図られるが，統一的な仕組みが設けられているわけではない。
→ ○（H14-9-4）

*2 **参考データ**
行政権の行使について強力な手段が認められている以上，行政上の強制執行ができる場合には，民事上の強制執行をすることはできないとするのが判例です（最判昭41.2.23）。

Festina lente

日本では，原則として，自力救済が禁止されているから，借りたお金を返さない人に対して，貸主は，自力で強制的に取り返すことは許されず，裁判所に訴えて強制執行を行うんだよ。

これに対して，税金を払わない国民に対して，税務署は，行政上の強制執行によって，自力で強制的に徴収することが許されているんだよ。

それは，義務が履行されない状態を放置していたのでは，行政目的を円滑に実現できないからなんだ。

また，恣意的な運用を防ぐため，行政上の強制執行をするには法律上の根拠が必要だよ。

1 代執行

(1) 意　義

代執行とは，行政上の**代替的作為義務**（他人が代わってすることができ，かつ，一定の行為が必要な義務）を義務者が履行しない場合に，**行政庁が自ら**義務者のなすべき**行為を行い**，又は**第三者**にそれを行わせ，その**費用を義務者から徴収**する作用をいいます。

代執行に関する一般法として**行政代執行法**があります。前記の定義，義務の内容は行政代執行法2条が規定するものです。なお，代執行の対象とされる義務は，法律（法律の委任に基づく命令，規則及び条例を含む）により直接命じられ，又は法律に基づき行政庁により命じられたものでなければなりません。*3*4

(2) 要　件

行政代執行法に基づく代執行は，以下の4要件を満たす場合にすることができます（行政代執行法2条）。*5

① **法律，又は行政行為（命令）**による**作為**義務があること
② その義務が**代替的**作為義務であること
③ **他の手段によっては**その義務の履行が**困難**であること
④ その不履行を放置することが**著しく公益に反する**こと

(3) 手　続（行政代執行法に基づく手続）

代執行は，相当の履行期限を定め，その期限までに履行がなされないときは代執行をなすべき旨を，あらかじめ**文書**で戒告しなければなりません（行政代執行法3条1項）。また，義務の履行がなされないときは，当該行政庁は，代執行令書をもって

---

*3
■ 参考データ

代執行の例として，違法な建築物があってその除去義務が課せられている場合，義務の不履行に対しては行政庁が自ら除去を行うことができ，それに要した費用を義務者から徴収できます。

*4
■ ポイント

代執行とは，行政庁自らが行うのであって，民事上の強制執行が裁判所によってなされるのと異なります。

*5
■ 参考データ

①不作為義務を代執行することはできません。
②義務は法律や命令によって具体的に課されたものである必要があります。したがって，庁舎で売店を設置する許可が取り消されたからといって，それだけで代執行が可能となるわけではありません。

Part 4

行政法

Chapter 3
行政作用法 | **571**

代執行をなすべき時期、代執行費用の見積額等を義務者に通知します（同条2項）。

ただし、非常の場合又は危険切迫の場合において、当該行為の急速な実施について緊急の必要があり、<u>手続をとる暇がないとき</u>は、手続の一部が省略されます（同条3項）。

なお、代執行の実施の際には、執行責任者は、自分が執行責任者であることを示す証票（身分証明書等）を携帯しなければならず、その呈示を求められたときは、呈示しなければなりません（同法4条）。

〈手順〉

2 執行罰（間接強制）

執行罰とは、主に、<u>非代替的作為義務</u>（他人が代わって行うことができない義務）や<u>不作為義務</u>（○○してはいけないという義務）が履行されない場合に、行政庁が<u>一定の期限を示し</u>、その<u>期限内に義務の履行がなされないときには</u><u>過料（金銭を支払う罰）を課す</u>旨を予告することで、義務者に心理的圧迫を加え、間接的

Festina lente
執行「罰」といっても、刑罰ではないよ。

に義務の履行を強制する作用をいいます。*1*2

3　直接強制

　直接強制とは，義務者が義務を履行しない場合において，行政庁が義務者の身体又は財産に強制力を加えて義務の内容を実現する作用をいいます。

　直接強制は，私人の身体や財産に直接実力を行使する作用であるため，人権侵害の程度が極めて大きい作用です。したがって，現在直接強制を定めた一般法は存在せず，個別法でわずかに認められているにすぎません（例えば，成田空港の安全確保に関する緊急措置法3条1項，8項）。

4　行政上の強制徴収

　行政上の強制徴収とは，国民が税金などを納めない場合に強制的に徴収する作用をいいます。直接強制の一種で，金銭債権について特に簡易・迅速な方法を認めたものです。*3

　国税の強制徴収に関する法律として国税徴収法があります。国税以外の金銭債権を強制徴収するためには，国税徴収法を準用する，といった規定が数多く置かれています。地方税法48条も国税徴収法を準用する旨の規定をしています。

2　行政罰

　行政罰とは，行政上の義務違反行為に対して科される罰則をいいます。

　行政罰は，過去の行政上の義務違反に対する制裁である点において，強制的な義務の実現である強制執行とは本質的に異なります（もっとも，行政罰には制裁を加えることで義務の履行を間接的に強制する機能もあります）。

　行政罰は，①行政刑罰と，②秩序罰の2つに分けられます。行政罰は法律あるいは条例の根拠がなければ科すことはできません。また，行政罰のうち秩序罰は，地方公共団体の長が定める規則によって定めることもできます。

　そして，二重処罰禁止の法理（憲法39条後段）も適用されます。したがって反復して同じ行政罰を科すことはできません。*4

1　行政刑罰 *5

　行政刑罰とは，行政上の重大な義務違反を犯罪として処罰する

---

*1
■ **参考データ**

現在，執行罰についての一般法は存在せず，砂防法36条に規定があるのみです。

*2
■ **参考データ**

執行罰はこれから履行をさせるための心理的圧迫を加えることが目的です。
これとは別に，これまで義務を怠っていたことに対する行政刑罰を科すことも可能です。

*3
■ **ポイント**

民法上，借りたお金を返さない人に対しては，自力で強制的に取り返すことは許されず，裁判所に訴えて強制執行を行います。これに対して，税金を払わない国民に対して，税務署は自力で強制的に徴収することが許されるのです。

*4
■ **参考データ**

税金の過少申告を行った場合に，秩序罰たる重加算税と行政刑罰（脱税の罪）を両方科すことは憲法39条の二重処罰には該当せず，許されるというのが判例です（最判昭45.9.11）。

*5
■ **参考データ**

行政刑罰の例として，営業停止処分に違反した者を，3年以下の懲役又は300万円以下の罰金に処すと規定している，食品衛生法71条の規定が挙げられます。

Part
4
行
政
法

Chapter 3
行政作用法　**573**

際に科される刑罰のことをいいます。その種類として，①懲役，②禁錮，③罰金，④拘留，⑤科料があります。

行政刑罰の対象となる行為は犯罪行為ですから，刑法総則の規定（例えば，共犯の処罰方法の規定）が適用されます。また，刑事訴訟法の手続に基づいて裁判所が刑罰を科すことになります。

行政刑罰は，実際の違反者のみならず，その使用者にも科される場合があります（両罰規定という）。法人も使用者として処罰される場合があります。

2 秩序罰

秩序罰とは，犯罪に至らない，行政上の軽微な義務違反に対して科される罰則のことをいいます。秩序罰にあたる罰則は過料のみです。

秩序罰は，国の法令に基づく場合には非訟事件手続法に従って裁判所により科され，条例や規則に基づく場合は地方公共団体の長が科します。*1

		行政刑罰	秩序罰
共 通 点		行政上の義務不履行に対して科される制裁 反復して科すことはできない（執行罰と異なる）	
相違点	対 象	重い義務違反 （例：不衛生食品の販売）	軽い義務違反 （例：届出義務の不履行）
	規定できる法規範	法律，条例	法律，条例，地方公共団体の長が定める規則
	刑法総則の適用	あ り（犯罪だから）	な し
	手 続	刑事訴訟手続によって科される	国の法令に基づく場合には非訟事件手続法に従って裁判所によって科され，条例や規則に基づく場合は地方公共団体の長によって科される
	処罰内容	懲役，禁錮，罰金，拘留，科料	過 料

*1
■ 参考データ

例えば，戸籍法では，出生の届出は14日以内にしなければならず（戸籍法49条1項），正当な理由がなく怠った者は，5万円以下の過料に処せられる（同法137条）とされています。これが秩序罰の例です。

3 行政上の即時強制

行政上の即時強制とは，あらかじめ義務を命ずる余裕のない急

迫の障害が存在するような場合に，**義務を命ずることなく直ちに国民の身体や財産に規制を加え，行政上必要な状態を作り出す**作用をいいます。*2

行政上の即時強制は，国民の身体や財産に対する重大な侵害行為です。したがって，憲法上の令状主義が適用され得るし，行政目的達成のための必要最小限度においてのみ認められます。また，法律上の根拠がなければすることができません。消火活動の場合には，消防法29条と30条がその根拠となっています。*3

	行政上の強制執行	行政上の即時強制
共通点	法律上の根拠が必要 将来に向かって行政上必要な状態を実現する作用	
相違点	行政上の義務不履行を前提とする	行政上の義務不履行を前提としない

*2 **要チェック！過去問題**
義務の不履行があった場合，直接に義務者の身体や財産に実力を加えることを即時強制という。
→ (H21-10-2)

*3 **参考データ**
例えば，火災の場合には，消防機関は，公共の安全を守るために，国民の財産に対して有無を言わさずに放水し，消火に努めるとされています。これが，行政上の即時強制の代表的な例です。

5 その他の行政作用

重要度 C

1 行政立法

1 意 義

行政立法とは，**行政機関**が**法規範（ルール）を作ること**をいいます。行政立法には，①**法規命令**と，②**行政規則**の2種類があります。

ルールを作る機関といえば国会が思い浮かびますが，現代の行政活動は広範かつ専門的になってきているため，行政活動全般にわたって国会がすべてのルールを作らなければならないとすると柔軟性に欠け，かえって国民の利益となりません。

そこで，行政機関が，自ら法規範を作る必要が生じるのです。

ただし，憲法41条は，**国会に立法権を独占**させているので，国民の権利義務にかかわる法規範を作るには，必ず国会の関与を要します。すなわち，法律の委任がなく，行政機関が独自に国民の権利義務にかかわる法規範を定立することはできないのです。

そのため，行政立法の規定内容が法律による委任の範囲を越えた場合，その部分は無効となります。

2 法規命令

法規命令とは，行政機関が定立する法規範のうち，**国民の権利義務に直接かかわる**ものをいいます。

法規命令はさらに，①**委任命令**と，②**執行命令**の2つに区別されます。

(1) 委任命令

委任命令とは，国会の委任に基づいて国民の権利義務を規制する命令をいいます。手続ではなく**実体的**なルールを定める命令です。委任命令を作るには，**法律によって個別的かつ具体的な委任がなされていなければなりません**。

つまり，いわゆる白紙委任・包括委任（何ら条件を付けずに一切を任せること）は許されません。

なお，個別的かつ具体的な委任があれば，委任命令において罰則を設けることもできます。

(2) 執行命令

執行命令とは，法律を執行するために**必要な手続について**定める命令をいいます。新たに国民の権利義務を規制する法規範を作るわけではないので，執行命令を定めるには，**法律による個別的・具体的な委任は不要**です。なお，地方公共団体における法律の執行は，議会が制定する条例や，その長が定める規則によっても行うことができます。

3 行政規則

行政規則とは，行政機関が作る法規範のうち，国民の権利義務にかかわるものではなく，単に**行政機関内部でのルール**にすぎないものをいいます。行政機関内部でのルールにすぎないため，行政規則を定めるには，法律の根拠は不要です。

Festina lente

行政規則は，学問上の概念で，訓令や通達等様々な名称が付されているんだよ。

「通達行政」という言葉からもわかるように，現実の行政において，通達の果たす役割は重要なものになっているんだよ。

2 行政計画

行政計画とは，行政機関が公共事業その他行政活動を行うに先立って，その方向性を定めることをいいます。

行政計画は，実行前の，単なる行政の内部的な取り決めにすぎません。したがって，行政計画は，原則として取消訴訟の対象となりません。もっとも，行政計画には，その内容次第で我々の生活に大きく影響する場合があります。*1

Festina lente

行政計画の具体例として，国における防災基本計画，都道府県及び市町村における地域防災計画が挙げられるよ。

3 行政契約

行政契約とは，行政主体が一方当事者となって，国民と対等な立場で締結する契約をいいます。

行政契約は，当事者の意思表示の合致によって締結されます。国民にとって嫌であれば契約を結ぶ必要はないので，行政契約を締結するための法律上の根拠は不要です。*2

4 行政指導

行政指導とは，行政機関が行政目的を達成するために助言や指導，勧告といった手段で国民に働き掛けてその任意の協力を求め，国民を誘導して行政機関の欲する行為をなさしめようとする作用をいいます。

行政指導は相手の任意の協力を得て行政目的を達成する手段ですから，行政指導をするための法律の根拠は不要です。

なお，現実には，行政側が有する許認可権限や補助金交付権限

---

*1

■ 参考データ

行政計画そのもの（都市再開発法に基づく市街地の再開発計画に関する事例）に対する取消訴訟を認めた判例もあります（最判平4.11.26）。これは市街地の再開発計画の決定が，宅地の所有者の法的地位に直接的な影響を及ぼすことを根拠にしています。

*2

■ 参考データ

例えば，役所で用いられている多くの物品は，売買契約によって購入されています。また，空港やダムの建設のために必要な土地の多くも，土地収用という強制的な手段ではなく，売買契約によって取得されているのが現実です。

Chapter 3
行政作用法 577

等を背景に，相手が従わざるを得ない行政指導がなされる場合も多くあります。それが行政指導に対する法的規制が必要とされる理由であり，行政手続法第4章（32条以下）でその適正化を図っています。

行政指導は学問上，①規制的行政指導（例えば違法建築物に対する改修勧告），②調整的行政指導（例えば建築主と近隣住民との間のマンション建築に関連するトラブルの調整），③助成的行政指導（税務相談）に分類されます。

5 行政調査

1 意 義

行政調査とは，行政機関が行政目的を達成するために必要な情報を収集する作用をいいます。例えば，具体的な税務処分をする目的で行う税務調査などがこれにあたります。

行政調査の行為類型には，国民との関係において，①刑罰によって実効性が担保されるもの，②物理的な実力行使が可能なもの，③単純な事実行為（任意調査）などがあります。

2 法律の根拠の要否

①　罰則等を設けるときは法律の根拠が必要

②　実力行使が認められるためには法律の根拠が必要

③　任意調査については，法律の根拠が不要

もっとも，任意調査は無制限に許されるわけではなく，必要性，緊急性などを考慮し，具体的状況のもとで相当と認められる限度において許容されます（所持品検査：最判昭53.9.7）。

3 行政調査と犯罪調査

行政調査によって得た資料を犯罪捜査のために用いることはできません。

これに対して，犯罪調査によって得た資料を行政行為等のために用いることはできます（判例）。

4 行政調査の手続

行政調査に令状主義（憲法35条）等の適用が及ぶかについて，刑事責任追及を目的とするものでないとの理由のみで，その手続における一切の強制が当然に憲法35条による保障の枠外にあるとはいえませんが，調査の目的や性質などにより，令状を要件と

しなくても憲法35条に反しない場合があります（川崎民商事件：最大判昭47.11.22）。

ファイナルチェック　基礎知識の確認

問題1　特許とは，特定の権利又は法律関係を設定する行為をいい，権利などの設定は，行政庁の裁量とされている。したがって，内容の両立しない特許申請が重なった場合には，行政庁が裁量で誰に権利などを設定するかを選ぶことができる。

問題2　公定力とは，仮に違法な行政行為がなされた場合でも，取り消されるまでは有効な行為として扱われる効力をいい，その瑕疵の程度にかかわらず，すべての行政行為に認められる効力である。

問題3　道路交通法に基づく自動車運転免許を受けた者が酒気帯び運転等の道路交通法に違反する行為をしたことを理由として，この者の運転免許を取り消す処分は，行政法学上，「撤回」にあたる。

問題4　運転免許証の「免許の条件等」の欄に「眼鏡等」との記載がある場合，この記載は，行政法学上の附款のうち，「条件」と呼ばれるものである。

問題5　営業停止処分を受けたにもかかわらずなお営業を続けている者に対しては，当該営業を停止させるための手段として，行政代執行法による代執行を用いることができる。

問題1 ○　**問題2 ✕**　行政行為の瑕疵の程度が重大かつ明白である場合は，その行政行為は無効となり，初めから全く効力を持たない。　**問題3 ○**　**問題4 ✕**　附款のうち，「負担」と呼ばれるものである。　**問題5 ✕**　営業を停止する義務は，代替的作為義務ではない。

本試験レベルの問題にチャレンジ！ ▶▶▶

Chapter 4 行政手続法

重要度 A

イントロダクション　学習のポイント

　行政手続法は条文がとても大切です。本書を読み進めていく際も、条文を逐一確認しながら勉強していきましょう。
　行政手続法は、一定の行政作用を行うために必要となる事前の手続を一般的に定めています。一定の行政作用とは具体的には、申請に対する処分、不利益処分、行政指導、届出、命令等です。
　どの手続もしっかりと勉強しなければなりませんが、特に不利益処分（その中でも、不利益処分をするために必要となる意見陳述手続としての聴聞）と命令等が大切です。
　また、行政手続法は、その法律の中で行政手続法を適用しない行政作用についても規定しています。これを適用除外といいますが、この適用除外もよく出題されます。ただし、最初のうちは行政手続法の手続をしっかりと勉強すべきであるため、適用除外については、一通り勉強が終わってから、記憶項目として覚えていくようにするとよいでしょう。

ベーシック じっくり理解しよう！

1 全体構造

重要度 **A**

1 目 的 (1条1項)

法の目的	①行政運営の**公正**の確保・**透明性**の向上
	②国民の**権利利益**の保護 *1

　行政運営が不正になされ，その結果国民の権利・利益が害される場合，不服申立てや訴訟提起という手段によって対抗することができます。しかし，事が起きてしまった後で間違いを正すという手段（事後的是正手段）のみでは国民は満足できません。
　そこで，**行政手続がなされる過程にも法律のコントロール**を及ぼすことが重要になってきます。これまでも実際の事件を解決するために判例が行政手続法理を明らかにする場合もありましたが，一般的な法律を定めてコントロールの具体的な内容を明確化・統一化することが期待されていました。このような要請に応えるために 1993 年に制定されたのが行政手続法です（施行は 1994 年）。

> *1 要チェック！過去問題
> 行政手続法は，行政運営における公正の確保と透明性の向上を図り，もって国民の権利利益の保護に資することを目的とする。
> →○（H21-12-2，H29-11）

Festina lente
　例えば，今なら近隣地域にライバルの自動車分解整備事業者がなくビジネスチャンスがあるという場合。行政庁の許可がすぐには下りず，裁判の決着が数年後になってしまうと，その間に他店ができちゃって，固定客を取られてしまうね。この場合，事後的に助けてもらっても，あんまり意味がない。それだけに，ハナから間違った処分を防ぐに越したことはないよ。

2 行政手続法の対象となる行政作用 (1条2項)

　行政手続法は，当初，行政立法を対象としていませんでしたが，行政立法についての手続的規律の重要性が指摘されるところとなりました。
　そこで，行政手続法改正法案が，2005 年 3 月に国会に提出され，2005 年 6 月に可決，成立し，公布されました（なお，改正

Chapter 4 行政手続法　**581**

法は2006年4月1日より施行されています）。

2005年に改正された行政手続法の適用対象となる行政作用は，①**処分**（申請に対する処分，不利益処分），②**行政指導**，③**届出**，④**命令等**です（1条2項）。*1*2

行政行為の発動の前段階にある重要な行政作用である行政計画や，行政指導と並んで非権力的な行為形式の1つである行政契約，行政作用の実現手段である行政強制等については，行政手続法は適用されず，今後の検討課題となっています。

なお，処分，行政指導，届出，命令等に該当する行為であっても，一定の類型については，行政手続法が適用されないものがあることに注意が必要です（3条，4条）。

*1
■ 語句解説

処分とは，行政庁の公権力の行使にあたる行為をいい，ほぼ行政行為に相当します。

*2
■ ポイント

行政手続法は，適用対象として，行政立法という学問上の用語を用いることなく，「命令等」とし，定義規定である2条8号の中で，これを具体化しています。

2 申請に対する処分

重要度
A

申請とは，法令に基づき，行政庁の許可，認可，免許その他の自己に対し何らかの**利益を付与する処分を求める行為**であって，当該行為に対して**行政庁が諾否の応答をすべき**こととされているものをいいます（2条3号）。*3

申請に対する処分の手続は，

という過程をたどります。

*3
■ 参考データ

例えば，バスやタクシー等の一般旅客自動車運送事業を営もうとする場合，行政庁から許可を受けなければなりません。許可を受けるためには許可申請を行う必要があります。

Festina lente

ここで，申請に対する処分によって，国民が迷惑を被るパターンを推理してみよう。こんなことが思いあたるんじゃないかな？
①申請したのに受理されない。
②受理はされたが，いつまでたっても審査がなされない。
③審査基準がなく，行政庁の独断で不公平な判断がなされる。
④審査基準は行政庁内部には存在するが，公開されていないため基準自体が適正か否か，あるいは審査にあたって審査基準が実際に遵守されたか否かわからない。
⑤審査の理由が明らかでなく，不服を申し立てるにも何を主張していいかわからない。

行政手続法は，まさにこのような事態を防止するための規定を置きました。以下では条文の順序には従わず，前記 Festina lente の①〜⑤までのイメージを軸に説明します。

1 申請に対する審査と応答 (7条)

申請がなされたにもかかわらず，行政庁がこれを「受理」しない運用がなされることがこれまで少なくありませんでした。

そこで，法は「受理」概念を否定し，申請が到達しただけで，行政庁の何らかの意思表示を経ることなく，行政庁に形式・内容の審査義務が発生することを明確にしたのです。

もし，申請に形式的な不備がある場合には，「ここを直して提出してください」とすることもできますし（補正），あるいは申請を不適法として許認可を拒否することもできます。しかし，受理しないという処理はできないのです。これにより，いつまでも宙ぶらりんでおかれるよりも国民の保護につながります。*4*5*6

2 標準処理期間 (6条)

申請が到達し審査がなされ得る状態になったとしても，審査の期限がはるか先というのでは，国民の利益の保護にはなりません。そこで，行政庁に申請してから処分を下すまでの標準的な期間（標準処理期間）を定める努力義務を課しました。

ここに標準処理期間とは，許認可等について応答をするまでに通常要すべき標準的な期間のことをいいます。これには行政庁が行う事前指導期間は算入されません。

また，標準処理期間を設定した場合は，それを公にしておかなければなりません（法的義務）。期間を遵守したか否かが明らかとなるようにするためです。*7

3 審査基準 (5条)

申請に対する諾否を行政庁の勝手な裁量の下に置くなら，独断的で不公平・不公正な判断がなされる危険が大きくなります。そこで，行政庁は審査基準を定めなければならないこととされました。

審査基準とは，申請により求められた許認可等をするかどうかをその法令の定めに従って判断するために必要とされる基準をいいます。

---

*4
■ ■ ポイント
行政不服審査法における審査請求（行政不服審査法23条）の場合，形式の不適法については，補正を命じなければなりません。ここに行政手続法7条との違いがあります。

Part 4 ■ 行政法

*5
■ 参考データ
申請に不備がなければ
↓
速やかに審査

申請の形式の不備等
↓
速やかに補正を求めるか，許認可の拒否

*6
☑ 要チェック！過去問題
許可申請書の記載に形式上の不備があった場合については，知事は，期限を定めて申請者に補正を求めなければならず，直ちに申請を拒否する処分をすることは許されない。
➡ ✘ (H24-11-5改)

*7
■ ■ ポイント
標準処理期間を定める努力義務
↓
いったん定めた期間を公表する法的義務

Chapter 4
行政手続法   583

審査基準を定めるにあたっては、当該許認可などの性質に照らしてできる限り具体的なものとする必要があります。抽象的な基準では解釈の余地が大きくなり、結局、行政庁の審査の独断性を排除することができなくなるからです。

そして、行政庁は、行政上特別の支障があるときを除き、法令により当該申請の提出先とされている機関の事務所における備付けその他の適当な方法により審査基準を公にしておかなければなりません。このように審査基準が設定、公にされていると、行政庁の判断過程の透明性が確保され、また予見可能性が高まるとともに、不公正な取扱いを防止することができるからです。[*1]

4 理由の提示 (8条)[*2]

行政庁が処分の理由を明らかにすることは、行政庁の判断を慎重にさせ、公正の確保につながります。また、不服申立てにおける争点や、再申請の際に補正すべき点を申請者に明示することにもなります。そこで、申請により求められた許認可等を拒否する処分をする際の、理由の提示を義務づけました。ただし、数量的な基準に明らかに適合しない場合は、申請者の求めがあったときを除いて理由を明示する必要はありません。

なお、申請により求められた許認可などを拒否する処分を書面でする場合には、処分の理由も書面で明確に示す必要があります。

5 情報の提供 (9条)

9条は審査の透明化を図るために設けられた規定です。1項で申請後の審査の状況に関する情報、2項で申請に必要な情報の提供についての規定を設けています。

6 公聴会の開催等 (10条)

審査に際して、処分について利害関係を有する者の利益を考慮して、許認可を決定すべきことが法律で定められていることがあります。そこで、そのような場合に公聴会等の方法で利害関係者の意見を聴き、情報を収集する機会を設ける努力義務を行政庁に課しました。[*3]

[*1] ■ ポイント

具体的な審査基準を、
↓
①定めて（法的義務）
↓
②公表する（法的義務）

[*2] ☑ 要チェック！過去問題

申請により求められた許認可等を拒否する場合において、申請者に対する理由の提示が必要とされるのは、申請を全部拒否するときに限られ、一部拒否のときはその限りでない。
➡ ✕ (R1-13-エ)

[*3] ■ 参考データ

鉄道事業法の料金認可に際して、旅客の利益を考慮する場合等が挙げられます。

7 複数行政庁の関与 (11条)

11条は複数の行政庁が関与した場合について規定しています。
1項では，他の行政庁が審査中であることを理由にして，審査又は判断を殊更に遅延させてはならないことを定め，2項では，相互連絡，説明の聴取の共同実施などにより，審査の促進に努めなければならない旨を定めています。

*4
■ 参考データ
例えば，個人タクシーの営業許可を取り消されることが不利益処分です。

3 不利益処分

重要度 A

不利益処分とは，行政庁が，法令に基づき，特定の者を名あて人として，直接に，これに義務を課し，又はその権利を制限する処分をいいます（2条4号）。*4

ただし，次のものは不利益処分に該当しません。
① 事実上の行為及び事実上の行為をするにあたりその範囲，時期等を明らかにするために法令上必要とされている手続としての処分
② 申請により求められた許認可等を拒否する処分その他申請に基づき当該申請をした者を名あて人としてされる処分*5
③ 名あて人となるべき者の同意の下にすることとされている処分
④ 許認可等の効力を失わせる処分であって，当該許認可等の基礎となった事実が消滅した旨の届出があったことを理由としてされるもの

*5
✓ 要チェック！過去問題

「不利益処分」とは，<u>申請により求められた許認可等を拒否する処分など，申請に基づき当該申請をした者を名あて人としてされる処分のほか</u>，行政庁が，法令に基づき，特定の者を名あて人として，直接に，これに義務を課し，またはその権利を制限する処分をいう。
➡ ✗ (R2-11-1)

Festina lente

今度は，不利益処分によって，国民が迷惑を被るパターンを推理してみるよ。やっぱりこんなことが思いあたるんじゃないかな？
①処分の理由が明らかでなく，不服を申し立てるにも何を主張していいかわからない。
②どのような場合にどのような内容の処分がなされるか基準がなく，行政庁の独断で不公平な処分がなされる。
③処分基準は行政庁内部には存在するが，公開されていないため基準自体が適正か否か，あるいは審査にあたって処分基準が実際に遵守されたか否かわからない。
④ある日突然権利を奪われ，言い分を聞いてもらう機会がない。

行政手続法は，まさにこのような事態を防止するための規定を置きました。以下で前記①〜④の順序どおりに説明します。

1 理由の提示 (14条)

行政庁が不利益処分をする場合，なぜ不利益処分をするかについて何らかの理由が存在します。その理由を明らかにすることは行政庁の判断を慎重にさせ，公正の確保にもつながります。また，不服申立ての際に何を主張すればいいかも明確になるという利点もあります。そこで理由の提示を原則としました。*1

2 処分基準 (12条)

処分の発動を行政庁の勝手な裁量の下に置くなら，独断で不公平・不公正な処分がなされる危険が大きくなります。そこで，行政庁は処分基準を定めるよう努めなければなりません。*2

処分基準とは，不利益処分をするかどうか又はどのような不利益処分とするかについてその法令の定めに従って判断するために必要とされる基準をいいます。

処分基準を定めるにあたっては，当該不利益処分の性質に照らしてできる限り具体的なものとする必要があります。抽象的な基準では解釈の余地が大きくなり，結局，行政庁の処分の独断性を排除することができなくなるからです。

そして，行政庁は，処分基準を定めた場合にはそれを公にする努力義務を負います。*3

3 不利益処分をする場合の意見陳述手続 (13条)

不利益処分を受ける者は，不利益処分を受けるか否かにあたっては，自らの言い分を十分に聞いてもらい，防御する機会を与えてもらいたいでしょう。さもないと不公正な判断がなされる危険もあるし，処分が下されるにしても納得がいかないからです。

このような意見陳述のための手続には，①口頭で意見陳述をする聴聞手続と，②原則として書面で意見陳述をする弁明の機会の付与手続とがあります。*4

①許認可等を取り消す不利益処分をしようとするとき，②その他，名あて人の資格又は地位を直接に剥奪する不利益処分をしよ

---

*1
■ 参考データ

どの程度の理由を提示すべきかは，処分の根拠法令の規定内容，処分基準の存否及び内容並びに公表の有無，処分の性質及び内容，処分の原因となる事実関係の内容等を総合考慮して決すべきとされています（最判平23.6.7）。

*2
■ ポイント

審査基準と異なり，不利益処分に関する処分基準の制定は，努力義務にとどめられています（「努めなければならない」）。この違いは，不利益処分は発動の実績が乏しいものも少なくなく，事前に基準を作成することが困難な場合があることを考慮したことによります。

*3
■ ポイント

公表義務も申請に対する審査基準とは異なり，努力義務とされています。その理由は，例えば，法令違反を3回しないと営業許可取消しをしないと公表した場合，悪徳業者等に2回までは違反しても大丈夫と捉えられて，違反行為を助長するおそれ等があるからです。

586 Part 4
行政法

うとするとき，③名あて人が法人である場合におけるその役員の解任を命ずる不利益処分，名あて人の業務に従事する者の解任を命ずる不利益処分又は名あて人の会員である者の除名を命ずる不利益処分をしようとするとき，④上記以外の場合であって行政庁が相当と認めるときは，聴聞手続がとられます。*5

それ以外の場合に，弁明の機会の付与手続がとられます。

なお，不利益処分を課す場合であっても，例外的に，「公益上，緊急に不利益処分をする必要があるため，意見陳述のための手続を執ることができないとき」などは，意見陳述手続をとらなくても構いません。

〈申請に対する処分と不利益処分の比較〉

申請に対する処分	不利益処分		
審査基準 （5条）	処分基準 （12条）		
標準処理期間 （6条）			
申請に対する審査と応答 （7条）	不利益処分をする場合の手続 （13条）	聴聞手続 （15条〜28条）	
		弁明の機会の付与 （29条〜31条）	
理由の提示 （8条）	理由の提示 （14条）		
情報提供の努力義務 （9条）			

4 聴 聞

まず，聴聞手続に関する規定を説明します。

1 通 知 （15条1項）

行政庁は，聴聞を行う場合，不利益処分の名あて人となるべき者（当事者）に対して，聴聞を行うべき期日までに相当な期間をおいて，一定事項を書面により通知しなければなりません。何について，いつまでに防御すべきか，そして，どのような形で防御できるかを知らせるためです。

2 代理人 （16条）

自分よりも法律知識のある者などを代理人として利用できるのであれば，当事者の防御権行使に役立ちます。そこで聴聞手続に関しては，自由に代理人を選任することができます。

---

*4
■ **語句解説**

聴聞手続とは，営業許可の取消し等，不利益の度合いが大きいものに対してなされる手続をいいます。弁明の機会の付与手続とは，営業停止処分など，比較的不利益の程度が小さいものに対してなされる手続をいいます。

Part 4 ■ 行政法

---

*5
☑ **要チェック！過去問題**

行政手続法は，不利益処分を行うに当たって弁明の機会を付与する場合を列挙し，それら列挙する場合に該当しないときには聴聞を行うものと規定しているが，弁明の機会を付与すべき場合であっても，行政庁の裁量で聴聞を行うことができる。
➡ ✗ (H25-11-1)

Chapter 4
行政手続法 | 587

代理人は，各自，当事者のために，聴聞に関する一切の行為をすることができます。

なお，代理人の資格については，書面で明確に証明しなければなりません。

3　参加人 (17条)

不利益処分について一定の利害関係を有する者についても，その利益を守るために手続に関与させる要請は少なくありません。そこでこのような者の手続関与についての規定を設けました。また，参加人にも代理人選任権などが付与されています (17条2項)。

4　意見陳述のための手続

審理の公正を担保し，不利益処分を受ける者の権利利益を保護する観点から，審理する者（主宰者）と処分する者（行政庁）をそれぞれ別個の機関としています。聴聞においては，第三者である主宰者のもと，行政庁と不利益処分の対象となる者を対等の立場に置き，裁判のような方式で審理がなされるのです。

(1) 聴聞の主宰 (19条)

聴聞は，行政庁が指名する職員その他政令で定める者が主宰します（進行係を務めます）。進行における公正性かつ中立性を担保するため，当該聴聞の当事者等一定の者は，主宰者となることができません。

(2) 審理の方式 (20条)

Festina lente

審理っていうからには，審理の王様である裁判に似ている手続になるよ。つまり，検察官の起訴みたいに行政庁の職員が処分の理由を説明し，国民の側が自分の主張をしたり，行政庁の言い分に質問したりするんだ。そして，裁判官みたいな役目の主宰者が両当事者に質問したりするんだよ。そんなイメージで！

20条は，聴聞の期日における審理の方式について具体的な定めを置き，行政庁側の職員と当事者などとのやりとりを通じて審理内容を明らかにしようとしています。

聴聞の期日における審理は非公開が原則です。当事者のプライバシー保護や，公開とする場合の行政庁側の負担（会場の確保等）を考慮したためです。ただし，行政庁の裁量で公開とす

ることもできます。*1

(3) 文書等の閲覧（18条）

　①当事者及び②当該不利益処分がされた場合に自己の利益を害されることとなる参加人は，防御権を行使する前提として行政庁が持っている資料を閲覧することができます。すなわち，これらの者は，聴聞の通知があった時から聴聞が終結する時までの間，行政庁に対し，文書等の閲覧を請求できます。そして，行政庁は，第三者の利益を害するおそれがあるときその他正当な理由があるときでなければ，その閲覧を拒むことができません。

(4) 陳述書等の提出（21条）

　当事者，参加人が聴聞に出頭できない場合にも，当事者，参加人の防御権行使を保障するため，陳述書及び証拠書類等の提出権（書面による防御権行使）を認めました。

(5) 聴聞調書及び報告書（24条）

　行政庁と聴聞主宰者の役割分担を前提としつつ，「不利益処分の原因となる事実」の認定が主宰者によって適正になされることを形式面から担保するために，聴聞調書（聴聞の審理の経過を記載したもの）と報告書（当事者等の主張に理由があるか否かに関する主宰者の意見を記載したもの）という2種類の書類の作成を主宰者に義務づけています。

　また，自己の主張が主宰者によって正しく理解され公正に評価されたかを検証する手段として，当事者及び参加人に，聴聞調書及び報告書の閲覧権を与えています。*2

5　聴聞の再開（25条）

　聴聞の時点では真正であると思われていた書類に誤りがあった場合や，証言の内容に疑いが生じた場合には，公正な審理を行うため，一度終了した聴聞手続を再開する必要があります。そこで行政庁は，必要があると認めるときは，主宰者に対し聴聞の再開を命ずることができることとしました。*3

6　不利益処分の決定（26条）

　結果として不利益処分がなされるとしても，聴聞手続を経た以上，聴聞内容と主宰者の意見を尊重しつつなされるべきです。26条はこのことを確認しています。

---

*1
■ 参考データ

聴聞手続の流れ
行政庁職員の処分に関する説明
↓
当事者・参加人の意見陳述，証拠書類提出，行政庁職員への質問
↓
主宰者の当事者への質問，行政庁職員への説明要求

Part 4 ■ 行政法

*2
☑ 要チェック！過去問題

聴聞の当事者または参加人は，聴聞の主宰者によって作成された調書および報告書の閲覧を求めることができる。
➡●（H29-13-3）

*3
■ 参考データ

せっかく手続を行ったのに，後から覆すことを認めると，いつまでも法律関係が確定せず，不安定になるというデメリットがあります。そこで，法律関係の安定を犠牲にしてもなお，適正な処分の実現を優先すべき場合が，「必要があると認めるとき」です。

Chapter 4
行政手続法　589

7 審査請求の制限 (27条)

行政不服審査制度は**事後的な救済制度**であり、行政手続法の聴聞は事前の手続です。したがって両者は別個の制度であり、聴聞手続を経た不利益処分に対して不満があれば、不服申立てができるのが原則です。

これに対して、聴聞手続過程における付随的処分に対しては、審査請求をすることができません (27条)。

5 弁明の機会の付与手続

1 通知 (30条)

弁明相当処分においても、不利益処分の対象となるべき者に、自己の権利利益を、いつまでに、どのような形で防御できるかを示す必要があります。通知はそのための手段です。

2 弁明の機会の付与の方式 (29条)

弁明は原則として**書面**(弁明書)を提出して行います。証拠書類等を提出することもできます。*1

> *1 **要チェック！過去問題**
> 弁明の機会の付与における弁明は、**行政庁が弁明を記載した書面でする**ことを認めたときを除き、**口頭で行う**ものとされている。
> ➡ ✗ (H23-11-4)

〈聴聞手続と弁明手続の比較〉

		聴聞手続	弁明手続
共通点		処分基準の設定・公表　証拠提出権　理由の提示　代理人選任権	
相違点	審理方式	原則として口頭	原則として書面
	文書閲覧権	あ り	な し
	参加人の規定	あ り	な し

4 行政指導

重要度 **A**

行政指導とは、行政機関がその任務又は**所掌事務の範囲内**にお

いて一定の行政目的を実現するため特定の者に一定の作為又は不作為を求める指導，勧告，助言その他の行為であって処分に該当しないものをいいます（2条6号）。本来，行政指導は国民の自発的な協力（任意の協力）を求めて行う非権力的な行為であり，法律効果を生じない事実行為です。

しかし，現実には，半ば強制的な指導が行われることも少なくありませんでした。

そこで，行政指導をしてはならない場合に関する実体的な規定と，行政指導を行うに際しての手続的な規定が行政手続法の中に置かれることになり，その適正化を図っています。*2

1 行政指導の一般原則 (32条)*3

行政指導は，相手方の任意の協力を求めるものですから，法律の根拠は不要です。

しかし，当該行政機関の所掌事務の範囲でなければ指導も行うことはできないことにかわりはありません。

なお，2項における「不利益な取扱い」とは，殊更に報復的ないし制裁的な意図を持って取り扱うことをいいます。したがって，行政指導に従った者に対してのみ一定の助成を行うなどの措置をとる際に，従わなかった者が結果としてその助成を受けられないというのは「不利益な取扱い」にあたりません。

2 申請に関連する行政指導及び許認可等の権限に関連する行政指導 (33条，34条)

行政指導のうち，従来からとりわけ問題の多かった「申請の取下げ又は内容の変更を求める行政指導」及び「許認可などの権限に関連する行政指導」について，一般原則に加えて，特に定めました。

すなわち，①申請に関連する行政指導については，申請者が行政指導に従う意思がない旨を表明したにもかかわらず行政指導を継続するようなことがあってはならないこと（33条），②許認可等の権限に関連する行政指導については，当該権限を行使し得る旨を殊更に示すことにより相手方に当該行政指導に従うことを余儀なくさせるようなことをしてはならないこと（34条）という定

Part 4

行政法

---

*2

■ **参考データ**

行政指導を規律するルールは判例を通じて作られたものが多く，行政手続法は判例を立法化したものといえます。

*3

☑ **要チェック！過去問題**

行政指導に携わる者は，とくに必要がある場合には，<u>当該行政機関の任務または所掌事務の範囲に属さない事項についても行政指導を行うことができる。</u>

➡ ✕ (H22-13-2)

Festina lente

「申請の取下げ又は内容の変更を求める行政指導」の例として，建築確認申請を出したら，「教育施設の負担金1,000万円を払わないなら申請を取り下げてくれ」って市から言われるような場合，指導を隠れミノにした不当な申請の不受理だから，申請者の権利の行使を妨げているね。

Chapter 4
行政手続法 **591**

めが置かれています。

3 行政指導の方式 (35条)

行政指導の相手方が，行政指導に対して，任意に協力するかどうかについて合理的な判断をするためには，まず，**どのような行為を求めているのか**を，行政側に明確に示してもらう必要があります。**行政指導の責任者は誰か**，という点も判断に影響するでしょう。そこで，行政指導をする者に対してこれらの点を**明確にする義務**が課されています。*1

また，明確性の観点からは，行政指導が書面によってなされるほうが望ましい場合もあります。そこで，請求があれば，行政指導をする者は相手方に対して**書面を交付**しなければならないとしました。もっともこれには例外もあります。

4 複数の者を対象とする行政指導 (36条)

同種の行政指導が多数の者になされる場合，行政指導の明確性とともに，**多数の者に対する公平性**が要求されます。そこで公平性を実現するため，行政機関は行政指導指針の策定・公表をしなければなりません。

行政指導指針とは，同一の行政目的を実現するため一定の条件に該当する複数の者に対し行政指導をしようとするときにこれらの行政指導に共通してその内容となるべき事項をいいます。

5 行政指導の中止等の求め (36条の2)

法令に違反する行為の是正を求める行政指導であって，その根拠や要件が法律に規定されているものについては，当該行政指導の相手方に大きな事実上の不利益が生ずるおそれがあります。そこで，相手方からの申出を端緒として，当該行政指導をした行政機関が改めて調査を行い，当該行政指導がその要件を定めた法律の規定に違反する場合には，その中止その他必要な措置を講ずることとする制度を新設しました（**「行政指導の中止等の求め」**の制度）。*2

---

*1 **要チェック！過去問題**

行政指導について，その相手方に対して，当該行政指導の趣旨および内容ならびに責任者を示すことは，当該行政指導に携わる者の努力義務にとどまり，義務とはされていない。

➡ ✗ (H28-12-4)

---

*2 **要チェック！過去問題**

行政指導（その根拠となる規定が法律に置かれているものに限る。）の相手方は，当該行政指導が法律所定の要件に適合しないと思料する場合，当該行政指導をした行政機関に対し，その旨を申し出て，当該行政指導の中止を求めることができる。

➡ ○ (H30-12-4)

Part 4
行政法

5 処分等の求め (36条の3) 重要度 B

「処分等の求め」は，処分をする権限を有する行政庁又は行政指導をする権限を有する行政機関が，法令に違反する事実を知る者からの申出を端緒として，必要な調査を行い，その結果に基づき必要があると認めるときは，その是正のための処分又は行政指導を行うこととすることにより，行政運営における公正の確保と透明性の向上を図り，もって国民の権利利益の保護に資することを目的とするものです。

この制度は，非申請型義務付け訴訟に対応する制度として，2014年改正によって，創設されました。非申請型義務付けの審査請求は，処分に至る前の行政過程に位置付けられることから，法律の体系上，行政手続法の対象とする事前手続の問題と捉えられました。そのため，行政手続法上の制度として立法されたものです。*3

*3
要チェック！過去問題
何人も，法令に違反する事実がある場合において，法令違反の是正のためにされるべき処分がされていないと思料するときは，権限を有する行政庁に対し，当該処分をすることを求めることができる。
→ 〇 (H28-11-4)

6 届出 (37条) 重要度 C

届出とは，行政庁に対し一定の事項を通知する行為をいいます。通知するだけで義務を果たしたことになり，申請と違って行政庁による諾否の応答は必要ありません。しかし，実際には届出の受理を拒否するという運用がなされることが少なくありませんでした。許可制から届出制に規制が緩和されたとしても，届出の受理が拒否されるなら許可制が維持されるのと事実上は変わらなくなってしまいます。

そこで37条は，届出の形式的な要件さえ満たしていれば，届出先に到達した段階で，届出としての効力が生ずるとしました。*4

*4
参考データ
届出制の場合，届出がなされることによって，例えば百貨店の出店等の行為を行うことが可能となることになります。そこで，行政庁としては届出自体をなかったことにしようとする場合が少なくなかったのです。

7 命令等を定める手続 重要度 B

命令等とは，内閣又は行政機関が定めるもので，法律に基づく

命令（処分の要件を定める告示を含む）又は規則，審査基準，処分基準，行政指導指針をいいます（2条8号）。*1

1 命令等を定める場合の一般原則（38条）

法律による行政の原理から，命令等は，法律に従わなければなりません。

そこで，命令等を定める機関（以下，命令等制定機関という）は，命令等を定めるにあたっては，当該命令等がこれを定める根拠となる法令の趣旨に適合するようにしなければなりません。

また，一度定めた命令等であっても，適宜見直して，時代にあったものにすべきであると考えられます。

そこで，命令等制定機関は，命令等を定めた後においても，当該命令等の規定の実施状況，社会経済情勢の変化等を勘案し，必要に応じ，当該命令等の内容について検討を加え，その適正を確保するよう努めなければなりません。

2 意見公募手続等

命令等制定機関は，①意見公募手続，②提出意見の考慮，③結果の公示等が義務づけられます。

1 意見公募手続（39条）
(1) 概　観 *2

命令等制定機関は，命令等を定めようとする場合には，案及

---

*1
■ 語句解説

ここでの命令は，政令・省令を指します。また，ここでの規則は，地方公共団体の執行機関（長や委員会等）の制定する規則を指します。議院規則や最高裁判所規則は含まれません。

*2
☑ 要チェック！過去問題

命令等制定機関は，命令等を定めようとする場合には，当該命令等の案およびこれに関連する資料をあらかじめ公示して，広く一般の意見を求めなければならない。
→ ○ (R3-11-1)

び関連資料を公示して，広く一般の意見や情報の公募を行わなければなりません。*3

意見提出期間は，公示の日から，30日以上です。

公示する命令等の案は，具体的かつ明確な内容のもので，題名及び根拠条項が明示されたものでなければなりません。

(2) 意見公募手続の特例（40条）

40条では，意見公募手続の特例が定められています。

まず，命令等を定めようとする場合，30日以上の意見提出期間を定めることができないやむを得ない理由があるときは，30日を下回る意見提出期間を定めることができます。この場合，その理由を明らかにしなければなりません。*4

また，委員会等の議を経て命令等を定めようとする場合，当該委員会等が意見公募手続に準じた手続を実施したときは，自ら意見公募手続を実施する必要はありません。

2 提出意見の考慮（42条）

命令等制定機関は，提出された意見を十分に考慮しなければなりません。

しかし，命令等制定機関は，提出された意見の内容を命令等に必ず反映させなければならないわけではありません。

3 結果の公示等（43条）*5

命令等制定機関は，意見公募手続を実施して命令等を定めた場合は，命令等の公布（公布をしないものは，公にする行為）と同時期に，①命令等の題名，②命令等の案の公示の日，③提出意見（提出意見がなかった場合にあっては，その旨），④提出意見を考慮した結果（意見公募手続を実施した命令等の案と定めた命令等との差異を含みます）及び理由を公示しなければなりません。*6

なお，提出意見については，必要に応じ，「当該提出意見を整理又は要約したもの」を公示することもできます。ただし，この場合には，公示の後遅滞なく，当該提出意見を当該命令等制定機関の事務所における備付けその他の適当な方法により公にしなければなりません。また，第三者の利益を害するおそれがあるとき，その他正当な理由があるときは，当該提出意見の全部又は一部を除くことができます。

---

*3
■ ポイント

公益上，緊急に命令等を定める必要がある場合等のように，39条4項が規定する事情がある場合には，意見公募手続を行う必要はありません。

*4
☑ 要チェック！過去問題

意見提出の期間は同法で法定されており，これを下回る期間を定めることは認められていない。
➡ ✗（H22-11-4）

Part
4
■
行政法

*5
☑ 要チェック！過去問題

意見公募手続において，提出意見があった場合には，提出意見やそれを考慮した結果などを公示しなければならないが，提出意見がなかった場合には，その旨を公示する必要はない。
➡ ✗（H22-11-5）

*6
■ 参考データ

命令等の案や結果の公示は，電子情報処理組織を使用する方法その他の情報通信の技術を利用する方法により行われます（45条）。具体的には，インターネットのウェブサイトに公示することを基本としています。

〈法的義務と努力義務〉

法的義務	努力義務
①標準処理期間を定めた場合の公表 ②できる限り具体的な審査基準の設定と審査基準の公表（例外あり） ③申請に対する審査，応答 ④申請により求められた許認可等を拒否する場合の理由の提示（原則として同時に，また，書面によるべき場合あり） ⑤不利益処分の理由の提示 ⑥複数の者を対象とする行政指導を行う場合の行政指導指針の制定と公表 ⑦命令等を定める場合の意見公募手続	①標準処理期間の設定 ②審査の状況等の情報提供 ③公聴会の開催 ④複数行政庁が関与する場合の協同 ⑤不利益処分の基準の設定と公表 ⑥意見公募手続の周知と関連情報の提供

8 適用除外*1

重要度

このように行政手続法は，処分，行政指導，届出に関する手続，命令等を定める手続といった行政作用に適用されるものですが，その中には行政手続法の適用になじまない作用もあります。また，各地域の特性に応じた処理が必要になる場合もあります。そこで，行政手続法は，一定の行政作用や，地方公共団体がする措置について適用除外を規定しています。

1 適用除外（3条）

行政作用には，個別に慎重な手続が設けられているものや，一律に行政手続法を適用するのが妥当でないもの等があります。このような作用については，3条により行政手続法の適用が除外されます。

2 地方公共団体の措置 （46条）*2*3

行政手続法は，国会で制定されるため，必ずしも個々の地方公共団体の特殊性を考慮しているわけではありません。

そこで，地方自治を尊重するために，地方公共団体の機関がする処分（その根拠となる規定が条例又は規則に置かれているものに限る）及び行政指導，地方公共団体の機関に対する届出（通知の根拠となる規定が条例又は規則に置かれているものに限る）並

---

*1 要チェック！過去問題
地方公共団体の行政庁が法律を根拠とする許認可等の審査基準を定める場合には，意見公募手続が義務付けられている。
→✗（H22-11-2）

*2 要チェック！過去問題
地方公共団体の機関がする行政指導については，その根拠となる規定が法律に置かれているものであれば，行政指導について定める行政手続法の規定は適用されない。
→✗（R3-13-エ）

596 Part 4
行政法

びに地方公共団体の機関が命令等を定める行為については，今まで学んできた行政手続法2章から6章までの規定は適用されません（3条3項）。

もっとも，地方公共団体は，行政手続法の適用除外とされた行政手続について，行政手続法の趣旨にのっとり，行政運営における公正の確保と透明性の向上を図るため必要な措置を講ずるよう努めなければなりません（46条）。

これを受けて，地方公共団体では，行政手続条例の制定が進んでいます。

> *3 要チェック！過去問題
> 地方公共団体の機関が命令等を定める行為について，行政手続法の意見公募手続に関する規定は適用されないが，地方公共団体の機関がする処分については，<u>その根拠となる規定が条例に定められているものであっても</u>，同法の処分手続に関する規定が適用される。
> ➡ ✗（H26-13-2）

ファイナルチェック　基礎知識の確認

問題1 行政手続法は，その第1条で行政運営における公正・透明の原則と並んで，説明責任（アカウンタビリティ）を明示している。

問題2 産業廃棄物処理業の許可申請を拒否する処分をする場合，申請者に聴聞又は弁明の機会を付与しなければならない。

問題3 行政庁は，申請が到達してから，その申請に対する処分をするまでに通常要すべき標準的な期間を定めなければならない。

問題4 地方公共団体の機関が命令等を定める行為については，その根拠となる規定が法律に置かれている場合には，行政手続法の意見公募手続等に関する規定が適用される。

問題5 行政目的を達成するためならば，行政指導に従わなかった者を不利益に取り扱うことは許される。

問題1 ✗ 説明責任は，明示していない（1条）。 **問題2 ✗** 申請拒否処分は不利益処分に含まれないため，本問のような手続をとることを要しない（2条4号ロ）。 **問題3 ✗** 標準処理期間を定めるのは努力義務である（6条）。 **問題4 ✗** 地方公共団体の機関が「命令等を定める行為」については，意見公募手続等の規定は適用されない（3条3項）。 **問題5 ✗** 不利益に扱うことは許されない（32条2項）。

本試験レベルの問題にチャレンジ！ ▶▶▶

Chapter 5 行政救済法の体系

重要度 C

イントロダクション　学習のポイント

　行政不服審査法，行政事件訴訟法，国家賠償法，損失補償制度をあわせて，行政救済法といいます。まず，4つの法律の関係に着目してみましょう。

ベーシック　じっくり理解しよう!

1　行政救済法の体系

　行政活動は，本来国民の権利利益を保護し，社会の秩序を維持するために行われるはずです。しかし，行政活動がいつも適法かつ妥当に行われるとは限りません。ときには，違法・不当な行政活動によって国民の身体や財産に損害が及ぶこともあるでしょう。そこで，そのような事態に備えて国民の権利利益の救済を図るシステムを用意しておく必要があります。
　現行法の下では，①行政不服審査法，②行政事件訴訟法，③国家賠償法，④損失補償制度が用意されています。

598　Part 4
　　　行政法

2 行政救済法の対象となる行為

重要度 C

　行政救済法を発動するのは、行政機関の**公法に基づく行為**によって不利益を受けた場合であり、私法上の行為によって不利益を受けた場合には発動しません。

　なお、現実には、国や地方公共団体が私人と同じ立場で活動する場面があります。例えば、市役所が商店から一般事務用品を購入する場合です。このような場合には、行政機関の行為には、行政法ではなく私法が適用されます。したがって、私法上の行為によって国民が不利益を受けた場合の救済は、**民事訴訟**によることになります。*1

*1
要チェック！過去問題
地方公共団体がごみ焼却場を建設するために、建設会社と建築請負契約を結んだ場合、ごみ焼却場の操業によって重大な損害が生ずるおそれのある周辺住民は、当該契約の締結行為について、当該地方公共団体を被告として、抗告訴訟としての差止めの訴えを提起することができる。
→✕（H24-9-3）

本試験レベルの問題にチャレンジ！ ▶▶▶

Chapter 5 行政救済法の体系

Chapter 6 行政不服審査法

重要度 A

イントロダクション　学習のポイント

　行政不服審査法は，行政不服申立ての一般法であり，2014年に抜本的改正がなされました。行政不服申立てとは，行政庁の処分などに対して不服がある場合に「行政庁」に対してその是正を求める手続をいいます。

　行政不服審査法は，行政に不服を申し立てる手段として，①審査請求，②再調査の請求，③再審査請求を定めています。このうち，②と③については個別法で定めた場合のみ，利用することができる仕組みとなっており，①の審査請求が基本的な行政不服申立てです。

　そこで，まず，この審査請求の仕組み（審査請求の主体，手続，裁決など）について条文知識を整理していくことが重要となります。

ベーシック じっくり理解しよう!

1 総説　重要度 B

1 行政不服申立ての意義[*1]

行政不服申立てとは，行政庁の処分その他公権力の行使にあたる行為に関して不満のある者が，行政機関に対して不服を申し立て，その**違法性・不当性を審査**してもらい，違法・不当な行為の改善や排除を求める手続をいいます。つまり，行政活動に対する不満については，その他の不満の場合とは異なり，裁判に訴える方法に加え，行政機関に不服を申し立てる方法まで用意されていることになるのです。

では，なぜ行政機関に不服を申し立てる方法まで用意されたのでしょうか。それは，裁判によらず行政機関に不服を申し立てる方法で国民の不満が解決できれば，裁判費用がかからず，解決が早いので，その分国民にとって都合がよく，また，行政機関にとっても自己統制ができるからです。

[*1] 要チェック！過去問題
行政不服審査制度は「国民の権利利益の救済を図る」ことを目的としているので，同法に基づく不服申立てを行うことができるのは，<u>日本国籍を有する者に限られる</u>。
➡ ✗ (H23-14-1)

2 行政不服申立てと行政不服審査法

行政不服審査法は，①**行政庁の違法・不当な処分**に対する**個人の権利・利益の簡易迅速な救済**と，②**行政の自己統制**を目的として1962年9月に制定された，行政不服申立てに関する一般法です。

2014年に，これまでの旧法の問題点を改善するために，抜本的な改正がなされました。

〈2014年改正法の主な改正点〉

公正性の向上を図る改正点	①審理員による審理手続
	②行政不服審査会の諮問手続
	③審査請求人・参加人の手続的権利の拡充
利便性の向上を図る改正点	④不服申立期間の延長
	⑤異議申立ての廃止(審査請求への一元化)

利便性の向上を図る改正点	⑥標準審理期間の設定，審理の計画的遂行
	⑦不服申立前置の減少

2 行政不服申立ての対象

重要度 A

　行政不服審査法は，いかなる行政庁の行為について不服申立てができるかについて，原則として一般的・概括的に不服申立てができるとする一般概括主義を採用しています。したがって，国民は，行政庁の行為により権利利益を侵害された場合には，法律に特段の規定がない場合であっても，不服申立てをすることができます。

　もっとも，あらゆる行為について不服申立てができるのではなく，不服申立ての対象となる行政庁の行為は，「行政庁の処分その他公権力の行使に当たる行為」（1条2項）に限られています。*1

1 処　分（1条2項，2条）

　処分とは，行政庁が，法令に基づき優越的立場において，国民に対し権利を設定し，義務を課し，その他具体的な法律上の効果を発生させる行為をいいます。違法な処分のみならず，不当な裁量処分も処分にあたり，不服申立ての対象とすることができます。

　また，法律上の効果を発生させる行為だけでなく，公権力の行使にあたる事実上の行為で，人の収容，物の留置その他その内容が継続的性質を有するもの（伝染病患者の強制隔離等）等も処分に含まれ，不服申立ての対象となるものと解されています。*2

2 不作為（3条）

　不作為とは，法令に基づく申請に対して何らの処分をもしないことをいいます。

　いわゆる「行政による申請の握りつぶし」の余地を与えないため，不作為についても不服申立てが認められるのです。

*1 ■ポイント
行政手続法の対象となる行政作用は，①処分，②行政指導，③届出，④命令等です。

*2 ■参考データ
行政作用法における行政行為は「処分」にあたりますが，行政不服審査法上の「処分」は行政行為に加えて一定の事実行為をも含むので，より広い概念といえます。後者の「処分」のほうが広いのは，行政行為以外によっても国民の権利・利益は侵害される場合があるからです。

3 行政不服申立ての種類

重要度 A

1 総　説

　行政不服審査法は，行政不服申立ての類型を原則として**審査請求**に一元化しています。また，個別法により，**再調査の請求**と**再審査請求**という類型を設けることができます。

1 審査請求

　審査請求とは，**行政庁の処分，又は不作為**に対して，**審査請求をするべき行政庁**（p.605の表参照）に対し不服を申し立てる手続をいいます（2条，3条）。

2 再調査の請求

　再調査の請求とは，**審査請求の前段階**で，**処分庁が審査請求よりも簡略な手続で処分について再調査する手続**をいいます。再調査の請求は，個別法によって，特に規定がある場合にのみ認められます（5条1項本文）。

3 再審査請求

再審査請求とは，**審査請求の裁決に不服のある者**が，**更に不服を申し立てる手続**をいいます。再審査請求は，個別法によって，特に規定がある場合にのみ認められます（6条1項）。

2 不服申立て相互の関係・行政訴訟との関係

〈処分に対する不服申立て・行政訴訟〉

〈不作為に対する不服申立て・行政訴訟〉

1 審査請求と行政訴訟
(1) 原　則：自由選択主義*1

審査請求と行政訴訟との関係については2つの考え方があります。審査請求を経なくても行政訴訟を提起することができるとする考え方（自由選択主義）と，審査請求を経なければ行政訴訟を提起できないとする考え方（審査請求前置主義）の2つです。

行政不服審査法は，**原則として自由選択主義**を採用しています。

---

*1 要チェック！過去問題
処分取消訴訟は，当該処分につき法令の規定により審査請求をすることができる場合においては，特段の定めがない限り，当該処分についての審査請求に対する裁決を経た後でなければこれを提起することができない。
→✗（R3-18-5）

(2) 例 外：個別法による審査請求前置主義

　もっとも，行政不服審査法は，個別法において審査請求前置主義を採用することを禁止していません（1条2項）。したがって，個別法において審査請求前置を採用することがあり，その実例として，国税通則法等における不服申立前置が挙げられます。

2 再調査の請求と審査請求との関係

(1) 原 則：自由選択主義

　行政庁の処分につき処分庁以外の行政庁に対して審査請求をすることができる場合において，法律に再調査の請求をすることができる旨の定めがあるときは，当該処分に不服がある者は，処分庁に対して再調査の請求と審査請求のいずれもすることができます（自由選択主義　5条1項）。

(2) 例 外 *2

　ただし，当該処分について審査請求をした場合，再調査の請求をすることはできません（5条1項但書）。さらに，再調査の請求をしたときは，原則として，当該再調査の請求についての決定を経た後でなければ，審査請求をすることができません（同条2項）。

3 再審査請求と行政訴訟

　行政庁の処分につき法律に再審査請求をすることができる旨の定めがある場合には，当該処分についての審査請求の裁決に不服がある者は，再審査請求をすることができます（行政訴訟との関係では自由選択主義　6条1項）。

3 不服申立てにおける審査庁

1 審査請求をするべき行政庁

	場　面	審査庁
①	処分庁等に上級行政庁がない場合*3	当該処分庁等
②	処分庁等が主任の大臣若しくは宮内庁長官若しくは内閣府設置法49条1項若しくは2項若しくは国家行政組織法3条2項に規定する庁の長である場合*4	
③	宮内庁長官が処分庁等の上級行政庁である場合	宮内庁長官

---

*2
☑️ **要チェック！
過去問題**

行政庁の処分につき処分庁に対して再調査の請求を行ったときでも，法律に審査請求ができる旨の規定がある場合には，再調査の請求人は，当該再調査の請求と並行して，審査請求もすることができる。

➡️✖(R3-15-2)

*3
■ **参考データ**

例えば，地方公共団体の長である市町村長は選挙で選任されるのであって，都道府県知事に任命されるわけではないから，知事は市町村長の上級庁にはあたりません。

*4
■ **参考データ**

4条1号は，主任の大臣などには上級庁がないものとする規定です。したがって，内閣総理大臣は主任の大臣の上級庁としては扱われません。

Part
4
■
行
政
法

Chapter 6
行政不服審査法　605

④	内閣府設置法49条1項若しくは2項若しくは国家行政組織法3条2項に規定する庁の長が処分庁等の上級行政庁である場合	当該庁の長
⑤	主任の大臣が処分庁等の上級行政庁である場合(①②③④の場合を除く)	当該主任の大臣
⑥	①②③④⑤に掲げる場合以外の場合*1	当該処分庁等の最上級行政庁
⑦	法律(条例に基づく処分については,条例)に特別の定めがある場合	当該定めによる行政庁

※ 「処分庁等」とは,処分をした行政庁(以下「処分庁」という)又は不作為に係る行政庁(以下「不作為庁」という)をいいます。
※ 内閣府設置法49条
　1項　内閣府には,その外局として,委員会及び庁を置くことができる。
　2項　法律で国務大臣をもってその長に充てることと定められている前項の委員会には,特に必要がある場合においては,委員会又は庁を置くことができる。
※ 国家行政組織法3条
　2項　行政組織のため置かれる国の行政機関は,省,委員会及び庁とし,その設置及び廃止は,別に法律の定めるところによる。

2　再調査の請求をするべき行政庁

　行政庁の処分につき処分庁以外の行政庁に対して審査請求をすることができる場合において,法律に再調査の請求をすることができる旨の定めがあるときは,当該処分に不服がある者は,処分庁に対して再調査の請求をすることができます(5条1項本文)。

3　再審査請求をするべき行政庁

　再審査請求は,原裁決(再審査請求をすることができる原処分についての審査請求の裁決をいいます)又は当該原処分を対象として,法律に定める行政庁に対してするものです(6条2項)。

*1
■ポイント
審査の公平性を担保するために,処分を行った機関ではなく,その最上級行政庁の審査が必要となります。ただ,最上級行政庁は自分で行った処分ではないために,審査の迅速性はやや損なわれます。結局,法はメリットとデメリットの最適配分を考慮しているのです。

4　行政不服申立てをするための要件

重要度

　実際に不服を申し立てたとしても,直ちに内容についての審理が始まるわけではありません。行政庁に内容についての審理をしてもらうためには,決められたルールに従って不服申立てがなされなければならないのです。ルール違反の不服申立てについてまで審理しなければならないとすると,結果的に内容についての審理が無駄になる等の不都合があるからです。このルールを**不服申**

立要件といいます。

不服申立要件を満たさない不服申立ては，内容について審理されずに，却下されます。つまり，門前払いです。要件を満たした不服申立てのみが，その内容について審理されることになります。*2

なお，不服申立要件には次のものがあります。

①行政庁の処分等が存在すること
②不服を申し立てる権限のある者によって，不服申立てがなされること

③不服申立てを処理する権限を有する行政庁に対して，不服申立てがなされていること
④不服申立期間内に不服申立てがなされること
⑤形式と手続を遵守すること

1 行政庁の処分等が存在すること

1 列記主義と概括主義

どのような事項を不服申立ての対象とできるか，という点については，法律が**特に列記した事項**についてだけ不服申立てを認める列記主義と，法律に例外の定めのある場合を除き，**原則としてすべての処分**につき不服申立てを認める概括主義の考え方があります。

2 審査請求の場合

行政不服審査法は，審査請求については，**原則としてすべての処分・不作為について審査請求が可能である**とする**一般概括主義**を採用しています（2条，3条）。列記主義は，立法技術上困難だからです。*3

一般概括主義のもと，例外的に法律で除外された，審査請求が

*2
■参考データ
このことは訴訟についてもあてはまります。訴訟の場合，門前払いするかどうかの要件を「訴訟要件」といいます。

*3
✓要チェック！
過去問題
全ての行政庁の処分は，行政不服審査法または個別の法律に特別の定めがない限り，行政不服審査法に基づく審査請求の対象となる。
→ ○ (H29-14-1)

できない処分には，次のものがあります。

① 行政不服審査法によって，審査請求をすることができない
と規定されている処分及びその不作為（7条1項各号）

② 国の機関又は地方公共団体その他の公共団体若しくはその
機関に対する処分で，これらの機関又は団体がその固有の資
格において当該処分の相手方となるもの及びその不作為（同
条2項）

③ 他の法律に特別の定めがある場合（1条2項）

3　再調査の請求の場合（5条1項）

再調査の請求については，列記主義が採用されています。なぜ
なら，処分について再調査する意義が特に認められる類型につい
てのみ，再調査の請求の手続を設ければよいからです。

4　再審査請求の場合（6条1項）

再審査請求については，列記主義が採用されています。なぜな
ら，審査請求の裁決に不服があれば，重ねて行政機関の判断を求
めるよりは，行政とは無関係の第三者である裁判所に救済を求め
るほうが権利救済にとって効果的だからです。*1

5　まとめ

審査請求については法律で除外された「処分及び不作為」以外
の処分及び不作為，再調査の請求・再審査請求については法律で
定められた「処分」のみが，不服申立ての対象となります。

2 不服を申し立てる権限のある者によってなされること

1　不服を申し立てる権限のある者とは

法は，不服を申し立てる権限のある者について，「行政庁の処分
に不服がある者」（2条）及び「法令に基づき行政庁に対して処
分についての申請をした者」（3条）と規定しています。

「不服がある者」とは，「不服申立てをする法律上の利益がある
者」として，行政事件訴訟法9条の定める原告適格を有する者の
具体的範囲と同一と解されています（最判昭53.3.14）。したがっ
て，処分とは無関係な第三者には，申立権限がありません。もっ
とも，行政庁の処分により直接自己の権利・利益を侵害された者
であれば，処分の相手方に限らず，不服申立てをすることができ
ます。*2

---

*1
■ 参考データ

行政庁の審査は必ず
しも中立公平でない
ために，複数回繰り
返しても結論は変わ
らない可能性が大き
いのです。それなら
時間を無駄にせずに
訴訟に移行したほう
がよいでしょう。し
たがって，再審査請
求は限定的にしか認
められないとしても
構わないのです。

*2
☑ 要チェック！
過去問題

処分について不服
申立適格を有する
のは，処分の相手
方に限られ，それ
以外の第三者は，
法律に特別の定め
がない限り，不服
申立適格を有しな
い。
➡ ✕（H22-14-
4）

行政不服審査制度
は行政権自身が自
己の行為を見直す
しくみであるので，
行政権の活動に違
法な点があると知
った者は誰でも，
当該違法について
不服申立てを行う
ことができる。
➡ ✕（H23-14-
2）

608 Part 4
行政法

判例 不当景品類及び不当表示防止法の規定にいう一般消費者であるというだけでは，公正取引委員会による公正競争規約の認定に対し同法 10 条 6 項〔平成 21 年法律 49 号により削除された同法 12 条 6 項〕の規定に基づく不服申立てをする法律上の利益を有するとはいえない（最判昭 53.3.14）。

2 不服を申し立てる権限のある者が多数いるとき *3
(1) 総代の選任（11 条 1 項，4 項）

　多数人が共同して審査請求をしようとするときは，3 人を超えない総代を互選することができます（1 項）。手続を簡潔にするためです。この趣旨をいかすため，総代が選任されたときは，共同審査請求人は総代を通じてのみ，審査請求に関する行為をすることができます（4 項）。

(2) 総代の権限（11 条 3 項）

　総代は，各自，他の共同審査請求人のために，審査請求の取下げを除き，当該審査請求に関する一切の行為をすることができます。

3 代理人による不服申立て（12 条）

　審査請求は，代理人によってすることができます（1 項）。

　代理人は，各自，審査請求人のために，当該審査請求に関する一切の行為をすることができます。ただし，審査請求の取下げは，特別の委任を受けた場合に限り，することができます（2 項）。*4*5

4 参加人（13 条）

　審査請求においては，参加人の制度が定められています。*6

　利害関係人は，審理員の許可を得て，当該審査請求に参加することができます（1 項）。審理員は，必要があると認める場合には，利害関係人に対し，当該審査請求に参加することを求めることができます（2 項）。*7

　審査請求への参加は，代理人によってすることができます（3 項）。代理人は，各自，当該審査請求に参加する者（参加人）のために，当該審査請求への参加に関する一切の行為をすることができます。ただし，審査請求への参加の取下げは，特別の委任を受けた場合に限り，することができます（4 項）。

---

*3
■ 参考データ

再調査の請求，再審査請求については，審査請求の規定が準用されています（61条，66 条 1 項）。

*4
■ 参考データ

代理人は当事者以外の者が当事者に代わって不服申立てに関する行為を行います。これに対して，総代は自身も不服申立ての当事者である点が異なります。

*5
☑ 要チェック！ 過去問題

代理人は，不服申立人のために，当該不服申立てに関する一切の行為をすることができるが，不服申立ての取下げについては特別の委任を要する。
➡ ⭕ (H22-14-3)

*6
■ 語句解説

参加人とは，不服申立てに参加する者をいいます。

*7
■ 語句解説

利害関係人とは，審査請求人以外の者であって審査請求に係る処分又は不作為に係る処分の根拠となる法令に照らし当該処分につき利害関係を有するものと認められる者をいいます。

Part 4
■
行政法

Chapter 6
行政不服審査法　**609**

3 権限を有する行政庁に対して不服申立てがなされること

不服申立ては，当該不服申立てを処理する権限を有する行政庁に対してなされなければなりません。

1 審査請求の場合

審査請求は，**審査請求をするべき行政庁**（p.605 の表参照）に対してします（4条）。

2 再調査の請求の場合

再調査の請求は，**処分庁**に対してします（5条1項）。

3 再審査請求の場合

再審査請求は，当該再審査請求をすることができる旨を規定する**個別の法律に定める行政庁**に対してします（6条2項）。

4 不服申立期間内に不服申立てがなされること

審査請求期間及び再調査の請求期間において，「処分があったことを知った日」とは，処分のあったことを**実際に知った日**をいいます。

そして，社会通念上，処分の内容を処分の相手方が知ることができる状態に置かれたときは，特別の理由がない限り知ったものと推定されます（最判昭 27.11.20）。

また，不服申立書を郵便で提出した場合には，郵送に要した日数は不服申立期間に算入されません（18条3項）。郵便事情によっては，不服申立期間を守ることができない場合が考えられるからです（大災害があった場合等をご想像ください）。

1 審査請求期間（18条）

(1) 主観的請求期間

処分についての審査請求は，**処分があったことを知った日の翌日から起算して3か月**を経過したときは，することができません。また，当該処分について再調査の請求をしたときは，当該再調査の請求についての**決定があったことを知った日の翌日から起算して1か月**を経過したときは，することができません。ただし，**正当な理由があるとき**は，この限りでないとされています（18条1項）。

Part 4
行政法

（2）客観的請求期間

　処分についての審査請求は，処分（当該処分について再調査の請求をしたときは，当該再調査の請求についての決定）があった日の翌日から起算して1年を経過したときは，することができません。ただし，正当な理由があるときは，この限りでないとされています（18条2項）。

2　再調査の請求期間（54条）

（1）主観的請求期間

　再調査の請求は，処分があったことを知った日の翌日から起算して3か月を経過したときは，することができません。ただし，正当な理由があるときはこの限りでないとされています（54条1項）。

（2）客観的請求期間

　再調査の請求は，処分があった日の翌日から起算して1年を経過したときは，することができません。ただし，正当な理由があるときは，この限りでないとされています（54条2項）。

3　再審査請求期間（62条）

（1）主観的請求期間

　再審査請求は，原裁決があったことを知った日の翌日から起算して1か月を経過したときは，することができません。ただし，正当な理由があるときは，この限りでないとされています（62条1項）。[1]

（2）客観的請求期間

　再審査請求は，原裁決があった日の翌日から起算して1年を経過したときは，することができません。ただし，正当な理由があるときは，この限りでないとされています（62条2項）。

4　不作為についての不服申立て

不作為についての不服申立てについては，その性質上，不服申立期間の定めはありません。何もしないという状態が続くのが不作為なので，カウントを始める起点がないためです。[2]

　なお，不作為についての審査請求が「申請から相当の期間が経過しないでされた」場合には，不適法却下となることが明記されました（49条1項）。

Part 4

行政法

---

[1]
☑️ **要チェック！過去問題**

再審査請求の再審査請求期間は，原裁決があった日ではなく，<u>原処分があった日を基準と</u>して算定する。
➡️✖（R2-15-5）

[2]
■ **参考データ**

例えば，国民が許認可の申請を行ったのに，いつまでたっても許可・不許可の決定がなされない場合，不服申立てに期間制限はありません。

Chapter 6
行政不服審査法

〈不服申立期間のまとめ〉

	審査請求	再調査の請求	再審査請求
1か月以内	当該処分について再調査の請求をしたときは，当該再調査の請求についての決定があったことを知った日の翌日から起算		原裁決があったことを知った日の翌日から起算
3か月以内	処分があったことを知った日の翌日から起算	処分があったことを知った日の翌日から起算	
1年以内	処分（当該処分について再調査の請求をしたときは，当該再調査の請求についての決定）があった日の翌日から起算	処分があった日の翌日から起算	原裁決があった日の翌日から起算

※ なお，例外はいずれも「正当な理由があるとき」です。

5 形式と手続を遵守すること[1]

1 審査請求の方式 （19条1項）

審査請求は，他の法律（条例に基づく処分については，条例）に口頭ですることができる旨の定めがある場合を除き，政令で定めるところにより，審査請求書を提出してしなければなりません。不服申立ての存在や争点を明確にし，かつ，手続を慎重にするためです。

2 審査請求書の記載事項 （19条2項～4項）

審査請求書には，必要事項（審査請求人の氏名又は名称及び住所又は居所等）を記載しなければなりません。

3 補 正 （23条，24条）

審査請求書に不備がある場合，審査庁は，相当の期間を定め，その期間内に不備を補正すべきことを命じなければなりません（23条）。[2]

審査請求人が上記期間内に不備を補正しないときは，審査庁は，審理員による審理手続を経ないで，裁決で，当該審査請求を却下することができます（24条1項）。また，審査請求が不適法であって補正することができないことが明らかなときも，審査庁は，審理員による審理手続を経ないで，裁決で，当該審査請求を却下することができます（同条2項）。

*1
■ 参考データ

再調査の請求，再審査請求については，審査請求の規定が準用されています（61条，66条1項）。

*2
■ 参考データ

行政手続法7条において，申請書の記載の不備については補正をすることは義務とされていません。申請には期間制限はないから補正の必要性は少なく，また，申請は不服申立てに比較して数多くなされるがゆえに行政庁の負担が大きくなるからです。

Part 4
行政法

5 審理手続

1 審理の対象

行政不服申立ての審理の対象には、**適法性**の問題（法律問題）のみならず、**当・不当**の問題（裁量問題）も含まれます。

2 審理手続

1 審査請求の場合

(1) 審理の準備

a 書面による場合*3

審査庁が処分庁・不作為庁と異なる場合には、**処分庁・不作為庁を経由**して審査請求をすることができます（21条1項）。この場合、処分庁・不作為庁は、審査請求書を審査庁に送付することになります（同条2項）。

b 口頭による場合

他の法律（条例に基づく処分については、条例）に口頭ですることができる旨の定めがある場合、審査請求は行政庁に対する陳述によって行い、陳述を受けた行政庁が内容を録取し、行政庁はこれを陳述人に読み聞かせて誤りがないかを確認します（20条）。この書面は**審査請求録取書**と呼ばれます。

(2) 審理の手続

a 審理員制度

2014年改正前の行政不服審査法の下では、原処分に関与した者が審理手続を行う可能性があるなど、審理手続の公正さに疑問があったほか、手続の進行に関する責任の所在も明らかではありませんでした。そこで、2014年改正では、**審理員制度**が導入されました。

審査請求の審理は、原則として、**審査庁が指名した審理員**が行います（9条1項）。

審理員制度の趣旨は、審理手続を行う責任者を明確にし、審理対象となる処分に関与しない審理員に中立的な立場で

---

*3 **要チェック！過去問題**
不服申立ては、他の法律や条例において**書面でしなければならない旨の定めがある場合を除き、口頭でする**ことができる。
→ ✗（H22-14-1）

計画的に手続を主宰させることで，審理の透明性を確保するとともに，迅速かつ公正な審理を実現することにあります。このため，法律上，審理員は審査庁から一定の独立性を有する機関として位置づけられています。

なお，行政委員会や審議会等が審査庁となる場合には，審理員制度は適用されません（同条1項但書）。

b　利害関係人の参加

利害関係人は，**審理員の許可を得て**，参加人として審査請求に参加することができます（13条1項）。自分の利益を守るために，言いたいことを言う機会を与える趣旨です。*1

また，**審理員は**，必要があると認めるときは，利害関係人に対し，参加人として審査請求に**参加することを求めることができます**。適切な判断をするために，利害関係人の意見を聴くことが必要な場合があるからです（同条2項）。

2014年改正では，参加人の手続的権利が拡充され，参加人は，弁明書・反論書の送付を受けて意見書を提出できるようになりました（30条2項）。

〈参加人の権限〉

認められている権限	認められていない権限
・弁明書・反論書の送付を受けること ・意見書の提出 ・口頭意見陳述の機会 ・証拠書類・証拠物の提出 ・物件の提出要求の申立権 ・参考人の陳述・鑑定の要求の申立権 ・検証の申立権 ・審理関係人への質問の申立権 ・提出書類等の閲覧等 ・審理員意見書の写しの送付を受けること ・行政不服審査会における口頭意見陳述	・審査請求の取下げ ・執行停止の申立て

c　弁明書の提出 （29条）*2

審理員は，審査庁から指名されたときは，処分庁・不作為庁が審査庁である場合を除き，直ちに審査請求書又は審査請求録取書の写しを処分庁・不作為庁に送付しなければなりません（1項）。

また，審理員は，相当の期間を定めて，処分庁・不作為

---

*1
☑ **要チェック！**
過去問題

一定の利害関係人は，審理員の許可を得て，参加人として当該審査請求に参加することができるが，参加人は，審査請求人と同様に，口頭で審査請求に係る事件に関する意見を述べる機会を与えられ，証拠書類または証拠物を提出することができる。
➡ ○（R2-14-エ）

*2
■ **ポイント**

①審査庁が不服申立要件をチェック。審理員を指名
　↓
②審理員は，処分庁等へ審査請求書を送付，処分庁等から弁明書を受け取る
　↓
③審理員は，弁明書を審査請求人へ送付，審査請求人から反論書等を受け取る
　↓
④審理員は，反論書等を処分庁等へ送付

Part 4
行政法

庁に対し，**弁明書**の提出を求めます（2項）。審理員は，処分庁・不作為庁から弁明書の提出があったときは，これを**審査請求人及び参加人に送付**しなければなりません（5項）。

d　反論書等の提出（30条）

　審査請求人は，反論書（送付された弁明書に記載された事項に対する審査請求人の反論を記載した書面）を提出することができます（1項）。

　また，**参加人は，意見書**（審査請求に係る事件に関する参加人の意見を記載した書面）を提出することができます（2項）。

　審理員は，審査請求人から反論書の提出があったときはこれを参加人・処分庁・不作為庁に送付しなければならず，参加人から意見書の提出があったときはこれを審査請求人・処分庁・不作為庁に送付しなければなりません（3項）。

e　審理手続の終結

　審理員は，必要な審理を終えたと認めるときは，審理手続を終結します（41条1項）。

　また，弁明書・反論書・意見書等が提出期間内に提出されなかった場合や，申立人が正当な理由なく口頭意見陳述に出頭しない場合にも審理手続を終結することができます（同条2項）。

　審理員は，審理手続を終結したときは，遅滞なく**審理員意見書**（審査庁がすべき裁決に関する意見書）を作成し，これを**事件記録とともに，審査庁に提出**しなければなりません（42条）。

f　行政不服審査会等

　行政不服審査会等に対する諮問は，審査庁の審査請求についての判断が妥当かどうか，第三者の立場からチェックする手続です。審査庁は，審理員意見書の提出を受けたときは，既存の第三者機関が関与している場合等を除き，**行政不服審査会等**へ諮問する義務があります（43条1項）。*3*4

　行政不服審査会等では，簡易迅速な手続という行政不服審査法の趣旨にのっとり，審理員意見書及び事件記録に基づく書面審理が中心に行われます。

Part 4
行政法

---

*3
■ 語句解説

行政不服審査会は，総務省に置かれ（67条1項），有識者の委員によって構成されます（68条，69条）。地方公共団体の長が審査庁の場合には，条例で同様の機関が設置されます（81条）。

---

*4
☑ 要チェック！過去問題

審理員は，行政不服審査法が定める例外に該当する場合を除いて，審理手続を終結するに先立ち，行政不服審査会等に諮問しなければならない。
➡✖（H28-15-5）

Chapter 6
行政不服審査法　**615**

行政不服審査会が，諮問に対する答申をしたときは，答申書の写しを審査請求人・参加人に送付するとともに，答申の内容を公表します（79条）。

（3）実体審理（内容の審理）

申立ての要件を満たしている審査請求については，実体審理がなされます。

a　書面審理主義と職権主義

審査請求の実体審理は，書面審理を中心とし，原則として審理員の職権で進められます。また，審理員は，申立人の主張にとらわれることなく，申立人の主張しない事項についても審査し，裁決することができます。

行政不服申立てによる救済には，手続の簡易性と迅速性が求められ，また，行政の自己統制を目的としているからです。

証拠調べ手続も，原則として審理員の職権により進められます。例えば，審理員は，職権で関係物件の提出を求め（33条），参考人の陳述及び鑑定を要求し（34条），検証を行い（35条），更に審査請求人・参加人・処分庁・不作為庁（以下，「審理関係人」といいます）に質問することができます（36条）。

b　口頭意見陳述の手続 （31条）

審査請求人又は参加人の申立てがあった場合（以下，申立てをした者を「申立人」といいます），審理員は，原則として当該申立人に口頭で審査請求に係る事件に関する意見を述べる機会を与えなければなりません（1項本文）。手続の公正を実現するためには，言いたいことを言わせることが重要だからです。*1

この口頭意見陳述は，審理員がすべての審理関係人を招集して行われます（2項）。申立人は，審理員の許可を得て，補佐人とともに出頭することができます（3項）。

また，申立人は，審理員の許可を得て，審査請求に係る事件に関し，処分庁・不作為庁に対して質問を発することができます（5項）。

Festina lente

行政手続法20条の不利益処分を行う際の聴聞は，口頭で行うことが原則となっているよ。不服審査については訴訟という制度も後に控えてるから，ここでは迅速性をより重視して書面審理を原則としているよ。

---

*1
要チェック！過去問題

審理員は，審査請求人の申立てがあった場合には，口頭意見陳述の機会を与えなければならないが，参加人がこれを申し立てることはできない。

→✕（R1-15-4）

Part 4
行政法

2　再調査の請求の場合

　再調査の請求は，審査請求に比べ簡易な手続であることから，審理員による審理はなされず，行政不服審査会等への諮問の手続もありません。

　また，弁明書・反論書のやりとりもなく，処分庁への質問の制度（31条5項参照）も採用されていません（61条）。*2

3　執行不停止

1　執行不停止の原則（25条1項，61条，66条1項）

　不服申立ては，処分の効力，処分の執行，又は手続の続行を妨げません。要するに，不服申立てがなされても行政活動は停止しません。不服申立ての濫用によって，行政活動が停滞するのを回避する趣旨です。*3

2　執行不停止の例外

　もっとも，不服申立人の権利ないし地位を保全して，その救済を図る観点から，一定の要件を満たした場合（例えば，そのまま行政活動が続けられたならば，たとえ不服申立てが認容されたとしても回復できない損害が生じてしまう場合）には，執行停止をすることが認められています（執行停止が義務づけられている場合もあります）。

　なお，執行停止の申立てがあったとき，又は審理員から40条に規定する執行停止をすべき旨の意見書が提出されたときは，審査庁は，速やかに，執行停止をするかどうかを決定しなければなりません（25条7項）。救済のタイミングを逸しないようにするためです。*4

（1）任意的執行停止

　a　執行停止ができる場合　その1（25条2項）──処分庁の上級行政庁又は処分庁である審査庁がする執行停止

　　処分庁の上級行政庁又は処分庁である審査庁は，必要があると認める場合には，審査請求人の申立てにより又は職権で，処分の効力，処分の執行又は手続の続行の全部又は一部の停止その他の措置をとることができます。

　　その他の措置とは，原処分に代わる仮の処分等をすることによって，処分の効力の停止や処分の執行停止と同じ効

---

*2
■ ポイント

再調査の請求は処分を行った行政庁が審査を行うから，審査庁と処分庁との連絡関係についての条文は準用されていません。

*3
■ ポイント

行政事件訴訟法25条1項でも執行不停止の原則が採用されています。

*4
☑ 要チェック！過去問題

審理員は執行停止をすべき旨の意見書を審査庁に提出することができ，提出を受けた当該審査庁は，速やかに，執行停止をするかどうかを決定しなければならない。

➡ ○（R3-14-3）

Part 4
■
行政法

Chapter 6
行政不服審査法　**617**

果を生ぜしめるための措置のことです。処分庁や上級行政庁は、当該処分にかかる行政事務につき、一般的に行政責任を有しているため、その他の措置をとり得ます。*1

　b　執行停止ができる場合　その2（25条3項）──処分庁の上級行政庁又は処分庁のいずれでもない審査庁がする執行停止
　処分庁の上級行政庁又は処分庁のいずれでもない審査庁は、必要があると認める場合には、審査請求人の申立てにより、処分庁の意見を聴取した上、執行停止をすることができます。
　ただし、処分の効力、処分の執行又は手続の続行の全部又は一部の停止以外の措置をとることはできません。つまり停止しかできません。*2

(2) 必要的執行停止（25条4項）
　審査請求人の申立てがあった場合において、処分、処分の執行又は手続の続行により生ずる重大な損害を避けるために緊急の必要があると認めるときは、審査庁は、執行停止をしなければなりません。*3
　ただし、公共の福祉に重大な影響を及ぼすおそれがあるとき、又は本案について理由がないとみえるときは執行停止をしなくてもよいとされています。

(3) 任意的執行停止、必要的執行停止のいずれの場合も、処分の効力の停止以外の措置によって目的を達することができるときは、処分の効力を停止することはできません（25条6項）。

3　執行停止の取消し（26条）
　執行停止をした後において、執行停止が公共の福祉に重大な影響を及ぼすことが明らかとなったとき、その他事情が変更したときは、審査庁は、その執行停止を取り消すことができます。*4

*1
■ポイント
行政事件訴訟法25条2項では、申立てによってのみ裁判所に執行停止が認められています。

*2
■ポイント
処分庁の上級行政庁又は処分庁のいずれでもない審査庁は、職権で執行停止をすることはできません。

*3
☑要チェック！過去問題
審査庁は、処分、処分の執行または手続の続行により生ずる重大な損害を避けるために緊急の必要があると認めるときは、審査請求人の申立てがなくとも、職権で執行停止をしなければならない。
➡ （H29-16-2）

6　裁決及び決定

重要度 A

1　裁決及び決定の意義

裁決とは、審査請求又は再審査請求に対する審査庁の裁断行為

をいいます。一方，決定とは，再調査の請求に対する処分庁の裁断行為をいいます。不服申立人が不服申立てを取り下げる場合（27条1項，61条，66条1項）のほかは，審査庁の裁決（再調査の請求の場合は処分庁の決定）によって審理手続が終了します。

なお，不服申立てを取り下げる場合には，書面でしなければなりません（27条2項，61条，66条1項）。

2 裁決（決定）の種類

1 却下裁決（却下決定）

却下裁決（却下決定）とは，不服申立てが不服申立要件を欠き不適法であるときに，本案審理を拒否する裁決（決定）をいいます（45条1項等）。*5

2 棄却裁決（棄却決定）

棄却裁決（棄却決定）とは，不服申立てに理由がないとして不服申立てを退ける裁決（決定）をいいます（45条2項等）。

3 事情裁決

審査請求に理由があれば，それを認容し，処分を取り消すのが原則です。しかし，処分を取り消すことにより公の利益に著しい障害を生ずる場合においては，一定の要件の下に，審査庁は審査請求を棄却することができます。これを，事情裁決といいます（45条3項）。*6

事情裁決も棄却裁決の一種です。なお，事情裁決をする場合，審査庁は当該処分が違法又は不当であることを裁決の主文で宣言しなければなりません。裁決が確定すれば，処分の違法については，不可争力等の裁決の効力が生じることになり，処分の不当については，処分が不当であることを宣言することにより，事後における行政の自己統制を図ることができるからです。

再審査請求についても，事情裁決が認められています（64条4項）。

なお，再調査の請求は，審査請求より簡略な手続により改めて処分を見直す手続であり，その対象が限られることを考慮すると，事情裁決に相当する規定を設ける必要性は乏しいため，事情裁決に相当する規定は設けられていません。

---

*4 要チェック！過去問題

審査庁は，いったんその必要性を認めて執行停止をした以上，その後の事情の変更を理由として，当該執行停止を取り消すことはできない。

➡✘（R3-14-2）

*5 参考データ

例えば，不服申立期間の経過後になされた申立てであっても，裁決・決定によって却下しなくてはなりません。

*6 参考データ

行政事件訴訟法31条1項の定める事情判決と同様の趣旨です。

Part 4 行政法

Festina lente

いくら事情裁決でOKといっても，審査庁はその処分が違法だったり，不当であることを宣言しなければならないのだ。棄却裁決ではあるけど，不服を申し立てた人の言い分には合理性があったんだから，そのことを明確に示すべきだね。将来の反省に活かされるね。

4 認容裁決（認容決定）

認容裁決（認容決定） とは，不服申立てに理由があるときに，不服申立てを認容する裁決（決定）をいいます。

(1) 審査請求の認容

a 処分（事実上の行為を除く）に対する審査請求の認容

処分（事実上の行為を除く）についての審査請求に理由がある場合（事情裁決をする場合を除く）には，**審査庁は，裁決で，当該処分の全部若しくは一部を取り消します**（46条1項）。[1]

そして，法令に基づく申請を却下し，又は棄却する処分の全部又は一部を取り消す場合において，当該申請に対して一定の処分をすべきものと認めるときは，処分庁の**上級行政庁である審査庁は，当該処分庁に対し，当該処分をすべき旨を命ずる措置**をとり，**処分庁である審査庁は，当該処分をする措置**をとります（同条2項1号，2号）。これは，裁決で単に違法又は不当な申請拒否処分を取り消すことにとどまらず，争訟の一回的解決の観点から，行政事件訴訟法の「申請満足型義務付け訴訟」を参考に，法令に基づく申請を認容する処分をすることにより申請に対する応答内容を確定させる措置をとり得るようにするための規定です。[2][3]

処分が取り消された場合には，処分は処分時に遡ってその効力を失い，申請に対する処分であれば，申請に対してその応答としての処分がされていない状態に戻ることになります。

さらに，**審査庁が処分庁の上級行政庁又は処分庁である**ときは，審査庁は，**裁決で当該処分を変更**することもできます。

---

[1]
■ 参考データ

違法又は不当な部分が一部にとどまる場合には，処分の全部を取り消すことはできないのが原則です。

[2]
■ 語句解説

申請満足型義務付け訴訟とは，行政庁に対し一定の処分又は裁決を求める旨の法令に基づく申請又は審査請求がされた場合において，当該行政庁がその処分又は裁決をすべきであるにかかわらずこれがされないときに，行政庁がその処分又は裁決をすべき旨を命ずることを求める訴訟をいいます（行政事件訴訟法3条6項2号）。

[3]
☑ 要チェック！過去問題

法令に基づく申請を却下し，または棄却する処分の全部または一部を取り消す場合において，審査庁が処分庁の上級行政庁である場合，当該審査庁は，当該申請に対して一定の処分をすべきものと認めるときは，<u>自らその処分を行うことができる</u>。
➡ ✕（H28-16-4）

ただし，審査請求人の不利益に当該処分を変更すること
はできません（48条）。*4

b　事実上の行為に対する審査請求の認容

　　事実上の行為についての審査請求に理由がある場合（事
情裁決をする場合を除く）には，審査庁は，裁決で，当該
事実上の行為が違法又は不当である旨を宣言します（47
条）。そして，処分庁以外の審査庁は，当該処分庁に対し，
当該事実上の行為の全部若しくは一部を撤廃すべき旨を命
ずる措置をとり，処分庁である審査庁は，当該事実上の行
為の全部若しくは一部を撤廃し，又はこれを変更する措置
をとります（同条1号，2号）。*5

　　さらに，審査庁が，処分庁の上級行政庁であるときは，
審査庁は，処分庁に対し当該事実上の行為を変更すべき旨
を命ずることができます。ただし，審査請求人の不利益に
当該事実上の行為を変更すべきことを命じ，若しくはこれ
を変更することはできません（48条）。

c　不作為に対する審査請求の認容

　　不作為についての審査請求に理由がある場合には，審査
庁は，裁決で，当該不作為が違法又は不当である旨を宣言
します（49条3項）。そして，この場合において，当該申請
に対して一定の処分をすべきものと認めるときは，不作為
庁の上級行政庁である審査庁は，当該不作為庁に対し，当
該処分をすべき旨を命ずる措置をとり，不作為庁である審
査庁は，当該処分をする措置をとります（同項1号，2号）。
これも，行政事件訴訟法の「申請満足型義務付け訴訟」を
参考にしたものです。*6

(2) 再調査の請求の認容（59条）

a　処分（事実上の行為を除く）に対する再調査の請求の認容

　　処分（事実上の行為を除く）についての再調査の請求に
理由がある場合には，処分庁は，決定で，当該処分の全部
若しくは一部を取り消し，又はこれを変更します（1項）。

　　ただし，処分庁は，再調査の請求人の不利益に当該処分
を変更することはできません（3項）。

---

*4　要チェック！過去問題

処分についての審査請求に理由があり，当該処分を変更する裁決ができる場合であっても，審査請求人の不利益に当該処分を変更することはできない。
→⭕（R3-16-ウ）

*5　参考データ

すでに起こってしまった過去の事実を取り消すことはできないために，取消しではなく，撤廃というのです。

*6　要チェック！過去問題

不作為についての審査請求について理由がある場合，不作為庁の上級行政庁ではない審査庁は，当該不作為庁に対し，当該処分をすべき旨を勧告しなければならない。
→❌（R2-16-エ）

Part 4　行政法

Chapter 6
行政不服審査法

b　事実上の行為に対する再調査の請求の認容

事実上の行為についての再調査の請求に理由がある場合には，処分庁は，決定で，当該事実上の行為が違法又は不当である旨を宣言するとともに，当該事実上の行為の全部若しくは一部を撤廃し，又はこれを変更します（2項）。

ただし，処分庁は，再調査の請求人の不利益に当該事実上の行為を変更することはできません（3項）。

〈裁決の種類〉

3　裁決（決定）の方式　(50条，60条，66条1項)

裁決（決定）は要式行為（法律で決められた方法により行わなければならない行為）であり，書面（裁決書又は決定書）によって行います。

裁決書（決定書）には，裁決（決定）に対する判断を主文として掲げ，判断に至った理由を明示し，かつ審査庁（処分庁）はこれに記名押印しなければなりません（50条1項等）。*1

また，審査請求の場合において，行政不服審査会等への諮問を要しないときは，裁決書には，審理員意見書を添付しなければなりません（同条2項）。*2

さらに，審査庁は，再審査請求をすることができる裁決をする場合には，裁決書に再審査請求をすることができる旨並びに再審

---

*1 要チェック！過去問題
審査請求の裁決は，書面でしなければならず，緊急を要する場合であっても，口頭ですることは認められていない。
→ ○（H24-14-5）

*2 参考データ
これは，再審査請求について準用されています（66条1項）。

査請求をすべき行政庁及び再審査請求期間を記載して、これらを教示しなければなりません（50条3項）。

4 裁決（決定）の効力発生時期

裁決（決定）は、不服申立人への送達によって効力を生じます（51条1項、61条、66条1項）。

なお、送達は送達を受けるべき者に裁決書（決定書）の謄本（原本の内容をそのまま全部謄写した書面）を送付して行います（51条2項、61条、66条1項）。

そして、不服申立てが処分の相手方以外の者から提起された場合には、不服申立人に送達するだけではなく、処分の相手方に対しても送達することが必要です（51条1項）。処分の相手方は、裁決（決定）によって直接影響を受ける者だからです。さらに、審査庁は、裁決書の謄本を参加人及び処分庁等（審査庁以外の処分庁等に限る）に送付しなければなりません（同条4項）。*3

*3
■参考データ
再審査請求の場合、参加人並びに処分庁及び裁決庁（処分庁以外の裁決庁に限る）に対して送付します（66条1項）。

5 裁決（決定）の効力

行政不服審査法は、裁決の効力として、拘束力に関する規定を置くのみです（52条1項）。

しかし、裁決及び決定も行政行為の一種であるので、それが当然無効と認められる場合を除いて、一般の行政行為と同じく公定力、自力執行力、不可争力、そして準司法的作用であることから不可変更力を有します。

もっとも、決定は処分庁がするものであることから、裁決の拘束力（52条）に相当する規定は設けられていません。

7 教示制度

重要度 **A**

1 教示制度の趣旨[1]

　教示制度とは，行政庁から国民に対して不服申立ての方法を教える制度をいいます。いくら不服申立ての制度を用意したとしても，利用する側がその存在や仕組み，方法を知らなければ意味がありません。そこで，この制度を少しでも多くの国民に知らせ，違法・不当な行政庁の行為から国民の救済を図るべく，教示制度を設けました。

　なお，教示制度は，**地方公共団体その他の公共団体に対する処分で，当該公共団体がその固有の資格において処分の相手方となるもの**については，**適用しません**（7条2項参照）。

2 教示が必要な場合

1 不服申立てが可能な処分をする場合（82条1項）

　行政庁は，審査請求若しくは再調査の請求又は他の法令に基づく不服申立てをすることができる処分をする場合には，処分の相手方に対し，当該処分につき「不服申立てをすることができる旨」並びに「不服申立てをすべき行政庁」及び「不服申立てをすることができる期間」を**書面で教示**しなければなりません（1項本文）。ただし，当該処分を口頭でする場合は，この限りではありません（同項但書）。[2]

2 利害関係人から請求があった場合（82条2項）

　行政庁は，利害関係人から，「当該処分が不服申立てをすることができる処分であるかどうか」並びに「当該処分が不服申立てをすることができるものである場合における不服申立てをすべき行政庁」及び「不服申立てをすることができる期間」につき教示を求められたときは，当該事項を教示しなければなりません。

3 教示の方法

1 不服申立てが可能な処分をする場合（82条1項）

　教示は，原則として**書面**によらねばなりません。

---

[1]
■ 参考データ

2014年改正によって，情報の提供（84条）や公表（85条）についても規定が設けられました。

[2]
■ 参考データ

82条1項の反対解釈により，不服申立ての許されない処分を行うときは，教示する必要はありません。教示制度の趣旨は，不服申立ての方法を知らせる点にあるからです。

Festina lente

この教示制度は，行政事件訴訟法にも採り入れられているよ（46条）。行審法と行訴法とを比較する問題で聞かれるかもしれないから，ここで注意を喚起しておくね。

Part 4
行政法

2　利害関係人から請求があった場合（82条3項）

　利害関係人からの請求があった場合，原則として教示は**口頭**でよいとされています。しかし，利害関係人が書面による教示を求めた場合には，書面によらなければなりません。

4　教示を怠った場合（83条）

　行政庁が82条の規定による教示をしなかった場合には，当該処分について不服がある者は，当該処分庁（教示義務に違反した行政庁）に不服申立書を提出することができます。教示義務を履行しなかった以上，不服申立てを受ける（信義則上の）義務があるといえるからです（1項）。

　不服申立書の提出があった場合，当該処分が処分庁以外の行政庁に対し審査請求をすることができる処分であるときは，処分庁は，速やかに，当該不服申立書を当該行政庁に送付しなければなりません。当該処分が他の法令に基づき，処分庁以外の行政庁に不服申立てをすることができる処分であるときも同様です（3項）。この場合，不服申立書が送付されたときは，**初めから当該行政庁に審査請求又は当該法令に基づく不服申立てがされたものとみなされます**（4項）。

　なお，教示を怠った場合でも処分の効力に影響はありません。教示を怠ったことと，処分の効力は別問題だからです。

5　誤った教示をした場合の措置

　不服を申し立てようとする者に誤った教示がなされた場合には，その誤った教示に従って不服申立てをしてしまってもやむを得ません。そこで，誤って教示されたとおりに不服申立てをした者に対して，不利益が生じないようにする制度が設けられています。具体的には次の3つです。

1　不服申立てのできない処分につき不服申立てができる旨の教示がなされた場合

　不服申立てができない処分でも，行政事件訴訟によってその効力を争うことは可能です。しかし，行政事件訴訟においても出訴期間の制限が設けられています。そのため，行政庁が不服申立てをすることができる旨を誤って教示した場合に，それに従って不

服申立てをしてしまい，その間に出訴期間が経過してしまう場合があり得ます。

そこで，行政事件訴訟法は，行政庁が誤って審査請求をすることができる旨を教示したときは，取消訴訟は，その審査請求をした者については，「処分」ではなく，「審査請求に対する裁決」があったことを知った日から6か月を経過したとき又は当該裁決の日から1年を経過したときは，提起することができないと規定され（行政事件訴訟法14条3項），このような者の救済を図っています。

2 不服申立てをすべき行政庁を誤って教示した場合[*1]

審査請求をすることができる処分につき，処分庁が誤って審査請求をすべき行政庁でない行政庁を審査請求をすべき行政庁として教示した場合において，その教示された行政庁に書面で審査請求がされたときは，当該行政庁は，速やかに，審査請求書を処分庁又は審査庁となるべき行政庁に送付し，かつ，その旨を審査請求人に通知しなければなりません（22条1項）。

この場合，審査請求書が審査庁となるべき行政庁に送付されたときは，初めから審査庁となるべき行政庁に審査請求がされたものとみなされます（同条5項）。

3 不服申立てをすることができる処分につき不服申立てをすることができる旨を教示しなかった場合

再調査の請求をすることができる処分につき，処分庁が誤って審査請求をすることができる旨を教示しなかった場合において，当該処分庁に再調査の請求がされた場合であって，再調査の請求人から申立てがあったときは，処分庁は，速やかに，再調査の請求書又は再調査の請求録取書及び関係書類その他の物件を審査庁となるべき行政庁に送付しなければなりません。

この場合において，その送付を受けた行政庁は，速やかに，その旨を再調査の請求人及び当該再調査の請求に参加する者に通知しなければなりません（22条4項）。

そして，再調査の請求書若しくは再調査の請求録取書が審査庁となるべき行政庁に送付されたときは，初めから審査庁となるべき行政庁に審査請求がされたものとみなされます（同条5項）。

[*1]

☑ 要チェック！過去問題

処分庁が誤って審査請求すべき行政庁でない行政庁を教示し，当該行政庁に審査請求書が提出された場合，当該行政庁は処分庁または本来の審査請求すべき行政庁に審査請求書を送付しなければならない。

➡ ◯（H26-15-イ）

ファイナルチェック　基礎知識の確認

問題1　行政庁の処分につき処分庁以外の行政庁に対して審査請求をすることができる場合において，法律に再調査の請求をすることができる旨の定めがあるときは，処分庁に対する再調査の請求をした後でなければ，審査請求をすることができないのが原則である。

問題2　審査請求の審理は，原則として書面によって行うので，審査請求人の申立てがあったとしても，審理員は，審査請求人に口頭で意見を述べる機会を与えることはできない。

問題3　法令に基づく申請を却下する処分を取り消す場合において，審査庁が処分庁の上級行政庁であるときは，当該審査庁は，処分庁に対し，当該申請に対して一定の処分をすべき旨を命ずることができる。

問題4　行政庁は，利害関係人から教示を求められたときは，必ず書面で教示をしなければならない。

問題1 ✕　不服申立人の選択により，再調査の請求をすることなく，直接審査請求をすることもできる（5条1項）。
問題2 ✕　この場合，口頭で意見を述べる機会を与えなければならない（31条1項）。　**問題3 ○**（46条2項1号）
問題4 ✕　利害関係人が，書面による教示を求めた場合にのみ，書面によって教示をしなければならないとされている（82条3項）。

本試験レベルの問題にチャレンジ！ ▶▶▶

Chapter 7 行政事件訴訟法

重要度 A

イントロダクション　学習のポイント

　行政事件訴訟法は，行政法の中でも，記述式での出題頻度が高く，大切なテーマです。

　処分などの行政作用に対して不服がある場合，裁判所に救済を求めることができます。

　行政事件訴訟には数多くの類型があり，まず，その体系を覚えなければなりません。その上で，まず，取消訴訟についてしっかりと勉強を進めていきましょう。行政事件訴訟法は，取消訴訟以外の訴訟については，それ固有の規定を設けるほか，取消訴訟の規定をいくつか準用するという体系をとっています。取消訴訟以外の訴訟ももちろん大切ですが，取消訴訟をしっかりと勉強しておかなければ，他の訴訟もまた得意になることはできません。

ベーシック　じっくり理解しよう！

1　総　説

重要度 B

　行政事件訴訟とは，行政上の法律関係に争いがある場合における訴訟をいいます。この行政事件訴訟の手続について定めた法律

を行政事件訴訟法といいます。

　行政庁に対する不服申立手続には，費用・時間のコストが少ないというメリットがありますが，行政内部の統制であるために判断の公平性・中立性に問題があります。

　憲法ではこのことを考慮して，適法か違法かの最終的な判断権を行政機関に与えることを禁じています（憲法76条2項）。このことにより，行政事件についても最終的には裁判所で判断されることになり，その手続法として，行政事件訴訟法が制定されたのです。

　行政事件訴訟法は，行政事件が民事上の争いとは違った特色を有しているため設けられた，行政訴訟の一般法です。そして，行政事件訴訟に関して行政事件訴訟法に定めがない事項については，訴訟全般についての一般法である民事訴訟法の規定を準用することになります（7条）。

Part 4 ■ 行政法

Festina lente

　現在の行政事件訴訟法になったときの改正ポイントを整理しておくね。制度的に重要なところだよ。

（1）救済範囲の拡大
　①取消訴訟の原告適格の実質的拡大（9条2項）
　②義務付け訴訟の法定（3条6項，37条の2，37条の3）
　③差止訴訟の法定（3条7項，37条の4）
　④当事者訴訟の一類型としての確認訴訟の明記（4条）
（2）行政訴訟を利用しやすく，わかりやすくするための仕組み
　①抗告訴訟の被告を行政庁から行政主体に変更（11条1項）*1
　②抗告訴訟の管轄裁判所の拡大（12条）
　③取消訴訟の出訴期間の延長（14条1項本文）
　④教示制度の創設（46条）
（3）仮の救済制度の拡充
　①執行停止の要件を緩和（25条2項）
　②仮の義務付け制度の創設（37条の5第1項）
　③仮の差止め制度の創設（37条の5第2項）

*1
■ 語句解説

抗告訴訟とは，行政庁の公権力の行使に関する不服の訴訟のことを指します。

Chapter 7
行政事件訴訟法　**629**

〈行政事件訴訟と行政不服申立ての比較〉

		行政事件訴訟	行政不服申立て
共通点		行政行為の効力を争う方法で，職権証拠調べが認められている	
相違点	審理する機関	裁判所	行政庁，行政委員会
	審理の対象	違法な行政行為	違法・不当な行政行為
	行政行為を変更できるか	できない	できる
	職権で執行停止できる場合があるか	ない	ある
	手続の特徴	口頭での審理が原則	書面審理が原則

2 行政事件訴訟の種類

重要度 A

　行政事件訴訟法は，訴えの種類として数種類の形式を定めていますが，以下ではまず取消訴訟（処分の取消訴訟，裁決の取消訴訟）を中心に説明していくことにします。なぜなら，現実には訴えの大部分が取消訴訟だからです。*1*2

3 取消訴訟の対象

重要度 A

　行政不服審査と同様，すべての行政権の行為を取消訴訟の対象とすることはできません。では，どのような行政権の行為が，取消訴訟の対象となるのでしょうか。

1 行政庁の処分 （3条2項）

　行政事件訴訟法は，「行政庁の処分その他公権力の行使に当たる行為」（以下では，単に「処分」という）を取消訴訟の対象としています。

ここでいう「処分」とは、行政作用法で学んだ**行政行為**とほぼ同じです。したがって、命令の制定、行政契約、行政指導等は、行政行為にあたらず、処分に該当しません。これらの行為は、それだけでは、**国民に対して何ら不利益を与えるものではないから**です。

ただ、国民の自由を拘束する権力的・継続的な**事実行為**（直接強制・即時強制による身体・財産への強制行為等）は、「処分」に該当します。これらの行為は、**国民に対して不利益を与えるもの**として、もはや見過ごすわけにはいかないからです。

この点で、「処分」は、行政作用法で学んだ行政行為とは異なります。

2 裁決・決定

行政事件訴訟法は、不服申立てに対する**裁決・決定**を取消訴訟の対象としています。憲法76条2項が、法の支配の見地から行政機関は終審として裁判を行うことができないとしていることを受けて、裁判所に最終判断権を与えたのです。

3 処分取消訴訟と裁決取消訴訟との関係

1 原則と例外

処分に対する審査請求に対して、審査請求人にとって不利な裁決が下された場合には、取消訴訟を提起し得る対象として、①原処分（審査請求の対象となった処分）と、②裁決の2つがあることになります。この2つの関係は、以下のとおりとなります。

原　則	どちらを提起してもよい。
例　外	特別法で裁決取消訴訟しか認めていない場合（公職選挙法203条2項、特許法178条6項など）。これらの場合には、裁決取消訴訟を提起しなければならない。

2 原処分主義*3

処分の取消しの訴えと裁決の取消しの訴えとを提起できる場合には、裁決の取消しの訴えにおいては処分の違法を理由として裁決の取消しを求めることはできません（10条2項）。つまり、裁決の取消しを求める場合は、裁決の権限、手続、形式の瑕疵とい

---

*1
☑ **要チェック！過去問題**

建築基準法に基づき私法人たる指定確認検査機関が行った建築確認拒否処分の取消しを求める申請者の訴えは、抗告訴訟に当たる。
➡ ○（H22-16-ア改）

*2
■ **語句解説**

取消訴訟とは、抗告訴訟のうち（すなわち行政庁の公権力に対する不服を申し立てる訴訟のうち）、行政行為その他の行政庁の公権力の行為により不利益を受けた者が、行政庁の権力行為の違法を主張してその取消しを求め、侵害された自由・財産の回復（又は予防）を目的とする訴訟です。行為を取り消した上で利益の回復を図る点で無効確認訴訟等と異なるわけです。

*3
■ **参考データ**

処分取消しの訴えと、処分に関する審査請求を棄却した裁決の取消しの訴えとを両方提起できる場合、裁決に関する取消訴訟において処分の違法を争えますか？答えはノーです。

った裁決固有の瑕疵を理由としなければなりません。そして，処分について争いたければ，処分取消訴訟を提起しなければなりません（これを，**原処分主義**といいます）。原処分と裁決とは，別個の行政処分だからです。*1

> *1 **要チェック！過去問題**
> 違法な処分に対する審査請求について，審査庁が誤って棄却する裁決をした場合，審査請求人は，裁決取消訴訟により，元の処分が違法であったことを理由として，棄却裁決の取消しを求めることができる。➡✗
> （H26-14-2）

4 取消訴訟を提起するための要件

重要度 B

　実際に訴訟を提起したとしても，直ちに審理が始まるわけではありません。裁判所に審理してもらうためには，訴え自体が適法でなければなりません。ここに，訴えを適法ならしめるために要求される要件を**訴訟要件**といいます。
　訴訟要件を満たさない訴えは，その内容について審理されず**却下**されます。つまり門前払いです。

なお，要件には以下の6つがあります。

1 行政庁の処分，裁決・決定等があること

すでに述べたように，行政事件訴訟法は，「処分」を取消訴訟の対象としています。したがって，取消訴訟の対象がなければ，訴訟要件を満たさないことになり，訴えは却下されます。

そこで，取消訴訟の対象（処分性）は，訴訟要件として重要なものになっています。

判例は，処分性について，「公権力の主体たる国又は公共団体がその行為によって，国民の権利義務を形成し，或はその範囲を確定することが法律上認められている」ものが「処分」であるという判断を示しています（最判昭 30.2.24）。

〈処分性に関する判例〉

判例 ごみ焼却場の設置行為は，処分性が否定される（最判昭 39.10.29）。

判例 道路交通法 127 条 1 項の規定に基づく反則金の納付の通告は，処分性が否定される（最判昭 57.7.15）。

判例 市町村の施行に係る土地区画整理事業の事業計画の決定は，処分性が肯定される（最大判平 20.9.10）。

判例 都市再開発法 51 条 1 項，54 条 1 項に基づき地方公共団体により定められ公告された第二種市街地再開発事業の事業計画の決定は，処分性が肯定される（最判平 4.11.26）。

処分性肯定	処分性否定
①行政行為 ②国民の自由を拘束する権力的・継続的な事実行為 ③不服申立てに対する裁決・決定 ④行政代執行法の戒告 ⑤（旧）関税定率法の輸入禁制品該当の通知（最判昭 54.12.25） ⑥土地区画整理事業計画（最大判平 20.9.10） ⑦第二種市街地再開発事業における事業計画決定（最判平 4.11.26） ⑧供託官の供託金取戻請求に対する却下処分（最大判昭 45.7.15） ⑨土地区画整理組合の設立の認可（最判昭 60.12.17）	①法律・命令・条例の制定 ②行政契約 ③行政指導（原則） ④通達（最判昭 43.12.24） ⑤ごみ焼却場の設置処分（最判昭 39.10.29） ⑥国有財産の売渡し（最判昭 35.7.12） ⑦道路交通法による反則金納付の通告（最判昭 57.7.15） ⑧建築許可に対する消防長の同意拒否（最判昭 34.1.29） ⑨運輸大臣（当時）が日本鉄道建設公団に対して行った成田新幹線工事実施計画の認可（最判昭 53.12.8） ⑩都市計画法上の用途地域の指定（最判昭 57.4.22）

Chapter 7
行政事件訴訟法

	⑪住民票に世帯主との続柄を記載する行為（最判平11.1.21）
⑩市町村営土地改良事業の施行の認可（最判昭61.2.13）	⑫地区計画の決定（最判平6.4.22）
⑪所得税法に基づく税務署長の納税の告知（最判昭45.12.24）	⑬地方議会での議決
⑫地方議会議員の除名処分	⑭検察官の起訴・不起訴
	⑮都市計画法に基づく開発許可の前提としての公共施設管理者の同意の拒否（最判平7.3.23）
	⑯公営福祉施設の民間移管にかかる事業者選考の応募者に対する「決定に至らなかった」旨の通知（最判平23.6.14）

2 訴訟を提起する権限のある者によって，訴訟提起がなされること

1 原告適格（9条）

原告適格とは，取消訴訟において処分性が認められた場合にその処分の取消しを求めて**出訴することのできる資格**をいいます。法は原告適格を「**法律上の利益**」を有する者に絞っています。取消訴訟の主たる目的は権利・利益の侵害から国民を救済することにあり，救済されるべき利益を有しない者に出訴する資格を与える必要はないからです。

法律上の利益を有する者として争いがないのは，以下のような処分の相手方です。

① 不利益処分を受けた相手方。例えば，営業停止処分を受けた者。[*1]

② 申請拒否処分を受けた者。例えば，営業免許申請を拒否された者や，補助金交付申請を拒否された者。

2 「法律上の利益」を有する者に含まれる者の範囲

処分の**相手方以外**の第三者（例えば，原子炉などの不快施設の設置が許可された場合の付近住民）や，形式上**特定の相手方のない処分**における付近住民など（例えば，道路の公用が廃止された場合の地域住民）にも「法律上の利益」が認められる場合があります。

「法律上の利益」の意味については，「実体法上保護された利益」と考えるもの（法律上**保護された**利益説）と，「裁判上の保護に値する利益」と考えるもの（法的な**保護に値する**利益説）

---

*1

■ 参考データ

不利益処分を受ける者や，申請に対する処分を受ける者は行政手続法の対象となる者でもあります。事前手続の保護を受けられるような者は，処分の結果に違法がある場合には事後手続による救済も受けられるわけです。

と，2通りの解釈がありますが，判例・通説は前者の法律上保護された利益説に立っています。

ここで，「法律上の利益」にあたるかどうかの判断については，9条2項が次のように規定しています。

Festina lente

9条2項の原告適格の判断について説明するよ。

(1) まず，前提は9条1項の「法律上の利益」という言葉の解釈。判例・通説は，「法律上の利益」の意味については，法律上保護された利益としているよ。

(2) 何が「法律上の利益」にあたるかの判断は次の①・②の要素に留意する必要があるよ。すなわち，処分の根拠となった法律の文言のみではなく，①当該法令の趣旨及び目的並びに②当該処分において考慮されるべき利益の内容及び性質を考慮する。

(3) さらに，上記(2)で述べた①・②を考慮する際のガイドラインが定められているよ。つまり，

ア　上記の①を考慮するにあたっては，当該法令と目的を共通する関連法規があるときはその趣旨及び目的をも参酌する。*2

イ　上記の②を考慮するにあたっては，当該処分が処分の根拠となる法令に違反してされた場合に害されることになる利益の内容及び性質並びにこれが害される態様及び程度をも勘案する。

ってこと。

この3層構造がわかれば，原告適格は卒業だよ。

〈原告適格に関する判例〉*3

判例 公衆浴場法に基づく許可制度の適正な運用によって保護される既存業者の営業上の利益は，同法によって保護される法的利益であるから，既存業者は，新規業者に対する許可の取消しを求める法律上の利益を有する（最判昭37.1.19）。

判例 運輸大臣（当時）による航空運送事業免許に関して，航空機の騒音を理由として免許の取消しを求めた空港周辺の住民で航空機の騒音によって社会通念上著しい障害を受けることとなる者には，航空運送事業免許を争う原告適格がある（最判平元.2.17）。

判例 都市計画法上の開発許可によってがけ崩れなどの危険にさらされる者に，開発許可の取消しを求める原告適格を承認した（最判平9.1.28）。

*2
■ 参考データ

例えば，航空法に基づく航空運送事業の免許について，飛行機の騒音がうるさいことを理由に付近住民が免許の取消しを求めたとします。この場合，航空法のみでなく，「公共用飛行場周辺における航空機騒音による障害の防止などに関する法律」が関連法規にあたります。この結果，付近住民に原告適格が認められます。

*3
■ 参考データ

都市計画事業の事業地の周辺に居住する住民のうち事業が実施されることにより騒音・振動等による健康又は生活環境にかかる著しい被害を直接的に受けるおそれのある者は，同事業の認可の取消しを求める訴訟の原告適格を有するとされています（小田急高架化訴訟，最大判平17.12.7）。

Chapter 7
行政事件訴訟法 **635**

原告適格を認めた判例	原告適格を否定した判例
①公衆浴場業の新規許可の取消しを求める既存業者（最判昭 37.1.19） ②航空運送事業の免許の取消しを求める空港周辺住民（新潟空港訴訟：最判平元 .2.17） ③都市計画法に基づく開発許可によるマンション建設によって，がけ崩れの危険にさらされる付近住民（最判平 9.1.28） ④保安林指定解除の取消しを求める下流住民（最判昭 57.9.9） ⑤原子炉設置許可の取消しを求める周辺住民（もんじゅ原発訴訟：最判平 4.9.22） ⑥放送局の開設免許が競願者に付与された場合には，自己の放送局免許拒否処分の取消しだけでなく，競願者への免許処分の取消しを求める点についても原告適格が認められる（東京 12 チャンネル事件：最判昭 43.12.24） ⑦都市計画事業の事業地の周辺に居住する住民のうち事業が実施されることにより騒音，振動等による健康又は生活環境にかかる著しい被害を直接的に受けるおそれのある者は，同事業の認可の取消しを求める訴訟の原告適格を有する（小田急高架化事件：最大判平 17.12.7）	①質屋営業の新規許可の取消しを求める既存業者（最判昭 34.8.18） ②町名変更の取消しを求める住民（最判昭 48.1.19） ③私鉄特急料金値上げの認可の取消しを求める利用者（最判平元 .4.13） ④史跡指定解除処分の取消しを求める学術研究者（最判平元 .6.20） ⑤風俗営業（パチンコ店）許可の取消しを求める周辺住民（最判平 10.12.17） ⑥墓地経営許可の取消しを求める周辺住民（最判平 12.3.17） 参考—不服申立適格を否定した判例 果実飲料等の表示に関する公正競争規約の認定の取消しを求める一般消費者（主婦連ジュース不当表示事件：最判昭 53.3.14）

3 その事件について，訴えの利益があること

1 訴えの利益（9条）

　訴えの利益があるとは，処分が取り消された場合に，現実に**法律上の利益の回復**が得られる状態にあることをいいます。これも「法律上の利益」の問題です。たとえ取消判決が下されたとしても，それがもはや原告の救済にとって無意味であれば，訴えの利益は認められません。

2 訴えの利益に関する判例[1]

> 判例 自動車運転免許の効力停止処分を受けた者は，免許の効力停止期間を経過し，かつ，処分の日から無違反・無処分で 1 年を経過したときは，処分の取消しによって回復すべき法律上の利益は失われる（最判昭 55.11.25）。

[1] **要チェック！ 過去問題**

公文書の非公開決定の取消しを求める利益は，当該公文書が裁判所に書証として提出された場合でも失われない。
➡ ○（H26-18-3）

判例 建築確認処分の取消しを求める利益は，建築物の建築工事の完了によって失われる（最判昭 59.10.26）。

判例 皇居外苑使用許可申請の不許可処分の取消しを求める訴えの利益は，訴訟係属中に使用日が経過することによって失われる（最大判昭 28.12.23）。

判例 生活保護法に基づく保護変更決定の取消しを求める利益は，原告の死亡によって消滅する（最大判昭 42.5.24）。

判例 公務員は公職選挙に立候補すると辞職したものとみなされる（公職選挙法 90 条）から，免職処分後に立候補した公務員は，自己の地位の回復を求める訴訟につき訴えの利益を失う。もっとも，免職されることがなければ支払われるはずであった給料支払を請求する場合，処分取消しを求める訴えの利益は失われない（最大判昭 40.4.28）。

　注意しなければならないのは，法が処分，又は裁決の効果が，期間の経過その他の理由によりなくなった後においても，なお処分，又は裁決の取消しによって回復すべき法律上の利益を有する者には，法律上の利益を認めていることです（9 条 1 項かっこ書）。*2

> ***2**
> ☑️ **要チェック！**
> **過去問題**
>
> 処分の取消訴訟は，処分の効果が期間の経過その他の理由によりなくなった後においても，なお，処分の取消しによって回復すべき法律上の利益を有する者であれば提起することができる。
> ➡️ ⭕ (H28−17−ウ)

Part 4

行政法

（狭義の）訴えの利益を認めた判例	（狭義の）訴えの利益を否定した判例
①免職された公務員が，免職処分の取消訴訟係属中に公職の候補者として届出をしたときは公務員としての職を辞したものとみなされ，公務員の地位の回復を求めることはできないが，公務員として有するはずであった給料請求権その他の権利・利益を回復する訴えの利益は認められる（最大判昭 40.4.28） ②土地改良事業の施行認可処分に基づく工事及び換地処分がすべて完了したため，原状回復が社会的・経済的損失の観点からみて，社会通念上不可能であるとしても，右のような事情は，行政事件訴訟法 31 条の適用に関して考慮されるべき事柄であって，本件認可処分の取消しを求める訴えの利益は失われない（最判平 4.1.24）	①建築確認処分の取消しを求める利益は，建築物の建築工事が完了することによって失われる（最判昭 59.10.26） ②皇居外苑使用許可申請の不許可処分の取消しを求める訴えの利益は，訴訟係属中に使用日が経過することによって失われる（最大判昭 28.12.23） ③生活保護法に基づく保護変更決定の取消しを求める利益は，原告の死亡によって消滅する（最大判昭 42.5.24） ④運転免許停止処分から無違反・無事故で 1 年が経過した者には，停止処分の取消しを求める利益がない（最判昭 55.11.25） ⑤保安林指定解除処分の取消訴訟係属中に，保安林の代替施設が設置された場合には，訴えの利益が失われる（最判昭 57.9.9）

Chapter 7
行政事件訴訟法　**637**

4 訴訟の相手としてふさわしい者を選択していること（被告適格）

1 行政庁から行政主体へ

訴訟の相手としては，行政行為の事情を一番よく知っている者がふさわしいといえます。この観点から，従来は処分をした行政庁や裁決をした行政庁を被告として提起しなければならないとされていました（旧11条1項）。

しかし，実際には被告行政庁を特定することが困難な場合が少なくなく，被告を誤り，被告変更が許されない場合，出訴期間を過ぎてしまい，司法による救済を得られなくなってしまうこともありました。そこで，2004年改正により，処分の取消訴訟は，当該処分をした行政庁の所属する国又は公共団体を被告としました。また，裁決の取消訴訟は，当該裁決をした行政庁の所属する国又は公共団体を被告とすることに変更されました（11条1項）。*1

2 原告が被告とすべき者を誤った場合

被告を誤ったことについて原告に故意，又は重大な過失がなかったときは，裁判所は，原告の申立てにより，決定をもって，被告の変更を許すことができます（15条1項）。

逆に，原告に故意，又は重大な過失があったときは，訴えは却下されます。

5 出訴期間内に訴訟提起がなされること

取消訴訟は，処分，又は裁決があったことを知った日から6か月以内に提起しなければなりません（14条1項本文）。

ただし，正当な理由があるときはこの限りではありません（同項但書）。*2

また，取消訴訟は，処分，又は裁決の日から1年を経過したときは，正当な理由がある場合を除いては，提起することができません（同条2項）。

なお，出訴期間経過後，不可争力が発生します。

Festina lente

昔は，例えば，総務大臣の行った許認可処分の取消しを求める場合，総務大臣を被告としたよ。
それが今では，国を相手とすることになったということなんだ。

---

*1 要チェック！過去問題

処分をした行政庁が国または公共団体に所属する場合における処分取消訴訟は，当該処分をした行政庁を被告として提起しなければならない。
➡✗（R3-18-1）

---

*2 要チェック！過去問題

処分または裁決の取消しの訴えは，処分または裁決の日から6箇月を経過したときは提起することができないが，正当な理由があるときはこの限りでない。
➡✗（R2-18-1）

6 審査請求前置の場合はこれを満たすこと

　行政処分に対して不服申立てをすることが許されている場合には，国民にとっては，処分の効力を争う方法として，①不服申立てと，②行政事件訴訟との２つの手段が用意されていることになるため，両者の関係が問題となります。

原　則 （自由選択主義）	どちらでも好きなほうを選ぶことができる（8条1項本文）。これを**自由選択主義**という。又，必要があれば，同一の処分に対して両方を同時に選択することができる。
例　外 （審査請求前置主義）	不服申立てに対する裁決を経た後でなければ，訴訟を提起することができないとされている場合がある（8条1項但書）。これを**審査請求前置主義**という。最初に**行政による専門的な判断**を経てほしい場合（社会福祉や**租税**に関する処分の場合が多い）に審査請求前置主義がとられることが多い。

　なお，審査請求前置主義がとられている場合でも，以下の場合には，裁決を経ることなく行政事件訴訟を提起することができます（審査請求前置主義の例外　8条2項）。

① 　審査請求があった日から3か月を経ても裁決がないとき
② 　処分，処分の執行，又は手続の続行により生ずる著しい損害を避けるため緊急の必要があるとき
③ 　その他裁決を経ないことについて正当な理由があるとき

---

5 審理手続

重要度 **B**

1 審理の種類

1 要件審理

　取消訴訟が提起されると，裁判所は，まず，訴訟要件を具備しているかを審理します（要件審理）。訴訟要件を欠くときには，訴えは不適法として却下されます（**却下判決**）。

2 本案審理

　訴えが訴訟要件を具備しているときは，裁判所は，処分の取消しを求める**請求の当否**について審理を行います（本案審理）。

Chapter 7
行政事件訴訟法 **639**

2 審理の対象

　取消訴訟では，処分の適法性のみが審理の対象となります。行政不服申立てとは異なり，裁量の当・不当は，審理の対象とはなりません。三権分立により，裁判所は行政庁の行った裁量が政策として適切だったか否かを判断する立場にないからです。

　もっとも，行政庁の自由裁量処分についても，裁量権の範囲を超え，又はその濫用があった場合は，審理の対象となり，裁判所はその処分を取り消すことができます（30条）。この場合には，行政庁の処分は，不当であるにとどまらず，もはや違法といえるからです。*1

3 審理手続*2

原　則	行政事件訴訟では，原則として，当事者の主張と証拠に基づいて審理を行う。このような審理の仕方を弁論主義という。
例　外	「裁判所は，必要があると認めるときは，職権で，証拠調べをすることができる」としている（職権証拠調べ　24条本文）。

4 主張制限

　取消訴訟では，当事者は，攻撃又は防御の方法として，処分の適法又は違法に関する一切の事由を主張し，これを証するすべての人的物的資料を証拠として提出することができます。しかし，次のような制限が存在します。

1 原告側の主張制限

　原告は，自己の法律上の利益に関係のない違法を理由として取消しを求めることができません（自己利益関連性　10条1項）。

2 被告側の主張制限

　被告側（行政主体）が当初の処分理由以外の理由を主張して処分の適法性を支持する抗弁をなし得るかという問題があります。これを理由の差換えといいます。

　この点について，判例には，青色申告書による法人税の申告について不動産の取得価額が申告額より低額であることを更正の理由としてした更正処分の取消訴訟において，課税庁は，当該処分

---

*1
■ ポイント

行政庁の裁量が取消訴訟の対象となる場合もあることは試験で聞かれやすいので注意しましょう。

*2
■ 参考データ

裁判所は，行政庁に対し，①処分又は裁決の理由を明らかにする資料の提出を求めること（23条の2第1項），②審査請求における事件の記録の提出を求めること（同条2項）ができます。これを釈明処分といいます。
これは，民事訴訟法151条の特則です。民事訴訟法においては訴訟において引用したものであって，かつ当事者が所持するものを提出させることができるにすぎませんが，この場合はそのような限定が付されていないため，当事者の引用・当事者の所持は不要です。その分，裁判所の権限が強化されているのです。
この制度の趣旨は，行政訴訟の審理の充実・促進を，訴訟資料の充実という側面から支えようという点にあります。

---

640 | Part 4
　　　行政法

の適否に関する攻撃防御方法として，当該不動産の販売価額が申告額より多額であることを主張することができるとしたものがあります（最判昭 56.7.14）。

5 違法判断の基準時

処分の違法性を，裁判所がどの時点における法令及び事実状態を基準として判断するかについては，争いがあります。

判例は，行政処分の行われた後に法律が改正されたからといって，行政庁は改正法律によって行政処分をしたのではないから，裁判所が改正後の法律によって行政処分の当否を判断することはできないとして，処分時説に立ちます（最判昭 27.1.25）。

6 訴訟参加

訴訟参加とは，係属中の訴訟に第三者がその権利・利益を擁護するために参加することをいいます。以下のものがあります。

第三者の訴訟参加（22条）	行政庁の訴訟参加（23条）
訴訟の結果により権利を害される第三者がいるときには，訴訟に参加することができる。言いたいことを言わせることによって，第三者の利益を保護するためである。*3	訴訟対象となっている処分について関係を有する他の行政庁も，必要性が認められるときは，訴訟に参加する場合がある。関係行政庁を引き込んだ方が訴訟資料も豊富になり，適正な審理を実現できるからである。*4

7 訴えの併合・変更等

当事者間で複数の紛争が存在する場合，それぞれを別個の訴訟として提起することも可能です。しかし，相互に関連する紛争については別個の訴訟によるよりも，同一の訴訟手続を利用するほうがより便利であることが多いです。共通する証拠をいずれの請求に関する審判でも用いることができるなど，審理の重複を防ぎ，複数の裁判の矛盾といった弊害を避けることができるからです。

そこで法は訴えの併合や訴えの変更という制度を設けています。

なお，取消訴訟以外の抗告訴訟についても訴えの併合や訴えの変更の規定は準用されています（38条1項）。したがって，無効確認の訴えなどを損害賠償請求に変更することも可能です。

Part 4 ■ 行政法

*3
☑ **要チェック！過去問題**

裁判所は，訴訟の結果により権利を害される第三者があるときは，決定をもって，当該第三者を訴訟に参加させることができるが，この決定は，当該第三者の申立てがない場合であっても，職権で行うことができる。
➡ ○（R3-18-4）

*4
■ **語句解説**

関係する行政庁とは，処分を行った行政庁に対して監督権を有する上級庁等です。

Chapter 7
行政事件訴訟法　**641**

1 訴えの併合 (16条, 19条)

　訴えの併合とは，1つの訴えによって**複数の請求**の審判を求める行為をいいます。取消訴訟には，**関連請求にかかる訴え**を併合することができます（16条1項）。関連請求という限定があるのは，訴えが併合されることによって，かえって審理を複雑にし，裁判を遅らせるという事態を防止するためです（13条参照）。

　また，19条は訴訟の係属中に訴えを併合する場合です。

2 訴えの変更 (21条)

　訴えの変更とは，訴訟の係属中に，当初からの手続を維持しつつ，当初の審判対象を変更することをいいます。このうち本条における訴えの変更は，**取消訴訟**を国又は公共団体に対する**損害賠償請求**に変更する場合を規定しています。その要件は「**請求の基礎に変更がない**」ことです（1項）。この要件も，審理を複雑にし，裁判を遅らせる事態を防止するためにあります。

8 執行不停止の原則

1 執行不停止の原則とは (25条1項)

　取消訴訟が提起されても，**処分の効力，処分の執行，又は手続の続行を妨げません**。要するに，取消訴訟が提起されても，行政活動は停止しないのが原則です。濫訴によって行政活動が麻痺するのを回避する趣旨です。*1

2 執行不停止の原則の例外

　例外的に，処分，処分の執行，手続の続行により生ずる**「重大な損害」を避けるため緊急の必要があるとき**は，裁判所は，申立てにより，決定をもって，処分の効力，処分の執行，手続の続行の全部，又は一部の**停止**をすることができます（25条2項）。

　「重大な損害」の解釈について，「**損害の回復の困難の程度**を考慮するものとし，**損害の性質**及び**程度**並びに**処分の内容**及び**性質**をも勘案する」という解釈指針が規定されています（同条3項）。

　もっとも，執行停止は，公共の福祉に重大な影響を及ぼすおそれがあるとき，又は本案（訴えにおける請求の内容）について理由がないとみえるときは，することができません（同条4項）。*2

3 内閣総理大臣の異議制度

(1) 執行停止の申立てがあったときは，**内閣総理大臣**は，裁判

---

*1

■ **参考データ**

同じ趣旨から，行政庁の処分その他公権力の行使にあたる行為に対しては，民事保全法上の仮処分をすることもできないとされています（44条）。

*2

■ **参考データ**

2004年改正前までは「回復困難な損害を避けるため」と規定されていました。しかし，回復の困難性のみで執行停止を認めるか否かを判断するのは硬直的すぎるため，「重大な損害」というより柔軟な要件に改められました。

Part 4
行政法

642

所に対し，執行停止の前後を問わず，**異議**を述べることができます（27条1項）。異議権が濫用されることを防ぐために，異議には理由を付さなければなりません（同条2項）。

(2) 内閣総理大臣の異議があったときは，裁判所は，**執行停止をすることができません**。すでに執行停止の決定をしているときは，これを**取り消さなければなりません**（27条4項）。つまり行政行為が続行されます。

Festina lente

つまり，執行停止をするかしないかの最終的な決定権が内閣総理大臣にあるということになるよ。
このように，内閣総理大臣の異議の制度は，内閣総理大臣が，裁判所の執行停止権限を奪うものだから，憲法で学んだ三権分立の観点から，違憲の疑いがあるという見解があることにも注意しよう。

6 判決

重要度 A

1 判決の意義

判決とは，訴えに対する裁判所の裁断行為をいいます。

*3
■ 参考データ
事情判決は，処分や裁決の取消しを求める訴訟についてのみ認められる制度です。

2 判決の種類

種類		意義
却下判決		訴えが訴訟要件を欠いている場合に，訴えを不適法として却下する判決 ※本案については何ら判断をしていないのであるから，これによって処分の適法性が確定するわけではない。
本案判決	棄却判決	処分の取消しを求める請求に理由がないとして，請求を排斥する判決
	事情判決	処分を取り消すことにより公の利益に著しい障害を生ずる場合において，一定の要件の下に，請求を棄却する判決（31条1項）*3 ※事情判決をする場合には，判決の主文において，当該処分又は裁決が違法であることを宣言しなければならない。 ※訴訟費用は，被告である行政側が負担する。 ※事情判決に不服がある場合には，原告・被告ともに上訴することができる。
	認容判決	処分の取消しを求める請求に理由があると認めて，処分を取り消す判決

〈審理の流れ〉

3 判決の効力

取消訴訟の判決が確定すると、以下の効力が生じます。

1 既判力

既判力とは、裁判の蒸し返しを防ぐ効力をいいます（7条、民事訴訟法114条参照）。判決が確定することで、すでに争った事項に関しては二度と争えなくなります。その結果、以下のようになります。

(1) 請求認容の判決（取消判決）があった場合

a 既判力によって、当該処分の違法性が確定します。

b 行政庁は、後に当該処分の違法を理由とする国家賠償請求訴訟などが提起された場合において、処分が適法であったと主張することはできなくなります。つまり、後の訴訟においては、処分が違法であったことを前提として審理されることになります。

(2) 棄却判決があった場合

a 既判力によって、当該処分の適法性が確定します。

b 原告は、他の違法事由を主張して再び処分の取消しを請求できません。なお、当該処分の違法を理由とする国家賠償請求訴訟を提起できるかについては争いがあります。

2 形成力

行政処分の取消判決があると，当該行政処分の効力は，処分当時に遡って消滅します。つまり，その処分が行われる前に戻ったということになります。この効力を形成力といいます。

3 拘束力

先で述べたように，行政処分の取消判決があると，その処分が行われる前に戻ったということになります。そこで，行政庁としては，処分をやり直すことになりますが，また同じ処分が繰り返されたら，何のための取消判決だったのかということになるでしょう。

そこで，取消判決は，その事件について，処分又は裁決をした行政庁その他の関係行政庁を拘束します（33条1項）。この効力を拘束力といいます。*1

4 対世的効力

取消判決の効力は，訴訟当事者のみならず，第三者に対しても及びます（32条1項）。この効力を対世的効力といいます。この効力があるため，訴訟の結果により権利を害される第三者のために，前述した訴訟参加の制度が設けられているのです。*2

*1 要チェック！過去問題
実質的当事者訴訟における原告勝訴の判決は，その事件について，被告だけでなく，関係行政機関をも拘束する。
→ ○（H23-18-4）

*2 要チェック！過去問題
申請を認める処分を取り消す判決は，原告および被告以外の第三者に対しても効力を有する。
→ ○（H30-17-1）

7 その他の行政事件訴訟

重要度

1 無効等確認訴訟（3条4項）

無効等確認訴訟とは，処分若しくは裁決の存否，又はその効力の有無の確認を求める訴訟をいいます。

無効な行政処分は国民に対して効力を有しませんが，実際上は行政庁が無効な行政処分をあくまでも有効なものとして行政活動を続行することもあります。

そこで，裁判所によって行政行為の無効を確認してもらい，さらなる行政活動の続行を防ぐ必要があります（予防的）。また，処分の存否等を前提とする現在の法律関係に関する訴えによって目的を達することができないときにも，無効等確認訴訟は提起できます（補充的）。

なお，取消訴訟とは異なり**出訴期間の制限はありません**（38条
1項が14条を準用していません）。*1

2 不作為の違法確認訴訟 (3条5項)

　不作為の違法確認訴訟とは，許認可などを申請したのに対し
て，行政庁が不相当に長期にわたって**申請を放置**している場合
に，その**不作為状態の違法**を確認し，事務処理の促進を図ること
を目的とする訴訟をいいます。無効等確認訴訟と同様，**出訴期間
の制限はありません**（38条1項が14条を準用していません）。

　また，不作為の違法確認訴訟においては，判決内容は，不作為
の違法を確認するにとどまります。それ以上の，例えば「○○と
いう処分をせよ」という**義務を行政庁に課すことはできません**。
三権分立に反するおそれがあり，また，不作為の違法確認さえで
きれば，申請の握りつぶしを防ぐことはできるからです。

3 義務付け訴訟 (3条6項)

1 意　義

　義務付け訴訟とは，一定の場合において**公権力の行使の発動**を
求める訴訟です。不作為の違法確認が**何らかの**処分の発動を求め
るのにとどまるのに対し，この訴訟は**特定の公権力の行使**を求め
るものです。特定の処分を求めることができるため，国民の権
利・利益の救済が迅速に図れるという利点があります。

　義務付け訴訟は，①**申請権を前提とせず，行政庁が一定の処分
をすべき旨を命じることを求める類型**（直接型義務付け訴訟　3
条6項1号）と，②**行政庁に対して申請した者が原告となって，
行政庁が一定の処分をすべき旨を命じることを求める類型**（申請
満足型義務付け訴訟　同項2号）との2つの類型に分けられま
す。

2 要　件

　裁判所が特定の処分の発動を求めることは，処分の内容を決定
する行政の権限を侵すことにもなりかねません。そこで，義務付
け訴訟を提起するのはいかなる場合でも可能とするわけにはいか
ず，以下の要件を満たすことが必要となります（37条の2）。

*1
■ 参考データ
瑕疵が重大な行政処
分には公定力がはた
らかないために，取
消訴訟によることな
しにその効力を否定
することができるの
です。

Festina lente

例えば，免許にか
かる申請拒否処分
の取消しを求めて
出訴し勝訴しても，
申請を行った時の
状態に戻るだけ。
免許が下りるかど
うかはこれから決
まるんだ。でも，
義務付け訴訟なら
免許処分を行うよ
う裁判所が求める
ことができるから，
手っ取り早くてい
いね。

Part 4
行政法

（1）直接型義務付け訴訟

直接型義務付け訴訟の訴訟要件は，①一定の処分がなされないことにより**重大な損害**を生じるおそれがあること，かつ②その損害を避けるために**他に適当な方法がない**とき（37条の2第1項），③**法律上の利益**（原告適格　同条3項）です。[*2]

（2）申請満足型義務付け訴訟

申請満足型義務付け訴訟の訴訟要件は，①(ⅰ)当該法令に基づく申請又は審査請求に対し相当の期間内に何らの処分又は裁決がされないこと，又は(ⅱ)当該法令に基づく申請又は審査請求を却下し又は棄却する旨の処分又は裁決がされた場合において，当該処分又は裁決が取り消されるべきものであり，又は無効若しくは不存在であること，②(ⅰ)の場合，処分又は裁決にかかる不作為の違法確認の訴えを併合提起すること，又は(ⅱ)の場合，処分又は裁決にかかる取消訴訟又は無効等確認の訴えを併合提起すること，③法令に基づく申請又は審査請求をした者の提起であること（37条の3第1項〜3項）です。[*3][*4]

4 差止訴訟 （3条7項）

差止訴訟とは，行政権の行使による**違法な侵害**を**事前に**予防するため，行政庁の侵害行為を禁止する訴訟をいいます。国民からしてみると，権利・利益が侵害される前に救済を得られるほうが望ましいからです。しかし，このような予防的な訴訟の場合，いまだ公権力の行使は何ら存在せず，行政庁の第一次判断権との関係で問題があります。そこで，①一定の処分又は裁決がされることにより**重大な損害**を生じるおそれがある場合で，②その損害を避けるために**他に適当な方法がある場合でないこと**，③**法律上の利益**（原告適格），という要件を満たした場合に限定してこの訴訟を提起することが認められます（37条の4第1項，3項）。

5 仮の義務付け及び仮の差止め （37条の5）

義務付け訴訟や差止訴訟は時間がかかるため，訴訟終了以前に権利の救済を図るべき場合があります。これは取消訴訟における執行停止制度（25条2項）と同様です。そこで，仮の義務付け制度と仮の差止め制度とが設けられています。

[*2]
■ 参考データ

直接型義務付け訴訟が想定されるのは，原子力発電所の周辺住民が，行政庁に対して，電力会社に最新の科学的知見に基づく施設の改善命令を出すように求める場合等です。

[*3] **☑ 要チェック！過去問題**

義務付け訴訟は，行政庁の判断を待たず裁判所が一定の処分を義務付けるものであるから，申請型，非申請型（直接型）のいずれの訴訟も，「重大な損害を生じるおそれ」がある場合のみ提起できる。
➡✖(R2-19-5)

[*4]
■ 参考データ

申請満足型義務付け訴訟が想定されるのは，年金に関する給付を求める申請をして，それが拒否された場合等です。

なお，執行停止の場合と同様，公共の福祉に重大な影響を及ぼすおそれがあるときは仮の義務付け・差止めはともに許されません（37条の5第3項）。

1　仮の義務付け（37条の5第1項）

義務付け訴訟が提起された場合において，訴訟の終了を待たずに処分又は裁決があったのと同様の状態を暫定的に創出する制度です。*1

仮の義務付けが許される要件は以下のとおりです。*2

① 義務付けの訴えの提起があること

② 処分又は裁決がされないことにより，償うことができない損害を避けるため緊急の必要があること

③ 本案について理由があるとみえること（つまり，義務付け訴訟で勝訴する見込みがあること）

2　仮の差止め（37条の5第2項）

差止訴訟が提起された場合において，訴訟の終了を待たずに暫定的に処分，又は裁決をしてはならない状態を創出する制度です。

この仮の差止めが許される要件は，仮の義務付けの場合と同様です。

6 法定外（無名）抗告訴訟

抗告訴訟とは，公権力の行使に関する不満を争う訴訟をいいます。

これまで述べてきた取消訴訟，無効等確認訴訟，不作為の違法確認訴訟，義務付け訴訟，差止訴訟は法定の抗告訴訟ですが，法の規定はあくまで例示であって，これら以外の抗告訴訟を認めない趣旨ではありません。

このように法定の場合の他に認められ得る，公権力の行使に関する不満を争う訴訟を総称して，法定外（無名）抗告訴訟といいます。例として挙げられるのは，公共施設によってもたらされる侵害の除去などを目的とする不利益排除訴訟です。

7 当事者訴訟（4条）

当事者訴訟は，抗告訴訟と異なり，権利主体が対等な立場で権

---

*1
☑ 要チェック！過去問題

仮の義務付けおよび仮の差止めは，それぞれ義務付け訴訟ないし差止め訴訟を提起しなければ申し立てることができない。

➡ **○** （H21-17-2改）

*2
■ 参考データ

執行停止（25条2項）の要件である「重大な損害」に比較して，仮の義務付けの場合は「償うことができない損害」という，より厳格な要件になっています。
これは，処分の効力を停止するのにとどまる場合と比べて，仮にせよ申請が許可される等，より積極的な効果を生むがゆえに判断に慎重さが求められるためです。

---

648 | Part 4
行政法

利関係を争う訴訟形態です。通常の民事訴訟と基本的な構造を異にするものではありません。当事者訴訟には4条前段の形式的当事者訴訟と後段の実質的当事者訴訟とがあります。

1 形式的当事者訴訟*3*4

当事者間の法律関係を確認し又は形成する処分又は裁決に関する訴訟で法令の規定によりその法律関係の当事者の一方を被告とするものをいいます。

2 実質的当事者訴訟

公法上の法律関係に関する確認の訴えその他の公法上の法律関係に関する訴訟をいいます。この場合，被告は行政主体です。

8 客観訴訟

これまで説明してきた様々な訴訟は，すべて当事者個人の利害に関する事柄を対象とするものでした。つまり，個人の主観的な利益が対象でした。そのため，それらをまとめて主観訴訟と呼びます。

これに対して，客観訴訟とは，個人的利益の保護にかかわりなく，社会の不正を正すために提起される訴訟です。その類型に属する代表的なものに以下の2つがあります。

1 民衆訴訟 (5条)

民衆訴訟とは，国，又は公共団体の機関の法規に適合しない行為の是正を求める訴訟で，選挙人たる資格その他自己の法律上の利益にかかわらない資格で提起するものをいいます。民衆訴訟は，法律に定める場合において，法律に定める者に限り，提起することができます (42条)。*5

2 機関訴訟 (6条)

機関訴訟とは，国，又は公共団体の機関相互間における権限の存否，又はその行使に関する紛争についての訴訟をいいます。

機関訴訟も，民衆訴訟と同じく，法律に定める場合において，法律に定める者に限り提起することができます (42条)。*6

Part 4 行政法

*3
☑ **要チェック！過去問題**
当事者間の法律関係を確認しまたは形成する処分に関する訴訟で法令の規定によりその法律関係の当事者の一方を被告とするものは，当事者訴訟である。
➡ ○ (H21-18-1)

*4
■ **参考データ**
例えば，土地収用法133条によって，土地を収用する裁決を争う際に，土地の所有者が，その土地で事業を行おうとしている者を被告とする場合が形式的当事者訴訟です。

*5
■ **参考データ**
例えば，公職選挙法に基づく当選訴訟・選挙訴訟や地方自治法上の住民訴訟が民衆訴訟にあたります。

*6
■ **参考データ**
例えば，国の関与に対し，地方公共団体の機関がその取消しを求める訴訟が機関訴訟にあたります。

Chapter 7
行政事件訴訟法 **649**

8 教示制度

重要度
A

1 教示制度の趣旨

　行政庁は，取消訴訟を提起することができる処分をする場合等においては，その相手方に対して，取消訴訟の被告とすべき者や出訴期間等，所定の事項を教示しなければなりません（46条）。

　この制度の趣旨は，国民が行政処分を争うために取消訴訟等を利用しようとする場合に，わかりやすさ，アクセスの容易さを高める点にあります。

2 教示が必要な場合

1 教示が必要な場合

教示が必要な場合	内　容
取消訴訟を提起することができる処分又は裁決を行う場合 （46条1項）	①被告とすべき者 ②出訴期間 ③審査請求に対する裁決を経なければ取消訴訟を提起できない場合にはその旨 ※処分を口頭でするときは教示する必要はない（同項但書）。
原処分ではなく裁決に対してのみ取消訴訟を認める裁決主義の場合で，当該原処分を行うとき （46条2項）	裁決主義が採用されている旨 ※処分を口頭でするときは教示する必要はない（同項但書）。
形式的当事者訴訟の場合 （46条3項）	①被告とすべき者　　②出訴期間 ※処分を口頭でするときは教示する必要はない（同項但書）。

Part 4
行政法

2　行政不服審査法における教示制度との相違点

	行政事件訴訟法	行政不服審査法
教示の相手	当該処分又は裁決の相手方（46条）	①当該処分の相手方（82条1項） ②利害関係人（教示を求められたとき，82条2項，3項）
教示の誤り，又は懈怠の場合の扱い	規定なし	救済措置の規定あり ①誤った教示をした場合（22条，55条） ②教示をしなかった場合（83条）

ファイナルチェック　基礎知識の確認

問題1　公衆浴場の既存営業者は，新規参入者への営業許可取消しを求める原告適格を有する。

問題2　取消訴訟は，処分があった日から1年を経過したときは，正当な理由がない限り提起できない。

問題3　問題となる処分について審査請求ができる場合は，取消訴訟を提起する前に審査請求を経ておかなければならない。

問題4　不利益処分の取消訴訟において原告勝訴判決（取消判決）が確定した場合，処分をした行政庁は，訴訟で争われた不利益処分を職権で取り消さなければならない。

問題5　駐車違反に際して行われる反則金納付通告は，通告自体の適否が後の公訴提起によって開始される刑事手続の中で争うべきものであるから，行政処分に該当しない。

問題1 ○（最判昭37.1.19）　**問題2 ○**（14条2項）　**問題3 ✗**　原則として，審査請求と取消訴訟は，自由に選択することができる。したがって，いきなり取消訴訟を提起することもできる。　**問題4 ✗**　取消判決の形成力により，訴訟で争われた処分は，行政庁による取消しをするまでもなく，その効力を失う。　**問題5 ○**（最判昭57.7.15）

本試験レベルの問題にチャレンジ！ ▶▶▶

Chapter 8 国家賠償法

重要度 A

イントロダクション 学習のポイント

　違法な行政活動によって，国民が損害を被った場合，国又は公共団体に対して損害賠償請求をすることができます。国家賠償法は，①公務員の違法な活動によって起こった損害と，②公の営造物（公物）の設置又は管理の瑕疵によって起こった損害について，規定しています。それぞれの要件に関連して判例が多数出てくるところです。判例を1つひとつ覚えていくという意識を持つようにしましょう。

ベーシック じっくり理解しよう!

1 総説

1 国家賠償制度の意義

国家賠償制度とは，**公務員の不法行為**によって，国民が損害を受けた場合に，国民に生じた損害を金銭に見積もって，**国又は地方公共団体が補塡**する制度をいいます。

これは，憲法17条が規定し，国家賠償法が具体化しています。

2 国家賠償責任の法的性質

公務員によって不法行為がなされた場合，被害者は，**加害者である公務員に対して賠償責任を問うことはできません**。なぜなら，加害者である公務員個人への責任追及を認めるならば，公務員が損害賠償請求を恐れるあまりに，仕事に対して消極的になってしまうからです。また，加害者である公務員個人の財産状態によっては，十分な賠償金を払うことができず，被害者の救済にとって不十分となる場合があるからです。

その代わり，**国又は地方公共団体が賠償責任を負います**。本来加害者である公務員が負うべき賠償責任を，その使用者である国，又は地方公共団体が代わって負う責任ですから，**代位責任**と呼ばれます。*1*2*3

3 民法との関係

国家賠償法は，不法行為制度について定める民法709条以下の特別法です。したがって，国や地方公共団体の不法行為については，まず国家賠償法が適用されます。民法を用いるよりも，国家賠償法を用いるほうが，責任追及が容易になっています。その趣旨は，国民の**基本的人権の保護**を図り，行政活動を**事後的に統制**しようという点に求められます。

なお，国家賠償法に規定のない事項に関しては，一般法である民法の規定が適用されます。例えば，過失相殺，時効期間（民法

---

*1
■ 参考データ
民法の使用者責任も代位責任です（民法715条）。

*2
■ ポイント
国家賠償請求訴訟において被告となるのは行政庁ではなく，国や地方公共団体（つまり行政主体）です。なお，行政事件訴訟法における抗告訴訟の被告も，行政主体とされています。

*3
☑ 要チェック!過去問題
国家賠償を請求する訴訟は，民事訴訟であるから，その訴訟手続について行政事件訴訟法が適用されることはない。
➡ ◯ (H22-19-1)

724条1号により短期では **3年** の時効期間）については，民法の規定が適用されます（4条）。

	民　法	国賠1条	国賠2条
関　　係	一般法	民法の特別法	民法の特別法
民法が適用される場合	不法行為等により生じた債権を受働債権とする相殺の禁止（509条），精神的損害に対する慰謝料（710条），生命侵害に対する慰謝料（711条），責任弁識能力を欠く者の責任（713条），共同不法行為（719条），金銭賠償の原則，過失相殺（722条），損害賠償請求権の消滅時効（724条）		
使用者，国・公共団体の免責	免責される可能性あり	なし	なし
費用負担者の責任	規定なし	あり	あり

4　国家賠償法の内容

　国家賠償法は，公権力の行使に基づく損害賠償責任（1条），公の営造物の設置管理の瑕疵に基づく損害賠償責任（2条）を2本柱としています。

2　公権力の行使に基づく賠償責任 (1条)

1　1条責任の成立要件

　国家賠償法1条1項は，①国又は公共団体の公権力の行使にあたる公務員が，②その職務を行うについて，③故意又は過失によって，④違法に他人に損害を加えたときは，国又は公共団体が，これを賠償する責に任ずるとしています。

1　国又は地方公共団体の公権力の行使にあたる公務員
(1) 公権力とは

　公権力には，**行政権力**だけではなく，**立法権**，**司法権**に属する権力も含まれます。

a　立法権について

判例 国会議員の立法行為（立法不作為も含む）は，立法の内容が憲法の一義的な文言に違反しているにもかかわらず国会があえて当該立法を行う場合のように，容易に想定しがたいような例外的な場合でない限り，国家賠償法上，違法とはならない（最判昭60.11.21）。

b　司法権について

判例 裁判官がした争訟の裁判に国家賠償責任が肯定されるためには，当該裁判に上訴などの訴訟法上の救済方法で是正されるべき瑕疵が存するだけでは足りず，当該裁判官が違法又は不当な目的をもって裁判をしたなど，裁判官がその付与された権限の趣旨に明らかに背いてこれを行使したものと認められるような特別の事情があることを要する（最判昭57.3.12）。

(2) 公権力の行使とは

公権力の行使とは，契約等の私経済活動と公の営造物の設置管理作用を除くすべての活動をいいます。つまり，国又は地方公共団体のすべての活動をいうのではありません。*1

具体的には，行政行為，行政強制等の権力的作用（市民の意思に関係なく一方的になされる行為）のほか，行政指導や，国公立学校での教育活動のような公的事実行為等が公権力の行使にあたります。

また，作為だけでなく，不作為も含まれます。*2

なお，公の営造物の設置作用については，2条によって国家賠償請求の対象となっています。

*1 **参考データ**
判例は，公立学校における教師の教育活動も公権力の行使に含まれるとしています（最判昭62.2.6）。

*2 **参考データ**
公権力の行使は，行政事件訴訟法等では，権力的作用のことと解されています。
しかし，国家賠償法では国民の損害をできる限り救済するために，広い意味に取っています。

Festina lente

要するに，私的経済活動を除いたすべての行政活動が国家賠償請求の対象になるのだよ。
そのうち，公の営造物の設置や管理に問題があった場合を除いたのが1条の責任ということになる。

(3) 公務員とは

公務員とは，国家公務員，地方公務員はもちろん，公庫，公団・公社等のいわゆる特殊法人の職員を含む上に，戸籍事務を扱う機長や船長等のような民間人であっても，権力的な行政の権能を委任されている者を含みます。つまり，公権力の行使を委ねられたすべての者は，その権限を行使する限り，公務員に含まれます。

なお，公務員の行う一連の過程のうち，どの行為によって被害が生じたか特定できなくとも，一連の行為のうちのいずれかに行為者の故意又は過失がなければ損害が生じなかったことが認められ，かつ，それがどの行為であるにせよ，これによる被害につき行為者の属する国又は公共団体が賠償責任を負うべき関係にある場合には，国又は地方公共団体に損害賠償責任が生じ得るというのが判例の立場です（最判昭57.4.1）。*1

2　職務を行うについて

「職務を行うについて」とは，公務員が客観的に職務執行の外形を備えた行為を行っている場合をいい，公務員の主観的意図は問いません。このように判断することで，「実は，あのときは仕事中ではなかったので，国家賠償請求の要件を満たさないのだ」という言い訳を許さないようにするのです。*2

3　故意又は過失によって

過失とは，一般的に注意義務に反することをいいますが，ここでの過失は，個々の公務員の能力に応じた注意義務違反ではなく，当該公務員の職種において要求される標準的な注意義務に違反することをいいます。*3

4　違法に他人に損害を加えた

(1) 違法とは

違法な行為には，厳密な法令違反行為だけではなく，客観的に公正を欠く行為も含まれます。

なお，公務員の不作為は，一般的には違法となりませんが，法令上具体的な作為義務を持つ公務員による権限不行使が著しく不合理であると認められるときは，その不作為は違法となります。公務員の不作為は，最近は薬害訴訟，食品公害訴訟で問題となることが多くなっています。

---

*1
☑ 要チェック！過去問題

同一の行政主体に属する複数の公務員のみによって一連の職務上の行為が行われ，その一連の過程で他人に損害が生じた場合，損害の直接の原因となった公務員の違法行為が特定できないときには，当該行政主体は国家賠償法1条1項に基づく損害賠償責任を負うことはない。

➡✕ (R2-20-ア)

*2
■ 参考データ

判例は，警察官が非番の日，制服制帽で，強盗殺人を行った場合，非番であっても，職務執行の外形を備えているので，職務にあたるとしています(最判昭31.11.30)。

*3
■ 参考データ

加害者である公務員個人は，職務を行うについて故意又は重過失があったとしても，被害者に対して損害賠償責任を負いません(最判昭30.4.19)。もっとも，国又は地方公共団体は，加害公務員に対して懲戒処分(戒告，減給など)ができます。

> **判例 水俣病関西訴訟最高裁判決（最判平 16.10.15）**[*4]
>
> **事案** 国及び県が水俣病の発生及び損害拡大防止のため規制権限を行使することを怠ったことについて，国家賠償法1条1項に基づいて損害賠償責任を追及された（以下では，国の責任についてのみ，紹介します）。
>
> **争点** 国が水俣病による健康被害の拡大防止のためにいわゆる水質二法に基づく規制権限を行使しなかったことが国家賠償法1条1項の適用上違法となるか。
>
> **結論** 国が，多数の水俣病患者が発生し，死亡者も相当数に上っていると認識していたこと，水俣病の原因物質の排出源が特定の工場であることを高度の蓋然性をもって認識し得る状況にあったこと等の事情の下において，水俣病による深刻な健康被害の拡大防止のために，公共用水域の水質の保全に関する法律及び工場排水等の規制に関する法律に基づいて，指定水域の指定，水質基準及び特定施設の定めをし，上記製造施設からの工場排水についての処理方法の改善，同施設の使用の一時停止その他必要な措置を執ることを命ずるなどの規制権限を行使しなかったことは，規制権限を定めた水質二法の趣旨，目的や，その権限の性質等に照らし，著しく合理性を欠くものであって，国家賠償法1条1項の適用上違法となる。

(2) 損害とは

損害には，生命，健康，財産にかかわるもののほか，**精神的損害**も含まれます。

2　1条責任の効果

1　被害者による，国又は地方公共団体に対する責任追及

(1) 加害者である公務員の行為が，上記の各要件を満たすときは，被害者は，国又は地方公共団体に対して損害賠償請求をすることができます（1条1項）。

なお，この場合，国又は地方公共団体は，当該公務員の選任監督につき相当の注意をしたことを理由として，損害賠償責任を免れることはできません。なぜなら，1条には，**民法715条1項但書のような免責規定がない**からです。

(2) 当該**行政行為について責任を持つ団体**（公務員の選任，若しくは，監督にあたる者）と当該行政行為の**費用負担団体**（公務員の給与その他の費用を負担する者）とが異なる場合には，被害者は，**いずれに対しても**損害賠償を請求することができます（3条）。[*5]

これは被告の選択で国民が迷わなくていいようにしたためです。

[*4] **要チェック！過去問題**
いわゆる水俣病による健康被害につき，一定の時点以降，健康被害の拡大防止のために，水質規制に関する当時の規制に基づき指定水域の指定等の規制権限を国が行使しなかったことは，国家賠償法1条1項の適用上違法とはならない。
→✗（R3-21-エ）

[*5] **参考データ**
例えば，公立の小学校の教員は市町村の教育委員会が監督していますが，その給与は都道府県が負担します。したがって，教員の行為によって損害を受けた場合は市町村，又は都道府県に対して損害賠償を請求することができます。

2　国又は地方公共団体による，加害者である公務員に対する求償権の行使

　国又は地方公共団体が被害者に賠償責任を果たした場合において，加害者である公務員に故意又は重過失があったときは，国又は地方公共団体は，**公務員に対し，求償権**を行使することができます（1条2項）。

　なお，加害公務員に対する国又は地方公共団体からの**求償権については**，**民法の不法行為に関する規定**は**適用されません**（例えば，不法行為についての短期の消滅時効などが適用されません）。この理由は，国又は公共団体と加害者である公務員との間の求償関係は不法行為ではなく，公務員として遂行すべき職務に違反した債務不履行として，通常の債権の消滅時効（民法166条1項）にかかるという点にあります。

3　行政事件訴訟との関係

　行政処分が違法であることを理由として国家賠償の請求をする際には，あらかじめ当該行政処分について**取消判決，又は無効確認判決を得ておく必要はありません**。国家賠償制度は，行政処分の効力自体を否定するものではないので，行政処分の効力を否定するためには取消訴訟によらなければならないとする取消訴訟の排他的管轄に服さないからです。*1

> ***1**
> ☑ **要チェック！過去問題**
> 行政処分が違法であることを理由として国家賠償請求をするに当たっては，あらかじめ当該行政処分について取消訴訟を提起し，取消判決を得ていなければならないものではない。
> → ○（H28-10-ウ）

3　公の営造物に基づく賠償責任（2条）

重要度 **A**

　国家賠償法2条1項は，①道路，河川その他の公の営造物の，②設置又は管理に瑕疵があったために，③他人に損害を生じたときは，国又は公共団体は，これを賠償する責に任ずると規定しています。

　国家賠償法2条1項は，民法717条の特別法であり，公共施設における危険発生については，国又は地方公共団体が損害賠償責任を負う旨を明確にするべく設けられた規定です。*2

> ***2**
> ■ **参考データ**
> 2条をめぐる国家賠償請求は数多くあり，行政のあり方に与える影響も少なくありません。駅における点字ブロックの設置は，影響を与えた例の1つです（視覚障害者が当時の国鉄のホームから転落し負傷した事件がきっかけとなりました）。

Part 4
行政法

1 2条責任の成立要件

1 公の営造物

　公の営造物とは，国又は地方公共団体が**公用**又は**公共の用**に供している有体物（公物）をいいます。不動産のほか，動産（例えば，ピストル，警察犬，公用車）も含まれます。また，**道路**等の人工公物（施設）のほか，**河川**，池沼等の**自然公物**も人工的に管理されている限り，公の営造物に含まれます。[*3]

2 設置又は管理の瑕疵

(1) **設置又は管理の瑕疵**とは，公の営造物の構造や性質等に欠陥があって，**通常有すべき安全性を欠く**状態にあることをいいます。

Festina lente

　例えば，公道の上に故障を起こした自動車が長時間放置されている場合を考えてみよう。

　この場合，道路のアスファルトにキズがついたりしてるわけじゃないけど，放っておくと交通の安全を害する。だから，故障車撤去に要する合理的な時間を超えて自動車が放置されるなら，事故を起こしたのは運転手の責任であっても，やっぱり道路管理の瑕疵ってことになるよね。

　判例も，道路上に87時間にわたって故障車が放置されていることは，道路の安全性の著しい欠如にあたるとして，管理の瑕疵を認めているよ（最判昭50.7.25）。

---

(2) また，営造物本来の用法としては欠陥がなくても，第三者との関係で被害を発生させ得る場合には，設置又は管理の瑕疵が認められる場合があります（大阪国際空港事件：最大判昭56.12.16）。[*4]

(3) 瑕疵が存在しさえすれば，管理者の故意又は過失は問いません。つまり，2条の責任は**無過失責任**です。なお，予算が足りなくて瑕疵を直せないからといって，責任を逃れることはできません。もっとも，無過失責任とはいっても，損害が**不可抗力によって発生した場合には責任を負いません**。[*5]

　河川の改修は，時間がかかるため段階的改修が認められます。したがって，水害の発生した部分が未改修であるからと

---

*3
☑要チェック！過去問題

国家賠償法2条にいう「公の営造物」は，民法717条の「土地の工作物」を国家賠償の文脈において表現したものであるから，両者は同じ意味であり，動産はここに含まれないと解されている。
➡ ✗（H23-19-1）

*4
■ 参考データ

例えば，空港の安全が確保されていて飛行機の利用者からしてみれば何らの欠陥もない場合でも，周囲の住民にとっては防音設備が不十分で欠陥が認められることがあります。

*5
☑要チェック！過去問題

公の営造物の設置又は管理の瑕疵とは，公の営造物が通常有すべき安全性を欠いていることをいうが，賠償責任が成立するのは，当該安全性の欠如について過失があった場合に限られる。
➡ ✗（H21-19-2）

Part 4
行政法

Chapter 8
国家賠償法
659

いって，必ずしも河川管理に瑕疵があったとすることはできないとするのが判例です（最判昭59.1.26）。

> **判例 未改修の河川からの溢水　大東水害訴訟（最判昭59.1.26）**
>
> **事案** 改修計画に基づいて河川を改修していたところ，集中豪雨の際，未改修の部分から溢水し，損害をもたらした。
>
> **争点** 未改修河川における安全性とは何か。
>
> **結論** 河川の改修・整備の過程に対応する過渡的な安全性を意味する。すでに改修計画が定められ，これに基づいて現に改修中である河川は，この計画が格別不合理でない以上，改修がいまだ行われていないからといって，河川の管理に瑕疵があるということはできない。
>
> ※ 大東水害訴訟最高裁判決では，財政的制約も考慮すべき一因であるとされている。道路管理の場合との違いは，河川は，道路とは異なり，もともと洪水等の危険を内包するものであることに求められる。

> **判例 改修済みの河川からの溢水　多摩川水害訴訟（最判平2.12.13）**
>
> **事案** 集中豪雨の際，改修済みの部分から溢水し，損害をもたらした。なお，本件溢水は，改修の際に定めた計画規模の洪水水量のもとで発生したものであった。
>
> **争点** 改修済み河川における安全性とは何か。
>
> **結論** 改修済みの河川においては，計画に定めた規模の洪水における流水の通常の作用から予測される災害の発生を防止できるものでなければならない。
>
> ※ 改修済み河川においては，未改修河川よりも高度の安全性が必要であるということである。

3　損　害

損害には，生命，健康，財産にかかわるもののほか，**精神的損害**も含まれます。

2　2条責任の効果

1　国又は地方公共団体の責任

(1) 公の営造物の設置又は管理の瑕疵によって損害を被った者は，国又は地方公共団体に対して，**損害賠償請求**をすることができます（2条1項）。

(2) 公の営造物の**管理について責任を持つ団体**（公の営造物の

設置若しくは管理にあたる者）と当該行政の費用負担団体（公の営造物の設置若しくは管理の費用を負担する者）とが異なる場合には，被害者は，そのいずれに対しても損害賠償を請求することができます（3条）。

なお，国が地方公共団体の公の営造物に対して補助金を交付しているにすぎない場合でも，国は，当該公の営造物の設置又は管理の瑕疵による損害について，3条に基づく賠償責任を負う場合があります（最判昭50.11.28）。*1

2 国又は地方公共団体による，他の責任者に対する求償権の行使

公の営造物の設置又は管理の瑕疵により生じた損害を賠償した国又は公共団体は，損害の原因について責に任ずべき者が他にいるときは，この者に対して求償権を行使することができます（2条2項）。

*1
■ 参考データ

判例は，3条の費用負担者には，法律上負担義務を負う者のほか，この者と同等若しくはこれに近い設置費用を負担し，実質的にはこの者と当該営造物による事業を共同して執行していると認められる者であって当該営造物の瑕疵による危険を効果的に防止し得る者も含まれるとしています。

Part 4

行政法

4　国家賠償法と他の法の適用関係等

重要度
B

1　民法等の適用

国又は公共団体の損害賠償の責任については，1条から3条までの規定のほか，民法の規定によります（4条）。すなわち，1条から3条に規定されていない事柄については民法の原則がそのまま適用されるということです。ここにいう民法には，火事を起こした場合の不法行為責任に関する特則である失火責任法も含まれます（最判昭53.7.17）。

また，民法以外の法律に特別の規定がある場合には，その規定によります（5条）。

2　相互保証主義 (6条)

原　則	被害者が外国人である場合，国家賠償請求ができない。
例　外	相互の保証があるとき（つまりその外国において日本人にも国家賠償請求が認められている場合）に限り国家賠償請求ができる。これを相互保証主義という（6条）。

Chapter 8
国家賠償法

661

ファイナルチェック 基礎知識の確認

問題1 公立学校における教師の教育活動は，私立学校の場合と性質上異なるところがないので，国家賠償法1条の「公権力の行使」には該当しない。

問題2 国家賠償法1条の「職務を行うについて」とは，職務執行の外形を備えればよく，公務員が主観的に権限行使の意思を持っている必要はない。

問題3 国家賠償法2条に基づく国又は公共団体の責任は，無過失責任であるから，不可抗力に対しても損害賠償責任を負う。

問題4 消防職員の消火ミスにより，一度鎮火したはずの火災が再燃し，家屋が全焼した場合，国又は公共団体の損害賠償責任については，失火責任法が適用され，当該職員に重過失のあることが必要となる。

問題1 ✗ 公立学校における教師の教育活動も，「公権力の行使」にあたる（最判昭62.2.6）。　**問題2 ○**
問題3 ✗ 無過失責任であっても，不可抗力についてまでは責任を負わない。　**問題4 ○**（最判昭53.7.17）

本試験レベルの問題にチャレンジ！ ▶▶▶

Chapter 9 損失補償制度

イントロダクション 学習のポイント

適法な行政活動であったとしても，それによって国民に損失が生じる場合，その損失は補償すべきです。これが**損失補償**です。損失補償は出題可能性が低いところなので，効率よく勉強を進めるとよいでしょう。ポイントは，どのような損失について補償を受けることができるか。そして，補償を受けるとしても，完全な補償まで必要か，です。

ベーシック じっくり理解しよう！

1 総説

1 損失補償制度の意義

損失補償制度とは，**適法な**行政活動によって生じた**損失**を穴埋

めする制度をいいます。

憲法29条は，財産権の不可侵と同時に，財産権が公共の目的のために用いられる場合があることを規定しています。補償する理由は，特定の個人の財産的損失を国民全体で公平に負担するためです。

2 補償規定を欠く法律の合憲性

損失補償制度は憲法によって保障された制度ですが，国家賠償法に相当する「損失補償法」といった一般法は存在しません。財産権を制限する個々の法律に損失補償請求権の規定があれば，それに従って請求を行うことになります。

一方，法律に特別の規定がない場合には，憲法29条3項を根拠として直接に損失補償を請求できるというのが判例です。*1

*1
■ポイント

判例は，損失補償規定がない場合には，憲法の規定（29条3項）に基づいて損失補償を請求し得るとします。そして，憲法で損失補償を請求することができるのであれば，損失補償規定を欠く法律を違憲とする必要はないと解しています（最大判昭43.11.27）。

2 損失補償が必要なのはどのような場合か

憲法は私有財産を「公共のために用ひる」ときに補償を要求しています。「公共のために用ひる」とは，広く公益目的のために財産に損失が加えられる場合をいいます。例えば，土地を収用したり，利用を制限したりする場合です。

しかし，私有財産を公益目的で用いる場合に，常に損失補償が必要なわけではありません。財産上特別の犠牲が生じた場合に，補償が必要であるとされています。

1 要　件

では，財産上特別の犠牲が生じた場合とはどのような場合をいうのでしょうか。それを判断する基準は以下のとおりです。

2 具体例

1 損失が特定人にのみ生じているか

憲法14条の平等原則の要請から，損失が一般的なものである場合には補償は不要であり，特定人にのみ損失が生じる場合にだけ補償が必要です。

2　損失が受忍限度を超えているか

特定人にのみ損失が生じる場合のうち，受忍限度（社会の中で生きていく以上，我慢すべき限度）を超え，財産権の本質を侵害するほど強度の損失を与える場合にのみ補償が必要です。*2

3　損失補償の内容と方法

重要度 **C**

1　補償内容——正当な補償の意味 （憲法29条3項）

「正当な補償」の意味について，当該財産の客観的な市場価格を全額補償すべきであると考える完全補償説と，当該財産について合理的に算出された相当な額であれば，市場価格を下回っても是認されると考える相当補償説の間で争いがあります。

判例は，終戦直後の農地改革における農地買収価格について，相当補償説を採用しました（最大判昭28.12.23）。

しかし，この判例については，終戦直後の農地改革における農地買収価格をめぐる特殊な事案についてのもので，判例は，常に相当補償説を採用するわけではないという指摘もあり，実際，土地収用法における補償の価格の算定について，完全補償説を採用したと評価されている判例もあります（最判昭48.10.18）。

このような状況の中，近時，土地収用法が合憲か否かを判断した判例が，相当補償説を採用したと考えられます（最判平14.6.11）。

先の昭和28年判例の判断が，当該事案限りの判断ではなく，現在でも維持されていると考えられます。

> **判例** 憲法29条3項にいう「正当な補償」とは，その当時の経済状態において成立すると考えられる価格に基づき合理的に算出された相当な額をいうのであって，必ずしも常に上記の価格と完全に一致することを要するものではないことは，当裁判所の判例とするところである（最判平14.6.11）。

なお，経済的価値を欠く文化財的な価値は損失補償の対象にはなりません。

*2
■ 参考データ

ため池の破損，決壊を防ぐために堤とうでの耕作を禁止することは，災害を防止し，公共の福祉を保持するための社会生活上やむを得ない制約であるので，それは財産権を有する者が当然受忍しなければならない責務であり，損失補償は必要ないとされています（最大判昭38.6.26—奈良県ため池条例違反事件）。

Part 4　行政法

2 補償の方法

1 金銭補償の原則
金銭補償が原則です。

2 補償の時期
憲法は補償の時期については明言していません。判例は，補償が財産の供与と交換的に同時履行される必要はないとしています（最判昭 24.7.13）。

3 収用目的の消滅と収用目的物の返還
収用目的が消滅した場合は，被収用者に収用目的物を返還するのが当然であるようにも思えます。

しかし，判例によれば，当然に被収用者に収用目的物を返還しなければならないわけではありません（最判昭 46.1.20）。

> **Festina lente**
> ただ，金銭による補償だけでは不十分な場合も多いよ。例えば，せっかく友達も多く，住みやすい土地に住んでいたのに，お金をもらってそこを追い出されるんじゃ，困るね。そこで例外的に，金銭以外での補償が認められている場合があるよ。例えば，土地収用法は，付近の代替地の提供による補償を認めているよ。

ファイナルチェック　基礎知識の確認

問題 1　損失補償制度とは，違法な公権力の行使によって生じた私人の財産権の侵害に対して，その損失を社会全体で公平に分担するための制度である。

問題 2　財産権の制限を認める法律に損失補償の規定がない場合，憲法 29 条 3 項は国の責務を定めた規定に過ぎず，直接個々の国民に具体的権利を賦与したものではないから，損失補償を請求することはできないというのが判例である。

問題 3　ため池の決壊を防止するために，堤とうでの農作物の耕作を禁止する場合には，損失補償が必要だというのが判例である。

問題 1 ✗　損失補償は，「適法な」公権力の行使によって生じた損害を，国民全体で公平に分担するための制度である。
問題 2 ✗　憲法 29 条 3 項を直接の根拠として損失補償を請求できるとするのが判例である。　**問題 3 ✗**　堤とうの上で耕作する権利を制約されることは，受忍限度を超えないというのが判例である（奈良県ため池条例違反事件）。

本試験レベルの問題にチャレンジ！　▶▶▶

Chapter 10 地方自治総論

重要度 B

イントロダクション 学習のポイント

　いよいよ行政法最終のテーマ，地方自治法に入ります。地方自治法は範囲の広いところで，苦手にしている受験生が多いところです。深入りをするのではなく，浅く広く勉強していきましょう。この Chapter では，地方公共団体の種類が大切です。

ベーシック じっくり理解しよう!

1 総説

重要度 C

　地方自治法は，憲法 92 条が規定する地方自治の本旨を具体化したものです。そして，住民自治と団体自治の 2 つが地方自治の本旨の本質的要素とされています。*1

*1
■ 語句解説
地方自治の本旨とは，地方自治の本来のあり方や，基本精神を意味します。

1 住民自治

住民自治とは，地域住民が自らの意思と責任によって行政活動を行うことです。行政活動を住民の意思に基づかせることによって，地方の実情に合った行政活動がなされ，地域住民固有の利益を実現することが可能となります。

2 団体自治

団体自治とは，地方の行政が国から独立した地方公共団体に委ねられ，地方公共団体自らの意思と責任の下で行われることです。

Festina lente

「地方自治」の「自治」という言葉は，自分で自分のことを処理するという意味だよ。
だから，地方自治とは，地方のことは地方の人たち自身で処理するということになるよ。
住民自治は民主主義と，団体自治は自由主義と関連しているよ。

2 地方公共団体の種類

重要度 A

1 地方公共団体の意義

地方公共団体とは，地方自治の単位をいいます。
地方公共団体は，**法人**です。
地方公共団体には，普通地方公共団体と特別地方公共団体があります。

2 普通地方公共団体

普通地方公共団体とは，市町村と都道府県のことです。

Festina lente

普通地方公共団体とは，言い方を変えれば，普遍的な地方公共団体という意味だよ。
これに対して，特別地方公共団体とは，政策的見地から特定の目的を実現するために設置された地方公共団体といわれているよ。

1 市町村

（1）意　義

　市町村とは，住民の日常生活に必要な公共役務を提供する基礎的な地方公共団体です。

（2）市になるための要件（地方自治法 8 条 1 項）

　市となるべき普通地方公共団体は，次の要件を備えていなければなりません。[*1]

　① 人口 5 万人以上を有すること

　② 市の中心部を形成している区域にある戸数が，全戸数の 6 割以上であること

　③ 商工業その他の都市的業態に従事する者，及びその者と同一世帯に属する者の数が，全人口の 6 割以上であること

　④ 官公庁や学校，図書館等都道府県の条例で定める都市施設を備えていること

（3）大都市に関する特例

　特例を受ける大都市には，指定都市と中核市があります。これらの違いは，①指定要件が異なることと，②権限委譲の範囲に差があることです。[*2]

> ## Festina lente
> 　権限委譲（「権限移譲」とも書く）とは，権限を譲り渡すことをいうよ。つまり，本来都道府県が行うべき事務が，これら大都市に委譲されるんだよ。
> 　ちなみに，指定都市に委譲される事務は，児童福祉に関する事務など，全部で 19 種類あるよ。

〈大都市の比較〉

	指定都市	中核市
指定要件（※）	人口 50 万人以上を有すること	人口 20 万人以上を有すること（2006 年改正により，「当該市の人口が 50 万人未満の場合にあっては，面積 100km² 以上を有すること」の要件は廃止された）
行政区[*3]	設置義務がある[*4]	設置できない

※　なお，指定都市となった後に指定要件を欠くに至っても，一般の市には戻らず，指定都市のままである（この点は，中核市も同じ）。

[*1]
■ ポイント

町になるための要件は，都道府県の条例で定められます。ただし，市よりも厳しい要件ではないので，結局，市になるための要件を緩やかにした形で，条例によって定められることになります。
なお，村になるための要件は定められていません。すなわち，市と町の要件を満たさないものが村となります。

[*2]
■ 参考データ

このほか大都市には，「特例市」がありましたが，2014 年の改正により中核市制度と特例市制度が統合され，特例市制度は廃止されました。

[*3]
■ 語句解説

行政区とは，行政の便宜のために設けられた行政区画のことをいいます。
例えば，横浜市の中区や大阪市の北区等です。

[*4]
☑ 要チェック！過去問題

指定都市に置かれる区は，都に置かれる特別区と同様に，法人格が認められている。
➡ ✖ （H22-22-2）

Part 4 ■ 行政法

Chapter 10
地方自治総論
669

2 都道府県

都道府県とは，市町村を包括する広域的な地方公共団体をいいます。

3 市町村と都道府県との関係

(1) 市町村優先の原則

都道府県，及び市町村は，その事務を処理するにあたっては，相互に競合しないようにしなければなりません。そして，市町村が実施できる事務は，原則として市町村が行います。

Festina lente

都道府県の事務は，地域における事務，及び法令により処理することとされる事務のうち，①広域にわたるもの，②市町村に関する連絡調整に関するもの，③規模，又は性質から一般の市町村が処理することが適当でないと認められるものだよ。

そして，市町村の事務は，地域における事務，及び法令により処理することとされる事務のうち，都道府県が行う事務以外だよ。

つまり，地方自治法は，都道府県の事務を限定することによって，原則として市町村が行える事務は，市町村に行わせるべきと考えているんだよ。

---

(2) 都道府県が優位する場合

都道府県と市町村は，法律上は原則として同格・同等の団体であり，上下・主従の関係に立つものではありません。しかし，都道府県内の行政の統一を図る観点から，事務処理において市町村より優位性が認められる場合があります。

3 特別地方公共団体

特別地方公共団体とは，法律が定める特別の事務を処理するために設置される地方公共団体をいい，①特別区，②地方公共団体の組合，③財産区の3種類があります。

以下では，特別区と地方公共団体の組合について説明します。

1 特別区

特別区とは，東京都の23区のことです。市町村と同様の性格を持ち，基礎的な地方公共団体と位置づけられ，原則として市に関する規定が適用されます。

Festina lente

2014年の地方自治法の改正で，指定都市における区の役割の拡充を目的として，市長の権限に属する事務のうち主として総合区の区域内に関するものを処理させるため，区に代えて総合区を設け，議会の同意を得て選任される総合区長を置くことができることとされたよ（252条の20の2）。

〈特別区と行政区の比較〉

	特別区	行政区
どこにあるか	都にある	指定都市にある
地方公共団体か否か	地方公共団体である（特別地方公共団体）	地方公共団体ではない（単なる区域割）
機　能	市町村とほぼ同じ	市町村の事務を手伝うだけ
議　会	直接選挙で選ばれた議員によって構成される	な　し
区　長	直接選挙で選ばれる	市長の任命による

2　地方公共団体の組合

(1) 意　義

　地方公共団体の組合とは，複数の地方公共団体が一定の事務を共同して処理する等のために設ける団体をいい，一部事務組合と広域連合があります。

　なお，2011 年の地方自治法改正によって，全部事務組合と役場事務組合は廃止されました。

a　一部事務組合

　一部事務組合とは，複数の地方公共団体が，その事務の一部を共同して処理するために設けられるものです。事務の一部について設置されるものですから，ゴミ処理であれば，ゴミ処理事務のみに限定して組合を設置することになります。[*1]

*1
■ 参考データ

一部事務組合の例として，学校事務組合，清掃事務組合等があります。

Festina lente

　市町村，又は特別区の共同処理しようとする事務が，他の市町村，又は特別区の共同処理しようとする事務と同一の種類のものでない場合でも，一部事務組合を設けることができるのだ。

	事務 A	事務 B	事務 C
甲市	○	○	×
乙市	○	×	○
丙市	×	○	○

　このような一部事務組合は，複合的一部事務組合と呼ばれている。

　右上の表のようにイメージするとわかりやすいだろう。見てのとおり，すべての事務がすべての市で共通していなくても，一部事務組合を設けることはできるのだよ。

Chapter 10
地方自治総論

b　広域連合

　広域連合とは，広域計画を作成して必要な連絡調整や事務処理を行う組合です。広域連合は，一部事務組合制度では適切に対応しきれない広域的行政需要に適切かつ効率的に対応していくために設けられます。*1

Festina lente

　例えば，市町村の一般廃棄物に関する事務と都道府県の産業廃棄物に関する事務を広域連合で実施すれば，広域的・総合的なゴミ処理行政を推進することができるね。

*1
要チェック！過去問題
地方自治法の定める「地方公共団体の組合」には，一部事務組合のほか，広域連合がある。
→ ○（H21−23−4改）

（2）設立の方法

　一部事務組合と広域連合は，都道府県が加入するものについては総務大臣，その他のものについては都道府県知事の許可を得て設立されます。

	一部事務組合	広域連合
構　成	都道府県・市町村・特別区 ただし，複合的一部事務組合の場合は，市町村・特別区	
目　的	事務の一部の共同処理	①広域的行政需要に適切，かつ効率的に対応 ②国からの権限委譲の受け皿
事務権限の委任	できない	①国又は都道府県は，広域連合に対して権限・事務を委任できる ②都道府県の加入する広域連合は国に対して，その他の広域連合は都道府県知事に対して，権限・事務の委任を要請できる
直接請求直接選挙	できない	できる
設立の方法	都道府県が加入するものについては，総務大臣の許可，加入しないものについては，都道府県知事の許可を必要とする	
解散の方法	総務大臣等に届出	総務大臣等の許可

Part 4
行政法

4 地縁による団体

　地縁による団体とは，町，又は字の区域その他市町村内の一定の区域に住所を有する者の地縁に基づいて形成された団体（地方公共団体ではない）をいいます。具体例として，町内会，自治会等があります。これらの団体は，市町村長の認可により権利能力を得ることができるようになりました。

> **Festina lente**
> 従来は，法人として認められていなかった（権利能力なき社団）ことから，団体名で団体の所有する不動産の登記をすることができない等，いろいろな不都合があったんだよ。

ファイナルチェック　基礎知識の確認

問題1　団体自治とは，地域住民が自らの意思と責任によって行政活動を行うことをいう。

問題2　特別地方公共団体には，特別区，一部事務組合，財産区の３種類がある。

問題3　現行法上，大都市等に関する特例として指定都市及び中核市があり，指定都市は政令で指定する人口50万以上の市，中核市は政令で指定する人口20万以上の市をいう。

問題1 ✗ これは，住民自治の説明である。　**問題2 ✗** 一部事務組合ではなく，地方公共団体の組合である。
問題3 ○ （252条の19第1項，252条の22第1項）

本試験レベルの問題にチャレンジ！ ▶▶▶

Chapter 11 住民の直接参政制度

重要度 A

イントロダクション　学習のポイント

　国の政治と異なり，地方の政治では，住民が直接参政する制度がいくつか準備されています。
　直接請求は大切なテーマです。どのような種類があるのか，そして，その請求をするためにはどれだけの署名を集めなければならないのか，また，誰に対して請求するのか，こういった点に着目して勉強していきましょう。

ベーシック　じっくり理解しよう!

1 選挙

重要度 C

1 選挙権

　選挙権とは，選挙人となるための資格をいいます。
　満18歳以上の日本国民（日本国籍を有する者）で，引き続き

3か月以上市町村の区域内に住所を有する者は，その属する普通地方公共団体の議会の議員，及び長の選挙権を有します。

2015年6月に公職選挙法等の一部を改正する法律が成立し，公布されました（2016年6月19日施行）。これにより，年齢満18年以上満20年未満の者が選挙に参加することができることとされました。

2 被選挙権

被選挙権とは，公職の選挙に立候補できる資格をいいます。立候補する職種によって，被選挙権が与えられるための要件が異なります。

〈選挙権と被選挙権についてのまとめ〉

		年齢要件	住所要件	日本国民である必要
議員・長の選挙権		18歳以上	あり（3か月）	あり
被選挙権	議会の議員	25歳以上	あり（3か月）	あり
	市町村長・特別区長	25歳以上	なし	あり
	都道府県知事	30歳以上	なし*1	あり

*1 要チェック！過去問題
都道府県知事の被選挙権は，当該都道府県の住民ではなくとも，法定の年齢以上の日本国籍を有する者であれば認められる。
➡ ◯（H22-23-ア）

2 直接請求

重要度 A

地方の政治は，地域住民の利害に深くかかわるものが多く，住民の直接的なコントロールの余地を広く認める必要があります。そこで，直接請求制度が設けられました。直接請求には6種類あります。

次頁の表のとおりです。

〈直接請求〉

要　件	種　類	請求先	請求後の対応
有権者の 50分の1以 上の連署	条例の制定・ 改廃請求（※1）	長	長は20日以内に議会を招集し，付議。（※2） 結果を代表者に通知し公表
	事務の監査請求（※3）	監査委員	監査後，結果を公表
有権者の 3分の1以上 の連署（※4）	議会の解散請求	選挙管理 委員会	選挙人の投票 ↓ 過半数の同意 ↓ 解散・失職
	議員の解職請求		
	長の解職請求		
	役員の解職請求（※5）	長	議会において3分の2以上の議員が出席 し，4分の3以上の同意により失職する

※1　地方税の賦課徴収，分担金・使用料・手数料の徴収に関する条例については，
　　請求できない。＊1＊2
※2　議会は，条例案を修正して議決することができる。
※3　原則としてすべての事務が，請求の対象となる。
※4　算定の基礎となる有権者総数が，40万人から80万人の部分については有
　　権者の6分の1以上，80万人を超える部分については8分の1以上と，本来
　　の有権者の3分の1以上とする要件は緩和される。
※5　対象となる役員には，副知事，副市町村長，指定都市の総合区長，選挙管理
　　委員，監査委員，公安委員会の委員がある。

Festina lente

　細かくなるけど，※4をもう少し補足するね。連署要件の具体的
な緩和の内容は，40万人を超える数に3分の1から緩和された数
を乗じて得た数と40万人に3分の1を乗じて得た数とを合算して
得た数以上の連署で足りるとなっているよ。
　つまり，例えば，有権者人口が80万人であった場合，連署の要
件を満たす人数は，
　（80万人－40万人）×1／6＋40万人×1／3＝20万人
となるね。

＊1
■ **参考データ**

地方税の賦課徴収等
に関する条例につい
て，請求することが
できないのは，負担
が軽くなる改正につ
いては，署名が集ま
りやすく，濫用され
た場合に，地方公共
団体の財政的基礎を
脅かすおそれがある
とされるためです。

＊2
☑ **要チェック！**
過去問題

選挙権を有する者
は，一定の者の連
署によって，条例
の制定及び改廃の
請求をすることが
できるが，その対
象となる条例の内
容については，明
文の制約はない。
➡✗（H26-23-
2）

〈解散・解職請求の期間制限〉

	期間制限
議会の解散請求	議員の一般選挙があった日から **1 年間**、解散投票のあった日から **1 年間**は請求できない
議員・長の解職請求	就職の日から **1 年間**、解職投票の日から **1 年間**は請求することができない。ただし、**無投票当選者**については 1 年以内でも請求することができる
役員の解職請求 — 副知事、副市町村長、指定都市の総合区長	就職の日から **1 年間**、解職に関する議会の議決の日から **1 年間**は請求できない
役員の解職請求 — 選挙管理委員、監査委員、公安委員会の委員	就職の日から **6 か月間**、解職に関する議会の議決の日から **6 か月間**は、請求することができない

Festina lente

住民の直接請求に関連して、住民投票を制度化する「住民投票条例」が 1982 年の高知県窪川町（くぼかわちょう）の原子力発電所の立地を問う「原発住民投票条例」を皮切りに、日本各地で作られてきているんだよ。

ただ、あくまでも住民投票の制度化は、条例レベルで認められてきているにすぎず、法律（地方自治法）では認められていないよ。

ファイナルチェック　基礎知識の確認

問題 1　直接請求として、地方税の賦課徴収、分担金、使用料、手数料の徴収に関する条例の制定改廃を求めることも可能である。

問題 2　知事・市町村長のみならず、選挙管理委員、監査委員などの役員も、直接請求としての解職請求の対象となる。

問題 3　事務監査請求については、当該事務の執行に特別の利害関係を有する者であれば、当該地方公共団体の住民以外でもすることができることとされている。

問題 1 ✗ 条例の制定改廃請求の対象として、本問に関するものは除かれている（74 条 1 項かっこ書）。　**問題 2 ◯**（81 条、86 条）　**問題 3 ✗** 事務監査請求の請求権者は、選挙権を有する者であり、住民以外は請求することができない（75 条 1 項）。

本試験レベルの問題にチャレンジ！ ▶▶▶

Chapter 12 地方公共団体の機関

イントロダクション　学習のポイント

　このChapterで大切なテーマとしてまず挙げられるのは，議会と長（都道府県知事・市町村長）になります。特に，この2つの機関が関係する長の付再議権，専決処分，議会の解散などは要注意のテーマになります。
　また，これ以上に試験的に大切なテーマが，住民監査請求と住民訴訟です。このテーマは毎年出題されるといっても過言ではないくらい頻出のテーマです。最終的には条文で見落としのないように勉強しなければなりませんが，ひとまず本書に記載されている基本事項を覚えるようにしていきましょう。

ベーシック　じっくり理解しよう!

1 議会

　地方自治体が自律的に意思決定をし，実行するためには，機関の存在が不可欠です。地方自治法は，普通地方公共団体の議決機関として，議会に関する規定を設けています。
　なお，町村については，条例で，議会を置かず選挙権を有する

者の総会（町村総会）を設けることができます。*1

1 議会の性質

議会は，国会が国権の最高機関であるのとは異なり，地方公共団体の最高機関ではありません。*2

議会は，長と対等の関係にあります。

議会と長は，それぞれ法定された自己の権限を，自らの判断と責任の下に行使します。

2 議会の招集及び会期

1 招　集

普通地方公共団体の議会は，長が招集します。なお，①議長が議会運営委員会の議決を経て，長に対し会議に付議すべき事件を示して臨時会の招集を請求したとき，②議員定数の4分の1以上の者が長に対し会議に付議すべき事件を示して臨時会の招集を請求したとき，長は請求のあった日から20日以内に臨時会を招集しなければなりません。*3

なお，2012年の法改正では，議長が請求をした日から20日以内に長が臨時会を招集しないときは，議長自ら臨時会を招集することができることとされました。*4

2 定例会及び臨時会，通年会期

議会には，定例会及び臨時会があります。

定例会は，毎年，条例で定める回数これを招集しなければなりません。

臨時会は，必要がある場合において，その事件に限り招集します。

なお，2012年の法改正により，議会について，条例により定例会・臨時会の区分を設けず，通年の会期とすることができることとされました。

3 委員会

議会における委員会の種類は，常任委員会，議会運営委員会，特別委員会の3つです。

これらは，地方公共団体の事務内容が専門的知識を問われるよ

---

*1
☑ 要チェック！過去問題

町村におかれる町村総会を構成するのは，当該町村の住民のうち選挙権を有する者である。
→ ○（H22-23-オ）

*2
■ ポイント

地方議会は，唯一の立法機関でもありません。

Part 4

行政法

*3
☑ 要チェック！過去問題

議員は，法定数以上の議員により，長に対して臨時会の招集を請求することができるが，その場合における長の招集に関し，招集の時期などについて，地方自治法は特段の定めを置いていない。
→ ✗（R1-22-2）

*4
☑ 要チェック！過去問題

普通地方公共団体の議会の議長が，議会運営委員会の議決を経て，臨時会の招集を請求した場合において，長が法定の期間内に臨時会を請求しないときは，議長がこれを請求することができる。
→ ○（R3-24-ウ）

Chapter 12
地方公共団体の機関　679

うになってきていることから，本会議に先立って，事件を分科してそれぞれの専門的な見地から審査を行うために設けられています。

　常任委員会，議会運営委員会又は特別委員会は，議会の議決すべき事件のうちその部門に属する事務に関するものにつき，議会に議案を提出することができます。ただし，予算については除かれます。

	常任委員会	議会運営委員会	特別委員会
権　限	その部門に属する事務に関する調査，議案・請願等の審査	議会の運営に関する事項等の調査，議案・請願等の審査	付議された事件の審査
設置方法	条例で設けることができる		
在任期間	条例で定める（※1）		
選任方法	条例で定める（※2）		
議会の意見聴取	①議会は，予算その他重要な議案，請願等について公聴会を開き，真に利害関係を有する者，又は学識経験を有する者等から意見を聴くことができる ②議会は，必要があると認めるときは，参考人の出頭を求め，その意見を聴取することができる		
委員会の議案提出権	議会の議決すべき事件のうちその部門に属する普通地方公共団体の事務に関するものにつき，議会に議案を提出することができる（予算を除く）		
閉会中の審査	議会の議決により付議された特定の事件については，閉会中もなお審査することができる		

※1　2012年の法改正により，議員の任期が在任期間となる，との規定は廃止された。
※2　2012年の法改正により，①議員は少なくとも1個の常任委員会の委員となるという規定や，②議会による選任方法の規定は，廃止された。

4　会　議

1　議員の議案提出権

　議員は，議員定数の12分の1以上の者の賛成により，文書で，議会の議決すべき事件につき，議会に議案（例えば，条例案）を提出することができます。ただし，予算については除かれます。

2　定足数

　議会は，原則として議員定数の半数以上の議員が出席しなければ会議を開くことはできません。

3　議員の請求による開議

議長は，議員定数の半数以上の者から請求があるときは，その日の会議を開かなければなりません。

4　議事公開の原則，秘密会

議会の会議は，公開します。ただし，議長又は議員のうち3人以上の発議により，出席議員の3分の2以上の多数で議決したときは，秘密会を開くことができます。

5　表　決

議会の議事は，出席議員の過半数で決します。

なお，議長は，議員として議決に加わる権利を有しません。もっとも，可否同数の場合は，議長が決します。

6　会期不継続の原則

会期中に議決に至らなかった事件は，後会に継続しません。

7　会議規則の設定

議会は，会議規則を設けなければなりません。

8　長及び委員等の議場出席義務

長，各行政委員会の委員等は，説明のため議長から出席を求められたときは，議場に出席しなければなりません。

ただし，出席すべき日時に議場に出席できないことについて正当な理由がある場合において，その旨を議長に届け出たときは，長，各行政委員会の委員等は議場への出席義務を負いません。

9　会議録

議長は，事務局長又は書記長に書面又は電磁的記録により会議録を作成させ，会議の次第及び出席議員の氏名を記載又は記録させなければなりません。*1

なお，議長は，会議録が書面をもって作成されているときはその写しを，電磁的記録をもって作成するときは当該電磁的記録に記録された事項を記載した書面又は当該事項を記録した電磁ディスクを添えて，会議の結果を長に報告しなければなりません。

5　議会の権限

1　議決権

議会は，地方自治法96条1項に列挙された事項，及び条例で追加された事項について地方公共団体の意思を決定します。

Festina lente

会期不継続の原則の例外として，委員会の継続審査制度があるよ。

---

*1

■ ポイント

会議録を作成するのは，公開原則を貫くためです。

Part
4

行政法

Chapter 12
地方公共団体の機関　681

Festina lente

地方自治法96条1項の列挙事項は，例えば，条例の制定・改廃，予算の決定，決算の認定，負担付きの寄附又は贈与を受けること等，全部で15項目あるよ。

また，自治事務については，条例によって広く議決事項を定めることもできるんだ。そして，法定受託事務については，従来議決事項を定めることができなかったけど，2011年の地方自治法改正により，一定の例外を除いて議決事項を定めることができるようになったんだよ（96条2項）。

2　意見書の提出権

普通地方公共団体の議会は，当該普通地方公共団体の公益に関する事件につき，意見書を国会又は関係行政庁に提出することができます。

3　100条調査権

100条調査権は，国会の国政調査権に相当する権限で，議会の権限の中で最も強力なものといわれます。

これは，議会の監視権限の1つとして認められます。[1]

(1) 調査対象

a　議案調査

議案調査とは，現に議題となっている事案や将来議題となるとみられる事案についての基礎資料を収集するために行う調査をいいます。

b　政治調査

政治調査とは，世論の焦点となっている事件の実情を明らかにするための調査をいいます。

c　事務調査

事務調査とは，地方公共団体の一般的な事務の執行状況に関する調査をいいます。

原則としてすべての事務が対象となります。

(2) 調査手段

調査手段としては，出頭の請求，証言の請求，記録の提出の請求等があります。

ただし，これらの手段をとることができるのは「特に必要があると認めるとき」に限られます。

---

[1]

■ ポイント

議会には，監視権限として，事務の管理，議決の執行及び出納に関する検査権も認められています。

Festina lente

100条調査権が及ばない事務には，自治事務にあっては地方労働委員会，及び収用委員会の権限に属する事務で政令で定めるもの，法定受託事務にあっては国の安全を害するおそれがあることその他の事由により調査対象とすることが適当でないものとして政令で定めるものがあるよ。

Part 4
行政法

正当な理由がなく出頭しない者等については，6か月以下の禁錮，又は10万円以下の罰金が科されます。この場合，議会は原則として告発しなければなりません。

4 専門的知見の活用

議会は，議案の審査又は地方公共団体の事務に関する調査のために必要な専門的事項にかかる調査を学識経験を有する者等にさせることができます。

5 選挙権

議会は，権限に属する選挙（議長，副議長の選挙等）を行わなければなりません。なお，2002年改正により，地方議会において行う選挙を点字投票で行うことが許されることとなりました。

6 自律権

自律権とは，議会自身の意思で，その組織や運営を規律する権限をいいます。その代表は，懲罰権です。

(1) 懲罰権の意義

議会は，法律，会議規則等に違反した議員に対し，議決により懲罰を科すことができます。

懲罰は，下記の4種類があります。

① 公開の議場における戒告
② 公開の議場における陳謝
③ 一定期間の出席停止
④ 除名

(2) 懲罰を科す要件

懲罰の動議を議題とするには，議員の定数の8分の1以上の者の発議によらなければなりません。

そして，通常の議題と同様に，原則として，定足数は半数以上の議員の出席であり，表決は出席議員の過半数です。

ただし，懲罰のうち，除名については，当該普通地方公共団体の議会の議員の3分の2以上が出席し，その4分の3以上の者の同意がなければなりません。

6 議　員

1 議員定数と任期

議員定数は，条例で定められ，議員の任期は4年です。

Festina lente
自律権としては，懲罰権のほかに規則制定権，紀律権等もあるんだ。紀律権の具体例には，議会における傍聴人に対する退場を命じる権限等が挙げられるよ。

なお，2011年改正により，議員定数の上限を定めた規定が廃止されました。

2　兼職の禁止

議員は，衆議院議員又は参議院議員を兼ねることができません。また，他の地方公共団体の議員などを兼ねることもできません。[*1]

3　関係私企業からの隔離

議員は，当該普通地方公共団体に対し請負をする者又は主として同一の行為をする法人の無限責任社員，取締役等になることはできません。

4　報酬，期末手当

普通地方公共団体は，その議会の議員に対し報酬を支給しなければなりません。また，普通地方公共団体は，条例で，その議会の議員に対し期末手当を支給することができます。

なお，報酬，期末手当等の額並びにその支給方法は，条例で定めなければなりません。

5　議員の辞職

議員は，議会の許可を得て辞職することができます。ただし，閉会中の場合には，議長の許可を得て辞職することができます。

*1
■ ポイント

議員の兼職禁止規定は，公正な職務執行と議会の公正な運営を確保するために認められます。

Festina lente

地方公共団体の議会の議員には，国会議員のような免責特権，不逮捕特権はないよ。

2　執行機関

重要度 A

執行機関とは，地方公共団体の事務を，議会の意思に拘束されることなく自らの判断と責任において誠実に管理・執行する義務を負う機関のことです。普通地方公共団体の執行機関には，長と行政委員会（委員を含む）があります。

1　長

1　地　位

（1）都道府県知事と市町村長

都道府県に知事を置き，任期は4年です。
市町村に市町村長を置き，任期は4年です。

（2）兼職の禁止

　長は，衆議院議員，参議院議員，地方公共団体の議会の議員，並びに常勤の職員等を兼ねることができません。[2]

（3）関係私企業からの隔離

　長は，当該普通地方公共団体に対し請負をする者又は主として同一の行為をする法人の無限責任社員，取締役等になることはできません。

（4）退　職

　長が退職しようとするときは，都道府県知事にあっては退職しようとする日の30日前までに，市町村長にあっては20日前までに，議長に申し出なければなりません。

　ただし，議会の同意を得たときは，その期日前に退職することができます。

2　長の権限

（1）長の規則制定権

　長は，法令に違反しない限りにおいて，その権限に属する事務に関し規則を制定できます。そして，この規則制定について，法令・条例による授権を必要としません。

　また，長は，法令に特別の定めがあるものを除くほか，規則において，規則に違反した者に対し5万円以下の過料を科する旨の罰則を設けることができます。[3]

（2）統轄・代表権

　長は，当該普通地方公共団体を統轄し，これを代表します。

（3）事務の管理・執行権

　長は，当該普通地方公共団体の他の執行機関の権限とされていない事務を管理し，これを執行します。

（4）予算調製権等

　予算の調製権，予算案提出権，執行権は，長の専権です。

（5）付再議権（拒否権）

　長と議会の意見が分かれた場合に，それを調整する方法として，地方自治法は，長による付再議権（拒否権）を設けました。[4]

　付再議権とは，議会で議決した事項等についてもう一度審議をやり直させることです。そして，付再議権には，一般的付再

---

[2]

■ ポイント

長の兼職禁止規定は，公正な職務執行を確保するために認められます。

[3]

☑ 要チェック！過去問題

普通地方公共団体の長は，その権限に属する事務に関し，規則を制定することができ，条例による委任のある場合には，規則で刑罰を規定することもできる。

➡ ✖ (R3-23-3)

[4]

■ 参考データ

付再議権は，拒否権といわれることもあります。

Part 4
行政法

Chapter 12
地方公共団体の機関　685

議権と特別的付再議権があります。

a　一般的付再議権

　　普通地方公共団体の議会の議決について異議があるときは，当該普通地方公共団体の長は，原則として，その議決の日（条例の制定・改廃又は予算に関する議決については，その送付を受けた日）から10日以内に理由を示してこれを再議に付することができます。

　　そして，議会の議決が再議に付された議決と同じ議決であるときは，その議決は，確定します。

　　なお，この議決については，原則として，出席議員の過半数の同意がなければなりません。

b　特別的付再議権

ア　違法な議決又は選挙に対する付再議権

　　普通地方公共団体の議会の議決又は選挙がその権限を超え又は法令若しくは会議規則に違反すると認めるときは，当該普通地方公共団体の長は，理由を示してこれを再議に付し又は再選挙を行わせなければなりません。[*1]

　　そして，議会の議決又は選挙がなおその権限を超え又は法令若しくは会議規則に違反すると認めるときは，都道府県知事にあっては総務大臣，市町村長にあっては都道府県知事に対し，当該議決又は選挙があった日から21日以内に，審査を申し立てることができます。[*2]

イ　一定事項の経費削減に関する議決に対する付再議権

　　議会において下記表①②に掲げる経費を削除し又は減額する議決をしたときは，その経費及びこれに伴う収入について，当該普通地方公共団体の長は，理由を示してこれを再議に付さなければなりません。

　　そして，下記表②についての再議において，議会の議決が，なおその経費を削除し又は減額したときは，長は，その議決を不信任の議決とみなすことができます。

①	法令により負担する経費，法律の規定に基づき当該行政庁の職権により命ずる経費その他の普通地方公共団体の義務に属する経費
②	非常の災害による応急，若しくは復旧の施設のために必要な経費，又は感染症予防のために必要な経費

*1

☑ **要チェック！過去問題**

普通地方公共団体の議会の議決が法令に違反していると認めた場合，長は裁量により，当該議決を再議に付すことができる。

➡ ✗（R3-24-イ）

*2

■ **ポイント**

この申立てがあった場合において，総務大臣又は都道府県知事は，審査の結果，議会の議決又は選挙がその権限を超え又は法令若しくは会議規則に違反すると認めるときは，当該議決又は選挙を取り消す旨の裁定をすることができます。

なお，この裁定に不服があるときは，普通地方公共団体の議会又は長は，裁定のあった日から60日以内に，裁判所に出訴することができます。

Festina lente

　長の不信任議決とみなすことができることの意義は，不信任議決があった場合，長は，議会を解散できるところにあるよ。

　つまり，「そんな議決をしてしまう議会で本当にいいんですか。」と長は，住民に対して問うことができるんだ。

〈付再議権〉

	項　目	付再議の要否	再議の要件	再議において同じ議決がなされた場合の効果
一般的	議会の議決事件（※1）	任　意	出席議員の過半数（※2）	再議決が確定する
特別的	違法な議決・選挙	義　務	出席議員の過半数	知事・総務大臣への審査申立て
	法令負担経費・義務に属する経費等の削除・減額			長は，減額された経費を予算に計上して支出できる
	非常災害復旧費等の削除・減額			長の不信任の議決とみなすことができる

※1　2012年改正前までは，一般的付再議権の対象は，条例の制定・改廃及び予算の議決に限られていたが，同改正によりこれらの事項以外の議決事件に拡大された。

※2　条例の制定・改廃及び予算の議決については，出席議員の3分の2以上。

(6) 議会の解散権

　議会が長の不信任の議決をしたときは，直ちに議長からその旨を長に通知しなければなりません。

　そして，長は，その通知を受けた日から10日以内に限り，議会を解散することができます。なお，内閣とは異なり，信任決議案の否決の場合の解散権はありません。*3

〈不信任議決の流れ〉

不信任議決（1回目―3分の2以上の出席で，4分の3以上の同意）

10日以内に議会を解散する　　議会を解散しない　→　10日経過したときに失職する

議会が招集され再び不信任議決
（2回目―3分の2以上の出席で，過半数の同意）

不信任の議決があった旨，議長から長に通知され，通知された日に失職する

*3
■ 参考データ

長がその意に反して失職する場合としては，不信任議決を受けた場合と住民からの解職請求があった場合が考えられます。

Part
4

行政法

Chapter 12
地方公共団体の機関　687

(7) 長の専決処分

長の専決処分とは，法律上議会によって議決又は決定すべき事項とされているにもかかわらず，長が，議会の議決又は決定を経ないで，処分することをいいます。

専決処分は大きく2種類に分けることができ，2006年改正により，要件が明確化されました。

まず，長は，①議会が成立しないとき，②会議を開くことができないとき，③議会の議決すべき事件について特に緊急を要するため議会を招集する時間的余裕がないことが明らかであると認めるとき，④議会が議決すべき事件を議決しないときは，その議決すべき事件を処分することができます。*1

専決処分をなし得る範囲は，原則として議決事件のすべて，例えば，条例の制定若しくは改廃，予算の制定等に及びます。

ただし，副知事及び副市町村長の選任の同意については，専決処分をすることはできません。

なお，この専決処分をした場合には，長は議会に報告し，その承認を求める必要があります。

次に，議会の議決によって指定された軽易な議会の権限に属する事項についても，長は，専決処分をすることができます。

なお，この専決処分をした場合には，長は議会に報告をしなければなりませんが，承認まで得る必要はありません。

＊1
☑ **要チェック！過去問題**
議会の議決が法令に違反すると認められるときは，長は専決処分により，議決を適法なものとするための是正措置をとることができる。
➡ ✖（H24-23-4）

Festina lente
仮に議会の事後の承認が得られなくとも，法律上その処分の効力には影響がないんだよ。

3　補助機関

〈各補助機関の比較〉

	副知事	都道府県の会計管理者(※1)	副市町村長	市町村の会計管理者(※1)
設置場所	都道府県		市町村	
職務	知事の補佐等	会計事務をつかさどる	市町村長の補佐等	会計事務をつかさどる
人数	条例で定める(※2)	必ず1人置く	条例で定める(※2)	必ず1人置く
任命手続	長が議会の同意を得て選任	(※3)	長が議会の同意を得て選任	(※3)
任期	4年	—	4年	—
任期中の長による解職の可否	できる	—	できる	—

※1　長，副知事，副市町村長，監査委員と親子，夫婦，兄弟姉妹の関係にある者は，会計管理者になることができない。もし，その関係になった場合には，失職する。
※2　条例で全く置かないこともできる。
※3　普通地方公共団体の長の補助機関である職員のうちから，普通地方公共団体の長が命じる。

2 行政委員会・行政委員

1 意　義

　行政委員会は，複数の委員からなる合議制の機関（執行機関）です。一方，行政委員は，原則として単独で職務を行う独任制の機関（執行機関）です。

　なお，行政委員会の委員は，人事委員等を除き，非常勤であるのが原則です。

Festina lente

　行政委員会・行政委員のうち，選挙管理委員会と監査委員は，その設置について地方自治法で規定されているよ。
　つまり，その他の行政委員会は，別の法律でその設置について規定されているんだよ。

2 種　類

都道府県・市町村のどちらにも置く	都道府県にのみ置く	市町村にのみ置く
教育委員会 選挙管理委員会 人事委員会（公平委員会） 監査委員	公安委員会 労働委員会 収用委員会 海区漁業調整委員会 内水面漁場管理委員会	農業委員会 固定資産評価審査委員会

3 規則制定権

　行政委員会は，法律の定めるところにより，法令や条例等に違反しない限りにおいて，規則その他の規程を定めることができます。ただし，違反者に過料を科す旨の規定を設けることはできません。*2

　また，その効力は，長が定める規則に劣るので，長の規則に違反する行政委員会の規則は無効となります。

4 監査委員

　地方公共団体の行政委員のうち，監査委員は最も重要なものの

*2
☑ 要チェック！過去問題

執行機関として置かれる委員は，法律の定めるところにより法令又は当該普通地方公共団体の条例若しくは規則に違反しない限りにおいて，規則その他の規程を定めることができる。
➡ ○ (H23-22-3)

Part
4
■
行政法

Chapter 12
地方公共団体の機関　　689

1つです。*1

(1) 設　置

　　普通地方公共団体に監査委員を置きます。その定数は，都道府県及び政令で定める市（人口25万人以上）にあっては**4人**とし，その他の市及び町村にあっては**2人**とします。

　　ただし，条例でその定数を増加することができます。

(2) 選任，任期及び退職等

a　選　任

　　監査委員は，**長**が**議会の同意**を得て，人格が高潔で，普通地方公共団体の財務管理，事業の経営管理，その他行政運営に関し優れた識見を有する者及び議員のうちから選任します。*2

　　この場合において，**議員**のうちから選任する監査委員の数は，都道府県及び政令で定める市にあっては**2人又は1人**，その他の市及び町村にあっては**1人**とします。

b　任　期

　　監査委員の任期は，識見を有する者のうちから選任される者にあっては**4年**とし，議員のうちから選任される者にあってはその**議員の任期**によります。ただし，後任者が選任されるまでの間は，その職務を行うことができます。

c　退職等

　　監査委員は，退職しようとするときは**長の承認**を得なければなりません。

　　また，普通地方公共団体の**長**は，監査委員が心身の故障のため職務の遂行に堪えないと認めるとき，又は監査委員に職務上の義務違反その他監査委員たるに適しない非行があると認めるときは，**議会の同意**を得て，これを**罷免**することができます。

　　なお，普通地方公共団体の長又は副知事若しくは副市町村長と親子，夫婦又は兄弟姉妹の関係にある者は，監査委員となることができず，監査委員にこの関係が生じたときは，その者は，その職を失います。

(3) 職　務

　　監査委員は，普通地方公共団体の財務に関する事務の執行及

---

*1
■ 参考データ
行政委員会の中でも，委員会という組織になっていないものは，監査委員のみです。

---

*2
☑ 要チェック！過去問題
普通地方公共団体の議会の議員は，条例に特に定めのない限り，当該普通地方公共団体の<u>監査委員となることができない</u>。
➡ ✗ (R1-24-2)

び普通地方公共団体の経営にかかる事業の管理を監査します。

Festina lente

監査委員は，原則として，自治事務・法定受託事務を問わず，監査することができるよ。

(4) 外部監査制度

a 意義と趣旨

外部監査制度とは，弁護士，公認会計士等の外部の専門家に監査を依頼するものをいいます。

専門知識を有する外部の者による監査を取り入れることにより地方公共団体の監査の厳正・公正を徹底するため，1997 年の改正で設けられました。

b 外部監査契約を締結できる者

普通地方公共団体が外部監査契約を締結できる者は，普通地方公共団体の財務管理，事業の経営管理，その他行政運営に関し優れた識見を有する者であって，以下のいずれかに該当する者とします。

①	弁護士（弁護士となる資格を有する者を含む）
②	公認会計士（公認会計士となる資格を有する者を含む）
③	税理士（税理士となる資格を有する者を含む）
④	国の行政機関において会計監査に関する行政事務に従事した者等であって，監査に関する実務に精通しているものとして政令で定めるもの

c 種 類

外部監査制度には，包括外部監査制度と個別外部監査制度があります。

包括外部監査制度とは，毎会計年度，契約を締結し，外部監査人が自己の判断に基づき特定の事件を監査するものをいいます。なお，この契約は，連続して 4 回以上同一人と契約をしてはなりません。

一方，個別外部監査制度とは，個別事項ごとに契約を締結し，監査委員に代わって監査するものをいいます。この

Part
4

行政法

Chapter 12
地方公共団体の機関 **691**

契約は，直接請求があった場合，議会又は長からの監査請求があった場合，住民監査請求があった場合等に締結することができます。

d　包括外部監査人の設置

包括外部監査人は，**都道府県，指定都市，中核市**には置かなければなりません。

なお，上記以外の市，又は町村でも，**条例**で定めることにより，置くことができます。

e　包括外部監査制度と個別外部監査制度との関係

両者は異なる制度であり，**併存**できます。

f　外部監査制度と監査委員制度との関係

監査委員は必置機関ですから，外部監査制度を設けたからといって監査委員制度を廃止することはできません。

(5) 住民監査請求と住民訴訟

a　住民監査請求制度

住民監査請求とは，その所属する普通地方公共団体の機関又は職員の**違法又は不当な財務会計上の行為**について，必要な措置を講ずべきことを請求することができる権利です。**住民1人**でも請求できます。

住民監査請求は，違法又は不当な財務会計上の行為のあった日から**1年**を経過したときは，正当な理由がある場合を除き，することができません。

b　住民訴訟 [1]

住民が監査請求をしても監査委員が監査・勧告を行わなかったり，あるいは，監査委員が勧告したにもかかわらず，議会，長その他の執行機関が勧告に従わないときは，住民の監査請求は無意味となります。そこで，地方自治法はこのような場合に備えて，監査請求した住民が更に裁判所に訴訟を提起することを認めました。これが住民訴訟です。

住民訴訟は，①監査の結果又は勧告に不服のある場合は，監査の結果又は勧告の通知があった日から**30日以内**，②監査委員の勧告を受けた機関又は職員の措置に不服がある場合は，監査委員よりその措置にかかる通知を受けてから**30日以内**に，提起しなければなりません。

---

[1]
✅ **要チェック！過去問題**

自ら住民監査請求を行っていない住民であっても，当該普通地方公共団体の他の住民が住民監査請求を行っていれば，住民訴訟を提起することができる。
➡ ❌（H22-24-ア）

住民訴訟においては，住民監査請求と同様，公金支出の違法の問題のみならず不当の問題についても争うことができる。
➡ ❌（H22-24-イ）

ア 住民訴訟を提起できる者

　　住民訴訟は，当該地方公共団体の住民であれば１人でも提起することができます。また自然人でも法人でも提起できます。納税していることも要件ではありません。*2

イ 住民監査請求前置主義

　　住民訴訟を提起するには，その前に住民監査請求をしなければなりません（住民監査請求前置主義）。

ウ 住民訴訟の対象

　　住民訴訟の対象は，財務会計上の違法な行為（不当な行為は含まない）であり，かつ，公共団体の財政に損害を与える行為です。

> ***2 要チェック！過去問題**
> 住民訴訟は，当該普通地方公共団体の住民ではない者であっても，住民監査請求をした者であれば，提起することが許される。
> ➡ ✗（H27-21-ア）

Part 4 行政法

	事務の監査請求	住民監査請求	住民訴訟（※4）
誰　が	選挙権を有する者の総数の50分の１以上の者の連署	住民各自（※1）	住民各自（※5）
誰　に	監査委員	監査委員（※2）	裁判所
対象となる行為	違法・不当な事務（財務会計上の行為に限らない）	違法・不当な財務会計上の行為	違法な財務会計上の行為
請求期限	な　し	違法・不当な財務会計上の行為のあった日から１年を経過する前まで（※3）	監査の結果・勧告の通知から30日以内。措置にかかる通知から30日以内（※6）

※1　１人でよい。また，住民である限り，年齢，国籍，選挙権や納税義務の有無を問わず請求できる。法人も請求できる。*3

※2　監査委員による監査及び勧告は，監査請求があった日から60日以内に行わなければならない。

※3　正当な理由がある場合には，１年を経過した後でもすることができる。

※4　住民訴訟を提起するには，その前に住民監査請求をしておかなければならない（住民監査請求前置主義）。なお，住民訴訟の手続は，行政事件訴訟法に従う。

※5　住民監査請求をした者である。なお，訴訟において請求できる内容は，①差止め，②取消し又は無効確認，③違法確認，④損害賠償請求・不当利得返還請求である。ただし，差止めは，当該行為を差し止めることによって人の生命又は身体に対する重大な危害の発生の防止その他公共の福祉を著しく阻害するおそれがあるときは，することができない。

※6　正確には，①監査の結果又は勧告に不服のある場合は，監査の結果又は勧告の通知があった日から30日以内，②監査委員の勧告を受けた機関又は職員の措置に不服がある場合は，監査委員よりその措置にかかる通知を受けてから30日以内。

> ***3 要チェック！過去問題**
> 住民監査請求をするに当たって，住民は，当該地方公共団体の有権者のうち一定数以上の者とともに，これをしなければならない。
> ➡ ✗（H29-24-3）

Chapter 12
地方公共団体の機関　693

Festina lente

地方自治法上，次のような暫定的停止勧告制度が設けられているよ。
　住民監査請求があった場合において，当該行為が違法であると思料するに足りる相当な理由があり，当該行為によって当該普通地方公共団体に生ずる回復困難な損害を避けるための緊急の必要があり，かつ，当該行為を停止することによって人の生命又は身体に対する重大な危害の発生の防止その他公共の福祉を著しく阻害するおそれがないと認めるときは，監査委員は，当該普通地方公共団体の長，その他の執行機関，又は職員に対し，理由を付して勧告等の手続が終了するまでの間，当該行為を停止すべきことを勧告することができるという制度だよ。

3　地域自治区

重要度 **C**

　2004年の法改正により，新たに住民自治の強化を目的とする地域自治区が創設されました。
　地域自治区とは，地域の住民の意見を行政に反映させるとともに行政と住民との連携の強化を目的として，市町村の判断により設けられる区域で，その区域の住民のうちから選任された者によって構成される地域協議会及び市町村の事務を分掌させるための事務所を設けるものをいいます。

1　地域自治区の設置

　市町村は，市町村長の権限に属する事務を分掌させ，及び地域の住民の意見を反映させつつこれを処理させるため，条例で，その区域を分けて定める区域ごとに地域自治区を設けることができます。
　地域自治区には事務所を置くものとし，事務所の位置，名称及び所管区域は，条例で定めます。

2　地域協議会の設置及び構成員

　地域自治区には，地域協議会を置きます。そして，地域協議会の構成員は，地域自治区の区域内に住所を有する者のうちから，市町村長が選任します。*1*2
　市町村長は，地域協議会の構成員の選任にあたっては，地域協議会の構成員の構成が，地域自治区の区域内に住所を有する者の多様な意見が適切に反映されるものとなるよう配慮しなければなりません。

*1
■ 参考データ

地域協議会には，会長及び副会長を置きます。なお，地域協議会の会長及び副会長の選任及び解任の方法は，条例で定めます。

*2
☑ 要チェック！
過去問題

地域協議会の構成員は，地域自治区の区域内に住所を有する住民の中から市町村長によって選任される。
➡ ○ (H22-23-イ)

3　地域協議会の権限

　地域協議会は，①地域自治区の事務所が所掌する事務に関する事項，②市町村が処理する地域自治区の区域にかかる事務に関する事項，③市町村の事務処理にあたっての地域自治区の区域内に住所を有する者との連携の強化に関する事項のうち，市町村長その他の市町村の機関により諮問されたもの又は必要と認めるものについて，審議し，市町村長その他の市町村の機関に意見を述べることができます。

ファイナルチェック　基礎知識の確認

問題 1　普通地方公共団体の議会の議決について異議がある場合，当該普通地方公共団体の長は，当該議決が条例の制定・改廃又は予算に関するものであるときに限り，これを再議に付することができる。

問題 2　普通地方公共団体の長は，議会の不信任の議決を受けて議会を解散した場合，その解散後初めて議会の招集があったときは，その職を失う。

問題 3　普通地方公共団体の長は，専決処分をしたときは，これを議会に報告し，その承認を必ず求めなければならない。

問題 4　都道府県と市町村に共通して置かれる委員会，及び委員は，教育委員会，選挙管理委員会，監査委員だけである。

問題 5　住民訴訟は，住民監査請求を行った住民が提起することができる。

問題1 ✗　長の一般的拒否権の対象は，条例の制定・改廃又は予算に関する議決以外の議決事件にも拡大された（176条1項）。　**問題2** ✗　招集があっただけでは，職を失わない（178条2項）。　**問題3** ✗　報告をするだけでよいものもある（180条参照）。　**問題4** ✗　人事委員会（公平委員会）もそうである。　**問題5** ○　（監査請求前置主義）。

本試験レベルの問題にチャレンジ！ ▶▶▶

Chapter 13 地方公共団体の権能

重要度 B

イントロダクション　学習のポイント

　地方公共団体の事務は，自治事務と法定受託事務の2種類に分けられます。この2つの共通点，相違点は表を利用して覚えるようにしましょう。特に，法定受託事務を国の事務を委任されたと勘違いする人がいます。法定受託事務も地方公共団体の事務であるということは忘れないようにしてください。
　また，議会の定める条例と長の定める規則の共通点，相違点も表を利用して効率よくクリアしていくようにしましょう。なお，公の施設も試験では比較的出題されるテーマです。

ベーシック　じっくり理解しよう！

1 事務処理

重要度 A

　1999年改正の結果，地方公共団体の事務は，大きく分けて，①自治事務と，②法定受託事務の2つとなりました。
　法定受託事務とは，国等が本来果たすべき役割にかかるものであって，国等においてその適正な処理を特に確保する必要がある

*1 要チェック！過去問題
地方自治法に定める「自治事務」とは，地方公共団体

ものとして，法律又は政令により，特に地方公共団体にその処理が委託される事務をいいます。

自治事務とは，地方公共団体が処理する事務のうち，法定受託事務以外のものをいいます。*1

> が処理する事務のうち，法定受託事務以外のものをいう。
> ➡ ○ (H21-21-1)

	自治事務	法定受託事務
意　義	地方公共団体が処理する事務のうち，法定受託事務以外のもの（※1）	国等が本来果たすべき役割にかかるものであって，国等においてその適正な処理を特に確保する必要があるものとして，法律，又は政令により，特に地方公共団体にその処理が委託される事務（※2）
具体例	都市計画の決定，飲食店営業の許可，病院・薬局の開設許可等	国政選挙，旅券の交付，国道の管理，戸籍事務等
議会の関与	①両事務に関する書類及び計算書を検閲できる ②監査委員に対して両事務に関する監査を求め，その結果の報告を請求できる ③当該地方公共団体の公益に関する事件につき意見書を国会，又は関係行政庁に提出することができる	
議決事項の追加（※3）	条例で広く議決事項を追加できる	国の安全に関することその他の事由により議会の議決すべきものとすることが適当でないものとして政令で定めるものを除き，条例で議決事項を追加できる
条例制定権	あり	
行政不服審査	原則として，国等に対する審査請求はできない	原則として，国等に対する審査請求ができる

※1　国は，普通地方公共団体が自治事務として処理している事務と同一内容の事務であっても，法令の定めるところにより国の事務として直轄的に処理することができる。なお，この場合には，原則として当該普通地方公共団体に対し通知をしなければならない。
※2　法定受託事務のうち，国から地方公共団体に委託される事務を第1号法定受託事務，都道府県から市町村に委託される事務を第2号法定受託事務という。なお，主務大臣は，法定受託事務の処理をするにあたり，よるべき基準を定めることができる。
※3　議会の議決事項は，原則として地方自治法96条1項の列挙事由に限られる。

2 条例の制定

重要度

1 条例制定権の限界

条例とは，地方公共団体が制定する自主法です。

条例は，地方公共団体の事務に関する限り，「**法律の範囲内**」で制定することができます（憲法94条）。

条例が法律に違反するかどうかは，判例によれば，法律と条例の対象事項と規定文言を対比するのみではなく，それぞれの趣旨，目的，内容及び効果を比較し，両者の間に矛盾・抵触があるかどうかによって決しなければなりません。

この観点では，条例でいわゆる**上乗せ規制**（国が定めている基準より厳しい基準を設けること）や**横出し規制**（国が定めていない基準を設けること）を定めることも許される場合があります。

2 条例と規則の比較

	条　例	規　則
意　義	地方公共団体が定立する自主法	長が定立する自主法
制定権の範囲	①地方公共団体の事務に関する事項であること ②法令に違反しないこと ③上乗せ規制，横出し規制も可能	
罰　則	①2年以下の懲役又は禁錮 ②100万円以下の罰金 ③拘留，科料 ④没収 ⑤5万円以下の過料	①5万円以下の過料
科罰手続	刑事訴訟法（国のルール）に基づく	規則（地方のルール）に基づく
制定手続	①条例案の提出権は，議員と長の双方にある ②議決は，原則として多数決で決する ③議決があったときは，その日から3日以内に議会の議長がこれを長に送付 ④長は，送付を受けた場合は，その日から20日以内にこれを公布しなければならない（※） ⑤原則として，公布の日から起算して10日を経過した日から施行	①議会の議決を経ずに，公布・施行 ②公布手続，施行期日などは，条例の場合と同様
両者の関係	原則：それぞれが独自の管轄領域を持ち，相互対等な関係にある 例外：競合領域では，条例が規則に優位する	

※　ただし，再議その他の措置を講じた場合，長の公布を要しない。

3 財産管理

重要度 **B**

1 会　計

1 会計年度独立の原則

　各会計年度における歳出は，その年度の歳入をもってこれにあてなければなりません。

2 会計年度，及び出納の閉鎖

　普通地方公共団体の会計年度は，毎年4月1日に始まり翌年3月31日に終わります。

　普通地方公共団体の出納は，翌年度の5月31日をもって閉鎖します。

2 予　算

1 総計予算主義の原則

　一会計年度における一切の収入，及び支出は，すべてこれを歳入歳出予算に編入しなければなりません。

2 予算の調製，及び議決

　長は，予算を調製（作成）し，会計年度開始前に議会の議決を経なければなりません。この予算調製権は，長にのみ認められています。

　議会は，長が提出した予算を否決することができます。

　また，否決することができる以上，減額もできます。さらに，長の予算の提出権限を侵さない限りにおいて，増額修正もできます。長が予定していなかった出費が必要な場合も考えられるからです。

3 予備費

　予算外の支出，又は予算超過の支出にあてるため，歳入歳出予算に予備費を計上しなければなりません。ただし，特別会計には予備費を計上しないことができます。

　なお，予備費は，議会の否決した費途にあてることができません。また，予備費の使用は，議会の議決を必要とせず，長の権限で行えます。

Festina lente

会計年度と出納の閉鎖時期に2か月の違いがあるのは，現金の未納や未払いを整理するために，2か月間の猶予を設けているからだよ。

Festina lente

議会に対する予算提出期限は，遅くとも年度開始前，都道府県及び指定都市にあっては30日まで，その他の市及び町村にあっては20日までだよ。

Part 4 行政法

3 収　入

1　地方税

　普通地方公共団体は，法律の定めるところにより，地方税を賦課徴収することができます。

2　分担金等

　分担金，使用料，加入金及び手数料に関する事項については，条例で定めなければなりません。[*1]

(1) 分担金

　分担金とは，特定の者に対し利益のある事件に関し，その必要な費用にあてるため，その者から徴収する金銭をいいます。

(2) 使用料

　使用料とは，許可を受けて使用する行政財産の使用，又は公の施設の利用について徴収する金銭等をいいます。[*2]

(3) 加入金

　加入金とは，旧来の慣行により市町村の住民中特に公有財産を使用する権利を有する者があるとき，この権利は保護されます（238条の6参照）が，市町村長が議会の議決を経て，新たに使用の許可を受けた者から徴収するものをいいます。

> **Festina lente**
>
> 　公有財産と行政財産の違いについて説明するね。
> 　まず，公有財産とは，普通地方公共団体の所有に属する不動産，船舶，地上権，著作権，株券等をいうよ。そして，公有財産は，行政財産と普通財産に分けることができるよ。
> 　行政財産とは，普通地方公共団体において公用又は公共用に供し，又は供することと決定した財産をいい，普通財産とは，行政財産以外の一切の公有財産をいうんだよ。

(4) 手数料

　普通地方公共団体の事務で特定の者のためにするものについて徴収する金銭をいいます。[*3]

3　地方債

　普通地方公共団体は，地方財政法その他の法律で定める場合において，予算の定めるところにより，地方債を起こすことができます。なお，地方債を起こす場合は，その起債の目的，限度額，起債の方法，利率及び償還の方法は，予算で定めなければなりま

[*1] ☑️ **要チェック！過去問題**

普通地方公共団体は，分担金，使用料，加入金および手数料を設ける場合，条例でこれを定めなければならない。
→ ⭕ (H28-24-2)

[*2] ◾ **参考データ**

使用料とは，例えば，水道料金や公営住宅の使用料等があります。

[*3] ◾ **参考データ**

手数料とは，例えば，印鑑証明の交付を受けるときの手数料等のことです。

せん。

4 一時借入金

　長は，歳出予算内の支出をするため，一時借入金を借り入れることができます。なお，借入れの最高額は，予算で定めなければなりません。そして，一時借入金は，その会計年度の歳入をもって償還しなければなりません。

4 支　出

1 経費の支弁（支払）等

　普通地方公共団体は，事務を処理するために必要な経費，その他法律，又は政令により負担する経費を支弁するものとします。

2 寄附，又は補助

　普通地方公共団体は，その公益上必要がある場合においては，個別に議会の議決を経ることなく，寄附，又は補助をすることができます。

3 支出の方法

　会計管理者は，政令で定めるところによる長の命令がなければ，支出をすることができません。*4

5 決　算

　決算は，毎会計年度，会計管理者が調製し，出納の閉鎖後3か月以内に証書類等とあわせて普通地方公共団体の長に提出しなければなりません。

　また，長は，これを監査委員の監査に付し，その意見を付けて，次の通常予算を審議する会議までに議会の認定に付さなければなりません。

6 契　約

　売買，貸借，請負その他の契約は，一般競争入札，指名競争入札，随意契約，又はせり売りの方法により締結します。*5

7 金融機関の指定

　都道府県は，金融機関を指定して，都道府県の公金の収納，又は支払の事務を取り扱わせなければなりません。

Part 4
■
行政法

---

*4
■ 参考データ

政令で定めるところにより一定の経費については，支出命令を簡素化し，例えば，毎月行っていたものを年度ごとに一括して行うことができます。

---

*5
■ 参考データ

電気・ガス・水の供給を受ける契約，電気通信役務の提供を受ける契約，不動産を借りる契約のほか，OA機器のリース契約等も長期継続契約の対象となります。

Chapter 13
地方公共団体の権能

市町村は，金融機関を指定して，市町村の公金の収納，又は支払の事務を**取り扱わせることができます**。

8 金銭債権の消滅時効

金銭の給付を目的とする普通地方公共団体の権利，及び普通地方公共団体に対する権利で金銭の給付を目的とするものは，原則として**5年間**の消滅時効にかかります。

なお，これらの権利の時効消滅については，原則として，時効の援用を要せず，また，その利益を放棄することができません。

9 公の施設

1 公の施設の意義と利用

公の施設とは，**住民の福祉を増進**する目的をもって，その利用に供するための施設をいいます。[1]

普通地方公共団体は，正当な理由がない限り，住民が公の施設を利用することを拒んではなりません。また，住民が公の施設を利用することについて不当な差別的取扱いをしてはなりません。

普通地方公共団体は，公の施設を利用させる場合，利用料金を徴収することができます。なお，利用料金に関する事項については，**条例**で定めなければなりません。

また，公の施設の利用につき，条例で**5万円以下の過料**を科す旨の規定を設けることもできます。

2 公の施設の設置・管理，及び廃止

普通地方公共団体は，法律，又は政令に特別の定めがあるものを除くほか，公の施設の設置，及びその管理に属する事項は，**条例**でこれを定めなければなりません。[2]

なお，条例で定める重要な公の施設のうち，条例で定める特に重要なものについて，これを廃止し，又は，条例で定める長期かつ独占的な利用をさせようとするときは，議会において出席議員の**3分の2以上**の者の同意を得なければなりません。

また，普通地方公共団体は，公の施設の設置の目的を効果的に達成するために必要があると認めるときは，**条例**の定めるところにより，法人，その他の団体であって当該普通地方公共団体が指定するもの（**指定管理者**）に公の施設の管理を行わせることがで

*1
■ 参考データ

公の施設とは，例えば，公民館，公営体育館，公園等があります。これに対して，庁舎や留置場は，公の施設に該当しません。

*2
**☑ 要チェック！
過去問題**

公の施設の設置および管理に関する事項について，法律またはこれに基づく政令に特別の定めがない場合には，地方公共団体の長が規則でこれを定めなければならない。
➡ ✗（H22-21-2）

702
Part 4
行政法

きます。*3

　なお，普通地方公共団体は，適当と認めるときは，指定管理者にその管理する公の施設の利用にかかる料金（利用料金）を当該指定管理者の収入として収受させることができます。

　そして，この場合における利用料金は，公益上必要があると認める場合を除くほか，条例の定めるところにより，あらかじめ地方公共団体の承認を受け，指定管理者が定めるものとします。

3　公の施設の区域外設置，及び他の団体の公の施設の利用

　普通地方公共団体は，その区域外においても，関係普通地方公共団体との協議により，公の施設を設けることができます。また，普通地方公共団体は，他の普通地方公共団体との協議により，当該他の普通地方公共団体の公の施設を，自己の住民の利用に供させることができます。そして，前記の協議については，関係普通地方公共団体の議会の議決を経なければなりません。

4　公の施設の利用権に関する処分についての審査請求

　普通地方公共団体の長以外の機関（指定管理者を含む）がした公の施設を利用する権利に関する処分についての審査請求は，普通地方公共団体の長が当該機関の最上級行政庁でない場合においても，当該普通地方公共団体の長に対して行います。また，普通地方公共団体の長は，この処分についての審査請求があったときは，議会に諮問してこれを決定しなければなりません。*4

*3 要チェック！過去問題
普通地方公共団体が，公の施設の管理を指定管理者に行わせる場合には，指定管理者の指定の手続等の必要な事項を条例で定めなければならない。
→ ○（H29-22-5）

*4 要チェック！過去問題
県知事は，公の施設を利用する権利に関する処分についての審査請求があった場合，議会に諮問してこれを決定しなければならない。
→ ○（H22-21-5改）

ファイナルチェック　基礎知識の確認

問題1　条例は民主的基盤を有する地方議会によって制定されるものであるから，条例で刑罰を科すことに法律上の根拠を要しない。

問題2　公の施設の利用料金は，公益上必要があると認められる場合を除くほか，条例で定めるところにより，あらかじめ普通地方公共団体の承認を受け，指定管理者が定めるものとする。

問題1 ✗　法律によって相当程度，具体的な委任が必要である。　　問題2 ○　（244条の2第9項）

本試験レベルの問題にチャレンジ！▶▶▶

Chapter 13　地方公共団体の権能

Chapter 14 国と地方公共団体及び地方公共団体相互の関係

重要度 B

イントロダクション　学習のポイント

　これまで行政法で学んできてわかるとおり，行政機関は私たち市民に対して様々な作用を及ぼしました。同じように，国は地方公共団体に対して様々な作用を及ぼします。そもそも日本国憲法下において，地方は国の下部組織，出先機関ではなく，対等・独立した法人格を有します。そこで，国が地方に関与を及ぼす場合について，地方自治法は規定しています。また，この関与に対して地方が不服を持つ場合の手続についても規定しています。

ベーシック　じっくり理解しよう！

1　国と地方公共団体の関係

重要度 B

　明治憲法下では，中央集権国家体制がとられたため，地方は国の出先機関として考えられ，国と地方の関係は，主従・上下の関係でした。その後，明治憲法が改正され日本国憲法となると，理念的には，国と地方公共団体の関係も主従・上下の関係から対等な関係へと変わりました。

　しかし，事実上，また法律上，明治憲法下の主従・上下の関係は色濃く残っており，これに対しては抜本的な改革が望まれてい

ました。

これを受けて，1999年に地方分権一括法が制定され，この法律の施行に伴って，地方自治法も全面的に改正されるに至りました。

具体的には，機関委任事務制度が廃止され，新たに自治事務・法定受託事務へと事務配分が再構成され，国の地方公共団体に対する関与等についても大幅な見直し等がなされました。

1 地方公共団体に対する国の関与

1 国の関与に関する原則

（1）法定主義の原則

地方公共団体の事務に対して国が関与を及ぼす場合には，法律，又は政令の根拠が必要です。*1

（2）必要最小限度の原則

国が関与する場合には，目的を達成するために必要最小限度のものにしなければなりません。

また，地方公共団体の自主性，及び自立性に配慮しなければなりません。

（3）一般法主義の原則

自治事務・法定受託事務ともに，できる限り「基本類型以外の関与」を設けることのないようにしなければなりません。

2 手続に関する公正・透明の原則

この原則は，国の地方公共団体への関与の客観化を図り，各地方公共団体に対する差別的・不利益的な取扱いを回避するための原則であり，行政手続法を参考とした次の規定で具体化されています。

（1）書面主義の原則

国の行政機関，又は都道府県の機関は，地方公共団体に対し，助言，勧告，その他これらに類する行為を書面によらないで行った場合において，当該地方公共団体から書面の交付を求められたときは，原則としてこれを交付しなければなりません。

（2）許認可等の判断基準の設定と公表

国の行政機関，又は都道府県の機関は，地方公共団体からの申出があった場合において，許可，認可，承認，同意（及び，これらの取消し）その他これらに類する行為をするかの判断基

> *1
> ☑ 要チェック！
> 過去問題
>
> 自治事務とは異なり，法定受託事務に関する普通地方公共団体に対する国または都道府県の関与については，法律に基づかないでなすことも認められている。
> ➡✗ (H29-23-5)

準を定め，かつ，原則としてこれを公表しなければなりません。

(3) 標準処理期間の設定と公表
　国の行政機関，又は都道府県の機関は，申請等が当該事務所に到達してから許認可等をするまでに通常要すべき標準的な処理期間を定め，かつ，これを公表するように努力しなければなりません。

(4) 到達主義
　国の行政機関，又は都道府県の機関は，申請等が法令により当該申請等の提出先とされている機関の事務所に到達したときは，遅滞なく，当該申請等にかかる事務を開始しなければなりません。

(5) 書面による理由の提示
　国の行政機関，又は都道府県の機関は，普通地方公共団体に対して許認可等を拒否する処分や取消し等をするときは，拒否する処分，又は取消し等の内容，及び理由を記載した書面を交付しなければなりません。

2　国の関与の形態

　普通地方公共団体に対する国，又は都道府県の関与とは，普通地方公共団体の事務の処理に関し，原則として国の行政機関，又は都道府県の機関が行う次に掲げる行為をいいます。

Festina lente
ここは，最初はかる〜く読むだけでいいよ。

1　助言又は勧告
　各大臣は，その担任する事務に関し，普通地方公共団体に対し，適切と認める技術的な助言，若しくは勧告をすることができます。
　なお，普通地方公共団体の長その他の執行機関は，各大臣に対し，その担任する事務の管理，及び執行について技術的な助言若しくは勧告，又は必要な情報の提供を求めることができます。

2　資料の提出の要求
　各大臣は，その担任する事務に関し，普通地方公共団体に対し，適切と認める技術的な助言若しくは勧告をするため，又は普通地方公共団体の事務の適正な処理に関する情報を提供するため，必要な資料の提出を求めることができます。

3 指　示

　各大臣は，その担任する事務に関し，都道府県知事その他の都道府県の執行機関に対し，必要な指示をすることができます。[*1]

4 是正の要求

　是正の要求とは，普通地方公共団体の事務の処理が法令の規定に違反しているとき，又は著しく適正を欠き，かつ，明らかに公益を害しているときに当該普通地方公共団体に対して行われる当該違反の是正，又は改善のため必要な措置を講ずべきことの求めのことです。そして，当該求めを受けた普通地方公共団体がその違反の是正，又は改善のため必要な措置を講じなければならないとしています。

　そして，各大臣は，その担任する事務に関し，都道府県の自治事務の処理が法令の規定に違反していると認めるとき，又は著しく適正を欠き，かつ，明らかに公益を害していると認めるときは，当該都道府県に対し，当該自治事務の処理について違反の是正，又は改善のため必要な措置を講ずべきことを求めることができます。[*2]

5 代執行

　代執行とは，普通地方公共団体の事務の処理が法令の規定に違反しているとき，又は当該普通地方公共団体がその事務の処理を怠っているときに，その是正のための措置を当該普通地方公共団体に代わって行うことをいいます。

　各大臣は，その所管する法令にかかる都道府県知事の法定受託事務の管理，若しくは執行が法令の規定，若しくは当該各大臣の処分に違反するものがある場合等において，代執行以外の方法によってその是正を図ることが困難であり，かつ，それを放置することにより著しく公益を害することが明らかであるときは，一定の手続をとることにより，当該都道府県知事に代わって当該事項を行うことができます。[*3]

6 その他

　上記のほか，同意，許可，認可，又は承認，協議等，一定の行政目的を実現するため普通地方公共団体に対して具体的かつ個別的にかかわる行為があります。

*1
■ 参考データ
各大臣は，市町村に対しても指示をすることができる場合があります。

*2
■ 参考データ
各大臣は，市町村に対しても是正の要求をすることができる場合があります。

*3
■ 参考データ
都道府県知事が，市町村長に代わって法定受託事務を行うことができる場合があります。

Part
4
■
行政法

自治事務	法定受託事務
①助言，又は勧告　②資料の提出の要求　③協議	
④是正の要求	④同意 ⑤許可・認可・承認 ⑥指示 ⑦代執行 ただし，第2号法定受託事務については，是正の要求をすることもできる

3 国地方係争処理委員会

　国と地方公共団体は対等な立場にあるので，国と地方公共団体との間で紛争が生じた場合には，対等な関係で解決が図られる必要があります。

　そのためには，紛争を第三者の手に委ねざるを得ません。そのような考えから，地方分権改革に伴って新しく導入された紛争処理の仕組みが，国地方係争処理委員会です。

1 意　義

　国地方係争処理委員会とは，普通地方公共団体に対する国の関与についての争いを処理する組織をいいます。

> **Festina lente**
> 2001年4月には，横浜市が，日本中央競馬会の場外馬券売り場売上に課税する勝馬投票券発売税が総務省の同意を得られなかったことを不服として，全国の自治体で初めて国地方係争処理委員会に審査を申し出たよ。

〈国と普通地方公共団体の紛争処理システム〉

2 組　織
(1) 設　置
　国地方係争処理委員会は，総務省に設置されます。
(2) 委員の任命と人数，任期等
　委員は，両議院の同意を得て総務大臣が任命します。
　委員会は，非常勤の委員5人をもって組織される合議制の機関です。

なお，委員の任期は**3年**で，5人のうち**2人**は，**常勤**の委員とすることができます。

3　審査の対象となる国の関与

① **是正の要求，許可の拒否その他国の公権力の行使としての関与**。ただし，代執行手続における指示や代執行行為等は対象外となる

② **国の不作為**

③ **国との協議が調わないとき**

4　審査の申出

長その他の執行機関は，国の関与に不服があるときは，その対象となる関与があった日から**30日以内**に，国地方係争処理委員会に対し，当該関与を行った国の行政庁を相手方として，**文書**で，審査の申出をすることができます。

5　審査方法

国地方係争処理委員会の審査は，関係行政機関を手続に参加させる，証拠調べ（参考人の意見陳述，検証，鑑定，書類等の提出等）をする等の方法で行います。

なお，国地方係争処理委員会による審査は，審査申出の日から**90日以内**に行わなければなりません。

6　審査後の手続

(1)　関与が違法，又は不当であるとき

国の関与が①**自治事務**に関して**違法**，又は**不当**，②**法定受託事務**に関して**違法**であるときは，国地方係争処理委員会は，**国の行政庁**に対し，理由を付し，かつ，期間を示して，必要な措置を講ずべきことを**勧告**します。また，地方公共団体の**長その他執行機関**に**通知**し，**公表**します。*1

なお，国の行政庁は，勧告で示された期間内に**勧告に即して**必要な措置をとらなければなりません。また，その旨を委員会に**通知**しなければなりません。

(2)　関与が適法かつ正当であるとき

関与が適法かつ正当であるときは，国地方係争処理委員会は，**地方公共団体と国の行政庁**に対して，**理由を付して通知**し，**公表**します。

---

*1
☑**要チェック！**
過去問題

A市の法定受託事務に関する国の関与が違法であると認めるときは，国地方係争処理委員会は，当該関与を行った国の行政庁に対して，理由を付し，期間を示した上で，必要な措置を講ずべきことを勧告することになる。

➡ **○**（H24-21-2）

Chapter 14
国と地方公共団体及び地方公共団体相互の関係

(3) 調　停

国地方係争処理委員会が，審査の過程で当該事実が調停によって解決できるものと判断した場合には，職権によって，調停案を作成し，両当事者に提示し，その受諾を勧告することもできます。

7　訴訟の提起

地方公共団体は，①国が勧告に即してとった措置に不満がある場合，②国地方係争処理委員会の審査の結果に不満がある場合には，措置の通知，審査の結果の通知があった日から30日以内に，高等裁判所に対して訴訟を提起することができます。

なお，審査申出前置主義が採用されています。

4　国等による違法確認訴訟制度の創設

国等が是正の要求等をした場合，地方公共団体がこれに応じた措置を講じず，かつ，国地方係争処理委員会への審査の申出もしないとき等に，国等は違法確認訴訟を提起することができます。

2　地方公共団体相互の関係

重要度

1　都道府県の市町村に対する関与

都道府県も，原則として国と同様に市町村に対して関与することができます。

2　自治紛争処理委員*1

自治紛争処理委員とは，市町村に対する都道府県の関与等についての争いを処理する機関をいいます。

---

*1 要チェック！過去問題

国と地方公共団体間の紛争等を処理する機関としては，自治紛争処理委員が廃止され，代わりに国地方係争処理委員会が設けられている。

➡✗（H25-23-2）

〈都道府県と市町村の紛争処理システム（審査の場合）〉

〈国地方係争処理委員会と自治紛争処理委員の比較〉

	国地方係争処理委員会	自治紛争処理委員
申立ての対象	国の地方公共団体に対する関与	都道府県の関与等，地方公共団体相互の関係
委員の任命方法	**両議院の同意**を得て**総務大臣**が任命	事件に関係ある事務を担任する各大臣，又は都道府県の委員会等に**協議**して**総務大臣**又は**都道府県知事**が任命
人数	**5人** なお，**非常勤**が原則だが，**2人**までは常勤とすることができる	**3人**
任期	**3年**	**事件ごと**

ファイナルチェック　基礎知識の確認

問題1　普通地方公共団体は，その事務の処理に関し，法律又はこれに基づく政令によらなければ，普通地方公共団体に対する国又は都道府県の関与を受け，又は要することとされることはない。

問題2　自治紛争処理委員は，3人とし，事件ごとに，優れた識見を有する者のうちから，総務大臣，又は都道府県知事がそれぞれ任命する。この場合においては，総務大臣，又は都道府県知事は，あらかじめ当該事件に関係のある事務を担当する各大臣，又は都道府県の委員会若しくは委員に協議するものとする。

問題1 ○（245条の2）　問題2 ○（251条2項）

本試験レベルの問題にチャレンジ！ ▶▶▶

Part 5

基礎法学

学習進度チェック

学習した Chapter の日付を記入し，学習進度を確認しよう！

	学習予定日	日付①	日付②
Chapter 1　法学概論	／	／	／

効率よく学習することが大切！

基礎法学ガイダンス

本試験の傾向分析と対策

1 過去問データベース

		07	08	09	10	11	12	13	14	15	16	17	18	19	20	21
法学概論	法の効力	●	●			●										●
	法の分類		●	●	●								●			
	法の解釈						●	●								
	基本原理		●	●	●				●	●	●	●		●	●	

最新の試験対策は,伊藤塾のホームページやメルマガにて配信中

2 出題分析アドバイス

　基礎法学からは,例年2問出題されています。
　学習分野の幅を絞るのは難しく,伊藤塾のテキストでも過去問題に対応しきれていない部分があります。それだけ広い範囲から出題されているものと考えてください。
　近年は,裁判所・裁判官の制度,法令の適用範囲及び効力,法令特有の用語等が出題されており,法知識が広く問われています。これらのテーマの中には繰り返し出題されているものもありますので,試験対策としては,まずは過去問題をしっかりとマスターしておきましょう。

合理的学習法

1 得点計画

基礎法学は2問出題されますが，全問とも確実に答えられなくても大丈夫です。特に，得点しなければならない科目としておく必要はありません。

2 全体構造

基礎法学は，2問しか出題されないため，試験における重要度は低いといえます。

もちろん，基礎的な法律用語や条文を読み解く基本的なルール（解釈等）は知っておくべきですが，だからといって，基礎法学対策として学習時間を大きく取る必要はありません。

スタンスとしては，憲法や行政法，民法，商法を学習していく過程で，基礎法学対策も併せてやっていることになると考えておけばよいでしょう。

Part 5 基礎法学

ガイダンス | 715

Chapter 1 法学概論

イントロダクション　学習のポイント

　基礎法学は配点も少なく，特段個別の対策に多くの時間を割くべき分野ではありません。ひとまずは憲法，行政法，民法，商法の延長として問題が解ければ十分なところです。

　そこで，このChapterでは，憲法，行政法，民法，商法にも役に立つ法学の基本的な知識について，簡潔にまとめました。

ベーシック じっくり理解しよう！

1 法の効力

重要度 C

1 人に関する効力の範囲

1 属地主義の原則

属地主義とは，法の適用・効力の範囲をその法が制定された国の領域内においてだけ認めようという考え方をいいます。

我が国においては，日本国内にあるすべての人々に対して，その国籍のいかんを問わず，日本の法律が適用されます。このように，我が国は属地主義を原則としています。*1

2 属地主義の例外

(1) 属人主義

属人主義とは，人が本来所属する国の法を，その人が国を離れても適用するという主義のことをいいます。

(2) 保護主義

保護主義とは，自国又は自国民の利益を侵害する犯罪については，犯人の国籍，犯罪地のいかんを問わず自国の刑罰法規を適用する考え方をいいます。

2 場所に関する効力の範囲

日本の法は，原則として日本の領土，領空，領海に及びます。なお，日本の船舶，航空機，外国における公館も，日本の領土です。*2

例外的に，地方自治特別法や地方公共団体の条例，規則等は，領土の一部にしか適用されません。

3 時間に関する効力の範囲

1 不遡及の原則

不遡及の原則とは，法は，その施行後の事柄についてのみ効力を有し，施行前の事柄にまで遡って効力を生じないという原則をいいます。

---

*1 ■ 参考データ
例えば，東京で中国人がアメリカ人を殺した場合，日本の刑法が適用されます。

Festina lente
日本においても，国外において国益を著しく害するような重大犯罪（内乱罪・通貨偽造罪等）を犯した者は，日本国民，外国人を問わず，日本の刑法を適用するとして保護主義を採用しているよ（刑法2条）。

*2 ☑ 要チェック！過去問題
日本国の法令は，その領域内でのみ効力を有し，外国の領域内や公海上においては，日本国の船舶および航空機内であっても，その効力を有しない。
➡✗（R3-2-3）

Chapter 1 法学概論 717

2 効力発生時期

法令は，その制定権限を有する機関が手続に従って，制定，公布，施行することにより，その効力が生じます。

施行期日は，法令の附則に規定されているのが通例ですが，その定めがない場合は，公布の日より起算して，法律においては 20日 を経過した日（法の適用に関する通則法2条）から，条例においては 10日 を経過した日（地方自治法16条3項）から施行するものとされています。*1*2

〈施行期日の定めがない法律の効力発生時期〉

*1
■ 参考データ

法令の公布は，慣行として官報によって行われています。

*2
☑ 要チェック！過去問題

法律が発効するためには，公布がされていることと施行期日が到来していることとの双方が要件となる。
→ ◯ (H23-1-3)

2 法の分類*3

重要度 C

1 一般法と特別法との関係

一般法とは，人・地域・事柄等について，具体的に限定しないで，一般的に定めた法をいいます。これに対して，特別法とは，特定の人・地域・事柄等についてだけ限定的に適用される法をいいます。例えば，民法と商法では，民法が一般法，商法が特別法にあたります。そして，一般法と特別法との関係については，「特別法は一般法に優先する」という原則が適用されます。

特別法 ＞ 一般法

2 前法と後法との関係

法令が新たに制定され，又は改正された場合には，「後法は前法を破る」という原則が適用されます。

後法 ＞ 前法

*3
☑ 要チェック！過去問題

法律と法律，条例と条例など，形式的な効力が同等の法規の間に矛盾抵触が生じる場合は，一般に，「特別法は一般法に優先する」「後法は前法に優先する」という法原則に従って処理されることになる。
→ ◯ (H21-1-イ)

3 法の解釈

重要度 C

文理解釈	法文（条文）の言葉と文章に忠実に解釈する方法		
論理解釈	法文や文言の文法的意味に過度にとらわれることなく，法制定の沿革や法体系上の法文の位置等から法規範を解釈する方法	反対解釈	一定の法命題が明文で規定されているときに，その規定から反対命題を引き出す方法
		類推解釈*4	当該事項について明文の定めがないときに，類似する事項についての規定を借りてきて，その事項にあてはまるように，必要な修正を加えながら適用する方法
		勿論解釈	ある事実に関する法令の規定について，その趣旨・目的から，法令の規定がない他の事実に関して，条理から当然にその規定を適用すべきとする方法
		縮小解釈	法文の言葉を通常の意味よりも狭く解釈する方法
		拡張解釈 拡大解釈	法文の言葉を通常の意味よりも広く解釈する方法
		変更解釈 補正解釈	法文の文字を変更して解釈する方法

*4 **要チェック！過去問題**

甲の事件につき規定がなく，類似の乙の事件に関しては明文の規定がある場合，甲にも乙の規定を準用しようとするのは，「類推解釈」である。
➡ ◯ (H25-1-3)

Festina lente

刑罰法規については，拡張解釈は許されるけれど，類推解釈は一般的に許されないと解されていることに注意が必要だよ。

4 基本原理

重要度 B

法律基礎用語	働き	使い方
「又は」と「若しくは」	あるものを選択する際に用いる。	・単なる選択には「又は」を用いる。 ・選択的に並べられる語句に段階がある場合には，1番大きな意味の語句のつながりには「又は」を，2番目以下の意味の語句のつながりには「若しくは」を用いる。
「及び」と「並びに」	いくつかの事項を併合的に用いる。	・単なる併合には「及び」を用いる。 ・併合させる語句に段階がある場合には，1番小さな意味の語句のつながりには「及び」を，それよりも大きな意味の語句のつながりには「並びに」を用いる。

「以上」と「超える」	数量を限定する場合に用いる。	・基準点となる数量を含む場合は「以上」を，含まない場合は「超える」を用いる。
「以下」と「未満」		・基準点となる数量を含む場合は「以下」を，含まない場合は「未満」を用いる。
「推定する」と「みなす」	異なるものを同一に扱う場合に用いる。	・両者とも，本来性質の異なる事柄を，一定の法律関係については同一視して取り扱う点では共通する。 ・異なる点は，「推定する」は，当事者間に別段の取決めや反対の証拠がある場合にはそれに従うことになるのに対し，「みなす」は反証を許さず，絶対的なものとして取り扱う点である。
「適用する」と「準用する」	特定の法令をそのままあてはめるか，修正してあてはめる場合に用いる。	・ある特定の法令の規定をそのままあてはめる場合は「適用する」を用いる。 ・本来Aという事実に適用する法令の規定を，Aに類似しているA'という事実に，多少の修正を加えてあてはめる場合は，「準用する」を用いる。

ファイナルチェック 基礎知識の確認

問題1 法と道徳には共通点がない。

問題2 日本の刑法は，属地主義を原則としている。

問題3 法律が発効するためには，施行期日が到来していることが必要となるが，施行期日の定めがない場合には，公布の日が施行期日とされる。

問題4 明確な規定がないことから，日本では慣習法を認めていない。

問題5 判例は，法律同様に国民に一定の行動の指針を与えることから，変更することは一切許されない。

問題6 類推解釈とは，法文の言葉を通常の意味よりも広く解釈する方法をいう。

問題7 「又は」と「若しくは」は，前後の語句を選択的に連結する接続語であり，選択される語句に段階がある場合には，一番大きな選択的連結にだけ「又は」を用い，他の小さな選択的連結には全て「若しくは」を用いる。

問題1 ✗ 行為規範という点では共通する。 **問題2 ○** （刑法1条1項） **問題3 ✗** 施行期日の定めがない場合，法律は，公布の日から起算して20日を経過した日から施行される。 **問題4 ✗** 民事法の分野では慣習法も認められている。 **問題5 ✗** 判例変更も一定の場合に認められる。 **問題6 ✗** 本問は拡大解釈の説明である。 **問題7 ○**

本試験レベルの問題にチャレンジ！ ▶▶▶

Part 6

一般知識等

学習進度チェック

学習した Chapter の日付を記入し，学習進度を確認しよう！

			学習予定日	日付①	日付②
Chapter	1	政治	/	/	/
Chapter	2	経済	/	/	/
Chapter	3	社会	/	/	/
Chapter	4	情報通信・個人情報保護	/	/	/

一般知識等ってけっこうおもしろい！

よし！自信が持てたぞ

一般知識等ガイダンス

本試験の傾向分析と対策

1 過去問データベース

	07	08	09	10	11	12	13	14	15	16	17	18	19	20	21
政　　　治	●	●	●	●	●	●	●	●	●	●	●	●	●	●	●
経　　　済	●	●	●	●	●	●	●	●	●	●	●	●	●	●	●
社　　　会	●	●	●	●	●	●	●	●	●	●	●	●	●	●	●
情報通信・個人情報保護	●	●	●	●	●	●	●	●	●	●	●	●	●	●	●
文 章 理 解	●	●	●	●	●	●	●	●	●	●	●	●	●	●	●

最新の試験対策は，伊藤塾のホームページやメルマガにて配信中

　なお，政治・経済・社会の分野からの過去の本試験出題実績（テーマ）は，下記のとおりです。本書は，出題実績を踏まえた上で，合格基準点突破を目標に重要テーマを厳選し掲載しています。

政　治

	2015 年度	2016 年度	2017 年度	2018 年度	2019 年度	2020 年度	2021 年度
1	国際連合と国際連盟	日本と核兵器の関係	各国の政治指導者	専門資格に関する事務をつかさどる省庁	日中関係	普通選挙	近代オリンピック大会と政治
2	日本の選挙	改正公職選挙法（2015年）		女性の政治参加	フランス人権宣言		新型コロナウイルス感染症対策と政治
3		中央政府の庁			国の行政改革の取組み		公的役職の任命
4							ふるさと納税

経　済

	2015 年度	2016 年度	2017 年度	2018 年度	2019 年度	2020 年度	2021 年度
1	日本経済	TPP協定	ビットコイン	近年の日本の貿易及び対外直接投資	経済用語	日本のバブル経済とその崩壊	国際収支
2		日本の戦後復興期の経済	度量衡			日本の国債制度とその運用	

社 会

	2015年度	2016年度	2017年度	2018年度	2019年度	2020年度	2021年度
1	日本の貧困・生活困窮	日本社会の多様化	日本の公的年金制度	外国人技能実習制度	日本の雇用・労働	日本の子ども・子育て政策	エネルギー需給動向・エネルギー政策
2	空き家問題	終戦後の日本で発生した自然災害	日本の農業政策	戦後日本の消費生活共同組合	元号制定の手続	新しい消費の形態	先住民族
3	日本の島		消費者問題・消費者保護	日本の墓地・埋葬等に関する法律	日本の廃棄物処理	地域再生・地域活性化等の政策や事業	ジェンダー・セクシュアリティ
4	日本における高齢者		山崎豊子の著作	地方自治体の住民等		日本の人口動態	
5				風適法による許可又は届出の対象			

2 出題分析アドバイス

　2006（平成18）年度に現在の試験制度になってからは，政治・経済・社会，情報通信・個人情報保護，文章理解からの出題となりました。最初の3年間は，それぞれ6問・5問・3問，2009（平成21）年度からの5年間は，それぞれ7問・4問・3問，2014（平成26）年度は，それぞれ9問・2問・3問，2015（平成27）年度からの5年間は，それぞれ7問・4問・3問出題されています。2020（令和2）年度からの2年間は，それぞれ8問・3問・3問出題されました。

合理的学習法

1 得点計画

　現在の試験制度において，一般知識等の合格基準は満点の40％以上です。上記の過去の本試験に出題されたテーマ一覧を見るとわかるように，法律科目と異なり様々なテーマが出題されていますので，一般知識等で高得点を取ることは難しい面があります。得点計画としては，14問中7問正解を目指していただきたいと思います。

2 全体構造

　最も対策しづらいのが一般知識等でしょう。基本的なスタンスとしては，合否判定基準をクリアすること，すなわち，一般知識等の出題数 14題中6題を得点しなければなりません。

　一般知識等は，①政治・経済・社会（通常7題），②情報通信・個人情報保護（通常4題），③文章理解（通常3題）から出題されます。

ガイダンス　723

まずは，過去問題を解いてみて，文章理解を３題中平均何題得点できるかを検討してください。そこで，例えば，文章理解は平均２題得点できたとします。そうすると，合否判定基準６題をクリアするためには，残り２分野で４題得点できればよいということになります。

　続いて，情報通信・個人情報保護についてですが，ここは「個人情報保護法」などの法律が主に出題されます。そこで，過去に頻出の法律についてはしっかりと知識を習得しておきましょう。目標としてはこのテーマが４題出題されたならば３題を得点したいところですが，必ずしも３題も得点できるとは限らないので，２題は確実に得点すると考えましょう。

　そうすると，残る政治・経済・社会から２題を得点すれば合否判定基準クリアとなります。

　さて，政治・経済・社会ですが，これが一番やっかいなのです。なぜなら，政治・経済・社会という言葉は，一見範囲を限定しているようでいて，ほぼ無限の意味を持っているからです。

　無限の出題範囲の中から２題得点するためにはどうすればよいでしょうか。そのためには，まず過去に頻出のテーマに絞り込むことです。その上で，苦手意識の低いものから攻略していきます。なお，一般的な受験生の場合は，政治の苦手意識は低く，経済の苦手意識が高い傾向があります。

　このようにして，確実に合否判定基準をクリアするような学習を心掛けてほしいと思います。

　一般知識等で合否判定基準に足らずに悔しい思いをする受験生は毎年度相当程度います。しかし，一般知識等を恐れるあまり，ここに学習時間を割いてしまい，結果的に法令等科目の勉強時間が減ってしまえば，合格することはできません。

　特定の科目への過度な恐れや不安は，試験勉強全体のバランスを失し，結果的に悪い方向にいってしまいます。このことを忘れずに試験勉強に取り組んでほしいと思います。

Chapter 1 政 治

重要度 A

イントロダクション　学習のポイント

　この Chapter では，政治について勉強します。
　政治・経済・社会は膨大な試験範囲となりますが，過去問題を分析すると，比較的出題の多いテーマがみえてきます。
　政治では，議院内閣制と大統領制，行政改革，選挙制度，日本の近現代史が特に大切になるでしょう。これらのテーマは憲法でも有益です。政治・経済・社会の中では，政治は一般的に攻略をしやすい分野なので，本書に記載されている内容はしっかりと勉強していきましょう。

ベーシック　じっくり理解しよう！

1 各国の政治体制

重要度 A

1 イギリスの政治体制

1 歴史的沿革

　イギリスでは，絶対王政に市民が対抗して民主政治を勝ち取っ

たという歴史的沿革から，**議会に対する信頼**が強いのです。*1

2 政治制度

このような議会に対する信頼から，**議院内閣制**が採用されており，内閣の存立は，議会の信任に基づきます。

また，イギリスは**不文憲法**，**軟性憲法**の国であり，法の支配を基調としています。したがって，憲法改正も通常の法律の立法手続によってなされます。*2

3 国家機関

国　王	イギリスの国王は，「議会の中の王」といわれ，形式的な任命権を持つが，国政上の機能は持たない。「**君臨すれども統治せず**」という象徴的存在である。
議　会	イギリスの議会は，最高の立法機関である。また，二院制が採用されており，下院優越の原則が確立している。
内　閣	イギリスでは，議院内閣制が採用されており，内閣は，議会の信任の上に存立している。このため，内閣は，議会（下院）に対して連帯責任を負う。また，下院は，内閣不信任決議をすることができ，その場合，内閣は，総辞職するか下院を解散しなければならない。
裁判所	従来，上院で選出された法律貴族で構成する最高法院が最終審議として，すべての最終上告審を扱ってきたが，2005年の憲法改革法に基づき，常任上訴貴族の司法機能と枢密院司法委員会の機能の一部とを移管して，連合王国最高裁判所が設置された。

2 アメリカの政治体制

1 歴史的沿革

アメリカは，イギリスから独立する過程で，イギリス議会から圧迫を受けたという歴史的沿革から，**議会に対する不信**が根強くあります。一方で，**裁判所への信頼**が厚いのです。

2 政治制度

（1）大統領制 *3

このような，議会に対する不信から，アメリカでは議会よりも行政権が強大な権力を掌握し，**大統領制**が採用されています。アメリカの大統領制は，権力分立を徹底させ，三権とりわけ行政権と立法権を相互に独立させている政治形態です。

---

*1
■ **参考データ**

どの機関に対する信頼と不信があるのか，という観点から英米の政治体制を押さえておきましょう。

---

*2
☑ **要チェック！過去問題**

イギリスでは，議院内閣制がとられ，首相は下院の第一党の指導者が就任することとされているが，議会が上院または下院において不信任の議決を行った場合には，内閣は自ら辞職するか，議決を行った議院を解散しなければならない。
➡ ✗（H23-47-ア）

---

*3
☑ **要チェック！過去問題**

アメリカでは，大統領制がとられ，大統領と議会は権力分立の原則が貫かれているため，議会は大統領の不信任を議決することができないし，大統領は議会の解散，法案の提出権，議会が可決した法案の拒否権のいずれも有していない。
➡ ✗（H23-47-イ）

(2) 連邦制

　アメリカ合衆国は，50 の州が結合して 1 つの国家を形成する連邦国家です。各州が，独自の主権と憲法，議会，行政府，裁判所を有しており，それぞれ連邦政府から独立しています。

3 国家機関

連邦議会	アメリカの連邦議会は，最高の立法機関で，上院と下院からなる二院制である。そして，上院と下院の権限は，原則として対等である。
大統領	アメリカの大統領は，国民の**間接選挙**によって選ばれる。任期は 4 年で，3 選は憲法によって禁止されている。大統領は，国民に対して直接責任を負い，議会に対しては責任を負わない。よって，議会は，大統領の不信任決議権を持たず，大統領は議会の解散権を持たない。
連邦最高裁判所	アメリカの連邦最高裁判所は，判例によって確立された**違憲審査権**を持つ。これは，権力分立が確立しており，司法権の独立が保障されているからである。

3 議院内閣制と大統領制の比較

	議院内閣制	大統領制
イメージ		
具体例	イギリス	アメリカ
権力分立との関係	緩やかな分離	厳格な分離
民主主義との関係	内閣の中心となる首相は議会（下院）により選出される。	大統領は，選挙人を通じた国民の間接選挙により選出される。
議会との関係	内閣不信任制度あり　解散制度あり	不信任制度なし　解散制度なし
大臣の選出	大臣は議員の中から首相が任免	大臣（長官）は議員以外の者から大統領が任免
法案提出権	内閣に法案提出権あり	大統領に法案提出権なし。ただし，大統領は議会に教書を送り，必要な法案の審議の勧告が可能*4

*4
■ **参考データ**

大統領には，議会が可決した法案の拒否権があります。

Chapter 1
政治　727

議院への出席	いつでも議院に出席して発言する権利・義務あり	議院に出席して発言する権利・義務なし

4 主要各国の政治体制*1

国	形態	立法（議会）	行政（の長）	司法
フランス	大統領制と議院内閣制の混合形態（半大統領制）	元老院（上院）国民議会（下院）	大統領→任期5年 ・国民の直接選挙で選出 ・首相を任命	・地方裁判所 ・控訴院 ・破棄院 ・憲法評議会
ドイツ	大統領制と議院内閣制の混合形態	連邦参議院 連邦議会	首相 ※大統領は国家元首であり，その権限は儀礼的なものである	・各種裁判所 ・州裁判所 ・連邦裁判所 ・憲法裁判所
中 国	一党独裁制	全国人民代表大会（全人代）	国家主席→任期5年 ・全人代で選挙 ・国務院総理を指名	・人民法院 ・最高人民法院
ロシア	大統領制	上院（連邦会議）下院（国家会議）	大統領→任期6年 ・国民が直接選挙 ・首相を任命	・最高裁判所 ・憲法裁判所 ・最高仲裁裁判所
韓 国	大統領制（議院内閣制の要素も加味）	一院制（国会）	大統領→再選なし ・国民の直接選挙で選出 ・国務総理と国務委員（首相と閣僚に相当する）を任命	・最高裁判所（大法院） ・高等法院 ・地方法院 ・家庭法院

> *1 ✓要チェック！過去問題
> フランスでは，基本的に議院内閣制がとられており，大統領のほかに内閣を代表する首相がおかれ，大統領は外交上の儀礼的な権能を有するだけで，広く行政権は内閣に属し，かつ議会の解散権も内閣が有している。
> ➡ ✗ (H23-47-ウ)
>
> 中国では，最高権力をもつ一院制の全国人民代表大会（全人代）の下に，常設機関である常務委員会が設けられ，法令の制定，条約の批准など広範な権限をもつとともに，国務院が設けられ行政を担当している。
> ➡ ○ (H23-47-オ)

2 行政国家現象

重要度 B

1 「近代国家」から「現代国家」へ

1 近代国家*2

　近代市民革命以前の絶対王政国家の時代には，国王とその官吏が経済活動に恣意的に関与し，国民に法外な税負担を課していました。市民階級は経済活動をより拡大し利益を自らのものにするために，国王の支配による旧体制（アンシャン・レジーム）を打ち破り政治的権利と経済的自由を勝ち取りました。
　したがって，旧体制を支えてきた統治機構の弱体化を図ること

> *2 ■参考データ
> 王権神授説に対して，社会契約説を主張したロックやルソーの思想は，民主主義の発展に大きな役割を果たしました。

こそが，当時の緊急かつ根本的な課題であり，18世紀に近代国家が成立した当時の政府は，国内外の社会・経済の秩序維持にかかわるような機能のみが期待されていました（夜警国家）。[3]

*3
■ **参考データ**
夜警国家という言葉は，ドイツのラッサールが安上がりの国家を皮肉って言った言葉です。

2 現代国家

　しかし，19世紀半ば，資本主義が本格的に発達するようになると，政府に対する期待に変化が生じました。つまり，資本主義の発達に伴って生じる様々な社会的・経済的諸問題の解決のためには，もはや市場における自由な競争に任せておくことができないことが明らかになり，むしろ，政府が社会経済に対して積極的に関与し，自由な市場をある程度コントロールすることの必要性が認識されるようになりました。

3 夜警国家と福祉国家の比較

	夜警国家	福祉国家
時　代	18世紀～19世紀前半	19世紀後半～20世紀以降
国家観	消極・立法・自由主義国家（小さな政府）	積極・行政・社会主義国家（大きな政府）
政治面	国防・治安維持	不況・完全雇用政策　　社会保障政策
経済面	・自由放任主義（レッセ・フェール） ・「神の見えざる手」による市場コントロール	・有効需要管理 ・金融・財政政策による市場コントロール
経済学者	アダム・スミス（1723～90） 「国富論」	J・M・ケインズ（1883～1946） 「雇用・利子及び貨幣の一般理論」
問題点	・不況（1930年代の世界大恐慌） ・失業者問題 ↓ 福祉国家への転換	・行政（官僚）国家現象 ・財政赤字 ↓ 行政改革・財政改革（効率化とコスト削減）

2 行政国家現象

1 行政国家現象とは

　こうして，積極国家，社会国家の要請に伴い行政権が肥大化し，法の執行機関である行政府が国の基本政策に事実上の中心的な役割を営むようになりました。このような現象を行政国家現象といいます。日本では官僚国家という言葉で表現されることもあります。

Chapter 1
政 治

2 行政国家現象のメリット・デメリット

　行政国家現象にはメリットもあります。行政権が力を持つことによって，国民に対する行政（福祉）サービスが充実するからです。しかし，行政権が肥大化することによって，国民の人権侵害の危険は大きくなります。特に，様々な規制によって国民の経済的自由が制約されるおそれがあります。昨今の規制緩和はまさにこの点において，行政権の介入を最小限にしようというものなのです。

> **Festina lente**
>
> 行政権自体は直接民主的な基盤を持たないので，我々は官僚が気に入らないからといって，彼らをクビにすることができないよね。このように民主的な基盤を持たない行政官僚が国家の基本政策を決定することは，民主主義の観点からすれば，問題がないとはいえず，この点でも，行政国家現象は問題が大きいんだよ。

3　行政改革 *1*2*3

重要度 **A**

1 中央省庁再編

　行政権の肥大化や複雑化は，国家の経費増大，仕事量の拡大，及び非効率を招きます。また，各府省が縦割り的な行政に陥り，政府全体が一体となった効率的なサービスの提供が困難となります。そこで，<u>中央省庁等改革基本法</u>（1998年6月成立）が制定され，行政の簡易化，効率化，コスト削減を目指して，旧体制の1府22省庁を **1府12省庁** としました。

〈省庁再編のポイント〉
① 任務が補完的又は重複する11省庁を4省に統合
　郵政省，自治省，総務庁　⇒　総務省
　文部省，科学技術庁　⇒　文部科学省
　厚生省，労働省　⇒　厚生労働省
　運輸省，建設省，北海道開発庁，国土庁　⇒　国土交通省
② 総理府，沖縄開発庁，経済企画庁　⇒　内閣府
③ 環境庁を環境省に格上げ
④ 他の7省についても，任務に応じて所掌事務を見直し名称変更
　大蔵省　⇒　財務省

*1
■ 語句解説
行政改革とは，社会状況や経済状況の変化に行政が適切に対応できるように，行政の役割を再検討し，行政の最もふさわしいあり方を確立しようとする試みです。

*2
 要チェック！
過去問題
2001年の省庁再編において，運輸省，建設省，北海道開発庁，国土庁の2省2庁を国土交通省に統合した。
➡ ○（H26-48-エ）

通商産業省 ⇒ 経済産業省

⑤ 内閣に内閣府を新設し、複数の省庁が関係する問題に対して、各省より一段高い立場から、政府内の政策の総合調整を行う。

2 独立行政法人化 *4*5

1 独立行政法人とは

独立行政法人とは、行政のスリム化を図るため、省庁の部門や管理下にある組織（特殊法人等）を国から切り離し、法人格を持たせて予算や定員配置等を自主的に手がけることができるようにした組織をいいます。

2 独立行政法人の特徴

独立行政法人は、①主務大臣の定める中期目標に応じて中期計画を作成し、②会計は原則として複式簿記の企業型会計を導入するほか、③法人の実績、職員の業績を反映する給与システムの導入、④第三者機関による業績評価制度、⑤情報公開制度等を積極的に実施して、行政サービスの向上や業務運営の効率化を図ることにしています。

3 特殊法人の改革

特殊法人は、業務内容が民間と重複するものがあることや採算を度外視した放漫経営で巨額の国費を食いつぶし、官僚の天下り先として肥大化しているとの批判が多くありました。そこで、行政改革の一環として、特殊法人等の改革、公務員制度の改革、公益法人の改革及び規制改革の着実な推進という4つの分野を直接担当する行政改革担当大臣が置かれ、①廃止・統合、②民営化、③組織形態の見直し（独立行政法人化）を行うこととなりました。

4 郵政民営化 *6

郵政事業とは、郵便、郵便貯金、簡易保険の3事業をいいます。2007年10月より、この郵政3事業の民営化が実施されました。郵政民営化の理由としては、以下の3点があります。

① 郵便貯金や簡易保険等国の制度と信用で集められた資金が財政投融資として、特殊法人等の資金調達源となっていること

② 巨大な官営事業が銀行や生命保険等の民間の事業を圧迫し

---

*3

■ 参考データ

2007年に防衛庁は防衛省に移行しました。また、2009年から内閣府の外局として消費者庁が設置されました。

*4

■ 参考データ

この制度は、英国のサッチャー元首相が導入したエージェンシー制度をモデルにしています。

*5 要チェック！過去問題

造幣局や国立公文書館は、独立行政法人通則法による独立行政法人にあたる。

➡ ⭕ (H25-52)

Part 6

一般知識等

*6

■ 参考データ

郵政3事業を民営化することで、特殊法人の原資である財政投融資の制度改革が可能になります。詳しくは、財政投融資を参照。

Chapter 1
政治　731

ていること

③ 事業の効率化のためには民営化して競争原理を導入すべきであることが問題となっていること

Festina lente

　2001年1月の中央省庁再編により，郵政3事業は，「郵政事業庁」として総務省の外部部局となり，情報通信部門は，自治省・総務庁と統合されて，総務省が発足したんだ。これにより郵政省は廃止されたよ。

　そして，民営化論者の小泉首相の登場で，郵政3事業を国営公社に引き継ぐ日本郵政公社法と，郵便事業への民間参入を認める信書便法が2002年7月に成立し，「郵政事業庁」は，2003年に日本郵政公社となり，2006年には日本郵政株式会社が設立され，2007年に民営化されたんだよ。

5 行政評価システム

　政策評価制度とは，各府省の政策を計画・実行・終了後の各段階で評価・点検する制度をいいます。

　2001年1月に，全政府的に導入されました。さらに，2001年6月には，政策評価に関する基本的事項を定めた「行政機関が行う政策の評価に関する法律（政策評価法）」が成立し，2002年4月から施行されました。[*1]

　行政評価の方法は，事務事業を対象とする「事業評価」，主要な施策の達成度を評価する「実績評価」，特定の行政課題に関連する政策についての「総合評価」の3種類です。

　評価の主体は，各府省と総務省です。各府省は，政策評価担当組織を設置し，必要性・効率性・有効性等の観点から政策の自己評価を行います。総務省は，政策評価制度の管理機関として，各府省が行う政策評価の総合性及び厳格な客観性を担保するための評価を行い，各府省に対して必要な勧告を行います。[*2]

[*1]
■ 参考データ

政策評価法の目的は，①行政の国民に対する説明責任の徹底，②効率的で質の高い行政の実現，③成果重視の行政への転換の3つです。余裕のある人は，目的条文も参照しておきましょう。

[*2]
■ 参考データ

評価内容は，すべてインターネットを通じて一般に公開されます。

Festina lente

　行政改革については，各省庁のホームページが参考になるよ。一般知識等では，インターネットによる学習も有効なので，時間のある人は，各省庁のホームページを閲覧してみるといいよ。

　それから，政策評価制度とは，簡単にいってしまえば，行政の政策実施過程を計画

> （Plan）→実施（Do）→評価（See）という一連のサイクルに乗せて，効率化とコスト削減を図ろうとする制度だよ。

4 行政統制

重要度 B

1 情報公開法*3*4

情報公開法とは，中央省庁の行政文書を対象に，**原則公開**を義務づけた法律をいいます。1999年5月に成立し，2001年4月に施行されました。その趣旨は，国民主権原理のもとで政府の説明責任（アカウンタビリティー）を全うさせ，行政の適正な運営を監視する点にあります。ただし，本法は「知る権利」の保障については明記していません。また，①個人情報，②国の安全や外交上不利益となるもの，③犯罪捜査に支障を及ぼすもの等は不開示項目とされています。

*3
■ ポイント
情報公開法は，国民が行政情報にアクセスすることによって，行政権に対して民主的コントロールを及ぼす制度です。

*4
☑ 要チェック！過去問題
情報公開法は，国・地方公共団体を問わず，等しく適用される。
→ ✗（H29 57-2改）

〈情報公開制度利用の仕組み〉

2 パブリックコメント*5

パブリックコメントとは，欧米で広く実施され，行政機関が政策の立案等をする際にその案を公表し，これに対して広く国民が意見や情報を提出する機会を設け，行政機関は，提出された意見等を考慮して最終的な意思決定を行うというものです。

*5
■ 参考データ
パブリックコメント制度は，行政手続法によって規定されていない行政立法手続について，国民が行政過程へ参加する制度です。

行政機関等の意思決定過程において広く市民に素案を公表することで，その反響を行政運営に活かそうとするものです。

今までに制度化されていなかった市民の声を取り入れる仕組み，基本ルールとして注目されています。閣議決定により制定されたもので，1999 年 4 月から実施されています。

なお，2005 年の行政手続法の改正により，この制度は，「意見公募手続等」として立法化されました。

5 地方分権

重要度 A

1 総　論

第二次世界大戦後，地方自治制度の改革が行われ，地方自治の強化が図られました。

特に，日本国憲法で地方自治の保障が明言（第 8 章 地方自治）されるとともに，地方自治制度を包括的に規定した地方自治法が制定されたことの意義は大きいです。

また，内務省が解体されたことも，地方の自立化に大きく貢献しました。しかし，実際には事務権限や財政の面で中央政府の関与や規制を受け，自主・自立の運営体制にはなっていませんでした。

そして，行政国家現象のもと，行政権の肥大化・硬直化・非効率性が表面化し，国と地方の役割分担を進めることの必要性が認識されていました。そこで，1999 年に地方分権一括法が制定され，中央政府と自治体の関係を対等・協力関係に改める改革が行われました。

地方分権とは，国に集中している権限や財源を県や市町村に移し，中央と地方の間に適切なバランスを持たせることで，権力の集中などの弊害を排除しようとすることをいいます。

地方分権一括法の主な内容は，①国と自治体の役割の明確化，②機関委任事務の廃止，③国の関与の見直し，④権限委譲の推進等です。*1

*1
■ 参考データ
機関委任事務は廃止され，地方公共団体の事務は法定受託事務と自治事務に再編成されました。

Part 6
一般知識等

734

2 市町村合併（平成の大合併）

基礎自治体にふさわしい行財政基盤の確立を目的とし、1999年以来全国的に市町村合併が積極的に推進され、2000年には当時の与党行財政改革推進協議会において、「基礎的自治体の強化の視点で、市町村合併後の自治体数を1,000を目標とする。」との方針が示されました。平成の大合併推進の結果、1999年3月に3,232あった市町村は、2010年3月末には1,727になりました。*2

平成の大合併の背景には、①地方分権の推進、②少子高齢化の進展、③広域的な行政需要の増大、④行政改革の推進、⑤昭和の大合併（昭和30年前後）から50年が経過し、時代が変化したことが挙げられています。

〈合併に関する障害除去の手段〉

> **Festina lente**
> 地方自治については、憲法第8章の地方自治の章、及び地方自治法の学習と関連づけると、効率的に学習することができるよ。

*2
■ 参考データ

自治体の合併は、これまでも**明治の大合併**（「市制町村制」の施行に伴い行われた大合併。町村数は約5分の1になった）、**昭和の大合併**（戦後、行政事務の能率的処理のために行われた大合併。「町村はおおむね、8,000人以上の住民を有するのを標準」を目途にして、市町村数はほぼ3分の1になった）と行われてきました。

3 大都市に関する特例

地方自治法は、広域自治体としての都道府県と、基礎的自治体としての市町村の二重構造を前提としています。しかし、市町村の中には、規模が大きく、行財政上の能力が府県に匹敵する大都市もあります。そこで、地方自治法では、**大都市に関する特例**を設けています。

〈権限移譲を受けている大都市〉

名称	指定要件	例
政令指定都市 *1	人口50万人以上（実際には人口70万人以上が目安）	札幌市、仙台市、千葉市、横浜市、川崎市、名古屋市、京都市、大阪市、神戸市、広島市、北九州市、福岡市、さいたま市、静岡市、堺市、新潟市、浜松市、岡山市、相模原市等
中核市	人口20万人以上	旭川市、金沢市、長野市、奈良市、横須賀市、和歌山市、長崎市等
施行時特例市	人口20万人以上	小田原市、岸和田市等

※ 2015年4月1日より、中核市制度と特例市制度は統合され、特例市制度は廃止されました。特例市制度廃止の際、現に特例市であった市（施行時特例市）は、特例市としての事務を引き続き処理しています。

*1
■ 参考データ
政令指定都市には、都道府県の事務権限のうち、福祉、衛生、都市計画等の事務が一括して移譲されるほか、個別法により国道、県道の管理等の権限も移譲されます。そして、政令指定都市の事務を分掌させるため、市内をいくつかの区に分け、各区に区役所を置き、区長以下の市職員を配属させています。

4 地方財政計画

　地方財政計画とは、各地方公共団体の行財政運営の指針をいいます。内閣が毎年度策定し、各地方公共団体の歳入歳出予算の見積り総額と国の予算の関係を明らかにしています。この地方財政計画は、内閣から国会に提出されて、一般に公表されます。

〈2021年度の地方財政計画（歳入）〉

5 地方の予算

　地方の予算制度は、基本的には国の制度と同様に、一般会計と特別会計に分かれます。もっとも、地方の特別会計は、各地方が独自に設けているものもあるため、地方ごとにその範囲が異なっ

ています。そこで，地方財政を統一的に把握するため，①普通会計と②公益事業会計に区分する統一基準が設けられています。通常，地方財政といえば普通会計のことをいい，この普通会計の見積り額の合計が地方財政計画となります。

6 地方の財源*²

1 地方税

地方税とは，地方が独自に課す税をいいます。地方税は，課税徴収に関する基本的事項については，地方税法により税目と税率が定められていますが，具体的な細目については各地方公共団体がそれぞれの事情により条例で定めています。地方の歳入のうちおよそ40%を占めています。

2 地方交付税

地方交付税とは，地方公共団体間の財源の水準維持と地方公共団体に必要な財源を確保するため，使途を限定せずに地方に交付するものをいいます。国税である所得税・法人税の33.1%，酒税の50%，消費税の19.5%，地方法人税の全額が地方公共団体の一般財源として配分されています。

地方交付税には，①普通交付税と，②特別交付税があります。特別交付税は，地方交付税の6%を占め，災害など特別な財政需要がある地方公共団体のみに交付されます。なお，収入が財政需要よりも多い地方公共団体には，地方交付税は交付されません。このような地方交付税が交付されていない地方公共団体を，不交付団体といい，2021年度普通交付税大綱によれば，都道府県レベルでは東京都のみが，市町村では53団体が不交付団体となっています。

3 国庫支出金

国庫支出金とは，公共事業等国が奨励する施策等に使途を限定して，国から地方に支出する補助金・負担金をいいます。国庫支出金は，地方の歳入のうちおよそ16%を占めます。地方財政法ではその内容等により，国庫負担金，国庫補助金，国庫委託金等に区分されています。

使途については地方公共団体にはほとんど裁量がないため，縦割り行政による無駄や非効率な側面も指摘されています。

*²
■ 参考データ

地方自治体は，自主財源となる地方税収入が総収入の4割程度にすぎず，残り6割を配分される地方交付税交付金や国庫支出金に依存しているのが現状です。

Part
6
■
一般知識等

Chapter 1
政　治

4 地方譲与税

地方譲与税とは，本来，地方の財源となる税を，一度国税として集め，その後一定の基準に基づき地方に譲与するものをいいます。使途は限定されません。

5 地方債

地方債とは，地方公共団体がその経費を賄うために行う借金のうち，債券を発行するものをいいます。地方債は，地方の歳入のうちおよそ10%を占めています。地方公共団体が地方債を発行してもよい事業を適債事業といいます。適債事業は交通・ガス等の公営企業や災害対策事業，学校・道路等の建設事業ですが，2001年度以降，一般財源の不足を補充するための財源対策債も発行されています。

〈地方の財源のまとめ〉

	一般財源 （自由に使用できる財源）	特定財源 （使途が特定されている財源）
自主財源	地方税	使用料・手数料
依存財源	地方交付税交付金・ 地方譲与税	国庫支出金・地方債

7 税財源移譲

1 三位一体の改革[1]

三位一体の改革とは，①国の補助金を削減し，地方公共団体に対する影響力を弱める，②補助金を削減することで行政サービスの質が落ちないよう，必要な財源は税源を国から地方に移譲し，自治体が自由に使える一般財源にする，③国が配分している地方交付税の総額を抑制し，国の財政負担を軽減するとともに，地方公共団体の歳出削減，行政のスリム化を同時に進める，改革のことをいいます。

2 新たな財源

(1) 自治体の独自課税

具体的には，地方公共団体の自主課税権が拡大され，地方税法で定められた住民税，事業税，固定資産税等の各税目以外に条例で普通税（使途制限なし）を課税できる法定外普通税が，

[1]
■ ポイント

三位一体の改革とは，①補助金の削減，②税源移譲，③地方交付税の見直しを同時に進める改革です。

Festina lente

2006年度には，補助金と地方交付税を削減する代わりに税源移譲として，所得税の一部を所得譲与税として，地方に配分したよ。

Part 6
一般知識等

総務大臣の許可制から同意を要する**事前協議制**に変更になりました。また，特定の使用目的や事業の経費とするために，地方税法に定められていない税目を，各地方公共団体が条例を定めて設ける**法定外目的税**が新たに創設されました。

（2）地方債の発行の事前協議制

地方債の発行にあたっては，国の許可（市町村の場合は都道府県の許可）が必要とされてきましたが，2005年度をもって**許可制度は廃止**され，2006年度より**事前協議制度**に移行されました。その元利償還金については国の定める地方財政計画や国が地方公共団体に交付する地方交付税等により財源が保障されています。*2

3　公共事業

（1）第3セクター

　第3セクターとは，**政府や自治体（第1セクター）と民間（第2セクター）とが共同出資して設立する経営組織体**のことをいいます。都市開発，公共施設管理等の業務を行うことを目的に設立されます。1986年，中曽根内閣の時に「民間事業者の能力による特定施設の整備の促進に関する臨時措置法」が施行され，これにより第3セクターの設立は活発になり，1991年の地方自治法の改正により，地方公共団体は公の施設の管理を第3セクターに委託できるようになりました。そして，2003年の同法の改正により，従来の管理委託制度が廃止され，**指定管理者制度**が導入されたことにより，公の施設の管理は第3セクターや公共団体等に限らず，**民間企業や公益法人等にも委託できる**ようになりました。

　第3セクターの活動に対しては，知事，市町村長や監査委員等は，一定の条件の下でチェックすることができます。

（2）PFI（Private Finance Initiative）

　PFIとは，公共サービスを，民間企業の資金やノウハウを導入することにより実施しようとする事業方式のことをいいます。1992年**イギリス・メージャー政権**によって初めて導入されました。PFIのメリットは，①事業費削減，②予算制約の範囲外での社会資本整備にあります。

　第3セクターは公共と民間のリスク分担，役割分担が不明確

---

*2
✓要チェック！過去問題

都道府県や市区町村が地方債発行により財源を調達する際には，当該地方議会の議決に加えて，**国の許可を受けることが義務づけられている。**
➡**✗**（H26-50-エ）

Festina lente

第3セクターとPFIとの違いは，公共資本の民間所有を促すことにあるよ。つまり，従来の民間委託のみならず，公共施設の所有をも民間に委ね，行政は賃料を支払って借り受けることも視野に入れているんだよ。

Part 6

一般知識等

Chapter 1
政治　**739**

であったことから経営不振に陥った反省を踏まえて，第3セク
ターにとって代わる新しい社会資本整備の手段として，日本で
も1999年「PFI法」が成立しました。*1

（3）市場化テスト *2

　市場化テストとは，これまで「官」が独占してきた公共サー
ビスについて，「官」と「民」が対等な立場で競争し，価格・
質の両面で最も優れた者が，そのサービスの提供を担っていく
こととする制度です。日本でも，2006年「市場化テスト法」
が成立し，活用されています。

> ***1 要チェック！過去問題**
> PFIは，公共施設等の建設や運営に民間の資金やノウハウを活用する手法であり，日本でもこれを導入する法律が制定され，国や自治体で活用されている。
> ➡ ○（H21-48-ウ）

---

6 政党国家現象

重要度 **A**

1 政党国家現象とは

　政党国家現象とは，国民と議会を媒介する組織として政党が発
達し，政党が国家意思の形成に事実上主導的な役割を演ずる現象
をいいます。

　伝統的な議会と政府の関係は，政府・与党と野党の対抗関係へ
と機能的に変化しています。つまり，議会の第1党が内閣を組織
するので議会と行政は緊張関係というより協力関係になり，抑制
均衡が機能しなくなります。この結果，伝統的な議院内閣制を特
徴づける政府の議会に対する連帯責任や国会による立法ないし行
政監督の諸原則が持つ政治的意味は大きく変わり，規範と現実は
必ずしも一致しなくなっていると指摘されます。

> ***2 要チェック！過去問題**
> 市場化テストは，民間企業と行政組織の間でサービスの質や効率性を競う入札を実施し，行政に勝る民間企業があれば，当該業務を民間企業に委託する制度であるが，日本ではまだ導入されていない。
> ➡ ✕（H21-48-オ）

2 政党と圧力団体

1 政党の意義

　政党とは，ある特定の主義，政治思想において一致した人々
が，その主義，政治思想に基づいて結成し，政権の獲得を目指す
政治集団をいいます。議会制民主主義においては，政党は議会と
国民を媒介するものとして，重要な機能を持っています。

2 政党の歴史

　第二次世界大戦後，日本の議会政治は日本自由党，日本進歩

党，日本協同党，日本社会党，日本共産党の5党体制で再出発しましたが，離合集散を繰り返しました。1947年5月から翌年10月まで，民主党，国民協同党と社会党が連立内閣を作りましたが，まとまりと執政能力に欠け，短命に終わりました。

その後，1955年に，左右に分裂していた**日本社会党が統一**され，次いで**日本民主党**と**自由党**も合同して**自由民主党**が誕生し，ここに**日本社会党**と**自由民主党**による**二大政党**が実現しました。この政党体制は「**55年体制**」と呼ばれ，自由民主党の一党独裁的な政権占有が，1993年の総選挙において日本新党を中心とする非自由民主党8党派による細川内閣が誕生するまで，38年間続きました。

3 政党に関する法律

（1）政治資金規正法

政治資金規正法とは，政治資金の「入り」と「出」を明確にして，政治活動の公明性を確保する目的で制定された法律をいいます。同法では，政党や政治団体に，毎年1回，総務大臣か都道府県選挙管理委員会に収支報告を提出することを義務づけています。

また，同法は，2000年から政治家個人に対する企業，団体の政治献金を禁止しました。その結果，政治家が資金管理団体で企業，団体献金を受け取るのをやめた代わりに，自ら代表を務める政党支部で受け取るケースが増え，政党支部が法の抜け穴として活用する傾向が強まっています。*3

（2）政党助成法

政党助成法とは，政党活動に国家援助を与える法律をいいます。同法は，政治腐敗の原因が，政治献金を企業，団体献金中心で集める仕組みにあると指摘されていたことを背景に，企業，団体献金の廃止・規制とセットで1995年1月から施行されました。

政党交付金の交付の対象となる政党は，①所属国会議員が**5人以上**いる政治団体，又は②直近の衆議院議員総選挙や参議院議員通常選挙などで全国得票率が**2%以上**であり，所属国会議員が1人以上いる政治団体です。

Part 6 一般知識等

*3 ✓要チェック！過去問題

政党への企業・団体献金は，政治腐敗防止のために禁止されているが，違法な政治献金が後を絶たない。
➡ ✗（H26-47-4）

Chapter 1 政治
741

4　圧力団体 [1][2]

　圧力団体とは，選挙時の候補者の推薦や，選挙資金の提供等を背景に政治的圧力を加え，その団体の利益を実現しようとする団体をいいます。

〈政党と圧力団体〉

	政　党	圧力団体
定　義	思想，原則，政策等が，ある程度一致している人々が集まり，その集団に集約された意思や利益の実現を図る。	職能的利益等，特殊利益の達成を図るため，地域枠を超えた全国的組織を作り公権力に働き掛ける。
特　徴	①政権掌握を目的とする。②国民的利益を訴える。③国民全体に働き掛ける。	①政権掌握を目的としない。②自己団体の利益を訴える。③政府，議会，政党，議員，官僚に働き掛ける。

※　政党はイギリスで発達してきたのに対し，圧力団体はアメリカで発達してきたものである。

3　選挙制度

1　選挙区制

　小選挙区とは，1人の議員を選出する選挙区をいいます。

　大選挙区とは，2人以上の議員を選出する選挙区をいいます。

〈各選挙区制の長所と短所〉[3]

名　称	長　所	短　所
小選挙区	・二大政党となり政局が安定・選挙費用が節約できる。・候補者の情報を得やすい。	・死票が多くなる。・競争が熾烈になりやすい。・ゲリマンダリングが起こる可能性がある。
大選挙区	・死票が減少・広い視野を持った候補者が得やすくなる。	・選挙運動費用がかさむ。・小党分立により，政局が不安定になりやすい。・候補者についての情報を得にくい。
比例代表	・死票がなくなる。・民意を反映しやすい。	・小党分立になり政局が不安定になりやすい。・政党本位の投票がなされる。

---

[1]

■ ポイント

政党と圧力団体との大きな違いは，政党が政権掌握を目的とするのに対して，圧力団体が政権掌握を目的としない点にあります。

[2]

☑ 要チェック！過去問題

利益集団（または，利益団体・圧力団体）は，特定の利益の増進のため，政党や政府・各省庁に働きかけ，政治的決定に影響力を及ぼそうとする団体である。
➡ ○（H25-47-1）

[3]

☑ 要チェック！過去問題

一般に小選挙区制は，政治が安定しやすいという長所がある反面，小政党の議席獲得が難しく，死票が多いという問題点が指摘されている。
➡ ○（H21-47-ア）

一般に比例代表制は，有権者の意思を公正に反映できるという長所がある反面，小党分立になり，政治が不安定になりやすいという問題点が指摘されている。
➡ ○（H21-47-イ）

※ ゲリマンダリングとは，選挙区を定める際に，時の有力政党が自党に有利になるように区画を定めることをいいます。19世紀初め，アメリカのマサチューセッツ州知事ゲリーが作った選挙区がサラマンダー（ギリシア神話のとかげ）に似ていたのでこういわれます。

2 代表制

選挙区	内　容
多数代表制	選挙区における議員定数を当該選挙区の多数派が独占する方式をいう。例えば，小選挙区制や大選挙区完全連記制がこれにあたる。*4
少数代表制	少数派にも代表選出の機会を与え，少数派の得票をも有効に役立たせようとする方式をいう。例えば，大選挙区単記制や大選挙区制限連記制がこれにあたる。
比例代表制	多数派と少数派が得票数に比例した議員を出す可能性を保障しようとする方式をいう。

3 我が国の選挙制度 *5

(1) 衆議院の選挙制度

衆議院の選挙制度は，小選挙区比例代表並立制です。小選挙区比例代表並立制とは，小選挙区制と比例代表制とを組み合わせ，一定数の議員を，それぞれの制度で別個に選出する選挙制度をいいます。比例代表選挙では，候補者政党がブロックごとに順位付き名簿を提出し，有権者はその名簿を選択するという，拘束名簿式が採用されています。また，衆議院の選挙制度では，小選挙区と比例代表区に重複立候補することが認められており，一定の要件を満たせば小選挙区で落選しても比例区で復活当選できます。

〈拘束名簿式比例代表制と非拘束名簿式比例代表制の相違点〉*6

拘束名簿式	非拘束名簿式
衆議院の比例代表選挙の候補者名簿に用いられる仕組み 各党の当選者は，あらかじめ政党自身がつけた名簿順位の上位者から決定される。	参議院の比例代表選挙の候補者名簿に用いられる仕組み 各党の候補者には順位をつけず，当選者は各候補者が獲得した票数によって事後的に順位を決める。

*4
■ 語句解説

連記投票とは，大選挙区で，選挙人が候補者を複数記載する投票のことで，単記投票に対置される概念です。
定数と同数の候補者を記載できるものを完全連記制といい，複数ですが定数に達しない数の候補者を記載できるものを制限連記制といいます。

Part 6
一般知識等

*5
☑ 要チェック！過去問題

衆議院議員選挙では，小選挙区比例代表並立制がとられ，重複立候補が認められているが，小選挙区での得票順位と当落が逆転するなどの問題点があったため，重複立候補の場合の比例区での当選の要件を厳しくした。
➡ ◯(H21-47-ウ)

*6
■ ポイント

拘束名簿式比例代表制では，政党にのみ投票しますが，非拘束名簿式比例代表制では，政党又は候補者に投票することができます。

Chapter 1
政　治　**743**

(2) 参議院の選挙制度[1]

参議院議員の任期は6年であり，3年ごとに半数を改選します。

参議院の選挙は，選挙区選挙と比例代表選挙（非拘束名簿式比例代表制）から構成されます。

非拘束名簿式比例代表制では，各政党は順位を定めない候補者名簿を作成し，有権者は政党名か候補者名のいずれかを選択し投票します。そして，政党名及び候補者名の得票を合計し，その得票数に応じて各政党に議席数を比例配分した後に，その政党が獲得した議席数まで得票の多い候補者から順番に当選が決定します。

(3) 選挙に関する法律（公職選挙法）[2]

日本の国会議員，地方議員，地方公共団体の長の選挙の手続は，公職選挙法によって規定されています。同法は，選挙の公正と自由を確保するために，連座制について定めています。

連座制とは，候補者と一定の関係にある者が，特定の違反行為で刑に処せられた場合，その候補者の当選が無効になる制度をいいます。1994年の改正により，総括主宰者，出納責任者，地域主宰者，候補者の親族といった従来の対象者に加え，候補者や立候補予定者の秘書で候補者等と意思を通じて選挙運動をした者，組織的選挙運動の管理者も連座制の対象となりました。これらの者が選挙違反で刑に処せられると，当該候補者の当選は無効になります。さらに，候補者は，先5年間，当該選挙区では立候補禁止となります。

4 選挙制度の歴史

日本では，明治憲法時代には長く制限選挙が行われてきました。最初の選挙権は，直接国税15円以上を納入する25歳以上の男子にのみ選挙資格を付与していました。1925年の普通選挙法では納税要件が除かれ，1928年には男性の普通選挙が実施されましたが，性別要件は残りました。女性の選挙権が認められたのは，敗戦後，民主化が進められた1945年でした。[3]

---

[1] ☑ 要チェック！過去問題

参議院議員選挙では，都道府県を単位とする選挙区選挙と比例代表制選挙がとられており，比例代表制選挙では各政党の得票数によって議席数を決め，各政党が作成した名簿上の順位によって当選者を決めることとされている。
➡ ✘（H21-47-エ）

[2] ■ ポイント

2015年成立の改正公職選挙法により，参議院議員選挙区の選挙区と定数が改正されました。「一票の格差」是正のため，人口の少ない選挙区を隣接する選挙区と統合する2つの合区を含め，定数「10増10減」が適用されました。
また，2018年には，参議院議員定数を6増やす改正公職選挙法が議員立法により成立しました。

[3] ☑ 要チェック！過去問題

日本の男女普通選挙の実現は第二次世界大戦後である。
➡ ◯（R2-47-3）

Part 6
一般知識等

〈主な選挙法の改正〉

公布年	実施年	選挙権		衆議院の選挙区制
		直接国税	性別・年齢	
1889 年	1890 年	15 円以上	男 25 歳	小選挙区制
1900 年	1902 年	10 円以上	男 25 歳	大選挙区制
1919 年	1920 年	3 円以上	男 25 歳	小選挙区制
1925 年	1928 年	制限なし	男 25 歳	中選挙区制
1945 年	1946 年	制限なし	男女 20 歳	大選挙区制
1947 年	1947 年	制限なし	男女 20 歳	中選挙区制
1994 年	1996 年	制限なし	男女 20 歳	小選挙区比例代表並立制
2015 年	2016 年	制限なし	男女 18 歳	小選挙区比例代表並立制

*4
☑ 要チェック！過去問題

1972 年に<u>佐藤栄作</u>首相は中華人民共和国を訪れ，<u>日中共同宣言</u>を発表して，日中の国交を正常化したが，台湾の国民政府に対する外交関係をとめた。さらに，1978 年に<u>田中角栄内閣</u>は，日中平和友好条約を締結した。
→ ✖ (R1-47-5)

4 戦後日本史 *4

	内 閣	歴 史
1945 年	東久邇宮稔彦	ポツダム宣言受諾
1945〜46 年	幣原喜重郎	戦後初の総選挙・女性初の参政権行使
1946〜47 年	吉田 茂	日本国憲法公布
1947〜48 年	片山 哲	初の社会主義政党の政権
1948 年	芦田 均	昭和電工事件（昭和疑獄）
1948〜54 年	吉田 茂	サンフランシスコ平和条約調印，旧安保条約調印，自衛隊発足
1954〜56 年	鳩山一郎	日ソ共同宣言（国交回復）・国連へ加盟
1956〜57 年	石橋湛山	（3 か月で総辞職）
1957〜60 年	岸 信介	新安保条約調印
1960〜64 年	池田勇人	所得倍増計画，東京オリンピック開催
1964〜72 年	佐藤栄作	日韓基本条約調印，非核三原則を表明，小笠原諸島返還，沖縄返還協定調印
1972〜74 年	田中角栄	日中共同声明（国交回復），日本列島改造論（狂乱物価）
1974〜76 年	三木武夫	ロッキード事件発覚（田中前首相逮捕）
1976〜78 年	福田赳夫	日中平和友好条約調印
1978〜80 年	大平正芳	初の衆参同日選挙
1980〜82 年	鈴木善幸	増税なき財政再建，中国残留孤児の正式来日開始

Part 6 一般知識等

Chapter 1 政治 745

1982～87 年	中曽根康弘	日本国有鉄道・日本専売公社・日本電信電話公社の民営化
1987～89 年	竹下 登	消費税導入，リクルート事件発覚
1989 年	宇野宗佑	日米構造協議
1989～91 年	海部俊樹	日米構造協議，ペルシャ湾へ自衛隊掃海艇派遣
1991～93 年	宮澤喜一	自衛隊を PKO 活動でカンボジア派遣
1993～94 年	細川護熙	非自民連立政権成立（55 年体制の崩壊）
1994 年	羽田 孜	ゼネコン汚職事件発覚
1994～96 年	村山富市	阪神淡路大震災
1996～98 年	橋本龍太郎	中央省庁改革法成立
1998～2000 年	小渕恵三	周辺事態法制定
2000～01 年	森 喜朗	三宅島噴火
2001～06 年	小泉純一郎	郵政事業民営化，テロ対策特別措置法で自衛隊をインド洋へ，イラク復興支援特別措置法で自衛隊をイラクへ派遣
2006～07 年	安倍晋三	「年金記録漏れ」判明
2007～08 年	福田康夫	サブプライムローン不況
2008～09 年	麻生太郎	リーマンショック不況
2009～10 年	鳩山由紀夫	民主党政権誕生
2010～11 年	菅 直人	東日本大震災
2011～12 年	野田佳彦	消費税増税法成立
2012～20 年	安倍晋三	自民党政権復活，集団的自衛権の行使容認を閣議決定，安全保障関連法成立
2020～21 年	菅 義偉	新型コロナウイルス感染症，東京オリンピック・パラリンピック開催
2021 年～	岸田文雄	

7 国際政治

重要度 **A**

1 国際連合

1 国際連合とは

第二次世界大戦（1939～1945年）の連合国である**アメリカ・イギリス・中国・ソ連（現ロシア）**を中心にして練られた世界的な国際平和機構の計画が，1945年10月24日，**51か国**の署名による国際連合憲章として具体化され，**国際連合**が誕生しました。国際連合は，国際連盟と同様に，平和の維持を目的としています。

> *1 **要チェック！過去問題**
> 国際連合では制裁手段は経済制裁に限られているが，国際連盟では制裁手段として経済制裁と並んで軍事制裁も位置づけられていた。
> ➡ ✗(H27-47-5)

Festina lente

国際連合は，国際連盟が第二次世界大戦の勃発を防ぐことができなかった反省から，①総会は，全会一致ではなく，多数決制を採用し，②制裁は，経済制裁だけでなく，軍事制裁も加えることができるようになっているよ。また，国際連盟では，アメリカが不参加，ソ連（現ロシア）が1939年に除名となったのに対して，国際連合では，アメリカ，ソ連（現ロシア）が常任理事国として成立時より加盟している点が，国際連盟と大きく異なっているよ。*1

〈国際連盟と国際連合との相違点〉

	国際連盟	国際連合
時　期	第一次世界大戦後	第二次世界大戦後
契　機	米28代大統領ウィルソン提案の「平和原則14か条」	1941年米英（ルーズベルト，チャーチル）間で交わされた「大西洋憲章」にある，安全保障・国際協調構想
成立年	1920年	1945年
本　部	ジュネーブ（スイス）	ニューヨーク（アメリカ）
総　会	・1国1票，全会一致制 ・権限は勧告までで，執行権限なし	・1国1票，多数決制 ・権限は勧告までで，執行権限なし
制　裁	経済制裁のみ	経済制裁，国連軍による軍事強制
ポイント	・アメリカは上院共和党の反対で不参加 ・ソ連（現ロシア）は1934年加盟，1939年除名 ・日本は，原加盟国であり，理事会の常任理事国	・アメリカ，ソ連（現ロシア）は成立時より加盟 ・日本は1956年に加盟，旧東西ドイツは1973年に同時加盟

Part 6 ■ 一般知識等

Chapter 1 政　治

747

2 本部・加盟国

国際連合は，**ニューヨーク**に本部を置いています。*1

また，2002 年には，スイス，東ティモールが，2011 年には南スーダンが加盟し，2021 年 4 月現在 **193 か国**が加盟しています。

〈国連による人権保障〉

	内　容
1948 年	世界人権宣言（法的拘束力なし）
1951 年	難民の地位に関する条約
1965 年	人権差別撤廃条約
1966 年	国連人権規約 A 規約，B 規約，B 規約の実施方法と死刑廃止に関する 2 つの選択議定書（法的拘束力あり）
1979 年	女子差別撤廃条約（1985 年批准）→男女雇用機会均等法（1986 年施行）
1989 年	児童の権利条約（1994 年批准）
1994 年〜	人間の安全保障
2000 年	児童の売買，児童買春及び児童ポルノに関する児童の権利に関する条約の選択議定書（2005 年批准）
2006 年	障害者権利条約（2014 年批准）

2 ヨーロッパの地域統合

EU（欧州連合）とは，1993 年，**マーストリヒト条約（欧州連合条約）**によって発足した，欧州統合の包括的組織体のことをいいます。本部は，ベルギーの首都ブリュッセルにあります。

1 EU の歴史

	内　容
1993 年	マーストリヒト条約（欧州連合条約）発効→EU 発足
1994 年	EEA（欧州経済地域）の発足（EFTA 加盟〔スイス除く〕のヨーロッパ諸国との連携）

---

*1 ☑ **要チェック！過去問題**

国際連合ではアメリカのニューヨークに，国際連盟ではフランスのパリに，それぞれ本部が設置された。

➡ ✘（H27−47−2）

1999年	経済・通貨統合実施（域内通貨ユーロの誕生）→市場取引のみ
2000年	ニース条約調印→EU機構・運営の改革を柱とする新EU基本条約
2002年	ユーロ紙幣・硬貨の市場流通, 中・東欧10か国の加盟を決定
2004年	中・東欧諸国のEU加盟（EU25か国体制）
2009年	リスボン条約（改正欧州連合条約）発効

2 EUの活動

EUは, 1986年2月に, ローマ条約の最初の大改正である単一欧州議定書を採択し, 1992年末までに, モノ・サービスの両面で域内取引の障壁を撤廃して, 1993年1月より, 欧州統合市場を発足させました。また, 1999年1月から11か国が参加して経済通貨同盟の最終段階に着手し, 単一通貨ユーロの導入に伴って, ヨーロッパ中央銀行制度が発足しました。そして, 2002年1月にユーロ（EURO）の紙幣・貨幣の流通が始まりました。*2

現加盟国（27か国）
〔当初の加盟国（EEC）〕
　フランス, 旧西ドイツ, イタリア, オランダ, ベルギー, ルクセンブルク
〔1973年加盟国〕
　イギリス, デンマーク, アイルランド
〔1981年加盟国〕
　ギリシア
〔1986年加盟国〕
　スペイン, ポルトガル
〔1995年加盟国〕
　フィンランド, スウェーデン, オーストリア
〔2004年5月, 加盟国10か国〕
　チェコ, エストニア, キプロス, ラトヴィア, リトアニア, ハンガリー, マルタ, ポーランド, スロヴェニア, スロヴァキア
〔2007年加盟国〕
　ルーマニア, ブルガリア
〔2013年加盟国〕
　クロアチア

*2
■ 参考データ

EU加盟国は, 基本的に単一通貨ユーロを導入することが想定されていますが, EC条約で適用除外が認められているイギリスとデンマーク, 一定の経済収斂基準を満たしていない国は, ユーロを導入していません。

Festina lente

2016年6月, イギリスで, EU離脱の是非を問う国民投票が実施され, 離脱支持側が僅差で勝利し, 2020年1月31日に正式に離脱したんだよ。

Chapter 1
政　治 749

3 アジアの地域統合

1 東南アジア諸国連合（ASEAN）

　1967年，インドネシア，マレーシア，フィリピン，シンガポール，タイの5か国が，経済・文化・社会の各分野における協力推進を目的に設立しました。もっとも，現実的には，ベトナム戦争の激化を受けて東南アジアの資本主義諸国が社会主義に対抗するために結束し，西側先進国との協力による経済発展と大国の内政への干渉排除を目指したものでした。*1

　1993年には，ASEAN域内の関税撤廃などによる自由貿易圏づくりを目的として，ASEAN自由貿易地域（AFTA）を設立しました。

2 アジア太平洋経済協力会議（APEC）

　1989年に設立された，アジア太平洋地域内各国間の経済協力のための政府間公式協議体です。急速に進行しつつある世界全域の経済ブロック化に対抗するには，アジア・太平洋圏の経済関係強化が緊急に必要と考えたオーストラリアのホーク元首相によって提唱されました。

　経済共同体という点でEUと似ていますが，域内共通関税を導入しない点，共通経済政策を採用しない点でEUとは異なります。

> 〔当初の加盟国12か国〕
> 　日本，アメリカ，カナダ，オーストラリア，ニュージーランド，韓国，当時のASEAN加盟国（インドネシア，マレーシア，フィリピン，シンガポール，タイ，ブルネイ）
> 〔後の加盟国9か国（地域）〕
> 　中国，台湾，香港，メキシコ，チリ，パプアニューギニア，ベトナム，ペルー，ロシア

*1
■ 参考データ

当初の加盟国のほか，現在では，ブルネイ，ベトナム，ラオス，ミャンマー，カンボジアが加盟しています。

ファイナルチェック　基礎知識の確認

問題1　イギリスの内閣は，議会に対して連帯責任を負い，議会は内閣不信任決議をなすことができ，その場合，内閣は総辞職するか議会を解散しなければならない。

問題2　アメリカの大統領は，議会に対して直接責任を負い，国民に対しては責任を負わないので，議会は大統領の不信任決議権を持たず，大統領は議会の解散権を持たない。

問題3　内閣府とは，中央省庁等改革基本法によって，内閣に設置され，複数の省庁が関係する問題に対して，政府内の政策の総合調整を行う機関をいう。

問題4　中央省庁再編によって，旧体制の1府22省庁が1府12省庁に再編されたことにより，権限集中や縦割り行政の問題が全くなくなった。

問題5　地方交付税とは，地方公共団体間の財源の水準維持と地方公共団体に必要な財源を確保するために，使途を限定して国から地方へ交付するものをいう。

問題6　国庫支出金とは，公共事業等国が奨励する施策等を行うため，使途を限定しないで，国から地方に支出する補助金・負担金をいう。

問題7　小選挙区では，一般的に，二大政党となり政局が安定するという長所がある反面，死票が多くなるという短所がある。

問題8　衆議院の選挙制度は，小選挙区制と比例代表制（非拘束名簿式）を組み合わせた小選挙区比例代表並立制を採用している。

問題9　国連総会では，5常任理事国のうち1か国でも反対票を投じた場合は，決議は否決される拒否権の制度がある。

問題1 ○　**問題2 ✗**　アメリカの大統領は，議会に対してではなく，国民に対して直接責任を負う。　**問題3 ○**
問題4 ✗　全くなくなったわけではない。　**問題5 ✗**　使途を限定しない。　**問題6 ✗**　使途を限定している。
問題7 ○　**問題8 ✗**　拘束名簿式である。　**問題9 ✗**　拒否権の制度があるのは，国連総会ではなく安全保障理事会である。

本試験レベルの問題にチャレンジ！▶▶▶

Chapter 2 経　済

重要度

イントロダクション　学習のポイント

　経済は苦手にしている受験生の多い分野です。出題されても1問ないし2問なので，さほど得意にしなければならないという意識をする必要はないでしょう。
　財政と金融政策が比較的重要なテーマになっていますので，メリハリをつけて勉強を進めてください。

ベーシック　じっくり理解しよう！

1 経済学説

重要度
C

1 古典派経済学*1

1　アダム・スミス（1723〜1790・英）

　古典派経済学の祖であるアダム・スミスは，1776年に「国富論（諸国民の富）」を著しました。「国富論」の中でアダム・スミスは，重商主義が特権商人を保護している点及び重農主義が農業

*1
■ 語句解説
古典派経済学とは，自由主義経済の下，国内的には自由放任，国際的には自由貿易を行うことを重視する考え方をいいます。

Part 6　一般知識等
752

生産にしか価値を認めない点を批判しました。

また，アダム・スミスは，国家による経済介入のない自由競争市場でのみ「神の見えざる手」が作用し，資源の最適配分と予定調和が実現され，国富の増大がもたらされるという自由放任主義（レッセ・フェール）を主張しました。

2　デヴィッド・リカード（1772〜1823・英）

アダム・スミスと並んでイギリスの古典派経済学の代表的な存在であるリカードは，1817年「経済学及び課税の原理」の中で，各国が得意なものを生産しそれを交換しあったほうが利益になるとする比較生産費説や自由貿易論を主張しました。

3　ジャン・バティスト・セイ（1767〜1832・仏）

1803年に，セイは「経済学概論」を著し，「供給が需要を生み出す」販路説を主張しました（「セイの法則」）。この「セイの法則」は，別名「市場の法則」ともいわれています。

2　社会主義学派（マルクス経済学派）[*2]

1　カール・マルクス（1818〜1883・独）

1867年，マルクスは「資本論」を著し，資本主義経済は，資本家が労働者から剰余価値を搾取する経済であるとしました。そこでは，資本家と労働者による階級対立が存在し，かつ，生産過剰により恐慌が発生し，結果的に資本主義経済は，革命という歴史的必然の下に崩壊し，社会主義経済に移行すると主張しました。

3　ケインズ経済学

1　ジョン・メイナード・ケインズ（1883〜1946・英）

ケインズは，資本主義の深刻な不況と失業を打開するためには，アダム・スミス以来の自由放任主義を捨て，国家が財政・金融政策等の手段により積極的に有効需要を創り出す必要があるとしました。そのための手段として，低金利政策，公共事業支出のための赤字国債の発行，管理通貨制度の採用による通貨の弾力的発行等を主張しました。著作には，「雇用・利子及び貨幣の一般理論」があります。

[*2]

■ 語句解説

社会主義学派（マルクス経済学派）とは，19世紀半ば，マルクスによって体系化された経済学のことをいいます。

Part 6　一般知識等

Chapter 2　経済　753

4 反ケインズ経済学

1 ミルトン・フリードマン（1912〜2006・米）

それまでの経済界で支配的であったケインズ理論を，フリードマンは真っ向から批判し，経済を動かす最大の要因はマネーであり，マネーサプライ（通貨供給量）であると主張しました。*1

ケインズ理論では，国債を乱発することによって財政赤字になってしまいます。そこで，フリードマンは，国債で道路や橋を作るのではなく，支出を伴わない金利政策等で，通貨供給量を調整する景気対策を主張したのです。これをマネタリズムといい，「小さな政府」を目指す考え方です。*2

2 サプライサイド経済学

ケインズが需要側からの景気対策を主張したのに対して，フェルドシュタインやラッファーは，供給側からの経済分析をしました。サプライサイド経済学（SSE）とは，需要創出だけではなく，規制緩和や減税に伴って起こるベンチャービジネスや技術革新により，供給の拡大もあわせて実施するべきとの考えのことです。

*1 ■参考データ
2008年に統計の見直しが行われ，マネーサプライはマネーストックに名称変更されました。

*2 ■参考データ
この小さな政府を目指す考えを政策的に実行したのが1980年代に行われた「レーガノミクス」（米），「サッチャリズム」（英），中曽根内閣による「三公社の民営化」（日本）です。

2 財　政

重要度

1 財政の機能

財政とは，国及び地方公共団体がその活動に必要な資金を徴収し，支出する経済活動のことをいいます。国の財政の処理については，憲法83条により国会の議決に基づくと定められています。財政の機能は，次の3つとなります。

機　能	内　容
資源配分機能	福祉実現の観点から，政府が市場経済に介入し，国民の生活にとって必要な公共財，公共サービスを提供する機能をいう。
所得再分配機能	政府が市場経済に介入することにより，ある程度公平な所得の分配を実現する機能をいう。この機能を生かすための政策として，累進課税制度や社会保障制度がある。*3

*3 ■参考データ
具体的には，高所得者から高率の税を徴収し，それを社会保障という形で低所得者に給付することによって，所得格差を是正します。

| 経済安定化機能 | 好況や不況等の景気変動に対して，政府が介入することにより問題を解決する機能をいう。この機能を発揮する方法として，①政府が景気動向に対応して政策的，裁量的に財政支出を伸縮させるフィスカルポリシーと，②あらかじめ設置した財政メカニズムが景気を自動的に調整するビルトインスタビライザーの２つがある。 |

2 財政政策

1 フィスカルポリシー（補整的財政政策）

　フィスカルポリシーとは，経済状況に応じて，政府の裁量により行う財政政策をいいます。財政政策の方法として一般的に挙げられるのが，①財政支出の調整，②納税額の調整の２つです。

（1）財政支出の増加について

　財政支出の増加は，主に公共事業（国や地方公共団体が行う建設事業）を増やすことで行われますが，財政支出の増加によってクラウディングアウト効果が発生する場合があるため，その点を考慮して支出額を決定しなければなりません。*4

（2）減税について

　減税とは，政府の収入を減らすことを意味します。減税は，民間に残る資金を増やし，その増えた資金が消費に回されることによって，景気回復を図ることを目的としてなされます。

〈フィスカルポリシーのまとめ〉

	好況時	不況時
財政支出の調整	財政支出を減少させる。	財政支出を増加させる。
納税額の調整	増　税	減　税

2 ビルトインスタビライザー（財政の自動安定化装置）

　好況期は所得環境がよいので，自動的に累進課税により増税となり，失業者が少ないので社会保障給付が減少します。逆に，不況期は，所得環境が悪いので自動的に累進課税により減税となり，失業者が多いので社会保障給付が増加します。このように景気変動に対応して，自動的にマネーストックが調整され景気が調整されるように財政構造そのものに組み込まれている仕組みのことを，ビルトインスタビライザーといいます。

Festina lente

不況下では，財政支出の増加や減税によって景気は改善するとされているよ。でも現実は……。

Part 6

一般知識等

*4

■ 語句解説

クラウディングアウト効果とは，財政支出の増加による民間資金の押出し・締出し効果のことをいいます。詳しくは，**5**公債を参照。

Chapter 2
経　済　　755

3 租税政策

1 租税法律主義

日本国憲法では，第7章 財政（83条～91条）で財政に関する基本原則が定められています。租税の徴収を法律に基づかせ，もって国民の財産権を国家権力から保障することとしています。

2 租税の種類

(1) 直接税

担税力の大きい者には高税率の，担税力の小さい者には低税率の累進課税を行うことにより，所得格差を是正し，負担の垂直的公平を図ることができます。例えば，所得税，法人税，相続税等があります。*1

(2) 間接税

担税力の大小にかかわらず，一定率の比例課税を採用することにより，負担の水平的公平を図ることができます。例えば，消費税，たばこ税，酒税等があります。

(3) 直間比率

直間比率とは，租税収入に占める直接税と間接税の比率のことです。戦前は，間接税が中心でした（直間比率3.5：6.5）が，1949年のシャウプ税制勧告により，戦後は，直接税中心

*1
■ 語句解説
担税力とは，税金を負担する力のことをいいます。

となっています（直間比率7：3）。[2]

3　租税負担率と国民負担率

(1) 租税負担率

　租税負担率とは，国民の租税負担額の対国民所得比のことをいいます。この指標は，一国の租税負担水準の時系列の比較や国際比較などには，それなりに有効性があります。しかし，あくまでもマクロ指標にすぎず，これだけで納税者の税負担水準や税制の適否を明らかにするものではありません。

$$租税負担率(\%)＝\frac{国民の租税負担（国税＋地方税）}{国民所得}×100$$

(2) 国民負担率

　国民負担率とは，租税負担と社会保障負担の合計が国民所得に占める割合，あるいは対国民所得比であらわされる租税負担率と社会保障負担率の合計をいいます。社会保障負担の大半は，社会保険の保険料負担です。[3]

$$国民負担率(\%)＝\frac{国民の租税負担＋社会保障負担}{国民所得}×100$$

4　財政投融資

1　財政投融資とは

　財政投融資とは，税負担に拠ることなく，財投債の発行などにより調達した資金を財源として，政策的な必要性があるものの，民間では対応が困難な長期・低利の資金供給や，大規模・超長期プロジェクトの実施を可能とするための投融資活動をいいます。

　予算と異なるのは，財政投融資は，金利をつけて返さなければならないため，資金を受け取った者が資金を効率的に使うようになるというメリットがあります。

　また，財政投融資は，その公共性にかんがみ，財政金融政策そ

---

[2] **要チェック！過去問題**

近年の税収構造をみると，所得税や法人税などの直接税と，消費税や酒税などの間接税の税収の比率は，おおよそ1：1となっている。
→✕（H21-52-イ）

Part 6
一般知識等

---

[3] **参考データ**

日本の現状は，租税負担率も国民負担率も外国に比べて低いので，福祉水準もやや低くなっています。今後は，高齢化が進み社会保障の財源確保の必要性が高まるため，20年後には，国民負担率は50％前後まで上昇するとみられています。

Chapter 2
経済

の他の政策と整合性のとれた運用がなされる必要があります。そのため，財政投融資計画は，予算の編成作業とあわせて策定されています。

> **Festina lente**
>
> 　財政投融資計画額は，1999年度から連続して減少を続けて，2008年度の財政投融資計画額は，13兆円台となったよ。これは，ピーク時の3分の1程度の規模なんだ。ちなみに，当該計画額は，2020年度は新型コロナウイルス対策等のため65.1兆円となり，2019年度の約4.3倍の規模となったんだ。リーマン・ショックのあった2009年が23.9兆円，東日本大震災のあった2011年が20.6兆円で，その後2012年度から2019年度までは約15兆～19兆円で推移してきたんだよ。

2　財政投融資改革

　2000年に「資金運用部資金法等の一部を改正する法律」が成立したことにより，2001年度からは財政投融資制度の運用が改められたことに注意する必要があります。以前は，郵貯等の大量の資金が，特殊法人に自動的に財源として入ってくる仕組みとなっていたため，それに甘え，非効率な資金運用がなされていました。これに対し，2001年度以降は，特殊法人の施策に真に必要な資金を，自主運用によって市場から調達するようになっています。

〈財政投融資の仕組み〉

5 公　債

1　公債（国債）

国債とは，広い意味では，国の債務，すなわち借金のことをいい，狭い意味では，国の借金のうち，証券を発行するものをいいます。償還期限が1年以内のものを**短期国債**（短期債），2年〜5年程度のものを中期国債，10年程度のものを**長期国債**（長期債），15年程度を超えるものを超長期国債といいます。

2　国債発行の原則

(1) 建設国債の原則*1

財政法4条1項の規定により，公共事業費，出資金及び貸付金の財源に充てる場合にのみ国債を発行できるとしていることを**建設国債の原則**といいます。

ただし，建設国債の発行によっても歳入不足が見込まれる場合には，公共事業費等以外に充てる資金を調達することを目的として**特例国債（赤字国債）**を発行することができます。特例国債は，その都度単年度立法による法律に基づき発行されます。

(2) 市中消化の原則

財政法5条は，**国債の日本銀行引受けによる発行を原則禁止**しています。これは，日銀が国債を引き受けることにより，マネーストックが増加し，インフレが発生することを避けるためです。このことを**市中消化の原則**といいます。ただし，一度企業や個人が買った国債を日銀が買い取ることは可能である上，**政府短期証券**については，日銀も新規に引き受けることが可能です。さらに，特別な理由がある場合には，国会の議決を経た金額の範囲内で，日銀が保有している国債の償還分に対応する**借換債**の引受け（国債の乗換え）が認められています。*2

3　国債発行の問題点

(1) インフレの可能性

市中消化の原則をとったとしても，国債償還のために通貨が増発される危険性は高いです。

(2) 財政硬直化

国債償還費の増加は，財政の弾力性を奪い，社会保障関係費等の本来の財政支出を圧迫しています。

＊1
☑要チェック！過去問題
財政法の規定では赤字国債の発行は認められていないが，特例法の制定により，政府は赤字国債の発行をしている。
➡**○**（H26-50-ア）

＊2
■語句解説
借換債とは，国債の償還財源を調達するため新たに国債（借換債）を発行することをいいます。

Part 6
一般知識等

Chapter 2
経　済　759

(3) クラウディングアウト効果（押しのけ効果）

クラウディングアウト効果とは、**財政支出の増加による民間資金の押出し・締出し効果**のことをいいます。公共事業の資金に充てるため、政府が国債を大量に発行して金融市場から資金を調達すると、金融機関の貸出金利が上昇し、民間の資金調達が阻害されます。これによって民間投資が減少するならば、全体として需要はあまり増加しないことになります。

金融機関の貨幣が減少するため、貨幣に対する超過需要が発生する。

(4) 将来世代への負担

将来世代に返済を負担させてしまうため、世代間により不公平を生じさせてしまいます。

4　国債発行の現実

昭和40年不況（1965年）に対処するため、1965年度に初の**赤字国債**が発行され、1966年度からは毎年、**建設国債**が発行されるようになりました。**石油危機（オイルショック）**後の1975年度には、赤字国債の大量発行が始まりました。1990年〜1993年までは赤字国債発行はありませんでしたが、景気の低迷により1994年度から再び、赤字国債の発行が始まり現在に至っています。*1

1949年	ドッジ・ライン→均衡財政（緊縮財政）主義*2
1965年	建設国債の発行（初の赤字国債）
1966年	以降毎年、建設国債発行
1975年	1989年まで毎年、赤字国債発行
1994年	以降毎年、赤字国債発行

*1 要チェック！過去問題
第一次石油危機による原油価格の暴騰などにより、狂乱物価と呼ばれる激しいインフレが発生した。政府は円の切り下げのために変動為替相場制から固定為替相場制へ移行させ、輸出の拡大で不況を乗り切ることを目指した。
→ ✗（H24-50-3）

*2 要チェック！過去問題
ドッジラインにより、景気回復に向けて国債発行を通じた積極的な公共事業が各地で実施されるとともに、賃金・物価統制を通じて、インフレの収束が図られた。
→ ✗（H28-51-2）

6 プライマリーバランス（PB）

プライマリーバランス均衡とは，**利払い費及び債務償還費を除いた歳出が公債金収入（借金）以外の収入で賄われている状況**をいいます。この場合，その年の国民生活に必要な財政支出とその年の国民の税負担等がちょうど均衡していることになります。近年の我が国のPBは大幅な赤字となっています。

1 PBの意味

PBが黒字であれば，黒字分を過去の国債の利払いと償還に充て，債務は次第に減っていきますので，財政は破綻しません。これに対して，PBが赤字の場合，過去の国債の利払いができない上，新たに赤字分の借金をせざるを得なくなりますので，財政は破綻に向かってしまいます。

2 PB均衡の達成

PBを均衡させるためには，増税と歳出削減を組み合わせる考えが主流となっています。具体的には，公共事業の削減，社会保障費の削減，消費税の引上げ等です。

7 予算制度

1 会計年度

（1）予算の単年度主義

予算の単年度主義とは，予算の対象とする会計年度を通常1年間とする原則のことをいいます。例外として，**継続費**や**国庫債務負担行為**があります。国の会計年度は毎年**4月1日**に始まり，翌年**3月31日**に終わるものとします。

（2）会計年度独立の原則

会計年度独立の原則とは，ある会計年度の歳出は，当該年度の歳入で賄わなければならないという原則をいいます。

しかし，この原則を徹底すると，予算の円滑かつ弾力的な執行の妨げとなることがあります。そこで例外として，歳出予算の繰越しや過年度収入及び過年度支出があります。

2　予算内容

（1）予算総則

歳入歳出予算等に関する総括的な事項のほか，公債発行の限度額，財務省証券及び一時借入金の最高額，その他予算の執行に必要な諸事項を定めています。

（2）歳入歳出予算

予算の本体です。

（3）繰越明許費

歳出予算のうち，諸事情により年度内に支出の終わらない見込みの経費について，あらかじめ国会の議決を経て翌年度に繰り越して支出される経費のことです。

（4）継続費

工事，製造その他の事業で，完成に数会計年度を要するものについて，経費の総額及び年割額（毎年度の支出見込額）を定め，あらかじめ国会の議決を経て，数年度にわたって支出するものです。継続費は予算の単年度主義の例外です。

その支出は，当該各年度の歳入をもって充てられることになるため，後年度の財政を過度に拘束することのないよう，特に必要な場合に限定した上で認められ，かつ，年限も5か年度以内に限られています。

（5）国庫債務負担行為

大規模な事業や工事等の発注契約の締結は，当該年度にする必要があるが，支出が翌年度以降に行われるような場合に用いられ，各事項ごとにその理由と後年度の債務負担の限度額を明らかにし，国会の議決を経ることとされています。この国庫債務負担行為は，単年度主義の例外です。

3 予算の種類
(1) 一般会計 *1*2

一般会計予算は，政府の基本的な収入（歳入）と支出（歳出）を計上した会計で，予算の本体に該当します。一般会計の歳入は，約6割が租税印紙収入であり，約3〜4割が公債金収入です。

〈2021年度一般会計予算歳入歳出の内訳〉

> *1 要チェック！過去問題
> 東日本大震災以降，政府一般会計当初予算では，歳入の4割以上が国債発行により調達されていた。
> →〇（H26-50-イ改）

> *2 要チェック！過去問題
> 増大する社会保障給付費等を賄う必要があることから，2014年度の消費税率の引上げ後も，毎年度の新規国債発行額は30兆円を超えている。
> →〇（R2-50-オ）

(2) 特別会計

財政法は，予算単一の原則の例外として特別会計を設置し，一般会計とは異なる歳入歳出予算の形式や財務処理の特例を認めています。従来は，31の特別会計が設置されていましたが，2007年に成立した特別会計に関する法律に基づいて，縮減されました。2021年現在では，2012年度に設置された東日本大震災復興特別会計を含め，「特別会計に関する法律」の本則では12（附則を含めると13）の特別会計が設置されています。

(3) 政府関係機関予算

政府関係機関予算とは，政府関係機関の収入と支出を定めた予算のことをいいます。政府関係機関とは，特別の法律によって設置され，政府が資本金の全額を出資する法人です。その予算については，国会の議決が必要です。現在では，沖縄振興開発金融公庫，日本政策金融公庫，国際協力銀行，独立行政法人国際協力機構有償資金協力部門があります。

4 本予算，補正予算，暫定予算

(1) 本予算

　一般会計，特別会計，政府関係機関予算の各々の予算は，一体として国会の審議，議決を経て，通常当該年度開始（4月1日）前に成立します（事前議決の原則）。この本来の予算のことを本予算といいます。

〈予算の編成から決算まで〉

	内　容
調　製	①財務省主計局が各省庁から概算要求を受けて，9月初め頃から査定作業を開始する。 ②12月下旬には，財務原案が閣議に提出され，復活折衝ののち，政府案が閣議決定され予算案が国会に提出される。
審　議	③国会において審議，議決が行われるが，憲法60条2項の規定により，衆議院の優越が認められている。
執　行	④国会で予算が議決され，成立すると，次に予算に従って各省庁が支出を行う。
決　算	⑤会計年度が終了すると，各省庁において歳入歳出の決算報告書を作成し，会計検査院が検査を行った上で，内閣が国会に提出して国会で審議を受ける。

(2) 補正予算

　補正予算とは，当初の本予算の内容を変更する予算のことをいいます。景気が悪化した場合に，景気回復に向けた公共事業を実施するための財政措置として補正予算が編成されることが多く，国会の議決を経て設けられます。補正予算には，新項目を付け加える追加予算及び特定項目から他項目への資金流用を行う修正予算があります。

(3) 暫定予算

　予算の成立が，審議の遅れ等の理由から新年度の発足までに間に合わないことがしばしばみられます。その場合には，予算が成立するまでに必要な経費を賄うために，内閣は，会計年度のうちの一定期間にかかる暫定予算を作成し，国会に提出することができます。

（4）予備費

　予備費とは，予見しがたい予算の不足に充てるため，歳入歳出予算に計上される費用をいいます。予備費は，一度成立すれば内閣の責任で支出することができます。もっとも，事後に国会の承認を求めなければなりません。

3　日本銀行・金融政策

重要度 **A**

1　中央銀行（日本銀行）

1　日本銀行とは

　日本銀行（日銀）は，国の中央銀行として，金融政策を行います。その金融政策の1つに，民間金融機関への貨幣の貸出しがあります。日銀は日本の中央銀行であり，公的機関ではありますが，政府からは独立した，日本銀行法によって設立された<mark>認可法人</mark>です。*1*2

2　日本銀行の三大業務

業　務	内　容
発券銀行	日銀は，日本で唯一の<mark>発券銀行</mark>である。つまり，現金である紙幣を発行することができる。発行された紙幣は金と交換できない（不換紙幣）。
政府のための銀行	政府は，われわれが民間の銀行に口座を持っているのと同じように，日銀に口座を持っている。日銀は，国庫金出納の事務を行い，日銀が受け入れた<mark>国庫金</mark>は，国の預金として扱われる。
銀行のための銀行	日銀は，民間銀行との日々の取引を通じて，資金不足の銀行に貨幣を供給する等の方法で，支払不能等の金融システムの混乱を防ぐ役割を担う。

2　金融政策とは

　金融政策とは，中央銀行によって行われる，景気調整のために貨幣の供給量（マネーストック）を増減させる政策をいいます。マネーストックを調節することによって貨幣の需要と供給に影響

---

*1
■ 参考データ

日銀の独立性が要求されるのは，政府に通貨発行権を与えると，政府が，政府の有する借金を帳消しにしようとして，通貨を大量に発行しかねないからです。

*2
☑要チェック！過去問題

日本銀行は「発券銀行」として，日本銀行券を発行する。日本銀行券は法定通貨であり，金と交換できない不換銀行券である。
➡ **○**（H23-49-ウ）

Part 6
一般知識等

Chapter 2
経　済　**765**

を与え，これにより金利を変動させることで景気を調整します。具体的な政策には，①公開市場操作，②法定準備率（支払準備率）操作，③基準割引率および基準貸付利率（公定歩合）操作の3つがあります。

3 三大金融政策

1 公開市場操作（オープン・マーケット・オペレーション）

公開市場操作とは，国債等を市場で売買することによりマネーストックを調節し，日本の景気を調整する政策をいいます。公開市場操作によるマネーストックの調整方法には，買いオペレーションと売りオペレーションがあります。

(1) 買いオペレーション

買いオペレーション（略して「買いオペ」）とは，公開市場操作において，日銀が銀行から国債等を買い取ること，すなわち国債の代金として，日銀が銀行に貨幣を払うことで，銀行の貨幣の量を増やす操作をいいます。この買いオペによってマネーストックが増加することが期待できます。

(2) 売りオペレーション

売りオペレーション（略して「売りオペ」）とは，公開市場操作において，日銀が銀行へ国債等を売ること，すなわち国債の代金として，銀行が日銀に貨幣を払うことで，銀行の貨幣の量を減らす操作をいいます。この売りオペによってマネーストックが減少することが期待できます。

2 法定準備率（支払準備率）操作
(1) 法定準備率とは

法定準備率（支払準備率）とは，法令で定められている，銀行の預金のうち日銀に預けておく部分の比率のことをいいます。銀行の支払不能という事態を防止するための規定です。

(2) 法定準備率操作とは

法定準備率操作とは，法定準備率を変更することによりマネーストックを調整する政策をいいます。法定準備率を引き下げることで銀行が自由に使える貨幣が増えるため，結果的に，マネーストックが増加します。反対に，法定準備率を引き上げることで銀行が自由に使える貨幣が減るため，結果的に，マネーストックが減少します。

3 基準割引率および基準貸付利率（公定歩合）

「公定歩合」とは，民間銀行が中央銀行から貨幣を借りる場合に支払う金利をいいます。もっとも，現在では，「公定歩合」という用語にかえて，「基準割引率および基準貸付利率」という用語が使われています。[*1]

> ### Festina lente
> 日本銀行は従来，公定歩合操作により市場の通貨量を操作して物価の安定を図ってきたけれど，1994年の金利の自由化等により公定歩合操作は行われなくなり，日本の政策金利は公定歩合から無担保コール翌日物の誘導目標金利に移行しているよ。

4 その他の金融政策

1 ゼロ金利政策

日本銀行は1999年，バブル崩壊後のデフレから脱却するために，従来の金利引下げから無担保コール翌日物金利を実質ゼロ％にする「ゼロ金利政策」を導入しました。

2 量的緩和政策

日本銀行は2001年に，金融市場調整の主たる操作目標を，これまでの無担保コール翌日物金利から日銀当座預金残高に変更し，日銀当座預金残高を拡大させることによって金融緩和を行う「量的緩和政策」を導入しました。

[*1] **✓ 要チェック！過去問題**
日本銀行は「銀行の銀行」として市中銀行から預託を受け入れ，市中銀行に貸し出しを行う。日本銀行が市中銀行に貸し出す金利を法定利息と呼ぶ。
➡ ✗ (H23-49-ア)

Part 6 ■ 一般知識等

Chapter 2 経済 | **767**

3 量的・質的金融緩和政策

　日本銀行は，2013年に，マネタリーベース（市場への資金供給量）や長期国債等の保有額の増大，長期国債買入れの平均残存期間の延長など，量・質ともに次元の違う金融緩和を実施する「量的・質的金融緩和政策」を導入しました。

4 マイナス金利政策

　日本銀行は，2016年に，法定準備預金を超えて日本銀行に預け入れる預金の金利をマイナスにする「マイナス金利政策」を導入しました。

〈金融政策のまとめ〉

	好況期→過熱抑制策	不況期→景気刺激策
公開市場操作	売りオペレーションによって，銀行の貨幣の量を減らす。	買いオペレーションによって，銀行の貨幣の量を増やす。
法定準備率（支払準備率）操作	法定準備率の引上げによって，銀行が自由に使える貨幣を減らす（銀行の貨幣の量を減らす）。	法定準備率の引下げによって，銀行が自由に使える貨幣を増やす（銀行の貨幣の量を増やす）。

4 経済指標（GDPとGNP）

重要度 B

　GDPとは，ある国・地域において一定期間に新たに生み出された財・サービスの付加価値額の総額をいいます。以前は日本の景気を測る指標として，主としてGNPが用いられていましたが，現在は国内の景気をより正確に反映する指標としてGDPが重視されています。[1]

	GDP	GNP（GNI）
定義	国内総生産と訳され，国内で1年間に生産された付加価値の合計額をあらわす経済指標であり，内閣府が算出して，3か月ごと，1年ごと，年度ごとに発表している。※ 付加価値：生産者がある期間に生産し	国民総生産と訳され，日本国民や日本企業が1年間に生産した付加価値の合計額をあらわす。※ 現在，GNPに代わって，GNI（国民総所得）という概念が用いられている。

[1] 要チェック！過去問題

国内総生産（GDP）とは，一定期間に一国で産み出された付加価値の合計額をいうが，日本の名目GDPの水準は，おおよそ年間500兆円である。
→ ○（H27-50-1）

Part 6
一般知識等

768

	た額から，その生産に投入した原材料や中間生産物の額を差し引いたもの	
日本国内で，日本人や日本企業によって生産された付加価値は含まれるか	含まれる	含まれる
日本国内で，外国人や外国企業によって生産された付加価値は含まれるか	含まれる	含まれない
海外で，日本人や日本企業によって生産された付加価値は含まれるか	含まれない	含まれる

5 　貿　易

重要度 **A**

1 　世界貿易機関（WTO）

　1995 年，ウルグアイ・ラウンドでの合意を受け，国家間貿易が自由・円滑に行われることを目的として，関税及び貿易に関する一般協定（GATT）に代わって発足した国際機関で加盟国間の貿易交渉に加えて，貿易をめぐる紛争処理や各国の貿易政策の審査といった役割を担う機関です。2021 年 11 月現在，164 の国と地域が加盟しています。本部は，スイスのジュネーブにあります。*2*3

　GATT との大きな違いは，GATT が加盟国間の協定にすぎなかったのに対して，WTO は法的拘束力を持つ国際機関となったことです。また，GATT が農業分野を除くモノの貿易のみを対象としていたのに対して，WTO は農業やサービス分野，更には貿易に関する特許や知的所有権等の新分野も広くカバーしていることにあります。

*2
■ **参考データ**

2001 年ドーハ会議で，中国・台湾の WTO 加盟が正式に認められました。特に中国は，国際経済に占める地位も大きく，その加盟は貿易秩序の上からも望ましいものでした。

*3
☑ **要チェック！過去問題**

GATT のもとでは 8 回の関税引き下げ交渉がもたれたが，それは貿易拡大による国際経済発展に貢献するとともに，その後 WTO の設立をもたらした。
➡（H26-52 空欄補充）

Chapter 2
経　済

	GATT	WTO
成立年	1947 年	1995 年
成立経緯	大戦前の保護貿易政策に対する反省から自由で無差別な国際貿易の拡大を図ることを目的として設立	ウルグアイ・ラウンドでの合意を受け，GATT の機能を大幅に拡大・強化した国際機関として設立
法的地位	国際協定，国際機関として正式規定なし	正式な国際機関
対象範囲	モノの貿易のみ	サービス貿易や知的所有権を含む

2 FTA と EPA

　WTO が，多数の加盟国の貿易自由化（すべての加盟国に対して同じ関税を適用）を行っているのに対して，**2 国間ないしは複数国間**で，物品の関税やサービス貿易の障壁等を削減・撤廃することを目的とする協定を **FTA（自由貿易協定）**といいます。そして，FTA に加え，投資，人の移動，知的財産の保護や競争政策におけるルール作り，様々な分野での協力の要素等を含む，幅広い経済関係の強化を目的とする協定を EPA（経済連携協定）といいます。

3 TPP

　TPP（環太平洋パートナーシップ）協定とは，環太平洋地域で高い水準の，包括的なバランスの取れた協定を目指し交渉が進められてきた経済連携協定です。[*1]

　2016 年 2 月にニュージーランドで署名され，日本は 2017 年 1 月に **TPP 協定**を締結しました。[*2] しかし，2017 年 1 月にアメリカが離脱を表明したことから，アメリカ以外の 11 か国の間で協定の早期発効を目指して協議が重ねられ，2018 年 3 月にチリで「環太平洋パートナーシップに関する包括的及び先進的な協定（**TPP11 協定**）」が署名され，2018 年 12 月に発効しました。

4 地域的な包括的経済連携（RCEP）協定

　2020 年 11 月，**地域的な包括的経済連携（RCEP）協定**が，RCEP 首脳会議で合意，署名されました。参加国は，ASEAN10

[*1]
**☑ 要チェック！
過去問題**

2016 年 2 月に署名された TPP 協定は，日本，アメリカ，韓国などの環太平洋経済圏12 か国によって自由貿易圏を構築することを目指すものである。

➡**✗**（H28-50-ア）

[*2]
■ 参考データ

TPP 協定は，オーストラリア，ブルネイ，カナダ，チリ，日本，マレーシア，メキシコ，ニュージーランド，ペルー，シンガポール，アメリカ，ベトナムの12 か国で交渉が進められてきました。

か国(ブルネイ,カンボジア,インドネシア,ラオス,マレーシア,ミャンマー,フィリピン,シンガポール,タイ,ベトナム),日本,中国,韓国,オーストラリア,ニュージーランドの15か国です。

この協定は,世界の人口とGDPの約3割を占める経済連携協定であり,地域の貿易・投資の促進及びサプライチェーンの効率化に向けて,市場アクセスを改善し,多様な国々の間での知的財産,電子商取引等の幅広い分野のルールを整備しています。

ファイナルチェック 基礎知識の確認

問題1 フィスカルポリシーとは,経済状況に応じて政府の裁量により行う財政政策をいい,不況期には,財政支出の減少や減税によって景気は改善するとされる。

問題2 クラウディングアウト効果とは,政府が公共事業の資金に充てるために国債を大量に発行することにより,金融機関の貸出金利が上昇し,民間の資金調達が阻害されることをいう。

問題3 1949年に導入されたドッジ・ラインによって,赤字を許さない均衡予算,単一為替レートが設定され,歳入面でも,シャウプ税制勧告により,間接税を中心とする税制の骨格が決定された。

問題4 公開市場操作とは,国債等を市場で売買することにより,マネーストックを調整し,景気を調整する政策をいい,不況期には,売りオペによってマネーストックを増加させる操作を行う。

問題5 基準割引率および基準貸付利率(公定歩合)とは,民間銀行が日本銀行に預けることを義務づけられている預金の割合である。

問題1 ✗ 不況期には,財政支出の「増加」や減税によって景気は改善される。 **問題2 ○** **問題3 ✗** 「直接税」を中心とする税制である。 **問題4 ✗** 不況期には,買いオペによってマネーストックを増加させる。 **問題5 ✗** 本問は法定準備率(支払準備率)のことである。

本試験レベルの問題にチャレンジ! ▶▶▶

Chapter 3 社 会

重要度 A

イントロダクション 学習のポイント

　過去問題を分析すると，社会保障と環境が比較的出題可能性の高いテーマになります。社会保障では体系を意識しながら，環境では法律と条約を意識しながら勉強を進めてください。

ベーシック じっくり理解しよう!

1 日本の社会保障制度

　日本の社会保障は，憲法25条1項と，それを受けた2項の規定に基づき，①社会保険，②社会福祉，③公的扶助，④公衆衛生の4分野から構成されています。

〈社会保障制度の体系〉

制　度	意　味	具体例
社会保険	生活を脅かす様々な事故に対して給付を行う体系	①医療（健康保険・国民健康保険） ②年金（厚生年金・国民年金等） ③労働（雇用保険，労働者災害補償保険） ④介護（介護保険）
社会福祉	社会的弱者が安定した社会生活を送れるように援助を行う体系	児童福祉法，身体障害者福祉法，老人福祉法，母子及び父子並びに寡婦福祉法等

公的扶助	生活困窮者に対して最低限度の所得を保障する体系	生活保護法に基づく8つの扶助（生活・教育・住宅・医療・介護・出産・生業・葬祭）
公衆衛生	国民の保健・衛生を向上させるための体系	予防接種・公害対策・下水道の整備等

1 社会保険

〈社会保険の体系〉

	自営業者等	民間サラリーマン	公務員等
医療保険	国民健康保険	健康保険（業務外）	各種共済組合
年金保険	（国民年金基金）	厚生年金保険	
	国民年金（基礎年金）		
雇用保険	×	雇用保険	×
労災保険	×	労働者災害補償保険（業務上・通勤）	国家公務員災害補償保険等
介護保険	介護保険		

1 医療保険

　医療保険は，病気になったり負傷した場合等に，診察，手術，看護等に必要な医療給付を提供する制度をいいます。

　日本の医療保険は，民間企業のサラリーマンとその被扶養者を対象にした被用者保険（健康保険）などと，それ以外の自営業者等，一般の地域住民を対象とした地域保険（国民健康保険）とに，大別されます。また，75歳以上の高齢者は，後期高齢者医療制度の対象となっています。

	国民健康保険	健康保険
保険者	①市町村及び特別区 ②国民健康保険組合	全国健康保険協会・健康保険組合
被保険者	①健康保険法の被保険者等を除く市町村の区域内に住所を有する者 ②組合が行う国民健康保険の被保険者，退職被保険者	原則として，適用事業所に使用される被用者及びその被扶養者

Chapter 3
社　会　773

保険給付	①法定必須給付 ②法定任意給付 ③任意給付	①疾病・負傷に関する保険給付 ②死亡・出産に関する保険給付 ③出産に関する保険給付
保険料	収入や世帯の被保険者数等に応じて徴収	・全国健康保険協会管掌健康保険は，被保険者と事業主が2分の1ずつ負担 ・組合管掌健康保険は，規約により，事業主が負担する割合を2分の1以上に増加することが可能
費用負担	国庫負担あり	
一部負担金	・6歳から69歳の者は療養・給付に要する費用の3割 ・70歳から74歳までの者は2割（一定所得以上の者は3割） ・75歳以上の者は1割（一定所得以上の者は3割） ・義務教育就学前の者は2割	

Festina lente

本試験では，①対象者（民間のサラリーマンか自営業者等か），②保険料（誰がどのくらい支払うのか），③一部負担金を中心に聞かれるので，まずは，この点をしっかり整理しておいてね。

2 公的年金

　公的年金とは，老齢や死亡等の理由により，労働能力を喪失した場合に，金銭を給付する制度をいいます。日本の公的年金は，①全国民（20歳以上60歳未満）が加入して基礎的給付を受ける国民年金と，②民間企業のサラリーマンと公務員を対象にした厚生年金保険の2つに，大きく分けられます。*1*2

	国民年金	厚生年金保険
保険者	政　府	政　府
被保険者	①第1号被保険者 ②第2号被保険者 ③第3号被保険者	原則として，適用事業所に使用される被用者
年金給付	①老齢基礎年金 ②障害基礎年金 ③遺族基礎年金	①老齢厚生年金 ②障害厚生年金 ③遺族厚生年金
保険料	第1号被保険者のみ直接に負担。*3 ただし，法定免除，申請全額免除，学生保険料の納付特例等の各種免除制度あり・若年者納付猶予制度あり	報酬額に応じた保険料を事業主と被用者が2分の1ずつ負担
費用負担	国庫負担あり	

*1
■参考データ

2015年9月まで公務員は共済年金に加入していましたが，2012年に被用者年金制度一元化法が成立，2015年10月より共済年金は厚生年金に統一されました。

*2
☑要チェック！過去問題

国民皆年金の考え方に基づき，満18歳以上の国民は公的年金に加入することが，法律で義務付けられている。
➡✘（H29-48-1）

*3
■参考データ

2021年度の国民年金保険料は月額16,610円となっています。

Part 6
一般知識等

〈我が国の年金制度の概観〉

3階	確定拠出年金 （個人）（※2）		確定拠出年金 （個人）（※2）		確定拠出年金 （個人）（※2）
			確定拠出年金 厚生年金基金 確定給付企業年金		退職等年金給付
2階	国民年金基金	確定拠出年金 （個人）（※2）	厚生年金保険（※1）		
1階	国民年金（基礎年金）				
	第1号被保険者	第3号被保険者	第2号被保険者		
	自営業者・学生	第2号被保険者の 被扶養配偶者	民間企業の従業員		公務員

※1　厚生年金・共済年金は，2012年に閣議決定した被用者年金制度一元化法により，2015年10月から一元化されました。
※2　2017年1月から，第3号被保険者や公務員も，個人型確定拠出年金（iDeCo）に加入可能となりました。

3　労働保険

　労働保険とは，適用事業に雇用されている被保険者の失業及び雇用の継続が困難となる事由が生じた場合のほか，職業に関する教育訓練を受けた場合に必要な保険給付を行う雇用保険と，原則，適用事業に使用される労働者の業務上の事由又は通勤による負傷，疾病，障害，死亡等に関して，必要な保険給付を行う労働者災害補償保険をいいます。

Festina lente

年金については，まずは全体の体系（1階部分から3階部分まで）をしっかり押さえてね。「木を見て森を見ず」ということがないようにね。

	雇用保険	労働者災害補償保険
保険者	政府	政府
被保険者	原則として，適用事業に雇用される労働者	原則として，労働者を1人でも使用する事業
保険給付	①求職者給付*4 ②就職促進給付 ③教育訓練給付 ④雇用継続給付	①傷病に関する保険給付 ②障害に関する保険給付 ③死亡に関する保険給付 ④介護に関する保険給付
保険料	事業主と被用者が2分の1ずつ負担	事業主が全額負担
費用負担	国庫負担あり	

*4
■ **参考データ**
求職者給付の中心は基本手当（いわゆる失業手当）となっています。

Part
6
一般知識等

4　介護保険

介護保険制度は，加入者が保険料を出し合い，介護が必要なときに認定を受けて，必要な介護サービスを利用する制度です。

	内　容
保険者	市町村及び特別区（都道府県は，市町村（特別区）の介護保険財政の安定化のための財政安定化基金を設ける（介護保険法 147 条以下））
被保険者	①第 1 号被保険者：市町村の区域内に住所を有する 65 歳以上の者 ②第 2 号被保険者：市町村の区域内に住所を有する 40 歳以上 65 歳未満の医療保険加入者
保険給付	①介護給付　②予防給付　③市町村特別給付
保険料	・保険料は，第 1 号被保険者から徴収する。 ・保険者は，第 2 号被保険者からは直接保険料を徴収しない。第 2 号被保険者が負担すべき費用は，社会保険診療報酬支払基金が市町村に対して交付する介護給付費交付金をもって充てる。
費用負担	国庫負担あり
一部負担金	所得に応じて費用の 1 割から 3 割負担

Festina lente

第2号被保険者の保険料は，医療保険の保険者が医療保険の保険料とあわせて徴収するんだよ。例えば，民間のサラリーマン等健康保険に加入している人であれば，介護保険料の金額は原則として報酬比例で算定され，半分は会社が負担し，徴収も給与から天引きされるんだよ。

2　社会福祉[1]

社会福祉とは，児童，障害者，高齢者，母子家庭等特別に援助を必要とする人々が安心して社会生活を営んでいけるように公的な支援を行う制度をいいます。

社会福祉制度は，あらかじめ制度に加入して保険料を拠出する社会保険とは異なり，原則として財源は公費負担となっていますが，公的扶助のように資産調査を行うことはありません。このため，社会福祉制度は，社会保険と公的扶助の中間に位置するといわれます。

3　公的扶助（生活保護）

公的扶助とは，日本国憲法 25 条の理念に基づき，国の責任で，生活に困窮するすべての国民に対して，その困窮の程度に応じて

[1]
■　参考データ

かつて，障害者や高齢者を施設に隔離する政策がとられていましたが，今日では，若者や健常者と同じように社会に出て共に暮らす社会を目指すノーマライゼーションの考え方が定着してきています。

必要な保護を行い，健康で文化的な最低限度の生活を保障するとともに，その自立を援助する制度をいいます。

この公的扶助は，社会保険とは異なり，自己負担は課せられていません。しかし，生活困窮の事実を確認するための**資力調査（ミーンズテスト）**が受給要件となっています。*2

公的扶助を実現するために制定された生活保護法による保護の種類には，①生活扶助，②教育扶助，③住宅扶助，④医療扶助，⑤介護扶助，⑥出産扶助，⑦生業扶助，⑧葬祭扶助の8種類があります。このうち，医療扶助と介護扶助を除いては，原則として，**現金給付**が行われています。

4 公衆衛生

公衆衛生とは，社会的な対応が必要な医療制度の整備や環境対策的な予防的医療であり，直接個々人の医療ニーズに対応するものではなく，社会的な必要から公衆衛生の促進を図ろうとする制度です。

この公衆衛生には，予防接種・公害対策・伝染病予防・下水道の整備等があります。

> ***2 要チェック！過去問題**
> 生活保護法では，保護の認定や程度については，あくまでも個人を単位として判断されることとなっており，仮に同一世帯のなかに所得が高額な親族がいる場合であっても，特定の個人が生活困窮状態にある場合には，保護の対象となる。
> ➡ ✗ (H23-51-1)

5 社会保険と公的扶助の相違点

種　類	社会保険	公的扶助
給　付	定型的・集団的に，あらかじめ決定	非定型的・個別的に，具体的事情ごとに決定
資産調査	な　し	あ　り
負担のルール	利用したサービス・費用に応じる（応益負担）。	利用者の負担能力に応じる（応能負担）。
財　源	主に保険料	税　金
利用の抵抗感	小さい	大きい

Chapter 3
社　会　777

6 日本の社会保障制度の問題点

1 少子化・高齢化

(1) 少子化[*1]

　1人の女性が一生のうちに産む子どもの数を示す合計特殊出生率は，1989年に過去最低だった1.58を下回る1.57となった後も下降傾向が続き，一時的に上昇したものの2005年には，1.26と過去最低を更新しました。2006年以降は再び上昇し始め，2015年には1.45に達し，2020年現在は1.34となっています。人口を一定に維持するためには，2.07程度が必要だといわれており，現在，この数値を大きく下回っています。少子化が続けば，将来的には労働力人口の減少による経済成長の制約，医療や年金等の社会保障費等の負担増が考えられます。

(2) 高齢化[*2][*3]

　2021年4月1日現在，日本の65歳以上の人口は約3,630万人，全人口に対する65歳以上の人口が占める割合は約28.9%に達しています。高齢者は今後も増え続け，2065年には高齢化率は38.4%に達し，2.6人に1人が65歳以上になると予想されています。このまま高齢化が進めば，老人医療費や公的年金の社会保障費の多大な負担をもたらしたり，高齢者介護の問題等が生じることになります。

2 年金改革

(1) 年金財政の方式

	賦課方式	積立方式
内　容	年金給付に必要な費用をその時々の現役加入者からの保険料で賄う方式（世代間扶養方式ともいう）	将来の年金給付に必要な原資をあらかじめ積み立てていく方式
保険料の決定要因	現役世代（被保険者）と老齢世代（受給者）の構成比	積立資産の運用利回り
採用している年金	基礎年金は賦課方式を採用厚生年金は賦課方式と積立方式の中間方式	企業年金
欠　点	金利変動や経済変動の影響は受けにくいが，人口構成の影響を受けやすい。	金利変動の影響を受けやすく，過度のインフレや賃金上昇があった場合の年金額の維持が難しい。

[*1] ■参考データ

少子化の要因としては，晩婚化・非婚化，結婚しても仕事をしながらでは，子どもを育てにくい社会経済的な環境があります。

[*2] ☑要チェック！過去問題

生活保護世帯のうち，単身高齢者世帯の割合は高く，現在，保護世帯全体の4割以上を占めている。
➡○（H27-49-1改）

[*3] ☑要チェック！過去問題

平成25（2013）年10月1日現在の高齢者人口は，人口全体の4分の1を超えている。
➡○（H27-53-1）

(2) 企業年金

　確定給付年金とは，厚生年金基金等，企業ごとに事業主と加入者から掛け金を積み立てて，厚生年金に上乗せして年金を支給するもので，**将来の年金支給額に応じて，月々決まった金額の年金がもらえる**年金をいいます。[*4]

　これに対して，**確定拠出年金**とは，加入者が拠出する保険料を一定とし，**将来受け取れる年金額がその運用実績によって変動する**年金をいいます。

　確定拠出年金では，加入者自身が自分の責任で積み立てた保険料を預金，国債や株式投資等で運用するので，将来受け取ることができる年金額を大幅に増やすこともできれば，資産運用に失敗して損をすることもあります。

[*4]

■ 参考データ

確定給付年金では，約束した給付額を支給するために，予定利率と呼ばれる運用利率が設定されています。日本の多くの企業では，予定利率を5.5%で設定していましたが，バブル崩壊後の株式市場の低迷と超低金利により予定利率を下回る運用実績しかあげられない「含み損」の状態が生じています。

2　環境問題

重要度 **A**

1　資源循環型社会

　ゴミを埋め立てるという発想ではなく，できるだけ再利用していこうとするのが，循環型社会の発想です。すなわち，社会の営みを資源循環という視点で捉え，環境の重要な要素であるゴミなど廃棄物の減量，再資源化を優先する社会です。

1　環境基本法

　環境基本法制定以前には，公害対策基本法（1967年制定）で公害対策を，自然環境保全法（1972年）で自然環境対策を行っていました。しかし，1992年の国連環境開発会議（地球サミット）を契機に，日本の環境政策の方向を示す新たな基本法として，1993年11月に環境基本法が制定されました。**環境基本法の施行**により，**公害対策基本法は廃止**され，自然環境保全法も環境基本法の趣旨に沿って改正されました。国際協調による地球環境保全を積極的に推進し，これらの施策を実現するにあたり，国，地方公共団体，事業者，国民の4者について，それぞれの責務を明示しています。

Chapter 3
社　会　779

〈資源循環型社会の構築〉

2　循環型社会形成推進基本法 *1

　大量生産，大量消費，大量廃棄社会から資源循環型社会に変えるため，それまで省庁ごとに個別に取り組まれてきた廃棄物処理及び再資源化関連法を統括する基本的枠組法として，2000年5月に制定されました。廃棄物処理の優先順位を，①発生抑制，②再使用，③再生利用，④熱回収，⑤適正処分と法定化し，国・地方公共団体・事業者・国民の公平な役割分担を明確にして，循環型社会実現の基本理念と施策を提示しています。*2

発生抑制 ─ 再使用 ─ 再生利用 ─ 熱回収 ─ 適正処分

3　廃棄物処理法

　ゴミがどのような経路をたどって処理され最終的に処分されているかを把握するマニフェスト制度等の仕組みや，問題のある処分場は排出者まで遡って責任を問い，原状回復を義務づける等，事業者の排出責任をより厳しく規定した法律です。*3

4　資源有効利用促進法

　1991年公布の再生資源利用促進法（通称，リサイクル法）が，循環型社会形成推進基本法の制定に対応して改正された法律です（名称も変更）。2001年4月から施行されています。
　2003年10月からは，家庭用パソコンのリサイクル制度が実施され，メーカーに使用済みパソコンの回収，再資源化が義務づけ

---

*1 要チェック！過去問題

1991年には，廃棄物の増加を背景に，資源の有効利用を促進するために「再生資源の利用の促進に関する法律」（通称リサイクル法）が制定されていたが，新しい循環型社会形成推進基本法の下では，天然資源の消費を抑制し，環境への負荷をできるだけ抑制するために，一般に「3R」と言われているように，まずは発生抑制が，次いで再使用が，そして第三に再生利用が確保されるべきであり，さらに第四として熱回収，最後に適正処分という優先順位が明確に法定されたことが重要である。また国や地方公共団体の責務のほかに，事業者の責任については拡大生産者責任の考え方が採用された。
→（H20-52 空欄補充）

*2 参考データ

この法律では，事業者や国民の「排出者責任」や，生産者が自ら生産する製品等について廃棄後まで一定の責任を負う「拡大生産者責任」などが明確化されました。

られました。

5 各種リサイクル法

	内　容
容器包装 リサイクル法	飲料や食品等の容器や包装材の資源化推進を目的とする法律。1997年4月より施行。増え続けるゴミと埋め立てによる最終処分場の限界に対し，ゴミの減量を目的に，容器を使う食品メーカー，包装販売する百貨店・スーパー，容器製造企業等の特定事業者に回収及び再商品化の義務を課している。
家電 リサイクル法	廃家電製品のリサイクルを推進するため，メーカー，輸入事業者，販売店，自治体，消費者の役割分担とルールを定めた法律。2001年4月施行。対象はテレビ，エアコン，冷蔵庫，洗濯機，衣類乾燥機。
食品 リサイクル法	事業系の有機性廃棄物の資源化推進を目的とする法律で，2001年4月より施行されている。この法律は，スーパー，レストラン，ホテル等食品を扱うすべての事業者を対象に，生ごみのリサイクル促進を義務づけている。
建設 リサイクル法	一定規模以上の建築物や土木，工作物の解体，新築工事から排出される廃棄物について，コンクリート，アスファルト，木くずの3種類に分別，再資源化を義務づける法律で，2002年5月より施行されている。
自動車 リサイクル法	自動車メーカーや輸入業者に廃車の回収，再利用，解体処理後のくずの資源化，エアコン等のフロン回収，エアバッグの引取りと処分を義務づける法律で，2005年1月より施行されている。
小型家電 リサイクル法	デジタルカメラやゲーム機等の使用済小型家電に含まれる貴金属やレアメタル等の資源の有効利用や，有害物質の管理等の廃棄物の適正処理の確保を図ることで，循環型社会の形成を推進する法律。2013年4月施行。

2 公　害

1 公害とは

　公害とは，企業の生産活動等に伴って生じる相当広範囲にわたる大気の汚染，水質の汚濁，土壌の汚染，騒音，振動，地盤の沈下，悪臭等によって人の健康又は生活環境にかかわる被害が生じることをいいます。

---

*3 要チェック！過去問題

産業廃棄物の処理は，排出した事業者ではなく，都道府県が行うこととされており，排出量を抑制するために，産業廃棄物税を課す都道府県がある。

➡ ✕ (R1-53-ウ)

Festina lente

家電リサイクル法は，消費者の費用負担義務とメーカーのリサイクル責任を明確にしているんだけど，費用負担を販売価格転嫁方式ではなく，排出時負担方式にしたことについて，不法投棄を招きやすくなるという批判もあるよ。

Part 6
一般知識等

Chapter 3
社　会

2 公害・環境対策の歴史

西暦	内　容
1967年	新潟水俣病訴訟提訴・1971年原告勝訴確定 四日市大気汚染訴訟提訴・1972年原告勝訴確定 公害対策基本法制定
1968年	イタイイタイ病訴訟提訴・1972年原告勝訴確定
1969年	熊本水俣病訴訟提訴・1973年原告勝訴確定
1970年	公害対策基本法改正
1971年	環境庁設置
1973年	公害健康被害補償法制定
1993年	環境基本法制定
1997年	環境影響評価法（環境アセスメント法）制定
2000年	循環型社会形成推進基本法
2008年	生物多様性基本法制定

3 環境アセスメント

　環境アセスメントとは，事業の実施が環境に及ぼす影響について，大気，騒音等の環境の項目ごとに，調査，予測，評価を行い，その過程で環境の保全のための措置を検討し，その結果としての事業実施による環境影響を総合的に評価するものをいいます。1997年，それまで産業界や開発官庁等の抵抗で日の目を見なかった環境影響評価法が成立し，1999年から施行されています。

　環境影響評価法では，国が実施し，又は国が許認可等を行う等のかかわりを有する事業を対象として，環境アセスメントを義務づけています。[*1]

　アセスメントの対象となるのは，一定規模以上の道路，ダム，鉄道，空港，発電所等の事業（第一種事業）のほか，それ以外の事業でも，個別にスクリーニングにかけて，アセスメントの対象とする（第二種事業）ことが可能となっています。行政機関は，

---

*1 ☑要チェック！過去問題

一定の開発事業を行う前に，環境に与える影響を事前に調査・予測・評価する仕組みが「環境影響評価」であり，1970年代以降，いくつかの自治体が環境影響評価条例を制定し，1990年代に国が環境影響評価法を制定した。
➡️ (H23-53-オ)

対象事業の免許等の審査にあたり，作成された「環境影響評価書」等に基づき当該事業につき環境保全に適正な配慮がなされているかを審査しなければなりません。審査の結果，免許等を拒否し，あるいは条件付きの免許等を付与することもあります。

4 地球環境問題
1 環境問題とその取組み
(1) 地球温暖化

定　義	光を通すが熱を通さない二酸化炭素などが大気中に増え，地球の気温が上昇する現象をいう。
原　因	二酸化炭素等の温室効果ガス
影　響	二酸化炭素等の濃度が高くなり，地球の平均気温が上昇する。
対　策	気候変動枠組条約　京都議定書　パリ協定

Festina lente

環境アセスメントの制度化は，行政計画手続が行政手続法の対象から外れていたのに対して，その計画手続の一端をなす手続の法制度としての意味も有し得るものなんだよ。

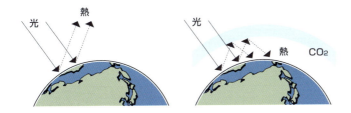

(2) オゾン層破壊

定　義	オゾン層とは，地上12kmから50kmの成層圏で濃く滞留しているオゾンの層である。太陽から降り注ぐ有害な紫外線はオゾン層で吸収され，地上の生態系を保護している。しかし，スプレーや冷蔵庫・クーラーのガスに使われているフロンが上空に運ばれると太陽光によってオゾンと反応してオゾンを破壊するため，年々オゾン層が薄くなっている。
原　因	フロン
影　響	オゾンが減少すると有害紫外線の地上到達量が増え，皮膚がんや白内障の増加，免疫力の低下等の健康被害のほか，農作物の収穫減少，生態系の基礎となるプランクトンの減少等の生物への被害も生じると予測されている。
対　策[*2]	ウィーン条約　モントリオール議定書　フロン回収破壊法

*2
■ **参考データ**

オゾン層破壊物質が成層圏に達するには10年はかかります。オゾン層破壊物質の濃度は1990年代以降ピークを過ぎ緩やかに減少しているものの，依然として高い状態にあり，南極上空ではオゾン層の大規模な破壊が続いています。規制の効果が現れて1980年レベルの正常な状態に回復するのは2050年頃とみられています。

(3) ダイオキシン

原　因	ダイオキシンとは，非常に強い毒性を持つ有機塩素化合物で，ポリ塩化ジベンゾパラダイオキシンとポリ塩化ジベンゾフランの総称をいう。
影　響	動物実験では，ごく微量でもがんや胎児の奇形を生じさせるような性質を持っている。
対　策	ダイオキシン対策特別措置法

2　環境問題に関する条約

条約名	採択年	内　容
ラムサール条約	1971年	水鳥の生息地として重要な湿地の保護
ロンドン条約	1972年	廃棄物の海洋投棄の規制
ワシントン条約	1973年	絶滅のおそれのある野生動物の取引規制
マルポール73/78条約	1978年	海洋汚染防止のための包括的条約
ウィーン条約	1985年	オゾン層の研究，保護
バーゼル条約	1989年	有害廃棄物の輸出規制
気候変動枠組条約	1992年	温室効果ガスの排出規制

生物多様性条約	1992年	生物の多様性の保全
アジェンダ21	1992年	持続可能な開発のための人類の行動計画
京都議定書	1997年	温室効果ガス排出量の削減計画
カルタヘナ議定書	2000年	遺伝子組み換え生物（LMO）による生物多様性の保全などへの悪影響を防止する国際的な枠組みを制定
ストックホルム条約	2001年	残留性有機汚染物質の規制
水銀に関する水俣条約	2013年	水銀及びその化合物の人為的な排出及び放出から人の健康及び環境を保護
パリ協定	2015年	地球温暖化対策の国際枠組み

（1）アジェンダ21

　　アジェンダ21とは，環境と共生する持続可能な社会づくりを「21世紀の課題」とし，市民生活や経済活動を消費・廃棄型から循環型に変換することを目指した人類の行動計画です。

Festina lente

　アジェンダ21を的確にフォローする目的で1996年に国際標準化機構（ISO）がISO14000シリーズ「環境マネジメントシステム規格（EMS）」を定めたよ。これは環境という側面を取り扱う経営システムが備えるべき要素についての規格で，審査登録の基準となるものなんだ。この規格は世界中のすべての地域のあらゆる種類と規模の組織に適用できるよ（ISO14001序文）。

（2）京都議定書 [1]

　　二酸化炭素等の温暖化ガス排出量の削減計画を定めた議定書です。気候変動枠組条約の内容を具体的に実施に移すため，1997年，同条約の第3回締約国会議で採択されました。先進国に二酸化炭素等6種類の温室効果ガスの法的拘束力を持つ排出削減目標が定められ，日本の目標値は基準年に対して6％減となりました。2001年1月，**アメリカ**が一方的に**離脱**を表明して問題となりましたが，**ロシア**が2004年11月に批准を決めたことにより，2005年2月に議定書が発効されました。

---

[1] 要チェック！過去問題

1997年に開催された「気候変動に関する国際連合枠組条約」の第3回締約国会議では，**京都**議定書が採択された。この**京都**議定書は，**ロシア**が批准したことによって2005年に発効した。

➡（H21-50改，空欄補充）

Part 6

一般知識等

Chapter 3
社会

785

（3）パリ協定[*1]

　パリ協定は，2015年に，京都議定書に代わる2020年以降の温室効果ガス排出削減等のための新たな国際枠組みとして，第21回気候変動枠組条約締約国会議で採択され，2016年11月に発効しました。歴史上初めて先進国・開発途上国の区別なく気候変動対策の行動をとることが義務づけられ，産業革命前からの気温上昇を2度より低く抑え，1.5度未満を努力目標とすることが掲げられています。

5 環境に関する国際会議

会議名	開催年	開催地	内容
国連人間環境会議	1972年	ストックホルム（スウェーデン）	国連の場で初めて環境問題が議論された。
地球サミット	1992年	リオデジャネイロ（ブラジル）	・リオ宣言 ・アジェンダ21 ・森林原則声明
環境開発サミット	2002年	ヨハネスブルク（南アフリカ）	・世界実施文書 ・政治宣言
生物多様性条約第10回締約国会議（COP10）	2010年	名古屋市（日本）	・名古屋議定書

6 近年の動向等

　近年では，「持続可能な開発目標（SDGs：Sustainable Development Goals）」に関する様々な取組みが行われています。SDGsは，2030年までに持続可能でよりよい世界を目指す国際目標であり，2001年に策定されたミレニアム開発目標（MDGs）の後継として，2015年9月の国連サミットで加盟国の全会一致で採択された「持続可能な開発のための2030アジェンダ」に記載されました。

　17のゴール・169のターゲットから構成され，地球上の「誰一人取り残さない（leave no one behind）」ことを誓っており，発展途上国のみならず，先進国自身が取り組むユニバーサル（普遍的）なものと位置づけられています。

[*1] 要チェック！過去問題

パリ協定に基づき，2050年までに温室効果ガスの80%排出削減を通じて「脱炭素社会」の実現を目指す長期戦略を日本政府はとりまとめた。

➡ ○（R3-52-ウ）

Festina lente

2017年にアメリカのトランプ大統領（当時）がパリ協定からの離脱を表明したけれども，2021年にバイデン大統領のもとで復帰したんだ。

ファイナルチェック　基礎知識の確認

問題1　国民健康保険は，原則として，適用事業所に使用されている被用者及びその被扶養者を対象とし，健康保険は，自営業者等被用者保険に加入していないものを対象としている。

問題2　公的年金とは，国その他の公的機関が運営し，強制加入を原則とする年金であり，国民年金・厚生年金がある。

問題3　雇用保険，労働者災害補償保険はともに，原則として民間企業のサラリーマンを対象にした労働保険であり，保険料はともに事業主と被用者が2分の1ずつ負担する。

問題4　確定給付年金とは，加入者が拠出する保険料を一定とし，将来受け取れる年金額がその運用実績によって変動する年金をいう。

問題5　日本の環境政策の方向を示す新たな基本法として，1993年に環境基本法が制定され，環境基本法の施行により，公害対策基本法は廃止された。

問題6　1967年，公害対策基本法の制定と同時に設置された環境庁は，中央省庁再編により，環境省に格上げされた。

問題7　京都議定書とは，二酸化炭素等の温暖化ガス排出量の削減計画を定めた議定書をいい，アメリカの批准により，すでに発効している。

問題1 ✗ 国民健康保険と健康保険の説明が逆である。　**問題2 ○**　**問題3 ✗** 労働者災害補償保険では，保険料は事業主が全額負担する。　**問題4 ✗** 将来の年金支給額に応じて，月々決まった金額の年金がもらえる年金である。　**問題5 ○**　**問題6 ✗** 環境庁が設置されたのは1971年である。　**問題7 ✗** アメリカは批准していない。

本試験レベルの問題にチャレンジ！ ▶▶▶

Chapter 4 情報通信・個人情報保護

イントロダクション　学習のポイント

　情報通信・個人情報保護は，一般知識等で得点源にしなければならない分野です。この分野の中心となるのは，個人情報保護法です。例年，1～2問出題され，基本条文に関する事項が繰り返し問われています。法令等科目を学習するのと同様のイメージを持って，十分な準備をしておきましょう。情報法についても，本書に記載されている個別法律はしっかりと勉強し，覚えるようにしてください。

ベーシック　じっくり理解しよう！

1 デジタル社会

1 電子政府・電子自治体

　電子政府・電子自治体とは，行政内部や行政と国民・事業者との間で書類ベース，対面ベースで行われている業務をオンライン化し，情報ネットワークを通じて省庁横断的に，国・地方一体的に情報を瞬時に共有・活用する新たな行政を実現するものをいいます。その実現にあたっては，行政の既存業務をそのままオンラ

イン化するのではなく，IT 化に向けた中長期にわたる計画的投資を行うとともに，業務改革，省庁横断的な類似業務・事業の整理及び制度・法令の見直し等を実施し，行政の簡素化・効率化，国民・事業者の負担の軽減を実現することが必要となります。

これにより，誰もが，国，地方公共団体が提供するすべてのサービスを時間的・地理的な制約なく活用することを可能とし，快適・便利な国民生活や産業活動の活性化を実現することができるのです。

*1 参考データ
住基ネットでは，氏名，住所，生年月日，性別の住民の「基本4情報」や個人番号等を確認することが可能です。

*2 参考データ
2013年7月から外国人住民についても住基ネットの運用が開始されました。

*3 参考データ
2016年1月からマイナンバーカードが発行されることに伴い，住基カードの発行は終了しました。

2 住基ネット*1*2*3

住民基本台帳に関する事務処理を，専用回線を通じたネットワークによって，市町村の区域を越えて行い，あるいは一定の個人情

※ CS（コミュニケーションサーバ）：各市区町村にすでに設置されている住民基本台帳事務のためのコンピュータと住民基本台帳ネットワークシステムとの橋渡しをするために新たに設置するコンピュータ
※ FW（ファイアウォール）：不正侵入を防止する装置

報を国や他の自治体等に提供するためのシステムを**住民基本台帳ネットワークシステム**（以下，「住基ネット」という）といいます。

住基ネットは，住民の利便の増進と行政の合理化に資することがその目的です。国や自治体は各種申請・届出の本人確認に住基ネットを利用できるため，申請者は，住民票を添付する必要がなくなります。政府は，このシステムを，申請・申告等すべての行政手続をインターネットで行う電子政府構想の基盤と位置づけています。

3 官民データ活用推進基本法

急速な少子高齢化の進展への対応等などの課題を解決するため，国，自治体，独立行政法人，民間事業者などが管理するデータを活用し，新ビジネスの創出や，データに基づく行政，医療介護，教育などの効率化などを目指し 2016 年 12 月に施行されました。

具体的な内容として，**行政手続のオンライン化**，国，自治体の有するデータの二次利用（オープンデータ）の推進，多様な分野にて横断的に官民データを活用できる基盤整備，官民データ利用における**デジタルデバイドの解消**，マイナンバーカードの普及・活用，国の施策と自治体の施策との整合性の確保などが挙げられます。また，**AI**（人工知能）や **IoT**（インターネット・オブ・シングス）をはじめて定義しました。

4 デジタル改革関連法

デジタル改革関連法は，デジタル社会の実現に向け，「**デジタル社会形成基本法**」の制定や「**デジタル庁**」の設置等を主な内容としています。

1 デジタル社会形成基本法

デジタル社会の形成に関し，基本理念及び施策の策定に係る基本方針，国，地方公共団体及び事業者の責務，デジタル庁の設置並びに重点計画の策定について規定しています（2021 年 9 月 1 日施行）。

2 デジタル庁

デジタル社会の形成に関する司令塔として，国の情報システ

ム，地方共通のデジタル基盤，マイナンバー，データ利活用等の業務を推進するものとして設置されました（デジタル庁設置法は2021年9月施行）。内閣直属の組織であり（長は内閣総理大臣），**デジタル大臣**のほか，特別職のデジタル監等が置かれています。

2 情報セキュリティ

重要度 **B**

情報セキュリティには，物理的セキュリティとソフト的セキュリティがあります。*1

〈2つの情報セキュリティ〉

	具体例	対策例
物理的セキュリティ	盗難，破壊等	設置施設の施錠
	地震，落雷，火災，水害	耐震，耐火構造
	停電，システム障害	無停電電源装置，バックアップ
ソフト的セキュリティ	不正アクセス	ファイアウォール，パスワード
	盗聴，改ざん，なりすまし	暗号化，電子署名，電子認証
	ウイルス	対策ソフト，バックアップ

1 不正アクセス防止対策

1 不正アクセス

不正アクセスとは，正規に許可されたユーザー以外の利用者が，不正にコンピュータを操作することをいいます。*2

2 防止対策

(1) ファイアウォール*3

ファイアウォールとは，組織の内部ネットワークとインターネット（外部ネットワーク）を接続する部分に，情報の壁を設置して，インターネットからの不正アクセスを制限するシステムです。

(2) パスワード

パスワードとは，複数の利用者を持つシステムで，利用者が

---

*1
■ **語句解説**

物理的セキュリティとは，盗難や災害，事故等の危険に対する防御策をいいます。これに対して，**ソフト的セキュリティ**とは，不正アクセスやコンピュータウイルス等の危険に対する防御策をいいます。一般にセキュリティという場合は，多くは後者を指します。

*2
■ **参考データ**

不正アクセスを防止する法律として不正アクセス行為の禁止等に関する法律があります。

*3
☑ **要チェック！過去問題**

火事の際の延焼を防ぐ「防火壁」から取られた用語で，企業などが管理するサーバ・マシンを物理的に取り囲んで保護する装置をいう。
➡ ✗ (H27-55-5)

Part 6 ■ 一般知識等

Chapter 4 | **791**
情報通信・個人情報保護

本人であることを確認するために入力する文字をいいます。パスワードの推知を防ぐために，無意味な文字列にすることが多いです。*1

2 盗聴，改ざん，なりすまし防止対策

1 盗聴，改ざん，なりすまし

盗聴とは，ネットワーク上の情報を盗み見ることをいいます。

改ざんとは，盗聴によって得たデータを書き換え，相手先に送ることをいいます。盗聴内容を改ざんしたデータを再びネットワーク上に戻す点が盗聴と異なります。*2

なりすましとは，他人のID（身分証明）やパスワードを何らかの方法で入手し，その本人になりすましてネットワークを使用することをいいます。

*1 ■ 参考データ
パスワード以外に，指紋や眼球の虹彩等の身体的特徴で本人を識別する，バイオメトリクス認証があります。暗証番号やパスワードに比べて紛失や盗難，偽造の危険性が低くなります。

*2 要チェック！過去問題
スパイウェアとは，パソコンを使うユーザーの行動や個人情報などを収集したり，パソコンの空き時間を借用して計算を行ったりするソフトのことで，それらの情報がスパイウェアの作成元に送られる仕組となっている。
➡ ○ (H17-57-2)

Festina lente

スパイウェアとは，ユーザーのアクセス履歴や個人情報等を，ユーザーに気付かれないように，あらかじめ設定した作成元に送信するソフトをいうよ。スパイウェアは，フリーソフト等に添付されていることが多く，そのソフトをインストールすることによって，スパイウェアも一緒にインストールされてしまうよ。

2 防止対策
（1）共通鍵暗号方式

共通鍵暗号方式とは，情報の暗号化と暗号化された情報を解読する復号の際に同じ秘密の鍵（暗号）を使う方式をいいま

す。かつての軍事や外交の分野のように、特定人間でのみ行われる秘密情報の交信においては、この方式を使うのが主流でした。

(2) 公開鍵暗号方式

　公開鍵暗号方式とは、情報の暗号化と復号の際に、他人に知られてもいい**公開鍵**と、本人のみ知っている**秘密鍵**という別々の鍵を使う方式をいいます。*3

　例えば、AがBにデータを送信する場合、まず、受信者Bは秘密鍵と公開鍵のペアを生成します。秘密鍵は誰にも知られないように厳重に保管し、生成した公開鍵はネットワーク上で公開します。

　データを送信したい送信者Aは、公開されている受信者Bの公開鍵を取得し、取得した公開鍵で平文を暗号化して、受信者Bに送信します。暗号文を受信した受信者Bは、自分の秘密鍵を使用して、暗号文を復号します。

　公開鍵暗号方式では、公開鍵で暗号化した情報は、これとペアの秘密鍵でなければ復号できないという性質を持っています。したがって、秘密鍵が外部に漏れない限り、ネットワーク

*3 **要チェック！過去問題**

公開鍵暗号とは、暗号化と復号のプロセスにそれぞれ別個の鍵（手順）を使って、片方の鍵を公開できるようにした暗号方式である。
→ 〇 (H27-55-4)

上の離れた相手に安全に情報を送信することができます。

(3) 電子認証

a　電子認証とは

　電子認証とは，ネットワーク上における本人確認のことをいいます。一般的には，ＩＤやパスワードが用いられますが，これらは，受信者側も知っている仕組みであり，安全性のレベルが低いです。そこで，高度の安全性を保障できる認証方法が必要となりますが，現在最も信頼できるのが，前記の公開鍵暗号を使った**電子署名**です。[*1]

　電子署名では，データが正しいものであると証明する**公開鍵**と，送信者がデータを暗号化する**秘密鍵**が使われます。送信者は相手に渡す情報を**秘密鍵で暗号化**し，公開鍵と電子証明書を添付して送信します。受信者は電子証明書が有効なものかどうかを認証局に確認し，有効性が確認できた上で**公開鍵を使って情報を解読（復号）**できれば，電子署名の本人からの電子文書であるということが確認できます。

b　電子証明書

　送信者が秘密鍵を使って暗号化したデータに公開鍵を添付して送る時に，この公開鍵自体を何者かに盗聴され，この者が送信者になりすまして，代わりに自分の公開鍵を送ったような場合，受信者にはそれがわからないため，公開鍵の信頼性が問題となります。このような危険を避けるためには，交信の当事者間であらかじめ公開鍵を手渡しして おくのがよいのですが，これはネット社会においては非常

[*1]
■ **参考データ**
公開鍵暗号は，そもそも本文を暗号化するために開発されたものですが，公開鍵と秘密鍵が対になっている特徴を利用して，逆方向に使ったのが電子署名です。

に不便です。

そこで，公開鍵を信頼できる**第三者機関（認証局）**に登録し，この機関に公開鍵を証明（認証）してもらう仕組みが用いられます。認証局が発行する公開鍵の**証明書（電子証明書）**は，役所で発行する印鑑証明書に相当します。

	共通鍵暗号方式	公開鍵暗号方式
メリット	・暗号化・復号の速度が速い。 ・暗号化手法が単純 ・暗号プログラムのコンパクト化	・鍵の受け渡しの際の盗難・盗聴の危険が少ない。 ・受信者ごとに異なる鍵を作る必要なし
デメリット	・鍵の受け渡しの際の盗難・盗聴の危険 ・送受信ごとに異なる鍵を用意する必要あり	・暗号化・復号の速度が遅い。 ・公開鍵の認証手続が必要となり，やりとりが複雑で費用がかかる。

Festina lente

2004年から，公的個人認証サービスが開始されているんだ。公的個人認証サービスとは，電子申請や届出を行う際に，申請者が本人であることの確認等を全国どこに住んでいる人に対しても安い費用で提供するサービスのことをいうのだ。

公的個人認証サービスの対象となる行政手続は，①社会保険関係（年金，医療保険等）手続，②国税（所得税，法人税等）の確定申告，③パスポートの申請手続等なのだ。

3 IT関連の法律

重要度 A

1 電子署名及び認証業務に関する法律

1 概　要

電子署名及び認証業務に関する法律（通称，電子署名法）は，2000年5月に成立，公布され，2001年4月から施行されました。

この法律は，インターネットを活用した電子商取引等，ネットワークを通じた社会経済活動の円滑化を図ることが目的となっています。

電子署名とは，電磁的記録に記録することができる情報について

行われる措置であって，①情報がその措置を行った者の作成にかかるものであることを示すためのものであること，②情報について改変が行われていないかどうかを確認することができるものであることのいずれにも該当するものをいいます（電子署名法2条1項）。

2 電磁的記録の真正な成立の推定

　公務員が職務上作成したもの以外で，電磁的記録であって情報をあらわすために作成されたものは，その電磁的記録に記録された情報について本人による電子署名（これを行うために必要な符号及び物件を適正に管理することにより，本人だけが行うことができることとなるものに限られます）が行われているときは，真正に成立したものと推定されます（電子署名法3条）。

　つまり，電子署名が行われている電磁的記録は，手書き署名や押印と同等に通用することになります。

2 電子消費者契約法

1 概　要

　2001 年に成立した電子消費者契約法は，正式名称を「電子消費者契約に関する民法の特例に関する法律」といいます。

　電子契約をめぐっては，①インターネット市場における取引ルールの明確化，②国際的なインターネット市場におけるルールとの調和，③インターネット上の消費者トラブルへの有効な救済措置の整備という必要性があります。

　そこで，これを踏まえて取引の基本的なルールを定めた民法に特例措置を講じました。つまり，この法律は，消費者が行う電子消費者契約の申込み又はその承諾について特定の錯誤があった場合に関し民法の特例を定めたものです（電子消費者契約法１条）。

　電子消費者契約とは，消費者と事業者との間で電磁的方法により電子計算機の映像面を介して締結される契約であって，事業者又はその委託を受けた者が，当該映像面に表示する手続に従って消費者がその使用する電子計算機を用いて送信することによって，その申込み又はその承諾の意思表示を行うものをいいます（同法２条１項）。*1

2 錯誤取消制度に関する特例

　民法 95 条 3 項の規定は，消費者が行う電子消費者契約の申込み又はその承諾の意思表示について，その意思表示が民法 95 条 1 項 1 号に掲げる錯誤（意思表示に対応する意思を欠く錯誤）に基づくものであって，その錯誤が法律行為の目的及び取引上の社会通念に照らして重要なものであり，かつ，次のいずれかに該当するときは，原則として適用されません（電子消費者契約法 3 条）。*2

　①　消費者がその使用する電子計算機を用いて送信した時に，当該事業者との間で電子消費者契約の申込み又はその承諾の意思表示を行う意思がなかったとき
　②　消費者がその使用する電子計算機を用いて送信した時に，当該電子消費者契約の申込み又はその承諾の意思表示と異なる内容の意思表示を行う意思があったとき

　本来，民法 95 条（錯誤）の規定を活用して，消費者は「著し

*1
■ 参考データ

本法の「消費者」とは，個人（事業として又は事業のために契約の当事者となる場合におけるものを除く）をいい，「事業者」とは，法人その他の団体及び事業のために契約の当事者となる場合における個人をいいます（電子消費者契約法２条２項）。

*2
☑ 要チェック！過去問題

電子消費者契約法は，インターネットを用いた契約などにおける消費者の操作ミスによる錯誤について，消費者保護の観点から民法の原則を修正する規定を置いている。

➡ ❌ (H21-56-5)

い不注意（重過失）」がない場合には，事業者に対して契約の取消しを主張することができます。

　しかし，操作ミスについては，消費者に重過失があったと事業者から反証されてしまい，結局，契約を取り消すことができない場合が多く，Ｂ２Ｃ（B to C）の電子商取引においては，消費者が操作ミスにより行った意図しない契約の申込みが生じるおそれがあります。

　そこで，電子消費者契約に関しては，事業者が操作ミスを防止するための措置を講じていない場合には，たとえ消費者に重過失があったとしても，操作ミスにより行った意図しない契約を取り消すことができるような措置をとりました（民法 95 条の特例措置）。ただし，一定の例外規定が置かれています。

3 プロバイダ責任制限法

1　概　要

　プロバイダ責任制限法は，正式名称を「特定電気通信役務提供者の損害賠償責任の制限及び発信者情報の開示に関する法律」といいます。2001 年 11 月に公布，2002 年 5 月に施行されました。

　この法律では，特定電気通信による情報の流通によって権利の侵害があった場合について，

① 　権利侵害を受けた者及び発信者に対して特定電気通信役務提供者（プロバイダ）が負うべき損害賠償責任の制限

② 　権利侵害を受けた者のプロバイダに対する発信者情報の開示を請求する権利

について規定しています。[*1]

2　情報の流通による権利の侵害

　情報の流通とは，情報を「送り，伝え，受けること」の３面をあわせて表現したものです。そして，権利の侵害が問題となるのは，情報を作成した等の場合ではなく，情報を特定電気通信により不特定の者が受信できる状態に置いた場合です。

　つまり，ここでいう権利の侵害は，「情報の流通」自体によって生じたものである場合が対象となります。ですから，流通している情報を閲読したことにより詐欺の被害にあった場合等は，通常，情報の流通と権利の侵害等の間に相当因果関係があるとはい

[*1] 要チェック！過去問題

プロバイダ責任制限法は，インターネット上の情報流通によって権利侵害を受けたとする者が，プロバイダ等に対し，発信者情報の開示を請求できる権利を定めている。
➡ (H21-56-2)

えないため，この法律によって保護されません。

　また，権利の侵害とは，民事上の不法行為等の要件としての権利侵害を指します。そして，権利の種類には制限はなく，著作権，名誉権，プライバシー権等が対象となります。

　なお，刑法上のわいせつに該当する情報，児童ポルノに該当する情報，暴力的表現等は，社会的法益を侵害することもありますが，特定の個人の権利が侵害されるものでなければ，この法律の対象とはなりません。

3　定　義

（1）特定電気通信

　　特定電気通信とは，不特定の者によって受信されることを目的とする電気通信の送信のことです。インターネット上のウェブページ，電子掲示板等の不特定の者によって受信されることを目的とする電気通信の送信において，他人の権利を侵害する情報の流通の問題が顕在化していることから，このような形態で行われる通信を特定電気通信として，この法律において必要な措置を講ずることとしました。不特定の者によって受信されることを目的としているか否かは，送信者の主観ではなく，客観的，外形的に判断されます。もっとも，電子メール等の1対1の通信や複数者に同時に送信する場合は，「特定電気通信」には含まれません。*2

（2）特定電気通信設備

　　特定電気通信設備とは，特定電気通信の用に供される電気通信設備のことで，例えば，ウェブサーバー等がこれにあたり得ます。

（3）特定電気通信役務提供者

　　特定電気通信役務提供者とは，特定電気通信設備を用いて他人の通信を媒介し，その他特定電気通信設備を他人の通信の用に供する者のことです。主に，プロバイダがこれにあたりますが，プロバイダだけに限定されるわけではありません。この定義に該当すれば，企業や大学，あるいは地方公共団体，電子掲示板を管理する個人も特定電気通信役務提供者となります。

（4）発信者

　　発信者とは，特定電気通信役務提供者の用いる特定電気通信

---

*2 要チェック！過去問題

この法律では，情報の発信は不特定の者に対するものでなければならないので，特定人のみを相手とする通信は適用の対象とならず，ウェブサイトでの公開のような情報の発信が適用の対象となる。
➡ **O**（H22-55-2）

設備の記録媒体（当該記録媒体に記録された情報が不特定の者に送信されるものに限ります）に情報を記録し，又は当該特定電気通信設備の送信装置（当該送信装置に入力された情報が不特定の者に送信されるものに限ります）に情報を入力した者，つまり，特定電気通信において情報を流通過程に置いた者のことです。発信者は，他人の権利を侵害した場合，不法行為責任などの私法上の責任を負います。

4 行政手続オンライン化関係3法

行政手続オンライン化関係3法とは，「行政手続等における情報通信の技術の利用に関する法律（行政手続オンライン化法）」，「行政手続等における情報通信の技術の利用に関する法律の施行に伴う関係法律の整備等に関する法律」，「電子署名等に係る地方公共団体情報システム機構の認証業務に関する法律（公的個人認証法）」の総称です。2002年12月に成立，公布され，その一部が2003年2月に施行されました。

1 目　的

行政手続オンライン化法は，行政機関等にかかる申請，届出その他の手続等に関し，電子情報処理組織を使用する方法その他の情報通信の技術を利用する方法により行うことができるようにするための共通する事項を定めた法律です。

そして，2019年12月には，「行政手続オンライン化法」を改正した「情報通信技術を活用した行政の推進等に関する法律」（デジタル行政推進法）が施行されました。この法律では，行政のデジタル化に関する基本原則及び行政手続の原則オンライン化のために必要な事項等が定められました。

2 公的個人認証法

公的個人認証サービスは，2004年1月29日から開始されました。

公的個人認証サービスとは，行政手続のオンライン化に必要なネット社会の課題（なりすまし，改ざん，送信否認など）を解決する本人確認サービスを，全国どこに住んでいる人に対しても安い費用で提供する，電子政府・電子自治体の基盤のことです。

Festina lente

最近，行政のデジタル化が話題になっているね。デジタル行政推進法では，個々の行政手続やサービスを一貫してデジタル（オンライン）で完結させることが基本原則として定められているよ。

Festina lente

マイナンバー制度の導入にあわせて，公的個人認証制度も改正されたんだ。
認証の主体が，都道府県（知事）から「地方公共団体情報システム機構」に移管され，法律の名称も，従来の「電子署名に係る地方公共団体の認証業務に関する法律」から「電子署名等に係る地方公共団体情報システム機構の認証業務に関する法律」に変わったよ。

3　電子証明書

(1)　電子証明書の種類

電子証明書には，署名用電子証明書と，利用者証明用電子証明書の2種類があります。*1*2

(2)　署名用電子証明書・利用者証明用電子証明書の発行手続

住民基本台帳に記録されている者は，その者が記録されている住民基本台帳を備える市町村（特別区を含みます）の市町村長（特別区の区長を含みます）を経由して，地方公共団体情報システム機構（以下「機構」といいます）に対し，自己に係る署名用電子証明書の発行の申請をすることができます（公的個人認証法3条1項）。

住所地市町村長は，署名利用者確認をしたときは，当該申請者の署名利用者符号等を作成し，これらを当該申請者の個人番号カードその他の主務省令で定める電磁的記録媒体に記録します（同条4項）。*3*4

住所地市町村長は，この記録をしたときは，当該申請者に係る申請書の内容等を機構に通知します（同条5項）。

通知を受けた機構は，機構が電子署名を行った当該申請に係る署名用電子証明書を発行し，これを住所地市町村長に通知します（同条6項）。その後，通知を受けた住所地市町村長は，当該通知に係る署名用電子証明書を電磁的記録媒体に記録して申請者に提供します（同条7項）。

また，利用者証明用電子証明書の発行手続も同様の手続によって行います（同法22条）。

(3)　自己の認証業務情報の開示・訂正等

何人も，機構に対し，自己に係る認証業務情報について，その開示（自己に係る認証業務情報が存在しないときにその旨を知らせることを含みます）を請求することができます（同法58

＊1

■ 語句解説

署名用電子証明書は，インターネットで電子文書を作成・送信する際など（例 e-Tax等の電子申請）に用いられ，「作成・送信した電子文書が，利用者が作成した真正なものであり，利用者が送信したものであること」を証明することができます。

＊2

■ 語句解説

利用者証明用電子証明書は，インターネットサイトにログインする際などに用いられ，「ログインした者が，利用者本人であること」を証明することができます。

＊3

■ 語句解説

署名利用者確認とは，申請者が当該市町村の備える住民基本台帳に記録されている者であることの確認のことです。

＊4

■ 語句解説

個人番号カードとは，マイナンバー法2条7項に規定する個人番号カードのことです。

Part 6
一般知識等

Chapter 4
情報通信・個人情報保護　801

条1項)。

　機構は，開示の請求があったときは，当該開示の請求をした者に対し，当該開示の請求に係る認証業務情報について開示をしなければなりません（同条2項）。

　機構は，開示を受けた者から，当該開示に係る認証業務情報についてその内容の全部又は一部の訂正，追加又は削除を求められた場合には，遅滞なく調査を行い，その結果に基づき，当該認証業務情報の内容の訂正等をしなければなりません（同法61条1項）。

5 不正アクセス禁止法

1 概　要

　不正アクセス禁止法は，正式名称を「不正アクセス行為の禁止等に関する法律」といいます。1999年8月に公布され，一部を除き，2000年2月に施行されました（同年7月全部施行）。

　この法律は，不正アクセス行為を禁止するとともに，これについての罰則等を定めています（不正アクセス禁止法1条）。

2 アクセス管理者

　アクセス管理者とは，電気通信回線に接続している電子計算機（以下，特定電子計算機という）の利用（当該電気通信回線を通じて行うものに限ります。以下，特定利用という）につき当該特定電子計算機の動作を管理する者のことです。

　管理の主たる内容は，特定電気計算機をコンピュータ・ネットワーク経由で他人に利用させるか否か等を決定することで，この決定権を持っている者がアクセス管理者となります。アクセス管理者は，法人・個人の別を問いません。

　例えば，サーバー・コンピュータを有していない個人であっても，プロバイダのサーバーの一部を利用してホームページを開設し，その閲覧を誰に認めるかということなどを管理する権限を有していれば，アクセス管理者となります。なお，企業内LANのように外部から独立したネットワークを構築しているコンピュータも特定電子計算機にあたります。

3 識別符号

　識別符号とは，特定電子計算機の特定利用をすることについて

当該特定利用にかかるアクセス管理者の許諾を得た者（つまり，当該コンピュータのアカウントをそのコンピュータのアクセス管理者から付与されている利用者のことです。以下，利用権者といいます）及びアクセス管理者に，アクセス管理者が当該利用権者等を他の利用権者等と区別して識別することができるように付される符号であって，次のいずれかに該当するもの又は次のいずれかに該当する符号とその他の符号を組み合わせたものです。

① 当該アクセス管理者によってその内容をみだりに第三者に知らせてはならないものとされている符号 *1

② 当該利用権者等の身体の全部若しくは一部の影像又は音声を用いて当該アクセス管理者が定める方法により作成される符号 *2

③ 当該利用権者等の署名を用いて当該アクセス管理者が定める方法により作成される符号

4 アクセス制御機能

アクセス制御機能とは，特定電子計算機の特定利用を自動的に制御するために，その特定利用にかかるアクセス管理者によって当該特定電子計算機又は当該特定電子計算機に電気通信回線を介して接続された他の特定電子計算機に付加されている機能であって，その特定利用をしようとする者により当該機能を有する特定電子計算機に入力された符号が当該特定利用にかかる識別符号（識別符号を用いて当該アクセス管理者の定める方法により作成される符号と当該識別符号の一部を組み合わせた符号を含みます）であることを確認して，特定利用の制限の全部又は一部を解除するものをいいます。

5 不正アクセス行為の禁止

何人も，不正アクセス行為をしてはなりません（不正アクセス禁止法3条）。ここで，不正アクセス行為とは，アクセス制御機能による利用制限を免れて特定電子計算機の特定利用ができる状態にする行為をいいます。つまり，次のいずれかに該当する行為のことです。*3

なお，不正アクセス行為の禁止に違反した者は，3年以下の懲役又は100万円以下の罰金に処せられることとなっています（同法11条）。

---

*1
■ **参考データ**
パスワードのことです。なお，IDとパスワードがある場合，パスワードだけでは識別符号の役割を持たず，IDと組み合わせて初めて識別符号としての役割を持つ場合，IDは，「その他の符号」になります。

*2
■ **参考データ**
例えば，指紋や虹彩などがこれにあたります。

*3
■ **参考データ**
いずれの行為も電気通信回線を利用してなされます。つまり，ネットワークに接続されていないコンピュータを無断で使用する行為や，ネットワークに接続されているコンピュータであっても，無断でそのキーボードを直接操作してなされる行為は，不正アクセス行為には該当しません。

① アクセス制御機能を有する特定電子計算機に電気通信回線を通じて当該アクセス制御機能にかかる他人の識別符号を入力して当該特定電子計算機を作動させ，当該アクセス制御機能により制限されている特定利用をし得る状態にさせる行為（アクセス管理者がするもの及びアクセス管理者又は利用権者の承諾を得てするものは除かれます）*1

② アクセス制御機能を有する特定電子計算機に電気通信回線を通じて当該アクセス制御機能による特定利用の制限を免れることができる情報（識別符号であるものを除かれます）又は指令を入力して当該特定電子計算機を作動させ，その制限されている特定利用をし得る状態にさせる行為（当該アクセス制御機能を付加したアクセス管理者がするもの及び当該アクセス管理者の承諾を得てするものは除かれます）*2

③ 電気通信回線を介して接続された他の特定電子計算機が有するアクセス制御機能によりその特定利用を制限されている特定電子計算機に電気通信回線を通じてその制限を免れることができる情報又は指令を入力して当該特定電子計算機を作動させ，その制限されている特定利用をし得る状態にさせる行為 *2

6　アクセス管理者による防御措置

アクセス制御機能を特定電子計算機に付加したアクセス管理者は，アクセス制御機能にかかる識別符号又はこれをアクセス制御機能により確認するために用いる符号の適正な管理に努めるとともに，常にそのアクセス制御機能の有効性を検証し，必要があると認めるときは速やかに機能の高度化その他その特定電子計算機を不正アクセス行為から防御するため必要な措置を講ずるよう努力義務が定められています。

本来，アクセス管理者は不正アクセス行為が起きにくい環境を作らなければなりませんが，実際には，その実施状況が必ずしも十分ではなかったために，このような規定が置かれました。

*1
■ 参考データ
これは本来の利用権者等である他人の識別符号を無断で入力することで，利用制限を解除してしまう行為です。

*2
■ 参考データ
②，③はいずれもセキュリティ・ホールを攻撃する行為です。

Festina lente
これら以外にも，新しいIT関連の法律で，私たちの生活と関連するものとして，2002年に成立した「迷惑メール防止法」（特定電子メールの送信の適正化等に関する法

律）があるよ。これは，一時に多数の者に対して送信される電子メール（いわゆる迷惑メールのことだね）を送受信する際の支障を防止し，適正化を図るための法律だよ。

4 個人情報保護

重要度 **A**

1 個人情報保護法制の背景

高度情報通信社会の進展に伴い個人情報の利用が著しく拡大し，これに対するセキュリティの重要性が高まってきました。

我が国の個人情報保護法制定の背景としては，主に次の3つの要因が挙げられます。*3*4

①住民基本台帳ネットワークシステムの稼動，②個人情報漏えい事件の多発，③ OECD プライバシーガイドラインと 1995 年 EU 個人データ保護指令への対応。

2 OECD プライバシーガイドライン

OECD プライバシーガイドラインとは，1980 年に OECD（経済協力開発機構）が採択した「プライバシー保護と個人データの流通についてのガイドラインに関する理事会勧告」に附属するガイドラインをいいます。本ガイドラインでは，「OECD8 原則」が示されています。

この原則自体は，法的拘束力を有するものではありませんが，これらの原則を加盟国が国内法で考慮する一方，プライバシー保護の名目で個人データの国際流通に対する不当な障害を除去，又はそのような障害の創設を回避することに努めること等が勧告されました。

Festina lente

EU 個人データ保護指令とは，1995 年 EU 各国に対し 3 年内に個人情報保護のための法制化を求め，また，第三国への個人情報の移転についても第三国が十分なレベルの保護措置を講じている場合に限るとしたものだよ。これによりアメリカや日本でも早急な対応が必要となったんだね。

---

*3
☑ **要チェック！過去問題**
この法律は，高度情報通信社会の進展に伴い個人情報の利用が著しく拡大していることを背景として制定された。
➡ **○**（H22-56-ア）

*4
■ **参考データ**
百貨店や銀行等で，従業員による顧客データの持ち出し等，個人情報漏えい事件が相次ぎました。例）百貨店の顧客名簿 6.5 万人分の漏えい。銀行の顧客データ 2 万人分の漏えい。消費者金融から顧客情報 116 万人分の漏えい。通販会社から顧客情報 30 万人分の漏えい。

Part 6
■
一般知識等

Chapter 4
情報通信・個人情報保護

3 個人情報保護法

1 個人情報保護法の構成

　個人情報保護法は全8章から成り立っています。第1章から第3章までは公的部門と民間部門共通（官民共通）の基本法部分です。そして、第4章は主に民間部門に適用される一般法部分、第5章は公的部門に適用される一般法部分です。また、第6章は、官民を対象とする監視監督機関（個人情報保護委員会）について、第7章と第8章は、雑則や罰則について規定しています。*1

> *1 要チェック！過去問題
> 個人情報保護法には、いわゆる基本法的な部分と民間部門等を規制する一般法としての部分がある。
> ➡ ○（H23-54-ア改）

Festina lente

　個人情報保護に関する法制度は、これまで、適用主体ごとに、「個人情報保護法」「行政機関個人情報保護法」「独立行政法人等個人情報保護法」の3つの法律によるという基本的枠組みだったんだ。他方で、地方公共団体については、各地方公共団体が個別に制定した個人情報保護条例に委ねられてきたんだよ。
　2021年に、この法制度が抜本的に見直され、以下のような改正が行われたんだ。
①個人情報保護法、行政機関個人情報保護法、独立行政法人等個人情報保護法の3本の法律を1本の法律に統合するとともに、地方公共団体の個人情報保護制度についても統合後の法律において全国的な共通ルールを規定し、全体の所管を個人情報保護委員会に一元化
②医療分野・学術分野の規制を統一するため、国公立の病院、大学等には原則として民間の病院、大学等と同等の規律を適用
③学術研究分野を含めたGDPR（General Data Protection Regulation：EU一般データ保護規則）の十分性認定への対応を目指し、学術研究に係る適用除外規定について、一律の適用除外ではなく、義務ごとの例外規定として精緻化
④個人情報の定義等を国・民間・地方で統一するとともに、行政機関等での匿名加工情報の取扱いに関する規律を明確化

〈個人情報保護制度見直し後〉
個人情報保護委員会ウェブサイトより。図版内の丸数字はFestina lenteの番号と対応

※　条例による必要最小限の独自の保護措置を許容

2　個人情報とは

　個人情報保護法における「個人情報」とは，生存する個人に関する情報であって，当該情報に含まれる氏名，生年月日その他の記述等により特定の個人を識別することができるもの，又は，個人識別符号が含まれるものをいいます。映像や音声であっても，特定の個人が識別可能であれば，個人情報にあたります。*2

　個人情報保護法が保護しようとしている「情報」は7つに区分することができ，「個人情報」のほか，「個人データ」「保有個人データ」「要配慮個人情報」「仮名加工情報」「匿名加工情報」「個人関連情報」がこれにあたります。

　「個人データ」とは，個人情報データベース等を構成する個人情報をいいます。個人情報データベース等とは，個人情報を含む情報の集合物であって，特定の個人情報をコンピュータを用いて検索することができるように体系的に構成したもの等をいいます。ただし，利用方法からみて個人の権利利益を害するおそれが少ないものを除きます。*3

　「保有個人データ」とは，個人情報取扱事業者が，開示，内容の訂正，追加又は削除，利用の停止，消去及び第三者への提供の停止を行うことのできる権限を有する個人データをいいます。

　「要配慮個人情報」とは，本人の人種，信条，社会的身分，病歴，犯罪の経歴，犯罪により害を被った事実その他本人に対する不当な差別，偏見その他の不利益が生じないようにその取扱いに特に配慮を要するものをいいます。*4

　「仮名加工情報」とは，個人情報に一定の仮名加工措置を施し，他の情報と照合しない限り，特定の個人を識別することができないように個人情報を加工して得られる個人に関する情報をいいます。

---

*2 **要チェック！過去問題**
個人情報保護法にいう「個人情報」は，生存する個人に関する情報であれば，日本国民のみならず外国人の個人情報も含む。
→○（H21-54-2）

*3 **参考データ**
〈個人情報データベース等に該当する例〉名刺の情報を検索できるよう五十音順に整理してファイルしている場合
〈個人情報データベース等に該当しない例〉電話帳，氏名等入りのカーナビ，電子住宅地図，政官要覧，市販の職員録，弁護士会名簿等が挙げられます。

*4 **要チェック！過去問題**
個人情報保護法の改正において，要配慮個人情報という概念が新たに設けられ，要配慮個人情報を個人情報取扱事業者が取り扱う場合，他の個人情報とは異なる取扱いを受けることになった。
→○（H30-56-3）

「匿名加工情報」とは，個人情報に一定の匿名化措置を講じて，特定の個人を識別することができないように個人情報を加工して得られる個人に関する情報であって，当該個人情報を復元することができないようにしたものをいいます。

「個人関連情報」とは，生存する個人に関する情報であって，個人情報，仮名加工情報及び匿名加工情報のいずれにも該当しないものをいいます。

3 個人情報取扱事業者・個人関連情報取扱事業者

個人情報保護法の枠組みでは，「個人情報取扱事業者」は個人情報保護法を遵守する義務を負います。「個人情報取扱事業者」とは，個人情報データベース等を事業の用に供している者をいいます。*1

「個人関連情報取扱事業者」とは，個人関連情報データベース等を事業の用に供している者をいいます。

4 個人情報取扱事業者・個人関連情報取扱事業者の義務

（1）利用目的の特定 (17条，18条)

個人情報を取り扱う場合は，その利用目的をできる限り特定し，利用目的を超えて個人情報を取り扱ってはなりません。

（2）取 得 (20条，21条) *2

偽りその他不正の手段により個人情報を取得してはなりません。また，一定の場合を除き，あらかじめ本人の同意を得ずに，要配慮個人情報を取得することはできません。

個人情報を取得した場合は，あらかじめその利用目的を公表している場合を除き，速やかに，その利用目的を，本人に通知し，又は公表しなければなりません。

契約書その他の書面に記載された個人情報を取得する場合は，あらかじめ利用目的を明示しなければなりません。

（3）適正管理

a 正確性の確保等 (22条)

個人情報取扱事業者は，利用目的の達成に必要な範囲内において，個人データを正確かつ最新の内容に保つとともに，利用する必要がなくなったときは，当該個人データを遅滞なく消去するよう努めなければなりません。

---

*1
☑ 要チェック！過去問題

行政書士会，税理士会などの士業の団体は，営利事業を営むものではないので，この法律にいう「個人情報取扱事業者」に該当することはない。
→✗ (H21-54-5)

---

*2
☑ 要チェック！過去問題

個人情報取扱事業者は，個人情報の取得にあたって通知し，又は公表した利用目的を変更した場合は，変更した利用目的について，個人情報によって識別される特定の個人である本人に通知し，又は公表しなければならない。
→◯ (R2-57-5)

b　安全管理措置 (23条)

　　個人データの漏えい，滅失又はき損の防止，その他の安全管理のために必要かつ適切な措置を講じなければなりません。

c　従業者の監督 (24条)

　　個人データの取扱いについて安全管理が図られるよう，従業者に対して必要かつ適切な監督を行わなければなりません。

d　委託先の監督 (25条)

　　個人データの取扱いを委託する場合は，安全管理が図られるよう，受託者に対する必要かつ適切な監督を行わなければなりません。

e　漏えい等の報告等 (26条)

　　個人情報取扱事業者は，その取り扱う個人データの漏えい，滅失，き損その他の個人データの安全の確保に係る事態であって個人の権利利益を害するおそれが大きいもの（重大な漏えい事故）が生じたときは，当該事態が生じた旨を個人情報保護委員会に報告しなければなりません。

(4) 第三者提供 (27条，28条)

　　原則として，あらかじめ本人の同意を得ないで，個人データを第三者に提供してはなりません。

　　例外として，同意が不要な場合として次のような類型があります。

法令に基づく場合
人の生命，身体又は財産の保護のために必要がある場合であって，本人の同意を得ることが困難であるとき
公衆衛生の向上又は児童の健全な育成の推進のために特に必要がある場合であって，本人の同意を得ることが困難であるとき

　　また，本人にオプトアウト（提供停止）を認めている場合にも，個人データを本人の同意なく第三者に提供することができます。

　　オプトアウト制度とは，本人の求めに応じて個人データの第三者提供を停止することをいいます。一定の事項をあらかじめ

本人に通知し，又は本人が容易に知り得る状態に置くとともに，個人情報保護委員会に届け出たときは，本人の事前同意なく，第三者提供が可能となります。

これは，ダイレクトメール用の名簿を作成して販売する業者や住宅地図業者のように，事前に本人全員の同意を得ることが極めて困難な業者に配慮して設けられた例外規定です。

もっとも，要配慮個人情報や外国にある第三者に個人データを提供する場合は，オプトアウトの方法で第三者に提供することはできません。

(5) 個人データの提供者・受領者の義務

a 提供時の記録の作成・保存 (29条)

個人情報取扱事業者は，個人データを第三者に提供したときは，一定の場合を除き，当該個人データを提供した年月日，当該第三者の氏名又は名称その他の事項に関する記録を作成しなければなりません。また，この記録を一定の期間，保存する必要があります。

b 確認義務 (30条1項)

個人情報取扱事業者は，第三者から個人データの提供を受けるに際しては，一定の場合を除き，①提供を受ける第三者の氏名（名称）及び住所，第三者が法人である場合にはその代表者の氏名（法人でない団体で代表者又は管理人の定めのあるものについては，その代表者又は管理人の氏名），②第三者が個人データを取得した経緯，を確認する必要があります。

c 記録の作成・保存 (30条3項, 4項)

個人情報取扱事業者は，上記の確認を行ったときは，当該個人データの提供を受けた年月日，当該確認に係る事項その他の事項に関する記録を作成しなければならず，この記録を一定の期間，保存する必要があります。

d 個人関連情報の第三者提供の制限等 (31条1項)

個人関連情報取扱事業者は，第三者が個人関連情報データベース等を構成する個人関連情報を個人データとして取得することが想定されるときは，次の①及び②の事項について，あらかじめ個人情報保護委員会規則で定めるところ

により確認しなければ，当該個人関連情報を当該第三者に提供することができません。

① 当該第三者が個人関連情報取扱事業者から個人関連情報の提供を受けて本人が識別される個人データとして取得することを認める旨の当該**本人の同意**が得られていること。

② 外国にある第三者への提供にあっては，①の本人の同意を得ようとする場合において，個人情報保護委員会規則で定めるところにより，あらかじめ，当該外国における個人情報の保護に関する制度，当該第三者が講ずる個人情報の保護のための措置その他当該本人に参考となるべき情報が当該**本人に提供**されていること。

(6) 公表等 (32条)

個人情報取扱事業者は，保有個人データに関し，①個人情報取扱事業者の氏名又は名称，②すべての保有個人データの利用目的，③通知の求め，開示等の請求に応じる手続，④通知，開示にかかる手数料の額を定めたときはその額，⑤その他保有個人データの適正な取扱いの確保に関し必要な事項について，本人の知り得る状態に置かなければなりません。

(7) 本人関与の仕組み

a 開示・訂正・利用停止等 (33条〜35条)

個人情報取扱事業者は，本人から保有個人データの開示請求を受けたときは，遅滞なく，**開示**しなければなりません。ただし，本人又は第三者の生命，身体，財産その他の権利利益を害するおそれがある場合等は，その全部又は一部を開示しないことができます。

個人情報取扱事業者は，本人から保有個人データの内容が事実でないという理由で訂正，追加又は削除の請求を受けた場合には，利用目的の達成に必要な範囲内において，**訂正等**を行い，遅滞なくその旨を通知しなければなりません。

個人情報取扱事業者は，本人から保有個人データが「利用目的による制限」，「適正な取得」，「第三者提供の制限」，「外国にある第三者への提供の制限」に違反しているため利

用の停止等又は第三者への提供の停止の請求を受けたときは，違反を是正するために利用停止等を行い，遅滞なくその旨を通知しなければなりません。

b　開示等の請求等に応じる手続 (36条〜38条)

本人から上記のように「開示」等の請求等を受けたにもかかわらず，求められた措置をとらない場合又は異なる措置をとる場合は，本人に対しその理由を説明するよう努めなければなりません。

個人情報取扱事業者は，本人からの通知の求め又は開示等の請求を受け付ける方法を定めることができます。この場合，本人はその手続に従って開示等の請求等を行わなければなりません。

個人情報取扱事業者は，利用目的の通知の求め又は開示の請求を受けたときは，当該措置の実施に関し手数料を徴収することができます。

c　事前の請求 (39条)

本人は，開示，訂正，利用停止等の請求に係る訴えを提起しようとするときは，その訴えの被告となるべき者に対し，あらかじめ，当該請求を行い，かつ，その到達した日から2週間を経過した後でなければ，その訴えを提起することができません。ただし，当該訴えの被告となるべき者が開示請求等を拒絶した場合，本人は直ちに訴えを提起することができます。

(8) 苦情処理 (40条)

個人情報取扱事業者は，個人情報の取扱いに関する苦情の適切かつ迅速な処理に努めなければなりません。また，その目的を達成するため必要な体制の整備に努めなければなりません。

(9) 仮名加工情報に関する義務 (41条1項，2項)

個人情報取扱事業者は，仮名加工情報データベース等を構成する仮名加工情報を作成するときは，他の情報と照合しない限り特定の個人を識別することができないようにするために必要なものとして個人情報保護委員会規則で定める基準に従い，個人情報を加工しなければなりません。

個人情報取扱事業者は，仮名加工情報を作成したとき，又は

仮名加工情報及び当該仮名加工情報に係る削除情報等を取得したときは、削除情報等の漏えいを防止するために必要なものとして個人情報保護委員会規則で定める基準に従い、削除情報等の安全管理のための措置を講じなければなりません。[1]

（10）匿名加工情報に関する義務

a　適正加工義務 （43条1項）

個人情報取扱事業者は、匿名加工情報を作成するときは、**特定の個人を識別すること及びその作成に用いる個人情報を復元することができない**ように、当該個人情報を加工しなければなりません。

b　加工方法に関する情報等の漏えい防止措置義務 （43条2項）

個人情報取扱事業者は、匿名加工情報を作成したときは、その作成に用いた個人情報から削除した記述等及び個人識別符号並びに上記の加工方法に関する情報の漏えいを防止するために、これらの情報の安全管理のための措置を講じなければなりません。

c　作成した匿名加工情報に関する公表義務等 （43条3項、4項）

個人情報取扱事業者は、匿名加工情報を作成したときは、当該匿名加工情報に含まれる個人に関する情報の項目を公表しなければなりません。

また、個人情報取扱事業者は、匿名加工情報を作成して当該匿名加工情報を第三者に提供するときは、**あらかじめ**、第三者に提供される匿名加工情報に含まれる個人に関する情報の項目及びその提供の方法について**公表**するとともに、当該第三者に対して、当該提供に係る情報が匿名加工情報である旨を**明示**しなければなりません。

d　識別行為の禁止 （43条5項）

個人情報取扱事業者は、匿名加工情報を作成して自ら当該匿名加工情報を取り扱うにあたっては、当該匿名加工情報の作成に用いられた個人情報に係る**本人を識別するために、当該匿名加工情報を他の情報と照合してはなりません。**

---

[1]

■ 語句解説

削除情報等とは、仮名加工情報の作成に用いられた個人情報から削除された記述等及び個人識別符号並びに41条1項の規定により行われた加工の方法に関する情報をいいます。

Part 6　一般知識等

Chapter 4
情報通信・個人情報保護　813

e 安全管理措置等 （43条6項）

　個人情報取扱事業者は，匿名加工情報を作成したときは，当該匿名加工情報の安全管理のために必要かつ適切な措置，当該匿名加工情報の作成その他の取扱いに関する苦情の処理その他の当該匿名加工情報の適正な取扱いを確保するために必要な措置を自ら講じ，かつ，当該措置の内容を公表するよう努めなければなりません。

5　仮名加工情報取扱事業者

「仮名加工情報取扱事業者」とは，①国の機関，②地方公共団体，③独立行政法人等，④地方独立行政法人を除いた，「仮名加工情報データベース等」を事業の用に供している者をいいます。

6　仮名加工情報取扱事業者の義務

（1）利用目的の制限 （41条3項）

　個人情報取扱事業者である仮名加工情報取扱事業者は，一定の場合を除き，特定された利用目的の達成に必要な範囲を超えて，仮名加工情報（個人情報であるものに限る）を取り扱ってはなりません。

　この利用目的は，加工前の個人情報に関する利用目的が引き継がれるところ，これでは，内部分析によるイノベーションの促進を図るという仮名加工情報制度の存在意義が失われかねないため，取得後における利用目的変更の制限（17条2項）の規定は，仮名加工情報には適用されません（41条9項）。

（2）取得に際しての利用目的の公表 （41条4項）

　仮名加工情報の取得後に，利用目的の事後的変更が認められるところ，変更後の利用目的については，公表しなければなりません。これによって，利用目的の透明性を図ることができます。

（3）削除情報等の消去 （41条5項）

　個人情報取扱事業者である仮名加工情報取扱事業者は，仮名加工情報である個人データ及び削除情報等を利用する必要がなくなったときは，当該個人データ及び削除情報等を遅滞なく消去するよう努めなければなりません。なお，この場合，正確性の確保（22条）は不要です。

（4）第三者提供の制限 （41条6項）

　個人情報取扱事業者である仮名加工情報取扱事業者は，一定の場合を除き，仮名加工情報である個人データを第三者に提供してはなりません。誰が本人であるか単体識別性がない以上，本人同意による第三者提供も許されません（27条1項，2項，28条1項参照）。

（5）識別行為の禁止 （41条7項）

　個人情報取扱事業者である仮名加工情報取扱事業者は，仮名加工情報を取り扱うにあたっては，当該仮名加工情報の作成に用いられた個人情報に係る本人を識別するために，当該仮名加工情報を他の情報と照合してはなりません。

（6）仮名加工情報に含まれる情報の電話連絡等のための利用禁止 （41条8項）

　個人情報取扱事業者である仮名加工情報取扱事業者は，仮名加工情報に含まれる連絡先その他の情報（電話番号，メールアドレスなど）を利用し，本人に連絡や接触などをしてはなりません。これは，本人を識別できる記述等が削除された仮名加工情報であっても，それに含まれる電話番号などにより，本人の意思に反する連絡・接触が行われることによって，本人の利益が害されるおそれがあることから，これを防止するための規定です。

（7）仮名加工情報の第三者提供の制限等 （42条）

　仮名加工情報取扱事業者は，一定の場合を除き，仮名加工情報（個人情報であるものを除く）を第三者に提供してはなりません（同条1項）。委託，事業承継に伴う提供，共同利用については認められます（同条2項）。仮名加工情報取扱事業者は，安全管理措置義務を負い，苦情処理に努めます。また，識別行為及び仮名加工情報に含まれる情報を連絡等に利用することは認められません。

7　匿名加工情報取扱事業者

　「匿名加工情報取扱事業者」とは，匿名加工情報データベース等を事業の用に供している者をいいます。匿名加工情報データベース等とは，匿名加工情報を含む情報の集合物であって，特定の匿名加工情報をコンピュータを用いて検索することができるよう

に体系的に構成したもの等をいいます。

8 匿名加工情報取扱事業者の義務

(1) 匿名加工情報の提供 (44条)

匿名加工情報取扱事業者は，匿名加工情報（自ら個人情報を加工して作成したものを除きます）を第三者に提供するときは，あらかじめ，第三者に提供される匿名加工情報に含まれる個人に関する情報の項目及びその提供の方法について公表するとともに，当該第三者に対して，当該提供に係る情報が匿名加工情報である旨を明示しなければなりません。

(2) 識別行為の禁止 (45条)

匿名加工情報取扱事業者は，匿名加工情報を取り扱うにあたっては，当該匿名加工情報の作成に用いられた個人情報に係る本人を識別するために，当該個人情報から削除された記述等若しくは個人識別符号若しくは匿名加工情報を作成するときの加工方法に関する情報を取得し，又は当該匿名加工情報を他の情報と照合してはなりません。

43条5項の場合と異なり，45条は，当該個人情報から削除された記述等若しくは個人識別符号，匿名加工情報を作成するときの加工方法に関する情報の取得についても禁止しています。自ら匿名加工情報を作成した個人情報取扱事業者はこれらの情報をはじめから保有しているため，このような個人情報取扱事業者について，これらの情報の取得を禁止することはできないことから，45条でのみ規定されることとなりました。

(3) 安全管理措置等 (46条)

匿名加工情報取扱事業者は，匿名加工情報の安全管理のために必要かつ適切な措置，匿名加工情報の取扱いに関する苦情の処理その他の匿名加工情報の適正な取扱いを確保するために必要な措置を自ら講じ，かつ，当該措置の内容を公表するよう努めなければなりません。

9 認定個人情報保護団体 (47条〜56条)

個人情報保護委員会の認定を受けた認定個人情報保護団体の主な活動としては，個人情報に関してトラブルが起こった場合に，個人情報取扱事業者等と本人の間に立って，当事者間での自主的な解決を促すことです。

本人から苦情解決の申出があったときは，その相談に応じ，必要な助言をし，事情調査をするとともに，当該対象事業者に通知して，迅速な解決を求めます。必要があれば，対象事業者から説明を受け，資料の提出を求めることもできます。

なお，認定個人情報保護団体は，法人である必要はなく，代表者又は管理人の定めのある団体であれば認定を受けることができます。

10　行政機関等の義務等 (60条〜126条)

(1) 行政機関個人情報保護法の廃止

2021年の個人情報保護法の改正により，行政機関個人情報保護法が廃止され，個人情報保護法に統合されました。もっとも，従来の行政機関個人情報保護法の規定の大部分は，改正後の個人情報保護法においても踏襲されています。

1条においては，「行政機関等の事務及び事業の適正かつ円滑な運営を図り」，主眼としては「個人の権利利益を保護すること」を目的としています。個人の権利利益とは具体的には人格権やプライバシー権等を指します。[1]

(2) 行政機関等の義務等の対象となる情報等

「保有個人情報」とは，行政機関等の職員が職務上作成し，取得した個人情報のうち，組織的に利用されることを目的として行政機関等が保有しているもので，行政文書等に記録されているものをいいます。

「個人情報ファイル」とは，特定の保有個人情報を検索できるように体系的に構成したものです。個人情報ファイルには，①電子計算機処理にかかるファイルと，②マニュアル処理にかかるファイルがあります。

(3) 保有個人情報の適切な取扱い

個人情報保護法は，行政機関が個人情報を保有すること自体を許さないものではありません。行政活動にとって必要でないのに個人情報を保有したり，本来の利用目的を超えて転用したりすること，あるいは不正確な情報を保有したり，外部に漏えいすること等，個人情報に関する不適切な取扱いこそが問題になってきます。

そこで，このような不適切な取扱いを防止し，国民の権利利益

---

[1]
☑ **要チェック！過去問題**

この法律は，行政の適正かつ円滑な運営を図りつつ，個人の権利利益を保護することを目的とするが，ここでいう「個人の権利利益」は，公権力による侵害から個人を守るという意味での人格的利益を意味し，財産的な利益を保護の対象とするものではない。
➡✕ (H22-54-1)

Part 6 ■ 一般知識等

が不当に侵害されないようにするために，本法第5章に規定が
設けられています。*1

> *1 要チェック！過去問題
> 「行政機関等の義務等」の規定は，「保有個人情報」を保護の中心に置いており，保有個人情報について目的外利用や第三者提供の制限に関する規律が存在する一方，本人は保有個人情報を対象として，開示・訂正・利用停止の請求権を行使することができるという仕組みになっている。
> ➡ ○ (H22-54-3改)

(4) 本人の関与

　行政機関側の適正な取扱いについて義務が十分に果たされない場合には，本人の権利利益が侵害されるおそれが高まります。そこで，このような事態を解消するために，法は本人に対して開示請求権，訂正請求権，利用停止請求権の3つの方策を与えています。

〈本人関与手続の関連性〉

11　個人情報保護委員会 (127条～165条)

　個人情報保護委員会は，個人情報の適正かつ効果的な活用が新たな産業の創出並びに活力ある経済社会及び豊かな国民生活の実現に資するものであることその他の個人情報の有用性に配慮しつつ，個人の権利利益を保護するため，個人情報の適正な取扱いの

> Festina lente
> 個人情報の保護と有用性の確保に関する制度改正として，2015年の個人情報保護法の改正で，個人情報の取扱いの監視監督権限を有する第三者機関（個人情報保護委員会）が設置されたんだよ。

確保を図ることを任務とする第三者機関です。独立して職権を行使し，個人情報取扱事業者等に対する報告の徴収，立入検査，指導，助言，勧告，命令等を行います。

個人情報保護委員会の所掌事務は，①個人情報保護に関する基本方針の策定・推進，②個人情報等の取扱いに関する監督，③苦情処理等，④認定個人情報保護団体に関する事項，⑤マイナンバー関連，⑥広報・啓発，⑦調査・研究，⑧国際協力などです。

その他の役割としては，個人情報取扱事業者がオプトアウト方式を利用するための要件として，個人情報取扱事業者は**オプトアウトに関する事項を個人情報保護委員会に届け出る**必要があります。また，個人情報保護委員会は，毎年，内閣総理大臣を経由して国会に対し所掌事務の処理状況を報告するとともに，その概要を公表しなければなりません。

個人情報保護委員会は，緊急かつ重点的に個人情報等の適正な取扱いの確保を図る必要等があるため，個人情報取扱事業者等に対し，勧告又は命令を効果的に行う上で必要があると認めるときは，報告徴収権限及び立入検査権限を事業所管大臣に委任することができます。*2

12 適用除外 （57条）

個人情報取扱事業者等のうち，次に掲げる者については，その個人情報等を取り扱う目的の全部又は一部がそれぞれに規定する目的であるときは，第4章（個人情報取扱事業者等の義務等）の規定は，適用されません。*3

① 放送機関，新聞社，通信社その他の**報道機関**（報道を業として行う個人を含む） 報道の用に供する目的

② **著述**を業として行う者 著述の用に供する目的

③ **宗教団体** 宗教活動（これに付随する活動を含む）の用に供する目的

④ **政治団体** 政治活動（これに付随する活動を含む）の用に供する目的

13 罰 則 （171条以下）

個人情報保護委員会による命令に違反した者は，1年以下の懲役又は100万円以下の罰金に処せられます。

個人情報取扱事業者若しくはその従業者又はこれらであった者

Part 6

一般知識等

---

*2

■ 語句解説

事業所管大臣とは，個人情報取扱事業者等が行う個人情報の取扱いのうち雇用管理に関するものについては，原則として厚生労働大臣，それ以外の場合は，個人情報取扱事業者等が行う事業を所管する大臣等をいいます。

---

*3

☑ 要チェック！過去問題

「政治団体が，政治活動の用に供する目的で，個人情報を取扱う場合」は，個人情報保護法の義務規定の適用除外として定められていない。

➡ ✖ （H26-57-5)

Chapter 4
情報通信・個人情報保護 **819**

が，その業務に関して取り扱った個人情報データベース等を自己若しくは第三者の不正な利益を図る目的で提供し，又は盗用したときは，1年以下の懲役又は50万円以下の罰金に処せられます。

個人情報保護委員会に対して，報告若しくは資料の提出をせず，若しくは虚偽の報告をし，若しくは虚偽の資料を提出し，又は職員の質問に対して答弁をせず，若しくは虚偽の答弁をし，若しくは検査を拒み，妨げ，若しくは忌避した者は，50万円以下の罰金に処せられます。

5 マイナンバー法

重要度 B

1 総説

「マイナンバー法（行政手続における特定の個人を識別するための番号の利用等に関する法律）」は，2013年5月に公布され，2015年10月から段階的に施行されました。いわゆるマイナンバー制度が導入され，2016年1月からは個人番号（マイナンバー）の利用が開始されました。

Festina lente
外国籍の者でも，中長期在留者，特別永住者などで住民票がある場合には，個人番号が付されるよ。

2 個人番号

1 個人番号とは

個人番号（マイナンバー）とは，国民一人ひとりが持つ12桁の番号のことであり，住民票を有するすべての者に1人1つの番号を付して，社会保障，税，災害対策等の分野で効率的に情報を管理し，複数の機関に存在する個人の情報が同一人の情報であることを確認するために活用されるものです。

個人番号は生涯にわたって利用する番号ですが，個人番号が漏えいして不正に用いられるおそれがあると認められる場合には，本人の申請又は市町村長の職権により変更することができます。

2 個人番号の利用範囲

個人番号の利用範囲は，次頁の表のとおりです。

社会保障分野	① 年金 ・年金の資格取得や確認，給付等 ② 労働 ・雇用保険の資格取得や確認，給付等 ・ハローワークの事務等 ③ 福祉・医療 ・医療保険の給付の請求等 ・福祉分野の給付 ・生活保護の決定実施に関する事務等
税分野	・税務当局に提出する確定申告書，届出書，調書等に記載 ・税務当局の内部事務等
災害対策分野	・被災者生活再建支援金の支給 ・被災者台帳の作成事務等
その他	社会保障，地方税，災害対策に関する事務やこれらに類する事務で，地方公共団体が条例で定める事務など

3 個人番号カード

市町村長は，申請により個人番号カード（マイナンバーカード）を交付します。

個人番号カード（ICチップ付き）に記録されるのは，①券面記載事項（氏名，住所，生年月日，性別，個人番号，本人の顔写真等），②総務省令で定める事項（公的個人認証に係る「電子証明書」等，市町村が条例で定めた事項等）に限られます。

地方税関係情報や年金給付関係情報等のプライバシー性の高い個人情報は，記録されません。

4 特定個人情報

特定個人情報とは，個人番号（個人番号に対応し，当該個人番号に代わって用いられる番号，記号その他の符号であって，住民票コード以外のものを含む）をその内容に含む個人情報のことをいいます。

特定個人情報を保護するための措置として，マイナンバー法は次のような規定を置いています。

〈特定個人情報の保護措置〉

① マイナンバー法の規定によるものを除き、特定個人情報の収集・保管、特定個人情報ファイルの作成を禁止
② 個人情報保護委員会による監督等
③ 特定個人情報保護評価
④ 罰則の強化
⑤ マイナポータルによる情報提供等記録の確認

ファイナルチェック　基礎知識の確認

問題 1　公開鍵暗号方式とは、情報の暗号化と復号の際に、他人に知られてもいい「公開鍵」と本人のみ知っている「秘密鍵」という別々の鍵を使う方式をいい、暗号化・復号の速度が速いというメリットがある。

問題 2　電子申請における本人確認のための認証局は、国や地方公共団体が設立した認証局に限定される。

問題 3　顧客のメールアドレスと電話番号 10,000 件が入った CD-ROM を紛失しても、個人名が含まれていなければ規制の対象とはならない。

問題 4　個人情報保護法は、情報公開法とは異なり、電子計算機により処理された個人情報についてもっぱら適用され、手書きの個人情報について適用されることはない。

問題 5　マイナンバー制度は、18歳以上の国民の一人ひとりに個人番号を割り振り、行政機関が保有する当該個人情報を一元管理することにより、効率的な情報管理を行うものである。

問題1 ✗　公開鍵暗号方式には、暗号化・復号に時間がかかるというデメリットがある。　問題2 ✗　民間の認証局でもよい。　問題3 ✗　氏名以外でも特定の個人を識別することができれば「個人情報」にあたる。　問題4 ✗　データベース化されていない手書きのものでも、映像や音声でも構わない。　問題5 ✗　マイナンバーは、住民票に住民票コードを記載されている者すべてに付与される。

本試験レベルの問題にチャレンジ！ ▶▶▶

あとがき

　『うかる！ 行政書士 総合テキスト』を初めて出版したのは，2004年のことです。

　行政書士試験の受験を志したものの，諸事情により，伊藤塾などの受験指導校の講座を受けて勉強をすることができない受験生に対して，私たちに何かできることはないだろうか？

　これが本書を出版するに至った当初の想いです。

　それから早15年以上経ちました。おかげさまで，出版以来，数多くの受験生からご支持をいただくことができ，一定の貢献をすることができたものと自負しております。

　ただ，この間にも社会は目まぐるしく変化し続けました。いわゆる法律系の資格試験だけを考えても，司法試験制度がまさに大きな渦の中にあり，そこから多くの司法試験受験生が行政書士試験を受験し，その結果，行政書士試験の受験生のレベルが上がりました。

　一方，社会の変化の中で，**法律家"行政書士"に求められる役割も増え続けています。**役割が増えれば，責任も重くなり，また，その能力もより高いものが要求されます。

　能力の担保という意味では，試験を難しくすることが最も容易であり，客観的な能力の有無の判断に適します。こうして，行政書士試験は年々，突破することがより困難な試験となってきました。

　『うかる！ 行政書士 総合テキスト』は，こうした難化した現在の行政書士試験の対策テキストとして必要な情報量を掲載するとともに，より一層，使い易さを追求し，毎年度新しくしています。2019年度版からは，**視覚的な見易さと学習の利便性を追求してフルカラーとし，赤シートを入れました。**

　出版当初の想いは，私たちが歩んできた道のりとともに，そしてその間に増えた仲間たちの願いも加わり，ますます色濃いものとなりました。高い志を持たれる読者の方々が，ご自身の人生をより充実したものとするために，本書を役立てていただけることを願ってやみません。

　2021年11月吉日

　　　　　　　　　　　　　　　　　　　　伊藤塾・行政書士試験科

志水　晋介（しみず　しんすけ）専任講師からのメッセージ

　行政書士試験受験勉強の参考書として本書を選んでいただき，ありがとうございます。

　本書の企画を最初にいただいたとき，伊藤塾で行政書士試験合格目標の講座を提供している立場としては，高い受講料を払い，一生懸命に講座を受講している受講生にどう説明できるであろうか？という葛藤がありました。しかし，一方で，経済的事情等，様々な事情によって講座を受講することを断念せざるを得ない受験生のために，私たちが力になりたいとも考え，本書の制作に踏み切りました。

　そこで，**一冊本として，合格を目指すに値するものにするというコンセプト**のもと，伊藤塾の法律初学者向けの講座のテキストをベースに，私が講義で話している内容を加え，本書の原型を作りました。原型を作った後は，まとめていく作業です。講義では重要なことは何度も繰り返し，また，テキストを行ったり来たりしながら，進めていきますが，1冊の書籍となるとそういうわけにもいきません。重複した箇所は削除し，多くの工夫をこらし，ようやく一冊本として自信を持てるものに仕上げることができました。

　また，**徐々に難化していく試験に対応するには，より正確な条文知識が要求されるため，別冊付録「ハンディ行政書士試験六法」を付ける**こととしました。

　このように作った本書ですから，無駄なことは一言も書いてありません。ですから，「このテキストには一言一句無駄なことは書かれていないのだから，全てをやりきろう」という心構えをもって，繰り返し読み込んでいただけることを願っています。

　さらに，ラインマーカーを引く，問題集等で入手した情報をどんどん書き込む，という作業を繰り返し，本書を自分だけのオリジナルテキストに仕立てていってください。そうすれば，私や伊藤塾スタッフ，そして**あなた自身も含め，大勢の受験生の『合格を確実なものにしたい』という気持ちが詰まっている本**になります。こういう気持ちで本書を利用してください。

　あなたの合格を最後まで応援しています。

法令等科目さくいん

あ

悪意‥‥‥‥‥‥‥‥‥‥‥‥ 162, 171
アクセス権‥‥‥‥‥‥‥‥‥‥‥ 68

い

異議申立て‥‥‥‥‥‥‥‥‥‥ 601
違憲審査権‥‥‥‥‥‥‥‥‥‥ 118
意見陳述手続‥‥‥‥‥‥‥‥‥ 586
遺言‥‥‥‥‥‥‥‥‥‥‥‥‥ 425
遺産分割‥‥‥‥‥‥‥‥‥‥‥ 421
意思能力‥‥‥‥‥‥‥‥‥‥‥ 145
意思表示‥‥‥‥‥‥‥‥‥‥‥ 161
遺贈‥‥‥‥‥‥‥‥‥‥‥‥‥ 427
一部事務組合‥‥‥‥‥‥‥‥‥ 671
一物一権主義‥‥‥‥‥‥‥‥‥ 203
一般概括主義‥‥‥‥‥‥‥ 602, 607
委任契約‥‥‥‥‥‥‥‥‥‥‥ 378
委任命令‥‥‥‥‥‥‥‥‥‥‥ 576
違法確認訴訟‥‥‥‥‥‥‥‥‥ 646
違法行為の転換‥‥‥‥‥‥‥‥ 564
違法性の承継‥‥‥‥‥‥‥‥‥ 563
遺留分‥‥‥‥‥‥‥‥‥‥‥‥ 431
遺留分侵害額請求権‥‥‥‥‥‥ 432
姻族‥‥‥‥‥‥‥‥‥‥‥‥‥ 400

う

請負契約‥‥‥‥‥‥‥‥‥‥‥ 375
受取証書‥‥‥‥‥‥‥‥‥‥‥ 322
上乗せ規制‥‥‥‥‥‥‥‥‥‥ 698

え

営業的商行為‥‥‥‥‥‥‥‥‥ 440
営業の自由‥‥‥‥‥‥‥‥‥‥ 79
永小作権‥‥‥‥‥‥‥‥‥‥‥ 232
縁組‥‥‥‥‥‥‥‥‥‥‥‥‥ 409

お

公の営造物‥‥‥‥‥‥‥‥‥‥ 659
公の施設‥‥‥‥‥‥‥‥‥‥‥ 702
親子関係不存在確認の訴え‥‥‥‥ 408

か

海外渡航の自由‥‥‥‥‥‥‥‥ 81
概括主義‥‥‥‥‥‥‥‥‥‥‥ 607
会計監査人‥‥‥‥‥‥‥‥‥‥ 500
会計検査院‥‥‥‥‥‥‥‥ 128, 545
会計参与‥‥‥‥‥‥‥‥‥‥‥ 498
解除‥‥‥‥‥‥‥‥‥‥‥‥‥ 340
解除条件‥‥‥‥‥‥‥‥‥ 191, 566
外部監査制度‥‥‥‥‥‥‥‥‥ 691
学習権‥‥‥‥‥‥‥‥‥‥‥‥ 90
確定日付のある証書‥‥‥‥‥‥ 312
過失相殺‥‥‥‥‥‥‥‥‥‥‥ 278
瑕疵の治癒‥‥‥‥‥‥‥‥‥‥ 564
合併‥‥‥‥‥‥‥‥‥‥‥‥‥ 519
加入金‥‥‥‥‥‥‥‥‥‥‥‥ 700
株式‥‥‥‥‥‥‥‥‥‥‥ 457, 461
株式移転‥‥‥‥‥‥‥‥‥‥‥ 522
株式交換‥‥‥‥‥‥‥‥‥‥‥ 522
株式譲渡の自由‥‥‥‥‥‥‥‥ 473
株主‥‥‥‥‥‥‥‥‥‥‥‥‥ 461
株主総会‥‥‥‥‥‥‥‥‥‥‥ 481
株主平等の原則‥‥‥‥‥‥‥‥ 463
下命‥‥‥‥‥‥‥‥‥‥‥‥‥ 555
監査機関‥‥‥‥‥‥‥‥‥‥‥ 545
監査等委員会設置会社‥‥‥‥‥ 501
監査役‥‥‥‥‥‥‥‥‥‥‥‥ 498
監視権‥‥‥‥‥‥‥‥‥‥‥‥ 548
間接強制‥‥‥‥‥‥‥‥‥‥‥ 572
間接責任‥‥‥‥‥‥‥‥‥‥‥ 451
間接選挙‥‥‥‥‥‥‥‥‥‥‥ 93
間接適用説‥‥‥‥‥‥‥‥‥‥ 49
間接有限責任‥‥‥‥‥‥‥‥‥ 457

完全補償説······665

き

議院規則制定権······101
議員懲罰権······101
議員定数不均衡······56
議院内閣制······104
議会運営委員会······679
期間······192
機関······478
機関訴訟······649
期限······192, 566
期限の利益······192
危険負担······337
寄託······381
既判力······644
基本的商行為······440
基本的人権の尊重······38
義務付け訴訟······646
客観訴訟······649
求償権······658
教育権······90
教科書検定······76
競業避止義務······445, 447
教示制度······624, 650
行政委員会······689
行政機関······543
行政規則······576
行政区······669
行政計画······577
行政契約······577
行政権······103
行政行為······554
行政裁量······567
行政指導······577, 590
行政庁······543
行政罰······573
行政不服審査会等······615
行政立法······575
供託······322
共同抵当······266
共同不法行為······397

強迫······171
共有······228
許可······555
許可使用······552
居住・移転の自由······81
許認可権······548
緊急事務管理······385
緊急集会······99
禁止······555
勤労の権利······91

く

国地方係争処理委員会······708, 711
組合契約······381
訓令・通達権（指揮命令権）······548

け

刑事補償······86
刑事補償請求権······88
形成的行為······556
形成力······645
刑罰不遡及と二重処罰の禁止······86
契約自由の原則······331
契約の原始的不能······334
結社の自由······70
血族······400
決定······619, 631
検閲······75
権限争議決定権（裁定権）······548
原告適格······634
検索の抗弁権······303
原始取得······200, 228
原処分主義······631
限定承認······423
顕名······180
権利能力······145, 146
権利能力なき社団······156
権力的作用······655
権利濫用の禁止······144

こ

広域連合······671

法令等科目さくいん **827**

行為能力	149	婚姻	402
更改	295, 327	混同	296, 327
公開会社	459		
交換契約	360	**さ**	
公共団体	542	罪刑法定主義	86
公共の福祉	46	裁決	618, 631
公共用物	551	債権	268
拘禁	84	債権者代位権	280
公金支出の禁止	126	債権譲渡	309
公権力	654	催告権	154, 183
工作物責任	396	催告の抗弁権	303
合資会社	450	財産区	670
公証	557	財産権	81
公序良俗	160	再審査請求	604
公信力	206	再調査の請求	603
拘束力	623, 645	裁判官の職権の独立	117
公聴会	584	裁判所規則制定権	116
公定力	559	裁判所による事前差止め	76
合同会社	450	裁判の公開	116
公道に至るための他の土地の通行権	226	裁判を受ける権利	88
口頭の提供	318	歳費受領権	101
幸福追求権	51	債務引受け	314
公物	550	債務不履行	274
公平な裁判所の迅速な公開裁判	85	裁量権の逸脱	568
公法	538	裁量権の濫用	568
合名会社	450	詐害行為取消権	285
拷問・残虐刑の禁止	85	詐欺	170
公用物	552	先取特権	248
合理性の基準	79	錯誤	168
国事行為	120	差止訴訟	647
国政調査権	101	参加人	588, 609
告知と聴聞	83	参与機関（議決機関）	544
国民主権	38		
国民審査	115	**し**	
個人根保証契約	308	資格争訟の裁判権	101
国会単独立法の原則	96	指揮監督	547
国会中心立法の原則	96	敷金	368
国家賠償請求権	88	時効	193
国家賠償制度	653	時効の援用	198
個別外部監査制度	691	時効の完成猶予	200
戸別訪問禁止規定	74	時効利益の放棄	199
雇用契約	381	自己決定権	53

自己実現の価値	68	住民訴訟	692
自己統治の価値	68	住民投票	96
自主占有	218	住民投票条例	677
事情裁決	619	主観訴訟	649
私人間効力	49	授権代理	547
事前抑制の理論	75	主宰者	588
質権	250	取材の自由	71
自治事務	696	受働債権	323, 325
自治紛争処理委員	711	取得時効	194
執行機関	544, 689	受任機関	546
執行罰	572	主物	158
執行不停止の原則	617, 642	受理	558
執行命令	576	受領遅滞	278
執行役	500	種類株式	467
実子	407	種類債権	271
失踪宣告	147	準正	409
指定管理者	702	承役地	233
指定都市	669	常会	99
私的自治の原則	141	商業使用人	446
自働債権	323, 324	承継取得	200, 228
支配人	446	条件	191, 565
自白の証拠能力の制限	85	商号	444
私法	538	使用者責任	395
司法権	109	肖像権	53
司法権の独立	116	使用貸借契約	373
資本金	458	承諾	332
事務管理	384	譲渡制限特約	310
指名委員会等設置会社	500	常任委員会	679
諮問機関	544	証人審問権・喚問権	85
社会学的代表	95	消費貸借契約	371
自由委任	95	消滅時効	195
集会の自由	69	条例の制定・改廃請求	676
衆議院の解散	105	職業選択の自由	78
住居等の不可侵	84	職務執行の外形	656
自由権	42	職権主義	616
私有財産制	81	処分	582, 602, 630
自由選挙	92	処分基準	586
自由選択主義	604	書面審理主義	616
従物	158	所有権	226
住民監査請求	692	所有と経営の分離	479
住民監査請求前置主義	693	自力執行力	560
住民自治	130, 668	知る権利	68

法令等科目さくいん **829**

信義則	143
親権	411
人権享有主体性	43
親権者	150
親権喪失の審判	412
親権停止の審判	413
審査基準	583
審査請求	603
審査請求期間	610
審査請求書	612
審査請求前置主義	605
人身の自由	82
親族	399
審理員制度	613
心裡留保	162

す

随伴性	239, 302

せ

請願権	87
税関検査	75
政教分離の原則	63
政治的の代表	95
生存権	89
政党	98
制度的保障	63
成年後見人	151
成年被後見人	151
精力分散防止義務	447
絶対的商行為	440
設置又は管理の瑕疵	659
善意	148
先願主義	555
善管注意義務	270, 272
選挙運動の自由	73
選挙権	92
専決	547
専決処分	688
占有	217
占有訴権	222

そ

総合区	670
相殺	323
相続	414
相続欠格	417
相続人	415
相続分	419
相続放棄	422
総代	609
双務契約	330
贈与	358
相隣関係	226
即時取得	223
属人主義	717
属地主義	717
組織変更	487, 523
訴訟参加	641
訴訟要件	632
租税法律主義	125
損失補償	82, 665

た

代位責任	653
第1号法定受託事務	697
大学の自治	65
代価弁済	263
代決	547
第三者弁済	319
胎児	146
代執行	571, 707
代襲相続	415
対世的効力	645
第2号法定受託事務	697
代物弁済	322
代理	176, 557
代理商	447
代理人	176, 587
諾成契約	330
他主占有	218
弾劾裁判所	101
単純承認	423

団体自治‥‥‥‥‥‥‥‥‥130, 668

ち

地役権‥‥‥‥‥‥‥‥‥‥‥233
地上権‥‥‥‥‥‥‥‥‥‥‥232
秩序罰‥‥‥‥‥‥‥‥‥‥‥574
地方公共団体‥‥‥‥‥‥‥‥668
地方公共団体の組合‥‥‥‥‥671
地方債‥‥‥‥‥‥‥‥‥‥‥700
嫡出子‥‥‥‥‥‥‥‥‥‥‥407
嫡出否認の訴え‥‥‥‥‥‥‥407
中核市‥‥‥‥‥‥‥‥‥‥‥669
町村総会‥‥‥‥‥‥‥‥‥‥679
懲罰権‥‥‥‥‥‥‥‥‥‥‥683
聴聞‥‥‥‥‥‥‥‥‥‥‥‥587
聴聞調書‥‥‥‥‥‥‥‥‥‥589
直接強制‥‥‥‥‥‥‥‥‥‥573
直接請求‥‥‥‥‥‥‥‥‥‥675
直接責任‥‥‥‥‥‥‥‥‥‥451
直接選挙‥‥‥‥‥‥‥‥‥‥93
直接無限責任社員‥‥‥‥‥‥450
直接有限責任社員‥‥‥‥‥‥450
賃貸借契約‥‥‥‥‥‥‥‥‥361

つ

追認‥‥‥‥‥‥‥‥150, 175, 183
通知‥‥‥‥‥‥‥‥558, 587, 590
通謀虚偽表示‥‥‥‥‥‥‥‥163

て

定型約款‥‥‥‥‥‥‥‥‥‥333
停止条件‥‥‥‥‥‥‥‥191, 566
定足数‥‥‥‥‥‥‥‥‥‥‥100
抵当権‥‥‥‥‥‥‥‥‥‥‥253
抵当権消滅請求‥‥‥‥‥‥‥264
適正手続の保障‥‥‥‥‥‥‥83
撤回‥‥‥‥‥‥‥‥‥‥‥‥562
手付‥‥‥‥‥‥‥‥‥‥‥‥348
天然果実‥‥‥‥‥‥‥‥‥‥158

と

登記‥‥‥‥‥‥‥‥‥‥207, 210

動機の錯誤‥‥‥‥‥‥‥‥‥169
当事者訴訟‥‥‥‥‥‥‥‥‥648
同時履行の抗弁権‥‥‥‥‥‥335
到達主義‥‥‥‥‥‥172, 331, 332
統治行為論‥‥‥‥‥‥‥‥‥112
特殊法人‥‥‥‥‥‥‥‥‥‥542
特定物債権‥‥‥‥‥‥‥‥‥270
特別委員会‥‥‥‥‥‥‥‥‥679
特別会‥‥‥‥‥‥‥‥‥‥‥99
特別会計‥‥‥‥‥‥‥‥‥‥699
特別区‥‥‥‥‥‥‥‥‥‥‥670
特別地方公共団体‥‥‥‥‥‥670
特別な法律関係‥‥‥‥‥‥‥46
特別養子‥‥‥‥‥‥‥‥‥‥410
独立行政法人‥‥‥‥‥‥‥‥542
特例市‥‥‥‥‥‥‥‥‥‥‥669
特許‥‥‥‥‥‥‥‥‥‥‥‥556
特許使用‥‥‥‥‥‥‥‥‥‥552
取消し‥‥‥‥‥‥‥‥‥‥‥174
取消権‥‥‥‥‥‥‥‥‥150, 175
取消・停止権‥‥‥‥‥‥‥‥548
取消（撤回）権の留保‥‥‥‥566
取締役‥‥‥‥‥‥‥‥‥‥‥490
取締役会‥‥‥‥‥‥‥‥‥‥494
取締役会設置会社‥‥‥‥‥‥492
奴隷的拘束からの自由‥‥‥‥82

な

内閣総理大臣‥‥‥‥‥‥‥‥106
内閣不信任決議権‥‥‥‥97, 104

に

二院制‥‥‥‥‥‥‥‥‥‥‥97
二重の基準の理論‥‥‥‥‥‥74
二分論‥‥‥‥‥‥‥‥‥‥‥80
任意代位‥‥‥‥‥‥‥‥‥‥320
任意代理‥‥‥‥‥‥‥‥‥‥177
認可‥‥‥‥‥‥‥‥‥‥‥‥556
認知‥‥‥‥‥‥‥‥‥‥‥‥408

は

配偶者‥‥‥‥‥‥‥‥‥‥‥400

法令等科目さくいん | 831

配偶者居住権‥‥‥‥‥‥‥‥‥429
廃除‥‥‥‥‥‥‥‥‥‥‥‥‥416
背信的悪意者‥‥‥‥‥‥‥‥208
売買契約‥‥‥‥‥‥‥‥‥‥348
白紙委任‥‥‥‥‥‥‥‥‥‥576
剥権‥‥‥‥‥‥‥‥‥‥‥‥556
発信主義‥‥‥‥‥‥‥‥‥‥172
反論権‥‥‥‥‥‥‥‥‥‥‥68

ひ

被害者側の過失‥‥‥‥‥‥‥392
被疑者の権利‥‥‥‥‥‥‥‥84
引渡し‥‥‥‥‥‥‥‥‥‥‥215
被告適格‥‥‥‥‥‥‥‥‥‥638
被告人の権利‥‥‥‥‥‥‥‥85
被選挙権‥‥‥‥‥‥‥‥‥‥92
被相続人‥‥‥‥‥‥‥‥‥‥414
非嫡出子‥‥‥‥‥‥‥‥‥‥408
必要費‥‥‥‥‥‥‥‥‥‥‥221
被保佐人‥‥‥‥‥‥‥‥‥‥151
被補助人‥‥‥‥‥‥‥‥‥‥153
秘密選挙‥‥‥‥‥‥‥‥‥‥93
100条調査権‥‥‥‥‥‥‥‥682
表決数‥‥‥‥‥‥‥‥‥‥‥100
表見代理‥‥‥‥‥‥‥‥‥‥187
標準処理期間‥‥‥‥‥‥‥‥583
平等選挙‥‥‥‥‥‥‥‥‥‥92

ふ

不可争力‥‥‥‥‥‥‥‥‥‥559
不可分債権‥‥‥‥‥‥‥‥‥292
不可分債務‥‥‥‥‥‥‥‥‥292
不可分性‥‥‥‥‥‥‥‥‥‥239
不可変更力‥‥‥‥‥‥‥‥‥560
附款‥‥‥‥‥‥‥‥‥‥‥‥565
不完全履行‥‥‥‥‥‥‥‥‥276
複選制‥‥‥‥‥‥‥‥‥‥‥93
復代理‥‥‥‥‥‥‥‥‥‥‥182
不作為‥‥‥‥‥‥‥‥‥‥‥602
付従性‥‥‥‥‥‥‥‥‥238, 302
附属的商行為‥‥‥‥‥‥‥‥441
不逮捕特権‥‥‥‥‥‥‥‥‥100

負担‥‥‥‥‥‥‥‥‥‥‥‥566
普通選挙‥‥‥‥‥‥‥‥‥‥92
物権的請求権‥‥‥‥‥‥‥‥203
物上代位性‥‥‥‥‥‥‥‥‥239
不当利得‥‥‥‥‥‥‥‥‥‥386
不服申立要件‥‥‥‥‥‥‥‥606
部分社会の法理‥‥‥‥‥‥‥113
不法原因給付‥‥‥‥‥‥‥‥388
不法行為‥‥‥‥‥‥‥‥‥‥390
プライバシー権‥‥‥‥‥‥‥52
不利益処分‥‥‥‥‥‥‥‥‥585
分割債権‥‥‥‥‥‥‥‥‥‥291
分割債務‥‥‥‥‥‥‥‥‥‥291
分担金‥‥‥‥‥‥‥‥‥‥‥700

へ

平和主義‥‥‥‥‥‥‥‥‥‥39
弁護人依頼権‥‥‥‥‥‥‥‥85
弁済‥‥‥‥‥‥‥‥‥‥‥‥317
弁済による代位‥‥‥‥‥‥‥320
弁済の提供‥‥‥‥‥‥‥‥‥318
片務契約‥‥‥‥‥‥‥‥‥‥330

ほ

包括委任‥‥‥‥‥‥‥‥‥‥576
包括外部監査制度‥‥‥‥‥‥691
法規命令‥‥‥‥‥‥‥‥‥‥576
法人‥‥‥‥‥‥‥‥‥‥‥‥155
法治主義‥‥‥‥‥‥‥‥‥‥537
法定外（無名）抗告訴訟‥‥‥648
法定果実‥‥‥‥‥‥‥‥‥‥158
法定受託事務‥‥‥‥‥‥‥‥696
法定代位‥‥‥‥‥‥‥‥‥‥320
法定代理‥‥‥‥‥‥‥‥177, 547
法定地上権‥‥‥‥‥‥‥‥‥258
法定追認‥‥‥‥‥‥‥‥‥‥175
報道の自由‥‥‥‥‥‥‥‥‥70
法の支配‥‥‥‥‥‥‥‥‥‥37
法律行為‥‥‥‥‥‥‥‥‥‥159
法律効果‥‥‥‥‥‥‥‥‥‥159
法律上の争訟‥‥‥‥‥‥‥‥110
法律の優位の原則‥‥‥‥‥‥537

法律の留保の原則	537
法律要件	159
保護主義	717
保佐人	152
補充性	302
募集設立	506
保証債務	301
補助機関	544, 688
補助人	153
補正	583, 612
発起設立	506
発起人	507, 512

み

未成年後見人	150
未成年者	149
民衆訴訟	649

む

無限責任	451
無権代理	183
無権代理と相続	184
無効	174
無効確認判決	658
無効等確認訴訟	645
無償契約	330

め

名誉権	53
命令的行為	555
免除	295, 327, 555
免責特権	101

も

申込み	331
目的効果基準	63
黙秘権	85
持分会社	450

や

役員選任権	101

ゆ

有益費	221
有限責任	451
有償契約	330
優先弁済的効力	240

よ

要役地	233
養子	409
要物契約	330
抑留	84
横出し規制	698
予算	127
予算先議権	97

り

利益相反行為	411
利害関係人	609
履行遅滞	274
履行不能	275
立法機関	96
留置権	241
留置的効力	240, 245
両罰規定	574
臨時会	99

れ

令状主義	84
列記主義	607
連帯債権	293
連帯債務	297
連帯保証	306

ろ

労働基本権	91
労働三権	91

わ

和解契約	383

法令等科目さくいん　833

一般知識等科目さくいん

あ行

アクセス管理者 …………………… 802
アジア太平洋経済協力会議（APEC）… 750
アジェンダ21 ………………… 785, 786
ASEAN自由貿易地域（AFTA）…… 750
アダム・スミス …………………… 752
圧力団体 …………………………… 742
EPA ……………………………… 770
EU ………………………………… 748
一般会計 …………………………… 763
医療保険 …………………………… 773
ウィーン条約 ……………………… 784
売りオペレーション ……………… 766
FTA ……………………………… 770
オゾン層破壊 ……………………… 783
オプトアウト ……………… 809, 819

か行

カール・マルクス ………………… 753
買いオペレーション ……………… 766
会計年度独立の原則 ……………… 762
介護保険 …………………………… 776
改ざん ……………………………… 792
確定給付年金 ……………………… 779
確定拠出年金 ……………………… 779
仮名加工情報 ……………………… 807
借換債 ……………………………… 759
環境アセスメント ………………… 782
環境影響評価法 …………………… 782
環境基本法 ………………………… 779
関税及び貿易に関する一般協定
　（GATT）………………………… 769
間接税 ……………………………… 756
官僚国家 …………………………… 729
議院内閣制 ………………………… 726
気候変動枠組条約 ………………… 784

基準割引率および基準貸付利率
　（公定歩合）……………………… 767
行政機関が行う政策の評価に関する
　法律（政策評価法）…………… 732
行政機関個人情報保護法 ………… 817
行政国家現象 ……………………… 729
行政手続オンライン化法 ………… 800
行政評価システム ………………… 732
行政文書 …………………………… 733
共通鍵暗号方式 …………………… 792
京都議定書 ………………………… 785
金融政策 …………………………… 765
クラウディングアウト効果 …… 755, 760
繰越明許費 ………………………… 762
継続費 ………………………… 761, 762
ゲリマンダリング ………………… 743
健康保険 …………………………… 773
建設国債 …………………………… 759
公開鍵暗号方式 …………………… 793
公開市場操作 ……………………… 766
公害対策基本法 ………………… 779, 782
公衆衛生 …………………………… 777
公職選挙法 ………………………… 744
厚生年金保険 …………………… 773, 774
拘束名簿式比例代表制 …………… 743
公的個人認証サービス …………… 800
公的個人認証法 …………………… 800
公的年金 …………………………… 774
公的扶助（生活保護）…………… 776
高齢化 ……………………………… 778
国債 ………………………………… 759
国際連合 …………………………… 747
国内総生産（GDP）……………… 768
国民健康保険 ……………………… 773
国民年金 ………………………… 773, 774
国民負担率 ………………………… 757
55年体制 ………………………… 741
個人関連情報 ……………………… 808

個人情報 ･･････････････････････ 807
個人情報ファイル ･･･････････････ 817
個人情報保護委員会 ･･････････ 818
個人情報保護法 ･･･････････････ 806
個人データ ･･････････････････････ 807
個人番号（マイナンバー）･･････ 820
個人番号カード
　（マイナンバーカード）････････ 821
国庫債務負担行為 ･･････････ 761, 762
国庫支出金 ･･････････････････････ 737
雇用保険 ･･････････････････････ 775

さ行

財政投融資 ･･････････････････････ 757
歳入歳出予算 ･･･････････････････ 762
サプライサイド経済学 ･･････････ 754
暫定予算 ･･････････････････････ 764
三位一体の改革 ･････････････････ 738
資源循環型社会 ･････････････････ 779
資源有効利用促進法 ･･･････････ 780
市場化テスト ･･･････････････････ 740
事前協議制 ･･････････････････････ 739
持続可能な開発目標（SDGs）･･･････ 786
市中消化の原則 ･････････････････ 759
社会福祉 ･･････････････････････ 776
ジャン・バティスト・セイ ･･････ 753
住基ネット ･･････････････････････ 790
自由放任主義（レッセ・フェール）
　･･････････････････････････ 729, 753
循環型社会形成推進基本法 ･･････ 780
少子化 ･･････････････････････ 778
少数代表制 ･･････････････････････ 743
小選挙区 ･･････････････････････ 742
小選挙区比例代表並立制 ･･････ 743
情報公開法 ･･････････････････････ 733
ジョン・メイナード・ケインズ ･･････ 753
スパイウェア ･･･････････････････ 792
政治資金規正法 ･････････････････ 741
政党 ･･････････････････････ 740
政党国家現象 ･･･････････････････ 740
政党助成法 ･･････････････････････ 741
セイの法則 ･･････････････････････ 753

政府関係機関予算 ･･･････････････ 763
生物多様性条約 ･････････････････ 785
政令指定都市 ･･･････････････････ 736
世界貿易機関（WTO）･･････････ 769
租税負担率 ･･････････････････････ 757

た行

ダイオキシン ･･･････････････････ 784
第三者機関（認証局）･･････････ 795
第3セクター ･･･････････････････ 739
大選挙区 ･･････････････････････ 742
大統領制 ･･････････････････････ 726
多数代表制 ･･････････････････････ 743
単一通貨ユーロ ･････････････････ 749
短期国債 ･･････････････････････ 759
地域的な包括的経済連携（RCEP）
　協定 ･･････････････････････ 770
小さな政府 ･･･････････････ 729, 754
地球温暖化 ･･････････････････････ 783
地方交付税 ･･････････････････････ 737
地方債 ･･････････････････････ 738
地方財政計画 ･･･････････････････ 736
地方譲与税 ･･････････････････････ 738
地方税 ･･････････････････････ 737
地方分権 ･･････････････････････ 734
地方分権一括法 ･････････････････ 734
中央省庁再編 ･･･････････････････ 730
中央省庁等改革基本法 ･･･････････ 730
中核市 ･･････････････････････ 736
長期国債 ･･････････････････････ 759
重複立候補 ･･････････････････････ 743
直接税 ･･････････････････････ 756
直間比率 ･･････････････････････ 756
TPP ･･････････････････････ 770
デジタル行政推進法 ･･･････････ 800
デジタル社会形成基本法 ･･････････ 790
デジタル庁 ･･････････････････････ 790
デヴィッド・リカード ･･････････ 753
電子消費者契約法 ･･･････････････ 797
電子自治体 ･･････････････････････ 788
電子証明書 ･･･････････････ 794, 801
電子署名 ･･････････････････････ 794

一般知識等科目さくいん **835**

電子政府 ・・・・・・・・・・・・・・・・・・・・・・・・・・・ 788
電子認証 ・・・・・・・・・・・・・・・・・・・・・・・・・・・ 794
盗聴 ・・・・・・・・・・・・・・・・・・・・・・・・・・・・・・・・ 792
東南アジア諸国連合（ASEAN）・・・・・・ 750
特殊法人 ・・・・・・・・・・・・・・・・・・・・・・・・・・・ 731
特定電気通信 ・・・・・・・・・・・・・・・・・・・・・・ 799
特別会計 ・・・・・・・・・・・・・・・・・・・・・・・・・・・ 763
匿名加工情報 ・・・・・・・・・・・・・・・・・・・・・・ 808
独立行政法人 ・・・・・・・・・・・・・・・・・・・・・・ 731
特例国債（赤字国債）・・・・・・・・・・・・・・・ 759
特例市 ・・・・・・・・・・・・・・・・・・・・・・・・・・・・・ 736

な行

なりすまし ・・・・・・・・・・・・・・・・・・・・・・・・ 792
日本銀行 ・・・・・・・・・・・・・・・・・・・・・・・・・・・ 765

は行

バーゼル条約 ・・・・・・・・・・・・・・・・・・・・・・ 784
廃棄物処理法 ・・・・・・・・・・・・・・・・・・・・・・ 780
パスワード ・・・・・・・・・・・・・・・・・・・・・・・・ 791
パブリックコメント ・・・・・・・・・・・・・・・ 733
パリ協定 ・・・・・・・・・・・・・・・・・・・・・ 785, 786
PFI・・・・・・・・・・・・・・・・・・・・・・・・・・・・・・・ 739
非拘束名簿式比例代表制 ・・・・・・・・ 743, 744
ビルトインスタビライザー ・・・・・・・・・ 755
比例代表制 ・・・・・・・・・・・・・・・・・・・・・・・・ 743
ファイアーウォール ・・・・・・・・・・・・・・・ 791
フィスカルポリシー ・・・・・・・・・・・・・・・ 755
福祉国家 ・・・・・・・・・・・・・・・・・・・・・・・・・・・ 729
不交付団体 ・・・・・・・・・・・・・・・・・・・・・・・・ 737
不正アクセス ・・・・・・・・・・・・・・・・・・・・・・ 791
不正アクセス行為の禁止 ・・・・・・・・・・・・ 803
普通選挙法 ・・・・・・・・・・・・・・・・・・・・・・・・ 744
プライマリーバランス（PB）・・・・・・・ 761
プロバイダ責任制限法 ・・・・・・・・・・・・・・ 798
法定外普通税 ・・・・・・・・・・・・・・・・・・・・・・ 738

法定外目的税 ・・・・・・・・・・・・・・・・・・・・・・ 739
法定準備率（支払準備率）・・・・・・・・・・・ 767
補正予算 ・・・・・・・・・・・・・・・・・・・・・・・・・・・ 764
保有個人情報 ・・・・・・・・・・・・・・・・・・・・・・ 817
保有個人データ ・・・・・・・・・・・・・・・・・・・・ 807
本予算 ・・・・・・・・・・・・・・・・・・・・・・・・・・・・・ 764

ま行

マーストリヒト条約 ・・・・・・・・・・・・・・・ 748
マイナンバー制度 ・・・・・・・・・・・・・・・・・・ 820
マネタリズム ・・・・・・・・・・・・・・・・・・・・・・ 754
マルポール 73/78 条約 ・・・・・・・・・・・・・・ 784
ミルトン・フリードマン ・・・・・・・・・・・ 754
迷惑メール防止法 ・・・・・・・・・・・・・・・・・・ 804

や行

夜警国家 ・・・・・・・・・・・・・・・・・・・・・・・・・・・ 729
郵政民営化 ・・・・・・・・・・・・・・・・・・・・・・・・ 731
要配慮個人情報 ・・・・・・・・・・・・・・・・・・・・ 807
予算総則 ・・・・・・・・・・・・・・・・・・・・・・・・・・・ 762
予算の単年度主義 ・・・・・・・・・・・・・・・・・・ 761
予備費 ・・・・・・・・・・・・・・・・・・・・・・・・・・・・・ 765

ら行

ラムサール条約 ・・・・・・・・・・・・・・・・・・・・ 784
ルソー ・・・・・・・・・・・・・・・・・・・・・・・・・・・・・ 728
連座制 ・・・・・・・・・・・・・・・・・・・・・・・・・・・・・ 744
連邦制 ・・・・・・・・・・・・・・・・・・・・・・・・・・・・・ 727
労働者災害補償保険 ・・・・・・・・・・・・・・・・ 775
労働保険 ・・・・・・・・・・・・・・・・・・・・・・・・・・・ 775
ロック ・・・・・・・・・・・・・・・・・・・・・・・・・・・・・ 728
ロンドン条約 ・・・・・・・・・・・・・・・・・・・・・・ 784

わ行

ワシントン条約 ・・・・・・・・・・・・・・・・・・・・ 784

もっと合格力をつけたい人のための
学習ガイド

1 合格に役立つ講義を聴いてみよう！

▶ YouTube 伊藤塾チャンネル

　科目別の学習テクニックや重要な論点の解説，本試験の出題ポイントなど，定期的に伊藤塾講師陣が合格に役立つ講義を配信しています。また，伊藤塾出身の合格者や行政書士実務家のインタビューを多数掲載し，受験期間中のモチベーションアップやその維持にもお役立ていただけます。知識補充，理解力の向上，モチベーションコントロールのために，どうぞ有効活用してください。

会社法の考え方～全体構造編～（平林勉講師）[行政書士]

【行政書士】「基礎力完成マスター民法」～債権法改正，相続法改正のテーマチェック～

行政書士試験　改正民法ポイント講義　第1回　錯誤

行政書士実務の魅力にクローズアップ 第22回 コロナ禍でも活躍する行政書士になる3つのお話

配信コンテンツの例

- 会社法の考え方～全体構造編～（平林勉講師）[行政書士]
- 【行政書士】「基礎力完成マスター民法」～債権法改正，相続法改正のテーマチェック～
- 行政書士試験　改正民法ポイント講義　第1回　錯誤
- 行政書士実務の魅力にクローズアップ　第22回　コロナ禍でも活躍する行政書士になる3つのお話　etc.

今すぐチェック ▶▶▶

2 合格に役立つテクニックを手に入れよう！

▶ 伊藤塾 行政書士試験科公式メールマガジン「かなえ〜る」

　全国の行政書士試験受験生の夢を"かなえる"ために"エール"を贈る。それが，メールマガジン「かなえ〜る」です。

　毎回，伊藤塾講師陣が，合格に役立つ学習テクニックや弱点克服法，問題の解き方から科目別対策，勉強のやり方まで持てるノウハウを出し惜しみなくお届けしています。

　合格者や受験生から大変好評をいただいているメールマガジンです。登録は無料です。どうぞ，この機会にご登録ください。

内容の一例
- 平林講師の「思考と体系の館」セレクト ver
- 藤田講師の苦手克服研究所 NIGALABO
- 行政書士 石原正大の「行政書士実務と行政書士試験の架け橋」
- パーソナルトレーナー講師遠山利行の「合格者の習慣」etc.

今すぐチェック ▶▶▶

▶ 伊藤塾 行政書士試験科 Twitter

　Twitterでも学習に役立つ内容から，試験情報，イベント情報など，役立つ情報を随時発信していますので，本書で学習を開始したら，ぜひフォローしてください！

▶ 伊藤塾 行政書士試験科 Facebook

今すぐチェック ▶▶▶

　Facebookにも行政書士試験の有益な情報をアップしています。随時新しい情報を更新しているので，活用しよう！

3 伊藤塾講師陣の講義を体験してみよう！

▶ 無料公開講座等

その時期に応じたガイダンスや公開講座を，YouTube Live等を活用して随時開催し，行政書士受験生の学習をサポートしています。最新情報を手に入れて，学習に弾みをつけましょう！

2021年実施の無料公開イベントの一例	
2月	伊藤塾長特別講義
5月	プレ模試
10月	秋桜会・受験生応援イベント
11月	行政書士本試験分析会

今すぐチェック ▶▶▶

4 あなたに合った合格プランを相談しよう！

▶ 講師カウンセリング制度

伊藤塾は，良質な講義に加えて，一人ひとりの学習進度に合わせて行う**個別指導**を大切にしています。

その1つとして，講師によるカウンセリング制度があります。あなたの学習環境や可処分時間に合わせて具体的で明確な解決方法を提案しています。

受講生以外でもご利用いただけますので，勉強方法などお悩みのときはお気軽にご活用ください。

今すぐチェック ▶▶▶

伊藤塾Webサイトをチェック
https://www.itojuku.co.jp/

伊藤塾 行政書士 🔍 検索

■ 編者紹介

伊藤塾（いとうじゅく）

毎年，行政書士，司法書士，司法試験など法律科目のある資格試験や公務員試験の合格者を多数輩出している受験指導校。社会に貢献できる人材育成を目指し，司法試験の合格実績のみならず，合格後を見据えた受験指導には定評がある。1995年5月3日憲法記念日に，法人名を「株式会社 法学館」とし設立。憲法の心と真髄をあまねく伝えること，また，一人一票を実現し，日本を真の民主主義国家にするための活動を行っている。
（一人一票実現国民会議：https://www2.ippyo.org/）

伊藤塾　〒 150-0031　東京都渋谷区桜丘町 17-5
https://www.itojuku.co.jp/

■正誤に関するお問い合わせ

万一誤りと疑われる箇所がございましたら，まずは弊社ウェブサイトの正誤表 [https://nikkeibook. nikkeibp.co.jp/errata] をご確認の上，下記までお問い合わせください。
https://nkbp.jp/booksQA
※正誤のお問い合わせ以外の書籍に関する解説や受験指導は，一切行っておりません。
※電話でのお問い合わせは受け付けておりません。
※本書は2022年度試験受験用のため，お問い合わせ期限は2022年11月1日（火）までとさせていただきます。

うかる！ 行政書士 総合テキスト 2022 年度版

2021 年 12 月 22 日　1 刷
2022 年 3 月 23 日　2 刷

編　者　伊藤塾
　　　　ⓒIto-juku, 2021
発行者　白石 賢
発　行　日経 BP
　　　　日本経済新聞出版本部
発　売　日経 BP マーケティング
　　　　〒 105-8308　東京都港区虎ノ門 4-3-12
装　丁　斉藤 よしのぶ／組 版　マーリンクレイン
印刷・製本　シナノ印刷
ISBN978-4-532-41569-3
Printed in Japan

本書の無断複写・複製（コピー等）は著作権法上の例外を除き，禁じられています。購入者以外の第三者による電子データ化および電子書籍化は，私的使用を含め一切認められておりません。